本书为 2018 年度国家社会科学基金特别委托项目
（批准号：18@ZH009）成果

THE HANDBOOK OF
THE BELT AND ROAD

"一带一路"手册

主　编　蔡　昉　〔英〕彼得·诺兰（Peter Nolan）
执行主编　王灵桂　赵江林

中国社会科学出版社

图书在版编目(CIP)数据

"一带一路"手册 / 蔡昉,(英)彼得·诺兰主编. —北京:中国社会科学出版社,2018.8(2019.3重印)
ISBN 978-7-5203-2586-8

Ⅰ.①一⋯ Ⅱ.①蔡⋯②彼⋯ Ⅲ.①"一带一路"—国际合作—手册 Ⅳ.①F125-62

中国版本图书馆 CIP 数据核字(2018)第 096546 号

出 版 人	赵剑英
责任编辑	喻 苗
责任校对	韩天炜
责任印制	王 超

出　　版	中国社会科学出版社
社　　址	北京鼓楼西大街甲 158 号
邮　　编	100720
网　　址	http://www.csspw.cn
发 行 部	010-84083685
门 市 部	010-84029450
经　　销	新华书店及其他书店

印刷装订	环球东方(北京)印务有限公司
版　　次	2018 年 8 月第 1 版
印　　次	2019 年 3 月第 2 次印刷

开　　本	787×1092 1/16
印　　张	34
字　　数	628 千字
定　　价	168.00 元

凡购买中国社会科学出版社图书,如有质量问题请与本社营销中心联系调换
电话:010-84083683
版权所有　侵权必究

作者名单（按拼音排序）

丁　工　　董向荣　　冯维江　　富景筠　　葛　成
蒋芳菲　　李嗜成　　李天国　　李志斐　　刘静烨
刘均胜　　刘天一　　刘　玮　　庞佳欣　　秦　升
屈彩云　　沈铭辉　　田　丰　　田光强　　田慧芳
王金波　　王晓玲　　王永中　　王玉主　　魏斯莹
吴兆礼　　肖　河　　谢来辉　　徐秀军　　许　娟
许利平　　薛　力　　杨丹志　　杨晓萍　　张中元
钟飞腾　　周方冶

序 一

世界各国分别处于不同的发展阶段，有各自不同的历史和文化，但是，各国人民对于和平与发展有着共同的愿望。以摆脱贫困和改善人民生活质量为基本标志，提高国家的经济社会发展水平，也是各国执政者的目标和不断做出的承诺。与此同时，人们也倾向于同意，任何国家在谋求自身发展时也应兼顾他国，各国共同发展才是一国发展的可持续性所在。习近平于2013年担任中国国家主席以来，一贯倡导并做出深刻阐释的构建人类命运共同体理念，迅速得到了国际社会的广泛认同，这个概念本身也被载入一系列联合国决议。

共同的发展愿望并不意味着唯一道路，也不要求单一模式，而是允许发展途径的多样化、本土化和与时俱进。不过，各国发展的道路上也面临着一些共同的障碍，如资本积累的瓶颈、国际经贸关系中的不平等、基础设施能力的不足、人力资本培养的难点、人力资源动员能力的缺乏和配置的无效率，等等。因此，在承认和鼓励模式多样性的同时，世界各国特别是发展中国家急需一个既有利于创造发展的必要条件，打破关键领域瓶颈制约，又有助于借鉴成功经验、吸取失败教训，同时给每个国家以充分选择空间的发展战略框架。中国国家主席习近平2013年提出的"一带一路"倡议就是这样一个开放性的框架。

首先，"一带一路"倡议的基本理念和主体思路，已经为中国改革开放时期的发展和分享的经验所验证。中国过去40年的历程，为经济史提供了一个同时做大蛋糕和分好蛋糕的成功案例。1978—2015年期间，在实际GDP总量和人均GDP分别增长了29倍和20倍的同时，伴随着经济增长就业不断扩大，城乡居民收入得到极大改善，实际消费水平提高了16倍，并且与劳动生产率（用劳均GDP衡量，其间提高了16.7倍）总体上实现了同步。进入21世纪以来，实施西部开发和中部崛起等区域发展战略，改善了中西部地区的交通状况、基础设施条件、基本公共服务保障能力和人力资本水平。随着投资和发展环境显著改善，中西部地区承接制造业转移的能力得到提高。

其次,"一带一路"倡议坚持共商共建共享的原则。倡议并非简单地借用古老的陆地和海上丝绸之路这个符号,还有更深的历史含义和现实启迪。从更大的历史深度上,这个符号隐含了对于传统的西方中心论的否定,更强调东西方文明相互交通、互学互鉴在人类发展历史上的作用。从更广的历史视野上,这个符号蕴含着如何打破以传统霸主国家为中心的全球公共品供给的内容及模式,更加注重通过所有国家的参与消除全球贫困的新理念。

再次,"一带一路"倡议抓住了基础设施建设这一各国普遍面临的关键性制约。在几乎所有的"一带一路"沿线和相关国家,都存在着交通、能源等基础设施薄弱的瓶颈问题,长期制约着投资效率和产业发展,也使许多国家不能充分享受经济全球化红利。中国发起并率先投资,借助亚洲基础设施投资银行、金砖国家新开发银行、丝路基金等融资机构,与相关国家和地区进行基础设施建设能力的合作,可以像自己实施过的西部开发战略所显示的那样,预期大幅度改善发展中国家的基础设施条件。

最后,"一带一路"倡议为各国根据国情探索适合自身的发展模式提供了充分的空间。每个国家摆脱贫困、走向现代化,终究需要立足于国情,依靠内在的决心和努力,消除在发展动力和制度环境方面存在的各种障碍。如果说外部人能够做什么有意义的事情(无论是否称其为国际公共品)的话,那无疑就是提供有益的知识,包括曾经在其他环境下取得过成功的经验和需要汲取的教训、软件和硬件基础设施建设上的必要帮助,以及容易入手和见效的市场投资机会。"一带一路"就是这样一种可以同各国自身需要和努力并行不悖的共建共享倡议。

自2013年习近平首倡以来,"一带一路"倡议已经迅速转变为行动,体现在一系列国际合作机制的建立、合作项目的落地,以及一部分早期成果的收获上面。然而,人们对这个倡议和行动的理解尚不尽一致,也存在着疑惑、误解甚至有意歪曲。这种情况也并不意外。毕竟,正如人类社会任何活动都必然经历不断探索和认识的过程,任何合作事业需要参与各方不断磨合一样,"一带一路"倡议本来就具有开放的性质,也需要在实施中积累经验、完善理念、增进共识。因此,在该倡议的每一个实践阶段,都有必要对已经取得的进展做出总结,对已有的经验进行评估,对已经达成的共识予以确认。

这本手册,可以算作迄今为止"一带一路"理论和实践初步成果的一个阶段性汇总。参加写作的包括了各相关领域的研究人员,力图反映与"一带一路"理念和实务相关的初衷与原则、历史与现状、基本知识以及最新研究成果。本手册的编者并不奢望它充当理论和实践的指导性文献,但希望它能成为一个指南性的读本,对参与"一带一路"建设的研究者、实际工作者和观察者及感兴趣的一般读者有所裨益。文本中的内容或许未能体现最新进展,错误之处也在所难免,作者和主编诚挚地期待读者提出批评。

蔡　昉
中国社会科学院副院长、学部委员
中国社会科学院国家全球战略智库理事长
2018 年 4 月 25 日

序 二[*]

"1987年，在中国陕西的法门寺，地宫中出土了20件美轮美奂的琉璃器，这是唐代传入中国的东罗马和伊斯兰的琉璃器。我在欣赏这些域外文物时，一直在思考一个问题，就是对待不同文明，不能只满足于欣赏它们产生的精美物件，更应该去领略其中包含的人文精神；不能只满足于领略它们对以往人们生活的艺术表现，更应该让其中蕴藏的精神鲜活起来。"

——习近平主席在联合国教科文组织总部的演讲（2014年3月28日）

2011—2012年，美国宣布对战略方向进行重大调整，将重点转向亚太地区："美国的经济和安全利益与从西太平洋和东亚延伸至印度洋地区和南亚的弧型地带的发展息息相关，这对美国既是挑战也是机遇，两者都不断演化。因此，尽管美国军队将继续为全球安全做出贡献，但势必要重新进行战略平衡，转向亚太地区。"时任美国国务卿希拉里·克林顿公开确认："21世纪将是美国的太平洋世纪，就像以前的各个世纪一样。"她进一步阐述了美国战略方向的转变："世界政治的未来将决定于亚洲，而非阿富汗或伊拉克。美国将处在行动的正中心……因此，美国未来十年治国方略中最重要的任务之一是确保大幅增加在亚太地区的投入，包括外交、经济、战略及其他投入。"

未来几十年，美国国际关系战略布局中打造亚洲政治和军事同盟网络将是至关重要的一部分，在其看来重新回归亚洲对该地区的未来极为重要："该地区也许比世界近代史上任何时期都更渴望我们的领导和参与。我们是唯一一个在该地区拥有强大同盟网络却没有领土野心、存在共同利益并持续提供支持的强国……我们现在的挑战是在整个太平洋打造一个符合美国利益和价值观的、持久的关系网，正如我们在大西洋所打造的一样。"

约200年前，欧洲对中亚、东南亚以及中国本身的了解都极为有限，主要途径也只是从通过海陆丝绸之路与东亚交易的中间商那里获得二手信息。库克

---

[*] 本文摘自 Peter Nolan, *Understanding China-The Silk Road and the Communist Manifesto*, Taylor and Francis; October 2015。现将引言部分作为本书代序。

船长在1768—1779年进行了著名的探索航行，此时欧洲人对亚太地区的了解几乎为零。1776年北美殖民地宣布脱离英国独立时，美国还仅仅由一小群聚居在辽阔北美大陆东部边缘的殖民地居民组成，远眺太平洋的西海岸加利福尼亚州直到1850年才成为"美国"的一部分。

中国国家主席习近平将连接中西方的"一带一路"倡议作为中国对外关系顶层设计的关键部分。2013年9月7日，习近平主席在哈萨克斯坦的纳扎尔巴耶夫大学的演讲中提出建设"丝绸之路经济带"；2013年10月3日，他在印度尼西亚国会的演讲中提出建设"21世纪海上丝绸之路"。中国两千多年来与其周边地区有着深厚的友好往来，通过新疆与中亚、通过南海地区与东南亚保持着深厚长期的贸易和文化交流，新疆和南海地区因而分别构成中国进入中亚和东南亚的"门户"。

2013年，习近平主席访问了中亚四国，包括乌兹别克斯坦、土库曼斯坦、吉尔吉斯斯坦和哈萨克斯坦。习近平主席还访问了东南亚，包括马来西亚和印度尼西亚，并于2014年春出访欧洲。他在这些出访的一系列讲话中清晰阐述了在新的"一带一路"上建设中欧桥梁的中国构想，特别重视港口、机场、公路、铁路、水电和通信等基础设施的发展。基础设施建设对于带动经济关系极为重要，而经济关系是增进相互了解的基础。

习近平主席每次出访都强调理解历史对相互了解的重要性："历史是现实的根源，任何一个国家的今天都来自昨天。只有了解一个国家从哪里来，才能弄懂这个国家今天怎么会是这样而不是那样，也才能搞清楚这个国家未来会往哪里去和不会往哪里去。"他一再指出增进彼此文化了解对和平发展的重要性："历史告诉我们，只有交流互鉴，一种文明才能充满生命力。只要秉持包容精神，就不存在什么'文明冲突'，就可以实现文明和谐。"

中国和欧洲处于新丝绸之路的两端，习近平主席的演讲指出中欧之间自古以来沿着水陆交通建立了长期联系："我们要建设文明共荣之桥，把中欧两大文明连接起来。中国是东方文明的重要代表，欧洲则是西方文明的发祥地。"他也强调了中国思想沿着丝绸之路传播对欧洲发展做出的贡献："中国的造纸术、火药、印刷术、指南针四大发明带动了世界变革，推动了欧洲文艺复兴。中国哲学、文学、医药、丝绸、瓷器、茶叶等传入西方，渗入西方民众日常生活之中。《马可·波罗游记》令无数人对中国心向往之。"

习近平主席还强调了中亚和东南亚作为连接中欧两地桥梁的重要性："桥不仅方便了大家的生活，同时也是沟通、理解、友谊的象征。我这次欧洲之行，就是希望同欧洲朋友一道，在亚欧大陆架起一座友谊和合作之桥。"

中国政府"一带一路"倡议的核心，是发展基础设施和商业关系。为扶持商业、促进社会稳定而建设基础设施，是中国长期繁荣的基石。中国过去的国际贸易与数量庞大的内部贸易比起来微不足道，中国通过"一带一路"，不仅能加强与这些地区的国际贸易，还能在文化上长期相互深入共存、双向交流，促使世界各国在这幅千丝万缕的历史织锦中融汇交织。

彼得·诺兰

英帝国高级勋位获得者

剑桥大学发展研究中心创始主任

剑桥大学耶稣学院中国中心主任

2018 年 8 月 8 日

目　录

一　中国改革开放对世界的贡献与"一带一路"倡议的形成 …………（1）
1. 中国改革开放对世界的历史性贡献……………………（1）
2. 开放型经济建设与"一带一路"…………………………（6）
3. 中国经济转型与"一带一路"……………………………（10）
4. 创新发展与"一带一路"…………………………………（15）
5. 大国责任担当与"一带一路"……………………………（20）
6. 大国自信与"一带一路"…………………………………（25）
7. 发展赤字与"一带一路"…………………………………（29）
8. 和平赤字与"一带一路"…………………………………（33）
9. 治理赤字与"一带一路"…………………………………（37）

二　历史传承 …………………………………………………（42）
10. 丝绸之路命名……………………………………………（42）
11. 丝绸之路简史……………………………………………（45）
12. 陆上丝绸之路……………………………………………（49）
13. 海上丝绸之路……………………………………………（53）
14. 丝绸之路与各国往来……………………………………（58）
15. 丝绸之路精神……………………………………………（63）

三　概念的产生与框架 ………………………………………（67）
16. 构想提出过程……………………………………………（67）
17. 时代背景…………………………………………………（71）
18. 倡议框架…………………………………………………（75）
19. 基本内涵…………………………………………………（80）
20. 基本原则…………………………………………………（85）
21. 合作对象…………………………………………………（89）

22. 总体设想 …………………………………………… （95）
23. 合作方向 …………………………………………… （98）
24. 合作机制 …………………………………………… （101）
25. 组织机构 …………………………………………… （106）

四 "五路" ……………………………………………… （112）
26. "一带一路"与和平之路 …………………………… （112）
27. "一带一路"与繁荣之路 …………………………… （116）
28. "一带一路"与开放之路 …………………………… （121）
29. "一带一路"与创新之路 …………………………… （125）
30. "一带一路"与文明之路 …………………………… （130）

五 "五通" ……………………………………………… （135）
31. 政策沟通 …………………………………………… （135）
32. 设施联通 …………………………………………… （139）
33. 贸易畅通 …………………………………………… （143）
34. 资金融通 …………………………………………… （148）
35. 民心相通 …………………………………………… （152）

六 六大经济走廊 ……………………………………… （157）
36. 中蒙俄经济走廊 …………………………………… （157）
37. 新亚欧大陆桥经济走廊 …………………………… （161）
38. 中国—中亚—西亚经济走廊 ……………………… （165）
39. 中国—中南半岛经济走廊 ………………………… （170）
40. 中巴经济走廊 ……………………………………… （174）
41. 孟中印缅经济走廊 ………………………………… （178）

七 中国特色外交部分理论、概念 …………………… （183）
42. 中国特色大国外交 ………………………………… （183）
43. 新型国际关系 ……………………………………… （187）
44. 新型大国关系 ……………………………………… （192）
45. 人类命运共同体 …………………………………… （196）
46. 两个一百年 ………………………………………… （201）
47. 合作共赢 …………………………………………… （205）

48. 区域全面经济伙伴关系协定(RCEP) ……………………… (211)
49. 正确义利观 ………………………………………………… (216)
50. 亲诚惠容 …………………………………………………… (220)
51. 真实亲诚 …………………………………………………… (225)

八 核心概念 …………………………………………………… (230)
52. 发展战略对接 ……………………………………………… (230)
53. 亚洲基础设施投资银行 …………………………………… (234)
54. 丝路基金 …………………………………………………… (239)
55. 新开发银行 ………………………………………………… (243)
56. 中国—东盟合作基金 ……………………………………… (248)
57. 产能合作 …………………………………………………… (252)
58. 跨境产业园区 ……………………………………………… (256)
59. 中国的自由贸易区 ………………………………………… (261)
60. 自由贸易港 ………………………………………………… (266)
61. 宏观经济政策多双边合作对话机制 ……………………… (269)
62. 新产业创新合作 …………………………………………… (275)
63. 国际性基础设施网络建设 ………………………………… (279)
64. 国际性基础设施标准与制度建设 ………………………… (284)
65. 全球价值链发展和供应链 ………………………………… (288)
66. 促进可再生能源和能效合作 ……………………………… (293)
67. 应对气候变化 ……………………………………………… (297)
68. 可持续发展 ………………………………………………… (302)
69. 贸易投资便利化 …………………………………………… (306)
70. 人文交流与合作 …………………………………………… (310)
71. 文明交流与互鉴 …………………………………………… (313)

九 "一带一路"国际合作高峰论坛 ………………………… (319)
72. "一带一路"国际合作高峰论坛 …………………………… (319)
73. "加强政策沟通和发展战略对接"平行主题论坛 ………… (323)
74. "加快设施联通"平行主题论坛 …………………………… (327)
75. "推进贸易畅通"平行主题论坛 …………………………… (330)
76. "促进资金融通"平行主题论坛 …………………………… (334)
77. "增进民心相通"平行主题论坛 …………………………… (339)

78. "智库交流"平行主题论坛 ……………………………………（343）

十 国际上相关行动计划与"一带一路" ……………………………（349）
79. 《2030年可持续发展议程》与"一带一路" …………………（349）
80. 《亚的斯亚贝巴行动议程》与"一带一路" …………………（353）
81. 非洲《2063年议程》与"一带一路" …………………………（358）
82. 文明古国论坛与"一带一路" …………………………………（363）
83. 《亚太经合组织互联互通蓝图》与"一带一路" ……………（367）
84. 《东盟共同体愿景2025》与"一带一路" ……………………（371）
85. 亚欧会议及其互联互通工作组与"一带一路" ………………（375）
86. 中国和中东欧国家合作与"一带一路" ………………………（379）
87. "中欧海陆快线"与"一带一路" ……………………………（383）
88. "中间走廊"倡议与"一带一路" ……………………………（388）
89. 中国—欧盟互联互通平台（"容克计划"）与"一带一路" …（393）
90. 欧盟东部伙伴关系与"一带一路" ……………………………（397）
91. 以平等、开放、透明为原则的欧亚伙伴关系与"一带一路" …（402）
92. 南美洲区域基础设施一体化倡议与"一带一路" ……………（406）
93. 《东盟互联互通总体规划2025》与"一带一路" ……………（411）
94. 《巴黎协定》与"一带一路" …………………………………（414）
95. 跨欧洲交通运输网与"一带一路" ……………………………（419）
96. 西巴尔干六国互联互通议程与"一带一路" …………………（423）
97. 世界贸易组织《贸易便利化协议》与"一带一路" …………（427）

十一 国际上类似计划与"一带一路"对接 ………………………（432）
98. 联合国的丝绸之路项目与"一带一路" ………………………（432）
99. 美国的新丝绸之路计划与"一带一路" ………………………（436）
100. 俄罗斯的欧亚经济联盟与"一带一路" ………………………（440）
101. 日本的亚洲基建投资计划与"一带一路" ……………………（444）
102. 印度的"季风计划"与"一带一路" …………………………（449）
103. 印度尼西亚的"全球海上支点战略"与"一带一路" ………（454）
104. 澳大利亚的北部大开发计划与"一带一路" …………………（459）
105. 波兰的"琥珀铁路货运走廊"与"一带一路" ………………（463）
106. 埃及的新苏伊士运河计划与"一带一路" ……………………（467）

107. 肯尼亚的拉穆港—南苏丹—埃塞俄比亚交通走廊计划
  与"一带一路"……………………………………………………（470）
108. 越南的南北经济走廊/两廊一圈与"一带一路"………………（475）
109. 蒙古国的草原之路与"一带一路"……………………………（480）
110. 哈萨克斯坦的光明之路计划与"一带一路"…………………（485）
111. 韩国"新北方政策"与"一带一路"……………………………（490）

十二 "一带一路"倡议实施和推进相关案例剖析……………………（495）
  112. 基础设施联通建设案例评析…………………………………（495）
  113. 产能合作案例评析……………………………………………（500）
  114. 贸易投资便利化案例评析……………………………………（504）
  115. 金融合作案例评析……………………………………………（508）
  116. 人文交流合作案例评析………………………………………（513）
  117. 中国国际进口博览会…………………………………………（518）

一 中国改革开放对世界的贡献与"一带一路"倡议的形成

1. 中国改革开放对世界的历史性贡献

——中国改革开放的发展进程

1978年以来,中国始终坚持"对内改革,对外开放"的基本国策。改革和开放相辅相成、相互促进,锐意推进经济体制、政治体制、文化体制、社会体制、生态文明体制和党的建设制度改革,不断扩大开放,取得了举世瞩目的伟大成就。从1978年到2017年,中国国内生产总值从3678亿元人民币(现价)增至82.7万亿元人民币(现价),实际增长34.5倍,稳居全球第二大经济体;人均国内生产总值从385元人民币(现价)增至5.966万元人民币(现价),实际增长24倍,跻身中等收入国家行列;对外贸易总额从206亿美元增至4.12万亿美元,增长200倍,成为全球第一出口大国;外汇储备从1.67亿美元增至3.14万亿美元,高居全球外汇储备榜首。

从改革开放的发展进程来看,可分为三个历史阶段。

第一个阶段是从1978年到1992年的全面探索阶段。

1978年,党的十一届三中全会做出把党和国家工作中心转移到经济建设上来、实行改革开放的历史性决策。改革首先从在农村开始施行家庭联产承包责任制,并在城市扩大企业自主权实行企业承包制入手,进行综合和专项改革试点。20世纪80年代中后期,改革重点从农村转移到城市,从经济领域扩展到政治领域、科技教育领域及其他社会生活领域,并取得显著成效。1992年,党的第十四次全国代表大会在邓小平南方谈话有关"市场经济不等于资本主义、社会主义也有市场"的著名论断基础上,明确提出了经济体制改革的目标是建立社会主义市场经济体制。

在对外开放方面,从1979年试办经济特区,到1984年开放沿海城市,到1985年选定长江三角洲、珠江三角洲、闽南三角洲地区和环渤海地区为沿海经济开放区,到1990年开放上海浦东新区,由南到北,层层推进,初步形成了沿海开放格局。

第二个阶段是从1992年到2013年的全面推进阶段。

在对内改革方面，经济体制成功实现从高度集中的计划经济体制到充满活力的社会主义市场经济体制的伟大历史转折；建立和完善社会主义市场经济体制，建立以家庭承包经营为基础、统分结合的农村双层经营体制，形成以公有制为主体、多种所有制经济共同发展的基本经济制度，形成以按劳分配为主体、多种分配方式并存的分配制度，形成在国家宏观调控下市场对资源配置发挥基础性作用的经济管理制度；同时，不断深化政治体制、文化体制、社会体制以及其他各方面体制改革，不断形成和发展符合中国国情、充满生机活力的新的体制机制。①

在对外开放方面，20世纪90年代先后批准开放了13个沿边城市、6个长江沿岸城市、18个内陆省会城市，开放了32个国家级经济技术开发区、52个高新技术开发区、13个保税区，开放了34个口岸，形成了沿海、沿江、沿边和内陆地区多层次、全方位的开放格局；并在经过15年艰难谈判后，于2001年加入世界贸易组织，开始从政策性开放转变为法律框架下的全方位、多层次、跨领域的双向开放，成功实现了从封闭半封闭到全方位开放的伟大历史转折。②

第三个阶段是2013年以来的全面深化阶段。

在对内改革方面，2013年11月党的十八届三中全会通过《中共中央关于全面深化改革若干重大问题的决定》，提出全面深化改革的总目标是完善和发展中国特色社会主义制度，推进国家治理体系和治理能力现代化，重点是经济体制改革，核心问题是处理好政府和市场的关系，使市场在资源配置中起决定性作用和更好发挥政府作用。具体来看，全面深化改革的主要内容包括坚持和完善基本经济制度，加快完善现代市场体系，加快转变政府职能，深化财税体制改革，健全城乡发展一体化体制机制，构建开放型经济新体制，加强社会主义民主政治制度建设，推进法治中国建设，强化权力运行制约和监督体系，推进文化体制机制创新，推进社会事业改革创新，创新社会治理体制，加快生态文明制度建设，深化国防和军队改革，加强和改善党对全面深化改革的领导。③

在对外开放方面，推动形成全面开放新格局，一方面不断完善法治化、国际化、便利化的营商环境，继续做好"引进来"工作；另一方面顺应国内企业

---

① 胡锦涛：《在纪念党的十一届三中全会召开30周年大会上的讲话》，《人民日报》2008年12月19日第1版。
② 常健：《中国对外开放的历史进程》，《第六期中国现代化研究论坛论文集》会议论文，2008年，第301—304页。
③ 《中共中央关于全面深化改革若干重大问题的决定》，《人民日报》2013年11月16日第1版。

与产业"走出去"的发展需求，推动"一带一路"建设，加强国际产能合作，全面参与全球经济合作和竞争。

——中国改革开放的世界历史性贡献

第一，中国发展模式为发展中国家提供了新的发展道路选择。改革开放最主要的成果是开创和发展了中国特色社会主义，为社会主义现代化建设提供了强大动力和有力保障。① 中国特色社会主义道路、理论、制度、文化不断发展，拓展了发展中国家走向现代化的途径，给世界上那些既希望加快发展又希望保持自身独立性的国家和民族提供了全新选择。②

对于发展中国家而言，中国特色社会主义道路提供了不同于西方道路的成功实践：在经济领域，通过社会主义市场经济把政府的"看得见的手"和市场的"看不见的手"结合起来，把计划和市场结合起来，把国有经济和民营经济结合起来，避免了"市场原教旨主义"弊端；在政治领域，通过社会主义民主政治把选拔和选举有机结合起来，从内容与结果的角度开展创新，改变了"民主原教旨主义"对形式与程序的教条窠臼；在社会领域，推进社会综合治理，推动社会协商和对话，建立了社会与国家良性互动，弥合了西方社会与国家的内在张力。③

更重要的是，中国道路坚持与时俱进的观念，主张实践发展永无止境，解放思想永无止境，改革开放永无止境，倡导"多元化"，从而在根本上有别于西方道路"一元化"的故步自封，有助于广大发展中国家在借鉴中国经验基础上，积极探索符合本国国情的发展道路，避免重蹈照搬照抄西方道路的覆辙。

第二，打破了"国强必霸"的传统桎梏，为世界和平稳定提供了重要保证。作为全球第二大经济体，中国的大国复兴之路是一条跳出西方霸权冲突历史周期律的和平发展道路。概括而言，就是既通过维护世界和平发展自己，又通过自身发展维护世界和平；在强调依靠自身力量和改革创新实现发展的同时，坚持对外开放，学习借鉴别国长处；顺应经济全球化发展潮流，寻求与各国互利共赢和共同发展；同国际社会一道努力，推动建设持久和平、共同繁荣的和谐世界。④

中国选择和平发展道路，一方面得益于爱好和平的文化传统。中华民族的

---

① 《中共中央关于全面深化改革若干重大问题的决定》，《人民日报》2013年11月16日第1版。
② 习近平：《决胜全面建成小康社会 夺取新时代中国特色社会主义伟大胜利——在中国共产党第十九次全国代表大会上的报告》，《人民日报》2017年10月28日第1版。
③ 张维为：《中国道路对西方模式的超越》，《人民日报》2016年10月23日第5版。
④ 《中国的和平发展》白皮书，2011年9月6日，中华人民共和国国务院新闻办公室网站，www.scio.gov.cn/ztk/dtzt/58/3/Document/999959/999959.htm。

血液中没有侵略他人、称霸世界的基因，中国人民不接受"国强必霸"的逻辑，愿意同世界各国人民和睦相处、和谐发展，共谋和平、共护和平、共享和平。①

另一方面取决于改革开放的和平发展诉求。通过对内改革，中国主要依靠自身力量和改革创新推动经济社会发展，不把问题和矛盾转嫁给别国；依托对外开放，中国把独立自主同参与经济全球化结合起来，把继承中华民族优良传统同学习借鉴人类社会一切文明成果结合起来，把国际国内两个市场、两种资源结合起来，以开放的姿态融入世界，不断拓展对外开放的广度和深度，加强同世界各国交流合作，从而形成内外联动、互利共赢、安全高效的开放型经济体系。② 这就使得中国不仅没有必要重蹈西方大国争霸覆辙，而且有动力积极主动地维护世界和平与稳定。

第三，为解决人类问题贡献了中国智慧和中国方案。21 世纪以来，积极化解人类社会面临的共同难题，开始成为世界各国携手合作的重要方向。2015 年，联合国在继承"千年发展目标"的基础上，进一步提出"2030 年可持续发展议程"，倡导在世界各地消除贫困与饥饿；消除各个国家内和各个国家之间的不平等；建立和平、公正和包容的社会；保护人权和促进性别平等，增强妇女和女童的权能；永久保护地球及其自然资源。③

针对减贫与环保等人类共同难题，中国改革开放始终坚持发展是解决所有问题关键的重大战略判断，以经济建设为中心，紧紧围绕更好保障和改善民生、促进社会公平正义深化社会体制改革，改革收入分配制度，促进共同富裕，推进社会领域制度创新，推进基本公共服务均等化，加快形成科学有效的社会治理体制，确保社会既充满活力又和谐有序，紧紧围绕建设美丽中国深化生态文明体制改革，加快建立生态文明制度，健全国土空间开发、资源节约利用、生态环境保护的体制机制，推动形成人与自然和谐发展现代化建设新格局。④

通过改革开放，中国不仅为联合国"千年发展目标"提交了高质量国别答卷，而且在"2030 年可持续发展议程"的落实中走在了世界前列，特别在减贫方面，更是取得了显著成效。中国农村贫困人口从 1978 年的 7.7 亿降至 2016 年的 4335 万，同期的农村贫困发生率也从 97.5% 降至 4.5%，从而为人

---

① 习近平：《在中国国际友好大会暨中国人民对外友好协会成立 60 周年纪念活动上的讲话》，《人民日报》2014 年 5 月 16 日第 2 版。
② 《中国的和平发展》白皮书，2011 年 9 月 6 日，中华人民共和国国务院新闻办公室网站，www.scio.gov.cn/ztk/dtzt/58/3/Document/999959/999959.htm。
③ 《变革我们的世界：2030 年可持续发展议程》，联合国，2016 年。
④ 《中共中央关于全面深化改革若干重大问题的决定》，《人民日报》2013 年 11 月 16 日第 1 版。

类社会消除贫困的伟大事业做出了积极贡献。①

更重要的是，中国在对内改革过程中取得的发展经验特别是减贫经验，将为其他面临发展重任的国家提供中国智慧与中国方案。与此同时，中国在对外开放过程中，通过双多边合作积极倡导经济发展包容性，努力为发展中国家借鉴中国发展经验创造条件和提供帮助，有力推动了世界消除贫困的历史进程。

第四，为推动全球化发展提供新的动力。经济全球化是社会生产力发展的客观要求和科技进步的必然结果，为世界经济增长提供了强劲动力，促进了商品和资本流动、科技和文明进步、各国人民交往。中国社会经济长期保持高速发展，很大程度上得益于通过改革开放不断适应和融入全球化发展进程。

不过，全球化并不是一帆风顺。2008年国际金融经济危机以来，世界经济长期低迷，三大结构性矛盾难以得到有效解决：全球增长动能不足，难以支撑世界经济持续稳定增长；全球经济治理滞后，难以适应世界经济新变化；全球发展失衡，难以满足人们对美好生活的期待。② 针对全球化的现实难题，中国坚持改革开放，始终做世界和平的建设者、全球发展的贡献者、国际秩序的维护者，承担起推动构建人类命运共同体的历史重任。③

通过对内改革，中国不断增强经济创新力和竞争力，坚持质量第一、效益优先，以供给侧结构性改革为主线，推动经济发展质量变革、效率变革、动力变革，提高全要素生产率，着力加快建设实体经济、科技创新、现代金融、人力资源协同发展的产业体系，着力构建市场机制有效、微观主体有活力、宏观调控有度的经济体制。作为全球第二大经济体，国际金融危机以来，中国经济增长对世界经济增长贡献率年均在30%以上，从而为世界经济持续稳定增长提供了强大动能。

通过对外开放，中国同一大批国家联动发展，以"一带一路"建设为重点，坚持"引进来"和"走出去"并重，遵循共商、共建、共享原则，加强创新能力开放合作，形成陆海内外联动、东西双向互济的开放格局，从而使全球经济发展更加平衡、更加包容，为进一步完善全球经济治理提供了有利条件。（本条执笔：周方冶）

---

① 《中国落实2030年可持续发展议程进展报告》，2017年8月，中华人民共和国外交部网站，http://www.fmprc.gov.cn。
② 习近平：《共担时代责任 共促全球发展》，《人民日报》2017年1月18日第3版。
③ 习近平：《决胜全面建成小康社会 夺取新时代中国特色社会主义伟大胜利——在中国共产党第十九次全国代表大会上的报告》，《人民日报》2017年10月28日第1版。

2. 开放型经济建设与"一带一路"

——开放型经济建设的形成与发展

开放型经济是在中国改革开放进程中不断丰富和完善的重要概念，涵盖了经济体系和体制、开放战略、参与全球经济治理以及形成参与国际经济竞争合作新优势等重大理论命题。[①] 1993年党的十四届三中全会首次提出"开放型经济"概念，要求"充分利用国际国内两个市场、两种资源、优化资源配置"。[②] 其主要内容包括：首先，区域上强调全方位开放，除了推进经济特区和沿海开放以外，还要着力推进沿边、沿江和内陆中心城市的开放；其次，深化外贸体制改革，加速转换各类企业对外经营体制；最后，积极引进外来资金、技术、人才和管理经验。

1997年党的十五大报告进一步提出"完善全方位、多层次、宽领域的对外开放格局，发展开放型经济"。[③] 其内容增加了扩大服务贸易、积极参与区域经济合作和全球多边贸易体系、有步骤推进服务业对外开放、鼓励能够发挥中国比较优势的对外投资，更好利用国内国外两个市场、两种资源等新内容。2000年党的十五届五中全会强调"进一步扩大对外开放，发展开放型经济"，[④] 并首次提出"走出去"战略，要求充分利用加入世界贸易组织的发展机遇，努力在利用国内外两种资源、两个市场方面有新的突破。

2002年党的十六大报告在高度评价开放型经济建设成就的同时明确提出进一步推进开放型经济发展的重点是坚持"引进来"和"走出去"相结合。[⑤] 2005年党的十六届五中全会明确提出推进"开放型经济达到新水平"，并首次提出促进全球贸易和投资自由化便利化和实施互利共赢的开放战略。[⑥]

2007年党的十七大报告首次提出"开放型经济体系"的概念，要求"扩大开放领域、优化开放结构、提高开放质量、完善内外联动、互利共赢、安全高效的开放型经济体系，形成经济全球化条件下参与国际经济合作和竞争

---

① 裴长洪：《中国特色开放型经济理论研究纲要》，《经济研究》2016年第4期，第16页。
② 《中共中央关于建立社会主义市场经济体制若干问题的决定》，《人民日报》1993年11月17日第1版。
③ 江泽民：《高举邓小平理论伟大旗帜　把建设有中国特色社会主义事业全面推向21世纪》，人民出版社1997年版。
④ 《中共中央关于制定国民经济和社会发展第十个五年计划的建议》，《人民日报》2000年10月19日第1版。
⑤ 江泽民：《全面建设小康社会　开创中国特色社会主义事业新局面》，人民出版社2002年版。
⑥ 《中共中央关于制定国民经济和社会发展第十一个五年规划的建议》，《人民日报》2005年10月19日第1版。

新优势"。① 2010年党的十七届五中全会进一步提出"完善更加适应发展开放型经济要求的体制机制",并首次提出"积极参与全球经济治理和区域合作"与"推动国际经济体系改革"。②

2012年党的十八大报告进一步明确,"全面提高开放型经济水平。适应经济全球化新形势,必须实行更加积极主动的开放战略,完善互利共赢、多元平衡、安全高效的开放型经济体系"③,从而对开放型经济体系建设提出了新的定位与要求。2017年党的十九大报告再次明确,"主动参与和推动经济全球化进程,发展更高层次的开放型经济",并将"推动建设开放型世界经济"新理念纳入开放型经济建设范畴。④

——开放型经济建设的成就与前景

经过中国改革开放40年的探索与实践,开放型经济建设取得重要进展。首先是外贸行业成效显著,中国已成为全球第一货物贸易大国,第二服务贸易大国和服务外包接包国,而且对经济贡献显著,直接或间接带动就业人数达1.8亿,约占全国就业人口总数的23%。其次是"引进来"成效明显,2017年中国实际引进外资1440亿美元,连续26年居发展中国家首位⑤,而且对经济贡献明显,2016年外资企业出口占全国43.7%,纳税占18.3%,就业占城镇总就业人数的9.9%,规模以上工业企业利润占全国25.2%。最后是"走出去"规模扩大,2016年对外投资流量跃居全球第2位,成为严格意义的资本净输出国,对外直接投资存量超过1.3万亿美元,境外资产总额近5万亿美元。⑥

随着世界多极化、经济全球化进一步发展,国际政治经济环境正深刻变化,中国改革开放站在了新的历史起点。开放型经济建设在习近平新时代中国特色社会主义经济思想的指引下,也步入了新的发展阶段。从2013年党的十八届三中全会《关于全面深化改革若干重大问题的决定》提出开放型经济建设主攻方向,到2015年中共中央、国务院《关于构建开放型经济新体制的若干意见》明确开放型经济新体制的目标与内容,再到《中华人民共和国国民经济

---

① 胡锦涛:《高举中国特色社会主义伟大旗帜 为夺取全面建设小康社会新胜利而奋斗》,《人民日报》2007年10月25日第1版。
② 《中共中央关于制定国民经济和社会发展第十二个五年规划的建议》,《人民日报》2010年10月28日第1版。
③ 胡锦涛:《坚定不移沿着中国特色社会主义道路前进 为全面建成小康社会而奋斗》,《人民日报》2012年11月18日第1版。
④ 习近平:《决胜全面建成小康社会 夺取新时代中国特色社会主义伟大胜利——在中国共产党第十九次全国代表大会上的报告》,《人民日报》2017年10月28日第1版。
⑤ 联合国贸易和发展会议发布报告:《2017年中国吸引外资总额创历史新高》,《新华每日电讯》2018年1月24日第7版。
⑥ 中共商务部党组:《党的十八大以来我国开放型经济水平全面提升》,《求是》2017年第20期,第26页。

和社会发展第十三个五年规划纲要》进一步细化开放型经济建设的工作方案，基本形成了新时代开放型经济建设的发展布局。①

《关于全面深化改革若干重大问题的决定》从经济体制改革出发，对开放型经济建设做出了重大部署，提出了培育产业综合竞争新优势，培育全方位开放新优势，培育稳定、透明、可预期的营商环境新优势，培育参与和引领国际规则和标准制定的新优势等发展要求，力求在激烈的国际竞争中形成参与和引领国际经济合作竞争新优势。②

《关于构建开放型经济新体制的若干意见》提出了开放型经济新体制的总体目标，要求加快培育国际合作和竞争新优势，更加积极地促进内需和外需平衡、进口和出口平衡、引进外资和对外投资平衡，逐步实现国际收支基本平衡，形成全方位开放新格局，实现开放型经济治理体系和治理能力现代化，在扩大开放中树立正确义利观，切实维护国家利益，保障国家安全，推动中国与世界各国共同发展，构建互利共赢、多元平衡、安全高效的开放型经济新体制；并在此基础上细化了建立市场配置资源新机制、形成经济运行管理新模式、形成全方位开放新格局、形成国际合作竞争新优势等4项具体目标，以及创新外商投资管理体制，建立促进走出去战略的新体制，构建外贸可持续发展新机制，优化对外开放区域布局，加快实施"一带一路"倡议，拓展国际经济合作新空间，构建开放安全的金融体系，建设稳定、公平、透明、可预期的营商环境，加强支持保障机制建设，建立健全开放型经济安全保障体系10大类46项工作内容，从而为开放型经济建设提供了行动指南与路线图。③

《中华人民共和国国民经济和社会发展第十三个五年规划纲要》强调指出，"开放是国家繁荣发展的必由之路"，必须顺应中国经济深度融入世界经济的趋势，奉行互利共赢的开放战略，坚持内外需协调、进出口平衡、引进来和走出去并重、引资和引技引智并举，发展更高层次的开放型经济，积极参与全球经济治理和公共产品供给，提高中国在全球经济治理中的制度性话语权，构建广泛利益共同体；并在此基础上提出了完善对外开放战略布局、健全对外开放新体制、推进"一带一路"建设、积极参与全球经济治理、积极承担国际责任和义务五个重点领域，以及相应的具体规划与工作方案。④

---

① 盛斌、黎峰：《中国开放型经济新体制"新"在哪里？》，《国际经济评论》2017年第1期，第134页。
② 汪洋：《构建开放型经济新体制》，《人民日报》2013年11月22日第6版。
③ 《中共中央 国务院关于构建开放型经济新体制的若干意见》，《人民日报》2015年9月18日第1版。
④ 《中华人民共和国国民经济和社会发展第十三个五年规划纲要》，《人民日报》2016年3月18日第1版。

——"一带一路"推动开放型经济建设

开放型经济建设与"一带一路"倡议存在紧密的逻辑关系。一方面,开放型经济建设是"一带一路"的内在要求与前提条件。作为共建"一带一路"的倡议者,更是负责任、有担当的实践者,中国要在对外开放方面做出积极表率,方能起到引领与推动作用,保证"一带一路"充满活力。另一方面,"一带一路"是开放型经济建设的重要平台与有效手段,有助于统合内外资源,促进"互利共赢、多元平衡、安全高效"的开放型经济建设。

第一,"一带一路"有助于保证开放型经济建设的互利共赢方向。开放型经济的基本要求是货物、资金、人员、技术等要素的跨国自由流动,从而保证资源合理配置和生产效率最大化,但相较于西方国家的自由经济理念,习近平新时代中国特色社会主义经济思想指引下的开放型经济建设,最显著的区别就在于坚持互利共赢,即在对外开放过程中推动中国与世界各国共同发展,从而在根本上改变不合理不公正的国际产业分工体系,有效遏制"新殖民主义"的霸权行为。

"一带一路"秉持互利共赢的丝绸之路精神,奉行所有国家不分大小、贫富,平等相待共同参与合作,将中国发展形成的经验和基础,与各国的发展意愿和比较优势相结合,以共建"一带一路"作为重要契机和合作平台,促进各国加强经济政策协调,提高互联互通水平,共同打造开放、包容、均衡、普惠的新型合作架构,体现了包括中国在内的"一带一路"沿线各国的共同利益。

截至2018年5月,中国已与88个国家和国际组织签署了103份共建"一带一路"合作协议,涵盖互联互通、产能、投资、经贸、金融、科技、社会、人文、民生、海洋等合作领域。同时,中国积极履行国际责任,在共建"一带一路"框架下深化同各有关国际组织的合作,与联合国开发计划署、亚太经社会、世界卫生组织签署共建"一带一路"的合作文件。[①] 这就为中国开放型经济建设的互利共赢方向提供了有力保证。

第二,"一带一路"有助于促进开放型经济建设的多元平衡格局。开放型经济建设在新的发展阶段上,明确提出多元平衡原则,要求改变长期以来的发展不平衡问题。通过"一带一路"构建陆海内外联动、东西双向开放的全面开放新格局,将有助于在中国新一轮改革开放过程中,切实改善内外、东西、南北等发展不平衡问题。

首先是内外发展不平衡问题。21世纪以来,中国积极推行走出去战略,并取得了显著成效,但相较于引进来战略,依然存在明显差距。"一带一路"的

---

① 推进"一带一路"建设工作领导小组办公室:《共建"一带一路":理念、实践与中国的贡献》,2017年5月10日,新华网,http://www.xinhuanet.com/politics/2017-05/10/c_1120951928.htm。

政策沟通、设施联通、贸易畅通、资金融通、民心相通,将有效改善走出去战略的外部环境,有助于坚持引进来与走出去并重的方针,切实改善中国经济的内在性与外部条件的平衡,特别是内外需的平衡。

其次是东西发展不平衡问题。中国改革开放在东西部差距明显,中西部地区的开放程度与发展成就,都远落后于东部沿海地区。"一带一路"的新亚欧大陆桥、中蒙俄、中国—中亚—西亚、中国—中南半岛、中巴和孟中印缅六大国际经济合作走廊建设,为中西部地区的对外开放铺平了道路,从而有助于贯彻落实西部开发、东北振兴、中部崛起、东部率先的区域发展总体战略。

最后是南北发展不平衡问题。中国对外经贸合作传统上是以西方发达国家为主,南南合作相对较薄弱。"一带一路"为中国与沿线国家特别是发展中国家经贸合作提供了持续性的新动能。近年来,"一带一路"沿线国家贸易成为中国外贸新的持续增长点。2017年,中国对"一带一路"沿线国家进出口占外贸总额的比重已增至26.5%。

第三,"一带一路"有助于提高开放型经济建设的安全高效水平。开放型经济建设一方面要重视体制机制安全建设,防范外部风险冲击,但另一方面也要拆除不合理的体制机制壁垒,促进跨国要素流动,提高合作效率。"一带一路"通过各国共商共建共享,共同打造全球经济治理的新体系,不仅有助于从全球资源与市场合理配置的高度出发,切实降低全球经济金融危机可能性,而且有助于减少国家间贸易与投资壁垒,避免各国面对风险采取以邻为壑的不合理举措。2016年11月,联合国193个会员国协商一致通过决议,欢迎共建"一带一路"等经济合作倡议,呼吁国际社会为"一带一路"建设提供安全保障环境。2017年3月17日,联合国安理会一致通过第2344号决议,呼吁国际社会通过"一带一路"建设加强区域经济合作。这就为中国开放型经济建设创造了有利的国际环境。(本条执笔:周方冶)

3. 中国经济转型与"一带一路"

——中国经济转型的特征与进程

中国经济转型在改革开放初期主要是指经济体制转型,即从计划经济到社会主义市场经济的体制转型。1995年,中共中央在党的文件中首次正式使用"转变经济增长方式"提法,提出"实行两个根本性的转变",要求在经济体制转型的同时,推动从粗放型经济增长方式向集约型经济增长方式转变,使得中国经济转型开始呈现体制转型与发展转型的"双重转型"特征。

作为社会主义市场经济条件下的第一个五年计划,"九五"计划(1996—

2000年)明确提出要"两个具有全局意义的根本性转变"。① 不过,随着1997年亚洲金融危机爆发,中国为应对危机,采取扩大内需,发行国债,加大公路、水利、城市等基础设施建设投入,扩大高等教育招生规模,加快住房市场化改革等政策举措,结果使得经济增长方式转变在"九五"时期并未取得实质性进展。

"十五"计划(2001—2005年)指出,中国"经济已经到了不调整就不能发展的时候。按原有结构和粗放增长方式发展经济,不仅产品没有市场,资源、环境也难以承受"。② 并且提出要积极主动、全方位地对经济结构进行战略性调整,把产业结构调整作为关键,把调整产业结构和调整所有制结构、地区结构、城乡结构结合起来。③ 随着2001年加入世贸组织,中国经济在外贸推动下再次步入两位数的高速增长期,但在出口导向加上投资主导的发展模式下,内外需结构与投资消费结构的失衡进一步加剧。

"十一五"规划(2006—2010年)指出,中国"在快速发展中又出现了一些突出问题:投资和消费关系不协调,部分行业盲目扩张、产能过剩,经济增长方式转变缓慢,能源资源消耗过大,环境污染加剧",并要求加快转变经济增长方式,推动经济增长由主要依靠投资和出口拉动向消费与投资、内需与外需协调拉动转变,由主要依靠工业带动和数量扩张向三次产业协调带动和结构优化升级带动转变,由主要依靠增加资源投入带动向主要依靠提高资源利用效率带动转变。④ 2007年党的十七大报告将"转变经济增长方式"改为"转变经济发展方式",明确提出"加快转变经济发展方式"的新要求。⑤

"十一五"期间,中国经济年均增长高达11.3%,经济总量在全球的排名于2006年超过英国,居第4位,2007年超过德国,居第3位,2009年超过日本,居第2位。2010年,中国制造业规模超过美国,居世界第1位。中国用几十年时间走完了发达国家几百年走过的发展历程,创造了世界发展的奇迹。⑥ 但是,中国经济发展转型在2008年国际金融危机影响下却未能取得预期成效。

---

① 《中华人民共和国国民经济和社会发展"九五"计划和2010年远景目标纲要》,1996年3月17日,中国人大网,http://www.npc.gov.cn/wxzl/gongbao/2001-01/02/content_5003506.htm。
② 朱镕基:《关于国民经济和社会发展第十个五年计划纲要的报告》,《新华每日电讯》2001年3月17日第1版。
③ 《中华人民共和国国民经济和社会发展第十个五年计划纲要》,《新华每日电讯》2001年3月18日第1版。
④ 《中华人民共和国国民经济和社会发展第十一个五年规划纲要》,《人民日报》2006年3月17日第1版。
⑤ 胡锦涛:《高举中国特色社会主义伟大旗帜 为夺取全面建设小康社会新胜利而奋斗》,《人民日报》2007年10月25日第1版。
⑥ 习近平:《在省部级主要领导干部学习贯彻党的十八届五中全会精神专题研讨班上的讲话》,《人民日报》2016年5月10日第2版。

中国推出大规模救市计划,一方面防范了经济的断崖式下行,但另一方面也引起了产能与库存过剩以及杠杆率居高不下等负面影响。

"十二五"期间(2011—2015年),中国经济在国内外结构性因素的影响下,呈现 L 形发展走势,增长率从 2011 年开始逐年下行,连续创下 1991 年以来的历史新低。对此,习近平做出了中国经济发展的显著特征就是进入"新常态"的重要判断,明确指出"增长速度要从高速转向中高速,发展方式要从规模速度型转向质量效率型,经济结构调整要从增量扩能为主转向调整存量、做优增量并举,发展动力要从主要依靠资源和低成本劳动力等要素投入转向创新驱动",并强调,这些变化是"经济向形态更高级、分工更优化、结构更合理的阶段演进的必经过程",从而为中国经济转型的深化发展指明了方向。①

——中国经济转型的路径与成效

2017 年党的十九大报告提出,中国经济"由高速增长阶段转向高质量发展阶段,正处在转变发展方式、优化经济结构、转换增长动力的攻关期",并提出"以供给侧结构性改革为主线,推动经济发展质量变革、效率变革、动力变革,提高全要素生产率"的经济发展转型路径。②

供给侧结构性改革重点是解放和发展社会生产力,用改革的办法推进结构调整,减少无效和低端供给,扩大有效和中高端供给,增强供给结构对需求变化的适应性和灵活性,提高全要素生产率。③ 其主要任务是"三去一降一补":(1)去产能,淘汰落后的过剩产能,特别是钢铁与煤炭产能;(2)去库存,减少房地产特别是三、四线城市房地产库存;(3)去杠杆,降低政府、企业与个人的负债水平;(4)降成本,降低社会特别是企业成本;(5)补短板,弥补公共服务、基础设施和制度性短板。

对于供给侧结构性改革,有必要从以下方面加以理解。④

首先,供给侧结构性改革与西方经济学的供给学派存在本质区别。供给学派强调的重点是减税,过分突出税率的作用,并且思想方法比较绝对,只注重供给而忽视需求、只注重市场功能而忽视政府作用。供给侧结构性改革,不只是税收和税率问题,而是通过一系列政策举措,特别是推动科技创新、发展实体经济、保障和改善人民生活的政策措施,解决中国经济供给侧存在的问题,

---

① 习近平:《在省部级主要领导干部学习贯彻党的十八届五中全会精神专题研讨班上的讲话》,《人民日报》2016 年 5 月 10 日第 2 版。
② 习近平:《决胜全面建成小康社会 夺取新时代中国特色社会主义伟大胜利——在中国共产党第十九次全国代表大会上的报告》,《人民日报》2017 年 10 月 28 日第 1 版。
③ 习近平:《在省部级主要领导干部学习贯彻党的十八届五中全会精神专题研讨班上的讲话》,《人民日报》2016 年 5 月 10 日第 2 版。
④ 同上。

既强调供给又关注需求,既突出发展社会生产力又注重完善生产关系,既发挥市场在资源配置中的决定性作用又更好发挥政府作用,既着眼当前又立足长远。从政治经济学的角度看,供给侧结构性改革的根本,是使中国供给能力更好满足广大人民日益增长、不断升级和个性化的物质文化和生态环境需要,从而实现社会主义生产目的。

其次,供给侧结构性改革是实现供需结构再平衡的内在要求。当前和今后一个时期,中国经济发展面临"四降一升",即经济增速下降、工业品价格下降、实体企业盈利下降、财政收入下降、经济风险发生概率上升。这些问题的主要矛盾不是周期性的,而是结构性的,供给结构错配问题严重;同时,矛盾的主要方面在供给侧,而不是需求侧。中国不是需求不足或无需求,而是需求变了,供给的产品却没有变,质量、服务跟不上。有效供给能力不足引起消费能力严重外流。

由于单纯依靠刺激内需难以解决产能过剩等结构性矛盾,因此,必须把改善供给结构作为主攻方向,从生产端入手,重点是促进产能过剩有效化解,促进产业优化重组,降低企业成本,发展战略性新兴产业和现代服务业,增加公共产品和服务供给,提高供给结构对需求变化的适应性和灵活性,以实现由低水平供需平衡向高水平供需平衡跃升。

最后,供给侧结构性改革为经济持续健康发展提供内生动力。"十三五"(2016—2020年)开局以来,中国持续深化供给侧改革,经济转型升级取得初步成效。2017年,中国结束6年来经济增长持续下行,国内生产总值首次突破80万亿元大关;经济效益持续提升,中央企业利润首次突破1.4万亿元,经济效益增量和增速均为5年来最好水平,失业率降至5年来最低点,工业生产者出厂价格5年来首次由负转正;经济动力加快转换,消费支出对经济增长贡献率达到58.8%,比5年前提高近4个百分点,服务业增加值占国内生产总值比重达到60%,比5年前提高5个多百分点;出口结构不断优化,出口主力从劳动密集型转变为技术密集型,高铁、海洋设备、核电装备、卫星等成为新的出口优势行业;产业结构加速迈向中高端,根据世界知识产权组织《全球创新指数》报告,中国创新指数排名从2012年的第34位升至2017年的第22位。[①]

——中国经济转型与"一带一路"相辅相成

一方面,中国经济转型将为"一带一路"提供可持续的发展动力。在理念上,"一带一路"是所有国家不分大小、贫富,平等相待共同参与合作,但在责任上,中国作为最大的发展中国家和全球第二大经济体,特别是"一带一

---

① 胡鞍钢、张新:《高质量发展迈出一大步:2017年中国经济亮点回眸》,《人民日报》2018年1月22日第7版。

路"倡议发起国，必然要在起步阶段承担更多的历史重任，以保证在全球经济复苏乏力的状态下，推动"一带一路"步入良性循环。这就对中国经济增长的"火车头"作用提出了更高要求。随着供给侧结构性改革的成效显现，中国经济转型的内生动力还将进一步增强，从而为"一带一路"提供可持续的发展动力。[1]

另一方面，"一带一路"将为中国经济转型提供有利的外部环境。首先是有助于制造业的转型升级。通过"一带一路"加强基础设施建设，推动跨国跨区域互联互通，不仅将增加"一带一路"沿线国家对钢铁、水泥等建材产品的有效需求，缓解中国传统产业产能过剩问题，还将在高铁、港口、电力、油气、通信等重大项目合作中，大幅增加各类成套设备需求，从而为中国中高端制造业的发展拓展海外市场。

更重要的是，"一带一路"在互联互通基础上推动贸易便利化发展，将有力促进中国与各国贸易往来，从而在全球贸易增长乏力的不利条件下，为中国制造业转型升级提供更广阔的回旋空间。[2] 2017 年，中国与"一带一路"沿线各国贸易额达 7.4 万亿元，同比增长 17.8%，超过中国外贸增速 3.6 个百分点。[3]

其次是有助于服务业的创新发展。中国是全球第二服务贸易大国，2016 年服务贸易总额 6575 亿美元，仅次于美国。不过，中国要实现"到 2020 年，服务贸易总额超过 1 万亿美元，服务贸易占对外贸易的比重进一步提升，服务贸易的全球占比逐年提高"[4] 的经济转型升级目标，还需要在重视传统西方国家的同时，积极开拓新兴市场，特别是"一带一路"沿线国家前景广阔的服务业市场。

更重要的是，中国与沿线国家在"一带一路"框架下加强金融合作，促进货币流通和资金融通，推动金融机构和金融服务网络化布局，创新融资机制，并开展多层次、多领域的人文交流合作，促进民心相通，将为中国服务业"走出去"提供金融便利与人文优势，切实提高服务业的创新能力与国际竞争力。

最后是有助于国际分工体系的优化重塑。2008 年的国际金融危机打破了欧美发达经济体借贷消费、东亚地区提供高储蓄、廉价劳动力和产品，俄罗斯、中东、拉美等提供能源资源的全球经济大循环，促使全球分工格局加快调整，

---

[1] 王军：《世界经济稳健复苏中的"中国贡献"》，《经济日报》2018 年 1 月 25 日第 4 版。
[2] 房宏琳：《"一带一路"对中国经济转型的意义》，《光明日报》2015 年 10 月 28 日第 15 版。
[3] 《"一带一路"全面务实合作成果亮眼》，《人民日报》2018 年 1 月 26 日第 1 版。
[4] 《国务院关于加快发展服务贸易的若干意见》（国发〔2015〕8 号），2015 年 1 月 28 日，中国政府网，http://www.gov.cn/zhengce/content/2015-02/14/content_9482.htm。

跨境资本重新配置,全球各主要经济体都力求通过结构性调整提升分工位势,争取更有利的分工地位。

"一带一路"促进各国加强经济政策协调,提高互联互通水平,开展更大范围、更高水平、更深层次的双多边合作,共同打造开放、包容、均衡、普惠的新型合作架构,有助于在国际分工体系和全球价值链优化重塑过程中,稳步提升中国及沿线各国的分工地位,防范长期以来西方发达国家依托技术与资本优势对发展中国家进行的"低端锁定",从而有效保证中国经济转型的良好国际环境。(本条执笔:周方冶)

4. 创新发展与"一带一路"

——创新发展的概念与特征

创新发展是中国新发展理念的核心要素,位居"创新、协调、绿色、开放、共享"五大发展理念之首。创新发展就是创新成为引领发展的第一动力,科技创新与制度创新、管理创新、商业模式创新、业态创新和文化创新相结合,推动发展方式向依靠持续的知识积累、技术进步和劳动力素质提升转变,促进经济向形态更高级、分工更精细、结构更合理的阶段演进。[1]

第一,创新发展是以科技创新为核心。科技兴则民族兴,科技强则国家强。[2] 中国共产党一直秉承马克思主义关于"社会的劳动生产力,首先是科学的力量"[3] 的重要思想,致力于推动科学技术的创新发展。对此,毛泽东明确指出,"我们不能走世界各国技术发展的老路,跟在别人后面一步一步地爬行。我们必须打破常规,尽量采用先进技术,在一个不太长的历史时期内,把我国建设成为一个社会主义的现代化强国"。[4]

改革开放以来,中国共产党不断提出科技创新的新理念。从邓小平提出"科学技术是第一生产力"[5],到江泽民提出"科教兴国",到胡锦涛提出"坚持走中国特色自主创新道路",再到习近平提出"实施创新驱动发展战略,必须紧紧抓住科技创新这个'牛鼻子'"[6],中国共产党进行了长期的探索与

---

[1] 《国家创新驱动发展战略纲要》,国务院公报2016年第15号,2016年5月19日,中国政府网,http://www.gov.cn/zhengce/2016-05/19/content_5074812.htm。
[2] 习近平:《敏锐把握世界科技创新发展趋势 切实把创新驱动发展战略实施好》,《人民日报》2013年10月2日第1版。
[3] 《马克思恩格斯全集》第46卷,人民出版社1995年版,第211—217页。
[4] 《毛泽东文集》第8卷,人民出版社1999年版,第341页。
[5] 《邓小平文选》第3卷,人民出版社1993年版,第274页。
[6] 习近平:《在中央财经领导小组第七次会议上的讲话》,2014年8月18日,中国政府网,http://www.gov.cn/xinwen/2014-08/18/content_2736502.htm。

实践。

第二，创新发展是全面创新的系统工程。创新发展是一个复杂的社会系统工程，涉及经济社会各个领域。① 科技成果只有同国家需要、人民要求、市场需求相结合，完成从科学研究、实验开发、推广应用的三级跳，才能真正实现创新价值、实现创新驱动发展。② 因此，创新发展要加快完善创新机制，构建国家创新体系，建设各类创新主体协同互动和创新要素顺畅流动、高效配置的生态系统，形成创新驱动发展的实践载体、制度安排和环境保障。③

全方位推进科技创新、企业创新、产品创新、市场创新、品牌创新，加快科技成果向现实生产力转化，推动科技和经济紧密结合。④

第三，创新发展的出发点与立足点是"以人为本"。创新发展坚持"以人为本"的基本立场，并提出"大众创业、万众创新"发展目标。⑤ 从出发点来看，创新发展的根本动力来自人民的创新。这不同于专家学者、科学家、工程师等少数人的创新，是实实在在的人民创新、全民创新。每个创新者不仅是创新活动的主体，还是创新活动、创新理念的受益者、传播者和分享者。亿万个创新者、创业者每时每刻、每日每月的微创新，必将形成思想、知识、技术的不断集聚，引爆社会创新指数级地增长，最终成为世界上最大规模的创新。创新发展的根本目的在于激发人民的活力，这是中国加速实现创新引领、创新驱动的重要条件。⑥

第四，创新发展是有开放性国际视野的自主创新。创新发展坚持中国特色自主创新，因为"只有把核心技术掌握在自己手中，才能真正掌握竞争和发展的主动权，才能从根本上保障国家经济安全、国防安全和其他安全"⑦，所以要发挥社会主义制度优越性，集中力量办大事，抓重大、抓尖端、抓基本，采取"非对称"赶超战略，抢占科技竞争和未来发展制高点。但是，自主创新绝不是关起门来搞创新。在经济全球化深入发展的大背景下，创新资源在世界范

---

① 习近平：《在省部级主要领导干部学习贯彻党的十八届五中全会精神专题研讨班上的讲话》，《人民日报》2016年5月10日第2版。

② 习近平：《在中国科学院第十七次院士大会、中国工程院第十二次院士大会上的讲话》，《人民日报》2014年6月10日第2版。

③ 《国家创新驱动发展战略纲要》，国务院公报2016年第15号，2016年5月19日，中国政府网，http://www.gov.cn/zhengce/2016-05/19/content_5074812.htm。

④ 习近平：《在广东考察工作时的讲话》，2012年12月7—11日。

⑤ 《国家创新驱动发展战略纲要》，国务院公报2016年第15号，2016年5月19日，中国政府网，http://www.gov.cn/zhengce/2016-05/19/content_5074812.htm。

⑥ 胡鞍钢、张新：《创新发展：国家发展全局的核心》，《中共中央党校学报》2016年第2期，第109页。

⑦ 习近平：《在参加全国政协十二届一次会议科协、科技界委员联组讨论时的讲话》，2013年3月4日。

围内加快流动,各国经济科技联系更加紧密,任何一个国家都不可能孤立依靠自己力量解决所有创新难题。[①] 因此,创新发展坚持引进来与走出去相结合,以更加主动的姿态融入全球创新网络,以更加开阔的胸怀吸纳全球创新资源,以更加积极的策略推动技术和标准输出,在更高层次上构建开放创新机制。[②]

——创新发展的路径与成效

自2012年党的十八大正式提出"创新驱动发展战略"以来,党和国家领导人反复强调创新发展重要意义,相继出台各项决策部署,要求贯彻落实创新驱动发展战略,构建创新型国家,缔造世界科技强国。2015年,中共中央、国务院发布《中共中央 国务院关于深化体制机制改革加快实施创新驱动发展战略的若干意见》,出台了深化科技体制改革实施方案以及系统推进全面创新改革试验方案。2016年,中共中央、国务院印发《国家创新驱动发展战略纲要》,指出了创新驱动发展战略的战略背景和要求,提出了战略部署和战略任务,并明确了战略保障和组织实施。同年,国务院印发《"十三五"国家科技创新规划》,明确了"十三五"时期科技创新的总体思路、发展目标、主要任务和重大举措。

从发展目标来看,创新发展主要分"三步走"。第一步,到2020年进入创新型国家行列,基本建成中国特色国家创新体系,有力支撑全面建成小康社会目标的实现;第二步,到2030年跻身创新型国家前列,发展驱动力实现根本转换,经济社会发展水平和国际竞争力大幅提升,为建成经济强国和共同富裕社会奠定坚实基础;第三步,到2050年建成世界科技创新强国,成为世界主要科学中心和创新高地,为中国建成富强民主文明和谐美丽的社会主义现代化国家、实现中华民族伟大复兴的中国梦提供强大支撑。

从发展方式来看,创新发展要实现六大转变。其一,发展方式从以规模扩张为主导的粗放式增长向以质量效益为主导的可持续发展转变;其二,发展要素从传统要素主导发展向创新要素主导发展转变;其三,产业分工从价值链中低端向价值链中高端转变;其四,创新能力从"跟踪、并行、领跑"并存、"跟踪"为主向"并行""领跑"为主转变;其五,资源配置从以研发环节为主向产业链、创新链、资金链统筹配置转变;其六,创新群体从以科技人员的小众为主向小众与大众创新创业互动转变。

近年来,中国科技投入产出数量和质量均有显著提升,正处在从量的增长

[①] 习近平:《在十八届中央政治局第九次集体学习时的讲话》,2013年9月30日。
[②] 《中共中央 国务院关于深化体制机制改革加快实施创新驱动发展战略的若干意见》,国务院公报2015年第10号,2015年3月23日,新华网,http://www.xinhuanet.com/politics/2015-03/23/c_1114735805.htm。

向质的提升转变的重要时期。从投入来看，2017年中国研发经费投入1.75万亿元，占国内生产总值比重的2.12%，研发投入强度已经超过欧盟初创15国平均水平。研发人员全时当量近400万人年，每万人口中研发人员全时当量为近30人年，研发人员总量稳居世界首位。从产出数量与质量来看，2017年中国境内发明专利申请138.2万件，同比增长14.2%，中国申请人通过《专利合作条约》提交的国际专利申请量达4.9万件，位居世界第2位；国际科技论文数量稳居世界第2位，被引用数升至第2位。[①] 中国SCI论文占世界比例从2000年的3.2%增至2015年的16.3%。与此同时，天宫、蛟龙、天眼、悟空、墨子、大飞机等重大科技成果相继问世，标志着中国科技在一些重要领域跻身世界先进行列。

不过，从总体来看，中国关键核心技术受制于人的局面尚未根本改变，创造新产业、引领未来发展的科技储备远远不够，产业还处于全球价值链中低端，军事、安全领域高技术方面同发达国家仍有较大差距。因此，2017年党的十九大报告再次明确"加快建设创新型国家"的发展要求，并提出了四方面发展重点。其一是瞄准世界科技前沿，强化基础研究，实现前瞻性基础研究、引领性原创成果重大突破，并加强应用基础研究，拓展实施国家重大科技项目，突出关键共性技术、前沿引领技术、现代工程技术、颠覆性技术创新，为建设科技强国、质量强国、航天强国、网络强国、交通强国、数字中国、智慧社会提供有力支撑；其二是发挥市场经济的资源配置作用，建立以企业为主体、市场为导向、产学研深度融合的技术创新体系；其三是坚持人才为本，调动人才的积极性、主动性、创造性，出成果和出人才并举、科学研究和人才培养相结合；其四是倡导创新文化，强化知识产权创造、保护、运用，为创新发展创造良好的氛围与保障。

——创新发展引领"一带一路"建设

创新发展与"一带一路"相得益彰。习近平指出，"我们要将'一带一路'建成创新之路。创新是推动发展的重要力量。'一带一路'建设本身就是一个创举，搞好'一带一路'建设也要向创新要动力"。[②]

一方面，创新发展是"一带一路"建设的根本动力。起步阶段，"一带一路"建设的发展动力主要源于自然资源、劳动力、资本等生产要素的自由流动，依托政策沟通、设施联通、贸易畅通、资金融通、民心相通，打破各国贸

[①] 张仲梁：《自主创新推动中国专利不断发展》，2018年4月16日，中华人民共和国国家统计局，http://www.stats.gov.cn/tjsj/sjjd/201804/t20180416_1593979.html。

[②] 习近平：《携手推进"一带一路"建设——在"一带一路"国际合作高峰论坛开幕式上的演讲》，《人民日报》2017年5月15日第3版。

易与投资壁垒，发掘沿线各国特别是发展中国家的经济增长潜力，从而为全球经济复苏注入新的活力。但从中长期来看，"一带一路"建设的发展动力最终取决于以科技创新为核心的全面创新。

对发展中国家而言，人口、资源、环境压力将越来越大，拼投资、拼资源、拼环境的老路已经走不通。唯有创新发展，才有可能在"一带一路"建设过程中，增强发展中国家的全要素生产率和国际竞争力，构建更公正合理的全球产业分工体系，保证沿线各国都能在价值链上获得更有利的发展地位。

另一方面，"一带一路"为创新发展提供了重要平台。首先是科技创新的合作平台。在全球化、信息化、网络化深入发展的条件下，创新要素更具有开放性、流动性，不能关起门来搞创新。[1] "一带一路"有助于提高中国全球配置创新资源能力；有助于企业面向全球布局创新网络，建立海外研发中心，按照国际规则并购、合资、参股国外创新型企业和研发机构，提高海外知识产权运营能力；有助于外商投资战略性新兴产业、高新技术产业、现代服务业，支持跨国公司在中国设立研发中心，实现引资、引智、引技相结合；有助于鼓励和引导国际知名科研机构来华联合组建国际科技中心，吸引国际创新人才来华工作，参与承担国家科技计划项目；从而更好地利用国内国外两种创新资源。

其次是创新成果的转化平台。当今全球科技革命发展的主要特征是从"科学"到"技术"转化，基本要求是重大基础研究成果产业化。[2] 这就需要紧扣经济社会发展重大需求，着力打通科技成果向现实生产力转化的通道。[3] "一带一路"有助于深化知识产权领域改革，提高知识产权的创造、运用、保护和管理能力，建立知识产权侵权的国际调查和海外维权机制；有助于提升中国标准水平，强化基础通用标准研制，健全技术创新、专利保护与标准化互动支撑机制，促进企业、联盟和社团参与或主导国际标准研制，推动中国优势技术与标准成为国际标准；有助于推动中国品牌建设，建立国际互认的品牌评价体系，推动中国优质品牌国际化；从而在体制机制层面，为创新成果转变为实实在在的产业活动创造有利的国际环境。

最后是"大众创业，万众创新"的孵化平台。创新发展的成效不仅取决于科技创新的高度，也取决于"大众创业，万众创新"的广度与深度。"一带一

---

[1] 习近平：《在中央财经领导小组第七次会议上的讲话》，2014年8月18日，新华网，http://www.xinhuanet.com/politics/2015-03/23/c_1114735805.htm。

[2] 同上。

[3] 《中共中央 国务院关于深化体制机制改革加快实施创新驱动发展战略的若干意见》，国务院公报2015年第10号，2015年3月23日，新华网，http://www.xinhuanet.com/politics/2015-03/23/c_1114735805.htm。

路"有助于拓宽企业家的国际视野，培养造就勇于创新、敢于冒险的创新型企业家，打造专业化、市场化、国际化的职业经理人队伍；有助于培育创新型小微企业，面向沿线国家市场，推动分布式、网络化创新，开拓商业模式创新，推动小微企业向"专精特新"方向发展；有助于激发创意灵感，通过沿线国家不同文化的交流与碰撞，立足各国当地智慧，形成更具有生活气息与生命力的创意产品；从而为创新发展进一步夯实"以人为本"的社会根基。（本条执笔：周方冶）

5. 大国责任担当与"一带一路"

——大国责任担当的原则与立场

20世纪50年代至70年代，中国是一个"社会主义国家"和"民族独立国家"，外交任务主要是维护国家主权、争取国际承认，同时支持其他亚非民族国家的民族解放运动及正义斗争。[①] 对当时的中国而言，通过支持第三世界的独立与发展，不仅能极大改善外交孤立，而且也可以动员尽可能多的国际力量反对帝国主义和霸权主义，体现了爱国主义（自身利益）与国际主义（国际义务）的高度统一。[②] 得益于中国与亚非国家的共同努力，亚非民族国家相继获得政治独立并有效捍卫了国家主权，从而在南南合作基础上显著提升了第三世界在国际体系中的整体地位。

1978年改革开放后，中国开始强调"最大发展中国家"的身份认同，并改变了对主流国际体系的看法，积极"参与"和"融入"，将过去的斗争舞台转变为互利共赢的合作平台。据统计，中国从1949年到1978年共加入33个国际公约，1979—2003年则加入240个国际公约。[③] 20世纪90年代后期以来，中国明确提出在国际社会做"负责任大国"，开始更积极地参与国际事务。21世纪以来，随着中国综合国力上升，国际社会对中国发挥更大作用的期待明显增强。2012年党的十八大以来，中国面对纷繁复杂的国际形势，形成并确立了习近平新时代中国特色大国外交思想，从而为大国责任担当的深化发展指明了前进方向。

第一，引导国际体系改革是中国大国责任担当的根本立场。从历史经验来看，国际体系是一个在新旧力量交替特别是大国互动过程中不断发展与完善的

[①] 谢益显主编：《中国外交史（中华人民共和国时期1949—1979）》，河南人民出版社1998年版，第11页。
[②] 周弘：《中国对外援助与改革开放三十年》，《世界经济与政治》2008年第11期，第33—43页。
[③] 《中国参加国际公约情况一览表（1875—2003）》，中华人民共和国外交部网站，http://www.fmprc.gov.cn/web/ziliao_ 674904/tytj_ 674911/tyfg_ 674913/t4985.shtml。

演化进程。对现行国际体系，中国秉持改革立场。一方面，中国通过改革开放，融入国际社会，成为现行国际体系的受益者。习近平指出，"中国是现行国际体系的参与者、建设者、贡献者。我们坚决维护以联合国宪章宗旨和原则为核心的国际秩序和国际体系"。另一方面，现行国际体系也存在诸多不公正不合理现象，有必要加以调整。对此，习近平强调，"推动国际体系朝着更加公正合理方向发展不是推倒重来，也不是另起炉灶，而是与时俱进、改革完善"。① 为推动国际体系的发展与完善，中国相继提出了一系列重要的改革理念，其中包括以"互信、互利、平等、协作"为核心的新安全观，立足于世界多极化发展趋势的国际关系民主化倡议，坚持和平发展道路的庄严承诺，倡导"不冲突，不对抗，互相尊重，合作共赢"的"新型大国关系"等。2017年党的十九大报告进一步提出"推动构建新型国际关系"。其核心内涵，一是相互尊重，主张国家不分大小、强弱、贫富一律平等。二是公平正义，反对弱肉强食的丛林法则，维护各国正当合法权益。三是合作共赢，摒弃零和博弈的旧思维，倡导互利互惠的新思路。②

第二，增进全人类共同利益是中国大国责任担当的重要目标。当今世界面临的不稳定性、不确定性突出，世界经济增长动能不足，贫富分化日益严重，地区热点问题此起彼伏，恐怖主义、网络安全、重大传染性疾病、气候变化等非传统安全威胁持续蔓延，人类面临许多共同挑战，迫切需要解决各种全球性难题的可行方案。对此，中国提出了"构建人类命运共同体"倡议，建设持久和平、普遍安全、共同繁荣、开放包容、清洁美丽的世界。其内容包括：走对话而不对抗、结伴而不结盟的国与国交往新路；坚持以对话解决争端、以协商化解分歧，统筹应对传统和非传统安全威胁；推动经济全球化朝着更加开放、包容、普惠、平衡、共赢的方向发展；促进多元文明的交流互鉴；坚持环境友好，合作应对气候变化。③

第三，量力而行与权责平衡是中国大国责任担当的基本原则。中国在经济总量上稳居世界第二位，但人均收入却在70位开外，依据联合国确定的标准，中国仍有超过1亿贫困人口。这表明，发展不平衡仍是中国的基本国情，发展中大国仍是中国的基本定位。因此，对中国而言，一方面要积极承担起大国责任，在国力不断发展基础上为世界提供更多公共产品，另一方面也要基于发展

---

① 习近平：《华盛顿州当地政府和美国友好团体联合欢迎宴会上的演讲》，《人民日报》2015年9月24日第2版。
② 王毅：《"新气象、新作为、新担当"进入新时代的中国外交》，《环球时报》2017年12月11日第7版。
③ 习近平：《共同构建人类命运共同体——在联合国日内瓦总部的演讲》，《人民日报》2017年1月20日第2版。

中国家的基本国情，避免承担超过承受能力的责任和义务。① 与此同时，对全球治理而言，权力是履行责任的合法性条件和前提，责任是享受权力的义务和代价。中国作为新兴大国，有必要在全球问题治理中担当更大的责任与义务，也应当获得更多的话语权与影响力，从而为本国可持续发展争取更有利的国际环境。②

——大国责任担当的领域与贡献

2016年颁布的《中华人民共和国国民经济和社会发展第十三个五年规划纲要》就"积极承担国际责任和义务"进行了深入阐述，对外发出了中国将在国际更积极主动地发挥建设性作用、提供更多公共产品的明确信息。具体来看，新时代的中国大国责任担当将主要体现在以下领域。③

其一是进一步加强对外援助。从1950年到2016年，中国按照"相互尊重、平等相待、重信守诺、互利共赢"的原则，为160多个国家和国际组织提供了4000多亿元人民币的援助，建设了2700多个成套工程项目，培训了近1200万名各类人才，成为南南合作典范。

新形势下，对外援助是中国发挥负责任大国作用的重要体现。中国将进一步扩大对外援助规模，完善对外援助方式，为发展中国家提供更多人力资源、发展规划、经济政策等方面的无偿培训，扩大科技教育、医疗卫生、防灾减灾、环境治理、野生动植物保护、减贫等领域对外合作与援助，加大人道主义援助力度。

其二是积极应对南北发展失衡。中国是全球发展合作的重要参与者和贡献者，积极落实联合国千年发展目标，在减贫、卫生、教育等多个领域取得了显著成就，并为120多个发展中国家实现联合国千年发展目标提供了重要的支持和帮助。2015年，习近平在联合国发展峰会上宣布，中国将设立南南合作援助基金，首期提供20亿美元支持发展中国家落实2015年后发展议程，并将增加对最不发达国家投资，力争2030年达到120亿美元，同时免除对有关最不发达国家、内陆发展中国家、小岛屿发展中国家到期未还的政府间无息贷款债务。④

其三是积极应对全球气候变化。中国高度重视应对气候变化问题。中国积极实施应对气候变化的相关国家战略，向《联合国气候变化框架公约》秘书处

---

① 罗建波：《负责任的发展中大国：中国的身份定位与大国责任》，《西亚非洲》2014年第5期，第42—43页。
② 林跃勤：《全球治理创新与新兴大国责任》，《南京社会科学》2016年第10期，第1页。
③ 杨洁篪：《积极承担国际责任和义务》，《人民日报》2015年11月23日第6版。
④ 习近平：《谋共同永续发展 做合作共赢伙伴——在联合国发展峰会上的讲话》，《人民日报》2015年9月27日第2版。

提交《强化应对气候变化行动：中国国家自主贡献》，为应对全球气候变化做出重要贡献。中国一贯积极参与公约框架下有关谈判，致力于推动构建公平合理、合作共赢的全球气候治理体系，主张该体系应坚持共同但有区别的责任原则、公平原则、各自能力原则，充分考虑发达国家和发展中国家不同的历史责任、国情、发展阶段和能力，平衡处理减缓、适应、资金、技术开发和转让、能力建设、行动和支持的透明度等要素。

其四是积极维护国际公共安全。中国坚决反对一切形式的恐怖主义，积极开展国际反恐合作，同近20个国家建有反恐政策对话机制，并深入参与联合国、亚太经合组织、全球反恐论坛等多边机制框架下的反恐合作，遏制恐怖主义滋生蔓延。中国将继续通过双多边渠道推进反恐合作，标本兼治、多措并举，反对采取双重标准，反对将恐怖主义同特定国家、民族、宗教相联系，推动国际社会在打击网络恐怖主义、外国恐怖作战分子、极端暴力主义等领域取得更多实质成果。

中国一贯积极支持联合国维和行动，参与维和行动近30年，累计派出30000多名维和人员，是派出维和人员最多的安理会常任理事国，也是唯一出兵、出资均位列前10的会员国。中国坚定支持并将加大参与联合国维和行动力度，坚持维和行动的基本原则，推动维和行动改进授权和规划，提升管理水平和能力建设，重视解决发展中国家关切，使维和行动更好发挥止战促和的作用。

中国一贯反对大规模杀伤性武器及其运载工具扩散，主张通过政治和外交手段实现防扩散目标，充分发挥联合国等国际组织的核心作用，平衡处理防扩散与和平利用的关系，反对歧视性的措施和双重标准。中国已参加防扩散领域的所有国际条约和相关国际组织，并将继续全面参与国际军控、裁军和防扩散事务，认真履行条约义务，积极参与防扩散国际合作和国际规则制定，努力维护国际军控和防扩散体系的严肃性和权威性。

中国积极推动国际和地区热点敏感问题的政治解决，坚持通过和平方式处理同有关国家的领土主权和海洋权益争端，已同14个陆上邻国中的12个国家彻底解决了陆地边界问题，倡导处理南海问题的"双轨"思路。中国将继续秉持公平正义，坚持通过对话协商方式推动有关热点敏感问题得到妥善管控和解决。

中国80%以上的对外贸易通过海运，对国际通道安全有着重大关切。从2008年到2017年，中国海军累计派出编队26批、舰艇83艘次、官兵22000余人次前往亚丁湾执行护航任务，为6400多艘中外船舶保驾护航，在海上灾难救援、人道主义援助、环境保护、打击海盗等国际合作中发挥着重要作用。

中国将继续积极参与海上安全对话与合作，构建有关多双边合作机制，努力保障国际通道安全畅通。

中方主张国际社会本着和平、主权、共治、普惠原则，通过有效的国际合作，建立多边、民主、透明的互联网治理体系，共建和平、安全、开放、合作的网络空间。中国同有关国家建立网络事务对话机制，参与多边网络对话与合作，推动在联合国框架下制定"信息安全国际行为准则"，帮助发展中国家弥合"数字鸿沟"，推动国际社会共同打击网络犯罪和网络黑客行为。

——大国责任担当护航"一带一路"

"一带一路"是中国践行大国责任担当的重要渠道。当今之世，全球经济增长需要新动力，发展需要更加普惠平衡，贫富差距鸿沟有待弥合。地区热点持续动荡，恐怖主义蔓延肆虐。和平赤字、发展赤字、治理赤字是摆在全人类面前的严峻挑战。"一带一路"倡议正是中国以负责任的发展中大国身份提出的，充满中国智慧与大国担当的有效解决方案。

"一带一路"是和平之路、繁荣之路、开放之路、创新之路、文明之路、绿色之路，有助于从根本上解决全球面临的诸多现实挑战，特别是安全问题、发展问题与气候问题。但是，"一带一路"的有序推进，不仅需要沿线各国共商共建共享，更需要大国在维护安全、促进合作、援助发展等方面担当重要责任。

中国不仅是共建"一带一路"的倡议者，更是负责任、有担当的实践者。[①] 中国强调，"一带一路"倡议不是另起炉灶、推倒重来，而是要实现战略对接、优势互补；"一带一路"建设要构建以合作共赢为核心的新型国际关系，打造对话不对抗、结伴不结盟的伙伴关系；要着力化解热点，坚持政治解决；要着力斡旋调解，坚持公道正义；要着力推进反恐，标本兼治，消除贫困落后和社会不公。

2017年"一带一路"国际合作高峰论坛上，中国明确承诺，将会加大对"一带一路"建设资金支持，鼓励基建、产能、金融合作；将安排青年科学家来华从事短期科研工作，培训科学技术和管理人员，成立联合实验室；将设立生态环保大数据服务平台，倡议建立"一带一路"绿色发展国际联盟，并为相关国家应对气候变化提供援助；将为沿线国家援建更多民生项目。[②]

[①] 推进"一带一路"建设工作领导小组办公室：《共建"一带一路"：理念、实践与中国的贡献》，2017年5月10日，新华网，http://www.xinhuanet.com/politics/2017-05/10/c_1120951928.htm。

[②] 习近平：《携手推进"一带一路"建设——在"一带一路"国际合作高峰论坛开幕式上的演讲》，《人民日报》2017年5月15日第3版。

得益于中国大国责任担当,"一带一路"倡议在短时间内就获得国际社会的理解与认可。2016年11月,联合国193个会员国协商一致通过决议,欢迎共建"一带一路"倡议,呼吁国际社会为"一带一路"建设提供安全保障环境。2017年3月,联合国安理会一致通过第2344号决议,呼吁国际社会通过"一带一路"建设加强区域经济合作。迄今为止,"一带一路"建设取得显著成效,但从中长期来看,其发展任重道远,还需要中国继续担当大国责任,为"一带一路"建设保驾护航。(本条执笔:周方冶)

6. 大国自信与"一带一路"

——从"三个自信"到"四个自信"

自1978年改革开放以来,中国长期保持社会总体稳定与经济快速发展,不仅经济总量跃升世界第2位,制造业规模跃居世界第1位,而且使农村贫困发生率从30%以上降至4%以下,提前实现了解决人民温饱问题以及人民生活总体上达到小康水平的两个目标,取得了被誉为"中国奇迹"的伟大成就。

在前期发展基础上,中国又提出了新的"两个一百年"奋斗目标,即到2021年中国共产党成立100年时全面建成小康社会,到2035年基本实现社会主义现代化,到21世纪中叶中华人民共和国成立100年时建成富强民主文明和谐美丽的社会主义现代化强国。

2011年,胡锦涛在庆祝中国共产党成立90周年大会上的讲话,首次对中国特色社会主义的科学内涵从道路、理论体系和制度三个方面进行了系统概括。[①] 2012年,党的十八大报告进一步强调:中国特色社会主义道路、理论体系和制度,三者统一于中国特色社会主义伟大实践,并首次提出,全党要坚定中国特色社会主义的道路自信、理论自信、制度自信。[②]

2016年,习近平在中共中央政治局第33次集体学习会上,首次将文化自信与"三个自信"并列提出,要求全党坚定中国特色社会主义道路自信、理论自信、制度自信、文化自信。2016年,习近平在庆祝中国共产党成立95周年大会的讲话中指出,"当今世界,要说哪个政党、哪个国家、哪个民族能够自信的话,那中国共产党、中华人民共和国、中华民族是最有理由自信的",并强调,"中国共产党人和中国人民完全有信心为人类对更好社会制度的探索提

[①] 胡锦涛:《在庆祝中国共产党成立90周年大会上的讲话》,《人民日报》2011年7月2日第2版。

[②] 胡锦涛:《坚定不移沿着中国特色社会主义道路前进 为全面建成小康社会而奋斗》,《人民日报》2012年11月18日第1版。

供中国方案"。①

第一是道路自信。中国特色社会主义道路，就是在中国共产党领导下，立足基本国情，以经济建设为中心，坚持四项基本原则，坚持改革开放，解放和发展社会生产力，建设社会主义市场经济、社会主义民主政治、社会主义先进文化、社会主义和谐社会、社会主义生态文明，促进人的全面发展，逐步实现全体人民共同富裕，建设富强民主文明和谐美丽的社会主义现代化国家。

第二是理论自信。中国特色社会主义理论体系，就是包括邓小平理论、"三个代表"重要思想、科学发展观、习近平新时代中国特色社会主义思想在内的科学理论体系，是对马克思列宁主义、毛泽东思想的坚持和发展。

第三是制度自信。中国特色社会主义制度，就是人民代表大会制度的根本政治制度，中国共产党领导的多党合作和政治协商制度、民族区域自治制度以及基层群众自治制度等基本政治制度，中国特色社会主义法律体系，以公有制为主体、多种所有制经济共同发展的基本经济制度，以及建立在这些制度基础上的经济体制、政治体制、文化体制、社会体制等各项具体制度。

第四是文化自信。中国特色社会主义文化，源自于中华民族五千多年文明历史所孕育的中华优秀传统文化，熔铸于党领导人民在革命、建设、改革中创造的革命文化和社会主义先进文化，植根于中国特色社会主义伟大实践。

中国特色社会主义道路自信、理论自信、制度自信和文化自信是一个有机统一体，彼此既相对独立，又相辅相成。其中，中国特色社会主义道路是实现社会主义现代化、创造人民美好生活的必由之路，中国特色社会主义理论体系是指导党和人民实现中华民族伟大复兴的正确理论，中国特色社会主义制度是当代中国发展进步的根本制度保障，中国特色社会主义文化是激励全党全国各族人民奋勇前进的强大精神力量。②"四个自信"统一于中国特色社会主义伟大实践。

——大国自信要以文化自信为本

文化自信是支撑起道路自信、理论自信、制度自信的基础，并且渗透于道路自信、理论自信、制度自信之中，如果缺乏文化自信，道路自信、理论自信、制度自信就很难支撑起来。

大国自信要以文化自信为本。2016年，习近平在哲学社会科学工作座谈会上指出，"坚定中国特色社会主义道路自信、理论自信、制度自信，说到底是

---

① 习近平：《在庆祝中国共产党成立95周年大会上的讲话》，《人民日报》2016年7月2日第2版。

② 习近平：《决胜全面建成小康社会 夺取新时代中国特色社会主义伟大胜利——在中国共产党第十九次全国代表大会上的报告》，《人民日报》2017年10月28日第1版。

要坚定文化自信。文化自信是更基本、更深沉、更持久的力量"。① 2017年，党的十九大报告明确提出"坚定文化自信，推动社会主义文化繁荣兴盛"，要求以马克思主义为指导，坚守中华文化立场，立足当代中国现实，结合当今时代条件，发展面向现代化、面向世界、面向未来的，民族的、科学的、大众的社会主义文化，推动社会主义精神文明和物质文明协调发展。

其一，中华民族伟大复兴需要中华文化繁荣昌盛。中华文明经历了五千多年的历史变迁，但始终一脉相承，积淀着中华民族最深层的精神追求，代表着中华民族独特的精神标识，为中华民族生生不息、发展壮大提供了丰厚滋养。② 中国有坚定的道路自信、理论自信、制度自信，其本质是建立在五千多年文明传承基础上的文化自信。③ 实现中国梦是物质文明和精神文明均衡发展、相互促进的结果。没有文明的继承和发展，没有文化的弘扬和繁荣，就没有中国梦的实现。实现中国梦，是物质文明和精神文明比翼双飞的发展过程。随着中国经济社会不断发展，中华文明也必将顺应时代发展焕发出更加蓬勃的生命力。④

其二，坚持马克思主义指导地位，牢牢掌握意识形态工作领导权。意识形态决定文化前进方向和发展道路。2013年习近平在全国宣传思想工作会议上指出："能否做好意识形态工作，事关党的前途命运，事关国家长治久安，事关民族凝聚力和向心力。"⑤ 坚定文化自信，就要推进马克思主义中国化时代化大众化，建设具有强大凝聚力和引领力的社会主义意识形态，使全体人民在理想信念、价值理念、道德观念上紧紧团结在一起。⑥

其三，培育和践行社会主义核心价值观，提高全民族思想道德水平。任何一个社会都存在多种多样的价值观念和价值取向，要把全社会意志和力量凝聚起来，必须有一套与经济基础和政治制度相适应并能形成广泛社会共识的核心价值观。核心价值观在一定社会的文化中是起中轴作用的，是决定文化性质和方向的最深层次要素，是一个国家的重要稳定器。

中国特色社会主义核心价值观，就是要倡导"富强、民主、文明、和谐，自由、平等、公正、法治，爱国、敬业、诚信、友善"。这是当代中国精神的

---

① 习近平：《在哲学社会科学工作座谈会上的讲话》，《人民日报》2016年5月19日第2版。
② 习近平：《在联合国教科文组织总部的演讲》，《人民日报》2014年3月28日第3版。
③ 《习近平谈文化自信》，《人民日报》（海外版）2016年7月13日第12版。
④ 习近平：《在联合国教科文组织总部的演讲》，《人民日报》2014年3月28日第3版。
⑤ 习近平：《胸怀大局把握大势着眼大事 努力把宣传思想工作做得更好》，《人民日报》2013年8月21日第1版。
⑥ 习近平：《决胜全面建成小康社会 夺取新时代中国特色社会主义伟大胜利——在中国共产党第十九次全国代表大会上的报告》，《人民日报》2017年10月28日第1版。

集中体现,凝聚中国力量的思想道德基础。坚定文化自信,就要持续加强社会主义核心价值体系建设,把培育和弘扬社会主义核心价值观作为凝魂聚气、强基固本的基础工程,作为一项根本任务,切实抓紧抓好,以更好构筑中国精神、中国价值、中国力量,为中国特色社会主义事业提供源源不断的精神动力和道德滋养。

其四,弘扬社会主义先进文化,提高国家文化软实力。文化软实力集中体现了一个国家基于文化而具有的凝聚力和生命力,以及由此产生的吸引力和影响力。从历史来看,任何一个大国的发展进程,既是经济总量、军事力量等硬实力提高的过程,也是价值观念、思想文化等软实力提高的进程。

对中国而言,提高国家文化软实力,关系"两个一百年"奋斗目标和中华民族伟大复兴中国梦的实现。因此,坚定文化自信,就要弘扬社会主义先进文化,深化文化体制改革,推动社会主义文化大发展大繁荣,增强全民族文化创造活力,推动文化事业全面繁荣、文化产业快速发展,不断丰富人民精神世界、增强人民精神力量,不断增强文化整体实力和竞争力,朝着建设社会主义文化强国的目标不断前进。[1]

——"一带一路"彰显大国自信

"一带一路"倡议是促进全球和平合作和共同发展的中国方案,有助于展现中国在积极应对全球治理难题时的大国自信,塑造中国国家形象,展示中国历史底蕴深厚、各民族多元一体、文化多样和谐的文明大国形象,政治清明、经济发展、文化繁荣、社会稳定、人民团结、山河秀美的东方大国形象,坚持和平发展、促进共同发展、维护国际公平正义、为人类做出贡献的负责任大国形象,对外更加开放、更加具有亲和力、充满希望、充满活力的社会主义大国形象,增进"一带一路"沿线国家对中国的理解与认同。

作为繁荣之路,"一带一路"是沿线各国共商共建共享的合作平台,中国愿同世界各国分享发展经验,但不会干涉他国内政,不会输出社会制度和发展模式,更不会强加于人。[2] 不过,通过"一带一路"建设的政策沟通、设施联通、贸易畅通、资金融通、民心相通,中国特色社会主义建设的道路、理论体系、制度与文化都将全方位展现在"一带一路"沿线国家面前,从而为各国特别是发展中国家探索本国的发展道路提供借鉴。与此同时,中国在西方国家特别是美国出现逆全球化风潮的艰难时刻,积极推进全球化所展现的大国自信,也将有助于鼓励"一带一路"沿线各国更加积极地参与合作,携手打造更具活

---

[1] 《建设社会主义文化强国 着力提高国家文化软实力》,《人民日报》2014年1月1日第1版。
[2] 习近平:《携手推进"一带一路"建设——在"一带一路"国际合作高峰论坛开幕式上的演讲》,《人民日报》2017年5月15日第3版。

力、更加开放、更加稳定、更可持续、更多包容的全球化经济。

作为文明之路,"一带一路"要以文明交流超越文明隔阂、文明互鉴超越文明冲突、文明共存超越文明优越,推动各国相互理解、相互尊重、相互信任。中华民族历来是爱好和平的民族。① 中华文化崇尚和谐,中国"和"文化源远流长,蕴含着天人合一的宇宙观、协和万邦的国际观、和而不同的社会观、人心和善的道德观。在五千多年文明发展中,中华民族一直追求和传承着和平、和睦、和谐的坚定理念。以和为贵,与人为善,己所不欲、勿施于人等理念在中国代代相传,深深植根于中国人的精神中,深深体现在中国人的行为上。② 这就为"一带一路"沿线国家贯彻以"和平合作、开放包容、互学互鉴、互利共赢"为核心的丝路精神提供了重要引领,有助于在文明交流互鉴过程中切实避免独尊某一种文明或者贬损某一种文明,从而丰富人类文明的色彩,让各国人民享受更富内涵的精神生活、开创更有选择的未来。与此同时,中国也将在"一带一路"建设过程中,充分借鉴世界文明有益成果,进一步发展和完善中国特色社会主义文化,并在此基础上引导国民树立和坚持正确的历史观、民族观、国家观、文化观,增强做中国人的骨气和底气,坚定中国特色社会主义建设的大国自信。(本条执笔:周方冶)

7. 发展赤字与"一带一路"

发展赤字主要表现为南北发展失衡、贫富差距失控、人与自然协调发展失序。

南北失衡是指广大发展中国家与发达国家的差距越来越大,失去了根本的平衡点。进入21世纪以来,随着新兴经济体群体性崛起,世界经济的重心开始从传统发达国家向新兴经济体转移,以美国为首的发达国家在世界经济中所占的份额在逐渐减少,但它们仍然把控着世界经济规则和议程的主导权,占据着世界经济中心,南北失衡的大格局没有发生根本性改变。根据国际货币基金组织历年的统计,以人均GDP、人类发展指数、恩格尔系数三项指标比较,发展中国家与发达国家的发展鸿沟在不断拉大。

贫富差距失控是指全球范围内的贫困、失业、收入差距等问题日趋严重,资本的回报率高于经济增长率,更远高于劳动生产率,表现为个人财富与分配

---

① 习近平:《携手推进"一带一路"建设——在"一带一路"国际合作高峰论坛开幕式上的演讲》,《人民日报》2017年5月15日第3版。
② 习近平:《在中国国际友好大会暨中国人民对外友好协会成立60周年纪念活动上的讲话》,《人民日报》2014年5月16日第2版。

收入不匹配,贫富悬殊进入恶性循环的怪圈。基尼系数是测量居民收入分配差异程度的指标,也是衡量一个国家贫富悬殊的重要参考指标。2016年9月,习近平在二十国集团第十一次峰会上明确指出,"现在世界基尼系数已经达到0.7左右,超过了公认的0.6危险线,必须引起我们的高度关注"。①

人与自然协调发展失序是指伴随全球的工业化、城市化快速发展,直接形成了对自然资源的过度开发与利用,对全球自然环境造成了生态创伤,主要表现为发展的不可持续性。根据联合国发布的《2013年人类发展报告》,在环境变化、森林砍伐、水体空气污染方面的不作为可能使世界最穷的国家和地区最终得不偿失。人类需要将更多注意力集中在环境问题上,气候变化已经加剧了长期的气候灾害,生态系统的缺失限制了人类特别是穷人的生存发展机会。

习近平在2017年"一带一路"国际合作高峰论坛开幕式上指出,"我们要将'一带一路'建成繁荣之路。发展是解决一切问题的总钥匙。推进'一带一路'建设,要聚焦发展这个根本性问题,释放各国发展潜力,实现经济大融合、发展大联动、成果大共享"。②

作为中国新时代全方位对外开放战略的重要组成部分,"一带一路"建设无疑为世界各国发展提供了巨大历史性机遇。改革开放以来,中国对外开放的大门越开越大,中国经济快速增长,逐渐发展成为世界经济增长的重要引擎。2016年,中国的经济增长对世界经济增长贡献率超过30%。"一带一路"建设开启的新一轮对外开放,力度更大,程度更高。国内自由贸易试验区建设与"一带一路"建设相互配合,中国开放的空间从东南沿海扩展到中西部内陆地区;开放的对象从以发达国家为主扩展到世界各国;开放的内容从单纯适应国际贸易规则拓展到实现政策沟通、设施联通、贸易畅通、资金融通、民心相通。实践已经证明,中国的对外开放程度越高,为世界提供的发展机遇越大。

作为一种新型区域经济合作机制,"一带一路"建设倡导和践行多边主义、开放主义,是经济全球化的助推器。2008年国际金融危机爆发后,逆全球化潮流抬头,双边主义或单边主义正在干扰现有的区域经济合作进程。作为一种新型区域经济合作机制,"一带一路"植根于和平合作、开放包容、互学互鉴、互利共赢的丝路精神,其开放性是其他区域经济合作机制所无法比拟的。它不是排他性的合作机制,而是促进全球贸易投资自由化、便利化的新途径,推动世界经济增长的新动力。

有别于以规则为导向的其他区域经济合作机制,"一带一路"建设以发展

---

① 习近平:《构建创新、活力、联动、包容的世界经济》,《人民日报》2016年9月5日第3版。
② 《习近平对推动"一带一路"建设提出五点意见》,2017年5月14日,新华网,http://www.xinhuanet.com/world/2017-05/14/c_129604239.htm。

为导向，着力破解"发展赤字"这一全球性难题。针对"发展赤字"中的南北失衡，"一带一路"建设把解决广大发展中国家的发展问题作为核心目标，旨在推动新型的南南合作。"一带一路"参与国家众多且差异性较大，预设一个统一的合作机制是不符合实际的。因此，"一带一路"建设始终从各国发展的实际需要出发，按照共商、共建、共享的原则推行多元化的合作机制，致力于打造以利益共同体和责任共同体为基础的命运共同体。比如，它把基础设施互联互通作为优先领域，就是考虑到基础设施落后是许多发展中国家的发展瓶颈。在实践中，它既可以与各国的发展战略对接，又与现行区域经济合作机制并行不悖、相互补充，有力地促进沿线国家乃至世界的发展。

"一带一路"建设为许多发展中国家提供了平等参与区域经济合作的机会，有助于发挥各国现有比较优势，并促进其形成新的比较优势，推动经济全球化朝着开放、包容、普惠、平衡、共赢的方向深入发展。2017 年，中国对"一带一路"沿线国家直接投资达到 144 亿美元。截至 2017 年年底，中国企业已经在沿线 24 个国家建立了 75 个经贸合作区，累计投资超过 254.5 亿美元，为东道国增加了 16.8 亿美元的税收和 21.9 万个就业岗位。

中国提出的"创新、协调、绿色、开放、共享"的新发展观，为"一带一路"建设提供新路径。

创新发展观是新发展观的核心，强调创新是引领发展的第一动力。发展动力决定发展速度、效能、可持续性。创新是引领新常态发展的第一动力，是推动协调发展、绿色发展、开放发展、共享发展的活力和源泉。创新发展观强调理论、制度、科技、文化等全方位的创新，特别强调科技创新为关键。习近平指出，创新是一个复杂的社会系统工程，涉及经济社会各个领域。各个领域彼此紧密相连，因此需要全方位、系统性地打破制约和障碍，进行多维度的创新。其中，科技创新是关键与核心。科学技术是第一生产力、推动经济社会发展的重要杠杆和根本动力。

协调发展观强调避免单一发展偏好，打破路径依赖，追求生产关系与生产力、上层建筑与经济基础等各方面、各环节相协调的发展，拓展各领域的发展空间，加强协调性、整体性、系统性发展，推进中国特色社会主义建设的顺利发展，全面建成小康社会。协调发展观强调认真处理发展中的重大关系，解决发展不平衡问题，形成发展平衡的新结构。中国坚持区域协调发展，调整经济结构和空间结构，发展人口经济密集地区优化开发模式，发展集约型经济增长方式。中国坚持城乡统筹发展，坚持新型工业化、信息化、城镇化、农业现代化同步推进，实现城乡发展一体化。中国加强物质文明、精神文明建设，改善人民物质生活与精神生活，增强中国特色社会主义建设的物质力量和精神力量。

协调发展观强调合作发展，互利共赢。中国增强国内各领域的协调发展，构建政府、企业、民间组织展开政治、经济、文化、生态全方位、立体化互动的合作发展战略。中国增强与世界各国的合作，搁置合作障碍、争议，努力寻求利益融合点和经济平衡点，实现互利共赢。协调发展观强调建立全球性平等均衡发展关系，实现共同发展与共同进步。当今世界发展不平衡，必须消除不均衡、不对等的发展负担及政治附件条件，扩大经济利益融合，缩小国家之间的发展差距，让各国和各阶层民众共享发展红利，推进各国实现不同程度的发展，最终实现共同富裕。

如何实现人与自然的和谐共处应是世界各国共同思考和破解的迫切问题。中国倡导的"绿色发展观"正是推进人类社会可持续发展的科学发展观。绿色发展观提倡绿色生产力，实现生产力发展、生态发展、社会发展的共赢与共融，追求发展与环保的辩证统一。绿色发展观提倡绿色自然观，强调人类是自然环境的一部分，尊重爱护自然，追求人与自然的融合，反对人与自然的对抗。人类社会的发展经历了农业文明、工业文明乃至当今的后工业文明时代。特别是近代以来的世界工业化浪潮，在给人类带来积极的正面效应的同时，也带来诸多的负面效应，造成了资源的浪费、环境的破坏、生态的失衡以及人们物欲主义、享乐主义的无限膨胀。这种以毁灭人类自身生存条件为代价的发展并不符合人类整体利益和长远利益。

绿色发展观提倡绿色发展方式，优化经济生产结构，转变经济增长方式，寻找实现经济效益、生态效益双赢的新增长点。绿色发展观强调贫困、发展与环境的关系，倡导全面的、综合的和公平的发展。它是一种不同于传统发展观的可持续发展观，是一种有评价、有约束和有规范的发展方式。

绿色发展观提倡环保意识和价值导向，主张人人有责任、有义务爱护和保护环境，人人从点滴做起，从日常生活做起，为共建美好的人类家园而共同努力。绿色发展观不仅是人类社会对日益加剧的人口、经济、环境、资源矛盾进行深刻反思后做出的理性反应和抉择，而且是国际上公认的经济伦理规范，更是人类与自然协调过程中规范、约束人类行为的准则与价值指导。

开放发展观强调实行更加积极主动的开放战略，提高开放层次，完善互利共赢、多元平衡、安全高效的开放型经济体系。中国要不断改善对外贸易和对外投资结构，全方位地深化对外开放，发展更高层次的开放型经济，建立中国特色社会主义开放型经济体系，进一步融入世界经济发展，充分运用人类社会创造的先进科学技术成果和有益管理经验，占领全球产业链的中高端位置和国际分工的有利位置，为社会主义现代化建设持续输入新的生机与活力。开放发展观强调解放思想、增强开放自信、扩大开放意识。中国始终坚持解放思想、对外开放的意识，构建有利于中国经济发展和持续崛起的开放大局和国际环境。

共享发展观坚持发展依靠人民、发展为了人民、发展成果由人民共享的原则，使全体中国人民在共建共享发展中有更多获得感，使世界人民共享中国贡献。中国的发展得益于国际社会，也愿将自身发展经验和机遇同世界各国分享，欢迎各国搭乘中国发展"顺风车"，共享中国改革开放的成果。

共享发展观强调改革开放所取得的成就和成果惠及全体人民，中国方案与贡献惠及各国人民。改革开放以来，中国取得了经济、政治、社会、文化、科技、教育、医疗卫生、生态等领域的物质成果与非物质成果。这些成果不仅满足了人民衣食住行等与生存、生活相关的物质需要，而且满足了人民追求权利与权益，追求自我价值实现感、获得感和幸福感的精神需要。这些成果应惠及全体人民，应为全体人民带来福祉。同时，中国在改革开放过程中所做出的积极探索，形成的发展模式都有着非常重要的价值，对于全球而言，都是能够发挥积极作用和效应的共享成果。

共享发展观强调减少贫困、缩小贫富差距，追求公平与公正。若没有公平与公正，共享发展也就无法落到实处。共享发展观，客观上要求对改革发展的全部成果在全体人民中进行公正合理的分配，在共建中实现共享、在共享中促进共建。加大减贫力度、缩小贫富差距、确保社会弱势群体的权利与权益等是实现共享发展面临的重要问题。建立确保公平与公正的制度保障体系，确保全体人民平等参与和发展的权利，是实现共享的重要保证。

共享发展观提倡共同发展，追求共同繁荣。习近平曾提出这个世界上一部分人过得很好，一部分人过得很不好，不是个好现象。真正的快乐幸福是大家共同快乐、共同幸福。共享发展观就是要消除贫富悬殊和两极分化，实现中国人民共同发展，共享利益，共同富裕的美好生活；实现中国和世界各国人民共同发展、共同繁荣的理想境界。（本条执笔：许利平）

8. 和平赤字与"一带一路"

——"和平赤字"的概念阐述与发展

2017年5月14日，习近平在出席"一带一路"国际合作高峰论坛并发表主旨演讲时指出，"和平赤字、发展赤字、治理赤字，是摆在全人类面前的严峻挑战。这是我一直思考的问题"。[①]

[①] 习近平：《携手推进"一带一路"建设——在"一带一路"国际合作高峰论坛开幕式上的演讲》，《人民日报》2017年5月15日第3版。

当前，人类正处在一个大发展、大变革、大调整的时代，世界并不太平，我们所处的安全环境仍存在较大的不确定性。霸权主义、强权政治和新干涉主义有所上升，战火和战争的危险依然存在；局部动荡频繁发生，领土争端和资源争夺等问题导致的冲突和对峙频发；恐怖主义蔓延肆虐，恐怖袭击在发达国家和发展中国家此起彼伏。这些都严重威胁或冲击人们生产生活环境的和平与安定，降低了民众对安全的感知。

国家作为传统的安全行为体，在联系日益紧密的今天，很难仅仅依靠自身力量来单独应对这些安全问题，几乎所有国家均遭受着和平赤字的困扰，任何国家均无法独善其身。2014年，中国首次提出了亚洲新安全观，其核心主旨为"共同、综合、合作和可持续"。2017年5月，在中国主办的"一带一路"国际合作高峰论坛上，习近平将这种安全观应用到"一带一路"建设中，指出要构建以合作共赢为核心的新型国际关系，打造对话不对抗、结伴不结盟的伙伴关系；在2017年9月的金砖国家领导人第九次会晤上，所有参会国家均坦言，世界地区冲突和热点问题一波未平、一波又起；恐怖主义、网络安全等威胁相互交织，世界和平正面临着巨大"赤字"挑战。

所谓"和平赤字"是指我们面临的现实安全环境与理想中的安全环境存在较大的差距，并正在为这种差距付出较大的代价。"和平赤字"来自：（1）历史遗留问题，并在新的背景和各种因素的促动下，再度萌发和演变。（2）外部力量的干涉。不论是出于地缘政治考虑，还是出于对资源、市场的垄断考虑，或是出于价值观的考虑，在不能真正尊重区域国家和理解区域问题的前提下，就发起预防性或惩罚性打击，这必将对地区安全造成巨大隐患，成为地区政治动荡的主要外在根源。（3）国家国内民主化转型和探寻现代化努力的失败，导致政府失灵、地方强权势力崛起或者军人独裁政府夺权，局势的混乱成为引发内战或种族仇杀的诱因，这种内乱还可能延伸到国界以外，成为整个地区的不稳定之源。

为此，金砖机制尝试性地决定通过加强政治安全合作来应对"和平赤字"，协力解决全球发展面临的和平问题。具体而言，金砖国家已经建立了多层次、多领域对话渠道，包括安全事务高级代表会议和外长正式会晤，并建立了常驻多边机构代表定期磋商机制，召开了外交政策磋商、反恐工作组、网络安全工作组、维和事务磋商等会议，在国际和地区重大问题上加强了沟通和协调。

——中国应对"和平赤字"对世界的新贡献

中国以人类命运共同体为出发点，致力于构建以合作共赢为核心的新型国际关系，这是一种试图构建持久和平世界的努力，对世界和平与发展具有重大意义。表现在：

首先，弱化当前各种安全问题中的"相争""零和"属性，提出人类是一个命运共同体，倡议共同打造对话不对抗、结伴不结盟的伙伴关系，践行共同、综合、合作、可持续安全观。中国提出，大国要尊重彼此核心利益和重大关切，管控矛盾分歧，努力构建不冲突不对抗、相互尊重、合作共赢的新型关系；大国对小国要平等相待，不搞唯我独尊、强买强卖的霸道；任何国家都不能随意发动战争，不能破坏国际法治。要全面禁止并最终彻底销毁核武器，实现无核世界。要秉持和平、主权、普惠、共治原则，把深海、极地、外空、互联网等领域打造成各方合作的新疆域，而不是相互博弈的竞技场。要看到人类命运共同体的本质与前景，把本国的安全建立在别国安全与世界和平之上，共同营造共建共享的安全格局。

其次，中国以"一带一路"建设为契机，努力开创发展新机遇，谋求发展新动力，拓展发展新空间，积极为世界和平提供公共产品。当前，中国政府设立了"和平共处五项原则友谊奖"和"和平共处五项原则卓越奖学金"，以表彰和鼓励更多人士和团体坚持和弘扬和平共处五项原则；中国大力推动上海合作组织、金砖国家合作等机制发挥安全对话合作功能，创建了湄公河流域执法安全合作机制，建立了新亚欧大陆桥安全走廊国际执法合作论坛，探讨建立国际安全合作新架构。与此同时，中国认为多边主义是维护和平的有效途径，设立了中国—联合国和平与发展基金支持有利于和平发展的项目。中方向非盟提供6000万美元无偿援助，支持非洲常备军和危机应对快速反应部队建设和运作。中国还是联合国安理会常任理事国中派遣维和人员最多的国家，中华儿女为世界和平贡献了汗水乃至宝贵生命。

最后，中国以开放的心态，主动对接其他国家，共商、共建、共享，以合作应对和平赤字。目前，许多国家都提出了各自的经济发展规划或愿景，如俄罗斯的欧亚经济联盟、东盟提出的互联互通总体规划、土耳其提出的"中间走廊"等。中国正在通过对接方式，推进与多国合作，实现"一加一大于二"的效果。

——"和平赤字"与"一带一路"的内在逻辑

"一带一路"倡议是中国提出的一种试图从根本上弥补"和平赤字"的努力，即希望通过"一带一路"来实现政策沟通、设施联通、贸易畅通、资金融通、民心相通，从而共同应对"和平赤字"，争取有效消除"和平赤字"在内的三种赤字，给沿线国家带来和平、发展和善治。

在2017年的"一带一路"国际合作高峰论坛上，习近平强调中国愿在和平共处五项原则基础上，发展同所有"一带一路"建设参与国的友好合作，愿同世界各国分享发展经验，开创合作共赢新模式，建设和谐共存大家庭。为此，中国正积极推动已达成协议的务实合作项目早日启动、早见成效；决定加大资金支持，向丝路基金新增资金 1000 亿元人民币，鼓励金融机构开展人民币海外基金业务，规模预计为 3000 亿元人民币。[①]

一定意义上，习近平强调的以"和平合作、开放包容、互学互鉴、互利共赢"为核心的"一带一路"精神并不是简单的道德导向，而是现代商业逻辑的本质要求。"一带一路"体现新全球化中的经济链接：产业链、供应链、服务链、资金链和价值链等，这些虚拟链条较之过去的组织形式具有更大的黏性和融合度；"一带一路"体现出新全球化中新经济主体，包括跨国公司、若干大数据集成系统、平台经济、体现消费者个人主权意识的市场集成组织，具有更大的跨国发展的新动能；"一带一路"建设还催生新全球化的贸易形式，国际贸易将成为体现普惠、智能、高效、便利的下一代贸易方式，将渐次与一般贸易、加工贸易、边境小额贸易和采购贸易融合。

针对目前正在兴起的逆全球化浪潮，中国政府对全球化的立场非常明确，即继续加大开放，建设开放、包容、普惠、平衡、共赢的经济全球化。中国战略选择的根本逻辑在于，"一带一路"体现了新全球化中的经济表征：呈现万物互联的网络状态并形成网络体系，以大数据化、高度智能化、强融合化、移动化和泛在化，推动全球经济社会呈现更紧密的联系。在不可遏制的新全球化的浩浩荡荡大潮中，"一带一路"是顺应、引领时代潮流的新理念与新载体，创造了超越西方经济学和价值观的新理论。

从更高层次看，"一带一路"还尝试性地从哲学和价值观的高度提出构建人类命运共同体，创造出实现更高视野、更高层次、更高水平的新经济全球化有效路径，是人类认识史上又一次大的跃升，符合更多国家人民群众渴望共享发展机遇、创造美好家园的憧憬和期待，促使人类社会逐渐形成命运共同体、责任共同体和利益共同体。

——借力"一带一路"倡议应对"和平赤字"的重大意义

"和平赤字"是摆在全人类面前的严峻挑战，国际社会面对世界乱象，"头痛医头，脚痛医脚"，治标终难治本。中国提出通过借力"一带一路"倡议来共同应对"和平赤字"，是中国为世界和平贡献的中国方案，是向国际社会发出的中国声音。

中国以坚持和平发展为战略选择，以寻求合作共赢为核心原则，以全球结伴为最佳途径，以践行正确义利观为价值取向，以"一带一路"重大倡议为伟大实践，与世界各国共商共建共享，共谋发展新动力，共拓发展新空间，朝着

[①] 习近平：《携手推进"一带一路"建设——在"一带一路"国际合作高峰论坛开幕式上的演讲》，《人民日报》2017 年 5 月 15 日第 3 版。

构建人类命运共同体的目标迈进,全面展示大国外交的中国特色、中国风格与中国气派。

中国发展离不开世界,世界繁荣也需要中国。当前,中国经济总量和较快增速,决定其对世界经济增长的贡献率远超发达国家之和,是世界经济增长的主要动力。中国有决心、有实力引领新一轮全球化,以"人类命运共同体"理念为核心,以"一带一路"为布局和总体路径,以亚投行等国际金融创新为手段,引领全球化进入一个内涵重构、南北共同参与的新阶段。

中国倡导"拓展南南合作"与"推进南北合作"并行不悖,让世人明白发展中国家应该团结合作,它们与发达国家也是紧密相连的发展整体。这种人类命运共同体理念是新的价值引导,摒弃强权独霸,超越零和博弈,否定丛林法则,开辟共建共享、合作共赢的文明发展新路,这是改变世界的伟大创举。2017年以来,这一重大理念被相继写入联合国决议、安理会决议和人权理事会决议,成为全球治理话语体系的重要组成部分,表明它已经得到联合国会员国的普遍认同,彰显了中国对全球治理的巨大贡献。

中国借力"一带一路"倡议共同应对"和平赤字"的前提是肯定与尊重国家间的特性和差异,和而不同,超越强者必霸、赢者通吃和结盟对抗的旧思维,跨越意识形态和地缘政治的隔阂,构建不冲突不对抗、相互尊重、合作共赢的新型大国关系,构建相互尊重、公平正义、合作共赢的新型国际关系,主动运筹打造全球伙伴关系。合作共赢成为中国打造国际关系新内涵的逻辑起点和核心要素,它不仅是中国与世界关系的逻辑,也是国际关系的普遍逻辑,更是对当代国际关系理论的创新和超越。(本条执笔:杨晓萍)

9. 治理赤字与"一带一路"

——全球"治理赤字"的含义及其表现

"全球治理"是指通过具有约束力的国际规则解决全球性问题,以维持正常的国际政治经济秩序。2017年5月14日,习近平在"一带一路"国际合作高峰论坛上发表主旨演讲时指出:和平赤字、发展赤字、治理赤字,是摆在全人类面前的严峻挑战。[①] 习近平提出"治理赤字",形象描绘了当前全球性问题不断增长,但现有国际秩序的全球治理能力、现有大国的全球治理愿望却在下降的矛盾现象。

随着全球化深入,全球性问题迅速增长,单一霸权国的全球治理能力越来

[①] 习近平:《携手推进"一带一路"建设——在"一带一路"国际合作高峰论坛开幕式上的演讲》,《人民日报》2017年5月15日第3版。

越难以适应现实需求。不仅如此,以金砖五国等为代表的新兴经济体快速发展,对全球经济增长的贡献已经超过70%,现行全球治理规则却没有反映这种力量变化。因此,现有治理规则已经不适用于当前的全球性问题和世界权力变动。

2016年特朗普当选美国总统后宣布了"美国优先"原则,英国也宣布"脱欧",西方世界的核心掀起了"逆全球化"浪潮。"逆全球化"浪潮削弱了全球治理的基础。特朗普上台后不仅威胁要退出多边贸易体系,而且威胁要退出现有的区域经济合作机制,或对其进行重新谈判。2017年6月,美国宣布退出《巴黎协定》,12月又宣布大幅削减联合国经费预算。世界最强国家在全球治理中采取消极退缩的态度,极大地削弱了现有全球治理制度的功效。

西方的国际政治理论从"个体"出发,认为所有个体都追求自身的生存和繁荣,由此推导出来的国际社会的最初状态是"弱肉强食的霍布斯森林"。从这样的思维出发,"国际社会"不可能是个有机整体,只能是个体之间不断博弈而形成的动态均衡。每当新兴国家崛起、权力均衡就会被打破,就会出现"修昔底德陷阱"。两次世界大战后,人类对于"修昔底德陷阱"现象进行了深刻反思,在此基础上发展出各种国际组织、制度安排,以保护世界和平。随着世界主要强国都拥有了核武器,经济全球化不断深入,西方国际关系理论也开始向着"新自由主义""建构主义"发展,即便是现实主义也不再把世界看作简单的"弱肉强食"的世界。但是,只要"民族国家"被视作国际关系中的基本分析单位,增进本民族国家的利益被视作国际社会的行为准则,那么竞争与对抗就是最基本的国际关系。

在霸权秩序下,个体不具有维护国际社会整体利益的道德自觉。个体之间、个体利益与国际社会的利益之间始终存在着紧张关系,利己主义的行为是合理的,哪怕以损害国际社会整体利益为前提。正是基于这样的思维,当霸权国感到自身利益不能被保障,就选择跳下"全球治理""全球化"的轮船。也正是基于这样的思维,霸权国建立起等级制联盟体系,以维护自身利益,不断区分敌我、压制和排除异己。因此,霸权国主导的全球治理绝不可能实现"公平公正""互利共赢"。

——中国智慧与中国的国际秩序理念

要化解"治理赤字",需要引入新的国际秩序理念,而中国智慧可以为世界提供借鉴。目前,美国等西方强国正失去应对全球治理的积极性,众多小国也缺乏应对能力。在这种情况下,国际社会更需要中国智慧。中国领导人适时提出了"人类命运共同体"这一国际秩序理念,提出了"一带一路"倡议。

传统中国文化的世界观是从关系视角出发,把世界看作有机整体,世界上的不同国家之间和而不同、相互依存，互为共生关系。从"关系"视角出发，"零和游戏"是非理性的，"互利共赢"才是理性的。

中国文化从未被某种宗教支配过，经历了多民族之间长期的相互融合，对文化持有兼容并蓄的态度。中国传统文化中不但没有需要消灭的"异端"，并且还把多样性视作发展的契机。中国文化有着难以撼动的自信，不追求扩张，秉持"不往教"的原则。同时，中国文化追求实用、重视实践，对于问题解决方式是开放的。正因如此，中国尊重世界文化的多元性和特殊性，也尊重每个国家自身的道路选择。

中华人民共和国成立之初，世界处于冷战格局中。中国虽然得不到资本主义世界的承认，但也从未放弃扩展外交关系。中国在1953年提出了"和平共处五项原则"，第一次向全世界阐述了中国期待的国际秩序：相互尊重主权和领土完整、互不侵犯、互不干涉内政、平等互利、和平共处。正是因为追求"和平与发展"，相信世界会走向"和平与发展"，中国在20世纪70年代果断走上了改革开放的道路，积极与西方发达国家开展经济合作。中国奉行不结盟、不树敌的外交政策，在香港问题上创造性地提出"一国两制"，在钓鱼岛问题上提出"搁置争议、共同开发"，在其他国家发生国际争端时，也一贯呼吁通过对话解决问题[1]。冷战结束后，中国通过积极细致的外交努力，用和平的方式基本上确定了与周边国家的法律边界。当时美国曾联合西方多个国家对中国实施制裁，中国始终本着"不对抗""求合作"的原则，与越来越多的国家建立起"伙伴关系"，更积极加入了诸多国际合作机制[2]。进入21世纪，中国逐渐走向世界舞台的中心，开始阐述中国的国际秩序理念。中国提出了"和谐世界"的理念，向世界介绍了中国"尚和"、反对"穷兵黩武"的历史文化传统，介绍了"和而不同""和实生物"的中国智慧[3]。

党的十八大以来，中国作为"负责任的世界大国"，对于中国的世界秩序理念进行了越来越清晰的阐述，那就是构建"人类命运共同体"。"人类命运共同体"理念植根于中国文化，与中国的外交实践一脉相承，契合世界各国人民求和平、谋发展、促合作、要进步的愿望，为全球治理指明了走出困境的道路。中国的国际秩序理念具有以下特点：一是认为合作共赢是国际关系的核心。伴随着经济全球化深入发展，全球性问题越来越多，而解决全球性问题的基本途径就是合作。合作与共赢是一枚硬币的两面：合作的目的是为了实现共

---

[1] 陈水胜：《"和主义"：对中国特色国际关系理论的探讨》，《公共外交季刊》2015年第3期，第20页。
[2] 张蕴岭：《中国与周边关系：命运共同体的逻辑》，《人民论坛》2014年第6期，第36—37页。
[3] 金应忠：《从"和文化"到新型国际关系理念》，《社会科学》2015年第11期，第20页。

赢，共赢又是合作的基础。二是把责任共担与利益共享作为国际社会基本的行为原则。责任共担与利益共享并不意味着所有国家的责任和利益都是平均分配的，因为大国与小国、发达国家与发展中国家之间不仅利益诉求存在差异，而且承担国际责任的能力也存在差异。要兼顾不同类型国家的利益诉求和全球治理能力，推动国际社会的民主化建设。三是把共同的可持续的综合发展作为目标。发展是一个综合性指标，除了经济增长，还包括教育、就业、医疗、养老、相对公平的收入分配、环境的可持续等内容。在发展中国家，发展问题主要表现为贫困、疾病、环境恶化等；在发达国家，发展问题更多表现为收入分配不均；而在全球层面，发展问题则主要表现为许多发展中国家没有获得发展的机会。①

——以"一带一路"倡议弥补全球治理赤字

在世界经济论坛2017年年会上，习近平提出了全球治理四大模式："要坚持创新驱动，打造富有活力的增长模式；要坚持协同联动，打造开放共赢的合作模式；要坚持与时俱进，打造公正合理的治理模式；要坚持公平包容，打造平衡普惠的发展模式。"② 如果说"人类命运共同体"是应对治理赤字的良方，那么"一带一路"就是对这一理念最重要的实践。

"一带一路"倡议为全球提供公共基础设施，帮助各国实现基础设施互联互通，进一步推动发展中国家融入经济全球化。中国企业"走出去"有力地推动了中国与东道国以及相应区域的经济合作。"一带一路"倡议下的"亚投行"等新型多边金融机构也推动着全球的联动增长。以"一带一路"为平台，中国积极举办"一带一路"国际合作高峰论坛等国际论坛，在"逆全球化"的潮流中放大了合作与和平的声音。

"一带一路"为全球治理所做的贡献远远不止提供了上述公共产品，更重要的是展示了新的国际秩序理念，同时也是新的国际治理规则。在"一带一路"倡议下，共商共建合作机制，不以力强而为霸、不以牵头而当头，不搞"一国独霸"或"几方共治"，不搞唯我独尊和以强凌弱，强调各国在国际事务中具有平等的发言权和决定权。比如，中国倡议建立亚投行，却不谋求"一票否决权"。"一带一路"注重开放合作而不搞结盟，强调对话而不对抗、坚持互助合作、共赢发展。"一带一路"强调正确的"义利观"，鼓励"利他行为"，并且率先垂范，承担与中国能力相匹配的责任，为国际社会积累社会资本。"一带一路"在践行新的全球治理道路的同时坚持做现行国际体系的"改良者"，以缓和、灵活的方式，在治理合作中发出中国声音、

---

① 李向阳：《人类命运共同体理念指引全球治理改革方向》，《人民日报》2017年3月8日第7版。
② 习近平：《共担时代责任　共促全球发展》，《人民日报》2017年1月18日第3版。

加入中国元素、提出中国方案。比如，将亚投行定位为对现有国际金融体系的补充，与世界银行和亚洲开发银行密切合作，得到了国际社会的广泛认同。

概言之，"一带一路"不但为国际社会提供了公共产品，而且展示了源自中国智慧和中国外交实践的治理理念，同时也展示了这种国际治理理念的可行性。随着"一带一路"朋友圈不断扩大，中国智慧将会为缩小全球治理赤字做出更大的贡献。（本条执笔：王晓玲）

二　历史传承

10. 丝绸之路命名

在古代亚欧和非洲大陆，以农业生产为基础，历经数千年的社会演化，逐步形成了数个相互分离、自成一体的文明圈，主要包括：黄河、长江流域的中国古文明圈，西亚美索不达米亚的幼发拉底河、底格里斯河两河流域文明圈，印度河文明圈，北非尼罗河流域的古埃及文明圈等。这些分布在旧大陆上的文明中心，为高山、荒漠、大海所阻隔。比如，作为黄河和长江发源地的青藏高原，号称"世界屋脊"，将中国与印度相分离。位于亚洲腹地的塔克拉玛干沙漠，东西绵延一千余千米，南北宽四百多千米，风沙活动频繁而剧烈，酷暑高温，严寒冰冻，人迹罕至。复杂的地理地形和气候条件，限制了古代几大文明中心、特别是中国与其他文明中心之间交流的深度、广度和频率。有限的交流大多只是沿着高原、荒漠的边缘进行，由此形成了几条人员交流和货物流通的道路，这是丝绸之路形成的基本背景。数千年间，亚欧大陆上的人民在这些道路上互通有无，开启了文明互鉴的历史旅程。

公元 1 世纪的古罗马时期，中国与中亚、西亚乃至欧洲、非洲之间的陆地商路就已经出现在西方文献中。据称，古代中国人较早发现，野蚕能吐丝结茧，从蚕茧上抽取的细丝可以用作纺织原料。中国人驯化野蚕，使之成为家蚕，将蚕丝制作成精美的丝织品。古代中国的丝织品很早就传到了欧洲，欧洲习惯以来源于"丝"字的国名称呼中国。有学者对此作词源上的考证称，古希腊人、罗马人将"丝"字音译为"赛尔"（Ser），称中国为"赛里斯"（Seres），意为"丝国"。在后世欧洲的主要语言中，表示"丝绸"的词汇均以 Ser 为源，譬如英语的 Silk、法语的 Soie、德语的 Seide 等。[①] 大约 1 世纪末，希腊地理学家、推罗的马利奴斯（Marinos of Tyre）记录了一条通往赛里斯国的道路。商人为贩运丝绸，从幼发拉底河出发，途经石塔，最终到达赛里斯国都城赛拉

---

① 王冀青：《关于"丝绸之路"一词的词源》，《敦煌学辑刊》2015 年第 2 期，第 21—26 页。

(Sera，洛阳）。马利奴斯所依据的资料，来自马其顿商人梅斯·提提亚奴斯（Maes Titianos），他曾派手下的人前往赛里斯国做生意。希腊地理学家克劳德·托勒密（Claudius Ptolemaeus，约90—168年）于公元150年前后撰写《地理志》时，将马利奴斯记录的这条商道编入书中。[1] 托勒密关于丝绸之路的记录，对于后来欧洲的东方学研究影响很大，他对马利奴斯的一些说法做了修订，比如从幼发拉底河河道到石塔、再到赛拉城的距离。在《地理志》中托勒密还提到，"后一段旅程是在该地区国王向所有旅客提供的保护下进行的"，从石塔到赛拉城的旅途中"伴随着强烈的风暴"，马利奴斯本人也提到，"由于风暴这一原因在途中得作多次停留"。[2] 罗马帝国的作家老普林尼（Pline L'Ancien）在公元77年《自然史》一书中说，赛里斯人"以他们森林里所产的羊毛而名震遐迩。他们向树木喷水而冲刷下树叶上的白色绒毛，然后再由他们的妻室来完成纺线和织布这两道工序。由于在遥远的地区有人完成了如此复杂的劳动，罗马的贵妇们才能够穿上透明的衣衫而出现于大庭广众之中"。书中还提到，赛里斯人"不与别人交往，坐等贸易找上门来成交"，"我国每年至少有一亿枚罗马银币被印度、赛里斯国以及阿拉伯半岛夺走"，"在各种铁中，赛里斯铁名列前茅。赛里斯人在出口服装和皮货的同时也出口铁"[3]。可见，当时的欧洲人对于中国人如何养蚕抽丝织布还只是道听途说、捕风捉影。但是，有些描述比较贴近从中亚到中国中原地区丝绸之路上恶劣的气候条件和匪盗猖獗的社会环境。

公元2世纪罗马帝国安东尼王朝时期，包撒尼雅斯（Pausanias）在《希腊志》中说，赛里斯人用作制作衣装的那些丝线，它并不是从树皮中提取的，而是来自希腊人称为"赛儿"（Ser）的小昆虫，它能"制造出一种缠绕在它们的足上的细丝"。[4] 看来，一直到公元2世纪，欧洲人才对丝绸的生产有了较为简单的了解。

随着东西方交流的增多和存留文献的增加，西方对于东方的了解日益丰富。1271年，17岁的意大利人马可·波罗（Mareo Polo，1254—1324年）随父亲访华，1291年离开中国。在1298年的海上战争中，马可·波罗被俘入狱。狱中，经他口述、意大利文学家鲁思蒂谦诺（Rusticiano）笔录，二人共同完成了《马可·波罗游记》（又名《见闻录》《寰宇记》《行纪》等），详细记录了马可·波罗的东方见闻。此书在欧洲广为流传，极大地丰富了欧洲人对

---

[1] 王冀青：《关于"丝绸之路"一词的词源》，《敦煌学辑刊》2015年第2期，第21—26页。
[2] [法]戈岱司编：《希腊拉丁作家远东古文献辑录》，耿昇译，中华书局1987年版，第19—21页。
[3] 同上书，第9—13页。
[4] 同上书，第53—54页。

东方的认识，并在 15 世纪激起欧洲航海家们对东方的痴迷与向往。据称，在 14 世纪初马可·波罗在世时，就有包括意大利文本、法文本、拉丁文本等多种手抄本在欧洲流传。到欧洲活字印刷术诞生并普及前的 15 世纪末，已经至少有 138 种手抄本，并保存至今。① 在欧式印刷术刚诞生后，1477 年出版了第一个印刷本德文本，1485 年又出版了第二个印刷本拉丁文本。有资料表明，航海家哥伦布有一本 1485 年印行的拉丁文版《马可·波罗游记》，他经常翻阅，并做了 264 处边注，共 475 行。② 尽管有学者质疑马可·波罗是否到过中国③，但《马可·波罗游记》对后世的影响深远是毋庸置疑的，它是欧洲历史学和地理学的重要文献，特别是与之前欧洲文献中对东方的简略描述和推测相比，《马可·波罗游记》对东方世界的描述是丰富多彩的，对促进欧洲与亚洲之间交流做出了历史性的贡献。

近代以来，欧洲各国学者们开始关注中国，这些"东方学家"们关注中国的各个方面，其中包括中国西部地区。在 19 世纪众多的东方学家中，英国地理学家亨利·玉尔（Henry Yule）专注于中西交通史的研究，他对各种《马可·波罗游记》早期抄本，以及古代意大利传教士和旅行家在中国和中亚活动的档案进行了潜心研究，撰写了一部两卷本的著作《中国和通往中国之路——中世纪关于中国的记载汇编》，于 1866 年出版。该书第 1 卷正文部分还研究了古希腊、古罗马关于赛里斯国的各种记载。"托勒密《地理志》摘录"作为该书的一篇附录。玉尔在书中虽然没有使用"丝绸之路"之类的词语，但他第一次对"赛里斯之路"进行了详细的考证和研究。1871 年，玉尔又在伦敦出版了他对《马可·波罗游记》的两卷校注本，书名直译为《威尼斯人马可·波罗先生关于东方诸王国及其奇闻的记录书》。

玉尔的《中国和通往中国之路》和《马可·波罗游记》校注本，对德国地理学家李希霍芬产生了很大的影响。李希霍芬在 1868—1872 年对中国进行了 7 次考察，足迹遍布华东、华北、华中、华南、东北、西南地区和西北地区的陕西省，实地考察《中国和通往中国之路》中涉及的中西交通线路。李希霍芬结束了在中国的考察后，于 1872 年返回德国，1875 年任波恩大学地质学教授。李希霍芬潜心将他在中国的考察成果撰写成书，书名为《中国——根据自己的亲身旅行和在此基础上进行研究的结果》。《中国》第 1 卷于 1877 年在柏林出版。

---

① Boies Penrose, *Travel and Discovery in the Renaissance, 1420 – 1620*, Harvard University Press, Cambridge, 1952, p. 22。转引自张箭《马可·波罗与地理大发现》，《世界历史》1994 年第 4 期，第 51—56 页。

② Henry Yule, Henri Cordier, *The Book of Sir Marco Polo*, Vol. 2, London: John Murray, 1903, p. 558。转引自张箭《马可·波罗与地理大发现》，《世界历史》1994 年第 4 期，第 51—56 页。

③ 比如 Frances Wood, *Did Marco Polo go to China?*, Secker & Warburg, London, 1995。

在《中国》第 1 卷中，李希霍芬根据玉尔《中国和通往中国之路》一书，再次讨论了托勒密的《地理志》，讨论了马利奴斯记录的"赛里斯之路"。李希霍芬在《中国》第 1 卷中提到"马利奴斯的丝绸之路"（Seidenstrasse des Marinus），这是历史上第一次使用 Seidenstrasse（"丝绸之路"）一词。李希霍芬创造的 Seidenstrasse（"丝绸之路"）一词，是合并了德语词汇 Seiden（"丝绸"）和 Strasse（"道路"）后而形成的一个新词，中文翻译成"丝绸之路"，简称"丝路"。①

《中国》第 1 卷出版后，震动了西方的地理学界和东方学界。伦敦皇家地理学会于 1878 年将该学会最高奖金质奖章"创建者奖章"颁授给了李希霍芬。李希霍芬生前于 1882 年出版了《中国》第 2 卷、1883 年出版了《中国》第 4 卷，1905 年李希霍芬在柏林去世，后人将《中国》第 3 卷（1912 年）、第 5 卷（1911 年）整理、编辑、出版。《中国》这部 5 卷本巨著，奠定了李希霍芬在 19 世纪中国地理学界的重要地位。《李希霍芬中国旅行日记》是其学生将他在中国进行考察时的日记、手稿以及大量私人信件编辑整理而成，该书德文版于 1907 年在柏林出版，2016 年商务印书馆出版了中文译本，中国读者得以从一个外国人的眼中详细了解 19 世纪的中国，也可以更全面地了解李希霍芬考察中国的真实意图。

在《中国》第 1 卷中，李希霍芬把"从公元前 114 年至公元 127 年间，中国与中亚、中国与印度间以丝绸贸易为媒介的这条西域交通道路"命名为"丝绸之路"。"丝绸之路"的概念在提出之后，被学界广为接受，逐渐被从德语翻译成了世界各国语言，如英语的 Silk Road（Silk Route）、法语的 Routes de la Soie、日语的"绢の道"等。关于古代中国与外部世界的交通网络，因为贸易商品的不同，也有研究者将其称为"瓷器之路""皮货之路""丝香之路""信仰之路""奴隶之路"，还有学者以运输工具或所经过的地域而名之曰"骆驼之路""沙漠之路""绿洲之路""草原之路""茶马古道"等，这些提法也有一定道理。但是，只有"丝绸之路"的提法流传最广，成为古代东方和西方国家之间经济、文化交流通道的一个代名词。在"丝绸之路"的提法被广泛接受之后，它的时间跨度和内涵与外延都发生了很大的变化，多用来泛指古代中国与亚欧非大陆东西方经济、文化交流的通道。（本条执笔：董向荣）

11. 丝绸之路简史

——丝绸之路"史前史"

在中国的历史上，丝绸之路是与西域密切相关的。"西域"一词，最早见

---

① 王冀青：《关于"丝绸之路"一词的词源》，《敦煌学辑刊》2015 年第 2 期，第 21—26 页。

于《汉书·西域传》。西汉时期，狭义的西域是指玉门关、阳关以西，葱岭（帕米尔高原）以东，昆仑山以北，巴尔喀什湖以南，即汉代西域都护府的辖地。广义的西域还包括葱岭以西的中亚、西亚、印度、高加索、黑海沿岸等地，包括今阿富汗、伊朗、乌兹别克斯坦至地中海沿岸，甚至达东欧、南欧。西域以天山为界分为南北两个部分，百姓大都居住在塔里木盆地周围。西汉初年，有"三十六国"：南缘有楼兰（鄯善，在罗布泊附近）、若羌、且末、于阗（今和田）、莎车等，称"南道诸国"；北缘有姑师（后分前、后车师，在今吐鲁番）、尉犁、焉耆、龟兹（今库车）、温宿、姑墨（今阿克苏）、疏勒（今喀什）等，称"北道诸国"。

《史记·大宛列传》曰，"然张骞凿空，其后使往者皆称博望侯"。太史公将西汉张骞出使西域的经历尊为"凿空"，看重其对中原与西域交往之开拓者作用。其实，诸多考古发现证明，在张骞出使西域之前，中原地区经过西北与外域的文化通路已经开通，这些通路发挥着商品流通、文化传播的作用。史前时期的东西方文化，有许多相同之处，促使人们通过文化相似性推测东西方交流的存在。

在丝绸之路形成前，有几条玉的运输线在亚欧大陆上延展。和田玉产于昆仑山下的于阗，青海盛产昆仑玉，这里的玉石向东输往中原地区，向西远达欧洲。在距今6000多年前的北方红山文化遗址和南方良渚文化遗址，都出土了大量和田玉器。先秦文献中有大量以昆仑玉为媒介、联络西王母国与内地关系的传说记载。如《穆天子传》载，周穆王在见西王母后，"取玉版三乘，载玉万只"而归。和田玉向西输入西亚诸国，从巴比伦、叙利亚发现古器物所用之玉，以及欧洲各国发现石器时代所用之玉皆为于阗的产物。《山海经》《管子》《淮南子》中对西域部族及地名的记载等，都不同程度地反映了汉以前中原地区与西域各国经济文化的交往，很早以前即已发生。

据史学家考证，从上古到先秦逐步形成了通往西方的陆路通道，其东段路线主要有三条：一是从关中或今河南北上经漠南阴山山脉至居延海绿洲，趋向天山南北麓至西域，即所谓的"居延路"或"草原路"；二是从关中过陇山，经河西走廊入西域，即所谓的"河西路"；三是由祁连山南，沿湟水至青海湖，再经柴达木盆地而达今新疆若羌的古"青海路"。[①]"青海路"穿越盛产美玉的昆仑山，把大量昆仑玉输往祖国内地和西亚乃至欧洲，成为沟通中西方古代文明的"玉石之路"。而在秦汉以后，随着中国丝织业的发达，丝绸逐渐代替了玉，成了沟通中西经济文化交流的主要媒介。从某种意义上说，古玉石之路开

[①] 张得祖：《古玉石之路与丝绸之路青海道》，《青海师范大学学报》（哲学社会科学版）2008年第5期，第56—59页。

了丝绸之路的先河。

——张骞出使西域与丝绸之路的兴起

汉代的国家安全与外交,在很大程度上是以如何应对北方草原帝国匈奴为中心的。张骞第一次出使西域,初衷就是要解决联合大月氏共击匈奴的问题。张骞第二次出使西域,则是要联合乌孙国制衡匈奴。张骞两次出使,都没有完成主要的出使任务,却带来了关于西域的诸多信息,引起了汉武帝对西域的重视,大批使节开始往来于中原和西域诸国,大大促进了中原与西域之间的交流。从张骞出使西域前后中西交通的规模相差如此之大来看,称张骞"凿空"西域也不为过。

《史记·大宛列传》详细记录了张骞出使西域的过程。汉武帝建元年间,欲联合大月氏共击匈奴,张骞应募任使者。公元前138年,张骞率匈奴人甘父和百余名随从人员离开长安,出陇西,在河西地区被匈奴所俘获。著名考古学家裴文中指出,"甘肃为西北重要之区域,与中国中原接壤,为中国文化西进之基地,西方文化输入我国,亦以此区为交通要道。历史时期如此,史前时期亦相同,实为地理上条件所构成之必要现象也"[①]。这也是张骞出使西域从陇西出发的原因所在。张骞被俘后,被押送到军臣单于面前,军臣单于得知张骞欲出使大月氏后说:"月氏在吾北,汉何以得往?使吾欲使越,汉肯听我乎?"显然,匈奴对于汉使张骞的行动乃至汉朝的意图深为怀疑,但还没有把它当作完全敌对的行为。十年后,张骞趁匈奴人的看管放松后逃脱。张骞等人西行至大宛,经康居,抵达大月氏。然而,得知汉朝意图的大月氏,不愿与汉夹击匈奴。张骞出使西域的首要使命并未完成,只能返回。在归途中,张骞改从南道,但是仍为匈奴所俘获,又被拘留一年有余。元朔三年(前126年),匈奴内乱,张骞乘机逃回汉朝。此番出使历时十三年之久。

张骞第一次出使西域,虽未完成联合大月氏夹击匈奴的使命,但带回了关于西域的大量第一手资料,极大地丰富了汉代中国对于西域的知识。汉武帝对其予以嘉奖,授以太中大夫之职。之后,由于张骞元朔六年随卫青出征立功,"知水草处,军得以不乏",被武帝封为"博望侯"。元朔七年,张骞以卫尉的身份随李广一道出右北平讨伐匈奴,李将军部队伤亡惨重,张骞因为没能按期到达而面临斩首之罪,不得已花钱赎罪被贬为平民。后来,汉武帝多次向张骞询问大夏诸国的情况,张骞着重介绍了乌孙到伊犁河畔后已经与匈奴发生矛盾的具体情况,建议招乌孙东返敦煌一带,同汉共同抵抗匈奴,以断匈奴右臂。在联合乌孙的情况下,其他西域小国可招来而为外臣。张骞的意见得到了汉武

---

① 裴文中:《史前时期之西北》,山西人民出版社2015年版,第26页。

帝的采纳。公元前119年，汉武帝派张骞再度出使西域，劝说乌孙迁回河西故地，与汉朝共同对付匈奴。这次使团约有300人，携带牛羊和大量丝绸。张骞本人直接到了乌孙，副使则前往康居、大宛、大月氏等。元鼎二年（公元前115年）张骞回来，拜为大行令，位列九卿。第二年，张骞去世。乌孙虽不愿迁回故地，但派出使臣随同张骞回汉，并向汉朝进献乌孙马。在张骞出使之后，中原与大宛之间的来往相当频繁。

张骞出使西域，产生了明显的示范效应，从者如云。《史记》中记载，"自博望侯开外国道以尊贵，其后从吏卒皆争上书言外国奇怪利害，求使。天子为其绝远，非人所乐往，听其言，予节，募吏民毋问所从来，为具备人众遣之，以广其道"。汉武帝为扩大贸易通路，也积极派遣这些使节外出。为维护丝路畅通，汉军破楼兰，兵威乌孙、大宛，并将汉朝的关隘延伸到玉门关。

综合来看，汉通西域，起初是出于军事目的。但西域之路开通以后，其影响远远超出了军事范围。从西汉的敦煌，出玉门关，进入新疆，再从新疆连接中亚、西亚的一条横贯东西的通道，在数个世纪里扮演着东西方大通道的角色。丝绸只是其中运输的诸多商品中的一种。商品贸易只是这些道路的部分作用，技术、文化的传播价值更为重要。西域的苜蓿、核桃、葡萄、石榴、蚕豆等农作物，开始在中原栽培。西域的乐曲和胡琴等乐器，丰富了汉族人民的文化生活。汉军在鄯善、车师等地屯田时使用地下相通的穿井术，称"坎儿井"，在当地逐渐推广。那时大宛以西到安息国都不产丝，也不懂得铸铁器，后来汉朝使臣和散兵把这些技术传了过去。中国蚕丝和冶铁术的西进，促进了人类文明的发展。

——隋唐时期丝绸之路的繁荣

李希霍芬给丝绸之路的界定，几乎可以说是最狭义的丝绸之路，时间上看，是指公元前114年到公元127年，空间上看是指从汉代的中国到中亚地区和印度。丝绸之路的概念被接受之后，很少有人从如此严格的意义上来界定丝绸之路，而是从更广泛的意义上把古代中国与外部世界的交流通道统称为"丝绸之路"。

丝绸之路在隋唐时期较为兴盛。隋炀帝西巡开拓疆土，在张掖焉支山举办了盛会，《资治通鉴》对此盛会记载："其蛮夷陪列者，二十余国。"各国商人、使臣云集，盛况空前。隋炀帝颁诏下旨，设置西海、河源、鄯善、且末四郡。唐代陆上丝绸之路也很活跃。多国使团和商旅通过丝绸之路抵达长安。美国学者米华健称，"当时唐朝的都城长安定居着来自波斯、印度以及中亚、东南亚和东北亚的各个僧侣和商人团体，包括基督徒、佛教徒、摩尼教徒和穆斯林。在唐朝前半段，中国人欣然接受来自广阔世界的各种物品和文化，胸襟之开阔前所未有,其后数百年亦无人望其项背"。①

——丝绸之路的式微与复兴

远洋航海时代到来之后,陆上丝绸之路受到了很大影响。西班牙、荷兰、英国等国的大帆船开始跨大洋航行之后,以骆驼、马为载体的陆上丝绸之路的重要性大大下降。远途海上贸易与陆上贸易相比在成本上具有明显的优势,陆上丝绸之路的贸易和交流虽然没有完全终止,但其重要性大大下降。南方海上丝绸之路日益活跃,中国的船只从广州、泉州、徐闻等沿海港口出发,从南洋到阿拉伯海,甚至远达非洲东海岸。海上丝绸之路成为中国与外部世界交往的主要通道。明朝郑和七次下西洋,曾经到达30多个国家,将海上丝绸之路的路线进一步拓展。随着明清海禁措施的实行,中国海路的对外开拓也陷入停滞。

进入21世纪,中国崛起带来了地缘政治和经济格局的改变。东亚作为世界经济的引擎,如何与东南亚、中亚、欧洲、非洲等密切联系起来,成为新的时代命题。铁路和公路交通的时效性,沿线安全局势的好转,沿线各国之间贸易需求的扩大,都为丝绸之路的再次繁荣奠定了基础。习近平在2013年访问中亚和东南亚时,提出建设"丝绸之路经济带"和"21世纪海上丝绸之路",使丝绸之路重新成为国际关注的重要商路。英国学者弗兰科潘指出,习近平"在重新唤起人们对那段很久以前就已经熟悉的繁荣回忆。他的有关促进贸易发展、投资海陆通道并与各国建立合作交流关系的想法,都是基于一种常识——即今日纵横交错于亚洲,将中国与欧洲、里海、高加索山脉、波斯湾和东南亚各个角落连接在一起的新交通干线,追随的正是当年那些带着货物和信仰四处奔波的旅行者和圣贤者的足迹。当然,区别在于速度——我们的旅行速度、大宗贸易的成交速度,以及我们相互交流和学习的速度"。②(本条执笔:董向荣)

12. 陆上丝绸之路

1877年,德国地理学家李希霍芬在《中国——根据自己的亲身旅行和在此基础上进行研究的结果》第1卷中,将"从公元前114年至公元127年间,中国与中亚、中国与印度间以丝绸贸易为媒介的这条西域交通道路"命名为"丝绸之路"。李希霍芬"丝绸之路"的提法得到了广泛的传播。在此基础上,

---

① [美]米华健:《丝绸之路》,马睿译,译林出版社2017年版,第33页。
② [英]彼得·弗兰科潘:《丝绸之路——一部全新的世界史》,邵旭东、孙芳译,浙江大学出版社2016年版,中文版序言,第6页。

这一概念的内涵不断扩大，一般用来指古代中国与西亚、南亚乃至欧洲经过亚洲腹地的陆路交往通道。

陆上丝绸之路，并不是一条固定的线路，而是由多条干道和支线组成的一个交通网络，随着历史地理和社会环境的变化，这些道路也不断游移。陆上丝绸之路主要有三条线路：一是张骞出使西域的相关路线，也称沙漠丝绸之路；二是草原丝绸之路；三是南方丝绸之路，主要指中国与外部世界交往的西南陆上通道。

——沙漠丝绸之路的基本走向

中国历史学家白寿彝在《中国通史》中指出，"汉为了发展同中亚、西亚、南亚各国的交往，修筑了令居（今甘肃永登）以西的道路，设置亭驿，便利商旅。根据文献记载，当时通西域的道路大致为通过河西四郡，出玉门关或阳关，穿过白龙堆，到楼兰（即鄯善），自此分南、北两道。北道自此向西，沿孔雀河至渠犁（今新疆库尔勒）、乌垒、轮台，再经龟兹（今新疆库车）、姑墨（今新疆阿克苏）至疏勒（今新疆喀什）。南道自鄯善的扜泥城，西南沿今车尔臣河，经且末、扜弥、于阗（今新疆和田）、皮山、莎车至疏勒。自疏勒往西，越葱岭，向西南，到大月氏（主要地区在今阿富汗境内），再往西到达安息（今伊朗），更西到达条支（今伊拉克一带），最后可直达大秦（罗马帝国东部）。自疏勒越葱岭往北，可到大宛（今乌兹别克斯坦费尔干纳）、康居（今乌兹别克斯坦撒马尔罕）。东汉时，与北匈奴多次交战，迫使北匈奴西迁，汉遂开辟了新北道。这条通道的路线是：由敦煌向北到伊吾，然后西经柳中、高昌壁、车师前部交河城（今新疆吐鲁番），经焉耆，越天山至龟兹。再循原北道西行抵疏勒。这些沟通中西交通的要道就是著称于后世的丝绸之路"。①

隋朝对突厥占领了西域至里海间广大地区，今青海境内吐谷浑也向河西走廊侵扰，中国和西域乃至欧洲的官方、民间交往受到不少阻碍。但隋与丝绸之路各国民族之间的交流关系仍然存在。隋炀帝曾招西域商人至张掖互市，使其往来相继。据《隋书·西域传》序记载：侍御史韦节，司隶从事杜行满使于西番诸国，至罽宾（今塔什干附近），得玛瑙杯；至印度王舍城得佛经；史国得歌舞教练、狮子皮、火鼠毛。

唐朝陆上丝绸之路经历了鼎盛和快速的衰落。唐太宗李世民击败了东突厥和吐谷浑，征服了漠南漠北。唐高宗李治又灭西突厥，设安西、北庭两都护府。大唐帝国疆域东起朝鲜海滨，西至达昌水，东西方通过丝绸之路，以大食

---

① 白寿彝主编：《中国通史》第4卷，上海人民出版社1995年版，第403—404页。转引自黄启臣主编《广东海上丝绸之路史》，广东经济出版社2003年版，前言，第2—3页。

帝国为桥梁，官方、民间都进行了全面友好的交往。在丝绸之路东段，大漠南北与西域各国，修了很多支线通丝绸之路，亦称"参天可汗道"。大食、东罗马帝国也不断派使节到长安与中国相通。敦煌、阳关、玉门这些地方，成了当时"陆地上的海市"。"安史之乱"后唐朝开始衰落，吐蕃越过昆仑山北进，侵占了西域的大部，陆上丝绸之路逐步走向低谷。加之海上丝绸之路的兴起，从海路上进行贸易和交往性价比更高，广州、泉州等地崛起为对外交往的核心地带。西方各国在陆上虽然仍有商旅取道中亚、西域，但是与海路相比，陆上丝绸之路的作用已经明显下降。

——草原丝绸之路

草原丝绸之路也被称为"北方丝路""毛皮之路""茶叶之路""瓷器之路"和"铁器之路"等。中国学者耿昇认为，从丝绸之路的开通时代来看，北方草原丝路与西北戈壁绿洲丝路基本上应为同期。早在公元前7—2世纪，横贯亚欧大陆的交通干线不是戈壁绿洲之路，而更应该是草原丝绸之路[①]。

草原丝绸之路从中国黄河河套地区出发，经蒙古草原向西北逐渐延伸，越过阿尔泰山，沿额尔齐斯河流域北行，穿越南西伯利亚草原，到达黑海北岸的斯基泰人生活地区，再从那里向中亚和欧洲伸展。在草原丝绸之路上，蒙古草原与新疆阿勒泰地区起着枢纽作用。张骞出使西域促使戈壁绿洲丝路繁荣鼎盛，草原丝路遭冷落。但是，继15、16世纪之后海上丝绸之路开通而西北丝路日趋衰落，草原丝路却无法完全被海路所取代。19世纪末20世纪初，经北方草原丝路的中俄之间的茶叶、毛皮、瓷器和中草药的交易依然兴旺发达。直到20世纪中叶起，由于中俄国内形势巨变和东西方冷战诸因素，北方草原丝绸之路才开始走向萧条。从草原丝路所覆盖的地域和民族范畴来看，它与西域戈壁绿洲丝路在西部有重合，在北部有交错，在东部有独特区域。[②]

——南方丝绸之路

据《史记·大宛列传》记载，骞曰："臣在大夏时，见邛竹杖、蜀布。问曰：'安得此？'大夏国人曰：'吾贾人往市之身毒。身毒在大夏东南可数千里。'"张骞在大夏见到邛竹杖和蜀布，表明当时已经有不少的中国西南地区的货物经过身毒国传到其他国家。汉朝拓展丝绸之路西南通道的初衷，还是因为原有的经河西走廊赴大夏的通道凶险颇多，羌人和匈奴人是上述通道的重要阻碍。而"从蜀宜径，又无寇"。汉武帝的策略：一是以大军北击匈奴，确保北方丝绸之路的畅通；二是派出使者分四路出发，探索从蜀地向西南夷的通路。

---

① 耿昇：《考察草原丝绸之路的法国人》，《北方民族大学学报》（哲学社会科学版）2009年第6期，第18—28页。

② 同上。

据《史记·大宛列传》记载，这四道是："出駹，出冉，出徙，出邛、僰，皆各行一二千里。"开辟西南通道的过程并不顺利。走北路的中途被氐人、筰人堵住，走南路的被巂人、昆明人堵住。当时昆明一带的民族没有君长，惯于杀人抢劫和偷盗，汉使被杀，此路未能打通。但是在此过程中，听说其西千余里，有个滇越国，蜀地的商人曾贩卖货物来此。于是汉朝就与滇越国有了交往。

中国学者罗二虎认为，西南丝绸之路在西汉中期以前就已存在，但汉帝国直至东汉永平十二年（69年）才将这条道路全线开通。其基本路线为从成都经永昌郡（今云南西部）到达身毒（今印度）。当时在古道沿途大规模开凿道路，设置郡县治所和各种交通通信设施，加上大量移民、屯军等措施来保证道路畅通与高效的通信传递。[1]

西南通道在汉代得到拓展后，逐渐形成了三条主要线路[2]：第一条是通往缅甸、印度的线路，即由东西两线组成的"蜀身毒道"。西线灵官道（即牦牛道）：自成都西至邛崃南下，经名山—雅安—荥经—汉源—甘洛—越西—喜德—冕宁—西昌—德昌—米易—会理—攀枝花—云南永仁—大姚—大理。东线五尺道：自成都沿岷江南下，经乐山—犍为—宜宾—五尺道—云南大关—贵州威宁—云南昭通—曲靖—昆明—楚雄—大理。西线与东线两道在大理会为一途，西行至保山—腾冲—缅甸密支那（或从保山南下瑞丽进入缅甸八莫），再西行经印度东北阿萨姆至恒河平原，经巴基斯坦、阿富汗至中亚和西亚。

第二条是通往越南的水陆兼程线路。东路进桑道，即由蜀入滇中部，经弥勒渡南盘江，经文山出云南东南隅，经河江、宣光循盘龙江，抵达河内。西路步头道，由蜀入滇西部大理，沿红河至越南河内，由河内出海，此即沟通云南与中南半岛的最古老的一条水道。与"蜀身毒道"相比，中国西南地区通往越南的水陆兼程线路因涉及的疆域少，又有水道相连于跨境民族，因此走向较易确定。

第三条是连通尼泊尔、印度的茶马古道线路。包括四川到西藏的川藏路，即成都—雅安—康定—西藏—昌都—尼泊尔—印度；云南到西藏的滇藏路，即普洱—大理—丽江—香格里拉—邦达—昌都—尼泊尔—印度。境内与今日川滇铁路、滇藏公路线路基本相符。茶马古道是中国西南藏区连接川滇与境外南亚、中亚的重要路线。茶马古道对内是中国内部的商贸通道，对外是与南亚印

---

[1] 罗二虎：《汉晋时期的中国"西南丝绸之路"》，《四川大学学报》（哲学社会科学版）2000年第1期，第84—105页。
[2] 屈小玲：《中国西南与境外古道：南方丝绸之路及其研究述略》，《西北民族研究》2011年第1期，第172—179页。

度的重要商贸通道，在中国西南陆上与南亚的商贸交流中扮演了重要的角色。

——陆上丝绸之路的历史意义

在汉代张骞出使西域之前，中国与中亚、西亚、南亚和欧洲之间已经有直接或间接的商品交流与人员往来。张骞出使西域后，陆上丝绸之路作为重要的官道被打通，成为官方使团和商业往来的大通道。从汉唐到宋元的一千多年间，丝绸之路是中国与中亚、西亚、南亚以及欧洲国家和人民加强联系，进行经济、文化交流的重要通道。异域的音乐、舞蹈、绘画、雕塑、建筑等艺术，天文、历算、医药等科技知识，佛教、祆教、摩尼教、景教、伊斯兰教等宗教，通过丝绸之路传到中国；中国的纺织、造纸、印刷、火药、指南针、制瓷等工艺技术，以及儒家、道教思想，也通过丝绸之路向西传播。丝绸之路使得中国与遥远的印度、欧洲两个文明圈联系在一起，在商品交流的同时，促进了文化知识的传播，也使人们的价值观、信仰更加多元化。在很长一段时期内，陆上丝绸之路是中国和外部世界联系的主要纽带，特别是在早期的文化交流方面，意义尤为重大。

与此同时，我们也应该看到，因为陆路高山、大漠、狂风等地理气象条件的限制，以及沿途小国林立、盗匪猖獗等社会环境的制约，在依靠骆驼、马匹以及人力等作为主要交通手段的前工业社会里，能在陆上丝绸之路上交易的商品相当有限。正因为如此，著名历史学家李伯重在评价陆上丝绸之路的历史作用时曾指出，"总的来看，从汉武帝时丝绸之路开通算起，一直到明代建立，除了在唐代前半期和元代外，这条丝路在大多数时期内实际上处于半开半停状态，在东汉和宋代更基本上关闭了。这也证明了它在经济上意义不大"。[①]（本条执笔：董向荣）

13. 海上丝绸之路

陆上丝绸之路并不是一条线路，而是一个交通网络。同样，海上丝绸之路也不只是一条航线，而是包括多条航线组成的网络。从位置上区分，主要是东方海上丝绸之路和南方海上丝绸之路。东方海上丝绸之路开拓得较早，南方海上丝绸之路的重要性更大。

——东方海上丝绸之路

东方海上丝绸之路是最早在中国大陆与朝鲜半岛、日本列岛之间传播中原文化的通道。《史记·宋微子世家第八》和《史记·周本纪第四》中记载，箕

[①] 李伯重：《火枪与账簿：早期经济全球化时代的中国与东亚世界》，生活·读书·新知三联书店2017年版，第38页。

子谏言纣王，纣王不听，箕子狂而为奴，纣将其囚禁。武王伐纣后，将箕子释放，封箕子于朝鲜，史称"箕子朝鲜"。据《汉书·地理志》记载，周武王封箕子于朝鲜时，"教其民以礼义，田蚕织作"。可见，自商朝开始，中原丝织文化就开始传播到朝鲜半岛。秦汉时期，山东登州港曾被作为秦皇汉武海上巡幸、求仙活动的重要港口。据《史记》《汉书》《资治通鉴》等记载，汉武帝巡幸东莱多达8次。频繁的海上巡幸和求仙活动，促进了当地造船、航海以及港口业的发展，也为中原与朝鲜半岛和日本之间的民间贸易和交流创造了条件。考古发现表明，在朝鲜平壤乐浪区的千余座汉墓中，曾出土大量中国丝织品。这是中国丝织品于汉代大量传入朝鲜的重要实物证据。

据《日本书纪》卷八记载，仲哀天皇八年（199年），有人自称秦始皇第十一世孙，他把蚕种从朝鲜半岛的百济东传到日本。这与中国《三国志·魏书》中记载倭国"产秔麻蚕桑，缉绩出细秔缣帛"的年代大致相近。这是中国养蚕织绸等生产知识传入日本的开始。[1] 公元238年，倭国女王卑弥呼派使者经朝鲜半岛到魏都洛阳，赠送班布等礼品。魏明帝诏封"亲魏倭王"，并赠以精美丝织品：绛地交龙锦五匹、绛地绉粟罽十张，倩绛五十匹、绀青五十匹，又赐女王绀地句文锦三匹、白绢五十匹等礼品。这是中国各色丝织品作为外交交换礼品而传入日本的最早文献。[2] 南朝时，中国派四名丝织和裁缝女工汉织、吴织、兄媛、弟媛到日本传授技艺，促进了日本丝织工业的发展。

据《新唐书·地理志》记载，东方海上丝绸之路的一条重要线路为"登州海行入高丽、渤海道"，是以登州港为起点，从登州港通往朝鲜半岛诸国和日本的海上丝绸之路航线，这条海路有两条支线，一条支线从登州港出发，渡渤海海峡到辽宁旅顺口，再沿辽东半岛到鸭绿江口，然后沿朝鲜半岛南下，过对马海峡到日本；另一条从登州港出发，经八角、芝罘，再横渡黄海，到朝鲜仁川，然后沿朝鲜半岛南下，过对马海峡到日本。[3] 唐代时开辟了不经过朝鲜半岛、直接从中国江南地区越海东渡日本的南线，从扬州、楚州、苏州和明州（今宁波）等港口出发赴日本，航程大大缩短。两宋时，北方为辽、金所占，政治、经济重心南移北方，江浙又盛产丝绸，造船、航海发达，明州遂发展成为东海航线中的重要贸易港。

在历史上，隋唐曾多次东征高句丽，出兵多为水陆夹击，水路主要经登州

---

[1] 陈炎：《略论"海上丝绸之路"》，《历史研究》1982年第3期，第161—177页。
[2] 《三国志·魏书》卷三〇，《东夷传》，转引自陈炎《略论"海上丝绸之路"》，《历史研究》1982年第3期，第161—177页。
[3] 山东省蓬莱市史志编纂委员会：《蓬莱县志》，齐鲁书社1995年版，第377页。转引自朱龙、董韶华《登州港与东方海上丝绸之路》，《中国海洋大学学报》（社会科学版）2004年第4期，第19—23页。

港。军事用途进一步活跃了面向朝鲜半岛的港口。军队出行、粮食运输、贸易往来,各项活动日益频繁。唐朝和新罗、北宋和高丽、明朝和朝鲜等各时期的交往频繁,促使山东半岛成为各朝代与朝鲜和日本交通贸易的主要口岸。比如,在登州城专门设立了"新罗馆",用于安置由登州入境的新罗使节。据称,唐玄宗开元十一年(723年)时,新罗圣德王遣使入唐献朝霞、鱼牙等丝绸产品,同时献表曰:"敢将方产之物,尘渎天官。"此举表明,丝绸输出并不是单向的,在引进了中原的丝织技术后,朝鲜也将自己生产的丝绸输往中国。

唐宋时期,中国的丝织业和造船业发展迅速,为通过海上丝绸之路展开的海外贸易交流创造了有利条件。唐朝和日本、朝鲜的海上贸易往来较前代更加频繁。日本的遣唐使,名义上虽是派遣外交使节贡方物而唐亦回赠礼品,实质上是变相的官方贸易。除了官方贸易之外,中日民间交流也很活跃。大航海时代到来之后,中日之间的贸易量明显增长。历史学家李伯重指出,"在16世纪、17世纪,世界贸易中丝和丝织品的主要供应者是中国,主要购买者则是日本、葡萄牙和荷兰。陶瓷的主要供应者是中国,主要购买者是日本、葡萄牙、西班牙和荷兰。蔗糖的主要供应者是中国,主要购买者是日本、荷兰和英国"。[①] 明朝嘉靖年间军事战略家郑若曾在抵御倭寇方面做出卓越贡献,著有《日本图纂》《筹海图编》《江南经略》。郑若曾针对日本对中国的生丝需求指出,"丝,所以为织绢纻之用也,盖彼国自有成式花样,朝会宴享必自织而后用之。中国绢纻,但充里衣而已。若番舶不通,则无丝可织"[②]。可见,当时中日之间已经形成了丝织业的产业链条。

——南方海上丝绸之路

南方海上丝绸之路是中国大陆经过海路前往东南亚、南亚甚至欧洲、非洲的交通要道。据《汉书·地理志》卷二八"粤地"条记载,汉武帝时,中国海船就从雷州半岛出发,带了大批黄金和丝织品,途经今越南、泰国、马来西亚、缅甸,远航到印度洋的印度半岛南部黄支国(今康契普拉姆)去换取上述国家的珍珠、宝石等特产。然后从斯里兰卡返航。这是中国丝绸作为商品外传到上述这些国家的最早记录。[③] 在之后的千年间,丝绸成为朝贡贸易以及国际交往中回赠各国使节的重要礼品。据《后汉书·大秦传》卷八十八记载:"大秦与安息、天竺交市海中,利有十倍……其王常欲通使于汉,而安息欲以汉缯彩与之交市,故遮阂不得自达。"有学者指出,中国丝绸西传最初是通过西域

[①] 李伯重:《火枪与账簿:早期经济全球化时代的中国与东亚世界》,生活·读书·新知三联书店2017年版,第58—61页。
[②] 《筹海图编》卷二,倭好,四库全书本,第51—52页。
[③] 陈炎:《略论"海上丝绸之路"》,《历史研究》1982年第3期,第161—177页。

"丝绸之路",但由于安息试图垄断丝绸贸易,阻挡了这条传统丝路,迫使产丝的中国和消费丝绸最多的罗马,不得不努力于海上交通的开辟。① 实际上,可能不仅仅是因为安息的原因导致海路的开发,更可能是海路与陆路相比,在航海技术足够发达的基础上,海路本身就比陆路有更高的性价比。在海上丝绸之路上,瓷器成为重要的商品。很难想象瓷器这样分量重的易碎品可以大批量穿越陆上丝绸之路。

广州、泉州、徐闻等港口在南方海上丝绸之路上扮演了重要的角色。据《新唐书·地理志》记载的贾耽所称"广州通海夷道",唐朝时期中国通往西亚和非洲东部的主要路线有二:一是由广州经今越南中部、南部沿海地区和附近岛屿,渡新加坡海峡,过爪哇岛、苏门答腊岛、尼科巴群岛而至狮子国(今斯里兰卡),再沿印度半岛西岸经波斯湾至幼发拉底河口的乌剌国,自此附近陆行至缚达城(今伊拉克首都巴格达)为终点;二是由上述路线至印度半岛西岸后渡印度洋至非洲东部的三兰国(今坦桑尼亚),向北经数十个小国可通乌剌国,同第一条路线会合。通海夷道把中国与东南亚、南亚、欧洲乃至非洲连接在一起。除了丝绸和其他中国产品之外,包括指南针、火药、造纸和活字印刷等技术也不断对外传播,因此海上丝绸之路是沟通中西文化交流的重要通道。

唐朝中期,丝绸经海路对外贸易的比重加大。唐设市舶使,意味着在丝绸贸易中民间商业的重要性上升。特别是在唐宋时期造船和航海技术的发展,进一步繁荣了海上丝绸之路贸易。唐代制造的"俞大娘""苍舶"等大舶,宋代造的大型海舶,不但船体长、大,可载数百人和一年用的粮食,船上还拥有当时世界上最先进的航海设备,并开始用指南针导航。元朝政府积极推行"官自具船、给本、选人入蕃贸易诸货,其所获之息,以十分为率,官取其七,所易人得其三"的政策。它比宋代奖励发展海外贸易又进了一步。元时在泉州、杭州设市舶都转运司,又在庆元(宁波)、上海、澉浦、温州和广州设市舶司。当时的泉州成为世界著名商港。中国的丝绸、瓷器等商品,远销朝鲜、日本、东南亚、南亚,向西远销西亚乃至欧洲、非洲各国,而这些国家的药材、沙金、黄铜、香料、珠宝、象牙、犀角等源源不断地运往中国。

明朝在海上丝绸之路的发展中扮演了独特的角色。一是明朝大航海家郑和下西洋创造了中国航海史上最伟大的壮举;二是明朝开始实行海禁,在世界大航海时代到来之际选择了闭关自守,将中国从区域中心甩到了世界体系的边缘。

---

① 陈炎:《略论"海上丝绸之路"》,《历史研究》1982年第3期,第161—177页。

二 历史传承

从 1405 年到 1433 年，郑和曾先后七次率船队远航，途经三十余国，最远到达非洲东岸和红海沿岸港口。郑和每到一地都以中国的丝绸、瓷器等物换取当地的特产，或馈赠当地的国王，并于每次出访回国时，就邀请各国使节同来中国访问。这样，来中国通好的使节就越来越多；到第五次回航时，随同船队来中国的使节竟达十七国之多。公元 1413 年印度古里派来的使节和随从人员竟达 1200 多人，盛况空前。这在中外关系史上也是罕见的。来使都带着各国特产为礼品，而中国赏赐和回赠的礼品又不外乎是丝绸。为赏赐外国使节，曾从南京调运大盘丝绸至北京备用。据记载："宣德三年（1428 年）八月庚寅，命南京守备太监郑和、王景弘等，以内府见贮大绢十万匹，绵布二十三万匹，令户部遣官运赴北京。"[①]

明代除郑和船队的官方贸易外，闽粤沿海商人在海禁森严的情况下，仍有不少人浮海到东南亚各地经商。1567 年海禁开放后，福建海商到吕宋经商的最多，在海外建立了不少华人区。在西班牙殖民者占领下的菲律宾，有一个特定的华人区名曰"涧内"，意为"生丝市场"。来自漳州、泉州等中国沿海港口的商船，满载各种生丝和丝织品，在马尼拉等地从西班牙殖民者手中换取银圆，西班牙殖民者则把中国丝绸和其他商品运往墨西哥，在回航时又从墨西哥运载银圆返回菲律宾，或者把中国丝绸和其他商品远销西班牙本土。据估计，1565—1820 年，墨西哥向马尼拉输送了白银 4 亿比索，绝大部分流入中国。中国原是产银不足的国家，自西班牙于 1571 年占领马尼拉以后，中国通过马尼拉从墨西哥进口的"鹰洋"重 7 钱 2 分，与中国制的银圆并行流通，成为法定的本位币。这对明、清以来的社会经济和货币流通曾起重要的作用。[②]

——海禁与海上丝绸之路主导权的旁落

元末明初，日本封建诸侯割据，互相攻伐。在战争中失败了的封建主，就组织武士、商人、浪人（即倭寇）到朝鲜半岛和中国沿海地区进行武装走私和抢掠骚扰。对此，洪武年间，朱元璋为防沿海军阀余党与海盗滋扰，下令实施海禁。早期海禁的主要对象是商业（商禁），禁止中国人赴海外经商，也限制外国商人到中国进行贸易（进贡除外）。明永乐年间，虽然有郑和下西洋的壮举，但是放开的只是朝贡贸易，民间私人仍然不准出海。而后随着倭寇之患，海禁政策愈加严格，虽起到了自我保护的作用，但大大阻碍了中外交流发展。隆庆年间明政府调整政策，允许民间赴海外通商，史称"隆庆开关"。海禁的解除为中外贸易与交流打开了一个全新的局面。清朝以后，为禁止并截断东南沿海的抗清势力与海外的联系，清廷先后于 1655 年、1656 年、1662 年、1666

[①] 陈炎：《略论"海上丝绸之路"》，《历史研究》1982 年第 3 期，第 161—177 页。
[②] 同上。

年、1675年五次颁布禁海令，禁止商民出海贸易。直到1683年清军攻占台湾后，康熙皇帝才接受东南沿海的官员请求，停止了清前期的海禁政策。康熙二十三年（1684年），清政府正式开放广东、福建、浙江、江苏四省沿海为通商贸易地点，并在广州、漳州、宁波、云台山设立四个海关，此即"四口通关"时期。尽管海禁已开，但康熙并不鼓励国人出海与西方贸易，在他看来，"海外如西洋等国，千百年后中国恐受其累，此朕逆料之言"。乾隆二十二年（1757年），乾隆下令关闭宁波、漳州、云台山三地口岸而只保留广州一地口岸，此即"一口通商"时期。

　　实行"一口通商"后，清王朝与各国的进出口贸易依旧逐年增长。从乾隆末年到鸦片战争爆发前，英国在广州的贸易增加了八成，而美国则几乎增长了三倍。当时的广州，由于海外贸易的存在而呈现出极繁荣的景象。

　　历史学家刘迎胜曾指出，"郑和下西洋既是中国古代海洋事业的顶峰，也是谢幕演出，甚至可称为中国古代航海事业的绝唱，此后竟然是悬崖式的坠落"。[1] 其实，经常说的"海上丝绸之路的衰落"，并不是指中国通过海路与其他国家贸易额的下降，而是指丝绸之路主导权的旁落。即在明清一再实施海禁的情况下，中国失去了掌握大航海时代国际贸易主导权的机会，在力求闭关自守的同时抵御不了西方的坚船利炮，这就是鸦片战争爆发的大背景。（本条执笔：董向荣）

14. 丝绸之路与各国往来

　　司马迁在《史记·货殖列传》中记载民谚曰："百里不贩樵，千里不贩籴。"在高山阻隔、长路漫漫的古代商路上，究竟是什么样的货物值得被运送到数千里之外进行交易？这些物品一定得满足下列条件：一、价值高，利润大，属于奢侈品，或者是某些有不可替代功能的必需品；二、耐储存，易运输。经过历史的筛选，丝绸之路上交易的主要产品包括：丝绸、玉石、香料、茶叶、马匹、盐、药、瓷器等。有商品往来，有人员往来，自然而然就带来了以商品和人员为载体的技术知识、动植物物种、宗教信仰、文学艺术等方面的交流。其实，在很大程度上，后者比前者的意义更为重大。

　　——丝绸之路上林林总总的商品交流

　　陆上丝绸之路，沟通的是被高山和大漠阻隔的东亚、西亚、南亚、北非和欧洲文明圈。这些文明圈的差异，主要源自人类驯化的野生动植物差异。美国

---

[1] 刘迎胜：《古代海上丝路衰落的教训与启示》，《参考消息》2017年5月2日第11版。

二　历史传承

学者贾雷德曾指出了五个在人类早期成功地驯化了野生动植物的地区，包括：西南亚，亦称近东或新月沃地；中国；中美洲；南美洲的安第斯山脉地区，可能还有亚马孙河流域的毗连地区；以及美国东部。据称，西南亚在公元前8500年前后，驯化了小麦、豌豆、橄榄等植物和绵羊、山羊等动物。中国在不迟于公元前7500年驯化了稻、黍等植物和猪、蚕等动物。在印度次大陆的印度河河谷地区，"那里的农业社会出现在公元前的第七个千年中，它们利用的小麦、大麦和其他作物，是先前在新月沃地驯化的，然后显然再通过伊朗传播到印度河河谷"。"在埃及，粮食生产也是在公元前6000年随着西南亚作物的引进而开始的。"[1] 早在数千年前，各大文明圈之间就已经出现了交流，这些交流对于促进全球的农业发展和文明演进意义重大。

支撑陆地丝绸之路交流的两大重要物品，一是丝绸，二是骏马。中国是最早驯化蚕的地区。中国是丝绸的供给方，欧洲是丝绸的需求方。中国是骏马的需求方，中亚是骏马的供给方。

在丝绸之路的西端，罗马贵族对丝绸的需求强劲，甚至造成罗马帝国财政严重出超。罗马作家老普林尼在公元77年的《自然史》中指出，由于遥远的赛里斯人完成了复杂的抽丝纺织劳动，"罗马的贵妇们才能够穿上透明的衣衫而出现在大庭广众之中"，"我国每年至少有一亿枚罗马银币被印度、赛里斯国以及阿拉伯半岛夺走"[2]。

在冷兵器时代，战马是军队机动作战的重要手段。同样，在工业革命之前，马匹也是中原内陆地区最重要的交通手段。中国古代帝王对战马的喜爱，从秦始皇陵兵马俑即可见一斑。在古代中原地区，马匹主要是蒙古马。蒙古马吃苦耐劳，体型矮小，奔跑速度不快。中亚地区的大宛马、乌孙马体型俊美，奔跑速度快。汉代张骞出使西域后，称大宛"多善马，马汗血，其先天马子也"，引起汉武帝极大的兴趣。据《史记》中记载，"天子好宛马，使者相望于道，一辈大者数百，少者百余人，所赍操，大放博望侯时。其后益习而衰少焉。汉率一岁中使者多者十余，少者五六辈，远者八九岁，近者数岁而反"。为获取大宛骏马，汉武帝派使者携千金和金马到大宛交换，未果。在大宛国杀死汉朝使臣后，汉武帝大怒，派李广利将军兵临大宛城下。最终，李广利带回上等良马数十匹、中等以下三千余匹。《史记》还曾记载，"乌孙以千匹马聘汉女"。有学者称，"从这个时代起，中亚与中原之间的'丝马贸易关系'就

---

[1] [美] 贾雷德·戴蒙德：《枪炮、病菌与钢铁——人类社会的命运》（修订版），谢延光译，上海译文出版社2016年版，第87—91页。

[2] [法] 戈岱司编：《希腊拉丁作家远东古文献辑录》，耿昇译，中华书局1987年版，第10—12页。

正式建立了"。① 据称，输入的中亚骏马改善了中原地区的马种。考古学家们发现，汉代以后中国战马的造型明显不同于以往。

唐朝主要依靠贸易和外交互赠从北方和西域获得马匹。美国学者米华健曾指出，在安史之乱后，"唐朝被迫以高价从曾经对它施以援手的回鹘游牧部落收购马匹，每匹马的价格大约是 40 匹丝绸"。② 输入中原的骏马，主要是满足皇帝和贵族们的需求。唐朝贵族对狩猎和马球的热爱，进一步促进了"丝马贸易"。在丝绸和骏马之外，伴随丝绸之路上的人员交流，苜蓿、葡萄、核桃等作物种子和栽种技术也沿丝绸之路自西向东传播。

从输送商品的角度来看，北方草原丝路输送的商品有独特之处。除了丝绸之外，主要是茶叶、皮毛和羊毛制品及瓷器、铁器和中草药，而且其数量相当可观。在物质交流之外的文化交流方面，北方草原丝路传播了佛教（以喇嘛教或藏传佛教为主）、萨满教、祆教、伊斯兰教、摩尼教、基督教（景教和天主教方济各会），以及各种土著巫教和图腾崇拜。它将中华文明与希腊—罗马文明、中亚伊斯兰文明、沙漠绿洲文明、草原文明、斯拉夫文明和远东其他文明沟通和融合起来了，从而为中西或东西文化、物质交流的发展做出了不可磨灭的贡献。③

在西南陆上丝绸之路上，蜀布、茶叶等占据了较大比重。

同样，虽然被称为"海上丝绸之路"，但这些海上通路上交流的商品远远不只是丝绸。随着海外贸易的发展，海上丝路把中国古代的发明创造如指南针、火药、造纸和活字印刷术、瓷器、医药等，传布到世界各地。特别地，通过远洋运输，中国瓷器大规模向世界各地传播。据称，有一艘公元 9 世纪在印度尼西亚海岸沉没的大船上，竟然装载着 7 万多件瓷器。④ 这只是当时的阿巴斯王朝大量进口瓷器和丝绸的冰山一角。很难想象，如果不是海上丝绸之路，而是通过陆路运输的话，需要多少驼队、马队才能运送这么多的瓷器。同时，海上丝绸之路也把外国的商品和动植物物种，如珍珠、宝石、香料、棉花、龙眼、玉米、番薯、烟草、花生、向日葵、土豆、西红柿等传播到中国。发明创造和生产技术的互相交流，极大地促进了各地社会生产力的发展和人类历史的进步。

---

① 刘迎胜：《丝绸之路》，江苏人民出版社 2014 年版，第 60 页。
② [美] 米华健：《丝绸之路》，马睿译，译林出版社 2017 年版，第 51 页。
③ 耿昇：《考察草原丝绸之路的法国人》，《北方民族大学学报》（哲学社会科学版）2009 年第 6 期，第 18—28 页。
④ J. Stargardt, "Indian Ocean Trade in the Ninth and Tenth Centuries: Demand, Distance, and Profit", *South Asian Studies*, 30.1 (2014), p. 37.

二 历史传承

——丝绸之路上频繁的人员流动

从汉代丝绸之路上汉朝使团的来源来看,当时只是少数受名利驱使的人请求出使西域,而汉武帝念路途遥远而危险,则有请必应。考虑到沿途的艰难和风险,普通的中原商人和民众很难有人能往返于中原和西域之间,即从洛阳一直走到罗马,或者从罗马一直走到洛阳,而是段落式的、接力式的交流。那么,在丝绸之路上活跃的除了中原王朝的使节之外,主要是哪些人穿梭于此?

美国学者米华健曾指出,公元6—10世纪,"丝绸之路上最活跃的集大成者是说着各种伊朗语的人:萨珊王朝(226—651年)的商人不但在波斯湾附近,也在阿拉伯海、非洲东部沿岸、印度海岸和斯里兰卡,以及远至马来西亚和中国南部,支配着海上贸易。波斯商人居住在广州的特定区域。粟特商人则从陆路出发,前往亚美尼亚,遍布中亚,穿过中国北部,最远到达过中国东北地区和高丽。正是这些商人群体的支配地位,才让波斯语成为丝绸之路商业和交流的通用语"。[①]

《旧唐书·西域传》记载,粟特人"善商贾,争分铢之利"。好利的粟特人,若生了儿子,就喂以"石蜜",在其掌中涂胶,希望他长大后善于甜言蜜语,聚财进宝。男子年及二十就遣离故乡到远方经商谋利,利之所在,无所不至。中国学者荣新江根据考古发现和粟特文资料解读指出,"不论是北方草原路上的弓月,还是南向印度的洪札河谷,不论是葱岭高原上的渴槃陀,还是塔里木盆地中的神山堡,都成为粟特人的商贸点、货物集散地甚至聚居地。粟特商人并不总是由西向东兴贩宝石香料,他们也以长安、武威等中原城市为基地,由东向西运转金银丝绢,然而不论向东还是向西,上述西域王国的城镇必然成为粟特人的中间站,同时也从丝路贸易中获取到丰厚的利益"。[②]

前述老普林尼惊呼罗马的银币被赛里斯等国夺走。然而,中国古代遗址内几乎未发现过属于公元1世纪的罗马银币。这些钱币流向了何处?有学者指出,"这笔钱大都被丝绸之路上的中间商粟特人赚取"[③]。考古学家夏鼐曾专门对中国出土的波斯萨珊王朝银币进行了深入的研究。他认为,在萨珊王朝时代,联系两国的交通大道"丝绸之路"畅通无阻。中国的丝绸和其他货物,沿着这条"丝绸之路"源源不断地西运,而由波斯等西方国家输入中国的货品,除玻璃器、香料、宝石、银器、毛织物等以外,还有一定数量的萨珊银币。根据当时掌握的信息,中国境内发现1174枚萨珊银币,分别在12个地方(县)出土,包括吐鲁番、库车、高昌、西宁、太原、定县、洛阳、西安、广东的英

[①] [美]米华健:《丝绸之路》,马睿译,译林出版社2017年版,第31页。
[②] 荣新江:《西域粟特移民聚落补考》,《西域研究》2005年第2期,第1—11页。
[③] 林梅村:《粟特文买婢契与丝绸之路上的女奴贸易》,《文物》1992年第9期,第49—54页。

德和曲江。这些发现地连接起来，可以勾勒出当时丝绸之路在中国境内的大致路线。根据出土的银币数量和其他文献资料的佐证，夏鼐推测，中国和伊朗两国人民自公元前2世纪（西汉中叶）以来就有了频繁的友好往来，而且，"在第四世纪末至第七世纪初，西宁是在中西交通的孔道上的。这条比较稍南的交通路线，它的重要性有一时期（第五世纪）可能不下于河西走廊"。夏鼐还认为，"北周和初唐时西域银币在我国西北一些地区内的流通使用的情况在我国史籍中是有记载的"。[1] 可见，萨珊银币在某些时期丝绸之路上可能扮演了流通货币的角色。

草原丝绸之路几乎涵盖了阿尔泰语系的所有民族：蒙古语族、突厥语族和通古斯语族的民族；中国古代北方的狄与胡系的诸多民族，尤其是匈奴人；古代印欧语系的诸多民族，如斯基泰人、贵霜人、塞人和嚈哒人等；南西伯利亚的许多土著民族与部族；斯拉夫语系的某些民族。虽然北方草原丝绸之路穿越的地域没有西域丝路那样辽阔，但它仍形成、支持并促进了多地域和多民族之间的联系网络[2]。

海上丝绸之路最初活跃的是参与朝贡贸易的各国官方使团。随着欧洲航海技术的发展和亚洲殖民地的开辟，海上丝绸之路的贸易活动转由欧洲人占据主导。比如，葡萄牙人在16世纪建立的澳门—满剌加（今马六甲）—果阿—里斯本航线，多地贩运商品进行交易。西班牙人则开辟了西班牙—南美洲—马尼拉—西班牙的环球航线。"欧洲航海家的这些远航建立了主要大洲之间的直达航线，使传统上已经存在的远东到红海的东西向海上丝绸之路，向东延伸到美洲，扩展到全球，使亚洲从东西两个方向与欧洲联系起来。世界各地区、各国间距离一下缩短了，国际间的经济联系变得空前紧密，世界市场开始形成。在亚洲进行角逐的欧洲人除了葡萄牙、西班牙和荷兰等三个老牌殖民主义国家以外，还有英国、法国和俄国。"[3]

贾雷德曾指出，"欧洲的西部和中部，那里的粮食生产是在公元前6000年和前3500年之间随着西南亚作物和动物的引进而出现的，但至少有一种植物（罂粟）当时是在本地驯化的"[4]。世界历史的诡异之处就在于，中国用丝绸和瓷器与欧洲进行贸易，欧洲的产品在中国没有市场，最后竟然是用罂粟以及由此而引发的鸦片战争打开了中国的大门。（本条执笔：董向荣）

---

[1] 夏鼐：《综述中国出土的波斯萨珊朝银币》，《考古学报》1974年第1期，第91—110页。
[2] 耿昇：《考察草原丝绸之路的法国人》，《北方民族大学学报》（哲学社会科学版）2009年第6期，第18—28页。
[3] 刘迎胜：《丝绸之路》，江苏人民出版社2014年版，第557页。
[4] ［美］贾雷德·戴蒙德：《枪炮、病菌与钢铁——人类社会的命运》（修订版），谢延光译，上海译文出版社2016年版，第89—90页。

二　历史传承

15. 丝绸之路精神

——什么是丝绸之路精神？

在历史上，丝绸之路是连接亚洲、欧洲和非洲三大洲古代文明圈的重要通道，是中国对外联系的海上和陆上通路。考古发现表明，早在公元前6世纪前后，欧洲贵族已经使用来自中国的丝绸。欧洲、中亚和中国中原地区的经贸往来，促进了各方之间的文化交流。汉代张骞于公元前138年和前119年两次率团出使西域，丝绸之路上的交流日益广泛。中华文化沿丝绸之路向西域传播，西域的葡萄、苜蓿、石榴、胡麻、芝麻等多种作物，也被引进到中原。中原与西域之间频繁的人员往来，带来思想的碰撞和信仰的传播。丝绸之路的繁荣，为中原与中亚地区的发展做出了积极的贡献。

2013年9月7日，习近平在哈萨克斯坦纳扎尔巴耶夫大学发表演讲，题为《弘扬人民友谊　共创美好未来》。在演讲中，习近平提出，"千百年来，在这条古老的丝绸之路上，各国人民共同谱写出千古传诵的友好篇章。两千多年的交往历史证明，只要坚持团结互信、平等互利、包容互鉴、合作共赢，不同种族、不同信仰、不同文化背景的国家完全可以共享和平，共同发展。这是古丝绸之路留给我们的宝贵启示"。[1] 2013年10月3日，习近平在印度尼西亚国会发表演讲指出，"东南亚地区自古以来就是'海上丝绸之路'的重要枢纽，中国愿同东盟国家加强海上合作，使用好中国政府设立的中国—东盟海上合作基金，发展好海洋合作伙伴关系，共同建设21世纪'海上丝绸之路'。中国愿通过扩大同东盟国家各领域务实合作，互通有无、优势互补，同东盟国家共享机遇、共迎挑战，实现共同发展、共同繁荣"。[2] 共建"丝绸之路经济带"和"21世纪海上丝绸之路"重大倡议提出后，得到国际社会高度关注，使传统的丝绸之路焕发出新的生机与活力。

2016年4月29日，习近平在中共中央政治局第三十一次集体学习时发表讲话指出，"'一带一路'倡议，唤起了沿线国家的历史记忆。古代丝绸之路是一条贸易之路，更是一条友谊之路。在中华民族同其他民族的友好交往中，逐步形成了以和平合作、开放包容、互学互鉴、互利共赢为特征的丝绸之路精神"。[3] 这是丝绸之路精神的集中概括。

---

[1] 习近平：《弘扬人民友谊　共创美好未来——在纳扎尔巴耶夫大学的演讲》，《人民日报》2013年9月8日第3版。

[2] 习近平：《携手建设中国—东盟命运共同体》，《人民日报》2013年10月4日第2版。

[3] 《借鉴历史经验创新合作理念　让"一带一路"建设推动各国共同发展》，《人民日报》2016年5月1日第1版。

——丝绸之路精神的内涵

和平合作，就是各个国家摒弃武力的方式，采取和平的手段，开展积极的对外合作与交流，将各自的比较优势充分发挥出来，在合作的基础上实现共赢。历史上的丝绸之路，有冲突，也有合作，合作占据主流。中华文明源自大陆农耕文明，崇尚安定和谐，讲究天人关系，重视家国伦理，体现为一种尊崇秩序、爱好和平、提倡互助、合作内敛的精神内核，强调天人合一、以和为贵。《孟子·滕文公上》曰，"死徙无出乡，乡田同井，出入相友，守望相助，疾病相扶持，则百姓亲睦"。在全球经济一体化、全球事务相互交织的大背景下，任何一国都不可能脱离于其他国家而存在。在这个地球村里，无人能出乡，只能是一个"命运共同体"。在共同体中，我们要出入相友、守望相助。不仅在安全上要互相支持，疾病时、危难时都要鼎力相助。习近平多次强调，国际社会要守望相助、构建命运共同体，引领新时代国际关系的新潮流。中国所倡导的"一带一路"建设，就是中华强调和平合作精神气质的体现。

开放包容，就是世界各国以相互包容、求同存异的原则，在开放的过程中实现兼收并蓄，博采众长，共同发展。在漫长的丝绸之路沿线，存在许许多多独立的政治经济实体。这些国家的政治制度不同，经济发展轨迹各异，国民的宗教信仰也不同。丝绸之路能够成为古代中外经济及文化交流的国际通道，源于沿线各国以开放包容的心态，尊重世界文明多样性、发展道路多样化，尊重和维护各国人民自主选择发展道路的权利，共存共荣。2014年6月28日，习近平在和平共处五项原则发表60周年纪念大会上指出，"我们应该把本国利益同各国共同利益结合起来，努力扩大各方共同利益的汇合点，不能这边搭台、那边拆台，要相互补台、好戏连台"。[①] 习近平在讲话中引用了中国社会学家费孝通先生的名言，"各美其美，美人之美，美美与共，天下大同"，表达对世界各国以开放包容的心态共存共荣的期待。

互学互鉴，就是要在尊重文明多样性的基础上相互交流与学习，取长补短。习近平在联合国教科文组织总部的演讲中曾指出，"中国唐代是中国历史上对外交流的活跃期。据史料记载，唐代中国通使交好的国家多达70多个，那时候的首都长安里来自各国的使臣、商人、留学生云集成群。这个大交流促进了中华文化远播世界，也促进了各国文化和物产传入中国。15世纪初，中国明代著名航海家郑和七次远洋航海，到了东南亚很多国家，一直抵达非洲东海岸的肯尼亚，留下了中国同沿途各国人民友好交往的佳话。明末清初，中国人积极学习现代科技知识，欧洲的天文学、医学、数学、几何学、地理学知识

[①] 习近平：《弘扬和平共处五项原则 建设合作共赢美好世界》，《人民日报》2014年6月29日第2版。

纷纷传入中国，开阔中国人的知识视野。之后，中外文明交流互鉴更是频繁展开，这其中有冲突、矛盾、疑惑、拒绝，但更多是学习、消化、融合、创新"。[①] 改革开放四十年，中国走出了一条"要想富，先修路"的成功道路。中国深知亚洲欠发达地区基础设施建设方面的强烈需求，也深知当前国际社会中现有的国际组织无力来满足这一需求。因此，中国在"一带一路"倡议下提出"亚洲基础设施投资银行"的建设计划，这是地区经济发展的契机，得到了亚洲国家和区域外国家的大力支持。

互利共赢，就是不同种族、不同信仰、不同文化背景的国家和地区通过互惠合作，共同应对威胁和挑战，共同谋划利益和福祉，进而实现互惠互利的共赢发展。丝绸之路是横跨中西、连接亚欧的交通线，各国人民互通有无，在交流与合作中促进了亚欧非各国的繁荣发展。中国积极倡导积极树立双赢、多赢、共赢的新理念，摒弃你输我赢、赢者通吃的旧思维，谋求丝绸之路沿线国家的共同发展。孟子《尽心》中指出，"尊德乐义，则可以嚣嚣矣。故士穷不失义，达不离道。穷不失义，故士得己焉；达不离道，故民不失望焉。穷则独善其身，达则兼善天下"。"兼善天下"的理念体现了中国的传统价值观，也是中国提出"一带一路"倡议、促进丝绸之路沿线共同发展、共建人类命运共同体的思想源泉。郑永年教授曾指出，作为大国的中国，历史上并没有像西方国家那样，有计划地去打造以自己为中心的国际关系。中国国际关系的形成，是中国和周边国家根据互相需要而打交道、互动过程中形成的自然秩序。中国所考量的只是如何治理这个自然形成的秩序。从这个角度来说，中国可以说始终是"韬光养晦"，外交的核心始终是贸易，很少用得上国家武力和征服。而经济贸易，用今天的话说，是一种双赢和互惠的关系。[②]

——如何弘扬丝绸之路精神？

在全球化的新时代，各个国家已经形成了你中有我、我中有你的相互依赖关系。这种相互联系，已经远远超过古丝绸之路时代。当今社会的技术发展日新月异，这种速度远非古丝绸之路时代的人们所能想象。当今的世界发展，比以往任何时候都需要和平与合作，比以往任何时候都需要各国人民携起手来，共建美好未来。

弘扬丝路精神，就是要促进文明互鉴。人类文明没有高低优劣之分，因为平等交流而变得丰富多彩，正所谓"五色交辉，相得益彰；八音合奏，终和且平"。弘扬丝路精神，就是要尊重道路选择。"履不必同，期于适足；治不必同，期于利民。"一个国家发展道路合不合适，只有这个国家的人民才最有发

[①] 习近平：《在联合国教科文组织总部的演讲》，《人民日报》2014年3月28日第3版。
[②] 郑永年：《"丝绸之路"与中国的"时代精神"》，《联合早报》2014年6月10日。

言权。正像我们不能要求所有花朵都变成紫罗兰这一种花,我们也不能要求有着不同文化传统、历史遭遇、现实国情的国家都采用同一种发展模式。否则,这个世界就太单调了。弘扬丝路精神,就是要坚持合作共赢。中国追求的是共同发展。我们既要让自己过得好,也要让别人过得好。弘扬丝路精神,就是要倡导对话和平。中国将以建设性姿态参与地区事务,主持公道、伸张正义,推动通过对话找到各方关切的最大公约数,为妥善解决地区热点问题提供更多公共产品。①

中国的"一带一路"倡议,就是要继承和发扬丝绸之路精神,把中国发展同沿线国家发展结合起来,把中国梦同沿线各国人民的梦想结合起来,赋予古代丝绸之路以全新的时代内涵。中国倡议实现丝绸之路沿线国家的"五通",即第一,加强政策沟通。各国可以就经济发展战略和对策进行充分交流,本着求同存异原则,协商制定推进区域合作的规划和措施,在政策和法律上为区域经济融合"开绿灯"。第二,加强道路联通。上海合作组织正在协商交通便利化协定。尽快签署并落实这一文件,将打通从太平洋到波罗的海的运输大通道。在此基础上,我们愿同各方积极探讨完善跨境交通基础设施,逐步形成连接东亚、西亚、南亚的交通运输网络,为各国经济发展和人员往来提供便利。第三,加强贸易畅通。丝绸之路经济带总人口近30亿,市场规模和潜力独一无二。各国在贸易和投资领域合作潜力巨大。各方应该就贸易和投资便利化问题进行探讨并做出适当安排,消除贸易壁垒,降低贸易和投资成本,提高区域经济循环速度和质量,实现互利共赢。第四,加强货币流通。中国和俄罗斯等国在本币结算方面开展了良好合作,取得了可喜成果,也积累了丰富经验。这一好的做法有必要加以推广。如果各国在经常项下和资本项下实现本币兑换和结算,就可以大大降低流通成本,增强抵御金融风险能力,提高本地区经济国际竞争力。第五,加强民心相通。国之交在于民相亲。搞好上述领域合作,必须得到各国人民支持,必须加强人民友好往来,增进相互了解和传统友谊,为开展区域合作奠定坚实民意基础和社会基础。

正如习近平所指出的那样,"中国愿同沿线国家一道,构建'一带一路'互利合作网络、共创新型合作模式、开拓多元合作平台、推进重点领域项目,携手打造'绿色丝绸之路''健康丝绸之路''智力丝绸之路''和平丝绸之路',造福沿线国家和人民"。②(本条执笔:董向荣)

---

① 习近平:《弘扬丝路精神 深化中阿合作——在中阿合作论坛第六届部长级会议开幕式上的讲话》,《人民日报》2014年6月6日第2版。
② 《2016"一带一路"媒体合作论坛召开》,《人民日报》2016年7月27日第1版。

三　概念的产生与框架

16. 构想提出过程

"一带一路"构想是习近平率先提出的,但也是中国新一代中央领导集体关于新时期如何开展国际合作的集体智慧的结晶。

——习近平率先发出倡议

2013年9月,习近平访问哈萨克斯坦。9月7日,习近平在纳扎尔巴耶夫大学发表题为《弘扬人民友谊　共创美好未来》的重要演讲。演讲中习近平提出,为了使亚欧各国经济联系更加紧密、相互合作更加深入、发展空间更加广阔,我们可以用创新的合作模式,共同建设"丝绸之路经济带",以点带面,从线到片,逐步形成区域大合作。作为加强合作的手段,习近平强调了互联互通的重要性,并具体分析了互联互通的五个方面:第一,加强政策沟通。各国就经济发展战略进行交流,协商制定区域合作规划和措施。第二,加强道路联通。打通从太平洋到波罗的海的运输大通道,逐步形成连接东亚、西亚、南亚的交通运输网络。第三,加强贸易畅通。各方应该就推动贸易和投资便利化问题进行探讨并做出适当安排。第四,加强货币流通。推动实现本币兑换和结算,增强抵御金融风险能力,提高本地区经济国际竞争力。第五,加强民心相通。加强人民友好往来,增进相互了解和传统友谊。

此后,2013年10月习近平访问印度尼西亚。在10月3日于印度尼西亚国会发表的演讲中,习近平阐述了中国东盟双方坚持合作共赢的重要意义,并明确提出与东盟共同建设21世纪"海上丝绸之路"的倡议。习近平在演讲中说:"中国愿在平等互利的基础上,扩大对东盟国家开放,使自身发展更好惠及东盟国家。中国愿提高中国—东盟自由贸易区水平,争取使2020年双方贸易额达到1万亿美元。中国致力于加强同东盟国家的互联互通建设,中国倡议筹建亚洲基础设施投资银行,愿支持本地区发展中国家包括东盟国家开展基础设施互联互通建设。东南亚地区自古以来就是'海上丝绸之路'的重要枢纽,中国愿同东盟国家加强海上合作,使用好中国政府设立的中国—东盟海上合作基金，发展好海洋合作伙伴关系，共同建设21世纪'海上丝绸之路'。中国愿通过扩大同东盟国家各领域务实合作，互通有无、优势互补，同东盟国家共享机遇、共迎挑战，实现共同发展、共同繁荣。"①

倡议提出后，首先在中国国内引起巨大反响。但对大多数人来说，当时并没有意识到这两个分别提出的合作倡议会在随后整合成为我们现在所说的"一带一路"倡议。因为从两个倡议提出的具体环境看，丝绸之路经济带面向的是亚欧国家，而21世纪"海上丝绸之路"似乎更倾向于中国与东盟合作。由于两个倡议针对的是两个不同方向，一开始舆论的反馈未把两个倡议联系在一起。但有一点大家都很清楚，中央对这两个倡议十分重视：2013年11月12日十八届三中全会通过的《中共中央关于全面深化改革若干重大问题的决定》明确提出，"建立开发性金融机构，加快同周边国家和区域基础设施互联互通建设，推进丝绸之路经济带、海上丝绸之路建设，形成全方位开放新格局"。②

写入十八届三中全会《决定》，意味着倡议已经成为中央的集体共识。不仅如此，在大约一个月后于2013年12月召开的中央经济工作会议上，习近平提出了2014年经济工作的六项主要任务，并把"推进丝绸之路经济带建设，抓紧制定战略规划，加强基础设施互联互通建设。建设21世纪海上丝绸之路，加强海上通道互联互通建设，拉紧相互利益纽带"作为不断提高对外开放水平的任务内容。作为对中央决定的落实，在2014年政府工作报告中，李克强总理提出"抓紧规划建设丝绸之路经济带、21世纪海上丝绸之路，推进孟中印缅、中巴经济走廊建设，推出一批重大支撑项目，加快基础设施互联互通，拓展国际经济技术合作新空间"。

可以看出，中央已经把两个倡议与中国的对外开放密切联系在了一起，而且把这一认识从中央的决策层落实到了政府工作层面。但是，在上述文件的行文中，两个倡议还是分开表述的，感觉两个倡议向"一带一路"的整合尚未明确。

——《愿景与行动》的发布

应该说，"一带一路"倡议的很多具体细节是随着2015年3月《推动共建丝绸之路经济带和21世纪海上丝绸之路的愿景与行动》的发布而公布的，特别是两个倡议在文件中明确简称为"一带一路"。但是，如果认真整理此前中央领导的有关活动报道就会发现，在《愿景与行动》发布之前，中国官方就已经开始使用"一带一路"这一说法：根据新华社的报道，2014年10月10日

---

① 习近平：《携手建设中国—东盟命运共同体》，《人民日报》2013年10月4日第2版。
② 《借鉴历史经验创新合作理念 让"一带一路"建设推动各国共同发展》，《人民日报》2016年5月1日第1版。

张高丽副总理在西安主持召开推进"一带一路"建设工作座谈会。在那次会议上，张高丽副总理在讲话中多次使用"一带一路"来简称丝绸之路经济带和21世纪海上丝绸之路这两个倡议。2014年11月，习近平出席亚太经合组织第22次领导人非正式会议期间，宣布中国将出资400亿美元成立丝路基金。在那次活动中习近平强调，共同建设丝绸之路经济带和21世纪海上丝绸之路与互联互通相融相近、相辅相成。对比此前中央重要文件对两个倡议分开表述的行文，习近平和张高丽副总理的讲话说明"一带一路"从中央层面已经被整合成为一体。

为了加强"一带一路"倡议的落实和实施，2015年2月以张高丽为首的"一带一路"建设工作领导小组成立。根据后来公布的消息，除了时任国务院副总理张高丽担任领导小组组长外，担任"一带一路"建设工作领导小组副组长的分别为王沪宁、汪洋和杨洁篪等四位中央领导。领导小组办公室则设在了国家发展和改革委员会。2015年3月，经国务院授权，国家发展和改革委员会、外交部、商务部发布了《推动共建丝绸之路经济带和21世纪海上丝绸之路的愿景与行动》。这是第一个明确以"一带一路"简称丝绸之路经济带和21世纪海上丝绸之路重大倡议的文件，此时距离习近平最先提出倡议之时已经过去了近一年半。因此，尽管《愿景与行动》文件同时也明确了"一带一路"倡议的英文翻译为"Belt and Road Initiative（BRI）"，但此前直接翻译的"One Belt One Road（OBOR）"一词已成为国际社会对"一带一路"倡议的流行称谓。

——"一带一路"构想不断演进

"一带一路"构想从习近平的两次演讲倡议到中国政府发表《愿景与行动》文件所经历的近一年半时间说明，"一带一路"构想处在不断完善的演进过程中。这个变化过程有一些属于自我完善和调整，也有很多是对国际社会认知的反应，当然官产学从各自角度提出的关于推动"一带一路"建设的意见和建议也被广泛采纳。

关于"五通"表述的变化就是一个很好的例子："一带一路"倡议十分重视互联互通建设，习近平提出了"五通"概念。在《愿景和行动》文件中，"五通"指的是政策沟通、设施联通、贸易畅通、资金融通、民心相通。但习近平最初在哈萨克斯坦的演讲中提到的是"政策沟通、道路联通、贸易畅通、货币流通、民心相通"。2014年10月张高丽副总理主持召开推进"一带一路"建设工作座谈会时，谈到的"五通"仍然是习近平的哈萨克斯坦演讲版本。然而在《愿景与行动》文件中，"道路联通"和"货币流通"被改为了"设施联通"和"资金融通"，"五通"被确定为"一带一路"合作重点。

互联互通原本是网络通信领域的术语。2010年发布的《东盟互联互通总体规划》中提出要加强互联互通建设，并将其定义为"物理联通、制度联通、人与人的联通"三个部分。习近平提出的"五通"拓展了东盟的这个互联互通定义，但最开始提出的"道路联通"不能很好地涵盖"一带一路"基础设施建设中能源网络、通信网络等内容，因此改为"设施联通"将更多的基础设施建设内容包含其中。同样，习近平最初提出"货币流通"，关注的是贸易领域的货币风险，但在"一带一路"建设中，融资是一个同样甚至更加需要关注的问题，这也是为什么中国不仅单方面设立规模达400亿美元的"丝路基金"，还推动国际社会共同成立"亚洲基础设施投资银行"。"资金融通"的提出正是回应了"一带一路"建设的这个重要关切。

此外，"一带一路"建设的地缘范围也经历了一个变化过程。前面曾提到，习近平提出丝绸之路经济带时，目标是加强亚欧合作，而21世纪海上丝绸之路，则更关注中国—东盟合作。2015年发表《愿景与行动》文件中对"一带一路"则做了如下描述："一带一路"贯穿亚欧非大陆，一头是活跃的东亚经济圈，一头是发达的欧洲经济圈，中间广大腹地国家经济发展潜力巨大。丝绸之路经济带重点畅通中国经中亚、俄罗斯至欧洲（波罗的海）；中国经中亚、西亚至波斯湾、地中海；中国至东南亚、南亚、印度洋。21世纪海上丝绸之路重点方向是从中国沿海港口过南海到印度洋，延伸至欧洲；从中国沿海港口过南海到南太平洋。也正是根据这样的描述，"一带一路"最初被认为包含65个沿线国家。

随着亚洲基础设施投资银行的成立，参与国很快就从最初的57个增加到70个，此后又进一步增加。此外，一些原本不在最初规划的"一带一路"沿线的国家开始参与"一带一路"项目。更为重要的是，"一带一路"合作展示出的诱人前景对很多发展中国家产生了强烈吸引。随着更多的非沿线国家加入"一带一路"，"一带一路"沿线国家这个概念开始不断模糊，而"一带一路"也开始向国际合作平台转变。2017年在党的十九大报告中，习近平提出推动"一带一路"国际合作，说明"一带一路"已经超越了最初的地缘范围，成为面向所有友好国家的国际合作平台。

在这个演进过程中，中方也逐渐阐明了"一带一路"与"马歇尔计划"的异同，回应了舆论关于中国试图构建中国中心体系的质疑，也仔细分析了对中国对外直接投资的一些批评声音。可以说，过去五年倡议推进的过程，也是中国积极应对不断出现的各种质疑、批评，并接受和采纳许多优秀建议的过程。

"一带一路"是中国新一代领导集体在国际环境变化的大背景下加快对外

开放的倡议，这个构想始于习近平的两个合作倡议，但它很快就上升为国家意志，并在此后的实践中，以开放包容的心态吸收借鉴了国内和国外以及很多国际机构、非政府组织等的意见和建议，一直处在自身完善和拓展深化的自我演进之中。目前来看，"一带一路"倡议在接下来的建设过程中仍然会遇到新的挑战，也必然会不断进行应对性调整。"一带一路"虽然从本质上讲是中国发展到目前阶段应对环境变化所采取的加快开放策略，直接服务于中国经济发展这个大目标，但在多数国家热情欢迎"一带一路"建设带来的机遇的同时，也有一些国家看到了竞争和威胁。例如美国国际与战略研究中心（CSIS）的专家就认为"一带一路"倡议若成功实施，将会把中国带向世界舞台的中央，而那是原本属于美国的位置。这类挑战性认识的存在表明，要实现习近平在首届"一带一路"国际合作高峰论坛上提出的"将'一带一路'建成和平之路、繁荣之路、开放之路、创新之路、文明之路"的目标，"一带一路"构想的落实过程必将也是其内涵不断演进的过程。（本条执笔：王玉主）

17. 时代背景

习近平倡议提出建设"一带一路"，是站在时代潮头，综合国际国内发展大势做出的抉择。2015年3月发布的《推动共建丝绸之路经济带和21世纪海上丝绸之路的愿景与行动》（以下简称《愿景和行动》），在其正文第一部分就简明扼要地阐述了"一带一路"倡议提出的三重时代背景：在全球层面上，世界经济复苏缓慢，发展不均衡现象严重，需要探讨全球治理新模式；在区域层面上，深度一体化要求的复合型互联互通网络尚未建立，区域合作需要新的突破以支持区域各国合作共赢；对中国自身来说，40年的改革开放历程使中国经济与世界经济深度融合，但要实现"两个一百年"奋斗目标，[①] 需要中国继续坚持对外开放，继续深化与世界各国的合作。

——共建"一带一路"的全球背景

"当今世界正发生复杂深刻的变化，国际金融危机深层次影响继续显现，世界经济缓慢复苏、发展分化，国际投资贸易格局和多边投资贸易规则酝酿深刻调整，各国面临的发展问题依然严峻。共建'一带一路'顺应世界多极化、

---

① "两个一百年"：党的十五大报告首次提出"两个一百年"奋斗目标：第一个一百年，是到中国共产党成立100年时（2021年）全面建成小康社会；第二个一百年，是到新中国成立100年时（2049年）建成富强、民主、文明、和谐的社会主义现代化国家。党的十九大报告提出，综合分析国际国内形势和我国发展条件，从2020年到本世纪中叶可以分两个阶段来安排。从2020年到2035年，在全面建成小康社会的基础上，再奋斗十五年，基本实现社会主义现代化。从2035年到本世纪中叶，在基本实现现代化的基础上，再奋斗十五年，把我国建成富强、民主、文明、和谐、美丽的社会主义现代化强国。

经济全球化、文化多样化、社会信息化的潮流,秉持开放的区域合作精神,致力于维护全球自由贸易体系和开放型世界经济……共建'一带一路'符合国际社会的根本利益,彰显人类社会共同理想和美好追求,是国际合作以及全球治理新模式的积极探索,将为世界和平发展增添新的正能量。"《愿景与行动》的这段论述阐明了中国对于世界总体发展形势的判断。

进入21世纪以来,以中国、印度等金砖国家为主的广大发展中国家经济发展水平大幅提高。尤其是中国,在短短40年的时间里通过改革开放促进创新发展,经济规模迅速提升到世界第2位。伴随着发展中国家国际地位的提升,发达国家则呈现出相对的衰落——曾经的巨大优势不断缩小。即便像约瑟夫·奈这样的美国优势捍卫者,也不得不承认中国等发展中国家取得的巨大成就。面对相对衰落,美国开始转向保守主义,特别是特朗普当选美国总统之后所采取的一系列政策,包括退出跨太平洋伙伴关系协定(TPP)、重新谈判北美自由贸易区等,引起国际社会的普遍担忧。反全球化趋势也因此成为一种潮流,这种变化对战后形成的国际投资贸易格局和多边投资贸易规则带来的挑战是不言而喻的。基于自身的发展实践,中国认为维护多边贸易体系符合广大发展中国家的利益,因此"一带一路"倡议首先是开放型世界经济体系的维护力量。

不仅如此,第二次世界大战后世界经济发展的另一个特点是,在共同发展的进程中,广大发展中国家与发达国家的发展差距并未真正缩小,在当前发达经济体进入低速增长的情况下,很多发展中国家经济面临挑战。中国作为全球最大的发展中国家,在过去40年的实践中探索形成了具有鲜明特色的发展模式,在当前多样化的世界经济中,中国希望能以中国的经验为世界各国的发展提供一种新的模式选择。当然中国不会强迫别国学习中国模式,因为中国也从不接受别人强加给中国的模式。

——共建"一带一路"的地区背景

尽管"一带一路"倡议不乏国际视野和全球关怀,但是,从习近平提出"一带一路"倡议的演讲可以看出,区域合作是"一带一路"倡议更为直接的追求:在哈萨克斯坦,习近平谈道,"为了使欧亚各国经济联系更加紧密,相互合作更加深入,发展空间更加广阔,我们可以用创新的合作模式,共同建设'丝绸之路经济带'"。在印度尼西亚,习近平提出,[①]"东南亚地区自古以来就是'海上丝绸之路'的重要枢纽,中国愿同东盟国家加强海上合作……共同建设21世纪'海上丝绸之路'。中国愿通过扩大同东盟国家各领域务实合作,互通有无、优势互补,同东盟国家共享机遇、共迎挑战,实现共同发

---

① 习近平:《弘扬人民友谊 共创美好未来——在纳扎尔巴耶夫大学的演讲》,《人民日报》2013年9月8日第3版。

展、共同繁荣"。① 但对于广大发展中国家来说，特别是中国力图推动合作以实现共赢的周边国家和地区，我们发现他们普遍面临基础设施建设落后，互联互通成为其深化合作的重要制约瓶颈。而长期以来以制度化建设为主要目标的区域一体化路径在这些地区没能有效发挥其福利效应。因此在实践中，这些地区的经济联系主要是面向外部的，尤其是市场发达且资金充裕的发达国家和地区，地区内部各经济体之间的横向联系相对较弱，这种状况限制了他们通过区域合作实现发展的潜力，同时也使那些互联互通水平落后的地区经济发展长期滞后，造成这些地区长期存在发展不平衡。习近平因此提出要坚强政策沟通、道路联通、贸易畅通、货币流通和民心相通，② 就是看到了发展中国家开展区域合作面临的互联互通制约。对此，2015 年发布的《愿景和行动》文件做了如下表述："共建'一带一路'致力于亚欧非大陆及附近海洋的互联互通，建立和加强沿线各国互联互通伙伴关系，构建全方位、多层次、复合型的互联互通网络，实现沿线各国多元、自主、平衡、可持续的发展。"

——共建"一带一路"的国内背景

"一带一路"倡议是中国认知世界的产物，但中国的决策从来都是根植于中国的现实的。它基于"中国的发展离不开世界，世界的发展也需要中国"这一清醒的认识。③ 换句话说，中国的"一带一路"倡议不是利他主义的产物，而是追求合作共赢的平台，它是服务中国经济长期稳定发展、服务中国人民追求美好生活这个大目标的。当然，在中国发展的同时，"一带一路"明确把人类命运共同体作为追求目标。

中国自改革开放以来取得的成就举世瞩目，甚至引起了关于国际权力转移的广泛讨论。一些国际组织以及发展专家预测，中国的经济规模在不远的将来会超过美国成为世界第一大经济体。确实，中国从"一穷二白"开始，在中国共产党的带领下从人均 GDP 只有几百美元，发展到目前接近 9000 美元，GDP 总量更是迅速超过多数发达国家而接近美国。但中国自上而下在为改革开放取得的伟大成就而自豪的同时，对未来发展面临的挑战也有客观清醒的认识。尽管人均 GDP 接近 9000 美元，但与大多数国家相比，中国仍然是落后的，中国仍是一个发展中国家，是一个发展中大国。与广大发展中国家一样，还需要继续保持相对较高的经济增长来创造就业以及缩小与发达国家的差距。与一般发展中国家不同，由于规模的因素，相似的问题在中国就比在其他发展中国家更

---

① 习近平：《携手建设中国—东盟命运共同体》，《人民日报》2013 年 10 月 4 日第 2 版。
② 习近平：《弘扬人民友谊　共创美好未来——在纳扎尔巴耶夫大学的演讲》，《人民日报》2013 年 9 月 8 日第 3 版。
③ 习近平：《携手建设中国—东盟命运共同体》，《人民日报》2013 年 10 月 4 日第 2 版。

不容易解决，同样的发展成就会产生不同的国际影响并因此引发完全不同的国际反应。这些差异意味着中国解决发展问题有时候成了政治问题，中国的发展也因此会背上政治包袱。

从发展角度看，中国面临的最大压力是从"世界工厂"向"世界市场"的转变。改革开放40年中国通过引进外部直接投资带动了产业发展，并在制造业领域形成了巨大优势，成为制造业大国和"世界工厂"。但中国庞大的生产能力需要相应的市场来消化其产品，在发达国家经济下行的时候，"新常态"对中国来说不仅面临着市场压力，也承受着其他发展中国家因在第三方市场存在竞争而对中国的抱怨。因此，经济水平提升后的中国必然要从"世界工厂"向"世界市场"转变，通过为世界各国提供新的产品消费市场对世界经济增长做出贡献。目前，中国的进口能力正在不断增长。① 但中国向"世界市场"的转变必然要经历一个很长的时期，在这个过程中，中国一方面要加快改革步伐，逐步优化产业结构，同时要尽力使经济增长维持在中高增速以创造就业。这需要与广大发展中国家展开积极有效的产能合作，一方面拓展发展中国家市场，另一方面推动产业转移。因此，推进"一带一路"建设既是中国扩大和深化对外开放的需要，也是加强和亚欧非及世界各国互利合作的需要。

——对"一带一路"倡议的一些误解

目前中国发展面临着淘汰过剩产能以优化产业结构的压力，就此，一些观察者认为中国将通过"一带一路"合作把淘汰产能输出到一些欠发达国家。在倡议出台初期，少数中国学者甚至也有这样的建议。随着"一带一路"合作的推进，各方都已经看到，中国真正向外输出的都是优势产能，因为坚持"共商、共建、共享"原则的"一带一路"合作根本就不会出现中国随意向外转移淘汰产能的局面，产能合作项目必然在充分尊重双方意愿和利益的前提下才能顺利展开。事实上，在"一带一路"合作之初很多人曾经担心的中国输出过剩产能、输出污染的情形没有出现，那些针对这个问题指责中国的人也早已哑口无言。然而，正如前面提到的，中国提出"一带一路"倡议关注国际经济格局，面对自身的发展问题。但中国是个大国，其发展具有全局影响这一点也是"一带一路"倡议逃脱不开的时代政治背景。这就是为什么直到目前，还有人在炒作中国"一带一路"倡议具有地缘政治野心的原因。对于一直在努力维护全球霸权地位的美国，"一带一路"合作的成功将会进一步提升发展中国家，特别是中国的经济地位，进而加剧目前已经在进程中的全球多极化，甚至会提

---

① 习近平2014年6月5日在出席中国—阿拉伯国家合作论坛第六届部长级会议时谈道，未来5年中国将进口10万亿美元商品。而根据中华人民共和国商务部2017年5月的消息，未来5年中国还将从全世界进口超过2.2万亿美元的服务。见《人民日报》（海外版）2017年5月29日。

升中国挑战其霸主地位的潜在能力。因此，美国不愿看到"一带一路"合作取得成功，指责中国试图通过"一带一路"合作打造以中国为中心的地区秩序，或者重建过去的"朝贡体系"。相信随着"一带一路"合作的深入，越来越多的合作参与者将会从合作中受益，理解中国合作意图者也必然越来越多。他们也会渐渐明白，那些对"一带一路"倡议的误解，有些是因为暂时的认识不足造成的，有些则是这个时代特殊的国际政治背景的产物，是有意的误解。

中国在与世界融合的过程中创造了经济奇迹，因此中国在逆全球化的背景下继续选择拥抱世界。"一带一路"倡议立足中国的发展实际，从13亿中国人的福祉出发，从实现中华民族伟大复兴的中国梦出发，把目光投向了广大发展中国家。"一带一路"倡议是一个发展中大国对于时代要求的理解、对自身责任理解的产物，它把建设目标确定为人类命运共同体，这是我们这个时代的伟大追求，也是"一带一路"倡议最伟大的背景。（本条执笔：王玉主）

18. 倡议框架

"一带一路"是促进共同发展、实现共同繁荣的合作共赢之路，是增进理解信任、加强全方位交流的和平友谊之路。"一带一路"是发展的倡议、合作的倡议、开放的倡议，旨在同沿线各国分享中国发展机遇，实现共同繁荣。

——秉承四大理念、构建三大共同体

"一带一路"倡议秉持和平合作、开放包容、互学互鉴、互利共赢的理念，以"五通"，即政策沟通、设施联通、贸易畅通、资金融通、民心相通为主要内容，全方位推进务实合作，打造政治互信、经济融合、文化包容的利益共同体、命运共同体和责任共同体。

和平合作、开放包容、互学互鉴、互利共赢这十六字理念，既是古代丝绸之路精神的传承，也体现了发展理念的创新。包容是"一带一路"倡议区别于其他合作组织或机制的典型特征。"一带一路"建设是开放的、包容的，欢迎世界各国和国际、地区组织积极参与"一带一路"合作，加强各国间对话，求同存异，共商共建共享，让合作成果惠及更广泛区域。

"一带一路"建设强调互利共赢的理念，超越旧的全球治理理念，以合作共赢代替零和博弈，各国平等参与、协同推进，兼顾各方利益和诉求，体现各方智慧和创意，发挥各方优势和潜能，形成新的合作优势；坚持互利共赢，寻求利益契合点和合作最大公约数，推动经济全球化朝着更加开放、包容、普惠、平衡、共赢的方向发展。

打造利益共同体是基调。作为惠及各方的重大倡议，"一带一路"建设奏响打造跨越国界利益共同体的乐章，通过沿线国家的互联互通和贸易投资便利化等深度国际经济合作，打造世界经济新的增长极，实现互利共赢。受资源禀赋、产业基础、历史条件等因素的制约，国家之间发展不平衡，而且大部分为发展中国家。"一带一路"建设有利于沿线各国发挥比较优势，将经济互补性转化为发展推动力，推动沿线各国联动发展并加深经济融合，各国在此过程中将形成共同发展和繁荣的利益共同体，从而为打造命运共同体奠定基础。

构建责任共同体是担当。"一带一路"建设有利于发展中国家快速发展，有利于维护地区稳定，有利于促进文化交流。建设持久和平、共同繁荣的亚欧非大陆乃至世界，是"一带一路"沿线所有国家的共同愿望。"一带一路"建设以全新的合作模式连接起不同文明，促进不同国家及其人民和谐共处、相互学习，共同担负解决国际性难题的责任。这是不同种族、不同信仰、不同文化背景的国家在新时期为人类文明发展做出的重大贡献。

建设命运共同体是升华。从利益共同体、责任共同体到命运共同体，是水到渠成的理念升华。建设命运共同体，必须摒弃"零和"思维，不追求排他性利益，坚持平等协商，注重照顾各方舒适度，以合作促互信、以互信促合作，最终实现各方同呼吸共命运。建设命运共同体，各国必须坚持相互尊重、平等相待，坚持合作共赢、共同发展，坚持不同文明兼容并蓄、交流互鉴。建设命运共同体，还需加强非经济领域的合作，主要包括保障运输通道尤其是海洋运输通道的安全，加强区域层面的反恐合作，建立领土与领海争端解决机制，推动海洋资源共同开发，促进环境保护领域的合作等。

——打造四大丝绸之路

"一带一路"聚焦携手沿线各国共同打造四大丝绸之路：绿色丝绸之路、健康丝绸之路、智力丝绸之路、和平丝绸之路，以钉钉子精神抓下去，一步一步把"一带一路"建设推向前进，让"一带一路"建设造福沿线各国人民。2016年6月22日习近平在乌兹别克斯坦最高会议立法院演讲时强调，我们要着力深化环保合作，践行绿色发展理念，加大生态环境保护力度，携手打造"绿色丝绸之路"；着力深化医疗卫生合作，加强在传染病疫情通报、疾病防控、医疗救援、传统医药领域互利合作，携手打造"健康丝绸之路"；着力深化人才培养合作，携手打造"智力丝绸之路"；着力深化安保合作，践行共同、综合、合作、可持续的亚洲安全观，推动构建具有亚洲特色的安全治理模式，携手打造"和平丝绸之路"。[①]

——坚持共商、共建、共享原则

中国在与沿线国家共同推进"一带一路"建设中，将坚持共商、共建、共

---

① 习近平：《携手共创丝绸之路新辉煌》，《人民日报》2016年6月23日第2版。

享原则。习近平在"一带一路"国际合作高峰论坛开幕式上的演讲中强调:"'一带一路'建设将由大家共同商量,'一带一路'建设成果将由大家共同分享。"[①]"一带一路"建设是中国和各参与国共同的事业,要坚持各国共商、共建、共享原则,遵循平等、追求互利,同各参与国加强友好对话与磋商,对接发展规划与政策,共商发展战略与对策,以开放包容姿态欢迎各方搭乘中国发展的"快车""便车",共同分享中国发展的成果与经验。[②] 支持各参与国结合自身国情,积极发展开放型经济,参与全球治理和公共产品供给,携手构建广泛的利益共同体,打造开放型合作平台,维护和发展开放型世界经济。具体体现在以下五个方面。

一是恪守《联合国宪章》的宗旨原则和和平共处五项原则,即尊重各国主权和领土完整、互不侵犯、互不干涉内政、和平共处、平等互利。

二是坚持开放合作。共建"一带一路"的国家基于但不限于古代丝绸之路的范围,各国和国际、地区组织均可参与,让共建成果惠及更广泛的区域。

三是坚持和谐包容。倡导文明宽容,尊重各国发展道路和模式的选择,加强不同文明之间的对话,求同存异、兼容并蓄、和平共处、共生共荣。

四是坚持市场运作。遵循市场规律和国际通行规则,充分发挥市场在资源配置中的决定性作用和各类企业的主体作用,同时发挥好政府的作用。

五是坚持互利共赢。兼顾各方利益和关切,寻求利益契合点和合作最大公约数,体现各方智慧和创意,各施所长,各尽所能,把各方优势和潜力充分发挥出来。

——五大重点合作方向

"一带一路"贯穿亚欧非大陆,一头是活跃的东亚经济圈,一头是发达的欧洲经济圈,中间广大腹地国家经济发展潜力巨大。根据习近平的倡议和新形势下推进国际合作的需要,结合古代陆海丝绸之路的走向,共建"一带一路"确定了五大方向:丝绸之路经济带有三大走向,一是从中国西北、东北经中亚、俄罗斯至欧洲、波罗的海;二是从中国西北经中亚、西亚至波斯湾、地中海;三是从中国西南经中南半岛至印度洋。21世纪海上丝绸之路有两大走向,一是从中国沿海港口过南海,经马六甲海峡到印度洋,延伸至欧洲;二是从中国沿海港口过南海,向南太平洋延伸。[③]

---

① 习近平:《携手推进"一带一路"建设》,《人民日报》2017年5月15日第3版。
② 《推进"一带一路"建设 构建人类命运共同体——深入学习〈习近平谈治国理政〉第二卷关于"一带一路"建设的重要论述》,《人民日报》2018年1月29日第7版。
③ 《推动共建丝绸之路经济带和21世纪海上丝绸之路的愿景与行动》,2015年3月30日,中华人民共和国商务部网站,https://zhs.mofcom.gov.cn/article/xxfb/201503/20150300926644.shtml。

——"六廊六路多国多港"的主体合作框架

根据上述五大方向,按照共建"一带一路"的合作重点和空间布局,中国提出了"六廊六路多国多港"的合作框架。"六廊"是指新亚欧大陆桥、中蒙俄、中国—中亚—西亚、中国—中南半岛、中巴和孟中印缅六大国际经济合作走廊。"六路"指铁路、公路、航运、航空、管道和空间综合信息网络,是基础设施互联互通的主要内容。"多国"是指一批先期合作国家。"一带一路"沿线有众多国家,中国既要与各国平等互利合作,也要结合实际与一些国家率先合作,争取有示范效应、体现"一带一路"理念的合作成果,吸引更多国家参与共建"一带一路"。"多港"是指若干保障海上运输大通道安全畅通的合作港口,通过与"一带一路"沿线国家共建一批重要港口和节点城市,进一步繁荣海上合作。"六廊六路多国多港"是共建"一带一路"的主体框架,为各国参与"一带一路"合作提供了清晰的导向。

——作为合作内容的"五通"

各国资源禀赋各异,经济互补性较强,彼此合作潜力和空间很大。以政策沟通、设施联通、贸易畅通、资金融通、民心相通为主要内容,重点在以下方面加强合作。

加强政策沟通是"一带一路"建设的重要保障。加强政府间合作,积极构建多层次政府间宏观政策沟通交流机制,深化利益融合,促进政治互信,达成合作新共识。沿线各国可以就经济发展战略和对策进行充分交流对接,共同制定推进区域合作的规划和措施,协商解决合作中的问题,共同为务实合作及大型项目实施提供政策支持。

基础设施互联互通是"一带一路"建设的优先领域。在尊重相关国家主权和安全关切的基础上,沿线国家宜加强基础设施建设规划、技术标准体系的对接,共同推进国际骨干通道建设,逐步形成连接亚洲各次区域以及亚欧非之间的基础设施网络。强化基础设施绿色低碳化建设和运营管理,在建设中充分考虑气候变化影响。

贸易畅通是"一带一路"建设的重点内容。着力研究解决投资贸易便利化问题,消除投资和贸易壁垒,构建区域内和各国良好的营商环境,积极同沿线国家和地区共同商建自由贸易区,激发释放合作潜力,做大做好合作"蛋糕"。

资金融通是"一带一路"建设的重要支撑。深化金融合作,推进亚洲货币稳定体系、投融资体系和信用体系建设。扩大沿线国家双边本币互换、结算的范围和规模。推动亚洲债券市场的开放和发展。共同推进亚洲基础设施投资银行、金砖国家新开发银行筹建,有关各方就建立上海合作组织融资机构开展磋商。加快丝路基金组建运营。深化中国—东盟银行联合体、上合组织银行联合体务实合作，以银团贷款、银行授信等方式开展多边金融合作。支持沿线国家政府和信用等级较高的企业以及金融机构在中国境内发行人民币债券。符合条件的中国境内金融机构和企业可以在境外发行人民币债券和外币债券，鼓励在沿线国家使用所筹资金。

民心相通是"一带一路"建设的社会根基。传承和弘扬丝绸之路友好合作精神，广泛开展文化交流、学术往来、人才交流合作、媒体合作、青年和妇女交往、志愿者服务等，为深化双多边合作奠定坚实的民意基础。

——合作机制

当前，世界经济融合加速发展，区域合作方兴未艾。积极利用现有双多边合作机制，推动"一带一路"建设，促进区域合作蓬勃发展。

加强双边合作，开展多层次、多渠道沟通磋商，推动双边关系全面发展。推动签署合作备忘录或合作规划，建设一批双边合作示范。建立完善双边联合工作机制，研究推进"一带一路"建设的实施方案、行动路线图。充分发挥现有联委会、混委会、协委会、指导委员会、管理委员会等双边机制作用，协调推动合作项目实施。

强化多边合作机制作用，发挥上海合作组织（SCO）、中国—东盟"10+1"、亚太经合组织（APEC）、亚欧会议（ASEM）、亚洲合作对话（ACD）、亚信会议（CICA）、中阿合作论坛、中国—海合会战略对话、大湄公河次区域（GMS）经济合作、中亚区域经济合作（CAREC）等现有多边合作机制作用，相关国家加强沟通，让更多国家和地区参与"一带一路"建设。

继续发挥沿线各国区域、次区域相关国际论坛、展会以及博鳌亚洲论坛、中国—东盟博览会、中国—亚欧博览会、亚欧经济论坛、中国国际投资贸易洽谈会，以及中国—南亚博览会、中国—阿拉伯博览会、中国西部国际博览会、中国—俄罗斯博览会、前海合作论坛等平台的建设性作用。支持沿线国家地方、民间挖掘"一带一路"历史文化遗产，联合举办专项投资、贸易、文化交流活动，办好丝绸之路（敦煌）国际文化博览会、丝绸之路国际电影节和图书展。倡议建立"一带一路"国际合作高峰论坛。

——"一带一路"的组织保障

"一带一路"建设，是一项宏大系统工程，涉及面广、跨越时间长、建设任务重，需要加强组织和领导，统筹做好对内、对外两方面工作。为此，中国政府成立了推进"一带一路"建设工作领导小组，指导和协调推进"一带一路"建设。领导小组办公室设在国家发展和改革委员会，具体承担领导小组日常工作。中国将与沿线国家一道，不断充实完善"一带一路"的合作内容和方式，共同制定时间表、路线图，积极对接沿线国家发展和区域合作规划，签署合作框架协议和备忘录；在既有双多边和区域次区域合作机制框架下，通过合作研究、论坛展会、人员培训、交流访问等多种形式，促进沿线国家对共建"一带一路"内涵、目标、任务等方面的进一步理解和认同；稳步推进示范项目建设，共同确定一批能够照顾双多边利益项目，对各方认可、条件成熟的项目抓紧启动实施，争取早日开花结果，让当地人民受益。

——推动形成区域经济一体化新格局

"一带一路"建设是沿线各国开放合作的宏大经济愿景，需各国携手努力，朝着互利互惠、共同安全的目标相向而行。努力实现区域基础设施更加完善，安全高效的陆海空通道网络基本形成，互联互通达到新水平；投资贸易便利化水平进一步提升，高标准自由贸易区网络基本形成，经济联系更加紧密，政治互信更加深入；人文交流更加广泛深入，不同文明互鉴共荣，各国人民相知相交、和平友好。（本条执笔：王玉主、李嗜成）

19. 基本内涵

"一带一路"建设旨在借用古代"丝绸之路"的历史符号，秉持共商、共建、共享原则，以新形式促进亚欧非及拉丁美洲间更加紧密地联系，为维护开放型世界经济体系提供中国方案和中国主张。

——丝绸之路经济带的基本内涵

丝绸之路经济带，是在古代丝绸之路概念上形成的一个新的经济发展区域。两千多年前西汉时期，张骞出使西域开辟了以长安（今西安）为起点，经关中平原、河西走廊、塔里木盆地至中亚、伊朗，连接地中海各国的陆路通道。这条贸易陆路通道被誉为世界上最重要的商贸大动脉。时光变迁，21世纪初，在这条古丝绸之路上贸易和投资再度活跃。在现代交通、资讯飞速发展和全球化发展背景下，促进丝绸之路沿线区域经贸各领域的发展合作，既是对历史文化的传承，也是对该区域蕴藏的巨大潜力的开发。2013年9月7日，习近平在哈萨克斯坦纳扎尔巴耶夫大学作重要演讲，提出共同建设"丝绸之路经济带"。为了使亚欧各国经济联系更加紧密、相互合作更加深入、发展空间更加广阔，可以用创新的合作模式，共同建设"丝绸之路经济带"，这是一项造福沿途各国人民的大事业。[①]

丝绸之路经济带横跨亚欧大陆，绵延7000多千米，途经多个国家，覆盖

---

① 习近平：《弘扬人民友谊 共创美好未来——在纳扎尔巴耶夫大学的演讲》，《人民日报》2013年9月8日第3版。

人口近 30 亿。丝绸之路经济带, 东连亚太经济圈, 西接欧洲经济圈。沿线大部分国家处在两个引擎之间的"塌陷地带", 整个区域存在"两边高, 中间低"的现象。丝绸之路经济带被认为是"世界上最长、最具有发展潜力的经济大走廊"。丝绸之路经济带首先是一个"经济带"概念, 体现的是经济带上各城市集中协调发展的思路。①

丝绸之路经济带在空间走向上初步形成三条路线, 即以亚欧大陆桥为主的北线、以石油天然气管道为主的中线、以跨国公路为主的南线。目前, 针对三条主线展开的经济带规划方案亦在制定中。中国国内区域范围目前包括西北五省、重庆、四川、内蒙古和新疆生产建设兵团, 今后还将扩展到中国其他省区。

丝绸之路经济带可以通过以下步骤逐步启动:第一, 加强政策沟通。第二, 加强道路联通。第三, 加强贸易畅通。第四, 加强货币流通。第五, 加强民心相通, 加强人民友好往来和社会交往。其中道路联通是基础, 贸易畅通是本质内容。与五大支柱相对应的五大具体措施包括:开辟交通和物流大通道; 实现贸易和投资便利化, 打破地区经济发展瓶颈; 推进金融领域合作; 成立能源俱乐部; 建立粮食合作机制。②

——21 世纪海上丝绸之路的基本内涵

21 世纪海上丝绸之路, 也是由古代海上丝绸之路继承创新而来。古代海上丝绸之路从中国东南沿海, 经过中南半岛和南海诸国, 穿过印度洋, 进入红海, 抵达东非和欧洲, 成为中国与外国贸易往来和文化交流的海上大通道, 并推动了沿线各国的共同发展。进入 21 世纪后, 海上丝绸之路重新焕发生机。2013 年 10 月, 习近平访问东盟时提出"21 世纪海上丝绸之路"构想。21 世纪海上丝绸之路的战略合作伙伴并不仅限于东盟, 而是以点带线, 以线带面, 增进周边国家和地区的交往, 串起连通东盟、南亚、西亚、北非、欧洲等各大经济板块的市场链, 发展面向南海、太平洋和印度洋的战略合作经济带, 以亚欧非经济贸易一体化为发展的长期目标。由于东盟地处海上丝绸之路的十字路口和必经之地, 因此东盟是 21 世纪海上丝绸之路的首要发展目标。

21 世纪海上丝绸之路主要有两条线路:一为中国经南海、印度洋至欧洲; 二为中国经南海到南太平洋。21 世纪海上丝绸之路的基础是海上交通沿线的港口建设, 依托是港口以及公路、铁路等基础设施互联互通建设基础上的港口

---

① 《全面解读"丝绸之路经济带"》, 2015 年 6 月 15 日, 新华网, http://travel.news.cn/2015-06/15/c_127917660.htm。

② 《"丝绸之路经济带"战略构想的"五大支柱"与具体措施》, 2014 年 7 月 24 日, 中华人民共和国国务院新闻办公室网站, http://www.scio.gov.cn/ztk/wh/slxy/31215/Document/1376559/1376559.htm。

城市产能扩张与产业集聚，重点是通过打造支点而带动支点国家腹地的经济发展，形成双边和多边合作经济带。

21世纪海上丝绸之路构想的重要目的，就是强化中国对外部经济的正向外溢作用，同时解决双方互动过程中资源配置不均或受阻的失衡问题，通过向发展中国家提供资金、基建、技术等领域援助，促进中国与沿线地区和国家生产资料的有效配置，在巩固现有周边自然经济区域的基础上，在潜在的地缘经济空间上，进一步发展新的跨界区域经济合作，创建更多的经济联合体和市场共同体。①

——"一带一路"的基本内涵

第一，"一带一路"是增加互信的友谊之路、实现共同繁荣的共赢之路、面向所有国家的开放包容之路。"一带一路"是对古代丝绸之路精神的传承与发扬，虽由中国政府提出并倡导，但实则与世界各国一道打造政治互信、经济融合、文化包容的利益共同体、命运共同体和责任共同体。"一带一路"倡议不是援助计划，不是安全同盟，更不是中国版的"马歇尔计划"，而是坚持合作发展的理念和倡议，是推动中国与世界各国间的多双边合作。"一带一路"注重共同参与、相互借力给力，互促互进。坚持各国间政府推动、企业参与、市场化运作。发挥各国在资金、技术、市场等各方优势，实现互补，做大共同利益蛋糕，实现共赢。在合作中，中国始终坚持友好协商，关注参与国家民生建设，不附加任何政治条件。"一带一路"倡议没有门槛要求，不针对第三方和任何现存国际合作机制，所有国家均可成为"一带一路"倡议的参与者、建设者和受益者。②"一带一路"倡议不是封闭型的地区经济合作，"一带一路"倡议在空间上是开放包容的，其地理范围不仅限于亚欧大陆及相邻的海洋，是欢迎所有有意愿与中国一道实现合作共赢的国家参与的合作平台。

第二，"一带一路"倡议是所有参与国共商、共建、共享之路。"共商"即各国共同协商、深化交流，加强各国之间的互信，共同协商解决国际政治纷争与经济矛盾。中国顺应世界潮流，尊重各国主权，倡导国家不分大小、强弱、贫富一律平等，通过共同协商达成政治共识、寻求共同利益，有利于构建以合作共赢为核心的新型国际关系，有利于构建人类命运共同体。"共建"即各国共同参与、合作共建，分享发展机遇，扩大共同利益，从而形成互利共赢的利益共同体。"一带一路"建设是促进全球共同发展的中国方案，

---

① 潘忠岐、黄仁伟：《中国的地缘经济战略》，《清华大学学报》（哲学社会科学版）2008年第5期，第122页。

② 《共建"一带一路"：内涵、意义与智库使命》，2015年6月1日，新华网，http://www.xinhuanet.com/politics/2015-06/01/c_127865670.htm。

它不是中国的独奏曲,而是相关国家共同参与的协奏曲,是实现优势互补、追求互利共赢的合作共建。"共享"即各国平等发展、共同分享,让世界上每个国家及其人民都享有平等的发展机会,共同分享世界经济发展成果。"一带一路"建设通过经济大融合、发展大联动谋求相关国家的共同利益,在共赢中实现共享。①

第三,"一带一路"是海陆统筹的联动发展之路。"一带一路"倡议具有陆路和海洋两大维度,二者相辅相成、相互补充,且各有侧重。"一带"主要着眼于向西开放,建立从中国西部到中亚、俄罗斯、西亚、非洲至欧洲的陆路连通。加强各国间的物理连通,降低货物运输成本。"一路"则侧重于从海上由东向西开放,构建经东南亚、南亚、印度洋至欧洲的海上运输通道,加强各国对海洋资源的合理利用和开发,深化在海洋环保、航道安全、海上搜救、海洋科技等领域的合作。"一带一路"倡议将突破长期以来陆权和海权相对立的格局,推动亚欧大陆与太平洋、印度洋和大西洋的连通及海陆一体化建设。形成安全高效的海陆通道网络,打造海陆统筹的全方位对外开放新格局。

第四,"一带一路"倡议是全球治理和国际合作的新模式。全球治理是摆在世界面前的一个重大问题,同时也是摆在中国面前的一个大问题。在"反全球化"和民粹主义上升的国际背景下,中国创新全球治理思想和模式,将中国改革开放的成功经验与世界各国共享,为全球治理提供中国特色的"全球公共产品"。中国希望通过"一带一路"倡议,带动合作伙伴的共同发展,特别是针对广大发展中国家,一起提高基础设施建设,推进工业化水平,解决世界经济发展不平衡问题。"一带一路"既强调"东西互济""南北合作",也重视"南南合作"。中国在努力维护国际秩序的同时,与发展中国家一道共同建设更加公正、公平、合理的国际政治经济秩序。

第五,"一带一路"倡议以实现互联互通建设为基础。如果将"一带一路"比喻为亚洲腾飞的两只翅膀,那么互联互通就是两只翅膀的血脉经络。只有打通了血脉经络,才能保证人员、资金、货物的流通,才能真正促进"一带一路"建设。② 在2014年11月举行的"加强互联互通伙伴关系"东道主伙伴对话会上,习近平对"互联互通"进行了定义,认为它"是基础设施、制度规章、人员交流三位一体","是政策沟通、设施联通、贸易畅通、资金融通、民心相通五大领域齐头并进","是全方位、立体化、网络状的大联通,是生机勃勃、群

---

① 陈建中:《共商共建共享的全球治理理念具有深远意义》,《人民日报》2017年9月12日第7版。
② 《习近平的"一带一路"足迹》,2016年1月6日,新华网,http://www.xinhuanet.com/politics/2016-01/06/c_1117679375.htm。

策群力的开放系统"。① 在尊重相关国家主权和安全关切的基础上,加强中国与"一带一路"参与国家在规划制度、标准体系、人员等方面的互联互通,共同推进国际骨干通道建设,加强陆路、水路、航空、能源和通信等方面的发展规划和技术标准对接,推动亚洲各次区域以及亚欧非间的基础设施网络建设。

第六,"一带一路"倡议以经济合作为核心。"一带一路"倡议旨在提升经贸合作水平,以重点经贸产业园区为合作平台,扩大产能与投资合作,拓展金融合作空间。"一带一路"倡议将重点打造新亚欧大陆桥、中蒙俄、中国—中亚—西亚、中国—中南半岛、中国—巴基斯坦、孟中印缅六大经济走廊建设。以亚洲基础设施投资银行和丝路基金为资金支持。以"向外看"的胸怀,维护多边贸易体制,推动自由贸易区建设,促进贸易和投资自由化便利化。"一带一路"倡议的实施将促进跨国产业链合作,推动境外经贸合作区、跨境经济合作区等各类产业园区的建设。按照市场化运作模式,推进"一带一路"沿线国家产业园区建设。根据企业自身发展需求,结合所在国家资源优势、民生建设和发展战略,促进相关国家经济发展、产业升级。开展国际产能和装备制造合作,扩大相互投资,是共建"一带一路"的优先合作方向之一。与此同时,加强中国与"一带一路"参与国及有关机构开展多种形式的金融合作,推动金融机构和金融服务网络化建设,创新融资机制。

第七,"一带一路"倡议以民心相通为社会根基。"一带一路"将促进不同国家、民族、宗教、文化间的人文交流与往来,消除彼此隔阂与猜疑,增加友谊和文化交融,共同推动人类文明繁荣发展。"一带一路"倡议传承和弘扬丝绸之路友好合作精神,广泛开展文化交流、学术往来、人才交流合作、媒体合作、青年和妇女交往、志愿者服务等,为深化双多边合作奠定坚实的民意基础。在推动经贸合作的同时,"一带一路"也强调各国间高校、智库、研究机构、企业、人员间的交流与合作。在坚持中国文化自信、道路自信的同时,对沿线国家的文化、宗教和传统保持尊重态度。

第八,"一带一路"倡议以实现互利互惠、共同安全为目标。

"一带一路"的基本内涵十分丰富,既涉及经济、文化,也涉及政治、外交和安全领域。"一带一路"倡议将秉持古代丝绸之路的和平合作、开放包容、互学互鉴、互利共赢精神,认为各国安全相互关联、彼此影响,必须摒弃唯我独尊、损人利己、以邻为壑的狭隘安全观,把互利合作作为唯一选择,推动各国共同安全。②(本条执笔:许娟、王玉主)

---

① 《基础设施互联互通是"三位一体"互联互通的基础》,2014 年 12 月 12 日,中华人民共和国国务院发展研究中心网站,http://www.drc.gov.cn/xsyzcfx/20141128/1-1243-2885207.htm。
② 《推动全球安全治理的中国方案》,《新华每日电讯》2017 年 9 月 27 日第 2 版。

20. 基本原则

——"共商、共建、共享"原则的提出

"共商、共建、共享"是新时代中国特色大国外交思想的重要内容,是中国建设"一带一路"和参与全球治理的基本原则,也是构建人类命运共同体的有效路径。"共商、共建、共享"原则的提出一方面是基于后金融危机时代全球治理失灵的现状,另一方面也是基于中国作为最大发展中国家和新兴大国的双重身份定位,体现了中国作为一个负责任的大国积极参与全球治理和促进国际合作共赢的姿态。

2015年3月,中国政府发布《推动共建丝绸之路经济带和21世纪海上丝绸之路的愿景与行动》,提出以政策沟通、设施联通、贸易畅通、资金融通、民心相通为主要内容,坚持共商、共建、共享三大基本原则,积极推动"一带一路"建设。

2015年9月,以"命运共同体合作新格局"为主题的"2015'一带一路'媒体合作论坛"在京举行。时任全国政协副主席、中共中央对外联络部部长王家瑞在致辞时表示,习近平多次强调,中国推动"一带一路"建设,是为了推动沿线国家乃至世界各国互利共赢、共同发展而提出的重大倡议。"一带一路"建设要秉承共商、共建、共享的原则,这也是"一带一路"倡议的核心要义。

2015年10月,习近平主持中央政治局第二十七次集体学习时强调,"要推动全球治理理念创新发展,积极发掘中华文化中积极的处世之道和治理理念同当今时代的共鸣点,继续丰富打造人类命运共同体等主张,弘扬共商共建共享的全球治理理念"。[①]

2017年5月,习近平在"一带一路"国际合作高峰论坛的闭幕式致辞中强调,各方将坚持共商、共建、共享原则,相互尊重、民主协商、共同决策,推动"一带一路"建设合作不断取得新进展,为构建人类命运共同体注入强劲动力。[②] 2017年10月,共商、共建、共享的全球治理观在党的十九大报告中再次被明确提出。

——"共商、共建、共享"原则的内涵及其内在逻辑

"共商、共建、共享"原则作为"一带一路"建设的基本原则和核心要

[①] 《推动全球治理体制更加公正更加合理 为我国发展和世界和平创造有利条件》,《人民日报》2015年10月14日第1版。

[②] 习近平:《开辟合作新起点 谋求发展新动力》,《人民日报》2017年5月16日第3版。

义，融合了西方文明和东方智慧，兼具世界视野和中国特色，主张发达国家与发展中国家共商发展大计，共同解决难题，共建合作机制，共享美好未来。

"共商"，即各国集思广益，共同协商，加强各国之间的政治互信，共同协商解决国际政治纷争及经济矛盾，使"一带一路"建设兼顾双方或各方利益关切，寻求利益契合点和合作最大公约数，体现双方或各方智慧和创意，凝聚最大利益共识，彰显"集体之美"与"对话之善"。"共商"原则的精髓是平等与尊重，国家不分大小、强弱、贫富，主权和尊严都应得到尊重。这一原则意味着"一带一路"建设倡导和谐包容，充分尊重各国发展道路与模式选择，尊重各国、各利益主体平等参与协商制定规则的权利，倡导不同文明之间加强对话、和平共处、求同存异、兼容并蓄、和平共处、共生共荣。

"共建"，即各国共同参与、合作共建，在建设"一带一路"的过程中各尽所能、各挥其才、各施其长，充分发挥各方优势和潜力，携手共建和平、开放、包容、繁荣、绿色的人类命运共同体。"共建"原则的精髓是合作与责任，"一带一路"建设不是仅仅依靠中国一家之力，而应集聚各国各方的力量，需要大家主动积极参与，共同承担，共同创造更多发展机遇。这一原则意味着"一带一路"建设倡导开放合作，一方面，"一带一路"相关的国家基于但不限于古代丝绸之路的范围，各国和国际、地区组织均可参与；另一方面，中国重视各个市场主体，包括企业、政府和个人在"一带一路"建设中的作用。

"共享"，即各国平等发展、共同分享，让共建成果惠及更广泛的区域，让世界各国及其人民都享有平等发展、共同分享世界经济发展成果的机会。共享原则致力于确保"一带一路"建设的成果更公平地惠及各参与主体，让共建成果惠及更广泛的区域。"共享"原则的精髓在于普惠与共赢，这意味着中国倡议的"一带一路"建设不是以损害或牺牲其他国家利益为代价的"零和博弈"，中国也不会"独占"成果，而是以一种包容、开放的心态，期望与各国实现利益对接、彼此融合、互利共赢、共享成果。

总体而言，"共商""共建""共享"原则各有侧重，环环相扣，相互支撑，共同组成了一个具有内在逻辑的有机整体，不可分割，缺一不可。

其一，"共商"是"共建"和"共享"的前提和基础。各国在"共商"原则的指导下展开对话，增强互信，凝聚共识，加强政策沟通协调，协商妥善处理分歧等，将为共同建设"一带一路"和分享共建成果提供政治前提和思想基础。

其二，"共建"是落实"共商"所达成的原则和共识的关键步骤，也是实现"共享"的重要保障。"一带一路"建设不是纸上谈兵，也不是空喊口号，合作机制能否有效运行，合作项目能否顺利实施关键取决于行动。只有通过

"共建"做大"蛋糕",将"一带一路"建设真正落到实处,取得实质性成果,才能为各国互利共赢、"共享"成果提供保障。

其三,"共享"是"共商"和"共建"的最终落脚点,也是进一步深化落实"共商""共建"的内生动力。当各国在"一带一路"建设中享受到共同协商、共同建设和共同发展所取得的成果时,便有了进一步凝聚共识、深化合作、共担责任的内动力,从而形成一个互利共赢的良性循环,推动人类社会走向更加平等、和平、开放、包容的未来。

总之,"共商、共建、共享"原则体现了中国希望与世界各国和平合作、开放包容、互学互鉴、互利共赢的理念,既是对古代丝绸之路精神的传承,也体现了中国发展理念的创新。"共商、共建、共享"原则体现了"一带一路"不是某一方的私家小路,而是大家携手前进的阳光大道;不是中国一家的独奏,而是沿线国家的大合唱;追求的是百花齐放的大利,不是一枝独秀的小利。

——"共商、共建、共享"原则的理论意义和现实意义

"共商、共建、共享"原则是中国领导人在金融危机后,为破解当今人类社会面临的共同难题所提出的新原则、新思路、新理念,为"一带一路"建设和构建人类命运共同体注入了新动力、新活力,具有深远的理论意义和重大现实意义。

第一,"共商、共建、共享"原则为更新西方全球治理理念提供了中国智慧。西方主流的全球治理理念基于人性本恶的假设,认为在"无政府状态"的国际社会中,国家为了维护自身利益而争权夺利,国家之间弥漫着不可调和的零和博弈,世界上充满着霍布斯式的矛盾与冲突。因此,全球治理要么依靠霸权国家的实力来实现"霸权治理",要么依靠本质上以权力为支撑的国际制度来实现"制度治理"。冷战结束后,世界格局发生了重要变化,权力流散化和经济全球化趋势明显,非传统安全威胁显著增加,国家之间相互依赖程度不断加深,西方主导的全球治理理念并没有做到与时俱进,造成了当今全球治理失灵、全球发展失衡失序等严重问题。"共商、共建、共享"原则强调全球治理主体多元化、平等化,反对霸权主义和强权政治,强调国家之间的共同利益和相互依存的关系,提倡通过协商缓和矛盾与冲突,通过共建"一带一路"和共享建设成果实现互利共赢。从根本上说,"共商、共建、共享"是对全球治理理念的创新,摒弃了丛林法则和零和思维,摆脱了现实主义理论逻辑的束缚,体现了中国所倡导的平等、开放、合作、共赢的思维方式和价值理念。

第二,"共商、共建、共享"原则为完善全球治理体系提供了中国方案。第二次世界大战后美国主导建立的全球治理体系及其主导制定的国际规则对于

规范战后国际秩序、维护世界和平、促进世界经济发展起到了重要作用。冷战结束后，原有的全球治理体系已滞后于国际形势的变化，体系内在的不平衡、不公平、代表性不足等问题是全球治理失灵的重要原因。"共商、共建、共享"原则有利于引导建立一个更加具有代表性、包容性、开放性和公平性的全球治理体系，有利于引导发达国家和发展中国家平等协商，使广大发展中国家主动参与到国际规则的制定和执行过程中，从而有利于进一步完善现有国际制度体系，并使全球治理的成果惠及更多国家。

第三，"共商、共建、共享"原则为构建人类命运共同体指明了行动方向。当今世界各国已成为"你中有我，我中有你""一荣俱荣，一损俱损"的命运共同体，以保护和促进全人类的共同利益为根本宗旨，将构建人类命运共同体作为最高目标，是"一带一路"倡议有别于其他国际合作机制的本质特点，而"共商、共建、共享"原则为实现人类命运共同体指明了行动方向。"共商、共建、共享"原则将通过引导各国平等参与、协商治理、共同建设、共享成果，推动国家之间形成相互尊重和对话合作的互动习惯和文化氛围，有利于建立新型国际关系。同时，通过引导各国共同打造政治互信、经济融合、文化包容的利益共同体、价值共同体、责任共同体，有利于建立更为和平、安全、公正、合理、开放的国际政治经济新秩序，从根本上解决全球治理失灵的问题。

第四，"共商、共建、共享"原则为"一带一路"建设顺利有效实施提供了前提保障。"一带一路"建设的一个重要特点就是参与方的"多元化"，合作对象基于但不限于古代丝绸之路的范围，各国和国际、地区组织均可参与，只要是有意愿参与的国家或地区均没有门槛要求，皆可自愿成为参与者、建设者和受益者。互利共赢是"一带一路"建设的根本动力。"共商、共建、共享"原则不仅有利于"一带一路"建设更加公正、平衡地反映参与各方利益诉求，尽可能使参与各方均从中获益，同时也有利于引导参与各方主动参与"一带一路"建设，不搞零和博弈，不搞利益攫取，更不搞与邻为壑的重商主义、产品倾销，而是立足于参与各方优势互补，实现利益共享、共同发展，将"一带一路"建设成为互尊互信之路、合作共赢之路、文明互鉴之路。

总之，作为"一带一路"倡议的提出者和建设者、当今国际体系重要的参与者和贡献者，中国提出的"共商、共建、共享"原则，不仅是"一带一路"建设的前提保障和构建人类命运共同体的有效路径，也有利于解决全球治理理念滞后、全球治理体系代表性、包容性、公平性、开放性不足等问题。"共商、共建、共享"原则既是中国对全球治理的理念创新和理论突破，也是中国建设"一带一路"、参与全球治理、推进全球治理体系改革、构建人类命运共同体的思想指导和行动方向，具有重大的理论和现实意义。

——践行"共商、共建、共享"原则

伟大的倡议理念只有付诸实践,经受实践的检验才能成为壮举。因此,全球治理体系的改革和人类命运共同体的实现都有赖于"共商、共建、共享"原则的践行落实。在"一带一路"建设中切实践行"共商、共建、共享"原则将是通往人类命运共同体的必由之路。落实这一原则需要:

第一,加强各国政策沟通协调和发展战略对接,进一步凝聚合作共识,寻求关切平衡点,努力实现协同联动发展。需进一步加强经济、金融、贸易、投资等领域宏观政策的协调;进一步促进贸易和投资自由化、便利化,有效对接发展及合作规划,优势互补,协同并进。加强各方在非传统安全领域的政策协调,凝聚全球力量应对全球危机。

第二,扎实推进各领域务实合作,不断做大蛋糕,努力取得新成果。各方需继续将互联互通作为重点,打造基础设施联通网络,积极推进经济走廊建设,推动实体经济更好更快发展;坚持市场运作,重视投资融资合作,支持扩大相互金融市场开放,努力构建稳定、可持续、风险可控的金融保障体系;充分利用现有双边和多边合作机制,发挥沿线各国区域、次区域相关平台的建设性作用,协调推动合作项目实施;进一步深化和拓展人文合作,便利各国人员往来;加强环境保护、应对气候变化、反腐败、难民危机、打击恐怖主义等领域的务实合作。

第三,务实提升广大发展中国家在全球治理和国际规则制定中的"制度性话语权",努力搭建南北对话与合作平台,营造"共享"氛围,推动全球治理体系朝着更公平、合理、包容、开放的方向改革,使世界发展成果和全球治理成果辐射到更广泛的区域和更多国家。(本条执笔:王玉主、蒋芳菲)

21. 合作对象

肩负新时代使命、融入新时期内涵的"一带一路"倡议根植于丝绸之路的历史土壤,但是"一带一路"倡议的覆盖范围不局限于古代丝绸之路。为适应时代发展变化和国际形势变革,中国政府致力于将"一带一路"打造为一个开放型合作平台,秉持"和平合作、开放包容、互学互鉴、互利共赢"的丝路精神,坚持共商、共建、共享原则,创载体、建渠道,超越地缘、文明、经济、社会发展鸿沟,促进世界各国的共同发展、和谐发展,构建人类命运共同体。

——"一带一路"倡议合作对象类别

"一带一路"倡议的合作伙伴众多,可从以下角度对其进行归类。

(1) 国际关系行为体

"一带一路"倡议向世界上所有主权国家敞开大门,推动各国政府、政党以及议会间的交流与合作。同时,"一带一路"倡议又积极吸引包括联合国、亚太经合组织、东盟、南盟、欧盟和非盟等在内的各政府间国际组织、非政府组织、跨国公司、学术团体、智库、媒体以及民间力量的参与。"一带一路"不仅强调各国政府间的一轨合作,也提倡民间形式的二轨合作。这样,在发挥各国政府引领作用的同时,又能调动普通大众的主观能动性。并且,"一带一路"倡议既强调中央政府层面的交流与合作,也重视地方政府层面的沟通与互动。中国政府希望通过"一带一路"合作平台建设更具活力、更加开放、更加稳定、更可持续、更多包容的全球化经济,让共建成果惠及世界各个角落。"一带一路"倡议努力形成政府、市场、社会有机结合的合作模式,形成政府主导、企业参与、民间促进的立体格局。

(2) 主体地位

中国是"一带一路"的倡导者和推动者,但中国绝不唱独角戏、不搞一言堂、不另起炉灶。而是要将中国发展的经验和成果,与各国的发展意愿和比较优势结合起来,加强与各国政策协调,提高互联互通水平,开展范围更广、程度更深的多双边合作。共建"一带一路"合作,所有国家不分大小、贫富,都享有平等合作地位。"一带一路"合作中,不存在领导国和被领导国,不存在主导国和受支配国。

(3) 发展水平

"一带一路"倡议重视发展中国家间合作,也积极推动发展中国家与发达国家间的合作。此外,第三方合作是共建"一带一路"的重要内容。共建"一带一路"是公开透明的合作倡议。中国愿意与有关发达国家一道,发挥技术、资金、产能、市场等互补优势,按照共商、共建、共享原则,遵循市场规律,在"一带一路"沿线国家开展第三方合作,促进互利共赢。

(4) 地理板块

从地缘角度而言,不论亚洲、欧洲、非洲、美洲还是大洋洲,都是"一带一路"建设的国际合作伙伴。其中,亚欧大陆是世界经济增长的重要引擎之一,也是共建"一带一路"的主要地区;非洲是共建"一带一路"的关键伙伴。中非之间有着深厚的传统友谊,双多边关系密切;中国欢迎拉丁美洲和加勒比地区参与"一带一路"建设,中国致力于同拉丁美洲和加勒比有关国家对接发展战略;大洋洲是"21世纪海上丝绸之路"的南向延伸地区。[1]

---

[1] 推进"一带一路"建设工作领导小组办公室:《共建"一带一路":理念、实践与中国的贡献》,2017年5月10日,新华网,http://www.xinhuanet.com/politics/2017-05/10/c_1120951928.htm。

——参与"一带一路"的路径

中国热诚欢迎世界各国、各国际组织和地区组织、企业和民间团体积极加入"一带一路"开放型合作大平台。中国政府为各方的加入提供了多样、便捷、灵活、公开、公平的途径。

一是签署双边合作协议。中国政府愿意与各国签署具有法律效力的合作框架协议、备忘录和中长期发展规划，对接建设规划、衔接质量技术体系、促进运输便利化、推动项目建设、联通能源设施、打造信息网络。通过协商协议，建设一批双边合作示范，争取早期收获。

二是依托多边合作机制。中国欢迎各国政府积极参与亚投行、丝路基金，中国—中欧合作基金、中国—亚欧经济合作基金、中国—东盟海上基金、中国—东盟合作基金和周边友好交流专业基金等，为"一带一路"建设添砖加瓦。同时，中国期望同各方一道，通过主办"一带一路"国际合作高峰论坛，寻求合作共识。并且，积极发挥上海合作组织、中国—东盟"10+1"、亚太经合组织、亚欧会议、亚洲合作对话、亚信会议、中阿合作论坛、中国—海合会战略对话、大湄公河次区域经济合作、中亚区域经济合作等现有多边合作机制作用，让更多国家和地区参与"一带一路"建设。中国正热忱欢迎各国政府、企业及个人积极参加中国—东盟博览会、中国—亚欧博览会、中国—阿拉伯国家博览会、中国—南亚博览会及中国—中东欧国家投资贸易博览会等大型展会及相关活动。

三是以项目实现合作。"一带一路"合作不拘泥于文本协议，不浮于口头表态，而是以实际落地项目促成合作的达成。通过"一带一路"合作平台，中国政府希望助力各国的基础设施建设、民生建设、科技能力建设、可持续发展建设等。

四是搭建或加入合作联盟。中国政府鼓励各方积极搭建与"一带一路"相关的智库联盟、高校联盟、行会联盟、企业联盟及民间社团联盟等。共商共议、群策群力、凝聚智慧，以加强各方合作、整合各方资源，共同推动"一带一路"建设。

——与"一带一路"倡议对接或具有合作意向的伙伴

"一带一路"倡议合作没有"成员国"一说，中国秉持开放态度，任何志同道合的国家和组织，只要感兴趣都可以参与其中。截至2018年5月，中国已累计与88个国家和国际组织签署了103份"一带一路"合作文件。下面将列举部分与中国正在开展"一带一路"合作或具有合作意向的国家、国际组织和民间团体。

（1）主权国家

东北亚国家

韩国：愿积极参与中国的"一带一路"建设，希望"一带一路"倡议能为包括韩国在内的亚洲地区带来新的经济增长机会。

日本：要针对每个具体项目研究，只要可能，日本都会认真参与。

朝鲜：派出代表团参与了2017年"一带一路"国际合作高峰论坛。

东南亚国家

印度尼西亚：深化同中方"一带一路"建设框架下合作，提高经贸投资水平。

柬埔寨：加快中国"一带一路"倡议、"十三五"规划同柬埔寨国家发展战略、"2015—2025工业发展计划"的有效对接。

菲律宾：认识到"一带一路"倡议和菲律宾发展规划对接的潜力，以及同东盟互联互通规划的协同性。

老挝：加快中国"一带一路"倡议同老挝"变陆锁国为陆联国"战略对接。

越南：愿与中方落实好业已签署的共建"一带一路"和"两廊一圈"合作文件。

马来西亚：欢迎"一带一路"合作倡议，双方同意在该框架下加强发展战略对接。

缅甸：支持"一带一路"倡议，愿与中方加快共建"一带一路"进程。

泰国：认为泰国东部经济走廊战略同"一带一路"倡议高度契合。

新加坡：全力支持"一带一路"倡议。

东帝汶：与中国签署了《"一带一路"建设谅解备忘录》

南亚国家

马尔代夫：积极支持和参与"一带一路"。

阿富汗：欢迎丝绸之路经济带倡议。

尼泊尔：愿意与"一带一路"对接。

斯里兰卡：积极参与中方提出的"一带一路"倡议。

巴基斯坦：与中国签署了《关于开展中巴经济走廊远景合作规划的谅解备忘录》以及《中巴经济走廊远景规划纲要》等重要协议。

孟加拉国：愿积极参加"一带一路"建设，支持孟中印缅经济走廊建设。

印度：亚投行和孟中印缅经济走廊的重要参与国。

中亚国家

蒙古国：推进"一带一路"倡议同蒙古国"发展之路"倡议战略对接。

俄罗斯：继续积极推进"一带一路"建设和欧亚经济联盟对接。

吉尔吉斯斯坦：深入开展共建"一带一路"合作，发挥两国跨境运输潜力。

塔吉克斯坦：开展"一带一路"建设同塔吉克斯坦"2030年前国家发展战略"对接合作。

哈萨克斯坦：推进"一带一路"建设和哈萨克斯坦"光明之路"实现对接。

乌兹别克斯坦：全力支持共建丝绸之路经济带。

白俄罗斯：加强"一带一路"倡议与白俄罗斯发展战略对接。

中东国家

阿拉伯联合酋长国：同中国签署了《关于加强产能与投资合作的框架协议》等协议。

以色列：愿在"一带一路"倡议和以色列作为创始成员国参与的亚洲基础设施投资银行框架下，加强双边及与第三方在基础设施领域的创新合作。

卡塔尔：愿意共同建设"丝绸之路经济带"和"21世纪海上丝绸之路"。

伊朗：与中国签署了《"一带一路"谅解备忘录》等合作协议。

埃及：支持"一带一路"倡议，双方同意在该倡议框架下加强合作。

沙特阿拉伯：愿共同推进"一带一路"建设。

伊拉克：愿积极参与"一带一路"建设。

约旦：与中方探讨在"一带一路"框架下的合作。

黎巴嫩：与中国签订了《文化协定2017—2020年执行计划》等文件。

突尼斯：与中国签订了《关于互设文化中心的协定》等文件。

欧洲国家

法国：欢迎"一带一路"倡议。

意大利：将共同落实有关双边协议。

英国：同意在"共商、共建、共享"基础上加强与"一带一路"倡议有关合作。认同"一带一路"倡议和英国包括"英格兰北部经济中心"等区域发展战略的协同效应。

德国：提升在"一带一路"框架下的双向投资、第三方市场合作等，推荐"中国制造2025"与德国"工业4.0"战略对接。

匈牙利：推动"一带一路"和匈牙利提出的"向东开放"合作。

波兰：推动"一带一路"和波兰提出的"可持续发展计划"合作。

瑞士：积极支持中国的"一带一路"倡议，在欧洲国家中率先加入亚洲基础设施投资银行。

荷兰：积极参与相关合作，并支持"一带一路"规划与欧洲投资计划对接合作。

挪威：积极响应中方提出的"一带一路"倡议，是亚洲基础设施投资银行创始成员国。

非洲国家

南非、肯尼亚、坦桑尼亚、莫桑比克、埃塞俄比亚等非洲国家纷纷期待同中国对接"一带一路"合作战略，共同致力于政策沟通、设施联通、贸易畅通、资金融通、民心相通。海信南非工业园、北汽集团南非工厂、亚的斯亚贝巴—吉布提标轨铁路及沿路产业带、蒙巴萨—内罗毕标轨铁路及沿路产业带、蒙巴萨经济特区等中非产能合作和产业对接重大项目正稳步推进，并已取得早期收获。

拉美和加勒比海国家

拉美很多国家期待通过"一带一路"国际合作促进自身发展，推动中拉关系更上一层楼。阿根廷、智利两国元首及许多拉美国家高级别代表2017年5月来华出席首届"一带一路"国际合作高峰论坛。巴拿马与中国发表了联合声明，表示愿意共商共建"一带一路"。

大洋洲国家

新西兰：与中国签署了《关于加强"一带一路"倡议合作的安排备忘录》。

（2）国际组织

中国政府有关部门与有关国际组织签署"一带一路"合作文件。这些组织包括联合国开发计划署、联合国工业发展组织、联合国人类住区规划署、联合国儿童基金会、联合国人口基金、联合国贸易与发展会议、世界卫生组织、世界知识产权组织、国际刑警组织、联合国欧洲经济委员会、世界经济论坛、国际道路运输联盟、国际贸易中心、国际电信联盟、国际民航组织、联合国文明联盟、国际发展法律组织、世界气象组织、国际海事组织。2017年3月17日，"一带一路"还被写入了联合国安理会决议。此外，东盟、欧盟、非盟、中国—中东欧国家合作、上海合作组织等地区合作机制积极与"一带一路"倡议开展合作。

在能源合作领域，由中国国家电网公司发起成立的全球能源互联网发展合作组织与联合国经济和社会事务部、联合国亚洲及太平洋经济社会委员会、阿拉伯国家联盟、非洲联盟、海湾合作委员会互联电网管理局签署了能源领域合作备忘录。

在金融合作领域，中国发起并设立了亚洲基础设施投资银行。截至2018

年 6 月，亚投行成员数量增至 87 个。

在民生投入方面，中国政府与世界粮食计划署、联合国国际移民组织、联合国儿童基金会、联合国难民署、世界卫生组织、红十字国际委员会、联合国开发计划署、联合国工业发展组织、世界贸易组织、国际民航组织、联合国人口基金会、联合国贸易和发展会议、国际贸易中心、联合国教科文组织等国际组织签署了援助协议。

（3）民间组织

中国民间组织国际交流促进会联合 80 多家中国民间组织启动《中国社会组织推动"一带一路"民心相通行动计划（2017—2020）》，中国民间组织国际交流促进会和 150 多家中外民间组织共同成立"丝路沿线民间组织合作网络"。"一带一路"智库合作联盟启动"增进'一带一路'民心相通国际智库合作项目"。[1]（本条执笔：许娟、王玉主）

22. 总体设想

——"一带一路"的基本定位及主要宗旨

"一带一路"是中国领导人基于对当前世界形势的观察和思考，统筹国内国际两个大局后提出的中国与亚洲、欧洲、非洲等广大地区和国家互联互通、互利合作的倡议。从国际布局来看，丝绸之路经济带主要以六大经济走廊为依托，分为三个方向：一是从中国经中亚、俄罗斯到欧洲；二是经中亚、西亚到波斯湾、地中海；三是至东南亚、南亚、印度洋。21 世纪海上丝绸之路以重点港口为支点，分为两个方向：一是从中国沿海经南海到印度洋并延伸至欧洲；二是从中国沿海港口经南海到南太平洋。从国内布局来看，"一带一路"共确定了 18 个重点省份，形成了自东向西、陆海统筹、立体推进的格局。

"一带一路"共涉及亚、欧、非三大洲 60 多个国家，覆盖地区总人口超过 44 亿，经济总量高达 21 万亿美元，是一项史无前例的跨洲国际合作倡议。这项倡议既涉及中国自身的对外开放格局，也涉及中国外交理念的实践和中国与周边国家、沿途国家的关系，还涉及区域合作发展进程以及世界各国经济发展形势，这些因素共同构成了"一带一路"的基本定位和主要宗旨。

第一，"一带一路"是中国新时期全面深化改革开放的重大举措，旨在通过推动中西部地区与周边沿线国家的开放合作来为中国经济发展提供新动力。随着中国人口红利逐渐消失，"入世"所带来的开放红利已基本实现，中国经

---

[1] 《"一带一路"国际合作高峰论坛成果清单（全文）》，2017 年 5 月 16 日，新华网，http://news.xinhuanet.com/world/2017-05/16/c_1120976848.htm。

济已由高速增长阶段转向高质量发展阶段，正处在转变发展方式、优化经济结构、转换增长动力的攻关期，中国经济面临新一轮对外开放及通过开放促进国内改革的强大诉求。过去中国对外开放主要集中于东南沿海地区，中西部地区开放程度严重滞后，这是造成中国东西部地区经济发展不平衡的重要原因。因此，新一轮对外开放需要尽可能延伸到广大的中西部内陆地区，形成陆海内外联动、东西双向互济的开放格局。

第二，"一带一路"是中国实施"亲诚惠容"周边外交政策和践行新时期中国特色大国外交政策的重要平台，旨在与世界各国共同构建"相互尊重、公平正义、合作共赢"的新型国际关系。2013年，在中国周边外交工作座谈会上，习近平曾以"亲诚惠容"定调中国周边外交理念。党的十九大报告明确提出，"中国积极发展全球伙伴关系，扩大同各国的利益交汇点，推进大国协调和合作，构建总体稳定、均衡发展的大国关系框架，按照亲诚惠容理念和与邻为善、以邻为伴周边外交方针深化同周边国家关系，秉持正确义利观和真实亲诚理念加强同发展中国家团结合作"。"一带一路"所秉承的和平合作、开放包容、互利共赢、互学互鉴四大理念和共商共建共享原则都与"亲诚惠容"理念高度契合，且"一带一路"致力于亚欧非大陆及附近海洋的互联互通，这与中国建设新型国际关系的追求有着高度的内在一致性。

第三，"一带一路"是中国积极参与区域合作的新机制、新模式，旨在促进经济要素有序自由流动、资源高效配置和市场深度融合，推动沿线各国实现经济政策协调，开展更大范围、更高水平、更深层次的区域合作，打造开放、包容、均衡、普惠的区域经济合作架构。受历史和自然因素的影响，同时因为外部市场和投资的吸引，亚洲区域合作呈现出明显的"飞地化"现象，至今未形成横向联合，亚洲一体化程度也仍处于较低水平。而"一带一路"将坚持开放的区域主义，充分依靠中国与有关国家既有的双多边机制，借助既有的、行之有效的区域合作平台，通过互联互通建设，打造一个与其他区域合作机制相互补充、相互促进的多边区域合作机制，使各国经济联系更加紧密、区域合作更加深入、合作模式更加创新、合作主体更加多元，以点带面，从线到片，逐步推动区域经济一体化发展。

第四，"一带一路"是中外经济优势互补，解决中国与沿线国家经济增长问题的有效途径，旨在通过建立和加强沿线各国之间的互联互通，推动各国发展战略的对接与耦合，为沿线各国增添共同发展新动力，促进共同可持续发展。中国欢迎周边国家搭中国经济发展的快车、便车，也希望通过"一带一路"互联互通项目不断发掘区域内各国的市场潜力，促进消费和投资，创造需求和就业，促进共同发展。"一带一路"将为中国释放优势产能，深度融入世界经济体系提供便利,为发展中国家实现自身工业化、现代化提供历史性机遇,也为推动南南合作广泛展开、增进南北对话、促进南北合作深度发展提供新平台。

——"一带一路"的最高目标

2017年5月,习近平在"一带一路"国际合作高峰论坛圆桌峰会上致开幕词时强调,"在'一带一路'建设国际合作框架内,各方秉持共商共建共享原则,谋求发展新动力,拓展发展新空间,实现优势互补、互利共赢,不断朝着人类命运共同体方向迈进。这是我提出这一倡议的初衷,也是希望通过这一倡议实现的最高目标"。[①]

第一,"人类命运共同体"和"一带一路"都根植于历史,但立足于现实,是对中华文明古老智慧和优秀传统文化的传承与发展。"人类命运共同体"充分体现了中国"天人合一"和"世界大同"的传统哲学价值观和"众生平等""物我相与""阴阳平衡"等文化理念。国家之间是一种"你中有我、我中有你""一荣俱荣、一损俱损"的关系,中国与世界各国共同属于一个阴阳平衡的有机整体,各国之间利益高度融合,任何环节出现问题都可能造成全球利益链的断裂。因此,"一带一路"建设将从中国五千多年的文明历史和古代丝绸之路中汲取智慧和力量,秉持和平合作、开放包容、互学互鉴、互利共赢的丝路精神,坚持平等、包容、互鉴的文明文化观和义利并举、以义为先的正确义利观,通过寻求最大程度的共同利益和有效化解矛盾冲突,在"和而不同"中谋求合作共赢。

第二,"人类命运共同体"和"一带一路"都源自中国,但属于世界,是中国领导人为了应对全球性挑战和突破人类发展困境而提出的"中国方案"。在各国彼此依存、全球性挑战此起彼伏的今天,仅凭单个国家的力量难以独善其身,也无法解决世界面临的问题。只有各国对接彼此政策,在全球更大范围内整合经济要素和发展资源,共享发展成果,才能形成合力,促进世界和平安宁和共同发展。在这一大背景下,中国提出共建"一带一路"的倡议,将有利于各国共同开创发展新机遇,谋求发展新动力,拓展发展新空间,使国际社会共同应对全球挑战、形成发展合力具有了现实依托。

第三,"人类命运共同体"和"一带一路"建设都着眼于现在,但面向未来,积极倡导建立更加和平、公正、合理、平等、开放的国际新秩序。在当今"一超多强"的国际格局下,尽管世界处于一个相对和平稳定的国际环境中,但是由于地区和国家之间经济社会发展不平衡造成的矛盾冲突甚至局部战争时

---

① 习近平:《携手推进"一带一路"建设》,《人民日报》2017年5月15日第3版。

有发生，不利于人类社会的可持续发展。而解决这些问题的关键在于在旧的政治经济格局基础上建立更加和平、公正、合理、平等、开放的国际政治经济新秩序，从而为凝聚共识、共谋发展创造一个更加和平稳定的国际环境。不同于西方传统的"弱肉强食""零和博弈""霸权争夺"等理念，"一带一路"奉行"国无大小，一律平等"的基本理念，聚焦共同发展与合作共赢，坚持共商、共建、共享的原则，不排除、不针对任何一方，对所有志同道合的国家开放，积极为促进沿线国家和地区发展、加强国家之间政治互信和维护世界和平做出贡献。

"人类命运共同体"这一最高目标展现了中国作为一个世界大国的全局观和责任感，中国愿意在力所能及的范围内承担更多责任和义务，为人类和平发展做出更大贡献。同时，"人类命运共同体"也赋予了"一带一路"建设使命感与方向感，高举和平、发展、合作、共赢的旗帜，秉持和平合作、开放包容、互学互鉴、互利共赢的理念，全方位推进务实合作，致力于与沿线各国共同打造政治互信、经济融合、文化包容的利益共同体、价值共同体、责任共同体。（本条执笔：王玉主、蒋芳菲）

23. 合作方向

2013年9月和10月，习近平先后提出共建"丝绸之路经济带"和"21世纪海上丝绸之路"（以下简称"一带一路"）倡议，得到国际社会的高度关注和有关国家的积极响应。中国秉持"和平合作、开放包容、互学互鉴、互利共赢"的丝绸之路精神，坚持共商、共建、共享原则，不断扩大与"一带一路"沿线国家的合作共识，推动共建"一带一路"由规划设计方案变为各方参与的合作行动。"一带一路"的核心内容是促进基础设施建设和互联互通，对接各国政策和发展战略，深化务实合作，促进协调联动发展，实现共同繁荣。①

——合作方向的具体内容

根据习近平的倡议和新形势下推进国际合作的需要，结合古代陆海丝绸之路的走向，共建"一带一路"确定了五大方向。丝绸之路经济带有三大走向，一是从中国西北、东北经中亚、俄罗斯至欧洲、波罗的海；二是从中国西北经中亚、西亚至波斯湾、地中海；三是从中国西南经中南半岛至印度洋。21世纪海上丝绸之路有两大走向，一是从中国沿海港口过南海，经马六甲海峡到印

---

① 习近平：《携手推进"一带一路"建设》，《人民日报》2017年5月15日第3版。

度洋，延伸至欧洲；二是从中国沿海港口过南海，向南太平洋延伸。

"一带一路"贯通了亚欧非三大洲，其中，西欧与东亚两个地区互为起点，涵盖的地区与海域包括中亚、俄罗斯、西亚、波斯湾、地中海、东南亚、南亚、印度洋、非洲等。贯通的方式分别为"一带"与"一路"，二者经中亚、中东、波斯湾实现了对接。

按照共建"一带一路"的合作重点和空间布局，中国提出了"六廊六路多国多港"的合作框架。"六廊"是指新亚欧大陆桥、中蒙俄、中国—中亚—西亚、中国—中南半岛、中巴和孟中印缅六大国际经济合作走廊。"六路"指铁路、公路、航运、航空、管道和空间综合信息网络，是基础设施互联互通的主要内容。"多国"是指一批先期合作国家。"一带一路"沿线有众多国家，中国既要与各国平等互利合作，也要结合实际与一些国家率先合作，争取有示范效应、体现"一带一路"理念的合作成果，吸引更多国家参与共建"一带一路"。"多港"是指若干保障海上运输大通道安全畅通的合作港口，通过与"一带一路"沿线国家共建一批重要港口和节点城市，进一步繁荣海上合作。"六廊六路多国多港"是共建"一带一路"的主体框架，为各国参与"一带一路"合作提供了清晰的导向。①

——合作方向的提出背景

当今世界，经济全球化、区域一体化激发出强大的生产潜力。但相当多的国家基础设施不足，区域、次区域发展面临瓶颈制约，唯有加强合作才是解决问题的根本出路，正基于此，中国提出在以上五大方向共建"一带一路"的合作倡议。

中国愿意将自身发展形成的经验和基础，与各国的发展意愿和比较优势结合起来，以共建"一带一路"作为重要契机和合作平台，促进各国加强经济政策协调，提高互联互通水平，开展更大范围、更高水平、更深层次的双多边合作，共同打造开放、包容、均衡、普惠的新型合作架构。共建"一带一路"倡议以其平等包容的外在特征和契合实际的内在特点，体现了包括中国在内的"一带一路"沿线各国的共同利益，是面向未来的国际合作新共识，展现了中国梦与世界梦相互联通，各国携手打造人类命运共同体的美好愿景。②

"一带一路"建设是沿线各国开放合作的宏大经济愿景，需各国携手努力，朝着互利互惠、共同安全的目标相向而行。共建"一带一路"倡议借用古丝绸之路的历史符号，融入了新的时代内涵，既是维护开放型世界经济体系，实现

---

① 推进"一带一路"建设工作领导小组办公室：《共建"一带一路"：理念、实践与中国的贡献》，2017 年 5 月 10 日，新华网，http://www.xinhuanet.com/politics/2017-05/10/c_1120951928.htm。

② 同上。

多元、自主、平衡和可持续发展的中国方案；也是深化区域合作，加强文明交流互鉴，维护世界和平稳定的中国主张；更体现了中国作为最大的发展中国家和全球第二大经济体，对推动国际经济治理体系朝着公平、公正、合理方向发展的责任担当。①

——合作方向在"一带一路"中的作用

丝绸之路经济带涵盖东南亚经济整合、东北亚经济整合，并最终融合在一起通向欧洲，形成亚欧大陆经济整合的大趋势。21世纪海上丝绸之路从海上联通亚欧非三个大陆和丝绸之路经济带，形成一个海上、陆地的闭环。

"一带"和"一路"是可促进沿线国家发展的带状区域。"一带"能"以点带面，从线到片，逐步形成区域大合作"。②"一带"通过开辟铁路、公路、航空线路，带动沿线及附近地区的人口迁移、资源开发、城市化建设等，进而推动沿线各国或各地区形成一种集束式的发展态势，而"一路"同样可以借助港口、水路、海运的建设和运行推动沿海地区的发展。

"一带"与"一路"之间存在相互促进、相互转化的关系。其转化的基础是"一带一路"互联互通项目以及这些项目对"一带"与"一路"的联结。"一带一路"项目嵌入沿线国家既有或规划中的基础设施网络。"一带一路"构建将成为洲际发展走廊的组成部分，最终带动"一带一路"沿线国家与地区均衡发展。通过与其他世界大陆桥或走廊的互联互通，"一带一路"可以实现拓展，不仅可以辐射亚欧非大陆，甚至可能与北美、澳洲等大陆的基础设施相连。"一带一路"以"路、带、廊、桥"的互联互通为基础，充分发挥海洋与陆地相互滋养、共同造福人类的功能，以点带面最终将整个世界联通起来。③

——合作方向对外部的影响

"一带一路"贯穿亚欧非大陆，一头是活跃的东亚经济圈，一头是发达的欧洲经济圈，中间广大腹地国家经济发展潜力巨大。新亚欧大陆桥、中蒙俄、中国—中亚—西亚经济走廊经过亚欧大陆中东部地区，不仅将充满经济活力的东亚经济圈与发达的欧洲经济圈联系在一起，更畅通了连接波斯湾、地中海和波罗的海的合作通道，为构建高效畅通的亚欧大市场创造了可能，也为地处"一带一路"沿线、位于亚欧大陆腹地的广大国家提供了发展机遇。新亚欧大

---

① 《推动共建丝绸之路经济带和21世纪海上丝绸之路的愿景与行动》，2015年3月30日，中华人民共和国商务部网站，https://zhs.mofcom.gov.cn/article/xxfb/201503/20150300926644.shtml。
② 习近平：《弘扬人民友谊 共创美好未来——在纳扎尔巴耶夫大学的演讲》，《人民日报》2013年9月8日第3版。
③ 曾向红：《"一带一路"的地缘政治想象与地区合作》，《世界经济与政治》2016年第1期，第54页。

陆桥经济走廊由中国东部沿海向西延伸，经中国西北地区和中亚、俄罗斯抵达中东欧。新亚欧大陆桥经济走廊建设以中欧班列等现代化国际物流体系为依托，重点发展经贸和产能合作，拓展能源资源合作空间，构建畅通高效的区域大市场。① 丝绸之路经济带与欧亚经济联盟的对接合作、与蒙古国"草原之路"倡议对接并打造中蒙俄经济走廊，将开辟整个亚欧大陆的共同经济空间。②

中国—中南半岛、中巴和孟中印缅经济走廊经过亚洲东部和南部这一全球人口最稠密地区，连接沿线主要城市和人口、产业集聚区。澜沧江—湄公河国际航道和在建的地区铁路、公路、油气网络，将丝绸之路经济带和21世纪海上丝绸之路联系到一起，经济效应辐射南亚、东南亚、印度洋、南太平洋等地区。中国—中南半岛经济走廊以中国西南为起点，连接中国和中南半岛各国，是中国与东盟扩大合作领域、提升合作层次的重要载体。中巴经济走廊是共建"一带一路"的旗舰项目。孟中印缅经济走廊连接东亚、南亚、东南亚三大次区域，沟通太平洋、印度洋两大海域。③（本条执笔：富景筠）

24. 合作机制

经过近几年的实践，"一带一路"合作机制总体呈现各层级对话机制为主，（贸易）条约机制为辅特点，与沿线国家及国际组织现有发展战略、倡议、议程形成广泛交集，与现有多边及双边对话和条约机制并行不悖，最大程度突出兼容并蓄原则。从不同层级来看，顶层合作机制、战略对接、多边合作到双边合作一脉相承、逐渐完善。

经过近些年一系列双边与多边领导人会晤酝酿，顶层合作机制落子"一带一路"国际合作高峰论坛。论坛由圆桌峰会和多场高级别平行主题会议构成，从最高层视角勾勒"一带一路"倡议合作机制轮廓，为合作指明方向。④ 战略对接体现中国努力推动"一带一路"倡议与"一带一路"沿线国家的发展战略对接，以平等、开放、包容姿态寻求合作的最大公约数，体现"一带一路"

---

① 《推动共建丝绸之路经济带和21世纪海上丝绸之路的愿景与行动》，2015年3月30日，中华人民共和国商务部网站，https://zhs.mofcom.gov.cn/article/xxfb/201503/20150300926644.shtml。
② 《建设中蒙俄经济走廊规划纲要》，2017年6月23日，中华人民共和国国家发展和改革委员会网站，http://www.ndrc.gov.cn/zcfb/zcfbghwb/201609/t20160912_818326.html。
③ 推进"一带一路"建设工作领导小组办公室：《共建"一带一路"：理念、实践与中国的贡献》，2017年5月10日，新华网，http://www.xinhuanet.com/politics/2017-05/10/c_1120951928.htm。
④ 《"一带一路"国际合作高峰论坛圆桌峰会联合公报》，2017年5月14日，新华网，http://www.xinhuanet.com/politics/2017-05/10/c_1120951928.htm。

建设由沿线各国共同商量，建设成果由各国共同分享的精神实质。多边合作机制涵盖上海合作组织、中国—东盟"10 + 1"、亚太经合组织、亚信会议等多边对话机制，相关国家加强沟通，拓宽"一带一路"建设参与面。双边合作构成"一带一路"建设基础，体现为多层次、多渠道沟通磋商机制，推动中国与沿线国家双边关系全面发展，推动签署合作备忘录或合作规划，建设双边合作示范项目，建立完善双边联合工作机制，研究推进"一带一路"建设的实施方案、行动路线图。

——顶层合作机制

顶层合作机制包括"一带一路"国际合作高峰论坛，以及其他各种类型的领导人对话，为共建"一带一路"提供强大政治助推力。自"一带一路"倡议提出以来，习近平、李克强等国家领导人的出访足迹遍布中亚、东南亚、南亚、中东欧等"一带一路"沿线地区。在APEC领导人峰会、东亚峰会、G20峰会上，推动共建"一带一路"成为重要内容，得到了相关国家和国际组织的积极回应，形成了包括凝聚合作共识、签署合作协议、推动重大项目建设、扩大各领域交流合作等一系列丰硕成果。以此为铺垫，2017年5月14日，"一带一路"国际合作高峰论坛在北京成功举行，成为中国首倡举办的"一带一路"建设框架内层级最高、规模最大的国际会议。论坛主题定位为"加强国际合作，共建'一带一路'，实现共赢发展"，由开幕式、领导人圆桌峰会、高级别会议三部分组成。包括29位外国元首和政府首脑在内的来自130多个国家和70多个国际组织的约1500名代表出席此次高峰论坛。

以国际合作高峰论坛为代表的顶层合作机制，为"一带一路"倡议指明方向，并提供充分政策支持。领导人峰会确立合作政治基础，政府各部门研究政策对接，金融机构、贸易机构、研究机构以及民间组织各自对号入座，落实合作内容。随着这一机制确立，"五通"建设取得显著进展。中国同有关国家协调政策，对接规划，同40多个国家和国际组织签署了合作协议，同30多个国家开展机制化产能合作，复合型的基础设施网络逐渐形成，金融合作网络初具规模，在科学、教育、文化、卫生、民间交往等各领域合作广泛展开。

——与其他发展战略对接

与沿线国家及国际组织现有发展战略、倡议、议程形成有效对接，是推动共建"一带一路"的重要实现机制。《共建"一带一路"：理念、实践与中国的贡献》中提到"中国努力推动共建'一带一路'倡议与'一带一路'沿线国家的发展战略对接，寻求合作的最大公约数"。[①]《推动共建丝绸之路

---

① 推进"一带一路"建设工作领导小组办公室：《共建"一带一路"：理念、实践与中国的贡献》，2017年5月10日，新华网，http://www.xinhuanet.com/politics/2017 - 05/10/c_ 1120951928.htm。

经济带和21世纪海上丝绸之路的愿景与行动》则指出，"国际、地区和国别合作框架和倡议之间沟通协调能够为推进互联互通和可持续发展带来合作机遇"。①

根据《"一带一路"国际合作高峰论坛圆桌峰会联合公报》及其他相关文件，确定以及潜在的可对接发展战略包括：哈萨克斯坦"光明之路"、沙特阿拉伯"西部规划"、蒙古国"草原之路"、欧盟"欧洲投资计划"、东盟"互联互通总体规划2025"、波兰"负责任的发展战略"、印度尼西亚"全球海洋支点"构想、土耳其"中间走廊"倡议、亚太经合组织互联互通蓝图、亚欧互联互通合作、联合国2030年可持续发展议程、非洲2063年议程、欧亚经济联盟2030年经济发展基本方向、气候变化巴黎协定、世界贸易组织贸易便利化协议，等等。这些发展战略、合作倡议以及议程，与"一带一路"倡议高度契合，中国愿意与有关国家和国际组织共同推动实施。

建立"一带一路"与国际、地区和国别合作倡议对接，首先在于理念对接。"一带一路"倡议与上述合作倡议在理念与目标上重合度较高，都致力于推动包容、可持续的经济增长与社会发展。例如，贸易畅通和投资便利化既是"一带一路"倡议的核心要素，也是联合国2030年可持续发展议程的核心内容，两者均强调基础设施在实现可持续发展方面具有不可替代的作用。因此，加强包容式发展、联动式发展等原则是实现"一带一路"倡议与其他合作倡议有效对接的理念基础。

其次，要寻求政策对接。"一带一路"倡议将加强政策沟通视作重要保障，致力于"构建多层次政府间宏观政策沟通交流机制"，旨在通过经济发展战略和对策的充分交流达成合作新共识。2017年"一带一路"国际合作高峰论坛的成功举行，标志着加强政策沟通的努力取得了显著成效，"一带一路"倡议与其他合作倡议对接的政治基础已经建立。

最后，落实平台的对接。以融资平台为例，对于"一带一路"倡议而言，亚洲基础设施投资银行和丝路基金是核心支撑机制，也是南北国家共同参与的发展融资平台。② 两家机构融资项目已经覆盖印度尼西亚、塔吉克斯坦、巴基斯坦、孟加拉国等国的能源、交通和城市发展等急需项目，以及俄罗斯、蒙古国以及中亚、南亚、东南亚等地区，涵盖基础设施、资源利用、产能合作等领域。此外，中国提出中国—中东欧协同投融资框架，包括100亿美元专项贷

---

① 《推动共建丝绸之路经济带和21世纪海上丝绸之路的愿景与行动》，2015年3月30日，中华人民共和国商务部网站，https：//zhs.mofcom.gov.cn/article/xxfb/201503/20150300926644.shtml。

② 《"一带一路"融资指导原则》，2017年5月16日，中国"一带一路"网，https：//www.yidaiyilu.gov.cn/zchj/qwfb/13767.htm。

款、中东欧投资合作基金在内的多种融资机制共同发挥作用，为中东欧地区提供融资支持。中国工商银行牵头成立了中国—中东欧金融控股有限公司并设立中国—中东欧基金。未来，中国应继续支持南北合作发挥国际发展筹资主渠道的作用，同时重点建设并经营好亚投行、丝路基金等"一带一路"倡议框架下的融资机构，使其与现有的国际融资平台进行适度对接。

——多边合作机制

中国一贯重视维护和促进多边机制作用，在"一带一路"框架下，多边合作与对话机制重要性进一步提升。通过上海合作组织（SCO）、中国—东盟"10＋1"、亚太经合组织（APEC）、亚欧会议（ASEM）、亚洲合作对话（ACD）、亚信会议（CICA）、中阿合作论坛、中国—海合会战略对话、中国—太平洋岛国经济发展合作论坛、大湄公河次区域（GMS）经济合作、泛北部湾经济合作论坛、中亚区域经济合作（CAREC）等对话机制，向相关国家介绍推广"一带一路"倡议，让更多国家参与"一带一路"建设。

同时，继续发挥沿线各国区域、次区域相关国际论坛、展会以及博鳌亚洲论坛、中国—东盟博览会、中国—亚欧博览会、亚欧经济论坛、中国国际投资贸易洽谈会，以及中国—南亚博览会、中国—阿拉伯博览会、中国西部国际博览会、中国—俄罗斯博览会等平台的建设性作用，在政策机制外拓宽商界、学界与民间交流。支持沿线国家地方、民间挖掘"一带一路"历史文化遗产，联合举办专项投资、贸易、文化交流活动，办好丝绸之路（敦煌）国际文化博览会、丝绸之路国际电影节和图书展。

理顺多边合作机制并非易事。不同国家的发展水平和发展规划不同，与中国产业对接的需求也不同。从目前的对接情况中，对接顺利的往往是那些认同并愿意借鉴中国发展理念和发展模式的国家，而与那些遵循西方发展模式的国家的对接往往遇到理念和政策的矛盾。也就是说，中国与其他"一带一路"沿线国家发展规划对接，实际上也包含了其他沿线国家对中国发展理念与模式的认同。如果中国"发展模式"不能被其他"一带一路"沿线国所接受，那"对接"基本与一般对外贸易和投资无异。要实现与沿线众多国家发展规划对接，需要让这些国家从观念上认同，并在利益方面实现"对接"共赢。显然，这不是一朝一夕就能够实现的，需要较长时间的努力。

实践中，打造新型次区域合作机制是实现合作机制多边化的一条重要途径。新型次区域合作机制涉及成员少，有利于较快达成共识，也较双边合作机制更易被"一带一路"其他成员所接受，有利于将实践中证明行之有效的合作机制进一步推广。例如，由中国、柬埔寨、老挝、缅甸、泰国、越南六国围绕澜沧江—湄公河流域推进的新型次区域合作机制已经进入全面实施新阶段，机制建设、务实合作取得积极进展，澜湄合作将被建设为"一带一路"倡议的重要平台。同时，在构建新型次区域合作机制过程中，要特别重视智库的作用。智库不仅是合作理念的提出者，而且是国际机制和制度形成的推动者，国际上众多规范和制度的形成都离不开智库的作用。如果相关国家的智库机构围绕"对接"等理念进行讨论和完善，则有利于这些理念得到"一带一路"沿线国家的普遍认同，从而向国际规范和制度演进。

——双边合作机制

双边合作机制，特别是与"一带一路"支点国家构建双边机制，是推进"一带一路"倡议的重要基础。习近平在"一带一路"国际合作高峰论坛开幕式主旨演讲中指出，中国愿在和平共处五项原则基础上，发展同所有"一带一路"建设参与国的友好合作，愿同世界各国分享发展经验，开创合作共赢新模式，建设和谐共存的大家庭。①《推动共建丝绸之路经济带和 21 世纪海上丝绸之路的愿景与行动》则指出，加强双边合作，开展多层次、多渠道沟通磋商，推动双边关系全面发展。推动签署合作备忘录或合作规划，建设一批双边合作示范项目，建立完善双边联合工作机制，推进"一带一路"建设的实施方案、行动路线图等具体目标。②

目前，中国与"一带一路"沿线国家在相互尊重、相互信任的基础上，建立了较为完善的合作机制。双边对话成为沟通主渠道，中国与有关国家不断强化双边机制作用，服务互联互通、贸易投资、产能合作、人文交流等共建"一带一路"重点领域合作。通过加强战略对接、金融支持、基础设施联通以及直接援助等方式，强化与支点国家双边合作机制，构成"一带一路"倡议的骨骼与脉络。例如，中国与希腊、肯尼亚、巴基斯坦等国在"一带一路"框架下的双边合作就具有明显的支点意义。

同时，中国与"一带一路"沿线国家通过政党、议会、地方、民间等交往渠道，开展形式多样的交流合作，增进各国人民的相互理解，广泛凝聚共建"一带一路"的各方共识。通过现有双边联委会、混委会、协委会、指导委员会、管理委员会等双边对话机制，协调推动合作项目实施。对于希望了解中国特色发展模式的国家，充分提供人员交流与沟通渠道。例如，北京大学设立的"南南合作与发展学院"，北京师范大学设立的"发展中国家研究中心"，以及由中国国务院发展研究中心与有关国际智库共同发起的"丝路国际智库网络"(SILKS) 等，利用这些平台资源，与发展中国家分享治国理政经验，推动妇

---

① 习近平：《携手推进"一带一路"建设》，《人民日报》2017 年 5 月 15 日第 3 版。
② 《推动共建丝绸之路经济带和 21 世纪海上丝绸之路的愿景与行动》，2015 年 3 月 30 日，中华人民共和国商务部网站，https://zhs.mofcom.gov.cn/article/xxfb/201503/20150300926644.shtml。

女、青年、创业就业等领域交流,培养各级别行政管理人才,打造国际智库合作平台与协作网络,为共建"一带一路"拓宽沟通渠道、营造民意基础、提供智力支持。

纵观"一带一路"倡议合作机制,顶层对话确立了"一带一路"倡议发展推进的原则与方向,战略对接、多边合作与双边合作构成内容充实的主体,开放、共享理念深植其中,共同指明"一带一路"发展演进的方向。(本条执笔:葛成)

25. 组织机构

——组织机构的内涵和基本架构

"一带一路"是促进全球和平合作和共同发展的中国方案,其涉及的地理范围之广、成员之多、建设周期之长和任务之艰巨都是前所未有的,因此有必要形成一个有力的组织机构来全面统筹和管理落实这一庞大的系统工程。

2015年2月,中央成立了"一带一路"建设工作领导小组(以下简称"领导小组"),标志着"一带一路"组织架构的正式形成。领导小组的基本架构是"一正四副",即组长是时任中共中央政治局常委、国务院副总理张高丽;副组长分别是时任中央政治局委员、中央政策研究室主任王沪宁,中央政治局委员、国务院副总理汪洋和国务委员杨洁篪等四人。[①] 领导小组的办公室设在国家发展和改革委员会。2016年9月国家发展和改革委员会主任徐绍史兼任领导小组的办公室主任。到目前,已形成了领导小组牵头抓总,办公室统筹协调,地方部门分工负责,以企业为主体的推进工作机制。

在2015年10月通过印发《关于加强和规范"一带一路"对外交流平台审核工作的通知》,2017年7月通过新华社发布通知,坚决防止滥用"一带一路"概念聚财敛财等,领导小组确立了对"一带一路"管理的权威性。2017年5月在北京举办的"一带一路"国际合作高峰论坛上发布的《共建"一带一路":理念、实践与中国的贡献》报告中,明确指出"中国政府对共建'一带一路'高度重视,成立了推进'一带一路'建设工作领导小组"。[②] 而且,该报告的撰写署名是领导小组。北京"一带一路"国际合作高峰论坛是"一带一路"建设进入全面推进务实合作阶段举办的重大国际活动,是"一带一

---

① 《"一带一路"领导小组名单公布 智囊王沪宁从幕后走到台前》,《联合早报》2015年4月4日。

② 推进"一带一路"建设工作领导小组办公室:《共建"一带一路":理念、实践与中国的贡献》,2017年5月10日,新华网,http://www.xinhuanet.com/politics/2017-05/10/c_1120951928.htm。

路"框架下最高规格的活动。通过组织论坛和发布主题报告，领导小组提高了在国际、国内的知名度。

——组织机构在中央战略决策中的地位和实施的工作

领导小组组长张高丽同时也是中央全面深化改革小组（简称"深改组"）副组长，王沪宁是深改组办公室主任，而深改组的责任是推进中国新一轮全面深化改革开放，组长由中共中央总书记习近平担任。由此可见，"一带一路"作为全面深化改革的施政重点，其领导小组负责人是深改组的成员，由中共中央总书记习近平直接领导。[①] 习近平是"一带一路"的首倡者，在2013年9月访问哈萨克斯坦时提出建设"丝绸之路经济带"，紧接着在访问印度尼西亚时提出建设"21世纪海上丝绸之路"。2013年10月，习近平在中华人民共和国成立以来首次召开的中央周边外交工作座谈会上第一次将"一带"与"一路"并列，指出"要同有关国家共同努力，加快基础设施互联互通，建设好丝绸之路经济带、21世纪海上丝绸之路"，至此"一带一路"概念首次出现。[②] "一带一路"同京津冀协同发展、长江经济带构成未来发展的三大战略，并排在首位。从对外开放的角度，"一带一路"相比后两大战略具有更重要的意义。从全面深化改革和"一带一路"二者关系上看，全面深化改革的内容涵盖"一带一路"建设，为后者提供国内环境、制度基础和动力资源。"一带一路"为全面深化改革优化国际环境，谋求制度对接，尤其是提供倒逼动力，升级国家整体战略，从这个意义上说，以习近平同志为核心的党中央将"一带一路"作为未来周边外交工作的重点和主要抓手，目的是带动其他方面工作的协调与发展，以提高系统整体的能力和效用，从而倒逼中国外交决策的改革。

在党的十九届一中全会上，领导小组副组长汪洋和王沪宁被选为中共中央政治局常委，这样就保证了"一带一路"在组织、政策上的连续性。鉴于"一带一路"要统筹和兼顾内外两个大局，领导小组这样高规格的人事安排能够从新时代改革和开放的高度来处理"一带一路"推进过程中面临的发展与安全、责任与贡献、历史与现实、传统与现代等诸多矛盾。

在领导小组成立前，"一带一路"主要靠领导人对外宣传、中央一级的有关会议和国务院部委来联合推动。领导小组成立后，"一带一路"建设进入权威阐释、全面部署、有序推进阶段。

2015年2月1日，张高丽主持推进"一带一路"建设工作会议。会议内

[①]《"一带一路"领导班子"一正四副"名单首曝光》，2015年4月5日，凤凰财经网，http://finance.ifeng.com/a/20150405/13609326_0.shtml。

[②]《为我国发展争取良好周边环境 推动我国发展更多惠及周边国家》，《人民日报》2013年10月26日第3版。

容之一是认真学习贯彻习近平关于"一带一路"建设的重要讲话和指示精神,学习李克强等中央领导批示的要求;二是全面论述了"一带一路"的性质、目的、任务、内容、保障和实施主体等;三是安排部署2015年及今后一段时期推进"一带一路"建设的重大事项和重点工作。

组长张高丽从中央工作的高度要求各地区各部门加强组织指导,统筹协调配合,充分发挥地方、部门和市场主体的主动性,充分发挥沿线国家政府和人民的积极性,形成推进"一带一路"建设的强大合力。响应领导小组的要求,多数省份在两会政府工作报告中将"一带一路"作为政策重点,表示要积极参与、主动融入"一带一路"建设热潮。①

2015年3月28日国家发展和改革委员会、外交部、商务部联合发布《推动共建丝绸之路经济带和21世纪海上丝绸之路的愿景与行动》,从时代背景、共建原则、框架思路、合作重点、合作机制、中国各地方开放态势、中国积极行动和共创美好未来八方面全面论述了"一带一路",为其未来发展指明了方向。②

2015年10月领导小组办公室印发《关于加强和规范"一带一路"对外交流平台审核工作的通知》,指出领导小组办公室负责对报党中央、国务院审批的以"一带一路"冠名的对外交流平台提出审核意见,通过加强和规范审核工作,推进对外交流平台的有序建设。并提出对相关事项处理把握尺度:一是支持《国家战略规划》规定的对外交流平台发挥建设性作用;二是原则上不再支持新设对外交流平台;三是严格遵守党政机关参与对外交流平台活动的相关规定。③

2016年9月7日,国家发展和改革委员会主任徐绍史以推进"一带一路"建设工作领导小组办公室主任身份公开亮相。在今后推进"一带一路"工作中,徐绍史要求各地方各部门要进一步学习领会总书记明确提出的八个切实推进:切实推进思想统一,切实推进规划落实,切实推进统筹协调,切实推进关键项目落地,切实推进金融创新,切实推进民心相通,切实推进舆论宣传,切实推进安全保障。领导小组办公室将按照习近平讲话的精神更加有力、有序、有效推动"一带一路"的建设。④

---

① 《张高丽主持推进"一带一路"建设会议》,《人民日报》(海外版)2015年2月2日第1版。
② 《推动共建丝绸之路经济带和21世纪海上丝绸之路的愿景与行动》,2015年3月30日,中华人民共和国商务部网站,https://zhs.mofcom.gov.cn/article/xxfb/201503/20150300926644.shtml。
③ 《关于加强和规范"一带一路"对外交流平台审核工作的通知》,2016年10月24日,中国"一带一路"网,https://www.yidaiyilu.gov.cn/yw/qwfb/2161.html。
④ 《徐绍史任推进"一带一路"建设工作领导小组办公室主任》,2016年9月9日,网易财经,http://money.163.com/16/0909/14/C0HE0M7F002581PP.html。

三 概念的产生与框架

2017年5月在北京举办的"一带一路"国际合作高峰论坛，以领导小组的名义发布了《共建"一带一路"：理念、实践与中国的贡献》的论坛主题报告。从时代呼唤、合作框架、合作领域、合作机制和愿景展望五个方面对"一带一路"做了系统阐述，展示共建"一带一路"的丰富成果，增进了国际社会对"一带一路"的理解、各国之间的战略互信和对话合作。北京"一带一路"国际合作高峰论坛是"一带一路"建设进入全面推进务实合作阶段举办的重大国际活动，是迄今为止"一带一路"框架下最高规格的活动。[1]

2017年6月领导小组通过新华社发布通知，坚决防止滥用"一带一路"概念聚财敛财。通知指出，社会上出现了将"一带一路"概念泛化、滥用的乱象，甚至以"一带一路"为幌子敛财聚财，如假借"一带一路"名义推销P2P理财产品、投资基金，销售冠以"一带一路"的纪念币等，没按规定注册登记或备案就乱设所谓的"一带一路"联盟组织、研究会、地区工作小组等。这些乱象损害了"一带一路"概念的严肃性和权威性，产生了严重的社会负面影响。通知强调，坚决防止以"一带一路"为幌子敛财聚财的乱象蔓延和扩大，要依法依规甄别，严肃查处违法违规行为。[2]

2018年1月16日在北京召开推进"一带一路"建设工作会议，要求深入学习贯彻党的十九大和中央经济工作会议精神，贯彻落实习近平重要讲话和指示精神，对"一带一路"建设工作进展情况进行总结和部署下一步重点工作。[3]

领导小组组长张高丽强调，要凝聚更加广泛的合作共识，增强共建"一带一路"的国际感召力；加强互联互通合作，推进基础设施"硬联通"和政策规则标准"软联通"；提升经贸投资合作水平，深化国际产能合作；创新金融产品，提高金融服务水平；拓展人文交流合作，夯实民意基础；积极履行社会责任，加强生态环境保护；做好风险评估和应急处置等工作，强化"一带一路"建设安全保障。

——改革开放新阶段下领导小组的创新型工作机制和理念

推进"一带一路"建设，不但需要协调国内、国际两个市场的资源，而且要协调国内各部委之间的关系。在"一带一路"顶层设计中，采取了更为彻底的部委统筹机制，而不是原来通常采用的部际联席会议等机制，这是新时代改

---

[1] 推进"一带一路"建设工作领导小组办公室：《共建"一带一路"：理念、实践与中国的贡献》，2017年5月10日，新华网，http://www.xinhuanet.com/politics/2017-05/10/c_1120951928.htm。

[2] 《坚决防止滥用"一带一路"概念聚财敛财》，2017年6月30日，新华网，http://www.xinhuanet.com/fortune/2017-06/30/c_1121244403.html。

[3] 《张高丽主持推进"一带一路"建设工作会议并讲话》，2018年1月16日，中国政府网，http://www.gov.cn/xinwen/2018-01/16/content_5257256.htm。

革开放背景下创新型工作机制的一次伟大尝试。

同"一带一路"有关的部委主要有经济和外交两类，前者包括国家发展和改革委员会、商务部、财政部和中国人民银行等，后者主要是外交部。国家发展和改革委员会是国务院的职能机构，负责综合研究拟订经济和社会发展政策，进行总量平衡和宏观调控。"一带一路"建设的重点内容是基础设施的互联互通，大量的基础设施项目离不开国家发展和改革委员会的统筹规划。在2014年12月中央工作会议上，习近平指出，推进"一带一路"建设，要抓住关键的标志性工程，要帮助有关沿线国家开展本国和区域间交通、电力、通信等基础设施规划，共同推进前期预研，提出一批能够照顾双边、多边利益的项目清单。商务部是主管国内外贸易和国际经济合作的国务院组成部门。"一带一路"是新型经济合作机制，内容涵盖自由贸易区（FTA）、跨境经济合作、经济走廊、基础设施、金融投资、对外援助等，这其中很多内容同商务部密切相关。"一带一路"建设离不开财政金融资源的支持，而财政部和中国人民银行负责管理国家外汇储备和开发性金融机构。2013年11月，党的十八届三中全会出台《中共中央关于全面深化改革若干重大问题的决定》，强调"建立开发性金融机构，加快同周边国家和区域基础设施互联互通建设，推进丝绸之路经济带、海上丝绸之路建设，形成全方位开放新格局"。[①] 2014年10月，亚洲基础设施投资银行备忘录签字仪式在北京举行，21个意向创始成员国共同决定成立亚洲基础设施投资银行。11月8日，在加强互联互通伙伴关系对话会上，习近平指出中国将出资400亿美元成立丝路基金，为"一带一路"沿线国家基础设施、资源开发、产业合作等与互联互通有关项目提供投融资支持。丝路基金是开放的，欢迎亚洲区域内外的投资者积极参与。[②] 这两大融资机构都是在财政部和中国人民银行支持下筹备的，为"一带一路"建设和人民币国际化提供了有力的保证。外交部主管外交事务，贯彻执行国家总体外交方针和外交政策，更多的是从政治层面维护国家利益。

客观来看，经济和外交这两类部委有着不同的职能设置、专业偏好和利益诉求，"一带一路"能否开展顺利、有效，很大程度上取决于这两类部委的协调。单纯由经济或者外交部门主导"一带一路"，都难以兼顾"一带一路"的经济和外交上的目标。通过领导小组牵头的部委统筹机制，可以避免出现个别部门过度主导或者最后权责不清的情况，实现中国的最大战略效益。组长张高丽和副组长汪洋都是副总理，副组长杨晶是国务院秘书长，均为国家最高行政

[①] 《中共中央关于全面深化改革若干重大问题的决定》，《人民日报》2013年11月16日第1版。
[②] 习近平：《联通引领发展 伙伴聚焦合作——在"加强互联互通伙伴关系"东道主伙伴对话会上的讲话》，《人民日报》2014年11月9日第2版。

部门国务院的领导。汪洋在国务院主管经贸、农业等，也负责扶贫和对外援助；杨晶则从国务院层面协调各个部委以及各地方的规范与做法；杨洁篪负责外交事务，以及国内政策与外交政策的对接；王沪宁是中央政策研究室主任，负责国家大政方针的顶层设计；徐绍史以国家发展和改革委员会主任身份兼任领导小组的办公室主任。这样的人事安排是中央有意识地采取政治局常委牵头，让国家发展和改革委员会、外交部和商务部共同参与和决策，以平衡经济和外交部门的不同看法和工作重点。同时，作为中央政治局常委、委员和书记处书记，领导小组成员也是中共中央领导人，这样能发挥中国政治制度独特优势，通过党管外交，在党的集中统一领导下制定经济外交政策，超越部门利益，强化对中央各部委的统筹。

除了创新型工作机制，领导小组的工作也反映了新时代改革开放背景下经济外交的新思维和新理念。[①] 从经济外交的角度看，"一带一路"既有政治目标，又有经济目标，二者均具有全局性和战略性，存在互动和包容的关系，而非传统思维下经济和外交相互对立思维模式。从国家整体利益上看，很难说"一带一路"所包含的上述政治目标和经济目标中何者更为重要，目标之间也没有优先顺序，更不能认为哪个目标应该为另外一个目标服务。

还有，"一带一路"建设过程中，中央和地方的关系正在进行重新定位。从地方参与规模、范围和参与热情上看，"一带一路"带来的影响是前所未有的，"一带一路"倡议事实上将国内不同经济地理区域联系在一起，不但充分呼应了对外经济合作倡议的内部化需求，而且提升了各省份的对外和对内开放水平。从来没有一个对外经济合作倡议有"一带一路"这样承载了国家的重大外交利益。

此外，"一带一路"在政府和企业关系上并不是政府负责规划、市场负责运营这种简单模式，实际上两者更多的是合作，而非替代。（本条执笔：刘均胜）

[①] 黄益平：《中国经济外交新战略下的"一带一路"》，《国际经济评论》2015年第1期。

四 "五路"

26."一带一路"与和平之路

——"和平之路"的概念与出处

在2017年5月14日"一带一路"国际合作高峰论坛上，习近平发表了题为《携手推进"一带一路"建设》的主题演讲。习近平指出，"一带一路"建设已经迈出坚实步伐，我们要乘势而上，顺势而为，推动"一带一路"建设行稳致远，迈向更加美好的未来。正是在这种背景下，习近平在演讲中提出，要把"一带一路"建设成为"和平之路、繁荣之路、开放之路、创新之路和文明之路"。①

习近平将建设"和平之路"放在"一带一路"广阔前景的第一位。和平是"一带一路"的基调和底色。和平是交流、合作、发展、繁荣的前提，只有在和平安宁的环境下，才能建设好"一带一路"，造福各国人民。

习近平指出，古丝绸之路"和时兴，战时衰"。古丝绸之路沿线地区曾经是"流淌着牛奶与蜂蜜的地方"，如今很多地方却成了冲突动荡和危机挑战的代名词。当今由于历史、宗教、文化等方面的原因，"一带一路"沿线上的某些国家和区域长期处于动荡之中，宗教极端主义、恐怖主义和分裂主义盛行，加剧了地缘政治危机。某些国家和地区至今仍然战争频发，经济处在崩溃的边缘，人民流离失所，朝不保夕，生命财产安全时时受到威胁，这就是失去和平保障的后果。

习近平认为，这种状况不能再持续下去，"一带一路"建设离不开和平安宁的环境。有学者提到，历史上开拓古丝绸之路的事业之所以名垂青史，是因为使用的不是战马和长矛，而是驼队和善意；依靠的不是坚船和利炮，而是宝船和友谊。一代又一代"丝路人"架起了东西方合作的纽带、和平的桥梁。

---

① 习近平：《携手推进"一带一路"建设》，《习近平谈治国理政》（第二卷），外文出版社2017年版，第506—517页。

四 "五路"

——"和平之路"精神在"一带一路"建设实践中的体现

第一,"一带一路"建设将构建相互尊重、公平正义、合作共赢的新型国际关系,打造对话不对抗、结伴不结盟的伙伴关系。

中国愿在和平共处五项原则的基础上,发展同所有"一带一路"建设参与国的友好合作。中国愿同世界各国分享发展经验,但不会干涉他国内政,不会输出社会制度和发展模式,更不会强加于人。"我们推进'一带一路'建设不会重复地缘博弈的老套路,而将开创合作共赢的新模式;不会形成破坏稳定的小集团,而将建设和谐共存的大家庭。""各国应该尊重彼此主权、尊严、领土完整,尊重彼此发展道路和社会制度,尊重彼此核心利益和重大关切。"

"一带一路"遵循"共商、共建、共享"的原则,在尊重各方意愿选择的基础上进行合作。中国外交部部长王毅郑重强调:"一带一路"是开放合作的产物,不是地缘政治工具,更不能用过时的冷战思维看待。推进"一带一路"建设将坚持奉行"共商、共建、共享"的原则,坚持平等协商,坚持尊重各国的自主选择;将注重照顾各方舒适度,注重保持透明和开放,注重与各国的发展战略相互对接,注重与现有的地区合作机制相辅相成。"一带一路"的理念是共同发展,目标是合作共赢。它不是中方一家的"独奏曲",而是各方共同参与的"交响乐"。①

第二,"一带一路"建设要"树立共同、综合、合作、可持续的安全观,营造共建共享的安全格局"。习近平在 2017 年联合国日内瓦总部演讲时曾经指出:"世上没有绝对安全的世外桃源,一国的安全不能建立在别国的动荡之上,他国的威胁也可能成为本国的挑战。邻居出了问题,不能光想着扎好自家篱笆,而应该去帮一把。'单则易折,众则难摧。'各方应该树立共同、综合、合作、可持续的安全观。"②

第三,中国坚定走和平发展道路的承诺,获得"一带一路"沿线国家的信任。2011 年 9 月中国国务院发布的《中国的和平发展》白皮书指出,中国人民从近代以后遭受战火和贫穷的惨痛经历中,深感和平之珍贵、发展之迫切。坚信只有和平才能实现人民安居乐业,只有发展才能实现人民丰衣足食。中国希望能与世界各国共谋和平、共护和平、共享和平。③

中国承诺将作为世界和平的维护者,维护世界和平的决心不会改变。几千

---

① 《王毅:"一带一路"不是中国独奏曲而是各方参与交响乐》,2015 年 3 月 8 日,中国新闻网,http://www.chinanews.com/gn/2015/03-08/7110383.shtml。

② 习近平:《共同构建人类命运共同体》,《习近平谈治国理政》(第二卷),外文出版社 2017 年版,第 542 页。

③ 《中国的和平发展》白皮书,2011 年 9 月 6 日,中华人民共和国国务院新闻办公室网站,www.scio.gov.cn/ztk/dtzt/58/3/Document/999959/999959.htm。

年来，和平融入了中华民族的血脉中，刻进了中国人民的基因里。中国人民深信，只有和平安宁才能繁荣发展。中国从一个积贫积弱的国家发展成为世界第二大经济体，靠的不是对外军事扩张和殖民掠夺，而是人民勤劳、维护和平。2015年9月，习近平在联合国纽约总部发表演讲时表示："中国将始终做世界和平建设者，坚定走和平发展道路，无论国际形势如何变化，无论自身如何发展，中国永不称霸、永不扩张、永不谋求势力范围。"①

习近平在2017年联合国日内瓦总部的会议上再次强调，中国将始终不渝走和平发展道路。"无论中国发展到哪一步，中国永不称霸、永不扩张、永不谋求势力范围。历史已经并将继续证明这一点。"② 习近平认为，"国家之间要构建对话不对抗、结伴不结盟的伙伴关系。大国要尊重彼此核心利益和重大关切，管控矛盾分歧，努力构建不冲突不对抗、相互尊重、合作共赢的新型关系。只要坚持沟通、真诚相处，'修昔底德陷阱'就可以避免。大国对小国要平等相待，不搞唯我独尊、强买强卖的霸道。任何国家都不能随意发动战争，不能破坏国际法治，不能打开潘多拉的盒子。核武器是悬在人类头上的'达摩克利斯之剑'，应该全面禁止并最终彻底销毁，实现无核世界"。③

2016年11月17日，联合国193个会员国协商一致通过决议，欢迎共建"一带一路"等经济合作倡议，呼吁国际社会为"一带一路"建设提供安全保障环境。2017年3月17日，联合国安理会一致通过第2344号决议，呼吁国际社会通过"一带一路"建设加强区域经济合作。

第四，中国为"和平之路"的建设做出了积极的贡献，帮助沿线国家获得和平与稳定。为顺利推进"一带一路"建设，中国认为需要"着力化解热点，坚持政治解决；要着力斡旋调解，坚持公道正义；要着力推进反恐，标本兼治，消除贫困落后和社会不公"。

近年来，中国积极参与朝鲜半岛核问题、伊朗核问题、巴以冲突、叙利亚、南苏丹、阿富汗、缅甸罗兴亚人危机和地区反恐等热点问题的对话和谈判，为推动政治解决做出了中国贡献。2017年1月，习近平在联合国日内瓦总部宣布，中国决定提供2亿元人民币新的人道援助，用于帮助叙利亚难民和流离失所者。在2017年5月14日"一带一路"国际合作高峰论坛上，习近平向世界庄严承诺，在未来3年，中国将向参与"一带一路"建设的发展中国家和国际组织提供600亿元人民币援助，用来建设更多的民生项目，以及其他的

---

① 习近平：《携手构建合作共赢新伙伴，同心打造人类命运共同体》，《习近平谈治国理政》（第二卷），外文出版社2017年版，第525页。
② 习近平：《共同构建人类命运共同体》，《习近平谈治国理政》（第二卷），外文出版社2017年版，第541页。
③ 同上。

援助。

中国推动将"一带一路"建成"和平之路",既有历史的积淀又有现实的基础,各国共同努力,相向而行,必将带给沿线国家和平美好的未来。同时,中国用自己的发展成果向世界证明了建设"和平之路"是行得通的,对世界各国都有借鉴意义。

——"和平之路"对世界的贡献

把"一带一路"建设成为"和平之路"是中国和沿线国家的共同心愿,也是"一带一路"建设得以顺利进行的前提。"一带一路"建设着眼于深化区域合作,主要加强文明交流互鉴,有利于维护世界的和平与稳定。

首先,共建"和平之路"将对世界和平与稳定做出重要贡献。"一带一路"跨越了亚洲、欧洲、非洲和拉丁美洲的广阔地区,覆盖人口众多,如果能够实现和平稳定,将对稳定全球的安全局势做出重大贡献。"一带一路"沿线多是发展中国家,其中不少地区地缘政治环境复杂,特别是在中东、南亚、中亚和非洲等部分地区,仍然存在战争和社会动荡。更为重要的是,这里的不少地区成了较为严重的宗教极端主义、恐怖主义的温床,是向世界输出极端主义和恐怖主义的重要来源,对于世界和平和安全构成重大威胁。

"一带一路"倡导"共商、共建和共享",试图通过不同国家发展战略的对接实现共同发展,打造利益共同体、责任共同体和命运共同体,从而消除相关地区冲突和战争的根源。"和平之路"的理念与实践,不仅对于相关地区的国家和人民而言是福音,也是对全世界的福音。

其次,"和平之路"把新型国际关系和"共同、综合、合作、可持续"的安全观作为思想基础,有利于减少全球范围的"和平赤字"。长期以来,不公正不平等的国际关系是导致"丝绸之路"混乱和战争的原因。"丝绸之路"在历史上一度成了"帝国之路""冷战之路"和"霸权之路"。[1] 大国竞争势力范围实现霸权的野心扭曲了国家间的正常关系,处在世界十字路口的"丝绸之路"被迫变成了"战争之路"。

由于中国的"一带一路"倡议,当今的"丝绸之路"正成为一个全新的世界十字路口。中国倡议"相互尊重、公道正义和互利共赢"的新型国际关系以及"共同、综合、合作、可持续"的安全观,强调国家不论大小一律平等,主张通过政治外交谈判来解决冲突,拒绝随意诉诸武力来解决问题。这些新的理念是对长期以来统治世界的霸权主义和强权政治思想的颠覆,对于全世界走向更加公正合理的政治经济新秩序以及实现真正的长期和平稳定提供了重要的

---

[1] Peter Frankopan, *The Silk Roads: A New History of the World*, London: Bloomsbury Publishing, 2016.

思想基础。

最后,"和平之路"以共同发展促进和平稳定的理念,有助于世界摆脱危机走向和平与繁荣。欠发展和发展不平衡是动乱的根源。当今全球发展不平衡,收入分配不平等、发展空间不平衡令人担忧。这是当今世界面临的最大挑战,也是一些国家社会动荡的重要原因。全球仍然有7亿多人口生活在极端贫困之中,其中大部分都在亚非地区,也是"一带一路"涵盖的主要地区。"一带一路"致力于解决欠发展和发展不平衡的问题,推动南南合作及南北合作,共同维护地区和世界和平稳定,促进共同发展繁荣。

"和平之路"所代表的治理方案,就是以经济发展带动社会各方面的协同发展,以发展促和平。"一带一路"沿线大多是发展中国家,对于这些国家而言,经济的繁荣发展是解决一切问题的总钥匙。习近平在2015年联合国可持续发展峰会上指出,"环顾世界,和平与发展仍然是当今时代两大主题,要解决好各种全球性挑战,包括最近发生在欧洲的难民危机,根本出路在于谋求和平、实现发展。面对重重挑战和道道难关,我们必须攥紧发展这把钥匙。唯有发展,才能消除冲突的根源,唯有发展,才能保障人民的基本权利,唯有发展,才能满足人民对美好生活的热切向往"。① 正是因为如此,中国致力于通过"一带一路"带动沿线国家的发展,消除因贫困落后和发展利益纷争而产生的不安全状况,从而真正消除极端主义和恐怖主义思想得以形成的社会经济土壤。(本条执笔:谢来辉)

27."一带一路"与繁荣之路

——"繁荣之路"的概念与出处

在2017年5月14日召开的"一带一路"国际合作高峰论坛上,习近平发表了题为《携手推进"一带一路"建设》的主题演讲。习近平指出,"一带一路"建设已经迈出坚实步伐,我们要乘势而上,顺势而为,推动"一带一路"建设行稳致远,迈向更加美好的未来。正是在这种背景下,习近平在演讲中提出,要把"一带一路"建设成为和平之路、繁荣之路、开放之路、创新之路和文明之路。②

在谈到"繁荣之路"时,习近平强调发展是解决一切问题的总钥匙。推进

---

① 习近平:《谋共同永续发展 做合作共赢伙伴——在联合国发展峰会上的讲话》,2015年9月26日,人民网,http://politics.people.com.cn/n/2015/0927/c1024-27638350.html。
② 习近平:《携手推进"一带一路"建设》,《习近平谈治国理政》(第二卷),外文出版社2017年版,第506—517页。

"一带一路"建设就是要聚焦发展这个根本性问题,释放各国发展潜力,实现经济大融合、发展大联动、成果大共享。

——"繁荣之路"在"一带一路"建设实践中的体现

建设共同繁荣和发展的"繁荣之路"是"一带一路"的根本出发点,政策沟通、设施联通、贸易畅通和资金融通都是为了建设"繁荣之路"。

"一带一路"本质上是一个经济合作倡议,其核心功能在于实现中国与沿线国家的共同发展。共建"一带一路"是实现中国与沿线国家共同发展、共同繁荣的有效途径,是合作共赢的创举。当前,中国经济发展已经进入增速换挡、结构优化、动能转换的新常态,企业"走出去"在全球配置资源的步伐明显加快,通过扩大对外投资和开展各种形式的国际产能合作,不仅有利于中国的产业结构调整和转型升级,而且有利于合作伙伴与中国优势互补、加快自身发展。

通过共建"一带一路"国际合作平台,中国的优势产能、先进适用技术、大型工程建设能力、可靠的融资来源、庞大的市场规模,为参与"一带一路"建设的各国带来重大发展机遇,为沿线发展中国家完善基础设施、加快工业化步伐、扩大对外贸易、吸收外来投资、推动经济社会发展注入了强大动力。

实现"一带一路""繁荣之路"的主要路径有:

第一,"一带一路"建设要深入开展产业合作,推动各国产业发展规划相互兼容、相互促进,抓好大项目建设,加强国际产能和装备制造合作,抓住新工业革命的发展新机遇,培育新业态,保持经济增长活力。

第二,"一带一路"建设要建立稳定、可持续、风险可控的金融保障体系,创新投资和融资模式,推广政府和社会资本合作,建设多元化融资体系和多层次资本市场,发展普惠金融,完善金融服务网络。

第三,设施联通是合作发展的基础。"一带一路"建设要着力推动陆上、海上、天上、网上四位一体的联通,聚焦关键通道、关键城市、关键项目,联结陆上公路、铁路道路网络和海上港口网络。要扎扎实实向前推进"一带一路"建设六大经济走廊框架。

第四,"一带一路"建设要抓住新一轮能源结构调整和能源技术变革趋势,建设全球能源互联网,实现绿色低碳发展,同时也要完善跨区域物流网建设。

第五,"一带一路"建设要促进政策、规则、标准三位一体的联通,为互联互通提供机制保障。

目前"一带一路""繁荣之路"取得的主要成果有:

首先,"一带一路"沿线国家已经成为中国对外投资的重要目的地。2017年,中国对这一区域投资144亿美元,占同期对外投资总额的12%,新签署对外承包工程合同额1443.2亿美元，同比增长14.5%。双边投资保护协定谈判进程加快，截至2016年年底，中国与"一带一路"沿线53个国家签署了双边投资协定，与大部分国家建立了经贸和投资合作促进机制。中国还与"一带一路"沿线54个国家签署了避免双重征税协定。

其次，国际产能合作已经取得积极进展。截至2016年年底，中国已同哈萨克斯坦、埃塞俄比亚等27个国家签订了国际产能合作文件，与东盟10国发表《中国—东盟产能合作联合声明》，与湄公河5国发表《澜沧江—湄公河国家产能合作联合声明》，开展了规划、政策、信息、项目等多种形式的对接合作。与俄罗斯在总理定期会晤机制下成立了中俄投资合作委员会，协调两国非能源产业的投资合作。

中国企业在"一带一路"沿线20个国家正在建设的56个经贸合作区，累计投资超过185亿美元，是深化投资合作、移植复制中国发展经验的重要载体。中白工业园、泰中罗勇工业园、埃及苏伊士经贸合作区等境外园区建设成效显著，成为中国企业集群式走出去的平台和友好合作的象征。

再次，金融保障工作扎实推进，金融服务网络逐步覆盖。中国政府鼓励开发性、政策性金融机构积极参与"一带一路"金融合作。自"一带一路"倡议提出以来，中国国家开发银行与"一带一路"沿线国家签约项目100余个，金额超过400亿美元，发放贷款超过300亿美元；中国进出口银行与"一带一路"沿线国家签约项目1100余个，金额超过1000亿美元，发放贷款超过800亿美元；中国出口信用保险公司承保"一带一路"沿线国家出口和投资超过3200亿美元。截至2016年年底，共有9家中资银行在"一带一路"沿线26个国家设立了62家一级分支机构，"一带一路"沿线20个国家的54家银行在华设立了6家子行、20家分行和40家代表处。

在2017年5月召开的"一带一路"高峰论坛上，习近平承诺，中国将加大对"一带一路"建设资金支持，向丝路基金新增资金1000亿元人民币，鼓励金融机构开展人民币海外基金业务，规模预计约3000亿元人民币。中国国家开发银行、中国进出口银行将分别提供2500亿元和1300亿元等值人民币专项贷款，用于支持"一带一路"基础设施建设、产能、金融合作。

目前，中国与"一带一路"沿线22个国家和地区签署了本币互换协议，总额达9822亿元人民币。与越南、蒙古国、老挝、吉尔吉斯斯坦签订了边贸本币结算协定，与俄罗斯、哈萨克斯坦、白俄罗斯、尼泊尔签署了一般贸易和投资本币结算协定。

中国推动签署监管合作谅解备忘录，在区域内建立高效监管协调机制，完善金融危机管理和处置框架，提高共同应对金融风险的能力。截至2016年年底，中国人民银行已与 42 个境外反洗钱机构签署合作谅解备忘录，中国银监会与 29 个"一带一路"沿线国家金融监管当局签署了双边监管合作谅解备忘录或合作换文，中国保监会与"一带一路"沿线国家商签监管合作谅解备忘录并成立亚洲保险监督官论坛（AFIR）。

最后，设施联通加快布局，硬件和软件的互联互通都得以全面推进。中国与不少沿线国家已经规划实施了一大批互联互通项目，包括启动了雅万高铁、中老铁路、亚吉铁路、匈塞铁路等铁路项目，瓜达尔港、比雷埃夫斯港等港口建设顺利进行。目前，以中巴、中蒙俄、新亚欧大陆桥等经济走廊为引领，以陆海空通道和信息高速路为骨架，以铁路、港口、管网等重大工程为依托，一个复合型的基础设施网络正在形成。

中国与"一带一路"沿线 15 个国家签署了包括《上海合作组织成员国政府间国际道路运输便利化协定》《关于沿亚洲公路网国际道路运输政府间协定》在内的 16 个双多边运输便利化协定，启动《大湄公河次区域便利货物及人员跨境运输协定》便利化措施，通过 73 个陆上口岸开通了 356 条国际道路运输线路。与"一带一路"沿线 47 个国家签署了 38 个双边和区域海运协定，与 62 个国家签订了双边政府间航空运输协定，民航直航已通达 43 个国家。中国政府有关部门还发布了《关于贯彻落实"一带一路"倡议加快推进国际道路运输便利化的意见》，推动各国互联互通法规和体系对接，增进"软联通"。[①]

——"繁荣之路"对世界的贡献

"一带一路"倡议来自中国，但成效惠及世界。"一带一路"建设就是要把世界的机遇转变为中国的机遇，把中国的机遇转变为世界的机遇，推动"一带一路"沿线国家乃至世界各国实现共同发展。

第一，"繁荣之路"推动国际产能合作和基础设施建设，是中国与沿线国家的优势互补，有助于为世界经济创造新的有效需求。"一带一路"建设通过开展跨国互联互通，提高贸易和投资合作水平，推动国际产能和装备制造合作，本质上是通过提高有效供给来催生新的需求，实现世界经济再平衡。特别是在当前世界经济持续低迷的情况下，中国的巨大产能和建设能力走出去，可以支持沿线国家推进工业化、现代化和提高基础设施水平的迫切需要，有利于稳定当前世界经济形势。[②]

[①] 推进"一带一路"建设工作领导小组办公室：《共建"一带一路"：理念、实践与中国的贡献》，2017 年 5 月 10 日，新华网，http://www.xinhuanet.com/politics/2017-05/10/c_1120951928.htm。

[②] 习近平：《让"一带一路"建设造福沿线各国人民》，《习近平谈治国理政》（第二卷），外文出版社 2017 年版，第 504 页。

自改革开放以来，中国一直是世界上经济增长速度最快的国家之一。作为世界上最大的发展中国家和世界第二大经济体，中国承担着稳定世界经济增长的重要责任。自2008年国际金融危机以来，中国经济对世界经济增长的贡献多年来保持在30%以上。党的十八大以来，习近平多次提出欢迎周边国家搭乘中国经济增长的快车。"一带一路"倡议是中国在新时期践行全球发展贡献者角色的一个突出体现。

第二，"繁荣之路"上的跨国互联互通，大幅降低交通物流成本，将为经济全球化提供新动力。强调基础设施的互联互通是"一带一路"的突出特点。基础设施以及互联互通的缺乏是亚欧非地区面临的突出瓶颈，而这又进一步束缚各国参与经济全球化的程度。"一带一路"所致力推动的亚欧大陆的互联互通，本来应该是多边发展组织承担的一项事业。但是各种国际组织出于政治意愿或者能力和资源的缺乏，无意或无力推动这一事业。因此，中国倡议建设"一带一路"，建立亚投行和丝路基金，正好响应了地区发展基础设施投资合作的巨大需求。2015年许多发展中国家代表在博鳌亚洲论坛上都表示，他们参与亚投行并不是为了要跟中国选边站队，而是选择正确的发展潮流。

"一带一路"的设施互联互通不仅造福于沿线国家，其收益也将为全球各国所共享。2017年2月美国《福布斯》双周刊网站的文章认为，"一带一路"能从多个方面给西方企业带来好处。其中非常突出的一点就是，西方跨国公司可以有机会开发利用中亚、东南亚和非洲的劳动力市场，并依靠相关的铁路网络，重构全球供应链和价值链；同时搭上"一带一路"的便车，在这些地区开拓新的消费市场。西方物流企业可以利用相关计划，缩短运输时间，节约物流成本。[①]

第三，把"一带一路"建成"繁荣之路"，有利于全球发展更加均衡、普惠和公平。许多"一带一路"沿线国家的经济社会发展都较为落后。当前全球贫困人口中的大部分都集中在亚非地区。因此，从某种意义上说，这些地区是经济全球化和全球发展的薄弱环节。

建设"繁荣之路"可以在地区内有效减少贫困，改善全球底层收入人口的经济水平，降低全球发展失衡的水平。2015年10月16日，习近平在减贫与发展高层论坛的主旨演讲中特别强调了"一带一路"建设在这个层面的重要意义。他说："维护和发展开放型世界经济，推动建设公平公正、包容有序的国际经济金融体系，为发展中国家发展营造良好外部环境，是消除贫困的重要条

[①] Alex Capri, "Here Are 5 Ways China's New Silk Road Is Good For Western Companies", *Forbes*, February 9, 2017, https://www.forbes.com/sites/alexcapri/2017/02/09/here-are-a-5-ways-chinas-new-silk-road-is-good-for-western-companies.

件。中国提出共建丝绸之路经济带和21世纪海上丝绸之路,倡议筹建亚洲基础设施投资银行,设立丝路基金,就是要支持发展中国家开展基础设施互联互通建设,帮助它们增强自身发展能力,更好融入全球供应链、产业链、价值链,为国际减贫事业注入新活力。"[1]

第四,"一带一路"建设"繁荣之路"体现联合国基本理念和精神,是支持和践行多边主义的重要贡献。2016年5月,联合国副秘书长、联合国亚太经社理事会(ESCAP)执行秘书阿赫塔尔(Shamshad Akhtar)代表亚太经社理事会,在北京与中方签署了关于推进地区互联互通和"一带一路"倡议的意向书。阿赫塔尔博士表示,"'无缝联通'是我们的共同语言;'一带一路'对于亚太地区的基础设施及软件建设方面的互联互通,是个历史性机遇"。她认为,"一带一路"强化了多边主义理念,践行多边主义的实践,这些体现联合国精神的内容也是公共产品。[2](本条执笔:谢来辉)

28. "一带一路"与开放之路

——"开放之路"的概念与出处

在2017年5月14日召开的"一带一路"国际合作高峰论坛上,习近平发表了题为《携手推进"一带一路"建设》的主题演讲。习近平指出,"一带一路"建设已经迈出坚实步伐,我们要乘势而上,顺势而为,推动"一带一路"建设行稳致远,迈向更加美好的未来。正是在这种背景下,习近平在演讲中提出,要把"一带一路"建设成为和平之路、繁荣之路、开放之路、创新之路和文明之路。[3]

在谈到"开放之路"时,习近平强调"开放带来进步,封闭导致落后","文明在开放中发展,民族在融合中共存","一带一路"建设要以开放为导向,解决经济增长和平衡问题。

——"开放之路"在"一带一路"建设实践中的体现

"一带一路"是一个开放的经济合作平台,主张由各方共商、共建和共享成果,以打造人类命运共同体作为美好愿景。

"一带一路"倡议虽然是中国提出的,却不为中国所独有,而是一个面向

---

[1] 习近平:《携手消除贫困 促进共同发展——在2015减贫与发展高层论坛的主旨演讲》,《人民日报》2015年10月17日第2版。
[2] "Belt and Road Initiative a game changer in Asia-Pacific: UNESCAP", 2016年5月19日,新华网,http://www.xinhuanet.com/english/2016-05/19/c_135369770.htm。
[3] 习近平:《携手推进"一带一路"建设》,《习近平谈治国理政》(第二卷),外文出版社2017年版,第506—517页。

全球的公共产品。它以开放包容、合作共赢的精神为原则，强调"共商、共建、共享"。习近平在演讲中特别强调了"一带一路"的开放性。他说："'一带一路'建设植根于丝绸之路的历史土壤，重点面向亚欧非大陆，同时向所有朋友开放。不论来自亚洲、欧洲，还是非洲、美洲，都是'一带一路'建设国际合作的伙伴。'一带一路'建设将由大家共同商量，'一带一路'建设成果将由大家共同分享。"①

建设"开放之路"的愿景使得"一带一路"可以成为一个全球性的方案。即使是不属于"一带一路"涵盖范围的域外发达国家，也可以作为第三方参与到"一带一路"建设中来，分享"一带一路"建设带来的机遇和成果。中国政府强调，"共建'一带一路'是公开透明的合作倡议。中国愿意与有关发达国家一道，发挥技术、资金、产能、市场等互补优势，按照共商共建共享原则，遵循市场规律，在'一带一路'沿线国家开展第三方合作，促进互利共赢"。②

在《携手推进"一带一路"建设》的演讲中，习近平提出了建设"开放之路"需要考虑的具体原则和行动方向。

首先，"开放之路"意味着"一带一路"将是一个"开放型合作平台"，它将维护和发展开放型世界经济，共同创造有利于开放发展的环境，推动构建公正、合理、透明的国际经贸投资规则体系，促进生产要素有序流动、资源高效配置、市场深度融合。

其次，"一带一路"建设要维护多边贸易体制，推动自由贸易区建设，促进贸易和投资自由化、便利化。

最后，"一带一路"建设要着力解决发展失衡、治理困境、数字鸿沟、分配差距等问题，建设开放、包容、普惠、平衡、共赢的经济全球化。中国欢迎各国结合自身国情，积极发展开放型经济，参与全球治理和公共产品供给，携手构建广泛的利益共同体。

"开放之路"建设已取得的阶段性成果有：

第一，世界上很多国家（包括沿线国家和域外国家）以及国际组织都已参与"一带一路"框架中，签署了多项合作协议。"一带一路"倡议提出来，全球100多个国家和国际组织积极支持和参与"一带一路"建设。截至2018年5月，中国同88个国家和国际组织签署了合作协议，同30多个国家开展机制

---

① 习近平：《携手推进"一带一路"建设》，《习近平谈治国理政》（第二卷），外文出版社2017年版，第516页。

② 推进"一带一路"建设工作领导小组办公室：《共建"一带一路"：理念、实践与中国的贡献》，2017年5月10日，新华网，http：//www.xinhuanet.com/politics/2017-05/10/c_1120951928.htm。

化产能合作。在"一带一路"国际合作高峰论坛期间,中国同60多个国家和国际组织共同发出了推进"一带一路"贸易畅通合作倡议。

2018年1月24日,中国—拉美和加勒比国家共同体论坛第二届部长级会议专门通过并发表了《"一带一路"特别声明》,中拉双方都同意共同建设"一带一路"。拉丁美洲30多个国家共建"太平洋海上丝绸之路",进一步体现了"一带一路"是真正的"开放之路"。

第二,近年来,中国与"一带一路"沿线国家已经建立了紧密的经贸联系,有力地促进了区域内经济的开放与融合。在全球贸易持续低迷的背景下,2017年中国与"一带一路"沿线国家货物贸易总额14403.2亿美元,占同期中国货物进出口总额的36.2%,同比增长13.4%。2016年,与"一带一路"沿线国家服务进出口总额1222亿美元,占同期中国服务进出口总额的15.2%,比2015年提高3.4个百分点。

在产业转型升级、内需持续增长和消费需求升级的多重驱动下,中国巨大的国内市场也为"一带一路"沿线各国提供了广阔的经贸合作机遇。习近平在"一带一路"国际合作高峰论坛上还提出,中国将从2018年起举办中国国际进口博览会,以促进"一带一路"沿线国家对中国的出口。

中国倡导更具包容性的自由贸易,与"一带一路"沿线经济体积极开展贸易协定谈判,积极构建"一带一路"自贸区网络。中国—东盟自贸区升级、中国—格鲁吉亚自贸协定谈判已经完成,区域全面经济伙伴关系协定(RCEP)谈判取得积极进展,中国—马尔代夫自贸区等协定谈判取得重要突破。推进中国—海合会、中国—以色列、中国—斯里兰卡以及中国—巴基斯坦自贸区第二阶段谈判,推动中国—尼泊尔、中国—孟加拉国自贸区和中国—摩尔多瓦自贸协定联合可行性研究。

为大力推动贸易便利化,中国与"一带一路"沿线国家共同推进海关大通关体系建设,与沿线海关开展"信息互换、监管互认、执法互助"合作。启动国际贸易"单一窗口"试点,加快检验检疫通关一体化建设,实现"进口直通、出口直放"。在口岸开辟哈萨克斯坦、吉尔吉斯斯坦、塔吉克斯坦农产品快速通关"绿色通道";发布了《"一带一路"检验检疫合作重庆联合声明》《"一带一路"食品安全合作联合声明》《第五届中国—东盟质检部长会议联合声明》。截至2018年5月底,中国与"一带一路"沿线国家和地区签署了103项合作文件,推动工作制度对接、技术标准协调、检验结果互认、电子证书联网。

——建设"开放之路"对世界的贡献

首先,把"一带一路"建设为"开放之路"体现了开放包容、合作共赢的精神，反对排他性的区域合作，有利于全球经济一体化和促进全世界的共同利益。传统的区域经济合作，从欧盟到北美自由贸易区，再到跨太平洋经济伙伴协议，都是封闭性排他性的合作平台。它们在为区域内的成员带来贸易创造效应的同时，也产生了贸易转移效应，伤害了域外成员的利益。这种区域经济合作可能不利于多边主义的贸易投资自由化。

与此相反，"一带一路"作为一种创新型的经济合作模式，把共商、共建、共享作为指导原则，把开放包容、合作共赢作为核心精神理念，欢迎全球所有国家和人民参与"一带一路"建设的事业，其成果也为全球所分享。正是因为如此，"一带一路"倡议得到了联合国等多个国际组织的支持，并且写入了联合国大会和安理会的决议。

其次，把"一带一路"建设为"开放之路"，对于推动经济全球化向前发展具有重要意义。2008 年国际金融危机爆发以来，不少西方国家对于经济全球化产生了质疑，原来支持经济全球化和多边主义的政策也发生了动摇，贸易保护主义抬头，世界经济面临陷入衰退的危险。

在这种背景下，"一带一路"倡议实际上是对经济全球化和贸易投资自由化的务实支持。2017 年 1 月，习近平在达沃斯世界经济论坛上的讲话中指出，要大力发展全球互联互通，让世界各国实现联动增长，走向共同繁荣。我们要坚定不移发展全球自由贸易和投资，在开放中推动贸易和投资自由化、便利化，旗帜鲜明反对保护主义。

"一带一路"是当前中国推动构建开放型新体制，推动建设开放型世界经济的主要推手。习近平在党的十九大报告中再次强调："中国坚持对外开放的基本国策，坚持打开国门搞建设，积极促进'一带一路'国际合作，努力实现政策沟通、设施联通、贸易畅通、资金融通、民心相通，打造国际合作新平台，增添共同发展新动力。加大对发展中国家特别是最不发达国家援助力度，促进缩小南北发展差距。中国支持多边贸易体制，促进自由贸易区建设，推动建设开放型世界经济。"[①]

最后，"开放之路"着力解决发展失衡、治理困境、数字鸿沟、分配差距等问题，有利于促进世界实现包容性发展。2008 年国际金融危机以后，国际社会更加意识到发展失衡和分配不公等问题的严重后果，越来越多的国际机构开始强调要实现"包容性发展"，要让经济全球化和经济发展繁荣的成果在不同国家之间和不同阶层的人民之间得到更加公平的分享。正因为如此，习近平在联合国日内瓦总部的演讲中再次指出："2008 年爆发的国际金融危机启示我

---

① 习近平：《决胜全面建成小康社会 夺取新时代中国特色社会主义伟大胜利——在中国共产党第十九次全国代表大会上的报告》，《人民日报》2017 年 10 月 28 日第 1 版。

们，引导经济全球化健康发展，需要加强协调、完善治理，推动建设一个开放、包容、普惠、平衡、共赢的经济全球化，既要做大蛋糕，更要分好蛋糕，着力解决公平公正问题。"[1]

中国是世界上最早提出并支持"包容性发展"理念的国家之一。习近平在2015年4月纪念万隆会议60周年会议上的演讲时专门指出："广大发展中国家都面临着加快发展、改善民生的共同使命，应该抱团取暖、扶携前行，积极开展各领域合作，实现我们各自的发展蓝图。……帮助发展中国家发展、缩小南北差距，是发达国家应该承担的责任和义务。要推动发达国家切实履行官方发展援助承诺，在不附带政治条件基础上，加大对发展中国家支持力度，增强发展中国家自主发展能力，建立更加平等均衡的新型全球发展伙伴关系。要维护和发展开放型世界经济，推动建设公平公正、包容有序的国际经济金融体系，为发展中国家发展营造良好外部环境。"[2]

把"一带一路"建设成为"开放之路"，正是中国奉行"包容性发展"理念和新型全球化理念的结果。通过让中国和沿线国家特别是广大发展中国家，共享繁荣与发展，"一带一路"将极大改善不同国家之间的发展差距，赋予更多民众享受经济全球化红利的机遇，从而有力推动实现全球的"包容性发展"。
（本条执笔：谢来辉）

29. "一带一路"与创新之路

——"创新之路"的概念与出处

2017年5月14日在北京召开的"一带一路"国际合作高峰论坛上，习近平发表题为《携手推进"一带一路"建设》的主题演讲中指出，"一带一路"建设已经迈出坚实步伐，我们要乘势而上，顺势而为，推动"一带一路"建设行稳致远，迈向更加美好的未来。正是在这种背景下，习近平在演讲中提出，要把"一带一路"建设成为和平之路、繁荣之路、开放之路、创新之路和文明之路。[3]

在谈到"创新之路"时，习近平强调"创新是推动发展的重要力量"；"一带一路"建设本身就是一个创举，搞好"一带一路"建设要向创新要

---

[1] 习近平：《共同构建人类命运共同体——在联合国日内瓦总部的演讲》，2017年1月19日，新华网，http://www.xinhuanet.com/world/2017-01/19/c_1120340081.htm.

[2] 习近平：《弘扬万隆精神 推进合作共赢——在亚非领导人会议上的讲话》，《人民日报》（海外版）2015年4月23日第2版。

[3] 习近平：《携手推进"一带一路"建设》，《习近平谈治国理政》（第二卷），外文出版社2017年版，第506—517页。

动力。

——"创新之路"精神在"一带一路"建设实践中的体现

"一带一路"本身就是一个创举,是一种创新精神、创新实践的体现。

"一带一路"倡议依托于古丝绸之路的历史符号,融入了新的时代内涵。"一带一路"作为一种新型合作模式,遵循共商、共建、共享原则,以沿线各国发展规划对接为基础,以贸易和投资自由化便利化为纽带,以互联互通、产能合作、人文交流为支柱,以金融互利合作为重要保障,积极开展双边和区域合作。

中国基于相互尊重、公平正义、合作共赢的新型国际关系与"一带一路"沿线国家开展合作,与"一带一路"建设参与国发展互利共赢的经贸伙伴关系。截至2018年5月,已有100多个国家表达了对共建"一带一路"倡议的支持和参与意愿,中国与88个国家和国际组织签署了103份共建"一带一路"合作协议,涵盖互联互通、产能、投资、经贸、金融、科技、社会、人文、民生、海洋等合作领域。①

"一带一路"创新资金融资机制,建立了许多新机制、新平台和新规则。为了给"一带一路"提供资金支持,中国除了利用已有的政策性金融机构,还成立了专门的"丝路基金",并利用新倡议成立的亚洲基础设施投资银行、金砖国家新开发银行等新平台提供资金支持。中国还争取了世界银行及其他多边开发机构共同合作支持"一带一路"项目,并同各方共同制定"一带一路"融资指导规则。

"一带一路"坚持创新驱动,打造富有活力的增长模式,挖掘世界经济的新动能。在《携手推进"一带一路"建设》的演讲中,习近平提出了建设"创新之路"的行动方向。第一,"一带一路"建设要"坚持创新驱动发展,加强在数字经济、人工智能、纳米技术、量子计算机等前沿领域合作,推动大数据、云计算、智慧城市建设,连接成21世纪的数字丝绸之路"。第二,"一带一路"建设要促进科技同产业、科技同金融深度融合,优化创新环境,集聚创新资源。第三,"一带一路"建设要为互联网时代的各国青年打造创业空间、创业工场,成就未来一代的青春梦想。第四,"一带一路"建设需要以"绿色丝绸之路"为目标,需要践行绿色发展的新理念,倡导绿色、低碳、循环、可持续的生产生活方式,加强生态环保合作,建设生态文明,共同实现2030年可持续发展目标。未来将启动"一带一路"科技创新行动计划,开展科技人文交流、共建联合实验室、科技园区合作、技术转移等四项行动。

---

① 推进"一带一路"建设工作领导小组办公室:《共建"一带一路":理念、实践与中国的贡献》,2017年5月10日,新华网,http://www.xinhuanet.com/politics/2017-05/10/c_1120951928.htm。

四年多来,"创新之路"建设已经取得了一系列重要的成果。

第一,推进科技人文交流,提供科技培训。中国支持沿线国家一大批青年科学家来华开展科研工作,为相关国家培养了上万名科学技术和管理人才,并在相关国家广泛举办各类技术培训班。2013年科技部启动实施了"亚非杰出青年科学家来华工作计划",支持亚非地区45岁以下的杰出青年科学家来华工作。目前已有200余名青年科学家来华在各领域开展科研工作。2011—2016年,科技部共举办了200多个发展中国家技术培训班,学员总数5000余人。中国将在2017—2022年间安排2500人次青年科学家来华从事短期科研工作,培训5000人次科学技术和管理人员,投入运行50家联合实验室。

第二,加强政府间的科技创新合作。目前中国已经与49个"一带一路"沿线国家签署了政府间科技合作协议,并与沿线国家与地区启动了一系列科技伙伴计划,包括中国—东盟科技伙伴计划、中国—南亚科技伙伴计划、中国—阿拉伯国家科技伙伴计划等。[①] 2016年9月8日,中国科技部、国家发展和改革委员会、外交部、商务部联合发布了《推进"一带一路"建设科技创新合作专项规划》,对"一带一路"科技创新合作提出了一系列积极措施。规划明确提出,中国将与沿线国家共建一批研究实验室、研究中心、技术转移中心和先进技术示范与推广基地,促进科研数据和科技资源的互联互通与服务共享,强化新技术在智能电网、信息通信网络及铁路、公路检测网络等领域的应用,提高沿线国家基础设施水平,提升沿线国家创新能力。

第三,中国与"一带一路"沿线国家及有关机构开展了多种形式的金融合作,推动金融机构和金融服务网络化布局,创新融资机制支持"一带一路"建设。

2015年12月25日,中国倡议的亚洲基础设施投资银行(AIIB)正式成立,法定资本1000亿美元,重点支持地区互联互通和产业发展。截至2017年年底,亚投行已为24个项目提供了42亿美元贷款,涉及印度尼西亚、塔吉克斯坦、巴基斯坦、孟加拉国等国的能源、交通和城市发展等急需项目。中国出资400亿美元设立丝路基金,首期注册资本金100亿美元,通过以股权为主的多种方式为共建"一带一路"提供资金支持。截至2018年5月,丝路基金已签约19个项目,承诺投资额累计约70亿美元,项目覆盖俄罗斯、蒙古国以及中亚、南亚、东南亚等地区,涵盖基础设施、资源利用、产能合作、金融合作等领域。丝路基金还出资20亿美元设立了中哈产能合作基金。中国提出中国—中东欧协同投融资框架,包括100亿美元专项贷款、中东欧投资合作基金

---

① 阴和俊:《在"一带一路"建设中扎实推进科技创新合作》,《科技日报》2017年12月12日。

在内的多种融资机制共同发挥作用,为中东欧地区提供融资支持。中国工商银行牵头成立了中国—中东欧金融控股有限公司并设立中国—中东欧基金。

第四,"绿色丝绸之路"建设取得积极进展,"一带一路"合作得到了绿色发展理念的有力指导。中国政府部门发布了《关于推进绿色"一带一路"建设的指导意见》,推动提高对外合作的"绿色化"水平。建立"一带一路"生态环境保护制度,出台绿色产业引导政策和操作指南,为建设"绿色丝绸之路"提供制度保障。中国努力打造了多个以"绿色丝绸之路"为主题的合作平台,中国环境保护部与联合国环境署签署了《关于建设绿色"一带一路"的谅解备忘录》,建立了"一带一路"环境技术交流与转移中心等机构,推动环保领域先进技术的国际交流与应用。中国与"一带一路"沿线国家签署了35项林业合作协议,建立中国—东盟、中国—中东欧林业合作机制,推动林业产业可持续发展和森林资源保护。举办首届大中亚地区林业部长级会议、中国—东盟林业合作论坛、中俄林业投资政策论坛,发布《"一带一路"防治荒漠化共同行动倡议》。在应对气候变化方面,中国积极开展气候变化南南合作,向"一带一路"沿线国家提供节能低碳和可再生能源物资,开展太阳能、风能、沼气、水电、清洁炉灶等项目合作,实施提高能效、节能环保等对话交流和应对气候变化培训。中国将设立生态环保大数据服务平台,倡议建立"一带一路"绿色发展国际联盟,并为相关国家应对气候变化提供援助。

——"创新之路"建设对世界的贡献

首先,"创新之路"探索经济合作新方式,有助于推动"开放、包容、普惠、平衡、共赢"的经济全球化。"一带一路"倡议与传统的经济一体化倡议也有很大的不同。它不是基于在经贸伙伴之间签订自贸协定和建立关税同盟等通过规则来推动一体化的传统路径,而是着眼于经济发展的全面合作,兼收并蓄,触类旁通。它不是另起炉灶,推倒重来,而是实现战略对接和优势互补。它着眼于与沿线国家之间的全面互联互通,以实现政策沟通、设施联通、贸易畅通、资金融通和民心相通等"五通"作为手段和目标。

"一带一路"作为一种新的经济合作方式,有助于推动经济全球化向更加公正合理的方向发展。"一带一路"沿线国家大多是发展中国家,经济发展较为落后、社会经济体制建设不完善,长期以来缺乏外资的投入,并且往往因为缺乏基础设施不能有效参与分享经济全球化的红利。在这种现实背景下,"一带一路"倡议提出"要着力解决发展失衡、治理困境、数字鸿沟和分配差距等问题,建设开放、包容、普惠、平衡、共赢的经济全球化"。[①]

---

① 习近平:《携手推进"一带一路"建设》,《习近平谈治国理政》(第二卷),外文出版社2017年版,第513页。

四 "五路"

其次,"创新之路"重在创新增长动力和发展方式,为世界经济挖掘增长新动力。"一带一路"着眼于创新增长方式,把握新一轮产业革命、数字经济等带来的机遇,积极应对好资源环境和气候变化等问题带来的挑战,也积极化解信息化、自动化等给就业带来的冲击,在培育新产业、新业态、新模式过程中创造新的就业机会,给"一带一路"沿线国家带来信心和希望。

"创新之路"对于解决当前经济面临的增长动力不足和全球发展失衡的问题极为关键。二十国集团领导人在2016年杭州峰会上达成重要共识,通过了《创新增长蓝图》,强调要以创新为重要抓手,挖掘各国和世界经济增长新动力。习近平在2017年1月达沃斯世界经济论坛上的演讲中指出,"世界经济面临的根本问题是增长动力不足。创新是引领发展的第一动力。与以往历次工业革命相比,第四次工业革命是以指数级而非线性速度展开。我们必须在创新中寻找出路。只有敢于创新、勇于变革,才能突破世界经济增长和发展的瓶颈"。"我们要创新发展理念……创新政策手段,推进结构性改革,为增长创造空间、增加后劲。"

在"国际合作高峰论坛"的演讲中,习近平强调,中国将用新发展理念推动"一带一路"建设,有助于世界经济的健康发展。他说,中国将"深入贯彻创新、协调、绿色、开放、共享的发展理念,不断适应、把握、引领经济发展新常态,积极推进供给侧结构性改革,实现持续发展,为'一带一路'注入强大动力,为世界发展带来新的机遇"。[①]

最后,"创新之路"践行绿色发展新理念,推动联合国2030年可持续发展目标的顺利实现。"绿色丝绸之路"是"一带一路"倡议的一个突出亮点。2015年3月,中国政府发布的《推动共建丝绸之路经济带与21世纪海上丝绸之路的愿景与行动》文件中就明确提出要"在投资贸易中突出生态文明理念,加强生态环境、生物多样性和应对气候变化合作,共建绿色丝绸之路"。

"绿色丝绸之路"明确把推动实现联合国2030年可持续发展议程作为行动目标。2015年9月26日,习近平在联合国可持续发展峰会上,承诺中国将继续同各国一道为实现2015年后发展议程做出努力。其中,他提到中国将为此采取的一个重要努力方向就是"中国愿意同有关各方一道继续推进'一带一路'建设"。[②] 习近平在2017年5月的"一带一路"国际合作高峰论坛发言中讨论"创新之路"时特别指出,"一带一路"建设需要以"绿色丝绸之路"为

[①] 习近平:《携手推进"一带一路"建设》,《习近平谈治国理政》(第二卷),外文出版社2017年版,第514页。

[②] 习近平:《谋共同永续发展 做合作共赢伙伴——在联合国发展峰会上的讲话》,2015年9月26日,人民网,http://politics.people.com.cn/n/2015/0927/c1024-27638350.html。

目标,需要践行绿色发展的新理念,倡导绿色、低碳、循环、可持续的生产生活方式,加强生态环保合作,建设生态文明,共同实现2030年可持续发展目标。(本条执笔:谢来辉)

30. "一带一路"与文明之路

——"文明之路"的概念与出处

在2017年5月14日召开的"一带一路"国际合作高峰论坛上,习近平发表的题为《携手推进"一带一路"建设》的主题演讲中指出,"一带一路"建设已经迈出坚实步伐,我们要乘势而上,顺势而为,推动"一带一路"建设行稳致远,迈向更加美好的未来。正是在这种背景下,习近平在演讲中提出,要把"一带一路"建设成为和平之路、繁荣之路、开放之路、创新之路和文明之路。[①]

在谈到"文明之路"时,习近平强调"一带一路"建设要以文明交流超越文明隔阂、文明互鉴超越文明冲突、文明共存超越文明优越,推动各国相互理解、相互尊重、相互信任。

——"文明之路"在"一带一路"建设中的体现

人文交流合作是"一带一路"建设的重要内容,民心相通为"一带一路"建设奠定重要的社会基础。习近平指出,真正要建成"一带一路",必须在沿线国家民众中形成一个相互欣赏、相互理解、相互尊重的人文格局。民心相通是"一带一路"建设的重要内容,也是"一带一路"建设的人文基础。要坚持经济合作和人文交流共同推进,注重在人文领域精耕细作,尊重各国人民文化历史、风俗习惯,加强同沿线国家人民的友好往来,为"一带一路"建设打下广泛社会基础。

在2014年6月召开的中阿合作论坛第六届部长级会议上,习近平指出,中阿双方坚持以开放包容心态看待对方,用对话交流代替冲突对抗,创造不同社会制度、不同信仰、不同文化传统的国家和谐相处的典范。中国将"继续毫不动摇支持阿拉伯国家维护民族文化传统,反对一切针对特定民族和宗教的歧视和偏见。我们应该一道努力,倡导文明宽容,防止极端势力和思想在不同文明之间制造断层线"。[②]

[①] 习近平:《携手推进"一带一路"建设》,《习近平谈治国理政》(第二卷),外文出版社2017年版,第506—517页。

[②] 习近平:《弘扬丝路精神 深化中阿合作——在中阿合作论坛第六届部长级会议开幕式上的讲话》,《人民日报》2014年6月6日第2版。

四 "五路"

在"携手推进'一带一路'建设"的演讲中,习近平提出了建设"文明之路"实践中的行动方向。

第一,"一带一路"建设要建立多层次人文合作机制,搭建更多合作平台,开辟更多合作渠道。第二,"一带一路"建设要推动教育合作,扩大互派留学生规模,提升合作办学水平。第三,"一带一路"建设要发挥智库作用,建设好智库联盟和合作网络。第四,"一带一路"建设在文化、体育、卫生领域,要创新合作模式,推动务实项目。第五,"一带一路"建设要用好历史文化遗产,联合打造具有丝绸之路特色的旅游产品和遗产保护。第六,"一带一路"建设要加强各国议会、政党、民间组织往来,密切妇女、青年、残疾人等群体交流,促进包容发展。第七,"一带一路"建设要加强国际反腐合作,让"一带一路"成为廉洁之路。

四年多来中国支持开展了多层次、多领域的人文交流合作,已经取得了一系列重要成果。①

教育文化合作。中国每年向"一带一路"沿线国家提供10000个政府奖学金名额,实施《推进共建"一带一路"教育行动》。共建"一带一路"倡议提出以来,中国与"一带一路"沿线国家共同举办"国家文化年"等人文交流活动20次,签署了43项文化交流执行计划等政府间合作协议。截至2016年年底,中国在"一带一路"沿线国家设立了30个中国文化中心,新建了一批孔子学院。举办"丝绸之路(敦煌)国际文化博览会""丝绸之路国际艺术节""海上丝绸之路国际艺术节"等活动。中国与哈萨克斯坦、吉尔吉斯斯坦联合申报世界文化遗产"丝绸之路:长安—天山廊道的路网"获得成功。实施柬埔寨吴哥古迹茶胶寺、乌兹别克斯坦花剌子模州希瓦古城等援外文化修复项目,向尼泊尔、缅甸提供文化遗产震后修复援助。推动海上丝绸之路申报世界文化遗产,弘扬妈祖海洋文化。

科技合作。中国政府与"一带一路"沿线国家签署了46项政府间科技合作协定,涵盖农业、生命科学、信息技术、生态环保、新能源、航天、科技政策与创新管理等领域。设立联合实验室、国际技术转移中心、科技园区等科技创新合作平台。建设中国—东盟海水养殖技术联合研究与推广中心、中国—南亚和中国—阿拉伯国家技术转移中心等一批合作实体,发挥科技对共建"一带一路"的提升和促进作用。强化科技人文交流机制,仅2016年就通过"杰出青年科学家来华工作计划"资助来自印度、巴基斯坦、孟加拉国、缅甸、蒙古国、泰国、斯里兰卡、尼泊尔、埃及、叙利亚等国100多名科研人员在华开展

---

① 推进"一带一路"建设工作领导小组办公室:《共建"一带一路":理念、实践与中国的贡献》,2017年5月10日,新华网,http://www.xinhuanet.com/politics/2017-05/10/c_1120951928.htm。

科研工作。

旅游合作。中国与"一带一路"沿线国家互办"旅游年",开展各类旅游推广与交流活动,相互扩大旅游合作规模。举办世界旅游发展大会、丝绸之路旅游部长会议、中国—南亚国家旅游部长会议、中俄蒙旅游部长会议、中国—东盟旅游部门高官会等对话合作,初步形成了覆盖多层次、多区域的"一带一路"旅游合作机制。中国连续三年举办"丝绸之路旅游年",建立丝绸之路(中国)旅游市场推广联盟、海上丝绸之路旅游推广联盟、中俄蒙"茶叶之路"旅游联盟,促进旅游品牌提升。体育合作也在蓬勃发展。

卫生健康合作。中国重视通过共建"一带一路"推动传染病防控、卫生体制和政策、卫生能力建设与人才合作以及传统医药领域合作。发表《中国—中东欧国家卫生合作与发展布拉格宣言》《第二届中国—中东欧国家卫生部长论坛苏州联合公报》《中国—东盟卫生合作与发展南宁宣言》,实施中非公共卫生合作计划、中国—东盟公共卫生人才培养百人计划等41个项目。推动与"一带一路"沿线国家在传统医药领域扩大交流合作,设立中捷(克)中医中心等19个中医药海外中心,与15个国家签署了中医药合作协议。中国政府与世界卫生组织签署《关于"一带一路"卫生领域合作备忘录》,携手打造"健康丝绸之路"。在新疆维吾尔自治区设立丝绸之路经济带医疗服务中心,为中亚等周边国家提供医疗服务。

救灾、对外援助和减贫。中国参与联合国、世界卫生组织等在叙利亚的人道主义行动,长期派遣援外医疗队赴周边国家和非洲开展医疗救助。积极参与国际防灾减灾,派遣国家救援队及医疗队参与尼泊尔地震救援,向马尔代夫、密克罗尼西亚联邦、瓦努阿图、斐济等国提供紧急救灾援助。向受到"厄尔尼诺"影响遭受严重旱灾的非洲国家提供紧急粮食援助。实施湄公河应急补水,帮助沿河国家应对干旱灾害。向泰国、缅甸等国提供防洪技术援助。开展中非减贫惠民合作计划、东亚减贫合作示范等活动,提供减贫脱困、农业、教育、卫生、环保等领域的民生援助。中国社会组织积极参与"一带一路"沿线国家民生改善事业,实施了一系列惠及普通民众的公益项目。

便利人员往来。中国与巴基斯坦、俄罗斯、菲律宾、塞尔维亚等"一带一路"沿线55个国家缔结了涵盖不同护照种类的互免签证协定,与哈萨克斯坦、捷克、尼泊尔等15个国家达成19份简化签证手续的协定或安排,阿联酋、伊朗、泰国等22个国家单方面给予中国公民免签或办理落地签证入境待遇。[①]

---

① 推进"一带一路"建设工作领导小组办公室:《共建"一带一路":理念、实践与中国的贡献》,2017年5月10日,新华网,http://www.xinhuanet.com/politics/2017-05/10/c_1120951928.htm。

——"文明之路"建设对世界的贡献

第一,"文明之路"推崇不同文明之间的交流互鉴,是推动人类社会进步的动力。不同文明之间的交流碰撞是推动思想创新和人类进步的源泉。2017年1月18日,习近平在联合国日内瓦总部的演讲中指出,"人类文明多样性是世界的基本特征,也是人类进步的源泉。世界上有200多个国家和地区、2500多个民族、多种宗教。不同历史和国情,不同民族和习俗,孕育了不同文明,使世界更加丰富多彩。文明没有高下、优劣之分,只有特色、地域之别。每种文明都有其独特魅力和深厚底蕴,都是人类的精神瑰宝。不同文明要取长补短、共同进步,让文明交流互鉴成为推动人类社会进步的动力"。[①]

"一带一路"涵盖了亚洲、欧洲、非洲和拉美等广大地区,涉及的国家、人口和民族众多,利益、制度和价值观较为复杂,相互之间的对话交流有利于激发思想,推动创新。2017年5月的"一带一路"国际合作高峰论坛就是一种很好的实践。来自130多个国家的1500多名代表出席大会,共商"一带一路"合作大计。大家集思广益,为推动"一带一路"建设献计献策,让这一世纪工程造福各国人民。

第二,"文明之路"肯定人类文明的多元化、多样性,可以成为维护世界和平的纽带。"文明之路"通过推动文明互学互鉴和文化融合创新,努力构建不同文明相互理解、各国民众相知相亲的和平发展格局。文明差异不应该成为世界冲突的根源。西方学者鼓吹的"文明的冲突"并不是历史的必然。千百年来,古代"丝绸之路"上不同国家、民族和信仰的人民长期保持着友好交往。只要不同的文明之间相互尊重,并且开放包容,就可以实现合作共存。

"一带一路"途经多个不同的文明,通过发展战略的对接实现共同发展,满足各国人民对美好生活的共同向往。通过推动不同文明之间的对话交流与发展合作,"文明之路"可以大力消除分歧和冲突,化解矛盾,促进理解和达成共识,从而成为维护世界和平的纽带。

"文明之路"意味着主权平等,反对霸权主义和强权政治,有利于消除因为国际关系不平等导致的战争危险。2017年1月习近平在联合国总部的讲话强调,"主权平等,是数百年来国与国规范彼此关系最重要的准则,也是联合国及所有机构、组织共同遵循的首要原则。主权平等,真谛在于国家不分大小、强弱、贫富,主权和尊严必须得到尊重,内政不容干涉,都有权自主选择社会

[①] 习近平:《共同构建人类命运共同体》,《习近平谈治国理政》(第二卷),外文出版社2017年版,第543—544页。

制度和发展道路"。①

第三,"文明之路"强调相互借鉴,有利于世界的发展与繁荣。不同的文明之间相互尊重,相互借鉴,有利于促进经济合作和共同发展。不同的国家根据各自的国情选择了不同的发展道路,但是都可以通过参与"一带一路"进行资源配置,互通有无,实现共同发展与繁荣。

"文明之路"鼓励各国共同参与分享治国理政经验,从各自古老文明和发展实践中汲取智慧。"一带一路"建设不是另起炉灶,推倒重来,而是实现战略对接、优势互补。各方通过政策对接和设施联通、资金融通及贸易畅通等一体化措施,可以互利共赢,实现"一加一大于二"的效果。

"文明之路"主张加强人文交流,推动教育文化交流和人才流动、鼓励科学技术交流与合作研究、扩大旅游和文化产业合作以及卫生医疗和防灾减灾领域的合作,有利于促进知识的创新、传播和发展应用,有助于推动人才和技术等生产要素的合理配置,推动共同发展,有利于世界经济的增长与繁荣。(本条执笔:谢来辉)

---

① 习近平:《共同构建人类命运共同体——在联合国日内瓦总部的演讲》,2017 年 1 月 19 日,新华网,http://www.xinhuanet.com/world/2017-01/19/c_1120340081.htm。

五 "五通"

31. 政策沟通

——政策沟通的含义

政策沟通是"一带一路"建设的重点内容，是"五通"中的首要内容。2015年3月，中华人民共和国国务院授权，三部委联合发布的《推动共建丝绸之路经济带和21世纪海上丝绸之路的愿景与行动》将政策沟通、设施联通、贸易畅通、资金融通、民心相通作为"一带一路"的合作重点，政策沟通是"一带一路"建设的重要保障。加强政府间合作，积极构建多层次政府间宏观政策沟通交流机制是政策沟通的主要手段；深化利益融合，促进政治互信，达成合作新共识是政策沟通的主要目标；沿线各国就经济发展战略和对策进行充分交流对接，共同制定推进区域合作的规划和措施，协商解决合作中的问题，共同为务实合作及大型项目实施提供政策支持是政策沟通的主要原则。

"一带一路"作为一个全球性的发展倡议，参与建设的国家在政治制度、经济发展水平、历史文化、宗教信仰等诸多方面存在巨大差异，形成政治互信、达成合作发展的共识对"一带一路"倡议的实施和长远发展至关重要。政策沟通就是要通过不同层次的对话机制和制度安排始终与参与"一带一路"建设的国家保持良性沟通，充分尊重不同国家的发展特点、发展阶段，充分挖掘各个国家的发展潜力，在不断的思想碰撞和政策协商中弥合分歧，创新合作方式，寻求发展的最大公约数。在世界多极化、经济全球化、文化多样化、社会信息化的大潮流下，各个国家之间只有通过充分、及时和持续的政策沟通，才能够跟上时代的步伐，形成发展的共识，积聚发展的合力，共同推动"一带一路"建设。

政策沟通是一个建立政治互信、推动战略对接、完成制度融合、实现经济共赢的国家间互动过程。政策沟通的首要任务是排除各方面干扰，确立政治互信，聚焦发展议题，通过顶层设计在发展理念、发展模式、发展方向等方面达成共识。其次是以共识为基础，在坚持多样性、包容性、尊重各国国情的前提下推动各国发展战略与"一带一路"倡议对接，并以战略对接为契机，建立起全方位、多层次、宽领域的合作机制，推动制度融合的深化和广化。最后，制度融合的目标是降低贸易和投资成本，健全贸易和投资的法律法规，挖掘参与"一带一路"建设的各个国家的市场潜能，提高经济合作的效率和效益，真正实现共商、共享、共建和共赢的良性循环。

政策沟通的主体是国家，"一带一路"参与国的广大人民群众、各类企业和投融资机构是政策沟通的实施者和政策沟通效果的检验者，因而，作为"一带一路"的合作重点，政策沟通既要不忘初心，更要与时俱进，既要落实绿色发展、可持续发展和共赢发展，以务实之举让更广泛的国家和人民分享发展的红利，又要不断革新政策沟通的方式、方法和理念，以建设人类命运共同体为崇高使命，推动"一带一路"实现更加宏伟的目标。

——政策沟通的现实意义

政策沟通是"一带一路"合作重点的首要内容，是设施联通、贸易畅通、资金融通和民心相通的前提和基础，贯穿于"一带一路"谋求共识、弥合分歧、化解矛盾、共同发展的整个过程。

政策沟通是设施联通的引领环节。"一带一路"致力实现亚欧大陆以及从印度洋到太平洋的互联互通，旨在建立和加强沿线各国互联互通伙伴关系，构建全方位、多层次、复合型的互联互通网络，实现沿线各国多元、自主、平衡、可持续的发展。基础设施建设是现阶段"一带一路"倡议的落脚点和发力点，更是各个参与国经济发展的新增长点。然而，跨国基础设施建设不是一般的市场化投资和生产行为，通常以国家发展战略和国际合作为基础，需要详尽的规划，巨大的投资，较长的建设周期和回报周期，需要国际社会的通力协作。各个国家作为参与和推动"一带一路"建设的核心和主体，相互之间积极有效的政策沟通能够在基础设施的规划、建设和融资等方面发挥协调作用，引领建设方向、分担建设成本、提高建设效率。

政策沟通是贸易畅通的首要环节。提高贸易自由化和便利化水平、消除投资和贸易壁垒、构建区域内和各国良好的营商环境是贸易畅通的主要内容，政策沟通将在以下三方面发挥重要作用。首先，政策沟通是参与"一带一路"建设相关国家共同商建自由贸易区的第一步，自由贸易协定的谈判过程本质上就是各国投资和贸易政策沟通的过程。其次，能否扩展投资和贸易的领域、能否深化产业的合作取决于各个国家对产业发展趋势和经济发展优势的认知，持续性和有针对性的政策沟通能够强化相互理解，有益于创新贸易方式、挖掘贸易新增长点，促进贸易平衡。最后，对外贸易关系到一个国家经济生活的方方面面，涉及各个层次各个领域国内国外的法律法规，充分的政策沟通保障了跨国投资和贸易的合法性、减少了贸易争端，为各个国家实现互利共赢提供了前提条件。

政策沟通是资金融通的核心环节。"一带一路"倡议的主要抓手在于跨国、跨洲和跨洋的大型基础设施建设，需要大量的资本和资金投入，各个政府之间的政策沟通在深化不同经济体之间的金融合作、充分发挥丝路基金以及各国主权基金作用等方面能够提供强有力的支持，是推动"一带一路"重点、重大项目顺利实施的核心步骤。此外，加强金融监管合作，维护亚洲货币体系的稳定，在区域内建立高效监管协调机制，为构建稳定、公平的国际金融体系做出贡献是资金融通的另一项重要使命。无论是资本监管还是货币稳定，在金融全球化不断深入的今天，比以往任何时候都需要政府之间的沟通、共识和协作，只有加强沟通，通力协作，才能使国际金融体系为"一带一路"所用，为经济合作贡献正能量。

政策沟通是民心相通的支持环节。民心相通为"一带一路"建设和双多边合作提供坚实、稳定的民意基础，主要方式包括：文化交流、学术往来、人才交流合作、媒体合作、青年和妇女交往、志愿者服务，等等。民心相通重在"民"，民间沟通和交往是民心相通的主导方式，政策沟通为民心相通提供重要的系统性的支持，表现在两个方面：第一，民间交往重在便捷、贵在深入，国家间的政策沟通能够通过行政手段为双边和多边交往提供便利条件，通过各类合作协议和框架提供交往平台，发挥重要的桥梁作用。第二，民间交往是长久之计，国家作为人民的强大后盾能够提供多方面多层次的支持和资助，使民间交往能够细水长流、源源不断。

——政策沟通的实施进展

自"一带一路"倡议提出以来，政策沟通在推动倡议的落实和发展方面发挥了巨大的、不可替代的作用，把"一带一路"建设推向一个又一个高潮，使"一带一路"建设成为中国建立全球伙伴关系的载体和抓手。其中，顶层设计和首脑外交成为政策沟通的闪光点，多边框架和合作机制成为政策沟通的主要平台。

顶层设计方面，2014年12月及2015年3月，《丝绸之路经济带和21世纪海上丝绸之路建设战略规划》《推动共建丝绸之路经济带和21世纪海上丝绸之路的愿景与行动》两个纲领性文件先后印发，成为"一带一路"建设的总体行动指南。2015年2月，推进"一带一路"建设工作领导小组正式成立，为绘制"一带一路"蓝图打下坚实基础。2017年5月，首届"一带一路"国际合作高峰论坛在北京成功举办，同期发布《"一带一路"国际合作高峰论坛成果清单》和《"一带一路"国际合作高峰论坛圆桌峰会联合公报》，为各国领导人和国际组织在更大范围、更深层次、更高水平上推进"一带一路"建设，探索解决世界经济重大挑战的共同方案提供了重要契机。2017年10月，"一带一路"写入《中国共产党党章》，把"一带一路"与党的事业紧密相连。对"一带一路"进行顶层设计体现了中国领导人用于创新和开拓进取的精神。

首脑外交方面，中国国家领导人带头推动"一带一路"政策沟通，亲力亲为，通过大国外交促成沿线国家的政策协调，不断增进政治互信，达成合作新共识，打造命运共同体。2016年1月，习近平开启中东之行，其间沙特阿拉伯、埃及、伊朗三国分别同中国签署了关于共建"一带一路"的谅解备忘录，展示共谋发展的强烈愿望。2016年3月，习近平与捷克总统泽曼举行会谈，双方同意加强"一带一路"倡议同捷克发展战略对接。2016年10月，习近平访问东南亚与南亚期间，与柬埔寨和孟加拉国确认了加强发展战略对接、深化务实合作的努力方向，制定并实施共同推进"一带一路"建设合作规划纲要；尼泊尔、斯里兰卡也表示支持并积极参加"一带一路"建设。2016年11月，习近平出席APEC利马峰会并访问拉美三国，再次向世界宣介"一带一路"倡议，并欢迎各方参与到合作中来，共享机遇，共迎挑战，共谋发展。2017年5月，"一带一路"国际合作高峰论坛举办，成为中华人民共和国成立以来由中国首倡、中国主办的层级最高、规模最大的多边外交活动，来自29个国家的国家元首、政府首脑与会，来自130多个国家和70多个国际组织的1500多名代表参会，形成了76大项、270多项具体成果。2017年6月，习近平在会见卢森堡首相贝泰尔时提出"空中丝绸之路"的概念，表示中方支持建设郑州—卢森堡"空中丝绸之路"。2017年7月，在对俄罗斯进行国事访问之际，习近平对中俄共建北极航道的"邀约"进行了积极回应，希望双方共同开发和利用海上通道特别是北极航道，打造"冰上丝绸之路"。2017年11月，习近平应邀对越南进行国事访问并出席APEC第二十五次领导人非正式会议，两国领导人共同见证了共建"一带一路"和"两廊一圈"合作备忘录的签署。

政策沟通以多边框架和多边合作机制为平台，扩大了"一带一路"的朋友圈和影响力，为"一带一路"的深远发展提供了土壤。近年来，中国充分发挥上海合作组织（SCO）、中国—东盟"10+1"、亚太经合组织（APEC）、亚欧会议（ASEM）、亚洲合作对话（ACD）、亚信会议（CICA）、中阿合作论坛、中国—海合会战略对话、大湄公河次区域（GMS）经济合作、中亚区域经济合作（CAREC）等现有多边合作机制作用，强化与相关国家和组织的沟通，让更多国家和地区参与"一带一路"建设。不断进行政策沟通工具的创新，推动"一带一路"倡议与各种国际倡议、国际合作框架的融合，推动"一带一路"

倡议与各国发展战略的对接，为各国互联互通和可持续发展带来合作机遇。2017年3月17日，联合国安理会以15票赞成，一致通过关于阿富汗问题第2344号决议，呼吁国际社会凝聚援助阿富汗共识，通过"一带一路"建设等加强区域经济合作，敦促各方为"一带一路"建设提供安全保障环境、加强发展政策战略对接、推进互联互通务实合作等。这一结果是政策沟通的重大成果，意味着"一带一路"获得国际社会的普遍认可，为"一带一路"的发展提供了更加广阔的空间。（本条执笔：秦升）

32. 设施联通

——"设施联通"的概念[1]

基础设施通常包括交通、邮电、供水供电、商业服务、科研与技术服务、园林绿化、环境保护、文化教育、卫生事业等市政公用工程设施和公共生活服务设施等。基础设施互联互通是"一带一路"建设的重点方向，也是"一带一路"建设的优先领域。《推动共建丝绸之路经济带和21世纪海上丝绸之路的愿景与行动》提出"在尊重相关国家主权和安全的基础上，沿线国家加强基础设施建设规划、技术标准体系的对接，共同推进国际骨干通道的建设，逐步形成连接亚洲各次区域以及亚欧非之间的基础设施网络"。

互联互通不只是修路、架桥等这种平地化和单线条的联通，而应该是基础设施、制度规章、人员交流三位一体，更应该是政策沟通、设施联通、贸易畅通、资金融通、民心相通五大领域齐头并进。其中，基础设施的互联互通是五大领域的基础，也是目前制约沿线国家深化合作的最为薄弱的环节。通过优先打通缺失路段，畅通瓶颈路段，提升道路的通达水平，逐步形成连接亚洲各区域以及亚非欧之间交通运输网络，有利于发展沿线双边和多边经济合作。

基础设施建设强调绿色低碳化建设，突破传统生态保护的局限性，在区域层面、地区层面和社区层面综合建设与运营，实现生态、社会、经济的协调和可持续发展。基础设施的绿色低碳化建设是一个能够带来多种利益的复杂系统，体现了人类对绿色人居环境的新理念。水电、风电、太阳能和核电等清洁能源的科学合理利用将有助于基础设施建设维护生物多样性和生态环境。参与基础设施的企业应担负社会责任，按照山水林田湖系统保护的要求，进行建设的同时，也要对各类生态系统实施保护和监管，增强生态保护的系统性、协同性。

---

[1] 林毅夫：《中国推动"一带一路"基础设施建设有四大优势》，2017年11月30日，中国新闻网，http://www.chinanews.com/cj/2017/11-30/8389320.shtml。

交通基础设施中，关键通道和关键节点的建设有利于畅通瓶颈路段，从而起到盘活整个交通网络的作用。因此，交通基础设施将抓住涉及关键通道的重点工程，优先打通缺失路段，提升道路通达水平。另外，便利的跨国运输协调机制也是对交通基础设施建设中必不可少的制度保障。要通过统一的全程运输协调机制，实现不同运输方式的高效而有机的衔接，建立畅通的跨国运输网络。

能源资源合作是基础设施互联互通的重要载体。能源作为社会发展和经济增长的基础，基础设施建设离不开能源通道的建设，能源基础设施是现代经济和现代物流体系、工业体系社会服务体系的基础。"一带一路"沿线国家能源资源禀赋各异，导致能源供给与需求增长潜力巨大。参与"一带一路"建设的国家可以共同维护输油、输气管道等交通通道安全，推动跨境电网的互联与升级，从而降低各国能源供给的成本，优化各国的能源结构，提高能源安全的保障程度。

电信事业是人类社会进步和经济发展的主要引擎之一，"一带一路"倡议将有助于全面提高电信发展水平。尽管全球电信事业发展取得重大成就，但区域发展水平不平衡，国际通信互联互通水平仍有很大提升空间。"一带一路"倡议将有助于区域跨境电缆等通信干线网络建设，规划建设洲际海底光缆项目，完善卫星信息通道，更好地促进全球信息交流与合作。

——基础设施互联互通的现实意义

基础设施对于促进国家与区域经济保持快速发展起着关键作用，是经济社会发展的基础和先决条件。很多发展中国家经济增长缓慢的一个重要原因就是基础设施发展滞后，建设瓶颈突出。近些年，"一带一路"沿线国家的基础设施虽然有不少改善，但投资并没有与本地区经济高速增长带来的基础设施需求保持同步。尤其是，工程型基础设施不足被认为是造成贫困的根本原因之一。基础设施建设将是"一带一路"参与国家最基本、最迫切的需求。"一带一路"参与国家要实现经济长期持续健康发展，基础设施建设将是重要的前提保障。

基础设施网络的升级改造和扩张具有"乘数效应"，能够带来投资额数倍的社会总需求和国民收入。世界各国经验表明，投入于交通、能源和电信基础设施的资金回报率要远远高于其他种类的投资。部分亚洲国家在工业化建设初期通过大量的基础设施投资获得了超乎想象的回报，为其经济起飞奠定重要基础。基础设施的升级带来的好处不仅仅局限在特定国家经济发展方面，更重要的是会惠及所在地区所有国家。地区供应链中的每个国家将在货物和人员流动过程中，都会从其他国家基础设施网络的改善中获得利益。因此，各国改善基础设施将促进区域整体贸易和经济的增长。连接各国电网、输油管和输气管，共同开发自然资源，将有助于降低贸易成本与运输成本，保证能源安全与供给，实现区域成员国家的共赢。

对于当前全球经济增长疲软的局面，基础设施建设将有助于创造社会需求，推动就业岗位的形成，并且形成长期经济增长动力。全球经济下行的情况下，各种基础设施所需要的材料与成本也会相应降低，而这有利于各国在有限的资金约束下增加基础设施投资，改善货物与人员的跨境流动的经济性与便利性，增强国际连通性，为本国经济增长提供更有利的环境。

"一带一路"充分考虑到发展中国家普遍面临基础设施改造升级，在这一方面存在巨大投资缺口。根据亚洲开发银行的报告，2010—2020年，亚洲国家基础设施投资需求达到8万亿美元，其中新增能力占68%，维护和更换现有基础设施占32%，年均基础设施投资需求约为7300亿美元。其中，电力和公路分别占总体需求的51%和29%。东亚和太平洋岛国的需求总计4.67万亿美元，南亚为2.87万亿美元，中亚为4600亿美元[①]。同样地，根据世界银行的研究，非洲国家每年所需要的基础设施建设是930亿美元[②]。

面对巨大的基础设施工程投资需求，必须要充足的资金来支撑，而由于基础设施建设涉及较多风险和不确定因素，民间部分很难承担起这部分重任。因此，大部分基础设施建设都需要政府的动员和支持。但为了提升基础设施的项目建设效率，项目建设又有必要引入私营部门的资金和运营能力。"一带一路"建设也积极倡导在政府的主导下，吸引民间部门的资金和人力加入到项目开发。

——设施联通的实施进展

自"一带一路"倡议提出以来，在中国的推动和周边国家的积极响应下，"一带一路"倡议受到国内外社会广泛赞同和欢迎。中国秉持共商、共建、共享的原则，以基础设施建设项目为依托，积极研究如何更好地利用既有双边和多边合作机制的方法，推动与周边国家在铁路、公路、水运、民航、邮政等领域的深度合作。

第一，"一带一路"沿线国家一系列重大基础设施工程开始进入建设阶段。"一带一路"建设从经济走廊建设稳步推进到互联互通网络逐步成型，从贸易投资大幅增长到重要项目合作稳步实施。中国在与周边国家的基础设施互联互

---

① 亚洲开发银行研究院编：《亚洲基础设施建设》，邹湘、智银风等译，社会科学文献出版社2012年版，第111页。
② 林毅夫：《从经济发展角度看基础设施投资和建设》，2016年6月14日，人民政协网，http://www.rmzxb.com.cn/c/2016-06-14/866496.shtml。

通方面取得了很多成果，签署了一系列建设协议，很多重大项目逐渐得到落实。根据《"一带一路"国家基础设施发展指数（2017）报告》，基建产值增速和跨国基建热度有了明显的上升，主要表现为跨国基建新签合同数量和合同额突增。据统计，2015年新签合同额比2014年增加150%；2016年新签合同规模虽然比2015年有所下降，但仍然处于高位。其中，东盟和南亚地区部分国家一直是跨国基建的热门投资地域。在"一带一路"倡议引领下，中国的工程企业积极与海外国家进行合作建设。2016年中国对外承包工程业务完成营业额1594亿美元，同比增长3.5%。其中，对"一带一路"沿线国家完成营业额760亿美元，同比增长9.7%，占对外承包工程业务完成营业额比重的47.7%。亚吉铁路、中巴经济走廊等一批国际产能合作和基础设施互联互通项目成功实施。2017年前11个月，中国企业在"一带一路"沿线的国家新签对外承包工程合同额达到1135.2亿美元，占同期总额的54.1%，同比增长13.1%；完成营业额653.9亿美元，占同期总额的48.7%，同比增长6.1%[①]。

第二，行业方面，交通、电力等产业成为基础设施建设的主要领域。多数"一带一路"沿线国家将交通基础设施建设作为基础设施建设领域的主要内容，集中力量升级和改造铁路和公路，计划构建高速铁路网和高速公路网络。另外，在能源基础设施领域，电力行业的投资所占比重最高。由于电力工业是国民经济发展中最重要的基础能源产业，也是关系到国计民生的基础产业，"一带一路"涉及国家大都把电力作为国民经济发展战略中优先发展的重点产业，持续扩大发电与输送能力，加大投入保障电力供应安全。按照计划，伊朗预计在2025年之前，新建9座核电站；越南则计划优先发展水电，实现在2020年提高水电装机容量到21600兆瓦，2025年提高到24600兆瓦。沙特阿拉伯和巴基斯坦则在核能发电方面均推出有关计划。

第三，建设模式上采取多种融资模式已初见成效。"一带一路"沿线国家经济发展水平与金融体系各不相同，中国企业在海外参与基础设施建设时采取了开发性金融机构的融资模式、建设—运营—移交（BOT模式）、公私合营（PPP模式）等多种融资模式。

首先是利用开发性金融机构的融资模式。2015年中国发起设立亚洲基础设施投资银行，受到世界众多国家的响应，在设施联通领域，亚洲基础设施投资银行已经成为"一带一路"的重要支撑之一。截至2017年5月13日已经有77个国家正式加入亚洲基础设施投资银行成为成员国，成员国已经远远超出亚洲地区，辐射全球各个地区。亚洲基础设施投资银行作为政府间性质的亚洲区域

---

① 陈恒：《2050：全面建成经贸强国》，《光明日报》2018年1月2日第14版。

多边开发机构，成立宗旨是为了促进亚洲区域的建设互联互通化和经济一体化的进程，并且加强中国及其他亚洲国家和地区的合作，是首个由中国倡议设立的多边金融机构。除了亚洲基础设施投资银行以外，金砖国家开发银行、丝路基金等都在为境外多项基础设施建设提供融资基础。

其次是 BOT（Build-Operate-Transfer）模式。BOT 实质上是基础设施投资、建设和经营的一种方式，以政府和私人机构之间达成协议为前提，由政府向私人机构颁布特许，允许其在一定时期内筹集资金建设某一基础设施并管理和经营该设施及其相应的产品与服务。在 BOT 模式应用下，在电力和公路投资开发方面有一些成功的案例。比如中国葛洲坝水利工程集团公司与尼泊尔 Kabeli-A 联合水电项目等工程投入建设。柬埔寨甘再水电站项目已经进入运营期，三峡集团开发的巴基斯坦卡洛特水电站也已经开工建设[①]。

最后是 PPP（Public-Private-Partnership）模式。PPP 是指政府与私人组织之间，为了提供某种公共物品和服务，以特许权协议为基础，彼此之间形成一种伙伴式的合作关系，并通过签署合同来明确双方的权利和义务，以确保合作的顺利完成，最终使合作各方达到比预期单独行动更为有利的结果。PPP 模式的优点在于能够帮助东道国政府减轻财政负担，用较少的运营成本扩大投资资金。PPP 模式下私营机构无须承担系统性风险，政府与社会资本根据自身优势进行权责分配，受到"一带一路"建设工程的广泛应用。斯里兰卡科伦坡港口城项目、牙买加南北高速公路项目、三峡国际能源投资有限公司的 PPP 项目、中水电海外投资有限公司 PPP 项目[②]等都是 PPP 模式的创新探索，提升了投资者、运营商对"一带一路"基础设施建设投资的积极性，对基础设施投资以及运营方面发挥了重要作用。（本条执笔：李天国）

33. 贸易畅通

——贸易畅通的含义

贸易畅通是"一带一路"建设的重点内容。《推动共建丝绸之路经济带和 21 世纪海上丝绸之路的愿景与行动》提出"宜着力研究解决投资贸易便利化问题，消除投资和贸易壁垒，构建区域内和各国良好的营商环境，积极同沿线国家和地区共同商建自由贸易区，激发释放合作潜力，做大做好合作'蛋糕'"。

---

① 房秋晨：《基础设施互联互通是"一带一路"建设的优先领域》，《建筑》2017 年第 11 期，第 17 页。

② 同上。

鉴于贸易畅通的重要作用,《"一带一路"国际合作高峰论坛圆桌峰会联合公报》呼吁加强"以规则为基础的多边贸易体制",敦促多个论坛之间的合作来解决贫困,促进就业和支持可持续发展。《"一带一路"国际合作高峰论坛圆桌峰会联合公报》进一步提到,"我们重申共同的承诺来构建开放的经济,确保自由和包容的贸易,反对任何形式的保护主义,包括在'一带一路'倡议框架下,我们努力促进普遍的、规则为基础的、开放的、非歧视和公正的、以WTO为核心的多边贸易体制"。

"一带一路"建设中,贸易畅通的实现离不开"一带一路"参与国家发挥丝绸之路精神,需要通过合作与共赢来推动贸易投资自由化与便利化,努力走向贸易均衡与协调的可持续发展道路。中国已经向超过60多个国家和国际组织共同发出推进"一带一路"建设的贸易畅通合作倡议。中国的"一带一路"建设的贸易畅通合作倡议将有利于提升"一带一路"参与国家的对外贸易规模与水平,更加坚定地抵制贸易保护主义风潮,改善全球市场需求疲软局面,进而推动全球贸易复苏与增长。

为了推进"一带一路"贸易畅通倡议,中国将"着眼于畅通、高效、共赢、发展",提出五项重要举措①。第一,中国将通过举办中国国际进口博览会,扩大进口海外商品,同时构建多边公共平台,让世界各国企业参与展览,提供增加交流与经济合作的机会。第二,中国将继续推动双边和多边自由贸易协定谈判,扩大对外开放水平,探索自由贸易机制化安排。第三,中国将同有意愿的国家签署经贸合作协议,实施贸易投资促进项目,维护多边贸易体制。第四,中国将与有意愿的国家共同建立经贸产业合作区,通过这些合作区带动地区就业,辐射区域经济发展,实现规模经济。以产业园区的方式推进国际制造业合作,是"一带一路"倡议的贸易畅通的主要抓手之一。中国支持以世界贸易组织为基石的多边贸易体制,强调探索创新投资合作模式,共建经贸产业合作区,开展国际产能合作。第五,中国将积极帮助"一带一路"参与国家加强经济发展能力,通过培训相关国家人员和派遣中国经贸专家等方式来支持"一带一路"参与国家与地区的经济发展,共同推动落实《联合国2030年可持续发展议程》,支持世界贸易组织和联合国相关机构的贸易投资促进安排。

"一带一路"沿线国家市场仍待进一步挖掘,对一些新兴技术与产品的市场培育需要一定时间,参与"一带一路"建设的企业需要不断摸索,制定出能够适应不同国家不同国情的生产与营销战略。中国将致力于提高全面开放新格

---

① 步欣:《五项举措让"一带一路"贸易更畅通》,《国际商报》2017年5月15日。

局的能力和水平,"促进政策、规则、标准三位一体的联通,为互联互通提供机制保障","加快推动海关、检验检疫等合作项目"①,全方位地深化"一带一路"沿线国家大通关合作;推进通关流程去繁就简,进一步推动通关便利化,完善物流网络、商贸与服务经济体系;促进外贸转型升级,加快培育外贸发展新动能,支持新型贸易业态发展,主动参与国际贸易规则制定,推动开放型经济发展。

——"贸易畅通"的现实意义

贸易往来从古代就是丝绸之路形成的主要原因。丝绸之路作为一条横贯亚洲、连接亚欧大陆的著名商贸通道,是沟通东、西方之间经济、文化的重要桥梁。丝绸之路把古代的中华文化和其他东西方文化联系了起来,对促进东西方之间文明的交流发挥了极其重要的作用。通过丝绸之路,中国的丝绸、茶叶、瓷器以及四大发明等输向中西亚、非洲和欧洲等各地,而西方的香料、音乐、宗教等传入中国。中国提出"一带一路"贸易畅通,体现出中国对丝绸之路历史文化遗产的重视和继承,反映出亚欧区域对重拾与重塑丝绸之路的需要。当今世界各国为谋求自身的经济发展,积极参与区域经济和交流合作,因此丝绸之路也被赋予了更加丰富的内涵,成为以现代交通设施与服务为基础的连接太平洋和大西洋的亚欧陆上经济纽带,对促进沿线各国的经贸合作、经济发展和文化交流具有重要意义。

贸易畅通契合了当今"一带一路"沿线众多发展中国家的共同发展需求。自国际金融危机后,世界经济增速明显放缓,各国为摆脱长期经济低迷需要加强对外贸易与投资。"一带一路"沿线大多是新兴经济体和发展中国家,多数国家经济处在工业化初期,国民经济遇到基础设施、技术和资本等方面的各种瓶颈,因此经济贸易交流愿望强烈,急需通过国际经贸活动打破经济发展的各种困境。因此,中国与"一带一路"参与国家有必要凭借自身资源禀赋,发挥各自比较优势,加强双边和多边经贸合作,实现贸易便利化与投资自由化,使得生产要素在区域内实现最佳配置。

贸易畅通有助于反对贸易保护主义,推动经济全球化趋势,促进区域经济合作。近些年,部分国家为了保护国内厂商利益,采取一系列贸易保护措施,如技术性贸易壁垒、贸易限制等,一定程度上阻碍了全球贸易的发展。全球范围内贸易与投资保护主义事件不断发生,不利于各国通过发展贸易来实现经济持续增长。面对贸易保护主义,跨国公司的大规模海外投资与贸易受到较为严峻的考验。在当前全球经济增长动力不足的背景下,有必要在尊重各国发展目

---

① 习近平:《携手推进"一带一路"建设——在"一带一路"国际合作高峰论坛开幕式上的演讲》,《人民日报》2017年5月15日第3版。

标的同时,推动更具活力、更加包容、更可持续的经济全球化,促进贸易投资自由化和便利化,抵制保护主义。中国坚定不移地拥护经济全球化,通过贸易的互联互通,不断探索贸易自由化、投资便利化措施,促进全球贸易增长与经济的全面复苏。

除了贸易保护主义以外,各国之间的贸易摩擦也不断出现,不利于国际经贸交流与合作。中国与一些发展中国家之间的产业结构和出口产品结构相似,容易发生反倾销、反补贴和保障措施等调查。除东盟、印度、俄罗斯这三个原有的重要贸易伙伴外,中国和"一带一路"沿线其他国家与地区的经贸联系并不强。中国与周边国家若想加强经贸联系,必须突破各种显性和隐性贸易成本的障碍。

另外,中国与周边国家之间的货物运输成本居高不下。在中国与沿线国家的进出口运输方式中,水路运输占比超过60%,铁路运输比重也较大。但国家间存在铁轨标准不同、运输线经营主体不同、往返货物运量不平衡等问题,影响了运输效率[1]。《全球营商环境报告2015》显示,中亚国家的贸易成本约为中国贸易成本的5—10倍,这已经成为相关发展中国家亟待解决的关键问题。中国与"一带一路"沿线多数国家的双边贸易已经达到这些国家进出口额的10%以上。然而在现有贸易结构与机制下,无法通过传统贸易持续拓展双边贸易规模,亟须谋划对策。中国与周边国家需要加强彼此之间的贸易畅通,不断挖掘双边与多边贸易潜力,提升整体贸易规模与水平。

——贸易畅通的实施进展[2]

"一带一路"倡议顺应了时代要求和各国加快发展的愿望。沿线国家共建"一带一路",共享"五通"成果,"一带一路"将为中国与相关国家对外贸易和经济带来新亮点和增长点[3]。

第一,"一带一路"参与国家共同推进贸易便利化,促进服务贸易合作,扩大贸易规模。中国与"一带一路"参与国家共同商讨各种方案,如通过各种通关便利化措施、签署自由贸易协定等方式,提升彼此对外贸易自由化水平。对于已经签署自由贸易协定的国家,中国则进一步打造自由贸易协定的升级版,扩大服务贸易和投资领域的开放,为中国与相关国家企业提供更为便利和宽松的贸易与投资环境。

中国与"一带一路"参与国家之间的自由贸易区网络正在形成。当前,中

---

[1] 汤莉:《全面推进"一带一路"贸易畅通》,《国际商报》2017年5月16日。
[2] 史凯:《商务部推动"一带一路"贸易畅通成果落实》,《国际商报》2017年5月26日。
[3] 《2017年中国对"一带一路"沿线国家进出口同比增长17.8%》,2018年1月,中国证券网,http://news.cnstock.com/news, bwkx-201801-4175185.htm。

国已经与22个国家和地区签订和实施自由贸易协定,其中涉及"一带一路"沿线国家的就占11个。自由贸易协定包含的领域不仅包括货物贸易,逐步扩展到服务贸易,还有知识产权保护和劳动保护等各个领域。中国政府正在增强投资对贸易的带动作用,加强对投资者合法权益的保护,不断提升营商环境。据中国海关统计,2017年中国对"一带一路"沿线国家进出口总额达7.37万亿元,同比增长17.8%,高于中国整体外贸增速3.6个百分点,占中国外贸总值的26.5%,其中出口4.3万亿元,同比增长12.1%,进口3.07万亿元,同比增长26.8%。2017年中国对"一带一路"相关国家直接投资流量和存量分别达到236亿美元和1603亿美元。中国在"一带一路"建设中将继续扩大市场开放,深化经贸合作,让"一带一路"建设成果服务于更多国家经济社会发展和人民生活水平提高,促进全球经济持续向前发展。

第二,在跨境电子商务方面,中国与相关国家签署促进电子商务发展的国际合作协议,包括邮政运输合作协议等,提升口岸的通关能力与效率,让跨境电商成为推动贸易与经济发展的新形式。"互联网+"等贸易方式的创新也将为跨境电商提供更为便利的交易与物流平台,搭建地区营销网络,开拓国际市场,推动对外贸易的持续发展。

目前,中国各类跨境平台企业已超过5000家,通过平台开展跨境电商的外贸企业逾20万家。根据中国电子商务研究中心监测数据显示,2017年跨境电商市场规模达到7.6万亿元,出口部分达到6.3万亿元,其中跨境出口B2C规模达到5.1万亿元。[①]

第三,在共建经贸产业园区方面,中国已经与周边国家建立多领域多功能产业园区,成为贸易畅通的重要载体。目前"一带一路"产业园区的类型包括综合开发类、商贸物流类、加工制造类、科技研发类、资源利用类、农业产业类等。据中国商务部统计,截至2018年5月,中国企业已在"一带一路"沿线24个国家建有75个经贸合作产业园区,累计投资254.5亿美元,搭建了中国企业对外投资合作和产业集聚的重要平台,为东道国创造超过16.8亿美元的税收,超过21.9万个就业岗位[②]。中国国家发展和改革委员会着力推动中国企业"走出去",积极推动国际产能合作重点行业加快成立本行业的国际产能合作企业联盟。目前,中国已经组建了工程机械、电力、建材、石化、汽车、纺织、有色金属、轻工、钢铁、通信十家重点行业联盟,以及"一带一路"矿

[①] 《2017年度中国出口跨境电商发展报告》,2017年12月,中国产业信息网,http://www.chyxx.com/industry/201712/595670.html。

[②] 中华人民共和国商务部:《在建99个境外经贸合作区八成在亚欧》,《21世纪经济报道》2018年1月29日。

业联盟、卫星应用联盟、园区联盟等。这些"一带一路"产业园区为中国与相关国家之间的投资与贸易畅通起到非常积极的作用。(本条执笔：沈铭辉)

34. 资金融通

——资金融通的含义

资金融通作为"一带一路"合作重点之一，是"一带一路"建设的重要支撑。《推动共建丝绸之路经济带和21世纪海上丝绸之路的愿景与行动》，从金融合作和金融稳定两个方面对资金融通进行了详细阐述。

深化金融合作。第一，扩大"一带一路"沿线国家双边本币互换、结算的范围和规模，推动签署双边本币结算和合作协议，鼓励通过对话加强金融合作，规避金融风险。以人民币国际化为重要依托，通过推动支付体系合作和普惠金融等途径，促进金融市场相互开放和互联互通。第二，加强和壮大"一带一路"相关投融资机构，共同推进亚洲基础设施投资银行、金砖国家新开发银行筹建，有关各方就建立上海合作组织融资机构开展磋商，加快丝路基金组建运营；深化中国—东盟银行联合体、上合组织银行联合体务实合作，以银团贷款、银行授信等方式开展多边金融合作，引导商业性股权投资基金和社会资金共同参与重点项目建设，为"一带一路"沿线国家基础设施建设提供融资保障。第三，鼓励金融机构在有关国家和地区设立分支机构，支持沿线国家政府和信用等级较高的企业以及金融机构在中国境内发行人民币债券，符合条件的中国境内金融机构和企业可以在境外发行人民币债券和外币债券，鼓励沿线国家使用所筹资金。

加强金融稳定。第一，强化监管合作和抵御金融风险方面，推动签署双边监管合作谅解备忘录，逐步在区域内建立高效监管协调机制，完善风险应对和危机处置制度安排，构建区域性金融风险预警系统，形成应对跨境风险和危机处置的交流合作机制。第二，规范投融资环境方面，推进亚洲货币稳定体系、投融资体系和信用体系建设，推动亚洲债券市场的开放和发展，为投融资构建法律法规健全的资本环境。第三，构建信用体系方面，加强征信管理部门、征信机构和评级机构之间的跨境交流与合作，为构建稳定、公平的国际金融体系做出贡献。

习近平在"一带一路"高峰论坛开幕式的演讲中提出，"我们要建立稳定、可持续、风险可控的金融保障体系，创新投资和融资模式，推广政府和社会资本合作，建设多元化融资体系和多层次资本市场，发展普惠金融，完善金融服务网络"。该论述体现了"一带一路"倡议对资金融通的总体要求。首先，要保障金融体系的稳定性和安全性，这是资金融通的底线和红线。其次，把"一带一路"建设作为金融创新的重要机遇和推动力，拓宽融资渠道、拓展资本市场的多样性，使金融在最大程度上发挥投融资的功能，服务于"一带一路"沿线国家的发展和建设。最后，资金融通不能局限于为大项目、大规划提供资金支持，同时也要聚焦于有金融服务需求的社会各阶层和群体，发展普惠金融就是为小微企业、居民、农民等提供可负担的、有效的金融服务，争取在"一带一路"沿线建立一个宽覆盖、高标准的金融服务网络。

——资金融通的现实意义

2017年5月14日，习近平出席"一带一路"国际合作高峰论坛开幕式并发表主旨演讲，指出，"'一带一路'建设植根于丝绸之路的历史土壤，重点面向亚欧非大陆，同时向所有朋友开放。不论来自亚洲、欧洲，还是非洲、美洲，都是'一带一路'建设国际合作的伙伴"。2017年5月16日，"一带一路"国际合作高峰论坛圆桌峰会联合公报指出，"'一带一路'倡议旨在加强亚欧互联互通，同时对非洲、拉美等其他地区开放"。以上表述阐明了参与"一带一路"建设的国家和地区的分布情况，即主要涵盖的是发展中经济体和新兴市场，发展中经济体的普遍特点包括经济增长快、经济发展不平衡、城镇基础设施建设薄弱、国民储蓄率较低、金融市场发展滞后等特点。一方面，这些国家和地区的工业化和城镇化迫切需要大量的基础设施建设；另一方面，落后而且脆弱的金融体系难以支撑基础设施建设的投入以及快速的经济发展。

"一带一路"倡议首先认识到了互联互通对发展中经济体经济增长的基础性作用和推动作用，把经济走廊和以交通、通信和电力等为主的设施联通作为优先发展领域。同时，"一带一路"倡议将资金融通作为合作重点，充分估计到了设施联通可能产生的巨大资金缺口。根据亚洲开发银行《2016年年度报告》所述，亚太地区2016—2030年每年基础设施建设所需资金为1.7万亿美元。过去40年间，亚太地区经历了快速经济增长，但很多国家和地区对基础设施的需求尚未结束，如果由于融资困难使相关国家在交通、通信和电力等方面的建设需求得不到满足，将严重制约亚太地区的经济发展和产业融合。

基础设施建设具有项目回收周期长、资金需求规模大等特点，要求"一带一路"沿线各国齐心协力，加强合作，促进各种资源有效对接，提供长期、可持续的资金支持。中国作为"一带一路"倡议的发起国，需要在资金融通领域发挥榜样和引领的作用，成立亚洲基础设施投资银行和丝路基金、着力推动人民币国际化正是中国敢负责任、勇于担当的表现。

主导成立亚投行和丝路基金并推动成立金砖国家新开发银行和上合组织开发银行等金融平台，体现了中国对"一带一路"投融资体系的深刻理解。着眼于未来,"一带一路"所需要的投融资体系不是单方面和单方向的资金支持,需要国际社会共商共建,构建共同付出、共担风险、共享收益的利益共同体。通过整合政府力量、社会力量、市场力量进行资源优化配置,使"一带一路"建设在较长的时期内成为有源之水,获得持续发展的动力。亚洲开发银行、欧洲复兴开发银行、世界银行及国际货币基金组织等传统多边金融机构与亚投行、丝路基金等金融机构实现资源互补、功能互补、优势互补,共同为"一带一路"建设提供投融资服务,提升资金融通的效率、水平和质量。

人民币国际化——特别是建立"一带一路"货币互换网络——能够发挥各国的本币优势,减少金融服务的中间环节,降低企业经营过程中的换汇成本。另一方面,推动跨境人民币业务创新,为有需要的国家建立人民币清算框架,间接服务于"一带一路"项目建设。此外,扩大中国与"一带一路"沿线国家本币互换规模和范围还能够最大程度地动员各个参与国自身的资金和资本,共同抵御金融风险,保持金融稳定。

——资金融通实施进展

人民币国际化方面。2016年11月30日,IMF正式发表声明称,将人民币作为继美元、欧元、日元、英镑后的第五种货币纳入SDR货币篮子,人民币的权重为10.92%,新的SDR篮子将于2016年10月1日生效。2017年10月9日,经中国人民银行批准,中国外汇交易中心依托大额支付系统推出人民币对卢布交易同步交收业务,这标志着中国外汇市场正式建立人民币对外币同步交收机制,外汇市场基础设施建设取得了新进展。自2008年以来,中国先后与37个国家和地区签署了本币互换协议,总金额达33587亿元人民币,其中包括22个"一带一路"沿线国家。中国还与23个国家实现了货币的直接交易,其中包括8个"一带一路"沿线国家,并与两个沿线国家实现了货币的区域直接交易。自2016年下半年以来,中国已相继与蒙古银行、阿根廷央行、瑞士央行、香港金融管理局等签署了总规模为6350亿元人民币的双边本币互换协议。

国别合作方面。2017年9月,中国国家开发银行与埃及阿拉伯国际银行(SAIBANK)在开罗签订2.6亿元人民币专项贷款及4000万美元非洲中小企业专项贷款合同,标志着国开行"一带一路"人民币专项贷款项目首次落地埃及。2017年9月,中国出口信用保险公司与格鲁吉亚伙伴基金签署《中国出口信用保险公司与格鲁吉亚伙伴基金框架合作协议》,双方将在基础设施、能源、机械、物流、电力、大型成套设备等领域建立融资保险合作平台。2017年11月,中国银行与菲律宾政府签署协议,承销菲律宾发行的价值2亿美元的人民币计价熊猫债券。2017年11月27日,中国国务院总理李克强在布达佩斯出席第六次中国—中东欧国家领导人会晤期间,为推动中国—中东欧"16+

1 合作"框架下的多边金融合作,由中国国家开发银行与中东欧金融机构共同发起的中国—中东欧银联体正式成立。2017 年 12 月 16 日,第九次中英经济财金对话期间,英方正式承诺向亚洲基础设施投资银行"项目准备特别基金"捐款 5000 万美元,与中方承诺金额相同,同时,渣打银行宣布将在 2020 年年底前为"一带一路"倡议相关项目提供总值至少 200 亿美元的融资支持。

项目支持方面。2017 年 9 月,亚洲基础设施投资银行向埃及太阳能项目提供 2.1 亿美元债务融资,旨在利用埃及的可再生能源潜力。2017 年 9 月,亚洲基础设施投资银行批准为菲律宾提供 5 亿美元的共同融资,用于改善大马尼拉地区的防洪管理能力。2017 年 9 月,亚洲开发银行利用与亚洲基础设施投资银行的联合融资,为印度的输电网络子项目提供补充资金——该子项目将与亚行资助的印度绿色能源走廊和电网加强项目对接,亚行共向印度国有电力输送公司、印度国家电网公司提供 10 亿美元融资。2017 年 11 月,以国家开发银行为主的银行联合体通过对巴基斯坦 1320 兆瓦胡布煤电站 15 亿美元的融资方案,预计总投资约 20 亿美元,隶属中巴经济走廊项目。2017 年 12 月,亚洲基础设施投资银行批准一笔 3.35 亿美元的贷款,用于印度城市班加罗尔修建地铁。2017 年 12 月,中国银行与欧洲复兴开发银行在哈南部城市阿拉木图签署银团贷款合同,共同为哈萨克斯坦沙尔基亚锌业公司锌矿改扩建项目提供贷款,这是中国银行首次与欧洲复兴开发银行开展合作,贷款总金额为 2.95 亿美元,中国银行提供 1.2 亿美元,欧洲复兴开发银行提供 1.75 亿美元。

融资规模方面。2015 年以来,建设银行累计为俄罗斯、巴基斯坦、新加坡、阿联酋、越南、沙特阿拉伯、马来西亚等 18 个"一带一路"沿线国家的 50 个海外重大项目提供了金融支持,建行签约金额约合 98 亿美元。截至 2017 年 6 月底,国家开发银行在"一带一路"沿线国家累计发放贷款超过 1700 亿美元,余额超过 1100 亿美元。2017 年 12 月 16 日,国家开发银行旗下的国开金融联合广西投资集团,推进广西东盟"一带一路"系列基金设立,基金总规模 500 亿元人民币,将主要投向广西和东盟"一带一路"地区的基础设施、优质产业等重点项目。2017 年 10 月 16 日,中国建设银行新加坡分行成功发行 5 亿新元"一带一路"基础设施债券,债券将在新交所挂牌上市,这是建行新加坡分行在本地市场首次发行新元债券,同时也是中国建设银行新加坡分行在本地发行"一带一路"基础设施系列债券的第二期。截至 2017 年 11 月末,中国银行共跟进"一带一路"重大项目约 520 个,2015 年至 2017 年 11 月间,完成对沿线国家各类授信支持约 980 亿美元。截至 2017 年年底,亚洲基础设施投资银行已经批准 21 个投资项目,总投资额为 34.9 亿美元,自正式开业运营以来,亚投行已在 12 个成员国开展了 24 个基础设施投资项目,项目贷款总额

42亿美元，撬动了200多亿美元的公共和私营部门资金。截至2017年年底，丝路基金已签约17个项目，承诺投资约70亿美元，支持项目涉及总投资金额达800亿美元。（本条执笔：沈铭辉）

35. 民心相通

——民心相通的含义

民心相通是"一带一路"建设的社会根基。2015年3月，《推动共建丝绸之路经济带和21世纪海上丝绸之路的愿景与行动》，将政策沟通、设施联通、贸易畅通、资金融通、民心相通作为"一带一路"的合作重点。民心相通的深远意义在于传承和弘扬丝绸之路友好合作精神，通过广泛开展文化交流、学术往来、人才交流合作、媒体合作、青年和妇女交往、志愿者服务等，为深化双多边合作奠定坚实的民意基础。具体包括以下方面：

第一，文化交流与学术往来。扩大"一带一路"参与国之间留学生规模，开展合作办学，中国每年向沿线国家提供10000个政府奖学金名额。沿线国家间互办文化年、艺术节、电影节、电视周和图书展等活动，合作开展广播影视剧精品创作及翻译，联合申请世界文化遗产，共同开展世界遗产的联合保护工作。深化沿线国家间人才交流合作。

第二，旅游合作与体育交流。通过互办旅游推广周、宣传月等活动引领旅游趋势、扩大旅游规模，与"一带一路"参与国联合打造具有丝绸之路特色的国际精品旅游线路和旅游产品，提高沿线各国游客签证便利化水平。推动21世纪海上丝绸之路邮轮旅游合作。积极开展体育交流活动，支持沿线国家申办重大国际体育赛事。

第三，疾控与医疗合作。强化与周边国家在传染病疫情信息沟通、防治技术交流、专业人才培养等方面的合作，提高合作处理突发公共卫生事件的能力。为有关国家提供医疗援助和应急医疗救助，在妇幼健康、残疾人康复以及艾滋病、结核、疟疾等主要传染病领域开展务实合作，扩大在传统医药领域的合作。

第四，科技合作与人才培养。通过共建联合实验室（研究中心）、国际技术转移中心、海上合作中心，促进科技人员交流，合作开展重大科技攻关，共同提升科技创新能力，扩大技术溢出效应。整合现有资源，积极开拓和推进与沿线国家在青年就业、创业培训、职业技能开发、社会保障管理服务、公共行政管理等共同关心领域的务实合作。

第五，政党、智库双轨交流。充分发挥政党、议会交往的桥梁作用，加强沿线国家之间立法机构、主要党派和政治组织的友好往来。开展城市交流合作，欢迎沿线国家重要城市之间互结友好城市，以人文交流为重点，突出务实合作，形成更多鲜活的合作范例。欢迎沿线国家智库之间开展联合研究、合作举办论坛等。

第六，民间交流与媒体合作。加强沿线国家民间组织的交流合作，重点面向基层民众，广泛开展教育医疗、减贫开发、生物多样性和生态环保等各类公益慈善活动，促进沿线贫困地区生产生活条件改善。加强文化传媒的国际交流合作，积极利用网络平台，运用新媒体工具，塑造和谐友好的文化生态和舆论环境。

民心相通旨在加强人文交流和民间纽带，深化教育、科技、体育、卫生、智库、媒体以及包括实习培训在内的能力建设等领域务实合作。鼓励不同文明间对话和文化交流，依靠"一带一路"沿线广大人民群众的智慧和勇气，共同维持文明多样性、保护世界文化和自然遗产。

——民心相通的现实意义

2016年1月，习近平在阿拉伯国家联盟总部的演讲中强调，"文明具有多样性，就如同自然界物种的多样性一样，一同构成我们这个星球的生命本源。我们应该开展文明对话，倡导包容互鉴，一起挖掘民族文化传统中积极处世之道同当今时代的共鸣点"，并指出，"'一带一路'建设，倡导不同民族、不同文化要'交而通'，而不是'交而恶'，彼此要多拆墙、少筑墙，把对话当作'黄金法则'用起来，大家一起做有来有往的邻居"。民心相通就是要本着尊重差异、相互包容、平等自愿、互惠互利的原则和广大沿线国家的人民群众交流和沟通，减少猜忌、消除误解、增进理解、达成共识，为各个国家和地区共建"一带一路"打牢民意基础和社会基础。

语言作为沟通交流的载体和工具，是民心相通的前提条件。"一带一路"建设涵盖的国家和地区存在50多种通用语言和200多种民族语言，只有语言相通才能在文化、学术、旅游、医疗以及人才培养等众多方面实现广泛而深入的交流合作。2014年3月，习近平在柏林会见德国汉学家、孔子学院师生代表时说道，"沟通交流的重要工具就是语言。一个国家文化的魅力、一个民族的凝聚力主要通过语言表达和传递。掌握一种语言就是掌握了通往一国文化的钥匙，学会不同语言，才能了解不同文化的差异性，进而客观理性看待世界，包容友善相处"。随着"一带一路"的不断推进，各方面的合作交流不断深化，语言相通的重要性越来越高，只有更好地使用当地喜闻乐见的语言才能更好地融入当地的社会，从而更好地开展各项合作和建设。当前，中国的小语种资源匮乏，相关教育体系薄弱，人才和服务远远不能满足"一带一路"语言相通的需要。因而，语言人才的培养、语言教育的推广、语言体系的规划都是语言相通、民心相通的重要环节，都将为"一带一路"建设做出贡献。

作为"一带一路"倡议的发起国，"讲好中国故事，传播好中国声音"是民心相通的重要组成部分，其中，孔子学院是最好的载体。2015 年 10 月，习近平在伦敦出席全英孔子学院和孔子课堂年会开幕式时高度赞扬了孔子学院对汉语传播的重要性，他说："孔子学院是世界认识中国的一个重要平台，作为中外语言文化交流的窗口和桥梁，孔子学院和孔子课堂为世界各国民众学习汉语和了解中华文化发挥了积极作用，也为推进中国同世界各国人文交流、促进多元多彩的世界文明发展做出了重要贡献。"因而，推动汉语的国际传播能够让参与"一带一路"建设的各个国家的官员、企业家、人民群众更加全面深入地了解中国悠久的历史、中国独特的发展模式、中国多元化的社会、中国的创新精神和先进技术、中国对世界经济发展所做出的贡献，等等。"讲好中国故事，传播好中国声音"就是将当代中国的形象生动地展现给国际社会，让参与"一带一路"建设的国家真正领会到中国的大国魅力。

"一带一路"不仅仅是基础设施的互联互通，更是文化、学术、媒体、体育、科技、人才和历史记忆的互联互通。设施联通是民心相通的现实基础，联通手段的丰富和联通成本的降低让民心相通更易实现；民心相通的建设反过来促进设施联通，使得国家、企业和人民之间的合作更有内涵、更加长远，两者相互促进、共同发展。"一带一路"由于其极广的涵盖范围，域内各个国家情况复杂，地缘政治矛盾凸显，民心相通的重要作用还体现在消除隔阂、增进感情、凝聚共识等方面。因而，民心相通是"一带一路"建设的社会根基，只有参与各国频繁交流、彼此尊重、相互理解才能同心共建"一带一路"，共同迎接人类的美好明天。

——民心相通的实施进展

文化交流与学术往来。2016 年，教育部印发《推进共建"一带一路"教育行动》，聚力构建"一带一路"教育共同体，培养大批共建"一带一路"急需人才。截至 2016 年年底，中国已经先后与 46 个国家和地区签订了学历学位互认协议，其中"一带一路"沿线国家与中国学历互认已达 24 个。为了配合"一带一路"建设，教育部还实施了"丝绸之路"留学推进计划，2016 年共选拔 226 名国别区域研究人才赴 34 个国家。根据《中国留学发展报告（2017）》所述，随着"一带一路"沿线项目的不断推进，沿线国家来华留学的国际学生数量持续增长，来华留学生人数增长最快的韩国、泰国、印度、巴基斯坦、印度尼西亚和老挝中，泰国、印度、巴基斯坦、印度尼西亚和老挝都属于"一带一路"沿线国家，来华留学生增幅的平均值超过 20%。

2017年11月26日，以"构建命运共同体、迈向南海新时代"为主题的"2017南海佛教深圳圆桌会"在深圳举行，来自中国、泰国、柬埔寨、老挝、斯里兰卡、尼泊尔、缅甸、蒙古国、美国和加拿大十个国家的高僧大德及友好协会人士出席。圆桌会就共建"南海丝路基金"、成立"南海文化研究院"、建立南海佛教深圳圆桌会常设机构等多项议题达成共识。

旅游合作与体育交流。自2011年国务院批准开放哈萨克斯坦为中国公民出境旅游地以来，双方旅游合作大步向前。2015年12月，双方签署了《关于便利中国公民赴哈萨克斯坦共和国团队旅游的备忘录》。2016年7月，中国公民组团赴哈萨克斯坦旅游业务正式启动，双方旅游合作步入快车道。2017年11月17日，"中哈旅游年"在哈萨克斯坦首都阿斯塔纳举行闭幕式，"中哈旅游年"的成功举办为两国深化"一带一路"框架下各领域合作奠定坚实基础。

2017年11月13日，中国与东盟在马尼拉发表了旅游合作联合声明，再一次强调了旅游产业发展对双方密切人文交流和社会经济永续发展，以及为增进互信和维护地区稳定等方面发挥的战略意义，双方从制度建设、信息共享、联合推介、服务水平提升、人力资源开发、互联互通发展等领域提出了新的目标。

疾控与医疗合作。截至2016年年底，中国在"一带一路"相关国家和地区建立了17个中医药海外中心，在30多个国家和地区开办了数百所中医药院校；截至2017年年底，中国与外国政府、地区和组织签署了86个中医药合作协议，中医药已经积极参与到中国与14个国家和地区的自由贸易区谈判中，以降低中医药市场准入，减少贸易壁垒。2017年中国红十字基金会成立了"丝路博爱基金"，旨在服务国家"一带一路"建设，提供人道服务供给，此项基金在短短一年时间里资助了一系列国际人道救援项目，共派出9个团组、63人次开展国际援助项目。

2017年11月19日，"'一带一路'·侨爱心光明行"缅甸站复明仪式在实皆省梯桑眼科医院举行，来自中国爱尔眼科医院的医疗队为缅甸200名白内障患者实施手术，帮助他们重见光明。2017年11月25日，"中国—瑞典2017'一带一路'针灸中医药高峰论坛"在斯德哥尔摩中国文化中心举行，与会者就针灸中医药理论、实践、科研和行业标准等进行了探讨交流。

语言合作与人才培养。2017年7月，教育部及国家语言文字工作委员会发布《中国语言文字事业发展报告（2017）》白皮书，报告指出，2016年新建84所孔子学院和中小学孔子课堂，"一带一路"覆盖范围内共有51个国家和地区开设了134所孔子学院和130个中小学孔子课堂，对欧盟28国、中东欧16国实现全覆盖。

政党、智库双轨交流。2017年11月30日—12月3日，中国在北京举办"中国共产党与世界政党高层对话会"，来自120多个国家、200多个政党和政党组织的领导人齐聚北京，为构建人类命运共同体、共同建设美好未来与中国展开对话、交流。2018年2月5日，韩国民间主导创立的社团法人"'一带一路'研究院"正式成立，由韩国Heritage律师事务所首席律师崔载千担任理事长，韩国前总统卢泰愚的长子、韩中文化中心院长卢载宪和韩中文化友好协会会长曲欢担任共同院长。

民间交流与媒体合作。2016年8月，中国国际电视总公司发起成立了"丝路电视国际合作共同体"，共同体的成员已经发展到41个国家、68家媒体机构，一大批中国优秀的节目先后被译制成近20种语言在"一带一路"沿线国家和地区播出。2017年11月21日，在中联部支持下，首届"丝绸之路沿线民间组织合作网络论坛"召开，目前已有60多个国家和地区的300多家民间组织参加合作网络，论坛发表了《丝绸之路沿线民间组织合作网络论坛北京共识》。2017年12月发布的《丝绸之路沿线国家电影大数据白皮书（2017）》采集了包括中国在内的11个丝路沿线国家的电影产业数据。截至2017年年底，作为中国数字电视运营商，四达时代已在非洲20多个国家累计投资约25亿美元，拥有5000家经销商和超过1000万数字电视用户，让当地老百姓收看数字电视的门槛大大降低，在使他们生活更加丰富多彩的同时，也为他们打通连接世界的"信息高速路"。（本条执笔：秦升）

六 六大经济走廊

36. 中蒙俄经济走廊

——概念阐述

中蒙俄经济走廊是落实对接中国"一带一路"、蒙古国"发展之路"("草原之路")和俄罗斯"欧亚经济联盟"三大倡议的共同载体。

2014 年 9 月 11 日,中国国家主席习近平在出席中蒙俄三国元首会晤时首次提出,要将"丝绸之路经济带"同俄罗斯"跨欧亚大铁路"、蒙古国"草原之路"倡议进行对接,打造中蒙俄经济走廊。[①] 2015 年 5 月 8 日,中俄两国在莫斯科发表了《中华人民共和国与俄罗斯联邦关于丝绸之路经济带建设和欧亚经济联盟建设对接合作的联合声明》。2015 年 7 月 9 日中蒙俄三国元首会晤期间,三国有关部门在乌法签署了《关于编制建设中蒙俄经济走廊规划纲要的谅解备忘录》,明确了三方联合编制《建设中蒙俄经济走廊规划纲要》的总体框架和主要内容。[②]

2016 年 6 月 23 日,中蒙俄三国元首在塔什干共同见证签署了《建设中蒙俄经济走廊规划纲要》,标志着"一带一路"框架下的首个多边合作规划纲要正式启动实施,有效地推动了"一带一路"框架下中蒙俄三国发展战略的对接。[③] 2017 年 5 月"一带一路"国际合作高峰论坛期间,中蒙两国政府就蒙古国"草原之路"改称为"发展之路"达成共识,并签署了《蒙古国发展之路计划与中国"一带一路"倡议对接谅解备忘录》,以支持蒙古国发挥连接亚欧

[①] 《习近平:打造中蒙俄经济走廊》,2014 年 9 月 26 日,新华网,http://www.xinhuanet.com/world/2014-09/12/c_1112448804.htm。

[②] 《中蒙俄三国签署〈关于编制建设中蒙俄经济走廊规划纲要的谅解备忘录〉》,2015 年 7 月 13 日,中华人民共和国国家发展和改革委员会网站,http://www.ndrc.gov.cn/gzdt/201507/t20150713_737154.html。

[③] 推进"一带一路"建设工作领导小组办公室:《共建"一带一路":理念、实践与中国的贡献》,2017 年 5 月 10 日,新华网,http://www.xinhuanet.com/politics/2017-05/10/c_1120951928.htm。

大陆的桥梁和纽带作用。① 蒙古国"发展之路"计划由连接中俄的 997 千米高速公路、1100 千米电气化铁路,扩展跨蒙古国铁路以及天然气和石油管道等多个项目组成(总投资约 500 亿美元),其合作内容和空间分布均与中蒙俄经济走廊高度契合,与俄罗斯"欧亚经济联盟"框架内的一体化进程也有着许多共同利益和合作空间。

——具体内容

中蒙经济走廊是一项系统工程,涵盖基础设施互联互通、口岸建设、产能、投资、经贸、人文、生态环保等多个领域。②

其一,基础设施互联互通。基础设施互联互通是中蒙俄经济走廊的优先领域。良好的基础设施如公路、铁路、航空、港口、口岸等不仅可以改善中蒙俄三国推进互联互通的基础条件、满足三国间要素自由流动和一体化的要求,还为三国提升经济发展质量、缩小经济差距、促进平衡发展带来了新的历史机遇。三国在口岸、国际运输通道、国际集装箱班列、边境基础设施、跨境运输组织等方面的合作,可以提高三国间、亚洲与欧洲间以基础设施、通关便利化、国际运输、物流能力、跟踪与追踪、国内物流成本、运输时间为指标的跨境供应链质量水平。而三国在能源基础设施领域的合作,如过境蒙古国的中俄原油及天然气管道建设则可以进一步提升中蒙俄三国能源保障能力和合作水平。

其二,产能与投资合作。开展产能和装备制造合作,扩大相互间投资是中蒙俄经济走廊的另一个优先领域,也是深化中蒙俄三国合作的基础性因素。中蒙俄三国在资源结构、产业结构、技术结构、劳动力结构等方面具有较强的互补性。三方在核能、水电、光伏能源、生物质能源、能源矿产资源方面的合作,有利于丰富并深化中俄能源战略合作内涵,推动中俄、中蒙能源合作迈上新的历史高位。三方在制造业和农林牧等领域加强合作,不仅有利于中蒙俄三国产业协同发展,还有利于中蒙俄三国间区域生产网络的形成和价值链的延伸。而三方在电子商务、高新技术方面的合作则有利于中蒙俄三方共同打造产能与投资合作集聚区,推动中蒙俄三国间经贸关系由产业间分工向产业内分工和产品内分工的延伸与升级,形成新的产业集群。

其三,经贸合作。经贸合作是中蒙俄经济走廊的重要内容。在中蒙俄经济走廊框架下进一步扩大三国间能源矿产、建材、纺织品、农产品等贸易规模,

---

① 《习近平会见蒙古国总理:使"一带一路"倡议和蒙方"发展之路"倡议对接产生实效》,2017 年 5 月 12 日,中国新闻网,http://www.chinanews.com/gn/2017/05-12/8222181.shtml。
② 《建设中蒙俄经济走廊规划纲要》,2017 年 6 月 23 日,中华人民共和国国家发展和改革委员会网站,http://www.ndrc.gov.cn/zcfb/zcfbghwb/201609/t20160912_818326.html。

不仅有利于发挥三国的比较优势和互补性,还可以优化三国的货物贸易结构。三国在金融、物流、广告、咨询、文化创意、旅游等服务贸易领域的交流与合作有利于中蒙俄三国间形成新的生产网络,而在软件研发、数据维护、信息技术、业务流程和技术外包等领域加强合作将会为三国间贸易的持续增长注入新的活力。不仅如此,以跨境经济合作区和境外产业园区为平台,三国在中蒙俄经济走廊框架下将会形成新的产业聚集区、形成新的比较优势,而跨境经济合作区的产业集聚和平台效应将会进一步提高三国经贸合作水平。

其四,人文交流和生态环保合作。共建中蒙俄经济走廊离不开三国民众的支持和参与,三国在教育、科技、文化、旅游和知识产权等方面的合作不仅可以促进中蒙俄三国间人员往来便利化,还可以扩大三国民间往来和交流。除此之外,三国在生物多样性、自然保护区、湿地保护、森林防火及荒漠化领域的合作也为中蒙俄三国共建绿色经济走廊带来了新的机遇。中俄两国在森林资源保护利用、边境防火、候鸟保护,中蒙两国在野生物种保护、防沙治沙等领域开展的一系列合作,不仅会给中蒙俄三国带来巨大的生态效益,也会为中蒙俄三国带来潜在的经济效益。

——最新进展

自 2014 年中蒙俄三方首次提出共同打造中蒙俄经济走廊以来,中蒙俄经济走廊已经初见成效,贸易和投资稳步提升,重大项目陆续落地。

首先在基础设施互联互通领域,以中俄同江铁路大桥、中俄黑河大桥为代表的基础设施互联互通项目已顺利开工。其中,2014 年开工的同江铁路大桥是首座横跨中俄界河的铁路大桥,建成后将会极大改善中俄两国间贸易运输条件。中俄黑河大桥是中俄界河上首座现代化公路大桥,预计 2019 年建成通车,建成后将会形成一条新的国际通道。此外,作为俄罗斯(莫斯科)—中国(北京)亚欧高速运输走廊的先导工程,全长 770 千米的莫斯卡—喀山高铁已完成勘察设计工作。同期,以口岸建设为代表的基础设施互联互通建设也取得了良好进展。包括满洲里、二连浩特在内的 19 个对外开放口岸的无纸化、信息化、智能化建设也极大地推动了中蒙俄经济走廊基础设施互联互通建设。据中国海关统计,2017 年中蒙最大陆路口岸——二连浩特口岸中欧班列共运行 15 条线路,货值达 25.12 亿美元。① 上述基础设施互联互通优先项目的实施为中蒙俄经济走廊建设提供了有力支撑。

在能源合作领域,以华电捷宁斯卡娅电站、亚马尔液化天然气项目、阿穆尔天然气加工厂为代表的能源合作项目相继投产,中俄原油管道二线工程也已

---

① 《中蒙最大陆路口岸 2017 年中欧班列货值超 25 亿美元》,2018 年 1 月 2 日,中国新闻网,https://www.yidaiyilu.gov.cn/xwzx/dfdt/42031.htm。

正式投入商业运营。其中，2017年6月投入运营的华电捷宁斯卡娅电站是目前中国在俄罗斯最大的电力能源类投资项目，该电站的顺利投产标志着中俄两国在电力能源领域合作的进一步深化。2017年12月正式投产的亚马尔液化天然气项目则是中国在"一带一路"倡议提出后首个海外特大型项目，也是中俄在北极圈合作的首个全产业链合作项目。该项目全部建成后每年可生产液化天然气1650万吨，将成为全球最大的北极液化天然气项目。[①] 中俄原油管道二线工程已于2018年1月1日正式投入商业运营，每年从该通道进入中国的俄罗斯油量将达3000万吨。[②] 上述能源项目的顺利投产不仅可以带动俄罗斯能源产业发展，对于深化中蒙俄经济走廊框架下的中俄能源和电力合作也具有里程碑的意义。

在经贸、产能合作领域，自2014年中蒙俄三方首次提出共建中蒙俄经济走廊以来，中蒙俄三国间产能合作不断深化、贸易投资水平也得到极大提升。据中国海关统计，2017年中国与蒙古国和俄罗斯的双边贸易额分别达63.47亿美元、840.3亿美元，同比分别增长40.31%、21.05%。[③] 中国已经成为蒙古国和俄罗斯的第一大贸易伙伴。另据中国商务部统计，截至2016年年底，中国对蒙古国和俄罗斯累计投资分别达38.4亿美元、129.8亿美元，与2012年"一带一路"倡议提出前相比年均分别增长6.8%、27.7%。[④] 投资已经成为中蒙俄三方共建"一带一路"和经济走廊的重要方式。此外，以俄罗斯乌苏里斯克经贸合作区、俄罗斯中俄托木斯克木材工贸合作区、中俄（滨海边疆区）农业产业合作区、俄罗斯龙跃林业经贸合作区为平台、绥芬河和黑河国家级边境经济合作区、中蒙二连浩特—扎门乌德跨境经济合作区为平台，中蒙俄三国在能源、电力、矿产、商贸物流等产业合作领域也取得了极大进展。产业和投资合作将会对中蒙俄三国间区域生产网络的完善与重构、价值链和供应链的延伸、贸易和生产要素的优化配置起到积极的促进作用，也为中蒙俄三国间经济差距的缩小、地区内部的平衡发展、国民福利的提高和经济的可持续增长带来了新的机遇。[⑤]

---

① 《中俄原油管道二线工程全线贯通》，2017年11月12日，新华网，http://www.xinhuanet.com/world/2017-11/12/c_1121943190.htm。
② 《中俄重大能源合作项目亚马尔液化天然气项目正式投产》，2017年12月9日，央广网，http://china.cnr.cn/yaowen/20171209/t20171209_524055590.shtml。
③ 全球贸易数据库（Global Trade Atlas, GTA），http://www.gtis.com/gta/。
④ 中华人民共和国商务部、国家统计局和国家外汇管理局：《2016年度中国对外直接投资统计公报》，中国统计出版社2017年版。
⑤ 王金波：《"一带一路"经济走廊与区域经济一体化：形成机理与功能演进》，社会科学文献出版社2016年版。

——未来前景

自2013年中国提出"一带一路"倡议以来,经过四年多的努力,中蒙俄经济走廊已经取得了实质性进展。作为"一带一路"经济走廊的有机组成部分,中蒙俄经济走廊的贸易创造效应、投资促进效应、产业聚集效应、空间溢出效应和与欧亚经济联盟的对接效应将会对中蒙俄三国间价值链的延伸、贸易和生产要素的优化配置起到积极的促进作用。在稀缺条件下实现要素在中蒙俄三国间的有序配置和自由流动不仅有利于中蒙俄三国间要素资源禀赋的价值实现与增值,还可以通过空间聚集的自我强化作用推动中蒙俄三国间经济结构的产生和变化,进而为中蒙俄经济走廊要素的集聚和扩散提供稳定的动力机制。

(本条执笔:王金波)

37. 新亚欧大陆桥经济走廊

——概念阐述

新亚欧大陆桥经济走廊,东起中国东部沿海,横贯亚欧大陆(经中国西北地区和中亚、俄罗斯抵达中东欧),东连充满经济活力的东亚经济圈,西连发达的欧洲经济圈,辐射中东欧、中亚两大区域和"16+1合作"、上合组织两大平台。[①] 以中欧班列等现代化国际物流体系为依托,以经贸和产能合作为重点,以拓展能源资源合作空间为抓手、以构建畅通高效的区域大市场为目标,新亚欧大陆桥经济走廊将为中国与中亚和中东欧国家合作开辟更广阔的空间,也为亚欧大陆腹地广大国家提供了新的发展机遇。

自2013年中国提出"一带一路"倡议以来,习近平在会见中东欧国家领导人时多次提出将"16+1合作"打造成为"一带一路"倡议融入欧洲经济圈的重要承接地。[②] 2015年11月,在习近平的见证下,中国与波兰、塞尔维亚、捷克、保加利亚、斯洛伐克五国分别签署了政府间共同推进"一带一路"建设的谅解备忘录。[③] 2016年6月,在对第一个同中国建立战略伙伴关系的中东欧国家——塞尔维亚进行国事访问时,习近平再次提及要将"16+1合作"打造成为"一带一路"倡议融入欧洲经济圈的重要承接地;在对波兰进行国事访问时,习近平为"一带一路"建设提出"齐心协力、突出重点、紧密协作、优化机制、智力先行"五点建议;在对乌兹别克斯坦进行国事访问时,习近平提

[①] 推进"一带一路"建设工作领导小组办公室:《共建"一带一路":理念、实践与中国的贡献》,2017年5月10日,新华网,http://www.xinhuanet.com/politics/2017-05/10/c_1120951928.htm。

[②] 钟声:《对接发展战略"一带一路"再提速》,《人民日报》2016年6月26日第3版。

[③] 《习近平集体会见中东欧16国领导人》,2015年11月27日,新华网,http://www.xinhuanet.com/mrdx/2015-11/27/c_134860944.htm。

出携手打造"绿色、健康、智力、和平"四大指向的丝绸之路。2017 年 11 月，中国同中东欧 16 国共同发表《中国—中东欧国家合作布达佩斯纲要》，强调愿以"16+1 合作"为依托，继续共商、共建、共享"一带一路"，继续推动"一带一路"倡议与欧洲投资计划等重大倡议和各国国家发展规划相对接。①

——具体内容

其一，基础设施互联互通。基础设施互联互通是新亚欧大陆桥经济走廊的优先领域。作为一条国际运输大通道，新亚欧大陆桥将为中国与沿途国家合作的深化与升级带来新的历史机遇。以中欧班列等现代化国际物流体系为依托，以新亚欧大陆桥经济走廊为引领，以陆海空通道和信息高速公路为骨架，在亚欧大陆将会形成一个复合型的基础设施网络。② 这一复合型基础设施网络将会进一步提高亚欧大陆国家间以基础设施、通关便利化、国际运输、物流能力、跟踪与追踪、国内物流成本、运输时间为指标的跨边界供应链质量水平。不仅如此，以新亚欧大陆桥经济走廊为框架、以中欧互联互通平台为载体，中国与欧盟双方完全可以把共建"一带一路"与中欧合作相结合，加大欧盟"欧亚大陆互联互通蓝图"与"一带一路"倡议的对接力度，继续推进中欧互联互通合作，继续扩大亚欧供应链物流网络兼容、海上运输、铁路服务、物流、交通安全、低碳和智能交通等领域合作、加强交通技术规范和标准对接。最大限度地发挥中国的对外开放战略与欧盟一体化战略、"欧洲 2020 战略"的对接效应。

其二，产业和投资合作。产业和投资合作是新亚欧大陆桥经济走廊的重点领域。以产业和投资合作为重点，新亚欧大陆桥经济走廊框架下的产业与投资合作将会对中国与沿途国家间区域生产网络的完善与重构、价值链的延伸、贸易和生产要素的优化配置起到积极的促进作用，也为欧盟的"容克计划"与中国"一带一路"倡议的有效对接带来新模式、新机遇。新亚欧大陆桥经济走廊的辐射效应、联动效应和一体化框架下的贸易投资自由化、通关便利化措施不仅会对沿途国家间价值链的延伸起到积极的促进作用，为沿途尤其是发展中国家经济的内生发展提供新的动力，还会为沿途国家由利用比较优势向创造比较优势、由走廊向一体化的超越提供一个新的链接范式。③

---

① 《中国—中东欧国家合作布达佩斯纲要》，2017 年 11 月 28 日，中华人民共和国外交部网站，http://www.fmprc.gov.cn/web/zyxw/t1514532.shtml。

② 习近平：《携手推进"一带一路"建设——在"一带一路"国际合作高峰论坛开幕式上的演讲》，《人民日报》2017 年 5 月 15 日第 3 版。

③ 王金波：《"一带一路"经济走廊与区域经济一体化：形成机理与功能演进》，社会科学文献出版社 2016 年版。

其三，经贸合作。经贸合作是新亚欧大陆桥经济走廊的重要内容。以构建畅通高效的区域大市场为目标，中国与新亚欧大陆桥沿途各国的经贸合作将成为促进沿途各国经济发展和创新的主要动力。目前，中国与欧盟正在商签双边投资协定（BIT），同时与欧盟、上合组织成员探讨签署自由贸易协定的可能性，旨在为中欧、中国与上合组织成员经贸关系的可持续发展创造更加有利的条件，为中国与新亚欧大陆桥经济沿途国家间贸易和投资的可持续增长提供制度性保障。据欧洲政策研究中心（CEPS）报告，中欧 FTA 的签署将使中国的 GDP 增加 1.87%，使欧盟的 GDP 增加 0.76%。[1] 不仅如此，作为中欧全面战略伙伴关系的重要组成部分和有益补充，"16+1 合作"与"一带一路"的有效对接将使中欧关系向着更高水平、更宽领域、更深层次发展。

——最新进展

首先，在基础设施互联互通领域，以中欧班列、匈塞铁路、希腊比雷埃夫斯港为代表的"一带一路"基础设施互联互通项目建设取得巨大进展。自 2016 年 6 月中欧班列统一品牌以来，据国家发展和改革委员会报告，"截至 2017 年底，中欧班列国内开行城市达 38 个；到达欧洲 13 个国家 36 个城市，较 2016 年新增 5 个国家 23 个城市；铺画中欧班列运行线路达 61 条。中欧班列全程运行时间从开行初期的 20 天以上逐步缩短到 12 至 14 天；整体运输费用较开行初期下降约 40%"。[2] 作为"一带一路"和新亚欧大陆桥经济走廊建设的重要平台，中欧班列到 2020 年将实现年开行 5000 列左右，在集装箱铁路国际联运总量中占比将达 80%。[3] 作为中国铁路进入欧盟市场的第一个项目，匈塞铁路已于 2015 年 11 月 24 日正式启动，在当天的中东欧"16+1"会议上双方签署了《关于匈塞铁路项目匈牙利段开发、建设和融资合作的协议》。匈塞铁路全长 350 千米，北起布达佩斯，南至贝尔格莱德，东经规划中的"中欧陆海快线"延伸至希腊比雷埃夫斯港，建成后将成为中欧地区重要的运输大动脉。希腊比雷埃夫斯港是希腊第一大港口、地中海第二大港口，自 2008 年金融危机后中远集团获得该港 2 号、3 号码头特许经营权后，该港吞吐量目前已突破 400 万标准箱，是 2010 年 88 万标准箱的 4 倍多，全球排名则从 2008 年的第 93 位上升至 2016 年的第 38 位。[4] 比雷

---

[1] Center for European Policy Studies (CEPS), "Tomorrow's Silk Road: Assessing an Eu-China Free Trade Agreement", April 2016, https://www.ceps.eu/system/files/EUCHINA_FTA_Final.pdf.
[2] 《2017 年中欧班列开行数量同比增长 116%》，2018 年 1 月 22 日，新华网，http://www.xinhuanet.com/2018-01/22/c_1122297180.htm。
[3] 《"中欧班列建设发展规划（2016—2020 年）"发布》，2016 年 10 月 19 日，中华人民共和国国家铁路局网站，http://www.nra.gov.cn/jgzf/yxjg/zfdt/201610/t20161027_28807.shtml。
[4] 《希腊比港首迎 2 万标准箱级集装箱船》，2018 年 2 月 27 日，新华网，http://www.xinhuanet.com/photo/2018-02/27/c_129818357.htm。

埃夫斯港正在成为"一带一路"上的重要枢纽港和中国与希腊战略合作的典范。

其次，在产能合作领域。以中白工业园、匈牙利中欧商贸物流园、中匈宝思德经贸合作区、波兰跨境电商产业园为代表的产业合作项目成效显著。位于白俄罗斯首都明斯克郊区的中白工业园是中国最大的海外工业园，也是中国与白俄罗斯共建丝绸之路经济带的标志性工程。自2015年进入实质性开发以来，中白工业园已经建成总面积达10万平方米的中白商贸物流园，入驻企业达25家。匈牙利中欧商贸物流园是中国在欧洲地区建设的首个国家级经贸合作区和首个国家级商贸物流型境外经贸合作区。而2016年6月启动的波兰跨境电商产业园则是中国在欧洲最大的跨境电商产业园。以境外工业园、产业园和经贸合作区为平台，新亚欧大陆桥框架下的产能合作将为中国与新亚欧大陆桥沿途国家深化经贸合作、促进东道国产业升级、提升经济发展水平奠定新的基础。除此之外，作为中国与中东欧国际产能合作的样板工程，塞尔维亚斯梅代雷沃钢铁厂2号高炉的重启和科斯托拉茨电站一期项目的完工已经成为中塞两国在"一带一路"和新亚欧大陆桥经济走廊框架下产业合作的典范。

最后，在经贸和投资合作领域，自2013年中国提出"一带一路"倡议以来，中国与新亚欧大陆桥沿途各国的贸易和投资规模均呈持续上升之势。据中国海关统计，2017年，中国与中东欧16国和上合组织成员（不含印度和巴基斯坦）的贸易额分别达680.42亿美元和1134.2亿美元，同比分别增长15.5%和21.0%，高于同期中国对外贸易总额增速4.3个百分点和9.8个百分点。[①] 与欧盟的贸易额达6406.5亿美元（同比增长14.1%），约占中国对外贸易总额的15.7%，约占欧盟对外总额的15.1%，欧盟已经连续10年成为中国的第一大贸易伙伴，而中国则从2003年起一直是欧盟的第二大贸易伙伴。另据中国商务部统计，截至2016年年底，中国对中东欧16国和上合组织成员累计分别投资16.67亿美元和218.74亿美元，较"一带一路"倡议提出前的2012年增长4.6%和12.0%；对欧盟累计直接投资达698.37亿美元，是2012年的2.2倍。投资已经成为中国与新亚欧大陆桥沿途各国共建经济走廊的重要方式。除了直接投资外，由中国、波兰和匈牙利三国银行机构共同出资成立的中国—中东欧投资合作基金已于2014年9月在波兰启动首个股权投资项目——格勒诺布尔风电项目。而由中国进出口银行和中国银行共同发起的规模达50亿美元的中国—亚欧经济合作基金则已向上合组织成员国提供了271亿

---

① 全球海关数据库（GTA），http：//www.gtis.com/gta/。

美元贷款额度，主要投资于农业开发、物流、基础设施、新一代信息技术、制造业等亚欧地区优先发展产业。

——未来前景

自 2013 年中国提出"一带一路"倡议以来，经过四年多的努力，"一带一路"建设逐渐从理念和愿景转化为行动与现实，新亚欧大陆桥经济走廊建设也取得了富有成效的成果。正如习近平所言，以新亚欧大陆桥经济走廊为引领，一个复合型的基础设施互联互通网络正在亚欧大陆形成。未来一段时期，随着"一带一路"建设的不断推进，与其他五大经济走廊一样，新亚欧大陆桥经济走廊的贸易创造效应、投资促进效应、产业集聚效应和空间溢出效应将会对中国与新亚欧大陆桥沿途各国提升经济发展水平、实现共同发展起到积极的促进作用。而中国与中东欧国家、上合组织成员在新亚欧大陆桥经济走廊框架下的合作也将与"16+1 合作"、上合组织框架下合作一起开辟亚欧大陆合作新空间。（本条执笔：王金波）

38. 中国—中亚—西亚经济走廊

——概念阐述

中国—中亚—西亚经济走廊由中国西北地区出境，向西经中亚至波斯湾、阿拉伯半岛和地中海沿岸，辐射中亚、西亚和北非有关国家。作为古代丝绸之路的中枢，中亚五国在古老的丝绸之路上曾经占据重要位置。今天，中国与中亚五国依然山水相连。同样，作为古代海陆丝绸之路的交会点，西亚尤其是中东海湾国家在东西方经贸往来和文明交流中也发挥过举足轻重的作用。今天，西亚尤其是中东海湾国家业已成为中国最重要的石油和天然气的供给来源，而中国则已成为中东海湾国家第一大石油出口市场。

2013 年 9 月，中国国家主席习近平在访问哈萨克斯坦期间，提出共建"丝绸之路经济带"的倡议。2014 年 6 月，习近平在中国—阿拉伯国家合作论坛第六届部长级会议上提出，"以能源合作为主轴，以基础设施建设、贸易和投资便利化为两翼，以核能、航天卫星、新能源三大高新领域为突破口"，构建中阿"1+2+3"合作格局。[①] 2016 年 G20 杭州峰会期间，在中哈两国元首的共同见证下，中哈双方签署了《中哈丝绸之路经济带建设和"光明之路"新经济政策对接合作规划》，明确了中哈双方在推进"丝绸之路经济带"建设与"光明之路"新经济政策对接合作中，要稳步推动产能和投资合作、

---

① 《弘扬丝路精神 深化中阿合作——在中阿合作论坛第六届部长级会议开幕式上的讲话》，2014 年 6 月 6 日，人民网，http://politics.people.com.cn/n/2014/0606/c1024-25110600.html。

积极发展经贸合作、深化能源资源合作、扩大人文合作。① 此外，中国还先后与塔吉克斯坦、吉尔吉斯斯坦、乌兹别克斯坦等国签署了共建丝绸之路经济带的合作文件，与土耳其、伊朗、沙特、卡塔尔、科威特等国签署了共建"一带一路"合作备忘录。② 上述规划、合作文件或备忘录的签署，为中国与中亚、西亚国家共建"一带一路"和中国—中亚—西亚经济走廊提供了稳定的制度性保障。

——具体内容

其一，基础设施互联互通。基础设施互联互通是中国—中亚—西亚经济走廊的优先领域。中国改革开放的实践和发达国家的经验证明，良好的基础设施对于一国经济的增长、全要素生产率的提高和人均收入水平的提升起着非常重要的作用。据世界经济论坛（WEF）全球竞争力报告，2017年，中国—中亚—西亚经济走廊国家中，卡塔尔（5.8）、沙特阿拉伯（5.2）、巴林（5.1）、阿曼（4.9）等中东海湾国家的基础设施竞争力指数要明显高于哈萨克斯坦（4.2）、塔吉克斯坦（3.3）和吉尔吉斯斯坦（3.0）等中亚国家。在137个国家中，卡塔尔的排名最高为第13名，而吉尔吉斯斯坦的排名（第109名）则明显较低。③ 而据世界银行报告，中国—中亚—西亚经济走廊国家中，塔吉克斯坦与吉尔吉斯斯坦的用电便利性指数分别只有35.00和44.19（在全球190个国家或地区中分别只排第171位和第164位），明显低于阿联酋的99.92和乌兹别克斯坦的85.50（分别排第1位和第27位）。④ 表明基础设施尤其是电力不足依然是制约中国—中亚—西亚经济走廊的部分国家经济发展的重要因素。而中国—中亚—西亚经济走廊框架下的基础设施互联互通则为中国与中亚、西亚各国共同提高基础设施和便利化水平、实现供应链的"无缝连接"带来了新的机遇。

其二，能源合作。能源合作是中国—中亚—西亚经济走廊的重要内容。受欧美发达经济体能源供应来源多样化战略和国际石油市场板块化影响，过去十年，中东逐渐失去了欧美第一大石油供应来源的地位，寻找长期稳定的石油出口市场因此成为中东国家的重大战略关切。而中国经济的迅速增长，石油需求

---

① 《中哈签署"丝绸之路经济带"建设与"光明之路"新经济政策对接合作规划》，2016年9月5日，中华人民共和国国家发展和改革委员会网站，http：//www.ndrc.gov.cn/gzdt/201609/t20160905_817637.html。

② 推进"一带一路"建设工作领导小组办公室：《共建"一带一路"：理念、实践与中国的贡献》，2017年5月10日，新华网，http：//www.xinhuanet.com/politics/2017-05/10/c_1120951928.htm。

③ World Economic Forum (WEF), *The Global Competitiveness Report 2017-2018*, http：//www3.weforum.org/docs/GCR2017-2018/05FullReport/TheGlobalCompetitivenessReport2017-2018.pdf.

④ World Bank, *Doing Business 2018*, http：//www.doingbusiness.org/~/media/WBG/DoingBusiness/Documents/Annual-Reports/English/DB2018-Full-Report.pdf.

六　六大经济走廊

的迅速增加、"一带一路"倡议和中国—中亚—西亚经济走廊的提出,均为中亚和中东海湾国家解决石油天然气出口安全问题提供了重大机遇。据英国石油公司(BP)统计,2016年,在中东国家9.83亿吨的原油出口总量中,只有约2.43亿吨的原油流向了欧洲(1.53亿吨)和美国(0.89亿吨);而出口到中国(1.99亿吨)、印度(1.54亿吨)和日本(1.61亿吨)等亚洲国家的原油则高达6.14亿吨,约占中东国家原油出口总量的62.5%。[1] 作为中东海湾国家第一大原油出口市场,能源联系的长期性和双方核心利益(中国的能源需求和中亚、海湾国家石油出口安全需求)的一致性,将为中国与中亚、中东海湾国家共建"一带一路"和中国—中亚—西亚经济走廊带来新的机遇和坚实保障。

其三,产业和投资合作。产业和投资合作是中国—中亚—西亚经济走廊的重点领域。基于各自经济发展水平和所处发展阶段的不同,中国—中亚—西亚经济走廊各国的产业结构、产业基础和产业国际竞争力也存在很大的差异。作为全球第一货物贸易大国和第一制造业大国,[2] 中国在常规制造方面的规模优势和中亚、西亚国家的资源优势一起构成了中国与中亚、西亚各国加强产业投资合作的独特优势。"一带一路"和经济走廊框架下的产业与投资合作不仅有利于中国与中亚、西亚国家间要素资源禀赋的价值实现与增值,还可以通过空间聚集的自我强化作用推动中国与中亚、西亚国家间经济结构的产生与变化,为中国与中亚、西亚国家间价值链的延伸和区域生产网络的形成提供稳定的动力机制。

其四,经贸合作。经贸合作是中国—中亚—西亚经济走廊的重要内容。正如"一带一路"倡议将贸易畅通作为重要内容一样,中国—中亚—西亚经济走廊首先是一条贸易通道。受益于经济全球化、生产国际化和全球价值链的不断延伸,过去几十年间,中国与中亚、西亚各国间逐步形成了优势互补的贸易格局。中国与吉尔吉斯斯坦、塔吉克斯坦、乌兹别克斯坦等中亚国家的贸易联系程度均呈持续上升趋势,与中东海湾国家间的贸易结合度也一直呈持续稳定状态。中国已经成为中亚、西亚各国能源、资源的重要出口目的地和工业制成品(纺织、机械、电子、钢铁、精细化工、精密机械)的重要来源地。双边贸易的持续发展不仅有利于提高中国与中亚、西亚各国的经济联系和相互依赖程

---

[1] BP, *Statistical Review of World Energy*, June 2017, https://www.bp.com/content/dam/bp/en/corporate/pdf/energy-economics/statistical-review-2017/bp-statistical-review-of-world-energy-2017-full-report.pdf.

[2] 据联合国统计司(United Nations Statistics Division)报告,2016年中国的制造业增加值达3.08万亿美元,高于美国的2.18万亿美元和日本的9792亿美元,居世界第一。而据全球海关数据库(GTA)统计,2017年,中国的货物贸易总额达4.07万亿美元,同比增长11.18%,货物贸易规模居全球第一。

度，也极大地提高了中国与中亚、西亚贸易伙伴国的福利水平。

——最新进展

自2013年中国国家主席习近平提出共建"一带一路"倡议以来，中国—中亚—西亚经济走廊在基础设施互联互通、能源、产业和投资、经贸等诸多领域均取得了实质性进展。

在基础设施互联互通领域，以中吉乌铁路、土耳其东西高铁项目和中远海运阿布扎比码头为代表的"一带一路"优先项目均取得了许多富有成效的成果。作为"丝绸之路经济带"框架内重要项目，连接中国与吉尔吉斯斯坦、乌兹别克斯坦的中吉乌铁路已于2016年5月启动三方联合工作机制。中吉乌铁路建成后，吉尔吉斯斯坦和乌兹别克斯坦将会成为国际过境运输国，将会极大提高吉乌两国的"跨边界"供应链质量水平及推进互联互通的基础条件，推动吉乌两国经济快速发展。作为"丝绸之路经济带"基础设施互联互通的关键线路，中土双方已就土耳其东西高铁项目合作取得重要共识并进入实质性谈判阶段。[①] 2017年11月开始动工的中远海运阿布扎比码头将成为该地区最大的集装箱场站，标志着中国与阿联酋"一带一路"项目建设取得新进展。[②] 而2017年8月签署的中埃铁路项目则标志着中国与埃及在"一带一路"倡议下务实合作取得重大成果。[③]

除此之外，包括《中亚区域运输与贸易便利化战略（2020）》《上海合作组织成员国政府间国际道路运输便利化协定》《中哈俄国际道路临时过境货物运输协议》在内的"一带一路"、中国—中亚—西亚经济走廊基础设施互联互通规划或框架协议也相继实施或生效。

在能源合作领域，以哈萨克斯坦南线天然气管道项目、土库曼斯坦—中国天然气管道项目、中吉比什凯克热电厂改造项目、中国与沙特阿拉伯石化合作项目为代表的能源合作项目成果显著。作为中哈两国能源领域合作重点项目，哈萨克斯坦南线天然气管道项目已于2017年4月4日完工，该管道除了向哈萨克斯坦南部和沿线地区供气外，未来可实现通过中哈天然气管道向中国供气。土库曼斯坦—中国天然气管道项目塔吉克斯坦境内部分已于2018年1月开始铺设，全线建成后预计每年向中国输送300亿立方米天然气。中国与吉尔吉斯斯坦最大能源合作项目比什凯克热电厂改造项目也于2017年8月30日全面竣工投产，将使比什凯克热电厂电量从原有的2.62亿度/年提升至17.4亿

---

① 《王毅与土耳其外长查武什奥卢举行中土外长磋商机制首次会议》，2016年11月14日，中华人民共和国外交部网站，http：//www.fmprc.gov.cn/web/zyxw/t1415137.shtml。

② 《中远海运阿布扎比码头动工》，2017年11月6日，新华网，http：//www.xinhuanet.com/world/2017-11/06/c_129733868.htm。

③ 《中埃铁路项目签字仪式在开罗举行》，《人民日报》2017年8月16日第22版。

度/年，有助于该国实现自主用电。① 2017年8月，中沙高级别联合委员会第二次会议一致同意建立能源领域一揽子合作机制，确立了包括石化项目在内的能源合作项目清单。②

在产业和投资合作领域，以中哈霍尔果斯国际边境合作中心、塔吉克斯坦北部有色金属产业园区、中国—阿曼（杜库姆）产业园、中国—埃及苏伊士经贸合作区为代表的跨境经济合作区、境外产业园区为代表的产业合作平台建设成效显著。作为中国首个跨境经济贸易区和投资合作中心，中哈霍尔果斯国际边境合作中心已经成为丝绸之路经济带上一个集商贸、仓储运输、金融服务等多种产能于一体的综合贸易区。作为中国在塔吉克斯坦的首个工业园区，"中塔工业园"已于2017年9月提升为"塔吉克斯坦北部有色金属产业园区"。此外，中国—阿曼（杜库姆）产业园、中国—阿联酋（阿布扎比）产能合作园区也相继于2017年4月、2018年1月开工建设，标志着中国与阿曼、阿联酋在"一带一路"和中国—中亚—西亚经济走廊框架下的产能合作迈出重要一步。③

在经贸合作领域，自2013年中国提出"一带一路"倡议以来，中国与中亚、西亚国家的贸易和投资水平均得到大幅提升。据中国海关统计，2017年中国与中亚五国和海合会国家的贸易额分别达362.9亿美元、1276.6亿美元，与土耳其、埃及的双边贸易额分别达219.2亿美元、108.7亿美元。而据中国商务部统计，截至2016年年底，中国对中亚五国、海合会、土耳其和埃及等中国—中亚—西亚主要经济体的投资累计分别达91.4亿美元、92.2亿美元、10.6亿美元和8.9亿美元。对外投资正在成为中国推进"一带一路"和中国—中亚—西亚经济走廊建设的重要方式。除此之外，经过9轮谈判，中国—海合会自贸区已经完成15个议题中的9个议题的谈判工作。④ 中国—海合会自贸区框架下的贸易自由化和投资便利化进程将为中国与海合会国家经贸关系的可持续发展、贸易和投资的可持续增长创造新的条件、奠定新的基础。

——未来前景

经过四年多的努力，中国—中亚—西亚经济走廊已经取得了许多富有成效

---

① 《中吉最大能源合作项目投产 吉实现自主用电》，2017年8月31日，中国"一带一路"网，https://www.yidaiyilu.gov.cn/xwzx/hwxw/25537.htm。

② 《中国和沙特同意建立能源合作机制》，2017年8月26日，凤凰网，http://finance.ifeng.com/a/20170825/15606522_0.shtml。

③ 《中国—阿曼产业园启动首批企业签约入园》，2017年4月19日，新华网，http://www.xinhuanet.com/2017-04/19/c_129552534.htm。

④ 《中国—海合会自贸区第九轮谈判在沙特利雅得闭幕》，2016年12月22日，中国自由贸易区服务网，http://fta.mofcom.gov.cn/article/chinahaihehui/haihehuinews/201612/33882_1.html。

的成果。未来一段时期，随着"一带一路"和中国—中亚—西亚经济走廊建设的不断推进，中国—中亚—西亚经济走廊的贸易创造效应、投资促进效应、产业聚集效应和空间溢出效应将会对中国与中亚、西亚各国提升经济发展水平起到积极的促进作用，为"一带一路"框架下中国与中亚、西亚各国经贸合作由走廊向区域经济一体化、区域基础设施一体化的超越提供稳定的动力机制。
(本条执笔：王金波)

39. 中国—中南半岛经济走廊

——概念阐述

中国—中南半岛经济走廊以广西南宁（东线）、云南昆明（西线）为起点，以新加坡为终点，纵贯中南半岛，涵盖越南、老挝、柬埔寨、泰国、马来西亚、新加坡六个东盟主要成员，是中国与东盟进一步扩大合作领域、提升合作层次的重要载体，也是连接海陆丝绸之路、中国与东南亚地区的重要通道和跨国经济走廊。中南半岛地处中国与南亚次大陆、印度洋与太平洋之间，历史上曾是海上丝绸之路的中枢，拥有独特的区位优势和地缘优势，马六甲海峡更是与巴拿马运河、苏伊士运河齐名的国际战略通道。澜沧江—湄公河国际航道和在建的跨境交通、油气网络则将海陆丝绸之路紧密联系到一起。作为东盟主要成员，中南半岛各国在以东盟为中心的东亚一体化进程中一直发挥着重要作用，而东盟则已成为中国的第三大贸易伙伴、第四大出口市场和第二大进口来源地。

2013年，习近平在访问东南亚国家期间，首次提出共建"21世纪海上丝绸之路"的重大倡议。2015年3月发布的《推动共建丝绸之路经济带和21世纪海上丝绸之路的愿景与行动》，明确提出要以沿线城市为支撑，以重点经贸产业园区为合作平台，共同打造中国—中南半岛经济走廊。[1] 2016年5月26日发布的《中国—中南半岛经济走廊倡议书》，再次提出要将中国—中南半岛经济走廊打造成为一条以中国广西、云南为主要门户，纵贯越南、老挝、柬埔寨、泰国至马来西亚和新加坡的国际经济合作走廊。[2] 2018年1月10日发布的《澜沧江—湄公河合作五年行动计划（2018—2022）》则进一步提出要以中国—中南半岛经济走廊为平台，加强"一带一路"倡议、《东盟2025：携手前

---

[1]《推动共建丝绸之路经济带和21世纪海上丝绸之路的愿景与行动》，2015年3月28日，新华网，http://www.xinhuanet.com/world/2015-03/28/c_1114793986.htm。

[2]《第九届泛北论坛发布共建中国—中南半岛经济走廊倡议书》，2016年5月26日，中国新闻网，http://www.chinanews.com/cj/2016/05-26/7884638.shtml。

行》、《东盟互联互通总体规划 2025》和其他湄公河次区域合作机制的对接,将澜湄合作打造成为中国—中南半岛经济走廊的合作新平台和新型次区域合作机制。①

——具体内容

中国—中南半岛经济走廊是一项系统工程,涉及贸易、投资、金融、能源、产业、交通和基础设施等多个领域。

其一,贸易畅通是中国—中南半岛经济走廊的重要内容。受益于东亚完善的区域生产网络、有效的产业分工体系和中国—东盟自贸区的制度性红利,中国与中南半岛各国之间已经形成了优势互补的贸易格局。客观而言,"一带一路"六大经济走廊中,中国与中南半岛国家的贸易结合度、FDI 密集度和产业内贸易指数要高于其他走廊国家。中国—中南半岛经济走廊的贸易创造效应不仅有助于中国与中南半岛各国融入全球价值链,拉动经济增长,还可以充分发挥沿线各国的比较优势,提升福利效应。

其二,投资是中国与中南半岛国家推进"一带一路"和经济走廊的重要方式。受益于投资规模的持续增长和外商直接投资的外溢效应——产业结构效应、技术外溢效应、贸易创造效应和制度变迁效应,过去几十年间,中国与中南半岛各国均不同程度地实现了全要素生产率的提高和经济的可持续增长。② 据中国商务部统计,2016 年,中国对中南半岛各国合计投资 83.56 亿美元,约占当年中国对外直接投资流量的 4.3%;累计投资 610.86 亿美元,约占当年中国对外直接投资存量的 4.5%。③ 中南半岛经济走廊的投资促进效应不仅有利于中国与"一带一路"沿线国家间形成新的生产网络,还会为双边贸易的持续增长注入新的活力。

其三,产业合作是中国—中南半岛经济走廊的重点领域。以境外工业园、跨境经济合作区为载体的产业合作不仅有利于中国与中南半岛国家间形成新的生产网络,也会为中国与中南半岛国家间产业内或产品内垂直分工的深化和价值链的延伸创造新的条件,为中国与中南半岛国家参与全球价值链治理、提高自身话语权奠定新的基础。相比而言,"一带一路"经济走廊国家中,中国与泰国、马来西亚和新加坡等中南半岛国家价值链贸易联系要高于其他国家。以东亚/亚太完善的区域生产网络和价值链为基础,自 2001 年以来,中国与中南

---

① 《澜沧江—湄公河合作五年行动计划(2018—2022)》,2018 年 1 月 11 日,中华人民共和国外交部网站,http://www.fmprc.gov.cn/web/zyxw/t1524881.shtml。
② 王金波:《"一带一路"经济走廊与区域经济一体化:形成机理与功能演进》,社会科学文献出版社 2016 年版。
③ 中华人民共和国商务部、国家统计局和国家外汇管理局:《2016 年度中国对外直接投资统计公报》,中国统计出版社 2017 年版。

半岛各国间以产业内或产品内贸易（中间品贸易）和离岸制造为主要特征的"价值链贸易"均实现了飞速增长。而产业内或产品内垂直分工的深化则意味着中国与中南半岛国家间以价值链、区域生产网络为基础的中间品贸易的可持续性。同时也意味着区域生产网络的完善和地区统一市场的构建或许更应成为中国—中南半岛经济走廊的核心目标。

其四，基础设施互联互通是中国—中南半岛经济走廊的重要前提和基础保障。良好的基础设施尤其是生产性基础设施对于一国经济增长、全要素生产率的提高和人均收入水平的提升起着非常重要的作用。① 以经济走廊为载体，基础设施投资的正溢出效应（如促进经济增长、提高生产效率和资源配置效率、改善公共卫生、增加优质就业、促进产业发展）将会对中国与中南半岛国家的经济发展和人均福利水平的提升起到积极的促进作用。据东盟东亚经济研究中心（ERIA）报告，2021—2030年间，包括中国—中南半岛（东盟）互联互通在内的亚洲基础设施互联互通将使东盟各国 GDP 累计增加 42.08%，东亚各国（"10+6"）GDP 累计增加 5.87%；而供应链壁垒和非关税措施的削减将使东盟各国 GDP 累计增加 31.19%，东亚各国累计增加 7.76%。②

其五，贸易和投资便利化是中国—中南半岛经济走廊的重要领域。以升级版中国—东盟自贸区为基础，以 RCEP 谈判为契机，中国—中南半岛经济走廊框架下的贸易自由化和投资便利化进程不仅会对东亚生产网络的完善和提升、地区统一市场的构建起到促进作用，为东亚经济的内生发展提供新的动力，还会为中国—东盟命运共同体和海上丝绸之路的构建赋予新的内涵、奠定新的基础。③ 换言之，中国—中南半岛经济走廊的经济收益和福利效应应更多地来自非关税壁垒的削减以及贸易和投资自由化后具有比较优势产业的产出和要素收入的增加。以中国—中南半岛经济走廊为载体，升级版中国—东盟自贸区和 RCEP 框架下的贸易自由化、投资便利化进程将为中国与中南半岛各国、中国与东盟经贸关系的可持续发展、双边贸易和相互间投资的可持续增长、价值链和供应链的延伸创造条件、奠定基础，为中国与中南半岛各国间、中国与东盟间合作由利用比较优势向创造比较优势提供一个新的链接范式。

——最新进展

自 2013 年中国提出共建"海上丝绸之路"倡议以来，经过四年多建设，

---

① 王金波：《从走廊到区域经济一体化："一带一路"经济走廊的形成机理与功能演进》，《国际经济合作》2017 年第 2 期。

② Economic Research Institute for ASEAN and East Asia (ERIA), "The Comprehensive Asia Development Plan 2.0 (CADP 2.0): Infrastructure for Connectivity and Innovation", November 2015, http://www.eria.org/publications/key_reports/FY2014/No.04.html.

③ 王金波：《"一带一路"建设与东盟地区的自由贸易区安排》，社会科学文献出版社 2015 年版。

中国—中南半岛经济走廊建设已经取得了许多实质性成果。

在基础设施互联互通领域,包括中泰铁路、中老铁路、马新高铁和马来西亚南部铁路在内的一批"一带一路"先行项目已经取得了阶段性成果。其中,中泰铁路一期工程已于2017年12月21日开工,该项目是泰国第一条标准轨高速铁路,该项目的建成将会进一步提升泰国在中南半岛的交通枢纽地位,同时还有助于"一带一路"基础设施互联互通与东盟互联互通的有效对接。中老铁路也于2016年11月25日全线开工,预计到2021年年底完成通车。中老铁路的建成将会有力促进老挝"变陆锁国为陆联国"战略与中国"一带一路"倡议的对接和中老经济走廊建设。此外,2017年8月9日开工的马来西亚东海岸铁路项目将成为贯通马来西亚东西方向的铁路运输干线和经济动脉。而由中国企业承建的越南首条轻轨也将于2018年内正式运营,成为河内乃至越南全国最早开通的城铁线路。作为"一带一路"倡议的优先领域,上述基础设施互联互通项目的顺利完成,不仅会对中国与中南半岛国家间区域生产网络的完善和重构、地区统一市场的构建、贸易和生产要素的优化配置起到积极的促进作用,也为中国与中南半岛国家经济的可持续增长带来了新的机遇。

在产能合作领域,以中马"两国双园"(钦州园区、关丹园区)、泰中罗勇工业园、柬埔寨西哈努克港经济特区、越南龙江工业园为代表的境外工业园区和以中越跨境经济合作区、中泰(崇左)产业园区、中老磨憨—磨丁跨境经济合作区为代表的跨境经济区已经成为中国—中南半岛经济走廊加强产能合作、探索跨境合作新模式的重要平台,涉及产业、技术、能源、环境等多个领域合作。其中,位于泰国东部经济走廊的泰中罗勇工业园是中国在泰国开发建设的首家工业园,中马钦州产业园区和马中关丹产业园区已经成为中国与马来西亚合作的典范,柬埔寨西哈努克港经济特区则已成为中柬两国合作共赢的样板。以境外工业园区和跨境经济区为平台,中国—中南半岛经济走廊建设不仅可以延伸中国与中南半岛各国企业价值链、供应链,同时还可以最大限度地发挥中国的对外开放战略与中南半岛各国国家发展战略和区域、次区域合作战略的对接效应。

在贸易和投资领域,以升级版中国—东盟自贸区为基础,以RCEP谈判为契机,自"一带一路"倡议提出以来,中国与中南半岛各国加快了贸易自由化和投资便利化进程,在降低贸易和投资成本的同时,进一步提高了中国与中南半岛各国间供应链的连通性,为中国与中南半岛各国间价值链的延伸和供应链能力的提升创造了新的条件。中国与中南半岛各国的贸易额已由2001年的307亿美元增加至2017年的3732.3亿美元(约占中国对外贸易总额的9.2%,约占中国与东盟贸易总额的74.4%),年均增长16.9%,高于同期中国对外贸易总额年均增长 3 个百分点。①

——未来前景

经过近四年多的努力，中国—中南半岛经济走廊已经取得了实质性进展。未来一段时期，随着中国—中南半岛经济走廊建设的不断推进，中国—中南半岛经济走廊的贸易创造效应、投资促进效应、产业集聚效应和空间溢出效应将为中国与中南半岛各国、中国与东盟间区域生产网络的完善与重构、价值链的延伸、贸易和生产要素的优化配置起到积极的促进作用，也为中国与中南半岛各国提升发展质量带来了新的机遇。以中国—中南半岛经济走廊为载体，"一带一路"倡议的多元合作机制——包括但不限于以自贸区为基础的贸易自由化、区域经济一体化合作机制、以互联互通为基础的区域基础设施一体化合作机制、以境外工业园和跨境经济合作区为载体的产业合作机制、以货币互换和基础设施融资为代表的区域金融合作机制，将为中国与东盟的深度互动提供一个新的平台，为中国与东盟合作由自贸区和经济一体化向共同体的超越提供了一个新的链接范式。（本条执笔：王金波）

40. 中巴经济走廊

——概念阐述

"走廊"是经济要素在一定地理区域内不断集聚和扩散而形成的一种特殊的经济空间形态。作为"一带一路"倡议的"旗舰项目"，中巴经济走廊北起中国新疆喀什，南至巴基斯坦瓜达尔港，是一条"以综合运输通道、产业合作为主轴，以经贸、人文交流为引擎，以重大基础设施建设、产业及民生领域合作项目为依托，优势互补、互利共赢的增长轴和发展带"，是中巴两国全天候战略合作的重要体现。

中巴经济走廊最早由中国国务院总理李克强于 2013 年 5 月访问巴基斯坦时提出，此次访问期间双方签署了《关于开展中巴经济走廊远景规划合作的谅解备忘录》。2015 年 3 月，由国家发改委、外交部和商务部联合发布的《推动共建丝绸之路经济带和 21 世纪海上丝绸之路的愿景与行动》明确指出，中巴经济走廊与推进"一带一路"建设关联紧密，要进一步推动合作，取得更大进展。② 2015 年 4 月，中国国家主席习近平访问巴基斯坦期间，中巴双方签订了 51 项合作协议和备忘录，其中近 40 项涉及中巴经济走廊建设，标

---

① 全球贸易数据库（Global Trade Atlas, GTA），http://www.worldtradestatistics.com/gta/。
② 《推动共建丝绸之路经济带和 21 世纪海上丝绸之路的愿景与行动》，2015 年 3 月 28 日，新华网，http://www.xinhuanet.com/world/2015-03/28/c_1114793986.htm。

志着中巴经济走廊进入全面实施阶段；双方同意以中巴经济走廊为引领，以瓜达尔港、能源、交通基础设施和产业合作为重点，形成"1+4"经济合作布局。[1]

2017年12月，中巴两国在伊斯兰堡发布《中巴经济走廊愿景规划》，将中国"一带一路"倡议和巴基斯坦"2025发展愿景"深入对接，标志着中巴经济走廊建设进入快车道。依据规划，中巴经济走廊在空间上将分为核心区和辐射区并呈现出"一带三轴多通道"的格局，在功能上将分为五个重点功能区。[2] 所谓"一带"是指由走廊核心区——中国新疆喀什至巴基斯坦瓜达尔港——构成的带状区域；"三轴"是指北部从拉合尔通往白沙瓦、中北部从苏库尔通往奎达、南部从卡拉奇通往瓜达尔港的三条东西向发展轴；"多通道"是指从巴基斯坦首都伊斯兰堡至卡拉奇和瓜达尔港的铁路和公路交通干线。五个重点功能区从南到北分别是新疆对外经济区、北部边贸物流商贸通道与生态保育区、中东部平原经济区、西部物流通道商贸区及南部滨海物流商贸区。

——具体内容

中巴经济走廊是一项系统工程，涉及基础设施互联互通、能源、贸易、投资、金融、产业、农业开发与扶贫、旅游、民生与民间交流等多个合作领域。

其一，基础设施互联互通是中巴经济走廊的优先合作领域，良好的基础设施尤其是公路、铁路、港口、能源、电力和电信等生产性基础设施对于一国经济增长、全要素生产率的提高和人均收入水平的提升起着非常重要的作用。不过，至少就目前而言，中巴两国间以基础设施、通关便利化、国际运输、物流能力、国内物流成本、运输时间为指标的跨边界供应链质量水平及推进互联互通的基础条件还无法满足中巴两国间要素自由流动和一体化的要求。基础设施不足和落后依然是制约巴基斯坦经济的重要因素之一。将基础设施互联互通作为中巴经济走廊的优先领域，不仅有利于巴基斯坦提高经济发展水平、提高生产效率和资源配置效率、改善公共卫生、增加优质就业、促进产业发展，还有利于发挥中巴两国的比较优势和异质性资源配置能力。

其二，能源短缺始终是困扰巴基斯坦经济发展的重大难题，尤以电力基础设施不足或电力发展水平的制约为甚。据国际能源署（IEA）统计，2015年巴基斯坦的总发电量只有97.8万亿千瓦时，不仅供电缺口大，其供电损耗率

---

[1] 《中华人民共和国和巴基斯坦伊斯兰共和国关于建立全天候战略合作伙伴关系的联合声明》，2015年4月21日，中华人民共和国外交部网站，http://www.fmprc.gov.cn/web/ziliao_674904/zt_674979/ywzt_675099/2015nzt/xjpcxbjstwlhy_675021/zxxx_675023/t1256274.shtml。

[2] 《新时代，中巴经济走廊建设驶入快车道》，2017年12月24日，光明网，http://news.gmw.cn/2017-12/24/content_27170780.htm。

（17.1%）也明显高于世界平均水平（8.1%）。① 另据亚洲开发银行测算，电力缺口每年导致巴基斯坦遭受135亿美元的损失，约占其国内生产总值的7%。② 因此，为了缓解巴基斯坦的能源短缺问题，中巴经济走廊将能源合作列为重点合作领域并率先启动了十多项能源、电力基础设施项目，以推动巴基斯坦经济发展与社会稳定。

其三，经贸和产业合作是中巴经济走廊的重点领域。中巴两国在贸易、投资、原材料、装备制造、轻工业、清洁能源、绿色环保和高技术产业领域优势互补。正是资源禀赋和所处发展阶段的不同决定了基于比较优势的国际贸易与投资和基于规模效应、溢出效应的产业或产业区段的国家间动态转移能为中巴两国由走廊到区域经济一体化、区域基础设施一体化的转变发挥巨大的推动作用。作为全球第一货物贸易大国和第一制造业大国，中国在常规制造方面的规模优势和在价值链贸易中的区位优势及其协同效应一起构成了中国与巴基斯坦共建经济走廊的独特优势。中巴经济走廊框架下的贸易、投资和产能合作将为中巴两国经贸关系的可持续发展、双边贸易和相互间投资的可持续增长、价值链和供应链的延伸创造条件、奠定基础，为中巴两国间合作由利用比较优势向创造比较优势提供一个新的链接范式。

——最新进展

自2015年4月20日正式启动以来，中巴经济走廊在建或已建成的早期收获项目已达20个，涵盖能源、交通、港口等领域，初步形成了以瓜达尔港、能源、交通基础设施、产业合作为重点的"1+4"合作布局，成为"一带一路"的示范性项目。

首先，在基础设施互联互通领域，以瓜达尔港、喀喇昆仑公路二期改扩建工程（哈维连至塔科特段）、白沙瓦—卡拉奇、卡拉奇—拉合尔高速公路（苏库尔至木尔坦段）为代表的港口、交通基础设施早期收获项目均已取得阶段性成果。其中瓜达尔港作为中巴经济走廊的起点和"旗舰项目"已于2016年11月13日正式开航。白沙瓦—卡拉奇高速公路作为中巴经济走廊规模最大的公路基础设施项目也已顺利开工建设。③ 喀喇昆仑公路升级改造项目二期工程已于2016年4月开工，标志着贯穿巴基斯坦南北、联通中巴两国的陆上通道建设的正式启动。此外，中巴双方还完成了巴1号铁路干线（ML1）升级改造及哈维连陆港建设项目联合可行性研究。巴1号铁路干线从卡拉奇向北经拉合

---

① International Energy Agency (2015), *Electricity Information 2015*, IEA Paris, http://dx.doi.org/10.1787/electricity-2015-en.
② 转引自李慧《巴基斯坦开启能源新时代》，《中国能源报》2015年4月27日第7版。
③ 推进"一带一路"建设工作领导小组办公室：《共建"一带一路"：理念、实践与中国的贡献》，2017年5月10日，新华网，http://www.xinhuanet.com/politics/2017-05/10/c_1120951928.htm。

尔、伊斯兰堡至白沙瓦,全长 1726 千米。哈维连站位于巴基斯坦铁路网北端尽头,升级后的巴 1 号铁路干线将由此向北经中巴边境口岸红其拉甫延伸至中国新疆喀什。

其次,在能源领域,卡洛特水电站、卡拉奇核电项目、萨西瓦尔、卡西姆等燃煤电站的顺利投产和旁遮普省光伏电站一期 300 兆瓦的正式并网,标志着中巴经济走廊能源合作的快速发展。其中,萨西瓦尔燃煤电站 1 号机组已于 2017 年 5 月正式投产发电,电站全面建成后将成为巴基斯坦装机容量最大的清洁型燃煤电站之一。由中兴能源投资的旁遮普省光伏电站总规模达 900 兆瓦,总投资额逾 15 亿美元,项目分三期实施,全部建成后将成为全球规模最大的单体光伏发电项目,每年可为巴基斯坦提供清洁电力 13 亿度。作为中巴经济走廊的首个水电项目,卡洛特水电站主体工程已于 2016 年 10 月全面开工建设,计划 2020 年投入运营。除此之外,装机容量 500 兆瓦的吉姆普尔风电项目、装机容量 1100 兆瓦的科哈拉水电站、萨查尔风电项目、巴哈瓦尔普尔单体太阳能电站项目、大沃风电项目等也已开工。上述中巴经济走廊优先推动项目若如期建成,将会极大缓解巴基斯坦国内能源短缺现状和对巴基斯坦经济的制约。

最后,在经贸、产业合作领域,以瓜达尔港自由区为代表的境外园区建设成效显著。作为"一带一路"建设的标志性项目,瓜达尔自由区一期项目已于 2018 年 1 月 29 日正式投入实际运营。瓜达尔自由区的建成将会有力促进两国在中巴经济走廊框架下的经贸、产能和投资合作,提升中巴经贸合作水平。据中国海关统计,2017 年中巴双边贸易总额达 201.6 亿美元,是 2001 年的 14 倍,年均增长 18.1%,中国已经成为巴基斯坦最大贸易伙伴。[1] 另据中国商务部统计,截至 2016 年年底,中国对巴基斯坦累计直接投资 47.59 亿美元(约占巴基斯坦吸引外商直接投资总额的 12.2%),是 2012 年中巴经济走廊概念提出前的 2 倍,年均增长 20.8%,中国已经成为巴基斯坦的重要外资来源地,而投资则已成为中巴共建"一带一路"和中巴经济走廊的重要方式。[2] 除此之外,为了进一步促进中巴经济走廊的贸易自由化和投资便利化进程,中巴双方还启动了中巴自贸协定第二阶段谈判。截至 2017 年 9 月,中巴自贸协定第二阶段谈判已经举行了八次会议,双方已就货物贸易、服务贸易、投资、检验检疫、电子数据交换系统等广泛议题开展了系列商谈,以进一步提高双边贸易自由化水平。[3]

---

[1] 全球贸易数据库(Global Trade Atlas, GTA),http://www.worldtradestatistics.com/gta/。
[2] 中华人民共和国商务部、国家统计局和国家外汇管理局:《2016 年度中国对外直接投资统计公报》,中国统计出版社 2017 年版。
[3] 《中国—巴基斯坦自贸区第二阶段谈判第八次会议在北京举行》,2017 年 9 月 14 日,中国自由贸易区服务网,http://fta.mofcom.gov.cn/article/pakistanphasetwo/pakistanphasetwonews/201709/35881_1.html。

中巴自贸协定框架下的贸易自由化、投资便利化进程将会为中巴两国深化经贸合作带来新的制度性保障。

——未来前景

作为"一带一路"倡议的有机组成部分和具体表达形式，中巴经济走廊将是一个从产业集群到贸易投资便利化，从贸易投资便利化到区域基础设施一体化、区域经济一体化的动态演进过程。根据2017年发布的《中巴经济走廊长期规划》，中巴经济走廊将于2020年前初步成型，基本打破制约巴基斯坦经济社会发展的瓶颈，并将巴基斯坦的区位优势、比较优势和人口红利转化为发展优势。中巴经济走廊的贸易创造效应、投资促进效应、产业聚集效应和空间溢出效应则将会对中巴两国间、中国与南亚国家间区域生产网络的完善与重构、价值链的延伸、贸易和生产要素的优化配置起到积极的促进作用，也为中巴两国提升各自经济发展质量提供了新的机遇。未来一段时期，随着中巴经济走廊建设的不断推进，中巴经济走廊的辐射效应、联动效应和升级版中巴自贸区框架下的贸易自由化、投资便利化不仅会对中巴两国间价值链的延伸起到积极的促进作用，为中巴两国经济的内生发展提供新的动力，还会为中巴两国由利用比较优势向创造比较优势，由走廊向一体化的超越提供一个新的链接范式。

（本条执笔：王金波）

41. 孟中印缅经济走廊

——概念阐述

孟中印缅经济走廊北起中国云南（昆明），途经缅甸、印度和孟加拉国直达印度洋。走廊连接东亚、南亚、东南亚三大区域，沟通太平洋、印度洋两大海域，拥有独特的区位优势、地缘优势。沿线国家中，缅甸位于南亚、东南亚和东亚三大地缘板块的结合处，区位优势独特。印度是南亚地区最大的经济体，也是中国在该地区最大的贸易伙伴；孟加拉国位于中国、印度、东盟三大经济体交会处，地理位置优越。考虑到孟、中、印、缅四国皆为发展中国家且缅甸和孟加拉国同属最不发达国家，四国尤其是中印两国有必要以共建孟中印缅经济走廊为契机，努力把孟中印缅经济走廊的比较优势、区位优势、能源资源优势和人口红利转化为发展优势。

2013年5月，中印两国领导人共同倡议建设孟中印缅经济走廊，得到孟加拉国和缅甸两国政府积极响应。2013年12月，孟中印缅经济走廊联合工作组第一次会议在中国昆明召开，各方签署了会议纪要和联合研究计划，孟中印缅经济走廊建设政府间合作正式启动。① 2014 年 12 月，孟中印缅经济走廊联合工作组第二次会议在孟加拉国科克斯巴扎尔举行，会议广泛讨论并展望了孟中印缅经济走廊建设的前景、优先次序和发展方向。② 2015 年 3 月发布的《推动共建丝绸之路经济带和 21 世纪海上丝绸之路的愿景与行动》明确提出孟中印缅经济走廊与推进"一带一路"建设关系紧密，要进一步推动合作，取得更大进展。③ 2017 年 4 月，孟中印缅经济走廊联合工作组第三次会议在印度加尔各答召开，四国代表在互联互通、能源、投融资、货物与服务贸易及投资便利化、可持续发展与人文交流等重点领域的交流与合作达成共识，同意在联合研究报告完成后启动孟中印缅政府间框架安排磋商工作。④

——具体内容

孟中印缅经济走廊是一项系统工程，涵盖基础设施互联互通、能源、产业和投资、经贸等多个领域。

其一，基础设施互联互通。基础设施互联互通是孟中印缅经济走廊的优先领域。良好的基础设施尤其是铁路、公路、港口、能源、电力、电信和金融等生产性基础设施对于孟中印缅经济走廊国家的经济增长、全要素生产率的提高和人均收入水平的提升起着非常重要的作用。⑤ 据世界经济论坛（WEF）全球竞争力报告，2017 年，孟中印缅经济走廊国家中，印度和孟加拉国的基础设施竞争力指数分别为 4.2 和 2.9，在全球 137 个国家中分别排名第 66 名和第 111 名。⑥ 而据世界银行报告，孟中印缅经济走廊国家中，孟加拉国和缅甸的用电便利性指数分别只有 16.97 和 52.52，在全球 190 个国家或地区中分别排第 151 位和第 185 位。⑦ 表明基础设施尤其是电力不足对孟加拉国和缅甸等国的经济发展和人均福利水平的提升制约明显。而孟中印缅经济走廊框架下的基础设施互联互通则为上述国家提高基础设施水平带来了

---

① 《孟中印缅经济走廊联合工作组第一次会议在昆明召开》，2013 年 12 月 20 日，中国政府网，http://www.gov.cn/gzdt/2013-12/20/content_2551850.htm。

② 《孟中印缅经济走廊联合工作组探讨加强联通与合作》，2014 年 12 月 19 日，中国政府网，http://www.gov.cn/xinwen/2014-12/19/content_2794163.htm。

③ 《推动共建丝绸之路经济带和 21 世纪海上丝绸之路的愿景与行动》，2015 年 3 月 28 日，新华网，http://www.xinhuanet.com/world/2015-03/28/c_1114793986.htm。

④ 《孟中印缅经济走廊联合研究工作组第三次会议在印度举行》，2017 年 4 月 26 日，新华网，http://www.xinhuanet.com/world/2017-04/26/c_1120880101.htm。

⑤ 王金波：《从走廊到区域经济一体化："一带一路"经济走廊的形成机理与功能演进》，《国际经济合作》2017 年第 2 期，第 9—15 页。

⑥ World Economic Forum (WEF), *The Global Competitiveness Report 2017-2018*, http://www3.weforum.org/docs/GCR2017-2018/05FullReport/TheGlobalCompetitivenessReport2017-2018.pdf.

⑦ World Bank, *Doing Business 2018*, http://www.doingbusiness.org/~/media/WBG/DoingBusiness/Documents/Annual-Reports/English/DB2018-Full-Report.pdf.

良好的机遇。

其二，产业和投资合作。产业和投资合作是孟中印缅经济走廊的重点领域。基于各自经济发展水平和所处发展阶段的不同，孟、中、印、缅四国的产业结构、产业基础和竞争力也各有不同。四国在服务贸易、投资、高端制造、基础设施建设等领域优势互补，在改善贸易结构、扩大贸易和相互间投资规模方面还有很大的合作空间。四国在孟中印缅经济走廊框架下的产业和投资合作，将为中缅、中孟、中印加强产业合作、形成新的生产网络提供良好的契机与平台。而以境外产业园区、跨境经济合作区为平台，中国的先进技术和优势产能在很多领域可以弥补孟加拉国和缅甸的产业发展空白；而中印两国在服务贸易和高端制造领域的合作，则为中印两国继续参与国际分工、提高两国和新兴经济体在全球价值链中的地位创造新的条件，带来新的机遇。

其三，经贸合作。经贸合作是孟中印缅经济走廊建设的重要内容。孟中印缅四国资源禀赋丰富且各具优势，四国在孟中印缅经济走廊框架下的经贸合作不仅可以把四国的比较优势、区位优势、资源优势和人口红利转化为发展优势，还可以通过外商直接投资的技术外溢效应、贸易创造效应和产业结构效应提高孟中印缅四国的全要素生产率水平。而中印在 RCEP 框架下的贸易自由化和投资便利化进程将为中印经贸关系的可持续发展、双边贸易和相互间投资的可持续增长、价值链和供应链的延伸创造条件、奠定基础。据联合国贸易和发展会议（UNCTAD）统计，2016 年，中印两国服务贸易总额分别达 6615.02 亿美元、2955.55 亿美元，合计约占全球服务贸易总额的 9.89%。① 两国在区域和全球服务贸易中占据非常重要的位置。不过，与两国在全球服务贸易和投资格局中的上升趋势相比，中印两国间的服务贸易和投资联系要明显低于其与世界的联系。这一非对称格局意味着在孟中印缅经济走廊框架下，未来中印两国间服务贸易和投资还有很大的上升空间。

——最新进展

自 2013 年中国提出"一带一路"倡议以来，孟中印缅经济走廊在基础设施互联互通、能源、产业、经贸和投资等诸多领域均取得了许多实质性成果。

在基础设施互联互通领域，以中缅原油管道工程、中缅国际通道、孟加拉国帕德玛大桥为代表的"一带一路"优先项目已经取得阶段性成果。中缅原油管道工程已于 2017 年 4 月 10 日正式投入运行，全长 771 千米，是"一带一路"倡议在缅甸实施的"先导项目"，也是孟中印缅经济走廊基础设施互联互

---

① UNCTAD, http://unctadstat.unctad.org/wds/ReportFolders/reportFolders.aspx?sCS_ChosenLang=en.

通的标志性项目。① 中缅国际铁路通道中国境内的"最后一段"——大（理）瑞（丽）铁路已于 2015 年全面开工建设。中缅铁路一旦全线贯通，将会成为中国连接东南亚、南亚地区的国际大通道，对中国与孟中印缅经济走廊各国间的经贸合作、人文交流也会起到积极的促进作用。作为"一带一路"倡议的重要交通支点工程，横跨帕德玛河（恒河）的孟加拉国帕德玛大桥和以该桥为节点的长达 215 千米的铁路连接线项目已于 2016 年 8 月正式签约并启动。大桥竣工后将联通首都达卡和孟加拉国南部 21 个地区，而铁路连接线建成后则将成为连接中国及"泛亚铁路"的重要通道之一。

在能源合作领域，亚投行（AIIB）首个独立提供融资的项目——孟加拉国配电系统升级改造项目已正式施工，该项目顺利建成后将使该国 1250 多万农村人口受益。② 由中企承建的孟加拉国最大燃煤电站——帕亚拉燃煤电站也于 2016 年开工建设，总装机容量 660 兆瓦，约占孟加拉国目前总装机容量的 1/10，2019 年投入运营后将会大幅提高孟加拉国电力自给自足能力。③ 中缅合资仰光达盖达天然气联合循环电厂已于 2016 年 5 月开建，标志着中缅清洁能源合作取得新进展。④ 电厂建成后将会有效提高仰光省的发电能力、有效缓解缅甸电力紧缺问题。此外，总长约 300 千米的缅甸"北电南送"主干网联通输变电项目也于 2017 年 11 月正式开工，计划 2019 年建成投运。作为"一带一路"重点工程之一，该项目建成后将把缅北的清洁能源输送到南部负荷中心，有效解决困扰缅甸能源输送难题。⑤

在产业合作方面，以中缅边境经济合作区、孟加拉国吉大港中国经济工业园为代表的产业合作平台建设成效显著。2017 年 5 月 16 日，在中国国务院总理李克强和缅甸国务资政昂山素季的见证下，中缅两国正式签署《中国商务部与缅甸商务部关于建设中缅经济合作区的谅解备忘录》，该合作区是继中哈霍尔果斯国际边境合作中心、中老磨憨—磨丁经济合作区之后，中国在"一带一路"框架下的第三个双边边境经济合作区。"中缅边境经济合作区开创了中缅两国经贸合作新途径与边境合作新模式，有利于进一步深化中缅经

---

① 《中缅原油管道工程正式投入运行》，2017 年 4 月 10 日，新华网，http://www.xinhuanet.com/2017-04/10/c_1120784084.htm。
② 《亚投行融资助孟加拉国农村新装百万电表》，2018 年 1 月 22 日，新华网，http://www.xinhuanet.com/2018-01/22/c_129796228.htm。
③ 《中国是我们逐梦路上的可靠伙伴》，2017 年 6 月 15 日，人民网，http://world.people.com.cn/n1/2017/0615/c1002-29340168.html。
④ 《中缅合资天然气电厂在仰光奠基》，2016 年 5 月 13 日，人民网，http://energy.people.com.cn/n1/2016/0513/c71661-28347628.html。
⑤ 《中缅两国电力能源领域合作又取得重大进展》，2017 年 11 月 11 日，人民网，http://world.people.com.cn/n1/2017/1111/c1002-29640093.html。

贸合作。"① 2017年11月19日，在与缅甸国务资政兼外交部部长昂山素季的共同记者会上，中国外交部部长王毅首次提出中方愿与缅方共同探讨建设北起中国云南、南至曼德勒、东西延伸至仰光新城和皎漂经济特区的中缅经济走廊，为中缅共建孟中印缅经济走廊和"一带一路"开辟了新前景。② 孟加拉国吉大港中国经济工业园是孟加拉国第一个特别经济园区，园内产业涵盖化工、制药、成衣、电信、农业机械、电子电气及信息技术等多个行业，将为孟加拉国创造10万个就业岗位。③

在经贸合作领域，自2013年中国提出"一带一路"倡议以来，中国与孟中印缅经济走廊国家间贸易和投资水平均得到大幅提升。据中国海关统计，2017年中国与孟加拉国、印度和缅甸三国的双边贸易额分别达161.09亿美元、844.39亿美元和123.89亿美元，较"一带一路"倡议提出前的2012年年均分别增长13.8%、4.9%和12.2%。④ 而据中国商务部统计，截至2016年年底，中国对孟加拉国、印度和缅甸累计投资分别达2.25亿美元、31.08亿美元和46.2亿美元，与"一带一路"倡议提出前的2012年相比年均分别增加13.9%、21.6%和8.4%。⑤ 投资正在成为孟中印缅四国推进"一带一路"建设的重要方式。

——未来前景

自2013年中国提出"一带一路"倡议以来，经过四年多的努力，孟中印缅经济走廊已经取得了实质性进展。作为"一带一路"倡议的有机组成部分，孟中印缅经济走廊将是一个从贸易、投资、产业、基础设施互联互通到区域经济一体化、区域基础设施一体化的动态演进过程。欧盟和北美区域经济一体化的实践证明，要素的自由流动可以带来国家间经济发展水平的趋同。同样，孟中印缅四国间经济差距的缩小、地区内部的平衡发展、国民福利的提高和经济的可持续发展能够满足四国共同发展并从孟中印缅经济走廊建设中获益的基本愿望。（本条执笔：王金波）

---

① 《中国商务部与缅甸商务部签署关于建设中缅边境经济合作区的谅解备忘录》，2017年5月7日，中华人民共和国商务部网站，http://www.mofcom.gov.cn/article/ae/ai/201705/20170502575934.shtml。

② 《中方提出建设中缅经济走廊设想》，2017年11月20日，新华网，http://www.xinhuanet.com/silkroad/2017-11/20/c_1121982554.htm。

③ 《中国与孟加拉签署工业园开发协议》，2016年6月24日，中华人民共和国商务部网站，http://bd.mofcom.gov.cn/article/jmxw/201606/20160601345559.shtml。

④ 全球海关数据库（Global Trade Atlas），http://www.gtis.com/gta_3d/default.cfm。

⑤ 根据中华人民共和国商务部、国家统计局、国家外汇局《2016年度中国对外直接投资统计公报》相关数据计算得出。

七　中国特色外交部分理论、概念

42. 中国特色大国外交

自 2012 年以来，特别是 2014 年 11 月正式提出的中国特色大国外交概念以来，中国对外关系理念与实践的核心是推动中国特色大国外交。国际社会公认，中国已经是当代国际社会中的一支重要力量，但不少国家对一个崛起的中国如何使用它的力量还存有不少疑虑。有些国家之所以存在理解与认识上的偏差，除了意识形态因素，更为重要的是理论认识不足。

——中国特色大国外交的形成过程

改革开放以来，中国的外交主要是维护三种国家利益——国家主权、安全和发展利益，每一个阶段外交工作的重心几乎都围绕发展阶段的重大战略目标而定。

2008 年国际金融危机迅速改变国际格局，中国崛起的速度明显加快，推动了中国外交工作的开展。在 2009 年 7 月举行的第十一次驻外使节会议上，时任国家主席胡锦涛宣布中国"已站在新的历史起点上"，并认为"当前和今后一个时期，外交工作要把有效应对国际金融危机冲击、保持经济平稳较快发展，为保增长、保民生、保稳定服务作为重要任务，积极加以运筹"。[①] 正是百年来前所未有的这次国际金融危机，让中国领导人意识到中国的国际地位、国际责任和国家利益正在前所未有地伸张。2012 年 11 月举行的党的十八大，顺应时势，提出了一些新的外交思想，其中包括"倡导人类命运共同体意识"和"推动建立长期稳定健康发展的新型大国关系"。对于长期生活在西方主导的国际秩序中的各国来说，这两个概念所承载的含义是非同反响的。

中华民族伟大复兴是习近平担任中国最高领导人之后的执政核心。2012 年 11 月 29 日，担任中共中央总书记不足半个月，习近平在参观《复兴之路》展览之后，提出了"实现中华民族伟大复兴是中华民族近代以来最伟大的梦想"

[①] 《胡锦涛文选》（第三卷），人民出版社 2016 年版，第 235、238—239 页。

这一重大认识。① 一方面，习近平认为，目前这一阶段，中国要比历史上任何时期都更接近中华民族伟大复兴的目标。这两个目标分别是建党 100 周年时全面建成小康社会和建国 100 周年时建成社会主义现代化国家；另一方面，习近平也强调"落后就要挨打，发展才能自强"，要坚定走中国特色社会主义道路。

在习近平召开中央外事工作会议前夕，中国与世界的关系进一步发生显著变化。2014 年 10 月初，IMF 的一条新闻被全球各大媒体广泛转载。IMF 预计，按照 PPP 计算，2014 年中国经济总量将达到 17.6 万亿美元，而美国为 17.4 万亿美元。② 尽管中国超过美国是早晚的事，但是这一天来得如此之快，还是让国际舆论大吃一惊。习近平在中央外事工作会议上指出，"世界多极化推进形态不会改变"，中国"进入了实现中华民族伟大复兴的关键阶段"。③

在中共中央外事工作会议上，习近平提出"中国必须有自己特色的大国外交"。④ 这一论断提出之后，迅速成为中国对外工作的核心。一年前的 10 月底，中共中央召开了新形势下的周边外交工作座谈会，明确今后 5 年至 10 年周边工作的战略目标、基本方针和总体布局，会议要求更加奋发有为地推进周边外交。从"奋发有为"的周边外交到"中国特色的大国外交"，可以说中国外交进入了一个新阶段，外交的总目标已经被提升至服务于中华民族伟大复兴，这一目标显然超越了一般意义上的国家发展。

——中国特色大国外交的主要内容

在中国对外关系中，周边国家、发达国家、发展中国家以及多边等分类是 20 世纪 90 年代以来的提法。周边外交是 20 世纪 90 年代的一个突出创新。冷战结束之初，中国与西方关系一度低落，而苏联解体也使得中国周边环境发生巨大变革，客观上需要有新概念统筹外交新工作。那个时候，亚太经合组织以及东盟等推动东亚地区发展也如火如荼，这些对中国外交的多边主义形成都很有影响。有关大国外交的新思路也是在那个阶段有了新含义，特别是与俄罗斯建立了一种不同以往的新型伙伴关系。可以说，国际格局和国际形势的巨变为一个蓬勃发展的中国开创外交新局面奠定了基础。

在 2014 年的中央外事工作会议上，中国特色的大国外交体现在三个"坚持"上。第一，坚持中国共产党领导和中国特色社会主义，坚持中国的发展道路、社会制度、文化传统、价值观念。第二，坚持独立自主的和平外交方针，坚持把国家和民族发展放在自己力量的基点上，坚定不移走自己的路，走和平

---

① 习近平：《习近平谈治国理政》，外文出版社 2014 年版，第 36 页。
② "China surpasses US as world's largest economy based on key measure", Oct. 8, 2014, https：//www.rt.com/business/194264-china-surpass-us-gdp/.
③ 习近平：《习近平谈治国理政》（第二卷），外文出版社 2017 年版，第 442 页。
④ 同上书，第 441—444 页。

发展道路，同时决不能放弃我们的正当权益，决不能牺牲国家核心利益。第三，坚持国际关系民主化，坚持和平共处五项原则，坚持国家不分大小、强弱、贫富都是国际社会平等成员，坚持世界的命运必须由各国人民共同掌握，维护国际公平正义，特别是要为广大发展中国家说话。[①] 这三个"坚持"不仅概括了中国共产党、社会主义与中国外交的关系，也点出了中国外交的立足点是依靠自己，而不是依赖于他国。此外，中国仍然坚持把自己与发展中国家的关系摆在重要位置，之所以如此，是因为这些国家总人口占据世界的多数，而且大多数是穷国。从理念上讲，社会主义国家的目标是让所有百姓都过上幸福生活。如果不结束全球绝大多数人的贫困状态，很难说这个世界会有真正的和平与发展。

中国特色大国外交主要体现在"中国特色"与"大国外交"两个方面上。"中国特色"的含义，主要是中国共产党领导的中国特色社会主义道路。从大国外交层面来看，中国成为大国之后开展的外交是主要含义。尽管以往概括中国外交时，也有大国外交的提法，但那个时候的大国外交，主要是指外交的对象中有一类国家是大国，与其他类型的国家交往则被归入发展中国家、周边国家等。自提出"中国特色大国外交"之后，中国所有进行的对外工作关系都统筹在中国自己是一个大国的基础上。

中国的大国外交在什么是大国，以及什么是外交上，都有一些新含义。最显著的变化是对大国的理解，中国外交话语体系中使用大国，通常指的是国土面积和人口规模。2014年中央外事工作会议上提出的"大国外交"，则不仅是国土和人口规模意义上的，因为这两个几乎是常量，自新中国成立以来一直都是如此。即便中国于20世纪70年代恢复联合国安理会常任理事国席位，中国通常也不认为自己是一个与欧美相当的大国。但习近平提出"中国特色大国外交"时，中国的大国地位达到了前所未有的高度，即前所未有地接近中华民族伟大复兴，前所未有地走近世界舞台的中央。在国土和人口之外，中国在政治、经济和军事层面，其国际影响力都可以说仅次于美国。

与此同时，中国也扩展了纳入大国范畴的国家范围。在此之前，中国外交话语中的大国通常指少数西方发达国家。而在中央外事工作会议上，习近平提出"要切实运筹好大国关系，构建健康稳定的大国关系框架，扩大同发展中大国的合作"。也就是说，现在中国大国外交的对象有两个类型，一类是传统的西方发达国家，一类是发展中大国。在这儿，主要是指以金砖国家为代表的一批发展中崛起国。

[①] 习近平：《习近平谈治国理政》（第二卷），外文出版社2017年版，第443页。

在外交层面，中国使用的原则与理念通常与西方发达国家有些不同。例如，我们强调的"国际关系民主化"是指让中小国家和穷国也有平等参与国际事务的机会和权利，而西方国家国际事务中使用"民主化"这种词，主要不是指国际体系层面的国家参与，而是指国内层面的政权组织形式。和平共处五项原则继承于20世纪50年代的万隆会议。当年参加会议的，既有刚刚摆脱战争的日本，也有中东、北非等地的国家，但核心是印度、中国以及东南亚国家等。从文明史角度看，参加万隆会议、提出和平共处五项原则的国家，在西方崛起之前都曾长期占据人类文明的制高点。因而，这些国家的精英对公平正义的认识，有显著的各国特色，不单单是重复西方国际关系的规则。

尤其值得强调的是，"中国特色大国外交"还非常重视正确义利观。也就是说，中国不仅仅是一个只重视物质主义的大国，也有相当程度上的道义、责任和价值取向。中华民族的伟大复兴，不只是让中国在经济、军事和政治上成为首屈一指的大国，也将在文明文化含义上，为人类社会的进步和发展做出新的贡献。

——中国特色大国外交的现实与理论意义

从中国对外关系角度看，"中国特色大国外交"是统筹性质的，具有全局意义。凡是中国致力于推进的对外关系工作，都应该在"中国特色大国外交"之下，通过对外工作更好地服务于中华民族伟大复兴。因此，我们不难看到，中国在维护自身正当权益方面的坚定性和原则性。这方面最为典型的体现是周边地区，一个是维护中国在南海问题上的权益，另一个是维护朝鲜半岛的稳定。一定程度上可以说，"中国特色大国外交"最为生动地体现是中国海洋利益和海外权益的拓展。

也是基于对"中国特色大国外交"的认识，"一带一路"成为这一外交理念最具生命力的一项实践。西方社会最初对"一带一路"的反应是当作中国版的"马歇尔计划"，这种思路显然认为中国试图争夺亚欧大陆的霸权。不过，中国政府在外交的总原则中一再表示，中国无意争霸，也不会干涉内政。2017年5月，在北京举行了首届"一带一路"高峰论坛，全球140多个国家和80多个国际组织积极支持和参与。这充分表明，作为中国新时期推动全球化发展合作的机制化平台，得到了全球绝大多数国家的欢迎。

另外一项在实践中产生广泛影响的是全球治理。正是由于对大国外交的期待，中国政府对参与全球治理是积极有为的，发挥了负责任的大国作用。例如，积极参与世界银行、IMF等机构的改革，2015年12月25日，中国倡议的亚洲基础设施投资银行正式成立，致力于打造专业、高效和廉洁的21世纪新型多边开发银行。2016年10月1日，人民币正式加入IMF的特别提款权货币篮子，这两大事件标志着中国参与全球治理的转折点。

从理论上说，"中国特色大国外交"有助于说明白一个强大起来的中国将如何使用其力量，从而给外界一种比较稳定的预期。对中国人来说，强大起来的中国和比较弱小时的中国，在国际关系含义上是相当不同的，即便是同一句话、同一个行为，在这两个阶段会有完全不同的国际效应。更不用说，在强大起来之后，中国的国内政策往往会产生深远的国际影响。这就要求中国各级决策者，在理解中国特色大国外交时，要时常在国内—国际两个大局中来回审视，即在理论指导下开展下一阶段的工作。（本条执笔：钟飞腾）

43. 新型国际关系

2017年10月，中国共产党十九大报告明确提出，中国将"推动建设相互尊重、公平正义、合作共赢的新型国际关系"。尽管这并非首次在重要文件中提及"新型国际关系"，但是"新型国际关系"前面的定语的变化还是很引人注目的。一方面，无论是相互尊重，还是公平正义，之前都只是在论述与部分国家关系，涉及部分中国对外政策时使用的，而这次却是组成一个系统性的认识。另一方面，在党的十八大以后，中国曾多次使用"新型"来概括国际形势以及中国外交的新内涵。由于中国目前的综合国力名列前茅，加上美国等西方国家承担国际责任的意愿显著下降，世界各国对国际秩序的走向非常关注。中国提出"新型国际关系"是否是一种革命性方案，还是中国意图构建以中国为中心的世界秩序？或者将意味着其他国家也有机会参与这个正在形成中的新秩序？这类问题都需要进一步加以认识。

——新型国际关系概念的形成过程

1950年2月签署的《中苏友好同盟互助条约》是对双方新关系的法律界定，条约正文很短，但很有力量，因为中苏双方签署的是一个同盟条约。此外，在第五条，也规定了"平等、互利、互相尊重国家主权与领土完整及不干涉内政的原则"。不过，实践表明，即便是社会制度相同的国家，也未必能够按照条约中签署的内容发展两国关系。1979年，条约到期后双方不再续签。冷战时期中苏关系的发展演变，完全革新了中国领导人对同盟关系的看法。因此，与美国等西方国家不同，中国认识到同盟关系不仅靠不住，而且还会带来麻烦。为此，从1982年党的十大起，中国的外交政策就发展为独立自主的和平外交。

自20世纪90年代以来，中俄关系的发展历程再度表明，在国际局势剧烈演变下，两个敌对的大国之间，也可以建立成熟稳定的新型关系。中俄从解决历史遗留的边界问题入手,增进了战略互信。2001年7月,双方签署了《睦邻友好合作条约》,将两国不结盟、不对抗、不针对第三方的新型国家关系用法律形式固定下来。因此,与冷战时代的同盟关系、针对第三方,且以意识形态划线不同,迈入21世纪以后的中俄关系,都是在各自国家利益新认识的基础上形成的。条约签署后,时任国家主席江泽民在莫斯科大学演讲,三次提到"新型国家关系",并在"三不"的基础上,增加了"完全平等、互利合作、睦邻友好"等性质。① 因此,从中国方面来看,自20世纪50年代以来,"平等"和"互利"就一直是中国外交原则的一部分。中国人对这些原则和理念的坚持,经受了相当多重大事件的考验,也可以说已经成为中国外交文化的一部分。

2013年3月23日,在莫斯科国际关系学院演讲时,习近平提出"新型国际关系"概念。习近平在表述这一思想时用了如下这样一段话:"面对国际形势的深刻变化和世界各国同舟共济的客观要求,各国应该共同推动建立以合作共赢为核心的新型国际关系,各国人民应该一起来维护世界和平、促进共同发展。"② 当时这个概念的界定词只是"合作共赢",还没有"相互尊重、公平正义",尽管在这篇演讲中也有这两个词。

2014年11月,习近平在中央外事工作会议上强调,"推动建立以合作共赢为核心的新型国际关系,坚持互利共赢的开放战略,把合作共赢理念体现到政治、经济、安全、文化等对外合作的方方面面"。③ 此后,构建以合作共赢为核心的新型国际关系成为中国外交的重要指导思想。

2015年9月,习近平在纽约出席联合国成立70周年系列峰会期间,在联合国讲坛上提出,"要继承和弘扬联合国宪章的宗旨和原则,构建以合作共赢为核心的新型国际关系,同心打造人类命运共同体"。④ 2016年9月,习近平在中共十八届中央政治局第三十五次集体学习时指出,中国"坚决维护以联合国宪章宗旨和原则为核心的国际秩序……推动改革全球治理体系中不公正不合理的安排"。⑤ 习近平在讲话中不断强调,中国提出的一些新理念,得到了国际社会的广泛欢迎。今后一段时期应继续向国际社会阐述中国的理念,但要采用合作而非对抗的方式,要坚持共商、共建、共享的原则,不断寻求最大公约

---

① 江泽民:《共创中俄关系的美好未来——在莫斯科大学向俄罗斯各界知名人士发表的演讲》,《国务院公报》2001年第26号,中华人民共和国中央人民政府网,http://www.gov.cn/gongbao/content/2001/content_60978.htm。
② 习近平:《习近平谈治国理政》,外文出版社2014年版,第271页。
③ 习近平:《习近平谈治国理政》(第二卷),外文出版社2017年版,第443页。
④ 同上书,第522页。
⑤ 同上书,第448页。

数，引导各方达成共识。从这个时候开始，公平合理等表述开始融入有关新型国际关系的论述中。

2017年1月，在联合国日内瓦总部，习近平指出："大国要尊重彼此核心利益和重大关切，管控矛盾分歧，努力构建不冲突不对抗、相互尊重、合作共赢的新型关系。"[1] 11月10日，在越南岘港APEC工商领导人峰会上，习近平强调，中国"将秉持正确义利观，积极发展全球伙伴关系，扩大同各国的利益汇合点，推动建设相互尊重、公平正义、合作共赢的新型国际关系"。[2] 这是党的十九大之后习近平首次出访，也是第一次与美国总统特朗普在多边场合阐述有关中国面向2050年新征程的外交理念。

——新型国际关系的主要内容

自2013年年初提出"新型国际关系"至2017年年初在日内瓦联合国总部的演讲，"新型国际关系"的核心词都是"合作共赢"。因此，2017年以前围绕"新型国际关系"的论述，基本上也都是从"合作共赢"出发的。

首先，以合作作为国际关系的主要方式符合全球多数国家的利益，也是冷战以来国际关系的一种发展趋势。在国际关系发展历史上，战争曾经是民族国家形成的主要动力之一，也是西方国际关系历史上现实主义等理论形成的渊源。但是，第二次世界大战以后，大国之间的战争次数总体上大幅度降低。冷战结束后，人类社会还没有发生过大国之间的战争。因此，在西方的理论界也出现了自由制度主义以及建构主义等理论，这些理论抓取的世界事件与现实主义关注的问题形成了鲜明的对比，更加强调合作与国家的能动性。

20世纪90年代后期技术的发展极大地改变了传统思维，对世界的认识有了相当大的改变。一方面，由于技术进步，分工进展十分迅速，各方不得不通过合作来增进收益；与此同时，全球化进程中的负面因素也会因为技术因素而放大，如恐怖主义、粮食安全、重大传染性疾病、气候变化等非传统安全问题已成为全球性问题，客观上这些问题无法由单独一国解决。

从中国自身的历史来看，中国外交政策的取向也早就从冷战初期的对抗大幅度转向了合作。可以说，以合作作为"新型国际关系"的核心，本身是中国改革开放的产物，是中国融入国际社会，通过深度参与国际分工形成的新认识。因此，中国对合作的强调与认识，不完全是西方理论影响的产物，而是源于中国的实践，以及与各国在互动沟通中形成的一种思维方式。

---

[1] 习近平：《习近平谈治国理政》（第二卷），外文出版社2017年版，第541页。
[2] 习近平：《抓住世界经济转型机遇 谋求亚太更大发展——在亚太经合组织工商领导人峰会上的主旨演讲》，2017年11月10日，新华网，http://www.xinhuanet.com/politics/leaders/2017-11/10/c_1121938333.htm。

其次，把"共赢"作为"新型国际关系"的另一个核心词，更是体现了中国对全球化和国际合作动力的积极看法。中国主张在国际关系中，应尊重各国自主选择的社会制度和发展道路，坚持正确义利观，在维护自身利益的同时兼顾各方利益，在谋求自身发展的同时促进共同发展，致力于实现双赢、多赢、共赢。

共赢是共同发展的一种价值追求。2015年9月，习近平在参加第七十届联合国大会一般性辩论时指出："大家一起发展才是真发展，可持续发展才是好发展。要实现这一目标，就应该秉承开放精神，推进互帮互助、互惠互利。"① 习近平提出的"大家一起发展"这个问题，实际上是迄今为止人类历史并没有解决的重大问题。世界经济领域的很多学者认为，人类社会自1820年以后步入现代经济增长阶段，西方社会是引领者。但长期以来，迈入发达阶段的人口数量很难超过人类总人口数的20%。因此，尽管资本主义制度带动了财富的急速扩增，但财富的分配是很不均衡的。如今，发达国家也陷入了贫富差距扩大陷阱，这也是新一轮逆全球化的主要动因之一。2017年1月，习近平在达沃斯世界经济论坛上发表演讲，认为世界经济领域有三大问题——世界经济长期低迷、贫富差距和南北差距。而收入分配不平等、发展空间不平衡，被习近平视作"当今世界面临的最大挑战，也是一些国家社会动荡的重要原因"。②

对发展问题的重视，是中国对外关系中的一种特色。在西方国际关系理论中，从来没有像中国这样将发展问题提到这么高的高度。这一点在西方学术研究机构的学科分类目录中一目了然，发展问题在国际问题研究界长期以来就处于边缘地位。但中国却不同。早在20世纪80年代中期，邓小平就提出和平与发展是世界重大主题。就此而言，习近平将共同发展、共赢作为一种新型国际关系的核心，既体现了中国对外开放的一种逻辑，也是中国政治精英从古至今的价值关怀。

再次，2016年年底前后，中国政府在有关"新型国际关系"的论述中，显著加大了对"相互尊重"和"公平正义"的表述。显然，欧美社会在2016年的表现是令很多国家失望的。英国"脱欧"、美国民众选出了总统特朗普，这是"黑天鹅式"的事件。对全球化走向的担忧达到了一个历史高度，而中国领导人迅速认识到全球舆论中的这种不确定性，因此再度强调公平正义的重要性也就不难理解。

中国领导人一贯重视国家间的互相尊重，以及主权、平等等权利。早在

---

① 习近平：《习近平谈治国理政》（第二卷），外文出版社2017年版，第524页。
② 同上书，第480页。

七　中国特色外交部分理论、概念

1954 年，中印达成的和平共处五项原则中，就包括了"互相尊重主权和领土完整，互不侵犯，互不干涉内政，平等互利，和平共处"。即便如今中国成了一个全球瞩目的大国，中国领导人依然是主张这些原则的。2017 年 1 月，习近平在联合国日内瓦总部演讲时再度强调，"大国对小国要平等相待，不搞唯我独尊、强买强卖的霸道"。[①]

2017 年 10 月，党的十九大报告贯彻了这一主张，"坚持国家不分大小、强弱、贫富一律平等，支持联合国发挥积极作用，支持扩大发展中国家在国际事务中的代表性和发言权"。[②] 因此，在"新型国际关系"中包含"相互尊重"和"公平正义"，是对中国大国身份的多重界定，即便 2050 年中国成了综合国力和国际影响力领先的国家，中国也仍然不会忘记发展中国家。

——新型国际关系的现实含义

中国特色大国外交是党的十九大报告确立的新时代中国特色社会主义思想的八大组成部分之一。而新型国际关系与人类命运共同体正好是中国特色大国外交的两大支柱。由此可见，中国将推动构建新型国际关系看作中国社会主义实践和理论体系的重要组成部分。

党的十九大报告国际部分的创新性非常突出，也意味着中国共产党和中国政府在审视国际事务时世界观的巨大变化。尤其值得强调的是，我们把中国共产党的宗旨说得具有世界性，不仅要为中国人民谋福利，也要为人类进步事业而奋斗。这就极大地拓展了中国共产党人的人类使命感，展现了难得的理想主义情怀，是人类命运共同体的核心所在。在政府的目标部分，提出了互相尊重、公平正义、合作共赢的新型国际关系总目标。

从理论上看，新型国际关系说认为结盟已经过时了，而整个西方国际关系理论建设的基础之一正是同盟理论。随着国际格局的转变，特别是发展中经济体占世界经济比重将上升至 60% 以上，近两百年来发达国家主导国际格局的态势将逐渐消退，国际关系理论中以西方价值观和历史观为主要取向的"西方中心论"也将随之倒塌，流行的国际关系学说也会逐渐丧失影响力。因此，当前一些西方之外的学者提出了全球国际关系学、非西方的国际关系学等概念，显然中国政府提倡的"新型国际关系"说也呼应了这种变化趋势。未来一段时期，发展中国家对国际事务的参与度仍将上升，国际关系的形态还将继续变革。（本条执笔：钟飞腾）

[①] 习近平：《习近平谈治国理政》（第二卷），外文出版社 2017 年版，第 541 页。
[②] 习近平：《决胜全面建成小康社会　夺取新时代中国特色社会主义伟大胜利——在中国共产党第十九次全国代表大会上的报告》，《人民日报》2017 年 10 月 28 日第 1 版。

44. 新型大国关系

新型大国关系是理解中国对外政策的关键所在。尽管近一段时期以来，这个词语出现的频率比以往大幅度下降，但并不意味着中国政府放弃了这个说法。很大程度上，新型大国关系的意图、内涵与目标已经融入"新型国际关系"这一更高层次的表述中。在一些国家主张大国竞争归来、"修昔底德陷阱"风险增大的时代，重新认识中国政府的这一努力是很有必要的。

——新型大国关系概念的形成过程

从20世纪90年代开始，中国崛起首先出现在经济学者、继而是外交界人士的相关讨论中，但很少得到历史学者的关注。中国政府越来越意识到，为了击溃"中国威胁论"，必须掌握话语主动权，由此开启了有关"新型大国关系"和"新型国际关系"的政策话语宣传。在国际关系中，大国政治领导人提出的话语，很多都曾经引领过国际关系发展，比如20世纪70年代地缘政治学的复兴就与美国霸权衰落和尼克松、基辛格等人相关。

2010年5月第二轮中美战略与经济对话期间，国务委员戴秉国提出中美应"开创全球化时代不同社会制度、文化传统和发展阶段的国家相互尊重、和谐相处、合作共赢的新型大国关系"。2012年2月，时任国家副主席的习近平访美时提出，努力把中美两国建成21世纪的新型大国关系。3个月后，第四轮中美战略与经济对话在北京举行，时任国家主席胡锦涛发表了题为"推进互利共赢合作发展新型大国关系"的致辞，认为中美应该"走出一条相互尊重、合作共赢的新型大国关系之路"。[①]

2012年11月，党的十八大报告明确指出："我们将改善和发展同发达国家关系，拓宽合作领域，妥善处理分歧，推动建立长期稳定健康发展的新型大国关系。"[②] 新型大国关系由此成为中国外交战略的重要内容，也是引起国际舆论广泛重视的一个概念。中美两国学术界围绕新型大国关系的内涵、实现路径以及目标对象等，展开了热烈的讨论。

2013年6月，习近平与美国总统奥巴马会晤时提出了"不冲突、不对抗""相互尊重"与"合作共赢"的"新型大国关系"。在公开发布的讲话要点中，习近平5次提到"新型大国关系"。[③] 此后这一表述成为有关新型大国关系的正式表述，被诸多学者、政府机构等广泛使用。2014年7月，习近平出席在北

[①] 《胡锦涛文选》（第三卷），人民出版社2016年版，第583—586页。
[②] 同上书，第652页。
[③] 习近平：《习近平谈治国理政》（第一卷），外文出版社2014年版，第279—281页。

京举行的第六轮中美战略与经济对话和第五轮中美人文交流高层磋商联合开幕式,并发表"努力构建中美新型大国关系"的致辞,习近平认为:"构建新型大国关系是双方在总结历史经验基础上,从两国国情和世界形势出发,共同作出的重大战略抉择,符合两国人民和各国人民根本利益,也体现了双方决心打破大国冲突对抗的传统规律、开创大国关系发展新模式的政治担当。"[①] 2014年11月,习近平在北京会见了来访的奥巴马总统,习近平提出要从6个重点方向进一步推进中美新型大国关系建设,并构建同中美新型大国关系相适应的中美新型军事关系。

2015年9月,习近平访问美国,在华盛顿州西雅图市发表演讲时,再度提及中国要坚持构建新型大国关系,正确判断彼此战略意图,坚定不移推进合作共赢,妥善有效管控分歧,广泛培植人民友谊,共同开创中美更加美好的未来。在华盛顿与奥巴马会晤后,习近平与奥巴马都表示,要继续构建基于相互尊重、合作共赢的中美新型大国关系。

2016年6月,第八轮中美战略与经济对话和第七轮中美人文交流高层磋商在北京举行,习近平到会致辞。习近平回顾了三年前庄园会晤时,中美高层同意努力构建中美新型大国关系。习近平表示,"作为世界上最大的发展中国家、最大的发达国家和前两大经济体,中美两国更应该从两国人民和各国人民根本利益出发,勇于担当,朝着构建中美新型大国关系的方向奋力前行"。[②]

——新型大国关系的主要内容

从内涵上看,新型大国关系突出的是三条:不对抗、不冲突,相互尊重以及合作共赢。从发展历程来看,相互尊重与合作共赢早在胡锦涛时期就已经明确提出了。而不对抗、不冲突则是习近平重点强调的内容,同时这也是美方最初接纳这一概念的主要动因。

从中美双方的合作领域进展,也能理解新型大国关系建设的难题在哪些问题上。2014年11月12日,习近平与奥巴马总统在北京会晤,双方再次强调共同推进中美新型大国关系建设。此次会晤,中美在军事合作、气候变化、双边投资协定和信息技术等领域取得较大进展,然而双方在南海、人权、网络安全和货币政策等领域依然有较大分歧。在未来很长一段时期,美国对亚太安全和经济的影响仍然首屈一指,亚太地区还不能完全摆脱美国市场和美国权威的控制。2015年3月,前国务卿基辛格在北京参加"中国发展高层论

---

① 习近平:《努力构建中美新型大国关系——在第六轮中美战略与经济对话和第五轮中美人文交流高层磋商联合开幕式上的致辞》,《人民日报》2014年7月10日第2版。
② 习近平:《为构建中美新型大国关系而不懈努力——在第八轮中美战略与经济对话和第七轮中美人文交流高层磋商联合开幕式上的讲话》,2016年6月6日,新华网,http://www.xinhuanet.com/world/2016-06/06/c_1118997076.htm。

坛2015"经济峰会时认为,习近平提出构建中美新型大国关系,这是一种潜在竞争对手间建立的大国关系。当前,双方的任务就是不断丰富这一概念的内涵。①

从涉及的国别来看,尽管学术界的论述集中在中美双边层次,但中国政府至少包括了俄罗斯以及欧洲方向。在《习近平谈治国理政》(第一卷)中,第十二部分是"新型大国关系",选取了习近平的三次讲话,分别是2013年3月在莫斯科的《顺应时代前进潮流,促进世界和平发展》,2013年6月的《构建中美新型大国关系》,以及2014年4月的《在亚欧大陆架起一座友谊和合作之桥》。

2014年4月,中国政府发布《深化互利共赢的中欧全面战略伙伴关系——中国对欧盟政策文件》,这是自2003年10月中国政府发表首份对欧盟政策文件以来的第二份。文件认为"欧盟是中国走和平发展道路,推动世界多极化的重要战略伙伴,是中国实现'新四化'和'两个一百年'奋斗目标的重要合作对象。加强与发展中欧关系是中国推动建立长期稳定健康发展的新型大国关系的重要组成部分,是中国外交政策的优先方向之一"。②

2015年6月28日,俄罗斯前国家安全会议秘书、前外交部部长伊万诺夫28日在出席第四届世界和平论坛时发言评价称,中俄两国之间已经建立起历史上没有出现过的新型伙伴关系。伊万诺夫认为,在新型大国关系框架下,俄罗斯和中国并没有选择相互制衡,而是相互补充,在政治、经济、人道主义合作等领域都是相辅相成的关系,两国之间不存在有一个主导方将自己的意志强加在从属方之上,而是以一种平等的方式寻找双边关系平衡,实现互利共赢。这和历史上的大国关系有所不同。③

尽管特朗普上台之后,放弃了前任奥巴马总统的很多做法,包括退出TPP和气候变化巴黎协定,发动贸易战等。但是,2017年3月特朗普首任国务卿蒂勒森访问北京时,却有媒体报道称,蒂勒森曾表示,中美关系基于不冲突、不对抗和相互尊重,并一直在寻找互利共赢的解决方案。对此,有美方智库人士认为,这是特朗普政府打算接受"新型大国关系"的表示。④

---

① 《基辛格:中美构建新型大国关系应充分认识合作的重要性》,2015年3月21日,新华网,http://news.xinhuanet.com/world/2015-03/21/c_1114718130.htm。
② 《深化互利共赢的中欧全面战略伙伴关系——中国对欧盟政策文件》(全文),2014年4月2日,新华网,http://www.gov.cn/xinwen/2014-04/02/content_2651490.htm。
③ 《俄前外长:中俄新型伙伴关系具四方面鲜明特征》,2015年6月28日,中国新闻网,http://www.chinanews.com/gj/2015/06-28/7370842.shtml。
④ 《美专家称特朗普政府实质承认"中美新型大国关系"概念》,2017年3月19日,中青在线,http://news.cyol.com/content/2017-03/19/content_15777712.htm。

——新型大国关系的现实与理论意义

中共十八大以来"新型大国关系"成为国内外广泛关注的核心。在该议题下参与讨论的多数西方文献是政策导向而非以学理研究为基础的。有的西方评论家认为,中国的"新型大国关系"说就是五年前拒绝的"G2",且与美国搞新型大国关系建设存在降低其他大国地位的风险。美国一些学者不仅不看好"新型大国关系"建设,更是对2013年8月中国军事领导人访美提出的"新型军事关系"建设持强烈怀疑态度。赞成派则认为该理念是一种创新,如约瑟夫·奈强调,在认识中国建立新型大国关系时,不应该让历史类比束缚思维,中国对美国全球地位构成的挑战远不如19世纪后德国对英国的挑战,原因在于中国目前在人均意义上仍然远远落后于美国,中国执行的政策基本上与其经济发展程度相匹配,重心仍然在亚太而不是全球。而霍普金斯大学教授兰普顿则建议,为了构建新型大国关系,中美双方要增加两国领导人会晤频率,明确各自主管中美关系和对话的领导人,深化军事对话和交流,引导民意以及扩大地方政府的作用。罗伯特·佐利克则强调,中美需寻找类似于加入WTO这样的新战略焦点。

构建中美新型大国关系的一个重大历史和理论背景是对所谓的"修昔底德陷阱"的担忧。2015年9月,习近平在美国华盛顿州发表演讲时指出:"世界上本无'修昔底德陷阱',但大国之间一再发生战略误判,就可能自己给自己造成'修昔底德陷阱'。"[①] 2017年11月,"修昔底德陷阱"一词的创造者——美国哈佛大学教授格雷汉姆·埃利森,在美国参议院做证时特意强调,习近平在刚刚结束的中共十九大上讨论过"修昔底德陷阱"的问题。埃利森还在其新书《注定一战:中美能逃脱修昔底德陷阱吗?》中,用案例比较法说明了历史上大国崛起造成的冲突。16个案例中只有4个避免走向战争,分别是15世纪后期的葡萄牙和西班牙、20世纪早期的英国和美国、冷战时期的美苏以及20世纪90年代以来的英法与德国。显然,大国和平的案例在20世纪显著增多。除了这16个案例之外,埃利森还提供了未来进一步研究的14个案例,其初步结论似乎仍然是:20世纪以前的案例更多走向战争,而20世纪以来的则越来越不发生战争。西方学界对该课题的研究仍在进展中,这也为中国学者和政策部门提供了广阔的探索空间。

在西方构建的话语体系中,大国崛起基本上是否定性的概念。西方世界在2008年国际金融危机之后,将中国崛起与国际体系的关系描述为能否超越"修昔底德陷阱",以西方文明史上的重大历史和意识形态标识概括中国崛起的

---

① 《中美不会陷入"修昔底德陷阱"的十个理由》,2015年9月27日,新华网,http://www.xinhuanet.com/world/2015-09/27/c_1116689742.htm。

深远意义,这标志着有关中国崛起的话语已经从学术界转向一般性的国际舆论。中国崛起已经是一种历史事实,西方存疑的是这样一种崛起对正处动荡的国际体系是否有利。因此,推进新型大国关系建设,也是中国这个崛起型大国负责任的一种表现。(本条执笔:钟飞腾)

45. 人类命运共同体

——概念阐述及形成过程

2012年11月召开的中国共产党第十八次全国代表大会上提出了人类命运共同体的雏形概念,大会报告中提出,"人类生活在同一个地球村,生活在历史和现实交汇的同一个时空里,越来越成为你中有我、我中有你的命运共同体"。[①]

2013年3月下旬,中国国家主席习近平首次出访俄罗斯时第一次提出了命运共同体的概念。他在莫斯科国际关系学院的演讲中阐述道,"这个世界,各国相互联系、相互依存的程度空前加深,人类生活在同一个地球村里,生活在历史和现实交汇的同一个时空里,越来越成为你中有我、我中有你的命运共同体"。[②] 此后,"人类命运共同体"理念被习近平在许多重要的外交场合中进行深度阐释和论述。

2015年3月28日,习近平在博鳌亚洲论坛年会的主旨演讲中强调,"推动建设人类命运共同体,必须坚持各国相互尊重、平等相待;必须坚持合作共赢、共同发展;必须坚持实现共同、综合、合作、可持续的安全;必须坚持不同文明兼容并蓄、交流互鉴"。[③] 2015年9月28日,在联合国成立70周年纪念大会上,习近平发表了《携手构建合作共赢新伙伴 同心打造人类命运共同体》的讲话,这是中国最高领导人首次在重大国际组织中提出并详细阐述人类命运共同体的概念与核心思想。习近平说,"当今世界,各国相互依存、休戚与共。我们要继承和弘扬联合国宪章的宗旨和原则,构建以合作共赢为核心的新型国际关系,打造人类命运共同体"。为实现打造人类命运共同体这一伟大目标,习近平强调:"我们要建立平等相待、互商互谅的伙伴关系。要营造公道正义、共建共享的安全格局。要谋求开放创新、包容互惠的发展前景。要促进和而不同、兼收并蓄的文明交流,构筑尊崇自然、绿色发

[①] 《胡锦涛在中国共产党第十八次全国代表大会上的报告》,2012年11月17日,新华网,http://news.xinhuanet.com/18cpcnc/2012 - 11/17/c_ 113711665. htm

[②] 《国家主席习近平在莫斯科国际关系学院的演讲》,2013年3月24日,中央政府网,www.gov.cn/ldhd/2013 - 03/24/content_ 2360829. htm。

[③] 《习近平主席在博鳌亚洲论坛2015年年会上的主旨演讲》,2015年3月29日,新华网,http://news.xinhuanet.com/politics/2015 - 03/29/c_ 127632707. htm。

展的生态体系。"①

在习近平联大发表讲话之后,人类命运共同体的思想进一步得到发展。2017年1月19日,在联合国日内瓦总部参加世界经济论坛的习近平发表了题为"共同构建人类命运共同体"的重要讲话,强调"构建人类命运共同体,实现共赢共享是应对全球挑战的中国方案"。对于如何共同构建人类命运共同体,习近平提出了五大全球治理主张,认为国际社会要从伙伴关系、安全格局、经济发展、文明交流、生态建设等方面作出努力。② 习近平此次发表的专题性的重要讲话,标志着中国的人类命运共同体思想体系构建的进一步完善,对人类命运共同体进行了新的定位,将构建人类命运共同体确定为时代命题,将人类命运共同体的理念和落实结合了起来。

在中国共产党第十九次全国代表大会报告中,习近平强调指出,"倡导构建人类命运共同体,促进全球治理体系变革。中国国际影响力、感召力、塑造力进一步提高,为世界和平与发展作出新的重大贡献"。③ 对于人类命运共同体的内涵,习近平阐述为,"构建人类命运共同体,建设持久和平、普遍安全、共同繁荣、开放包容、清洁美丽的世界"。④ "坚持推动构建人类命运共同体"已经成为领会和落实新时代中国特色社会主义思想的精神实质和丰富内涵的重要内容。

2017年10月,经过中国共产党第十九次全国代表大会审议,一致同意将"构建人类命运共同体"的理念作为习近平新时代中国特色社会主义思想的重要组成部分写入党章,成为中国特色社会主义建设的行动指南。

——主体内容

人类命运共同体思想是以习近平同志为核心的党中央对马克思主义和中国外交思想的重大理论创新和实践创新,其主体内容主要包括五大方面。

第一,人类命运共同体是主权平等、和平结伴的政治共同体。习近平曾强调,"主权平等,是数百年来国与国规范彼此关系最重要的准则,也是联合国及所有机构、组织共同遵循的首要原则。主权平等,真谛在于国家不分大小、强弱、贫富,主权和尊严必须得到尊重,内政不容干涉,都有权自主选择社会制度和发展道路……新形势下,我们要坚持主权平等,推动各国权利平等、机

---

① 《携手构建合作共赢新伙伴 同心打造人类命运共同体》,2015年9月29日,人民网,http://politics.people.com.cn/n/2015/0929/c1024-27644905.html。
② 习近平:《共同构建人类命运共同体——在联合国日内瓦总部的演讲》,2017年1月19日,新华网,http://news.xinhuanet.com/world/2017-01/19/c_1120340081.htm。
③ 习近平:《决胜全面建成小康社会 夺取新时代中国特色社会主义伟大胜利——在中国共产党第十九次全国代表大会上的报告》,《人民日报》2017年10月28日第1版。
④ 同上。

会平等、规则平等"。① 在人类命运共同体的构建过程中,"要坚持对话协商,建设一个持久和平的世界;坚持共建共享,建设一个普遍安全的世界"②,"要相互尊重、平等协商,坚决摒弃冷战思维和强权政治,走对话而不对抗、结伴而不结盟的国与国交往新路"。③ 所以说,中国倡导的人类命运共同体思想是一个主权平等、和平结伴的政治共同体。

  第二,人类命运共同体是公道正义、共建共享的安全共同体。在全球治理的过程中,这个世界依旧存在冲突和纷争,存在着以美国为代表的霸权主义和强权政治,也存在着诸如生态安全、恐怖主义、粮食安全、网络安全等非传统安全问题的挑战。因此,人类命运共同体构建过程中,要"坚持以对话解决争端、以协商化解分歧,统筹应对传统和非传统安全威胁,反对一切形式的恐怖主义"④;要"坚持合作共赢,建设一个共同繁荣的世界",⑤ 推动建设一个共享安全的命运共同体。

  第三,人类命运共同体是开放包容、普惠共赢的经济共同体。经济全球化已经是世界发展的不可逆之趋势,在全球化的过程中,"我们要树立人类命运共同体意识,推进各国经济全方位互联互通和良性互动,完善全球经济金融治理,减少全球发展不平等、不平衡现象,使各国人民公平享有世界经济增长带来的利益"。⑥ 在人类命运共同体构建的过程中,"要同舟共济,促进贸易和投资自由化便利化,推动经济全球化朝着更加开放、包容、普惠、平衡、共赢的方向发展"。⑦

  第四,人类命运共同体是和而不同、交流互鉴的文明共同体。人类文明的历史就是多样化的文明衍生和发展的历史,随着全球化的发展,"文明冲突论"逐渐受到热捧,认为文化的差异使得国家冲突难以避免,某些西方国家企图通过向其他国家推销所谓的"普世价值",来干涉他国事务,操纵世界事务。而中国倡导的人类文明共同体理念承认世界文明是多样性的,主张

---

  ① 习近平:《共同构建人类命运共同体——在联合国日内瓦总部的演讲》,2017年1月19日,新华网,http://news.xinhuanet.com/world/2017-01/19/c_1120340081.htm。

  ② 同上。

  ③ 习近平:《决胜全面建成小康社会 夺取新时代中国特色社会主义伟大胜利——在中国共产党第十九次全国代表大会上的报告》,《人民日报》2017年10月28日第1版。

  ④ 同上。

  ⑤ 《携手构建合作共赢新伙伴 同心打造人类命运共同体——习近平在第七十届联合国大会一般性辩论时的讲话》,2015年9月29日,人民网,http://politics.people.com.cn/n/2015/0929/c1024-27644905.html。

  ⑥ 《习近平就2016年二十国集团峰会发表致辞》,2015年12月1日,新华网,http://news.xinhuanet.com/world/2015-12/01/c_1117309579.htm。

  ⑦ 习近平:《决胜全面建成小康社会 夺取新时代中国特色社会主义伟大胜利——在中国共产党第十九次全国代表大会上的报告》,《人民日报》2017年10月28日第1版。

要"尊重世界文明多样性,以文明交流超越文明隔阂、文明互鉴超越文明冲突、文明共存超越文明优越"。①"通过坚持交流互鉴,建设一个开放包容的世界。"②

第五,人类命运共同体是崇尚绿色低碳、环境友好的生态共同体。全球生态环境危机是人类命运共同体面临的首要挑战,各国必须共同参与治理,必须且只能以人类命运共同体为组织载体来解决。习近平曾强调,"人与自然是生命共同体,人类必须尊重自然、顺应自然、保护自然"③,人类命运共同体的构建过程中,"坚持绿色低碳,建设一个清洁美丽的世界。遵循天人合一、道法自然的理念,寻求永续发展之路。倡导绿色、低碳、循环、可持续的生产生活方式,平衡推进2030年可持续发展议程,不断开拓生产发展、生活富裕、生态良好的文明发展道路"。④ "坚持环境友好,合作应对气候变化,保护好人类赖以生存的地球家园。"⑤加强生态环境治理是人类命运共同体可持续发展的目标,也是人类命运共同体的重要内容。

——概念的理论意义和现实意义

党的十八大以来,中国发展站到了新的历史起点上,中国特色社会主义进入了新时代,中华民族迎来了实现中华民族伟大复兴的光明前景。以习近平同志为核心的党中央站在人类历史发展进程的高度,拓展和深化了中共十八大提出的命运共同体思想,形成了科学完整、内涵丰富、意义深远的人类命运共同体思想体系。人类命运共同体思想是对于"建设一个什么样的世界、如何建设这个世界"提出的创新性中国方案。

第一,人类命运共同体思想为全球治理体系的变革提供了中国方案和中国智慧。现行的全球治理体系是第二次世界大战后在发达国家主导下形成的,随着国际力量对比消长变化和全球性挑战日益增多,全球治理的固有难题更加凸显出来,如今面临着如何消除"全球治理赤字"、如何推动全球治理民主化、如何解决"发展缺位"问题三大难题,一些大国正在失去应对的积极性和动力,而众多小国则缺乏应对能力。中国提出人类命运共同体的理念倡导合作与

---

① 《习近平就2016年二十国集团峰会发表致辞》,2015年12月1日,新华网,http://news.xinhuanet.com/world/2015-12/01/c_1117309579.htm。
② 习近平:《决胜全面建成小康社会 夺取新时代中国特色社会主义伟大胜利——在中国共产党第十九次全国代表大会上的报告》,《人民日报》2017年10月28日第1版。
③ 《生态环境与人类命运共同体》,2017年11月1日,新华网,http://news.xinhuanet.com/globe/2017-11/01/c_136717143.htm。
④ 习近平:《共同构建人类命运共同体——在联合国日内瓦总部的演讲》,2017年1月19日,新华网,http://news.xinhuanet.com/world/2017-01/19/c_1120340081.htm。
⑤ 习近平:《决胜全面建成小康社会 夺取新时代中国特色社会主义伟大胜利——在中国共产党第十九次全国代表大会上的报告》,《人民日报》2017年10月28日第1版。

共赢、责任共担与利益共享、包容与可持续发展，推动全球治理向公正合理的方向发展，推动国际秩序的民主化。① 人类命运共同体思想的实行可以平衡本国利益追求与他国利益兼顾，可以解决责任承担与利益获得的失衡问题，可以满足不同国家的发展诉求，推动全球治理难题的解决。

第二，人类命运共同体思想为国际和平构建提供了中国方案和中国智慧。当今世界仍不太平，维护国际和平仍是摆在世界各国面前的首要任务，中国作为负责任的地区大国，提出的人类命运共同体思想是对如何维护和构建世界和平所贡献的中国智慧与中国方案。中国作为世界上最大的发展中国家，对内保持长期稳定与繁荣发展，对外奉行和平协商与平等对话的原则，广泛参与区域合作和全球事务，努力构建不冲突不对抗、相互尊重、合作共赢的新型国家关系，推动国际社会把深海、极地、外空、互联网等领域打造成合作新疆域，同时积极支持全球反恐事业和难民危机的解决，推动气候变化与生态安全治理，协同各国共商、共建一个持久和平与普遍安全的世界。

第三，人类命运共同体思想为国际秩序的民主化发展提供了中国方案和中国智慧。中国一直秉持共商共建的发展理念，推动国际秩序的民主化发展。在经济方面，"引导经济全球化健康发展，加强协调、完善治理，推动建设一个开放、包容、普惠、平衡、共赢的经济全球化，既要做大蛋糕，更要分好蛋糕，着力解决公平公正问题"。同时，"维护世界贸易组织规则，支持开放、透明、包容、非歧视性的多边贸易体制，构建开放型世界经济"。② 在政治方面，通过平等协商和对话等和平手段解决国家之间的冲突，通过合作解决恐怖主义、生态治理、气候变化等非传统安全问题，尊重联合国等多边性国际组织在国际事务中的协调和斡旋作用。在文化方面，尊重文明的多样性和文化的多元性，提倡不同文明之间的平等交流与互鉴，包容世界的多样性发展。

第四，人类命运共同体思想为全球生态和谐提供了中国方案和中国智慧。"人与自然是生命共同体，人类必须尊重自然、顺应自然、保护自然"，中国在国内已经将"绿色"列为"五大发展理念"的基本内容，作为经济社会发展的根本指南，中国在推动国内生态环境安全的同时也正为全球环境治理贡献着力量，推动建立公平公正合理的国际环境法律体系。构建"人类命运共同体"是生态法制的中国表达，是为全球治理和人类发展贡献的中国方案与中国智慧，是全球生态环境治理理论体系的基础与关键内核，体现了中国是一个致力

---

① 李向阳：《人类命运共同体指引全球治理改革方向》，《人民日报》2017年3月8日第7版。
② 习近平：《共同构建人类命运共同体——在联合国日内瓦总部的演讲》，2017年1月19日，新华网，http://news.xinhuanet.com/world/2017-01/19/c_1120340081.htm。

于推进全球可持续发展的负责任的大国。①（本条执笔：李志斐）

46. 两个一百年

——"两个一百年"的提出及其具体内容

新中国成立以来，在不同历史阶段，根据国际国内形势和中国发展条件，提出相应战略目标引领社会主义各项事业发展，是中国共产党执政兴国的重要经验。"两个一百年"的提出，无疑印证了这一论断。

1987 年 10 月，中国共产党十三大提出中国经济建设分三步走的总体战略部署：第一步目标，1981 年到 1990 年实现国民生产总值比 1980 年翻一番，解决人民的温饱问题，这在 20 世纪 80 年代末已基本实现；第二步目标，1991 年到 20 世纪末国民生产总值再增长一倍，人民生活达到小康水平；第三步目标，到 21 世纪中叶人民生活比较富裕，基本实现现代化，人均国民生产总值达到中等发达国家水平，人民过上比较富裕的生活。②

此后，在解决人民温饱问题、人民生活总体上达到小康水平这两个目标提前实现的基础上，中国共产党十五大又提出"两个一百年"奋斗目标。

中国共产党十五大于 1997 年 9 月 12 日至 18 日在北京召开。在十五大报告中，首次提出"两个一百年"奋斗目标：第一个一百年，是到中国共产党成立 100 周年时（2021 年）全面建成小康社会；第二个一百年，是到新中国成立 100 周年时（2049 年）建成富强、民主、文明、和谐的社会主义现代化国家。③

2012 年召开的中共十八大的报告中描绘了全面建成小康社会、加快推进社会主义现代化的宏伟蓝图，再次重申：在中国共产党成立一百年时全面建成小康社会，在新中国成立一百年时建成富强、民主、文明、和谐的社会主义现代化国家。并呼吁中国人民向实现"两个一百年"奋斗目标进军。"两个一百年"自此成为一个固定关键词，成为全国各族人民共同的奋斗目标。④

在习近平自党的十八大以来的历次公开讲话与文章中，"两个一百年"出现超过 100 次，充分表明了新一代中央领导集体对这个理念的高度重视。"两

---

① 黄辉：《人类命运共同体建构的生态法制保障》，《中国社会科学报》2018 年 1 月 9 日。
② 《沿着有中国特色的社会主义道路前进——在中国共产党第十三次全国代表大会上的报告》，http://www.xjbz.gov.cn/ddh/communist/newfiles/m1060.html。
③ 《高举邓小平理论伟大旗帜，把建设有中国特色社会主义事业全面推向二十一世纪——江泽民在中国共产党第十五次全国代表大会上的报告》，1997 年 9 月 12 日，人民网，http://cpc.people.com.cn/GB/64162/64168/64568/65445/4526285.html。
④ 《坚定不移沿着中国特色社会主义道路前进 为全面建成小康社会而奋斗——胡锦涛在中国共产党第十八次全国代表大会上的报告》，2012 年 11 月 18 日，人民网，http://cpc.people.com.cn/n/2012/1118/c64094-19612151.html，2018 年 3 月 6 日。

个一百年"不仅已成为中国共产党的奋斗目标,还与中国梦一起,成为引领中国前行的时代号召。

2012年11月29日,习近平在国家博物馆参观"复兴之路"展览时,第一次阐释了中国梦的概念。习近平指出:"为了实现中国梦,我们确立了'两个一百年'奋斗目标。"① 中国梦的核心目标实则可以概括为"两个一百年"的目标,也就是:到2021年中国共产党成立100周年和2049年中华人民共和国成立100周年时,逐步并最终顺利实现中华民族的伟大复兴,具体表现是国家富强、民族振兴、人民幸福,实现途径是走中国特色的社会主义道路、坚持中国特色社会主义理论体系、弘扬民族精神、凝聚中国力量,实施手段是政治、经济、文化、社会、生态文明五位一体建设。

习近平指出,实现中华民族伟大复兴,就是中华民族近代以来最伟大的梦想。他还指出,到中国共产党成立100年时全面建成小康社会的目标一定能实现,到新中国成立100年时建成富强民主文明和谐的社会主义现代化国家的目标一定能实现,中华民族伟大复兴的梦想一定能实现。

党的十九大报告中,清晰地描绘了全面建成社会主义现代化强国的时间表、路线图。即在2020年全面建成小康社会、实现第一个百年奋斗目标的基础上,再奋斗15年,到2035年基本实现社会主义现代化。从2035年到本世纪中叶,在基本实现现代化的基础上,再奋斗15年,把中国建成富强民主文明和谐美丽的社会主义现代化强国。②

至此,"两个一百年"作为全国各族人民的奋斗目标,得到清晰和完整的厘定。

——"两个一百年"提出的理论和实践意义

"两个一百年"是中国共产党集体智慧的结晶,具有重大的理论和实践意义。

第一,"两个一百年"的提出,是中国共产党把握历史新方位,顺应时代潮流,就如何建立社会主义现代化强国做出的战略安排。凸显以习近平同志为核心的党中央运用战略思维、进行战略谋划的高超智慧和卓越能力,展现出党和国家事业蓬勃发展的光明前景。③

---

① 《习近平治国理政关键词3 两个一百年引领前行的时代号召》,2016年1月18日,新华网,http://www.xinhuanet.com/politics/2016-01/18/c_128640419.htm。
② 《新华社评论员:深刻把握"分两步走"的新目标》,2017年10月21日,新华网,http://www.xinhuanet.com/politics/19cpcnc/2017-10/21/c_129724346.htm。
③ 《高擎习近平新时代中国特色社会主义思想伟大旗帜——中国共产党第十九次全国代表大会巡礼》,2017年10月24日,中国新闻网,http://www.chinanews.com/gn/2017/10-24/8359658.shtml,2018年3月6日。

"两个一百年"既是对"三步走"战略目标的继承,又是对"三步走"目标"与时俱进"的深化和推进。"两个一百年"的提出,使得实现中国梦和中华民族伟大复兴的目标变得更加具体,为实现目标所做的各种努力也更具可操作性。

在党的十九大报告中,习近平指出,从十九大到二十大,是"两个一百年"奋斗目标的历史交汇期。……我们既要全面建成小康社会、实现第一个百年奋斗目标,又要乘势而上开启全面建设社会主义现代化国家新征程,向第二个百年奋斗目标进军。① 这是对未来五年"两个一百年"奋斗目标历史交汇期形势特点的重大判断,是对"两个一百年"奋斗目标持续推进的重要部署。②

今天中国最大的事情,就是实现"两个一百年"的奋斗目标和中国梦;最迫切的任务,就是到2020年要全面建成小康社会。③

这个历史交汇期对于中国社会主义现代化进程有着特殊重要的意义。在这五年的时间里,如期全面建成小康社会、实现第一个百年目标,是中国社会主义现代化建设进程中一个重要的里程碑,标志着我们将跨过实现现代化建设第三步战略目标必经的承上启下的重要发展阶段。开启全面建设社会主义现代化国家新征程、向第二个百年目标进军,中国现代化建设"三步走"总体战略的继续和深入,意味着我们将站在更高的起点上,向着把中国建成富强民主文明和谐美丽的社会主义现代化强国的目标奋勇前进。④

这个历史交汇期也是大有可为的机遇期,也是攻坚克难的关键期。

第一个百年奋斗目标的实现,必将为第二个百年奋斗目标奠定坚实的物质基础,"两个一百年"奋斗目标新征程必将实现平顺的转承接续,把中国建设成为富强民主文明和谐美丽的社会主义现代化强国的第二个百年奋斗目标将迎来更加有利的战略态势。

同时,在"两个一百年"奋斗目标的历史交汇期,事业越前进、越发展,新情况新问题就会越多,面临的风险和挑战就会越多,肩负的任务就会愈加艰巨。从国内发展来看,发展不平衡、不协调、不可持续问题仍然突出。从外部环境来看,国际金融危机深层次影响在相当长时期依然存在,全球经济贸易增长乏力,保护主义抬头,地缘政治关系复杂变化,传统安全威胁和非传统安全

---

① 习近平:《决胜全面建成小康社会 夺取新时代中国特色社会主义伟大胜利——在中国共产党第十九次全国代表大会上的报告》,《人民日报》2017年10月28日第1版。
② 《如何理解"两个一百年"奋斗目标的历史交汇期》,2017年11月22日,中国军网,http://www.81.cn/jfjbmap/content/2017-11/22/content_192485.htm。
③ 李君如:《全面从严治党问题研究之一,"办好中国的事情,关键在党"》,《中共天津市委党校学报》2016年第5期,第4页。
④ 黄泰岩:《把握好"两个一百年"奋斗目标的历史交汇期》,《求是》2017年第24期,第43页。

威胁交织，不稳定不确定因素增多。①

要实现中国梦的宏伟目标，必须通过全面深化改革，跨越"中等收入陷阱"；大力推进和谐世界建设，跨越"修昔底德陷阱"，切实加强执政党建设，跨越"塔西佗陷阱"。② 从这个意义上讲，"两个一百年"目标的提出，建立在对中国具体国情和国际局势深入细致的体察和分析基础之上。

第二，"两个一百年"的提出，为新时代中国特色社会主义建设各项事业的领导核心——中国共产党和全国各族人民确立了共同奋斗的目标和方向。有利于增强中国共产党和全国各族人民之间的凝聚力，增强全国各族人民对中国共产党的向心力。

改革开放40年来，中国特色社会主义建设已经取得了巨大的成就。如何百尺竿头再进一步，是全党和全国人民共同面临的重大、紧要问题。

在党的十九大报告中，习近平指出，"国内外形势正在发生深刻复杂变化，我国发展仍处于重要战略机遇期，前景十分光明，挑战也十分严峻。全党同志一定要登高望远、居安思危，勇于变革、勇于创新，永不僵化、永不停滞，团结带领全国各族人民决胜全面建成小康社会，奋力夺取新时代中国特色社会主义伟大胜利"。

此前，习近平在"7·26"重要讲话中指出，全面建成小康社会要得到人民认可、经得起历史检验。③ 这个"人民认可"无疑"体现了以人民为中心的发展思想，是全面建成小康社会的根本标准"。④ 他还强调，"中国共产党人的初心和使命，就是为中国人民谋幸福，为中华民族谋复兴。这个初心和使命是激励中国共产党人不断前进的根本动力。全党同志一定要永远与人民同呼吸、共命运、心连心，永远把人民对美好生活的向往作为奋斗目标，以永不懈怠的精神状态和一往无前的奋斗姿态，继续朝着实现中华民族伟大复兴的宏伟目标奋勇前进"。

当前，在中国共产党今天的话语系统中，出现了两个"伟大"：一个是"伟大事业"，即中国共产党领导的中国特色社会主义伟大事业，中华民族复兴的伟大事业；另一个是"伟大工程"，即党的建设新的伟大工程。这两个"伟

---

① 《如何理解"两个一百年"奋斗目标的历史交汇期》，2017年11月22日，中国军网，http://www.81.cn/jfjbmap/content/2017-11/22/content_192485.htm。
② 张勇：《实现"两个一百年"目标必须跨越"三大陷阱"》，《理论月刊》2015年第2期，第28—30页。
③ 《求是：充分认识习近平总书记"7·26"重要讲话的重大意义》，2017年8月15日，人民网，http://theory.people.com.cn/n1/2017/0815/c40531-29472572.html。
④ 教育部中国特色社会主义理论体系研究中心（储新宇执笔）：《准确把握"两个一百年"奋斗目标的任务要求》，《求是》2017年第19期，第14页。

大"的关系，是辩证统一的关系。"伟大事业"离不开"伟大工程"，"伟大工程"必须围绕和服务于"伟大事业"。①

在实现"两个一百年"和中国梦宏伟目标的进程中，中国共产党的领导和中国共产党自身的建设均不可或缺。对于中国共产党而言，确立"两个一百年"目标，有助于中国共产党更加明确自身的使命担当、职责所系。居安思危，戒骄戒躁，励精图治，艰苦奋斗。

第三，"两个一百年"的提出，产生了巨大的外部影响。"两个一百年"目标确立后，在历次出访中，习近平多次提到"两个一百年"，向世界详细解读中国的奋斗目标，在世界范围引起了广泛的共鸣。

2014年3月23日，在对荷兰进行国事访问并出席第三届核安全峰会之际，国家主席习近平在荷兰《新鹿特丹商业报》发表题为"打开欧洲之门 携手共创繁荣"的署名文章。文章称："当前，中国正在朝着'两个一百年'奋斗目标前进，欧盟也在加紧推进'欧洲2020'战略。让国家变得更加富强，让社会变得更加公平正义，让人民生活变得更加美好，这是中国人民孜孜不倦追求的理想，也是欧洲人民的共同愿望。我们愿意同欧洲各国一道，深化互利共赢合作，共享机遇，共创繁荣。"②

在多次出访中，习近平总是与当地国情相结合，强调中方与外方在国家发展战略方面的契合点。强调中国将同世界各国一道，推动各国人民实现自己的美好生活梦想。

展望未来，中国开启建设社会主义现代化国家新征程，实现第二个百年奋斗目标，需"更加积极主动地参与全球治理，从世界和平与发展的大义出发，贡献中国智慧和中国方案，做世界和平的建设者、全球发展的贡献者、国际秩序的维护者"。③ 在此意义上，中国人民和世界各国人民的利益是一致的。也正因此，中国为实现"两个一百年"奋斗目标所付出的努力也必然得到世界各国越来越多的人民理解和支持。（本条执笔：杨丹志）

47. 合作共赢

"合作共赢"通常指交易双方或共事双方或多方在完成一项交易活动或

---

① 李君如：《"办好中国的事情，关键在党"，全面从严治党问题研究之一》，《中共天津市委党校学报》2016年第5期，第5页。

② 习近平：《打开欧洲之门 携手共创繁荣——在荷兰〈新鹿特丹商业报〉发表署名文章》，2014年3月24日，新华网，http://www.xinhuanet.com/world/2014-03/24/c_119921282.htm。

③ 教育部中国特色社会主义理论体系研究中心（储新宇执笔）：《准确把握"两个一百年"奋斗目标的任务要求》，《求是》2017年第19期，第14页。

共担一项任务的过程中互惠互利、相得益彰,能够实现双方或多方的共同收益。

近年来,以习近平同志为核心的党中央多次在重大国际场合阐述中国的"合作共赢"理念。在中国的对外关系实践中,合作共赢理念也得到充分的体现。

——"合作共赢"理念的提出

2013年3月习近平访问俄罗斯,并于当地时间3月23日在莫斯科国际关系学院发表题为"顺应时代前进潮流 促进世界和平发展"的重要演讲。首次提出推动建立以合作共赢为核心的新型国际关系。习近平指出,"这个世界,和平、发展、合作、共赢成为时代潮流,旧的殖民体系土崩瓦解,冷战时期的集团对抗不复存在,任何国家或国家集团都再也无法单独主宰世界事务"。[①] 他还指出,"这个世界,各国相互联系、相互依存的程度空前加深,人类生活在同一个地球村里,生活在历史和现实交汇的同一个时空里,越来越成为你中有我、我中有你的命运共同体。——面对国际形势的深刻变化和世界各国同舟共济的客观要求,各国应该共同推动建立以合作共赢为核心的新型国际关系,各国人民应该一起来维护世界和平、促进共同发展"。[②]

习近平强调,随着世界多极化、经济全球化深入发展和文化多样化、社会信息化持续推进,今天的人类比以往任何时候都更有条件朝和平与发展的目标迈进,而合作共赢就是实现这一目标的现实途径。他还向世界庄严宣示:中国将坚定不移走和平发展道路,致力于促进开放的发展、合作的发展、共赢的发展,同时呼吁各国共同走和平发展道路。

2014年11月,习近平在中央外事工作会议上的讲话中指出,"不能身体已进入21世纪,而脑袋还停留在冷战思维、零和博弈老框框内,要跟上时代前进步伐,推动建立以合作共赢为核心的新型国际关系,把合作共赢理念体现到政治、经济、安全、文化等对外合作的方方面面"。习近平在2013年3月莫斯科国际关系学院的演讲以及在2014年5月21日上海举行的亚信峰会的演讲也均提及"不能身体已进入21世纪,而脑袋还停留在冷战思维、零和博弈老框框内,要跟上时代前进步伐"。[③]

2015年9月,习近平出席联合国成立70周年系列峰会并于当地时间9月

[①] 习近平:《顺应时代前进潮流 促进世界和平发展——在莫斯科国际关系学院的演讲》,2013年3月24日,中华人民共和国外交部网站,http://www.fmprc.gov.cn/web/ziliao_674904/zyjh_674906/t1024371.shtml。

[②] 同上。

[③] 《习近平在亚信峰会作主旨发言》,2014年5月21日,人民网,http://world.people.com.cn/n/2014/0521/c1002-25046183.html。

26 日在纽约联合国总部发表题为"谋共同永续发展 做合作共赢伙伴"的重要讲话。2015 年 9 月 28 日,习近平出席第 70 届联合国大会一般性辩论时明确指出,"当今世界,各国相互依存、休戚与共,我们要继承和弘扬联合国宪章宗旨和原则,构建以合作共赢为核心的新型国际关系,打造人类命运共同体"。①

此外,在出访欧洲、非洲、拉美国家,以及在亚信会议等重大国际多边场合,习近平的多次讲话实则均在不同程度上对中国的合作共赢理念进行了阐释。构建以合作共赢为核心的新型国际关系无疑已经成为新形势下中国外交的重要指导思想。

中国倡导构建以合作共赢为核心的新型国际关系的思想,既秉承中华文明的优良传统和新中国外交的一贯方针,也符合《联合国宪章》关于主权平等、和平解决国际争端、促成国际合作等的宗旨和原则,契合当今时代发展潮流,是对传统国际关系理论的超越与创新,具有深刻的理论内涵和重大的现实指导意义。

——合作共赢理念的内涵

合作共赢理念具有丰富的内涵,主要包括以下五个方面:

一是以共同利益为处理国际关系的重要基础。当今世界,各国相互联系、相互依存、利益交融不断深化,共同营造和平稳定环境、谋求共同发展繁荣的现实需求和政治意愿也日益增强。构建以合作共赢为核心的新型国际关系思想用整体而不是割裂的眼光看待和处理国际关系,倡导各国在维护本国利益的同时,将维护和促进人类共同利益作为看待和处理国际关系的重要出发点,强调"计利当计天下利",主张各国在求同存异的基础上相互尊重、平等相待,不断凝聚和扩大共同利益。强调扩大共同利益,不要损人利己。

二是以合作为处理国际关系的主要方式。以合作共赢为核心的新型国际关系主张同舟共济、共享机遇、共迎挑战是各国处理相互关系的唯一正确选择;主张各国通过不断扩大互利合作,有效应对日益增多的全球性挑战,协力解决关乎世界发展和人类进步的重大问题;主张加强对话合作,不要对立对抗。

三是以共赢为处理国际关系的基本原则。中国认为"一花独放不是春,百花齐放春满园",主张在国际关系中尊重各国自主选择的社会制度和发展道路,坚持正确义利观,在维护自身利益的同时兼顾各方利益,在谋求自身发展的同

---

① 《携手构建合作共赢新伙伴 同心打造人类命运共同体——习近平在第七十届联合国大会一般性辩论时的讲话》,2015 年 9 月 29 日,人民网,http://politics.people.com.cn/n/2015/0929/c1024-27644905.html。

时促进共同发展，致力于实现双赢、多赢、共赢，不要零和博弈。

四是鲜明中国特色和普遍世界意义。在中国传统文化中，可以找到当今合作共赢理念的思想源泉。例如，儒家的"仁者爱人"(《论语》)、"天下为公"与"人不独亲其亲，不独子其子"(《礼记·礼运》)。老子的"修之天下，其德乃普"(《道德经》)，庄子的"藏天下于天下"(《庄子·大宗师》)。中国传统的天下理念不是没有了个性和个人利益的集体主义，而是深刻地认识到自身与周围的一切密切相关而形成的整体意识。它们本质上都是通过利人而利己，通过无我而成就自我的"为己之学"，而不是毫不利己、专门利人的利他主义。① 当代中国政治哲学家赵汀阳认为，中国传统的"天下"观念所代表的哲学是以整个饱满的或者完备的世界作为背景或者坐标去思考问题。有许多问题是全球范围的，属于整体的问题，必须要有一个天下的观念才能容纳命运共同体的认识和实践。②

随着中国自身的实力增强，中国所处的国际环境和面临的国际形势已经较之过去发生了巨大的变化。"现在我们已经进入或者说接近于世界舞台的中心，我们要同世界上各种类型的国家打交道，与不同文明背景的国家发展关系。仅靠和平共处还不够，还要高举合作共赢的旗帜。"③

中国作为高速崛起的发展中大国，作为负责任大国，需要为国际和平和发展做出更大的贡献，需要以中国精神、中国理念、中国方案引导世界各国将国内、国际治理与合作的目标转向和平与发展的同一个平面上来，推进和平、开放、包容、发展价值观的实现。

五是超越西方国际关系理论中的弱肉强食、丛林法则。强调零和博弈、冷战思维等旧观念已经过时。强调单打独斗维护不了自身安全，以邻为壑、结盟对抗更没有出路。你输我赢、赢者通吃不应被视作天经地义。

总体上看，合作共赢理念强调实现不同社会制度、不同发展道路、不同文化传统国家和平共处、和谐共生，顺应了国际社会的普遍愿望，为推动国际秩序朝着更加公正合理的方向发展提供了新思路，不仅指明了新形势下国际关系发展的正确路径，也为国际社会扩大交流合作、避免冲突对抗注入了强劲动力。践行合作共赢的最终目标，就是打造人类命运共同体。

---

① 倪培民：《作为哲学理念的"命运共同体"与"合作共赢"》，《哲学分析》2017年第1期，第104页。

② 赵汀阳：《天下体系：帝国与世界制度》，《世界哲学》2003年第5期。转引自倪培民《作为哲学理念的"命运共同体"与"合作共赢"》，《哲学分析》2017年第1期，第105页。

③ 《合作共赢是习主席外交思想中最核心的理念》，2015年12月30日，光明网，http://theory.gmv.cn/2015-12/30/content_18295700.htm。

——合作共赢的实践意义

中国不仅是合作共赢理念的积极倡议者,同时也是积极的践行者。主要体现在以下方面:

一是积极致力于推进国际合作。近 70 年来,中国积极参与国际发展合作,共向 166 个国家和国际组织提供了近 4000 亿元人民币援助,派遣 60 多万援助人员,其中 700 多名中国好儿女为他国发展献出了宝贵生命。中国还将设立"南南合作援助基金",首期提供 20 亿美元,支持发展中国家落实 2015 年后发展议程。中国将继续增加对最不发达国家投资,力争 2030 年达到 120 亿美元。中国将免除对相关最不发达国家、内陆发展中国家、小岛屿发展中国家截至 2015 年年底到期未还的政府间无息贷款债务。中国将设立国际发展知识中心,同各国一道研究和交流适合各自国情的发展理论和发展实践。中国倡议探讨构建全球能源互联网,推动以清洁和绿色方式满足全球电力需求。[1]

二是在经济上推动形成包容性发展的新格局。中国全面参与联合国框架内可持续发展等问题的讨论与合作,积极推动制定《2030 年可持续发展议程》。推动参加杭州 G20 峰会国家第一次把发展问题置于全球宏观政策框架突出位置。有力地推动世界经济最终实现强劲、可持续、平衡、包容增长。中国还以筹办 G20 杭州峰会为契机,引导 20 国集团成员深化改革、推进创新、加强协调,为推动构建创新、活力、联动、包容的世界经济做出中国贡献。

三是政治上逐步走出一条国与国交往的新路子。中国坚持"对话而不对抗、结伴而不结盟",同 80 多个国家和地区或区域组织建立了不同形式的伙伴关系,初步构建起遍布全球的伙伴关系网络。中国认真贯彻"亲诚惠容"的周边外交理念,与地区国家携手建设亚洲命运共同体,各层次、各领域合作全面展开,利益融合不断加深。中国积极践行正确义利观,着力加强同亚非拉发展中国家的团结合作,实现同发展中国家和地区合作架构全覆盖,推动同发展中国家合作迈上新台阶。

近年来,在合作共赢理念指引下,中国与非洲国家、阿拉伯国家及拉丁美洲国家间的关系不仅得到继续巩固,还实现了全方位拓展,中非关系、中阿关系和中拉关系成为合作共赢的典范。[2]

---

[1] 《习近平在南南合作圆桌会上发表讲话阐述新时期南南合作倡议强调要把南南合作事业推向更高水平》,2015 年 9 月 27 日,中华人民共和国外交部网站,http://www.fmprc.gov.cn/web/ziliao_674904/zyjh_674906/t1300907.shtml。

[2] 参见吴思科《中国智慧引领构建以合作共赢为核心的新型国际关系》,《公共外交》(季刊)2017 年第 2 期,第 5—6 页。郭存海:《中共十八大以来中国对拉美的政策与实践》,《拉丁美洲研究》2017 年第 2 期,第 18—19 页。

四是在安全上贯彻落实总体安全观。习近平在出席国家安全委员会第一次会议时指出："贯彻落实总体国家安全观，必须既重视外部安全，又重视内部安全，对内求发展、求变革、求稳定、建设平安中国，对外求和平、求合作、求共赢、建设和谐世界。"① 中国倡导共同、综合、合作、可持续的安全观。提出"解决热点问题三原则"，开展热点外交，为推动伊朗、叙利亚及朝鲜半岛核问题等热点问题的政治解决做出重要贡献。中国倡导处理南海问题"双轨思路"，坚决维护国家领土主权和海洋权益，同时坚定致力于同地区国家共同维护南海和平稳定。中国还积极参与国际反恐合作及深入参与联合国维和行动，是安理会五常中派出维和人员最多的国家，贡献的维和经费已上升到世界第2位。中国军舰连续七年在亚丁湾、索马里海域执行护航任务，先后为6000多艘中外船舶安全护航。此外，中国还积极推进网络安全、应对气候变化国际合作，为维护世界和平与安全提供越来越多的公共产品，充分展现了负责任大国的担当。②

五是在文化上大力开创不同文明交流互鉴的新气象。中国积极倡导不同文明相互尊重，促进不同文明交流互鉴。中国历来主张保持文明多样性，倡导尊重各国自主选择的社会制度和发展道路，以文明交流互鉴取代文明对抗冲突，推动不同民族、文化、宗教交流互鉴。中国提出，应当求同存异、聚同化异，共同构建合作共赢的新型国际关系；促进不同国家、不同文化和历史背景的人们深入交流，增进彼此理解，携手构建人类命运共同体。

六是积极推进"一带一路"倡议实施，拉近了中国与"一带一路"沿线国家的关系，推动了世界经济的可持续增长，为相关国家民众带来实惠。

"一带一路"虽然是中国倡议的，但所创造的红利与机遇是世界的。中国积极推进互联互通建设，推动"一带一路"框架下重大互利合作项目全面展开并取得重要早期收获；大力深化国际产能合作，初步形成覆盖亚、非、欧、美四大洲的国际产能合作布局，使自身发展成果惠及更广泛的区域。

四年多来，中国的对外开放与合作辐射"一带一路"沿线，带来良性互动，为中国和沿线国家经济发展提供了难得的历史机遇。③ 通过"一带一路"倡议的实施，中国与"一带一路"沿线国家成功构建了各层次双多边合作机制。目前，"一带一路"倡议已经与俄罗斯"欧亚经济联盟"、蒙古国"草原

---

① 习近平：《坚持总体国家安全观　走中国特色国家安全道路》，《人民日报》（海外版）2014年4月26日第3版。
② 王毅：《构建以合作共赢为核心的新型国际关系——对"21世纪国际关系向何处去"的中国答案》，2016年6月20日，求是网，http://www.qstheory.cn/zhuanqu/zywz/2016-06/20/c_1119071966.htm。
③ 阮宗泽：《"一带一路"开辟合作共赢新天地》，《求是》2017年第10期，第18页。

之路"战略、哈萨克斯坦"光明之路"、欧洲"容克投资计划"、越南"两廊一圈"、沙特"2030愿景"、英国"北部振兴"计划、土耳其"中间走廊"计划、澳大利亚"北部大开发"计划、老挝"变陆锁国为陆联国"等多个国家和地区的战略规划形成对接或行将对接。中国与沿线国家和地区的发展战略的对接,充分体现了"一带一路"合作的包容性、开放性,也必将推进中国和"一带一路"沿线国家的共同发展。(本条执笔:杨丹志)

48. 区域全面经济伙伴关系协定（RCEP）

在当前反全球化浪潮高涨、贸易保护主义抬头的背景下,以建立自贸区和推进区域经济一体化为目标的区域全面经济伙伴关系协定（Regional Comprehensive Economic Partnership,简称RCEP）成为备受瞩目的焦点。作为巨型自贸区,RCEP一旦达成,会给全球贸易自由化带来巨大活力,也会从中长期结构性地推动亚太地区的经济增长。

——RCEP的概况：提出、内容和指导原则

RCEP是由东盟主导并推动的区域一体化经济合作,其概念和草案最初是在2011年2月26日缅甸内比都举行的东盟第18次经济部长会议上提出的。11月,第19次东盟领导人会议正式批准了建立RCEP的草案,并通过了《东盟区域全面经济伙伴关系框架文件》。

在TPP的高标准和成员的连续扩容压力下,RCEP加快了筹建步伐。2012年8月底,东盟"10+6"经济部长会议达成实质性共识,通过了《RCEP谈判指导原则和目标》。东盟10国和与其签订了自由贸易协定的中国、日本、韩国、澳大利亚、新西兰和印度6国,计划于2013年开始谈判,2015年结束谈判,目标是达成一个现代、全面、高质量、互惠的区域自由贸易协定,即RCEP。

受TPP高标准的刺激,RCEP与域内自贸区相比具有"宽覆盖、高标准"的特点。但与TPP是"北北合作"不同,RCEP在原有东盟5个"10+1"FTA共同议题基础上,还将TPP没有的发展性议题纳入谈判之中。如果与"下一代FTA范本"的TPP相比,RCEP在议题上除环境、政府采购、金融服务和劳工等争议较大议题外基本均有涉及,有些属于"超WTO"议题,这相对于本地区FTA是一个很大的进步。在标准上,RCEP同TPP有较大的差距,主要体现在关税减让幅度、保护期限、敏感产品范围、服务业清单形式,以及议题执行力度上。

为顺利推进谈判,东盟还对RCEP谈判提出了指导性原则,包括：确保与WTO的一致性,在现有"10+1"FTA基础上进行改进,提高贸易、投资便利

化和透明度以有利于参与全球和地区供应链,对最不发达的东盟国家谈判采取适当的灵活性照顾,继续保持现有 FTA 的有效性,坚持开放性地区主义,注重发展性合作和能力建设,全面均衡地推进货物、服务、投资等领域的谈判,等等。

——RCEP 的规模、经济收益和影响

RCEP 共有成员国 16 个,覆盖人口 34 亿、GDP 总量近 20 万亿美元、总贸易额约 10 万亿美元,分别占世界的 48%、28% 和 28%(见表 1)。从规模上看,RCEP 一旦达成,不但要超过近年热议的"10+3"和中日韩自贸区,而且要超过发展程度较高的北美自贸区和欧盟,成为世界上最大的自贸区。从经济发展潜力上,RCEP 包括世界上人口排名前列的印度、中国和印度尼西亚,均属于目前世界最具发展活力和潜力的经济体,GDP 在全球所占比重有不断增高的趋势。而且,RCEP 也是成员国发展程度差异性最大的自贸区,人均 GDP 从不足 1000 美元到超过 5 万美元不等,成员间产业结构互补性较强。

表1　　　　　　　　　区域合作框架之间的比较

框架	GDP（万亿美元,%）		人口（十亿,%）		总贸易额（万亿美元,%）
	2011 年	2015 年	2011 年	2015 年	2011 年
区域全面经济伙伴关系协定（RCEP）	19.9（28）	26.2（32）	3.4（48）	3.5（48）	10.1（28）
跨太平洋伙伴关系协定（TPP）	20.7（29）	24.4（30）	0.66（9.4）	0.68（9.4）	7.8（21）
东盟（ASEAN）	2.1（3.1）	3.1（3.8）	0.60（8.7）	0.64（8.8）	2.4（6.5）
东盟+中日韩（APT）	16.5（23）	21.8（26）	2.1（31）	2.2（30）	6.8（24）
中日韩自由贸易区（CJKHA）	14.3（20）	18.7（23）	1.5（22）	1.5（21）	6.4（17）
亚太经合组织（APEC）	38.8（56）	48.5（59）	2.7（40）	2.8（39）	17.6（48）
北美自由贸易区（NAFTA）	17.9（26）	21.1（25）	0.46（6.6）	0.47（6.5）	5.4（15）
欧盟（EU）	17.6（25）	17.5（21）	0.50（7.2）	0.50（7.0）	12.3（33）

资料来源：Sanchita Basu Das, RCEP and TPP: Comparisons and Concerns, ISEAS Perspective, No. 02, 2013。

根据 Peter A. Petri 等人的研究,RCEP 和 TPP 这些巨型 FTA 一旦达成,会给亚洲乃至世界带来巨大的经济收益。其中,RCEP 的经济收益要高于 TPP,前者和后者将分别占世界 GDP 的 0.6% 和 0.4%。同样,2013 年 4 月发布的

《亚洲发展展望2013》中认为:"2025年,RCEP的建立将会创造6440亿美元的收入,相当于全球GDP总和的0.6%,发展潜力巨大。"

作为亚太地区首个巨型自贸区,RCEP达成会给地区和世界带来巨大影响。

从地区层面上看RCEP:一是将大大改善区内日益严重的"面条碗效应",深化成员之间的市场开放和提高资源配置;二是促进东亚乃至亚太的一体化进程,将东北亚和东南亚经济体联系起来,将缺乏地区认同的东北亚国家纳入自贸区框架中;三是定位于"全面、高质量、互惠"的RCEP将作为高标准FTA的一个范本,使亚太地区在未来参与"下一代"贸易规则和全球经济治理中拥有更多的话语权;四是有利于亚太地区生产网络和区内经济发展环境的升级;五是有利于包容性经济增长,RCEP的发展性合作内容和能力建设堪称"东亚版的发展回合"。

从世界层面上看:一是标志着巨型FTA的兴起,代表着2008年国际金融危机爆发后FTA发展的新趋势;二是顺应了世界经济重心东移的趋势,有利于印太地区作为一极在世界经济版图中崛起;三是给反全球化下陷入低潮的经济全球化和区域化注入新的活力。

——RCEP的谈判进程和成果

截至2018年2月,关于RCEP领导人会议已经两次发表声明、召开了多次部长级会议和进行了21轮谈判。从总体上看,RCEP的谈判已进入冲刺阶段,尽管在一些领域仍存在分歧,但大部分领域有实质性的推进并达成了初步共识。

RCEP进入谈判阶段后,突出表现是谈判日程安排较为密集,但各成员国在货物和服务贸易领域分歧较大,谈判进程较为缓慢,没能按预期在2015年结束谈判。在2015年11月东亚峰会发表的领导人声明认为,RCEP取得突破性进展,各团队要加紧工作,力争2016年结束谈判。在2016年美国总统竞选时针对TPP出现争议,日本明确表示如果TPP失败,将把重点转向RCEP。在特朗普宣布退出TPP后,澳大利亚和新西兰均表示了RCEP早日达成的愿望。从谈判进程来看,2013年到2015年共进行了10轮谈判,2016年进行了6轮谈判,2017年到2018年2月进行了5轮谈判。表2对2016年以来RCEP的谈判进行了总结。

表2　　　　　　　　2016年以来RCEP的谈判进程和内容

轮次	谈判时间	谈判地点	谈判内容
第11轮	2016.2.14—2.19	文莱斯里巴加湾	各方平行举行首谈会议和货物贸易、服务贸易、投资、原产地规则四个分组会议,重点推进货物、服务、投资三大领域的市场准入谈判,并推进文本磋商。各方初步确定了2016年谈判计划,以落实领导人年内结束谈判的指示

续表

轮次	谈判时间	谈判地点	谈判内容
第12轮	2016.4.17—4.29	澳大利亚珀斯	各方就货物、服务、投资、知识产权、经济技术合作、电子商务、法律条款等领域进行了深入磋商,取得积极进展
第13轮	2016.6.10—6.18	新西兰奥克兰	继续就货物、服务、投资、知识产权、经济技术合作、竞争、电子商务、法律条款领域进行深入磋商。其中,货物、服务和投资工作组对这些领域进行细节谈判,而对其他领域则侧重于谈判方法和谈判范围的讨论
第14轮	2016.6.21—6.27	越南胡志明市	在 RCEP 第4次部长会议成果的基础上,就货物、服务、投资三大核心领域市场准入问题展开深入讨论,并继续推进知识产权、经济技术合作、竞争、电子商务、法律条款等领域案文磋商
第15轮	2016.10.11—10.22	中国天津	完成了经济技术合作章节谈判
第16轮	2016.12.5—12.10	印度尼西亚唐格朗	在2016年11月菲律宾宿务部长级会议成果上,加速推动货物、服务贸易和投资的谈判。强调在致力达成一个现代、全面、高质量和互惠协定的同时,要考虑参与国发展水平的差异。完成中小企业章节的谈判。希望保持势头,争取在2017年完成谈判
第17轮	2017.2.27—3.3	日本神户	美国特朗普宣布退出 TPP 后,RCEP 成员首次会面。举行了货物、服务、投资、知识产权、电子商务、法律与机制问题工作组会议。加紧推进货物、服务、投资三大核心领域市场准入问题各领域案文磋商,谈判进入更加实质性的阶段
第18轮	2017.5.2—5.12	菲律宾马尼拉	继续深入推动货物、服务和投资市场准入谈判,并加速知识产权、电子商务、法律机制等各领域的规则案文磋商
第19轮	2017.7.17—7.28	印度海德拉巴	继续就货物、服务、投资和规则领域问题展开深入磋商。成员们同意了一系列希望在2017年年底达成成果的主要议题。会议强调需要在所有领域进行平衡讨论,并持续达成成果
第20轮	2017.10.24—10.28	韩国仁川	各方按照2017年9月部长会议通过的关键要素文件,继续就货物、服务、投资和部分规则领域议题展开深入磋商,讨论并形成了拟向领导人提交的联合评估报告草案
第21轮	2018.2.5—2.9	印度尼西亚日惹	各方按照2017年11月首次 RCEP 领导人会议的指示,继续就货物、服务、投资和部分规则领域议题展开深入磋商,谈判取得积极进展

资料来源:笔者根据中国商务部(http://search.mofcom.gov.cn/swb/searchList.jsp)相关报道和澳大利亚外贸部(http://foreignminister.gov.au/release/Pages/default.aspx)有关内容整理。

从表2可见,目前 RCEP 已完成了经济技术合作和中小企业章节的谈判;货物、服务和投资三大重点领域有了实质性推进,各方就货物贸易初始出价模式、原产地规则、海关程序与贸易便利化、市场准入减让模式、清单形式等方面达成一致；电子商务等新议题进展迅速。不过，在投资、知识产权及通信、金融等服务贸易方面仍存在分歧。

——RCEP 整合上的技术性难点

作为以东亚国家为主体的首个巨型自贸区，RCEP 到目前经历了近五年的谈判历程，尽管取得了阶段性成果，但谈判面临诸多挑战和难点，谈判结束时间两次延期，谈判议题不断增加，谈判小组从最初的 3 个增加到后来的 15 个。

根据《东盟区域全面经济伙伴关系框架文件》和《RCEP 谈判指导原则和目标》，RCEP 是通过整合现有的以东盟为中心的五个双边 "10+1" FTA，最后形成一个区域性多边的"现代、全面、高质量、互利的"FTA。

在以哪个 FTA 为标准参照上，5 个 FTA 中，东盟—澳新 FTA 无论是在谈判议题，还是在自由化水平上，都处于领先地位。按照指导原则"现代、全面、高质量、互利的"定位和来自 TPP 高标准的比照，RCEP 有很大的可能以澳新 FTA 为蓝本来整合。不过，RCEP 成员在社会和经济发展上存在显著差异，如最发达的日本与最不发达的缅甸相比，GDP 相差 42 倍（2013 年）。这不但导致谈判各方立场的不同，而且也是 5 个 FTA 在议题结构和自由化水平存在巨大差异的根本原因，这导致通过谈判整合存在不小的困难。

在货物贸易方面，东盟—澳新 FTA 的自由化水平最高（95.7%），而东盟—印度 FTA 最低（79.6%），最为关键的东盟—印度 FTA 与其他 FTA 差距悬殊，其余 4 个 FTA 彼此差距不大，平均都在 90% 以上。这样，东盟—印度 FTA 同其他 FTA 的整合就存在困难。

在原产地规则上，东盟五个 FTA 在原产地规则方面存在较为明显的差异，有的采取区域价值成分标准（RVC），有的采取税目改变标准（CTC）双重原产地规则，还有的要求同时符合这两个标准。

在服务贸易方面，RCEP 原则上要求实质性取消对服务贸易的限制和歧视，在参照 WTO 的服务贸易总协定（GATS）的同时还要遵守 "10+1" FTA 的承诺。在 5 个 "10+1" FTA 中，东盟与中国和韩国的 FTA 专门签署了《服务贸易协议》，同印度签署了但没公布，同澳大利亚、新西兰、日本是一揽子协议的方式。在具体承诺方面，无论是水平承诺还是部门承诺，协定之间的规定也有着相当大的差别。

在投资方面，除东盟—印度 FTA 外，其他 4 个 "10+1" FTA 都有投资条款，但不同 FTA 之间条款规定有较大差距，主要体现在国民待遇、最惠国待遇、业绩要求、透明度的具体要求上。RCEP 在投资上如果设定较高的统一标准，必然要面临不小的困难。

此外，还有敏感产品、执行阶段等方面的差异如何统一的问题。

在当前反全球化和贸易保护主义强化的背景下，以及全面与进步跨太平洋伙伴关系协定（CPTPP）出现的情况下，RCEP谈判前景的不确定性增加。尽管目前21轮谈判后，在一些领域有实质性突破和进入冲刺阶段，但剩余谈判问题敏感性较高、难度较大，过早期待结束谈判并不现实。RCEP谈判将考验各方的政治意愿和智慧。（本条执笔：刘均胜）

49. 正确义利观

——"正确义利观"的提出

2013年3月24—30日，习近平访问非洲坦桑尼亚、南非和刚果共和国三国期间，中方首次提出中国外交的"正确义利观"。

2013年10月，新中国成立以来的首次周边外交工作座谈会举行。在会上，习近平强调，要本着互惠互利的原则同周边国家开展合作，编织更加紧密的共同利益网络，把双方利益融合提升到更高水平，让周边国家得益于中国发展，使中国也从周边国家共同发展中获得裨益和助力。习近平还指出，要找到（中国和周边国家）利益的共同点和交汇点，坚持正确义利观，有原则、讲情谊、讲道义，多向发展中国家提供力所能及的帮助。[①]

此后，无论是在外交场合还是面对中国的外交工作人员，习近平都会经常提及"坚持正确义利观"。他强调"坚持正确义利观，永远做发展中国家的可靠朋友和真诚伙伴"。"坚持正确义利观，义利并举、以义为先。""坚持正确义利观，做到义利兼顾，要讲信义、重情义、扬正义、树道义。"在习近平的公开讲话和署名文章中，"正确义利观"出现了40余次。

2014年4月8日，习近平在北京会见纳米比亚总理根哥布时说，"中国在对非合作中秉持正确义利观，注重授人以渔，帮助非方筑巢引凤，提升非洲国家自我发展能力，惠及非洲各国人民，真正实现互利共赢，共圆发展振兴之梦"。[②]

2014年11月28—29日，中央外事工作会议在北京召开。习近平在会上发表重要讲话。习近平将明确提出和贯彻正确义利观作为党的十八大以来中央对外工作所取得的显著成绩之一。习近平指出，坚持正确义利观，做到义利兼顾，要讲信义、重情义、扬正义、树道义。要切实落实好正确义利观，做好对

[①] 《习近平在周边外交工作座谈会上发表重要讲话》，2013年10月25日，人民网，http://politics.people.com.cn/n/2013/1025/c1024－23332318－2.html。

[②] 《习近平会见纳米比亚总理根哥布》，2014年4月8日，新华网，http://www.xinhuanet.com/politics/2014－04/08/c_1110144220.htm。

外援助工作,真正做到弘义融利。①

2015年12月4日,习近平在中非合作论坛约翰内斯堡峰会开幕式上,进一步深入阐述了中国"真实亲诚"对非政策理念和"正确义利观"。②

2016年7月17日,中国国家主席习近平致电在卢旺达首都基加利举行的非洲联盟第二十七届首脑会议,向非洲国家和人民热烈祝贺会议成功召开。在电文中,习近平强调,中方高度重视中非关系发展,将继续秉持"真实亲诚"对非政策理念和正确义利观,全面推进落实中非"十大合作计划",推动中非发展全面战略合作伙伴关系不断迈上新台阶,更好造福中非人民。

近年来,"正确义利观"在习近平在国内外多个重大场合的演讲致辞中多次出现,充分表明以习近平为核心的中央新一代领导集体对这一理念的高度重视。

——"正确义利观"的内涵

义利观中的"义",主要指道义与责任。重视道义与责任,是中国优秀传统文化的重要内容。

在中国古代,孔子强调,"君子义以为上";墨子提出,"义,利也"。孟子主张,"生亦我所欲也,义亦我所欲也;二者不可得兼,舍生而取义者也";等等。

关于什么是"义利观",习近平做出了重要阐述:

"义,反映的是我们的一个理念,共产党人、社会主义国家的理念。这个世界上一部分人过得很好,一部分人过得很不好,不是个好现象。真正的快乐幸福是大家共同快乐、共同幸福。我们希望全世界共同发展,特别是希望广大发展中国家加快发展。利,就是要恪守互利共赢原则,不搞我赢你输,要实现双赢。我们有义务对贫穷的国家给予力所能及的帮助,有时甚至要重义轻利、舍利取义,绝不能唯利是图、斤斤计较。"

习近平强调,正确"义利观"中的"义"体现在政治上要秉持公道正义,坚持平等相待,遵守国际关系基本原则,反对霸权主义和强权政治,反对为一己之私损害他人利益、破坏地区和平稳定。"利"体现在经济上坚持互利共赢、共同发展。对那些长期对华友好而自身发展任务艰巨的周边和发展中国家,要更多考虑对方利益,不要损人利己,以邻为壑。

古语云,"先义而后利者荣,先利而后义者辱"。重义轻利、先义后利、

---

① 《习近平出席中央外事工作会议并发表重要讲话》,2014年11月29日,新华网,http://www.xinhuanet.com/politics/2014 - 11/29/c_ 1113457723. htm。

② 习近平:《开启中非合作共赢、共同发展的新时代——在中非合作论坛约翰内斯堡峰会开幕式上的致辞》,2015年12月4日,新华网,http://www.xinhuanet.com/world/2015 - 12/04/c_ 1117363197. htm。

取利有道，是中华民族千百年来一以贯之的道德准则和行为规范。从内涵上讲，无论是中国古代的义利观，还是当今的"正确义利观"，都突出"以义为先"。同时，无论是古代的义利观，还是当今的"正确义利观"，又均注重义利平衡。在坚持"以义为先""义字当头"的同时，不排斥对正当、核心利益的兼顾。

2014年7月，习近平在韩国国立首尔大学演讲时指出，"当前，经济全球化、区域一体化快速发展，不同国家和地区结成了'你中有我、我中有你''一荣俱荣、一损俱损'的关系。这就决定了我们在处理国际关系时必须摒弃过时的零和思维，不能只追求你少我多、损人利己，更不能搞你输我赢、一家通吃。只有义利兼顾才能义利兼得，只有义利平衡才能义利共赢"。在这次演讲中，习近平的演讲不仅阐述了中国与世界各国坚持"正确义利观"的必然性和必要性，实则也对新时代"正确义利观"的内涵做了完整的解读。

——坚持"正确义利观"的理论和实践意义

坚持"正确义利观"，具有重要的理论和实践意义。

首先，习近平同志关于在外交工作中坚持"正确义利观"的重要思想，体现了党中央对中国未来国际地位和作用的战略谋划。"提出坚持正确义利观，表明中国是维护世界和平的重要力量，体现了中国坚持走和平发展道路的决心和破解大国之间战争悲剧这一历史宿命的意愿。"同时，坚持"以义为先"，即是中国对国际社会做出的庄严承诺，也充分体现了大国风范。

坚持"正确义利观"，表明中国绝不会做国际体系中坐享其成的"搭便车者"，而是将从世界和平与发展的大义出发，以更加积极的姿态参与国际事务，坚持不懈做和平发展的实践者、共同发展的推动者、多边贸易体制的维护者、全球经济治理的参与者，为推动人类进步事业发挥更大作用。[①]

近代以来，在西方国家的主导下，"利益至上""只有永恒的利益，没有永恒的朋友"等西方理念被视作国际关系的不变法则。各国争权夺利、结盟对抗，因此战争频发。

现实中，中国几十年来始终坚持践行"正确义利观"。20世纪六七十年代，中国派出数万名施工和技术人员，远赴非洲大陆援建坦赞铁路，其中数十人为此献出了宝贵生命。五十多年前，中国开始派遣援外医疗队，迄今已向亚非拉66个国家和地区派出医疗队员2.3万人次，累计诊治患者2.7亿人次，得到受援国人民的普遍赞誉。

[①] 王毅：《坚持正确义利观 积极发挥负责任大国作用——深刻领会习近平同志关于外交工作的重要讲话精神》，2013年9月10日，人民网，http://opinion.people.com.cn/n/2013/0910/c1003-22862978.html。

改革开放以来，随着综合国力不断增强，中国比过去更加积极地开展对外援助、承担国际责任。1997 年亚洲金融危机肆虐时，中国克服困难，坚持不让人民币贬值，为有关国家和地区战胜危机提供了宝贵支持；2008 年索马里海盗猖獗时，中国派舰船前往参与维和行动，迄今为止已派出 19 批护航编队在亚丁湾为 5800 多艘国际船舶保驾护航。[①]

中国还免除对最不发达国家债务、宣布设立 200 亿元人民币的"中国气候变化南南合作基金"、提供 600 亿美元支持对非"十大合作计划"，在国际事务中，中国更加凸显出责任与担当。

2015 年 12 月 4 日，习近平在中非合作论坛约翰内斯堡峰会开幕式上明确提出，中方将秉持"真实亲诚"对非政策理念和"正确义利观"，同非洲朋友携手迈向合作共赢、共同发展的新时代。将中非新型战略伙伴关系提升为全面战略合作伙伴关系。为此，习近平还提出需进一步加强和夯实五大"支柱"：第一，坚持政治上平等互信。第二，坚持经济上合作共赢。第三，坚持文明上交流互鉴。第四，坚持安全上守望相助。第五，坚持国际事务中团结协作。五个"坚持"实质上成为新时代引领中非关系甚至中国与所有国家关系发展的行动指南。

总体上看，党的十八大以来，以习近平同志为核心的党中央的外交义利观，不仅传承了中华民族的优秀义利观，同时也是对新中国外交优良传统的继承和发扬。正确义利观的践行，不仅只见于中非关系，同时也在中国与拉丁美洲国家、南太平洋岛国及东南亚国家的互动中得到充分体现。

其次，习近平同志关于在外交工作中坚持"正确义利观"的重要思想，进一步丰富了中国外交的核心价值观，不仅对我们进一步做好新时期的外交工作具有重要指导意义，也为人类共同价值宝库增添了新内涵。[②]

自 20 世纪 70 年代改革开放以来，中国国力得到显著提升，但世界各国关注中国的发展方向，特别是周边国家担心中国是否会不顾周边国家的切身利益，将周边国家作为过剩产能转移地，利用周边国家法制不健全以及对外来投资和技术的需求对周边国家的能源和资源采取掠夺式开发，在发展进程中忽视甚至无视环境和生态保护，不遵守、不履行相关的国际公约和承担相应的国际义务。部分西方国家和非政府组织甚至给中国贴上"新殖民主义"的标签。

"正确义利观"的提出和践行，无疑向世界明确宣示：中国自身的发展与

[①] 王毅：《坚持正确义利观　积极发挥负责任大国作用——深刻领会习近平同志关于外交工作的重要讲话精神》，2013 年 9 月 10 日，人民网，http://opinion.people.com.cn/n/2013/0910/c1003-22862978.html。

[②] 同上。

世界的发展紧密结合在一起。作为世界第二大经济体,中国不会逃避或推卸自己应当承担的国际责任,不会以牺牲其他国家和国际社会利益的方式来实现自身的发展。中国所追求的发展是可持续的发展,不是以竭泽而渔、牺牲环境和人民健康福祉的方式实现发展目标。中国自身的稳定和日益富强、民主、文明和进步,本身就是为世界的和平和发展做出的重大贡献,并且中国还将坚定不移地沿着这个方向前进。

正如中国外交部部长王毅所言,"正确义利观"充分体现了中国特色社会主义国家的理念,是新时期中国外交的一面旗帜。习近平同志关于在外交工作中坚持正确义利观的重要思想,体现了中国特色社会主义的内在要求。中国特色社会主义是主张和平的社会主义,和平发展是中国特色社会主义的必然选择。新形势下,坚持正确义利观就是坚持爱国主义与国际主义相统一,坚持中国人民利益同各国人民共同利益相结合,在中国与世界各国良性互动、互利共赢中开拓前进。①

当前,"一带一路"倡议正在进一步落实和推进。中国及"一带一路"沿线国家也不可避免会面临更多有关"义"与"利"孰者为先的抉择。"正确义利观"的提出,不仅有助于减少"一带一路"沿线国家对于中国崛起的战略焦虑,有力回击部分西方国家和敌对势力对中国"一带一路"倡议的诋毁,更为重要的是进一步夯实中国与"一带一路"沿线国家间关系的基础,为"一带一路"倡议的持续推进提供行动指南。

"正确义利观"是对西方唯利是图现实主义外交的超越,有助于优化、净化、升华当代国际关系,有利于巩固深化中国与其他国家的团结合作。②"正确义利观"的提出和践行,无疑也是新时代中国"软实力"的充分体现,符合世界人民的利益,也必将得到国际社会的广泛认可和支持。(本条执笔:杨丹志)

50. 亲诚惠容

——"亲、诚、惠、容"概念的阐述及形成过程

2013年10月,中共中央召开新中国成立以来首次周边外交工作座谈会,确定了今后5—10年中国周边外交的战略目标、基本方针和总体布局。在这次

---

① 王毅:《坚持正确义利观 积极发挥负责任大国作用——深刻领会习近平同志关于外交工作的重要讲话精神》,2013年9月10日,人民网,http://opinion.people.com.cn/n/2013/0910/c1003-22862978.html。

② 《习近平的外交义利观》,2016年6月19日,中华网,http://news.china.com/focus/xjpcfsg/11178989/20160619/22898640_all.html。

被称为"中国周边外交顶层设计"的会议上,习近平在发表讲话时指出,做好周边外交工作,是实现"两个一百年"奋斗目标、实现中华民族伟大复兴的中国梦的需要,要更加奋发有为地推进周边外交,为中国发展争取良好的周边环境,使中国发展更多惠及周边国家,实现共同发展。在阐述中国的周边外交基本方针时,习近平强调,要坚持与邻为善、以邻为伴,坚持睦邻、安邻、富邻,突出体现亲、诚、惠、容的理念。① 此后,亲、诚、惠、容的理念成为新时期周边外交的重要理念。

在这之后,习近平在谈"一带一路"倡议时多次强调要秉持"亲、诚、惠、容"的周边外交理念,表达了中国外交的最高价值诉求。2014年5月的亚信峰会上,习近平做了《积极树立亚洲安全观 共创安全合作新局面》的讲话,其中提到,"中国坚持与邻为善、以邻为伴,坚持睦邻、安邻、富邻,践行亲、诚、惠、容理念,努力使自身发展更好惠及亚洲国家"。②

2014年8月,习近平把访问蒙古国之行称为"走亲戚式的访问",同年9月17日,习近平在对印度进行国事访问时发表题为《携手追寻民族复兴之梦》的演讲,在演讲中强调,"中华民族历来注重敦亲睦邻,讲信修睦、协和万邦是中国一以贯之的外交理念。中国视周边为安身立命之所、发展繁荣之基。我们提出了亲、诚、惠、容的周边外交理念,就是要诚心诚意同邻居相处,一心一意共谋发展,携手把合作的蛋糕做大,共享发展成果"。③ 2015年4月习近平在巴基斯坦议会发表演讲时,再次指出,"坚持按照亲诚惠容的理念,深化同周边国家的互利合作,努力使自身发展更好惠及周边国家"。④

2017年10月,习近平在中国共产党第十九次全国代表大会的报告中指出,中国要"按照亲诚惠容理念和与邻为善、以邻为伴周边外交方针深化同周边国家关系"。⑤ 实践亲诚惠容理念成为践行"中国坚持和平发展道路,推动构建人类命运共同体"的重要理念,也是中国周边外交开展的核心理念。

---

① 《习近平在周边外交工作座谈会上发表重要讲话》,2013年10月25日,新华网,http://news.xinhuanet.com/politics/2013-10/25/c_117878897.htm。
② 《积极树立亚洲安全观 共创安全合作新局面——习近平在亚信第四次峰会作主旨讲话》,2014年5月21日,中国新闻网,http://www.chinanews.com/gn/2014/05-21/6196012.shtml。
③ 习近平:《携手追寻民族复兴之梦——在印度世界事务委员会的演讲》,2014年4月21日,中央政府网站,http://cpc.people.com.cn/n/2014/0919/c64094-25690823.html。
④ 《构建中巴命运共同体 开辟合作共赢新征程——习近平在巴基斯坦议会的演讲》,2015年4月21日,新华网,http://news.xinhuanet.com/world/2015-04/21/c_1115044392.htm。
⑤ 习近平:《决胜全面建成小康社会 夺取新时代中国特色社会主义伟大胜利——在中国共产党第十九次全国代表大会上的报告》,《人民日报》2017年10月28日第1版。

——"亲、诚、惠、容"的主体内容

"亲、诚、惠、容"是一个整体,各有侧重,但环环相扣,不可分割,突出了中国推动与周边国家集体认同和命运共同体构建的努力,推动了中国在致力于完善区域治理和周边秩序建构中对于主权、发展和责任三大外交需求的平衡,彰显了中国的大国责任和风范。

亲。"国之交在于民相亲","亲"体现了邻国之间借助地理接近性和文化关联性而生成认同感和亲和感,巩固国家相邻和人员相亲的友好情谊。中国倡导的所谓的"亲",就是要把周边国家作为亲戚来相处,这是中国新的理念。习近平在周边外交工作会议上阐述的"亲"的含义是,中国在周边外交中"坚持睦邻友好,守望相助;讲平等、重感情;常见面,多走动;多做得人心、暖人心的事,使周边国家对我们更友善、更亲近、更认同、更支持,增强亲和力、感召力、影响力"。"亲"在周边外交中的实践是在"山水相连、人文相亲"的地理毗邻的基础上,与周边国家建构共同的行为体身份认同感,中国愿意成为公共产品的积极提供者,推动命运共同体的建设。

诚。所谓"诚"主要是指要诚心诚意,以诚待人,以信取义,要重义守信,强调坦诚相见、坦诚相待、坦诚相交、诚信相待、诚心相交。"诚"强调"要诚心诚意对待周边国家,争取更多朋友和伙伴",这说明中国更加注重发展周边关系的诚意与战略透明,在经济上互通有无、互利共赢,实现利益共享,推动战略互信的建立。"诚"代表"天道"与"诚信"。外交政策上主要是"以诚相待",不回避分歧和矛盾,明确自己的底线,尊重他国的感受和合理的利益。当今世界"无序"状态和"弱肉强食"的丛林法则依然盛行,中国"绝不以大压小,但也绝不接受以小取闹"。[①]

惠。主要是讲利益,讲共同发展。所谓的"惠"主要是在于"要本着互惠互利的原则同周边国家开展合作,编织更加紧密的共同利益网络,把双方利益融合提升到更高水平,让周边国家得益于中国发展,使中国也从周边国家共同发展中获得裨益和助力"。中国的周边国家大多属于发展中国家,属于新兴经济体,作为世界上最有活力的经济体,中国提倡"惠"就是要通过与周边国家开展合作,使周边国家能够充分分享到中国经济发展的"红利",实现共同发展,彰显中国的负责任大国的责任担当。

容。中国一直倡导各国互相尊重彼此社会制度、发展模式、文明方式,主张用对话和谈判的方式解决分歧和争端,增强不同社会制度、不同民族、不同信仰、不同文化的世界各国之间的交流与合作,最大限度地降低战争风险。

[①] 何亚非:《"亲诚惠容"与"一带一路"》,2016年1月18日,网易新闻,http://news.163.com/16/0118/16/BDKIIK7100014AEE.html。

"容"则是"要倡导包容的思想,强调亚太之大容得下大家共同发展,以更加开放的胸襟和更加积极的态度促进地区合作"。"容"强调的不仅是理念、思想上的包容,而且还体现在具体的政策实施中突出包容式发展,兼顾各方需求,实现利益共享与制度整合。

——"亲、诚、惠、容"概念的理论意义和现实意义

中国视周边为安身立命之所、发展繁荣之基。"亲、诚、惠、容"是中国新一届中央领导集体对周边外交的概念性纲领,是中国周边外交理念的重要继承和积极创新,是中国外交战略转型中对于周边外交"首要"地位的凸显。

第一,"亲、诚、惠、容"是周边外交理念的创新性发展,对于推动中国周边外交具有重要意义。新中国成立60多年以来,一直强调坚定奉行独立自主的和平外交政策,坚持推进周边睦邻友好政策,提倡与周边国家"互利共赢"。但是"互利共赢"理念经常被外界解读为中国发展周边关系多是以利为主、利益驱动。尤其是随着中国综合国力的不断增强和国际影响力的不断提升,"中国威胁论"在周边地区一直大有市场,很多周边国家难免会产生疑虑甚至畏惧,担心本国会受到中国的遏制与战略挤压,对中国存在很大的戒心,加上美国"重返亚洲"战略的积极推进,中国周边地区出现了"经济上靠中国、安全上拉美国"的失衡现象。

现在将"亲、诚、惠、容"作为周边外交的核心理念,是以习近平同志为核心的党中央着眼中国同周边国家关系新发展提出的重要理念,是新中国成立60年以来睦邻友好政策的总结和创新,体现了中国"亲望亲好,邻望邻好""好邻居金不换""远亲不如近邻"的传统文化思想,把中国与周边的关系进一步提升到情感高度,同时用"情"和"利"黏合、塑造中国同周边在利益、责任和命运三方面的共同体意识,实现了周边外交理念的创新性发展。"亲、诚、惠、容"的周边外交理念,宣示了中国绝不称霸和遏制他国的决心,打破了"国强必霸"的国际社会旧思维,充分展现了中国开放和包容的胸襟,展示了中国对邻国的诚意和善意,表达了同周边国家共同打造命运共同体的意愿。"亲诚惠容"理念的实施必将有利于中国同周边国家政治互信的加强、经济合作的深入以及人文交流的密切,进一步推动良性周边关系的构建和稳定和平的周边安全环境的构建,为中国的和平发展创造良好的外部环境。

第二,"亲、诚、惠、容"是"一带一路"大战路实施的基础理念,有利于推动周边地区合作,重塑周边秩序。"亲、诚、惠、容"体现的是中国主张的与周边国家相互尊重、相互扶助、共同发展、共同繁荣的国际社会平等观,以及民主、平等、合作、共赢的国际秩序观。中国实施的"一带一路"倡议是

周边外交的顶层设计，是中国外交统筹国内国际两个大局的新联系点，是中国展示和平发展的决心表现，是要把中国的发展与各国的战略需求对接，使沿线国家享受中国经济发展的成功和红利，促进沿线国家发展经济、改善民生、促进繁荣。"一带一路"倡议是体现中国外交"亲、诚、惠、容"理念的区域合作新模式。

"一带一路"倡议覆盖全球各个地区的诸多国家，无论是政治经济体制，还是民族文化和语言风俗都各不相同。"一带一路"倡议实施本身就是一个"亲诚惠容"和合作共赢理念的具体实践过程，通过包容和超越种种差异和不同，推动在农业、化工、能源、交通、通信、金融、科技等多领域的合作，实现互联互通，创造中国和沿线国家与地区的共同发展和繁荣。首先，"亲"和"诚"的理念在"一带一路"倡议实施中体现在中国"真心实意"地携手亚太和欧洲国家共同构建人类命运共同体，实现共同发展，分享中国发展的红利。正如习近平在 2017 年达沃斯世界经济论坛的主旨演讲中提到的，"只要我们牢固树立人类命运共同体意识，携手努力、共同担当，同舟共济、共渡难关，就一定能够让世界更美好、让人民更幸福"。[①]

其次，"惠"的精神和理念在"一带一路"倡议实施过程"化身"为"共建、共享、共赢"性的合作，"一带一路"倡议实施"4 年多来，已经有 100 多个国家和国际组织积极响应支持，88 个国家和国际组织同中国签署合作协议，'一带一路'的'朋友圈'正在不断扩大。中国企业对沿线国家累计投资达到 700 多亿美元，一系列重大项目落地开花，带动了各国经济发展，创造了大量就业机会。可以说，'一带一路'倡议来自中国，但成效惠及世界"。[②]

再次，"容"的精神和理念则体现在中国作为一个负责任的大国，既包容世界各国国体和政体的差异，更淡化一些久已存在还悬而未决的历史和现实问题，例如，南海的岛礁之争、中印领土争端等，创造顺利合作的政治与安全环境，倡议政治和平沟通和经济合作，推动沿线地区的非传统安全问题解决的同时，实现地区繁荣。

最后，"一带一路"倡议是一个高举和平与发展旗帜，时空范围广、地域跨度大、影响周期长的可持续性发展合作框架。"亲、诚、惠、容"的外交理念与"一带一路"倡议实施相结合，不仅推动着中国在全球治理与发展中扮演起更为重要的角色，更将推动中国与世界各国结出共同发展、共同富裕的硕果。（本条执笔：李志斐）

[①]《共担时代责任 共促全球发展——在世界经济论坛 2017 年年会开幕式上的主旨演讲》，2017 年 1 月 18 日，新华网，http://www.xinhuanet.com/2017-01/18/c_1120331545.htm。

[②] 同上。

51. 真实亲诚

——"真、实、亲、诚"概念的提出

2013年3月25日,中国国家主席习近平在坦桑尼亚尼雷尔国际会议中心发表题为"永远做可靠朋友和真诚伙伴"的重要演讲,全面阐述中非关系以及中国对非政策主张。在演讲中,习近平首次明确提出了中国对非政策中的"真、实、亲、诚"。

一是对待非洲朋友,讲一个"真"字。习近平指出,"我们始终把发展同非洲国家的团结合作作为中国对外政策的重要基础,这一点绝不会因为中国自身发展和国际地位提高而发生变化。中国坚持国家不分大小、强弱、贫富一律平等,秉持公道、伸张正义,反对以大欺小、以强凌弱、以富压贫,反对干涉别国内政,将继续同非方在涉及对方核心利益和重大关切的问题上相互支持,继续在国际和地区事务中坚定支持非洲国家的正义立场,维护发展中国家共同利益。中国将继续坚定支持非洲自主解决本地区问题的努力,为促进非洲和平与安全作出更大贡献"。

关于非洲的发展,习近平指出,"中国将继续坚定支持非洲国家探索适合本国国情的发展道路,加强同非洲国家在治国理政方面的经验交流,从各自的古老文明和发展实践中汲取智慧,促进中非共同发展繁荣"。

此外,中方认为"全非洲是一个命运与共的大家庭",中方"真诚祝愿并坚定支持非洲在联合自强的道路上步子迈得更大一些,推动非洲和平与发展事业不断跨上新的台阶"。中方还认为,"非洲是非洲人的非洲,任何国家发展同非洲关系,都应该尊重非洲的尊严和自主性"。

二是开展对非合作,讲一个"实"字。"中国致力于把自身发展同非洲发展紧密联系起来,把中国人民利益同非洲人民利益紧密结合起来,把中国发展机遇同非洲发展机遇紧密融合起来。中国在谋求自身发展的同时,始终向非洲朋友提供力所能及的支持和帮助。"近年来,中国加大了对非援助和合作力度。只要是中方作出的承诺,就一定会不折不扣落到实处。

中国开展对非合作的"实"具体体现在融资、人才培养及提供援助方面。

习近平指出,"中国将继续扩大同非洲的投融资合作,落实好3年内向非洲提供200亿美元贷款额度的承诺",实施好"非洲跨国跨区域基础设施建设合作伙伴关系",加强同非洲国家在农业、制造业等领域的互利合作,帮助非洲国家把资源优势转化为发展优势,实现自主发展和可持续发展。

中方将积极实施"非洲人才计划",未来3年将为非洲国家培训3万名各类人才，提供1.8万个奖学金留学生名额，加强对非洲技术转让和经验共享。

中方还承诺，"随着中国经济实力和综合国力不断提高，中国将继续为非洲发展提供应有的、不附加任何政治条件的帮助"。

三是加强中非友好，讲一个"亲"字。习近平指出，中国人民和非洲人民之所以有着天然的亲近感和能够"知心"，很重要的一点就是"通过深入对话和实际行动获得心与心的共鸣"。

习近平高度重视中非关系的人民性。他指出，中非关系的根基和血脉在人民，中非关系发展应该更多面向人民。"要更加重视中非人文交流，增进中非人民的相互了解和认知，厚植中非友好事业的社会基础。"同时，"中非关系是面向未来的事业，需要一代又一代中非有志青年共同接续奋斗。双方应该积极推动青年交流，使中非友好事业后继有人，永葆青春和活力"。

四是解决合作中的问题，讲一个"诚"字。中国和非洲都处在快速发展过程中，相互认知需要不断与时俱进。"中方坦诚面对中非关系面临的新情况新问题，对出现的问题应本着相互尊重、合作共赢的精神加以妥善解决。无论中国发展到哪一步，中国永远都把非洲国家当作自己的患难之交。"[1]

"真、实、亲、诚"的提出及其践行，进一步拉近了中非关系。非洲舆论普遍认为，今天的中非关系，已进入全面发展的快车道，中非在各领域合作亮点频出。双方成立了中非合作论坛，构建起全面战略合作伙伴关系。中非双方在经贸合作、人文交往等领域合作不断加深；在涉及对方核心利益和重大关切的问题上相互支持，谱写了中非关系新篇章。[2]

——"真、实、亲、诚"的基本内涵

"真、实、亲、诚"是在新形势下以习近平同志为核心的党中央围绕中国对非洲外交工作提出的概念性纲领，既是对此前历届中央领导集体对非工作经验的回顾、总结和继承，又有了创新和发展。

真，体现在中国对非洲国家真诚相待。一是珍视中非传统友好关系。二是尊重非洲国家的主权、尊严及核心利益，不干涉非洲国家的内政。中国坚持非洲是非洲人的非洲，非洲国家可以自由选择适宜自己的发展道路和发展模式，非洲可以自主解决本地区问题，为促进非洲和平与安全做出更大贡献。同时，中国也坚定支持非洲国家联合自强，支持非洲统一组织在地区事务中发挥重要

---

[1] 习近平：《永远做可靠朋友和真诚伙伴——在坦桑尼亚尼雷尔国际会议中心的演讲》，2013年3月26日，人民网，http://theory.people.com.cn/n/2013/0326/c136457-20914243.html。

[2] 《新华时评："真实亲诚"的非凡魅力》，2017年3月25日，新华网，http://www.xinhuanet.com/world/2017-03/25/c_1120692965.htm。

作用。

实，首先体现在中国实心实意对非洲国家提供帮助，不做表面文章。对非援助急非洲人民所急，在资金、技术、人力资源培训等方面给非洲国家提供了亟须的援助，而且对非援助不附加政治条件。其次，"实"体现在中国对非洲朋友始终守信重义。中国信守对非洲国家的援助承诺，一旦做出承诺，就会克服一切困难落到实处。

亲，强调民心相亲，超越了国家政治制度和意识形态建立在地理毗邻基础上的传统地缘政治和地缘经济范畴，更多体现为因共同的命运和共同的利益诉求而结成的人民之间的信任和亲密关系。

在地理上，非洲国家虽然不是中国的近邻，并非山水相连、人文相亲，但中国与非洲有着深厚的传统友谊和良好的合作关系，这种友谊和合作关系经受住了时间和国际风云变幻的考验，被誉为发展中国家间关系的典范。

从这个意义上讲，非洲国家属于中国的"大周边"范畴，不是近邻却胜似近邻。通过频繁互动，互相守望相助，中非之间可以建立高度的信任，中国对非洲国家人民的亲和力、感召力和影响力也会进一步加强。①

诚，强调中方坦诚面对中非关系面临的新情况、新问题。对出现的问题，本着相互尊重、合作共赢的精神加以妥善解决。中方已经并将继续同非洲国家一道，采取切实措施，妥善解决中非经贸合作中存在的问题，使非洲国家从合作中更多受益。同时，中方也坦率指出，"真诚希望非洲国家为中国企业和公民在非洲开展合作提供相应的便利条件"。

——践行"真、实、亲、诚"的理论价值及其现实意义

"真、实、亲、诚"的提出，使得中非关系进一步焕发出勃勃生机。"中国坚定不移地支持非洲发展，休戚与共；非洲也深切感受到中国希望与非洲做朋友的真心、平等友好的态度和坚持合作共赢的理念。"②

践行"真、实、亲、诚"的理论价值及其现实意义主要体现在两个方面。

第一，"真、实、亲、诚"对于在新形势下进一步夯实中非关系基础，进一步巩固和加强中非友谊及合作关系具有重要意义。

当前的中非合作发展也面临不少挑战：一是政治转型的影响。一些非洲国家政党轮替、政府更迭频繁，政策缺乏稳定性、延续性。二是营商环境有待改善。非洲国家希望外来投资，但吸引和保护外资的法律法规不完善、优惠政策

---

① 《党报：习近平所倡"亲诚惠容"周边外交凸显中国传统文化智慧》，2016年5月5日，澎湃新闻网，http://www.thepaper.cn/newsDetail_forward_1464944_1。
② 《新华时评："真实亲诚"的非凡魅力》，2017年3月25日，新华网，http://www.xinhuanet.com/world/2017-03/25/c_1120692965.htm。

不配套、政府服务跟不上等问题普遍存在。三是制约发展的瓶颈突出。配套基础设施严重滞后，熟练技术人员和产业工人短缺，资金需求缺口大。四是恐怖主义、疾病和社会治安等安全风险总体较高。五是外部经济环境冲击。当前，全球经济持续低迷，国际大宗商品价格大幅下降，直接影响非洲能源矿业产品出口和国际社会对非投资的积极性，严重冲击了非洲国家发展势头。①

随着中国崛起的进程加快，中非关系中也开始出现不和谐的声音。首先是部分西方国家担心中国深度进入非洲，冲击其在非洲的传统优势地位，使其在政治、经济等领域对非洲的影响力下降。从而不惜通过采取各种卑劣手段污蔑中国是只顾掠夺非洲资源而不顾非洲发展的"新殖民主义者"。试图以此来离间中国与非洲国家间的关系。使得部分非洲国家对中国为发展与非洲关系所采取的具体措施背后的战略意图产生顾虑和怀疑。其次是非洲国家对新形势下中国的外交方略存在误读，认为中国将更多的外交资源和战略资源投向大国和周边国家，非洲在中国的战略考量中的地位相对下降甚至被忽视。最后部分中国企业在非洲投资过程中，在环境保护、劳资关系等方面承受的国际压力及批评日益增加。部分中资企业在非洲国家的行为无视甚至触犯当地法律，或是存在欺诈行为，严重损害了中国在非洲的形象。

新形势下，需要有新的理念来引领中非关系。正如习近平在坦桑尼亚尼雷尔国际会议中心的演讲中所言，"中非关系要保持旺盛生命力，必须与时俱进、开拓创新。半个多世纪以来，在中非关系发展的每一个关键时期，我们双方都能登高望远，找到中非合作新的契合点和增长点，推动中非关系实现新的跨越"。

"真、实、亲、诚"的提出，就是中方在此方面做出的积极努力。不仅为新形势下如何进一步推进中非关系发展确立了目标和方向，还就目标如何具体落实提出了具体、务实和可操作的措施和方案。同时，也是对西方国家污蔑中国对非外交、离间中非关系论调及行为的有力回击。此外，中国针对非洲国家提出的"真、实、亲、诚"，不仅仅适用于非洲，对于新形势下中国如何推进与所有发展中国家之间的关系均具有积极的借鉴意义。

第二，"真、实、亲、诚"与"亲、诚、惠、容"一脉相通，同是"一带一路"倡议的基础理念。践行"真、实、亲、诚"，有利于"一带一路"倡议在非洲的具体实施。

非洲是当前世界政治经济格局中的重要一极，是"一带一路"建设的重要

---

① 2016年8月17日，习近平在推进"一带一路"建设工作座谈会上的讲话。参见《非洲是建设"一带一路"的重要方向和落脚点——访外交部非洲司司长林松添》，2016年9月2日，中华人民共和国外交部网站，http://www.fmprc.gov.cn/zflt/chn/zxxx/t1393977.htm。

方向和落脚点。非洲、特别是东部和南部非洲国家是海上丝绸之路的历史和自然延伸。在"一带一路"沿线国家中,也有多个国家是非洲国家。2017年5月14—15日在北京举行首届"一带一路"国际合作高峰论坛,多个非洲国家领导人应邀参加。

积极参与"一带一路"建设是非洲自身发展的需要。非洲地大物博,陆地面积3029万平方千米,拥有世界上最重要的53种矿产和一些稀有战略资源,可耕地面积近8亿公顷,但开发利用率只占27%。非洲劳动力资源丰富。人口总数超过11亿,预计2050年达到25亿,其中青年人口达50%以上,有的国家超过65%。从发展阶段看,非洲国家普遍渴望实现工业化和经济多元化,急需外来投资和技术转让。此外,中国改革开放取得的巨大成功,包括成功经验和发展模式可以成为非洲实现经济独立和自主可持续发展的镜鉴,非洲"向东看"已成趋势。

非洲国家希望提高基础设施建设水平,实现经济发展多元化,摆脱目前单一的经济发展模式。中国则具有丰富的经济发展经验和优势产能合作需求,有助于加速非洲的工业化发展。"一带一路"建设作为中国向世界提出的重要发展倡议,无疑给中非合作带来了新机遇。中国资金、技术、市场、企业、人才和成功发展经验等相对发展优势同非洲丰富的自然资源、巨大的人口红利和市场潜力紧密结合起来,对于中国和非洲是双赢的选择。

新形势下,中国对非外交与中国和平发展的外交全局紧密相关。非洲已经成为中国外交的战略支点,经济复兴的重要伙伴,中国展现外交形象的舞台及中国提升国际话语权的重要平台。[①] 只要中非能践行"真、实、亲、诚",中非关系将会拥有更为美好的明天。(本条执笔:杨丹志)

---

① 罗建波:《中非关系为什么如此重要?》,2013年4月1日,人民网,http://theory.people.com.cn/n/2013/0401/c136457-20983606-4.html。

八　核心概念

52. 发展战略对接

——发展战略对接的概念

2013年3月，国家主席习近平在访问俄罗斯时提出发展战略对接的概念。访俄期间，习近平主席在莫斯科国际关系学院发表题为"顺应时代前进潮流 促进世界和平发展"的演讲并指出，中俄"两国正积极推动各自国家和地区发展战略相互对接，不断创造出更多利益契合点和合作增长点"[1]。此后，发展战略对接被广泛地用于双边和多边关系领域。所谓发展战略对接，指的是将各个国家和地区的基于自身情况制定的发展战略的联系点和相通之处对接起来，使之相辅相成、相互促进，并最终实现共同目标。

进入21世纪后，中国适时做出同世界主要国家和地区之间开展战略对话的重大决策，并逐步启动了同美国、日本、德国、俄罗斯、印度、法国、英国、澳大利亚、巴西、韩国、阿根廷、印度、印度尼西亚、欧盟、非盟等大国和大国集团的战略对话。作为战略对接的基础，战略对话注重同对话伙伴进行智慧、思想的战略沟通与交流，目的在于增进对话伙伴之间的战略信任，促进彼此合作，妥善处理分歧，增进彼此利益，造福双方和全人类。对话的议题十分广泛但都具有战略性，包括世界形势、中国走向、双边和国际关系以及人类前途、世界秩序、全球治理等全局性、战略性、前瞻性重大问题进行推心置腹的战略沟通和思想交流，探讨如何正确认识世界的变化和彼此的发展，如何在思想、观念、方针、政策和行为方面适应变化，如何增进信任、加强合作，共同构建新型大国关系，推进人类利益共同体和命运共同体建设，维护好人类共同生活的地球家园等战略对话的根本。[2]

"一带一路"倡议提出后，中国同世界其他国家与地区之间的战略合作更

---

[1] 习近平：《顺应时代前进潮流 促进世界和平发展——在莫斯科国际关系学院的演讲》，《人民日报》（海外版）2013年3月24日。

[2] 戴秉国：《对战略对话的几点思考》，《人民日报》2016年6月17日第7版。

加关注发展议题,并加快了同外部世界的发展战略对接。2013年以来,习近平在出访俄罗斯、蒙古国、塔吉克斯坦、斯里兰卡、印度、澳大利亚、新西兰、斐济、巴基斯坦、白俄罗斯、英国、越南、新加坡、津巴布韦、沙特、埃及、伊朗、捷克、塞尔维亚、波兰、乌兹别克斯坦、柬埔寨、厄瓜多尔、秘鲁、智利、芬兰、哈萨克斯坦、德国、老挝等国时均明确提出加强双方发展战略的对接,并且在博鳌亚洲论坛、金砖国家领导人会晤、亚太经合组织工商领导人峰会、亚太经合组织领导人非正式会议、上海合作组织成员国元首理事会、中阿合作论坛、亚非领导人会议、减贫与发展高层论坛、中国—中东欧国家领导人会晤、"一带一路"国际合作高峰论坛等国际会议和重要外交场合提出中国加强相应国家、地区和世界各国加强发展战略对接。发展战略对接由此成为"一带一路"建设的核心内容和中国处理对外关系的重要手段之一。

——全球化时代发展战略对接的重大意义

"一带一路"倡议提出以来,中国大力倡导同世界各国之间的发展战略对接,并将"一带一路"框架下的国际合作打造成推进全球化的新引擎。

首先,发展战略对接在理念上反映了全球化的本质要求。全球化的深入发展首先体现在全球开放水平的不断提升,国家之间合作更加包容。发展战略对接正是顺应了这一要求,秉持与世界接轨的开放理念,努力推动构建开放型世界经济新体系。发展战略对接的各方基于但不局限于古代丝绸之路的范围。与内向型的、封闭式的合作不同,中国倡导的发展战略对接是一种外向型的区域或跨区域合作模式。发展战略对接不针对任何国家,不搞排他性的经济集团,任何有发展诉求和目标的国家都能通过战略对接实现合作共赢,其辐射范围可以涵盖全球。发展战略对接以"共商、共建、共享"为原则,能够最大限度地汇聚各国力量和各种资源推进全球一体化,并共同分享全球化的成果。

其次,发展战略对接在内容上为推进全球化奠定了坚实基础。世界各国资源禀赋相异,互补性强,彼此拥有高度相互依存的潜力和需求。但是,由于硬件和软件方面互联互通建设的相对滞后,全球化深入发展缺乏与之相适应的基础和前提。通过发展战略对接,相关各方能够找到相互的共同点和互补点,并由此实现共同规划重点领域的合作项目。随着一些重点领域合作的不断加强以及合作规划的不断推进,为相关国家建立了跨国和跨区域的互联互通网络,并不断向全球延伸,从而不断为新一轮的全球化提供基础性支撑。

再次,发展战略对接在实践上为新形势下引领全球化注入新的动力。从一定意义上讲,发展战略对接是基于中国改革开放的成功实践。在40年的改革开放历程中,中国以实际行动开辟了一条从本国国情出发、把人民利益放在首位、改革创新以及在开放中谋求共同发展的道路,并一跃成为世界第二大经济体。中国的发展为世界各国提供了丰富的经验，也提供了机遇。新形势下，中国将在创新、协调、绿色、开放、共享的发展理念指引下，不断激发增长动力和市场活力、积极营造宽松有序的投资环境以及大力建设共同发展的对外开放格局，为经济全球化注入新的动力。中国在"一带一路"框架下加强与世界各国之间的发展战略对接，中国企业对沿线国家的投资不断增加，为相关国家的经济发展和就业创造了大量机会，并成为全球化新动力的创造者。

最后，发展战略对接在成果上消弭了全球化的负面效应。随着经济全球化的发展，世界各国日益形成一个相互依存的利益共同体。但由于利益分配的不公，部分全球化参与者的利益受到了损害。正因如此，各种形式的保护主义应运而生，从而成为阻碍全球化进程的最大障碍。而发展战略对接的目标在于促进互利共赢，其出发点和落脚点是所有参与国家的共同繁荣。所谓互利共赢，是指兼顾各方利益和关切，寻求利益契合点和合作最大公约数，体现各方智慧和创意，各施所长，各尽所能，把各方优势和潜力充分发挥出来。各个国家和地区一起驶入互利、双赢和共同繁荣的轨道既是全球化持续发展的保障，也是全球化日益深化的意义所在。

总之，发展战略对接从根源上为新形势下经济全球化的负面问题提供了解决方案。当前，世界经济面临的增长动力不足、发展不均衡、发展机会不均等、发展成果分配不公平等问题日益凸显，全球经济治理体系变革紧迫性越来越突出。从深层次上讲，经济增长、合作、治理和发展模式的缺陷与障碍是当今世界经济面临的根本性问题。为此，中国提出坚持创新驱动、协同联动、与时俱进、公平包容，致力于打造富有活力的增长模式、开放共赢的合作模式、公正合理的治理模式和平衡普惠的发展模式。加强发展战略对接，找准应对各自面临的挑战和治理全球性问题的着力点并积极贡献中国智慧，体现了中国引领经济全球化进程的大国责任。

——发展战略对接的模式与实践

加强战略对接、深化政策沟通是"一带一路"建设顺利推进的重要保障。"一带一路"倡议提出以来，很多国家提出的区域合作规划和国家发展规划与"一带一路"倡议实现对接，政策的联动性和协同性不断提升，并出台了相应的对接方案。发展战略对接的内涵十分丰富，它既体现了"共商、共建、共享"的理念，也是一种加强双方合作促进互利共赢的行动。发展战略对接符合当今世界发展的潮流，也契合了世界各国和全人类的发展愿意与需求。

在发展战略对接的实践中，中国与相关各方形成了形式多样、灵活有效的对接模式。具体来说，包括以下三种：一是"一对一"的发展战略对接。"一对一"的发展战略对接是指中国与其他单个国家之间的双边战略对接。它是

"一带一路"建设框架下发展战略对接的基础。二是"一对多"的发展战略对接。"一对多"的发展战略对接是指中国与某一国际机制成员或某一类型国家之间的战略对接。这是中国发展对外关系和加强国际合作的一种创新，激发了相同类型国家之间的协同效应，提升了合作的效率。三是"多对多"的发展战略对接。"多对多"发展战略对接是指以中国参与的国际机制所有成员与其他国际机制成员或某一类型国家之间的战略对接。这种模式秉持全球伙伴关系和人类命运共同体理念，最大限度地促进共同利益，共享发展成果。

在双边和区域层面，中国通过"一带一路"倡议同土耳其"中间走廊"计划、哈萨克斯坦"光明之路"新经济政策、塔吉克斯坦"2030年前国家发展战略"、沙特"2030愿景"战略、蒙古国"发展之路"倡议、中越"两廊一圈"规划、柬埔寨"四角战略"、泰国"东部经济走廊"计划、老挝"'陆锁国'转向'陆联国'优先发展政策"、英国基础设施升级投资计划及"英格兰北方经济中心"建设计划、匈牙利"向东开放"政策、欧亚经济联盟、东盟互联互通总体规划、贯通欧洲南北的"琥珀之路"等发展与合作战略规划的对接，"一带一路"倡议在亚欧非大陆拥有了立足点，优势互补和利益契合也得到了深刻体现。在全球层面，中国政府或政府部门同近20个国际组织签署"一带一路"合作文件。[①] 中国政府还同蒙古国、巴基斯坦、尼泊尔、东帝汶、新加坡、缅甸、马来西亚、黎巴嫩以及13个中东欧国家政府签署了政府间"一带一路"合作谅解备忘录，中国与有关国家政府部门之间在"一带一路"倡议框架下的合作规划及项目也在有序展开。

与此同时，在中国参与的国际机制中倡导的"国际机制+"的理念与行动，也可以视为发展战略对接的一种新的实践形式。例如，在金砖国家合作机制中，中国倡导了"金砖+"的合作模式。金砖国家都坚持"开放、包容、合作、共赢"的金砖精神，都拥有建设更加广泛伙伴关系的需求。2013年以来，金砖国家在南非、巴西、俄罗斯和印度举行领导人会晤期间，分别同东道国所在区域的其他国家或区域组织成员国领导人举行了对话会，并探讨了金砖国家与这些区域之间的市场对接与合作路径。在长期的合作实践中，金砖国家探索了"金砖+"的对话合作模式，并取得了显著成效。2017年9月，金砖国家领导人厦门会晤期间举行的"新兴市场国家与发展中国家对话会"突破了以往对话会的地域限制，将金砖国家伙伴关系拓展至更大范围。"金砖+"开

---

① 包括联合国开发计划署、联合国工业发展组织、联合国人类住区规划署、联合国儿童基金会、联合国人口基金、联合国贸易和发展会议、联合国欧洲经济委员会、联合国文明联盟、世界卫生组织、世界知识产权组织、国际刑警组织、世界经济论坛、国际道路运输联盟、国际贸易中心、国际电信联盟、国际民航组织、国际发展法律组织、世界气象组织、国际海事组织等。

创了金砖国家机制建设和推动南南合作的新模式,并将在厦门会晤取得新的发展与突破。金砖国家以"金砖+"的合作模式,有效推动了同广大发展中国家之间的开放型合作和发展战略对接。

此外,在 2015 年 3 月发布《推动共建丝绸之路经济带和 21 世纪海上丝绸之路的愿景与行动》的基础上,中国政府有关部门还发布了《共建"一带一路":理念、实践与中国的贡献》以及涵盖能源合作、农业合作、绿色发展、海上合作等领域的政策文件,向"一带一路"参与国阐述了中方的政策规划和设想,为促进政策沟通和战略对接奠定了基础。[①](本条执笔:徐秀军)

53. 亚洲基础设施投资银行

——亚洲基础设施投资银行的成立背景

亚洲幅员辽阔、人口众多、拥有广阔的市场,是当今世界最具经济活力和增长潜力的地区之一。对多数亚洲地区成员来说,铁路、公路、桥梁、港口、机场和通信等基础建设滞后严重制约了经济和社会发展,而基础设施建设滞后则主要缘于基础设施投资的严重不足。从现实来看,满足这一投资需求的缺口还很大,现有的多边机构能够贡献的资金量非常有限。由于基础设施投资的资金需求量大、实施的周期长、收益存在很大的不确定性,私人部门用于基础设施建设项目的投资规模也相对较小。与此同时,一些亚洲国家的过剩储蓄未得到充分利用,资金优势未得到充分发挥。

作为亚洲最大的经济体以及世界最大的发展中国家经济体,中国在资金和技术方面有自己的优势,但也存在同样的需求。同时,中国在基础设施装备制造方面已形成完整的产业链,在公路、桥梁、隧道、铁路建造工程方面居领先水平。但当前中国仍存在突出的发展不平衡、不协调、不可持续问题,城乡、区域发展差距和居民收入差距较大,部分区域的基础设施建设还很落后,还面临较多的资源环境约束。这一方面需要在相当长的一段时间内实现经济发展方式的转变和经济结构的调整,也需要加大对这些部门和领域的投入。

为此,中国开始谋划倡议在亚洲建立一个通过合理、有效利用资金来满足投资需求的金融中介系统,以解决基础设施建设资金不足以及资金融通困难等问题。2013 年 10 月 2—8 日,中国国家主席习近平在访问印度尼西亚期间,在

---

① 包括国家发展和改革委员会、国家能源局联合发布的《推动丝绸之路经济带和 21 世纪海上丝绸之路的愿景与行动》,农业部、国家发展和改革委员会、商务部、外交部联合发布的《共同推进"一带一路"建设农业合作的愿景与行动》,环境保护部、外交部、国家发展和改革委员会、商务部联合发布的《关于推进绿色"一带一路"建设的指导意见》,国家发展和改革委员会、国家海洋局联合发布的《"一带一路"建设海上合作设想》。

雅加达同印度尼西亚总统苏西洛举行会谈，并提出筹建亚洲基础设施投资银行（以下简称《亚投行》）倡议，以促进本地区互联互通建设和经济一体化进程，向包括东盟国家在内的本地区发展中国家基础设施建设提供资金支持。2013年10月9—15日，中国国务院总理李克强在文莱、泰国、越南访问期间，再次向东南亚国家提出筹建亚投行的倡议。

中国倡导建立的亚投行从资金融通层面为"一带一路"建设提供了重要支撑，能够为区域经济社会发展发挥重要的推动作用，是对现有多边开发性机构的有益补充。首先，亚投行将为引导亚洲地区高储蓄率国家的存款流向基础设施建设、加强公共部门与私人部门合作提供平台，通过实现亚洲地区内外资本的有效配置和整合，有效弥补亚洲地区基础设施建设的资金缺口，从而为推进亚洲区域经济一体化建设提供持续动力。其次，亚投行能够通过制定长远的发展规划，利用各种投融资手段，有针对性地扫除制约亚洲基础设施互联互通的各种主要障碍，并通过向各国企业和相关机构从事基础设施建设提供优惠贷款，降低它们的运营成本，从而在一定程度上破解基础设施建设融资难的问题。最后，亚投行可以弥补世界银行和亚洲开发银行在亚洲区域内投资重点局限、资金不足及侧重于社会事业、扶贫开发的不足，降低投融资成本，通过筹措建设方面资金并主要投向基础设施领域，为亚洲经济社会发展提供强有力的资金支持。同时，亚投行还能够促进形成亚洲区域多边开发性机构的竞争格局，从而提升各机构的运行效率和投融资质量。此外，亚投行还可以通过利用中国在基础设施建设方面的优势，推进中国带动的亚洲互联互通网络建设，分享中国发展经验与成就。

——亚洲基础设施投资银行的筹备进程

自中国国家主席习近平于2013年访问东南亚时提出筹建亚投行后，许多国家反响积极，亚投行筹建工作随之正式启动。为了确定亚投行的初步架构和筹建计划，各有意愿成员国之间召开了五次多边磋商会议以及一次部长级工作晚餐会。通过多边与双边磋商相结合的方式，亚投行筹建进程得到了诸多域内、域外国家的积极响应和广泛参与。

2014年9月27日，筹建亚投行第5次多边磋商会议在北京举行，中国、孟加拉国、文莱、柬埔寨、印度、哈萨克斯坦、科威特、老挝、马来西亚、蒙古国、缅甸、尼泊尔、阿曼、巴基斯坦、菲律宾、卡塔尔、新加坡、斯里兰卡、泰国、乌兹别克斯坦和越南21个有意愿成为亚投行创始成员的亚洲国家代表就《筹建亚投行备忘录》草案终稿达成最终共识。2014年10月24日，21国在北京正式签署《筹建亚投行备忘录》，共同决定成立亚洲基础设施投资银行。此后，亚投行的筹建正式步入机制化运作阶段，并成立多边临时秘书处和举行谈判代表会议。

2015年4月15日，亚投行意向创始成员国增至57个，覆盖全球五大洲。其中，亚洲国家34个，分别为孟加拉国、文莱、柬埔寨、中国、印度、印度尼西亚、约旦、哈萨克斯坦、科威特、老挝、马来西亚、马尔代夫、蒙古国、缅甸、尼泊尔、阿曼、巴基斯坦、菲律宾、卡塔尔、沙特阿拉伯、新加坡、韩国、斯里兰卡、塔吉克斯坦、泰国、土耳其、乌兹别克斯坦、越南、吉尔吉斯斯坦、以色列、格鲁吉亚、阿联酋、阿塞拜疆和伊朗；欧洲国家18个，分别为奥地利、丹麦、法国、德国、意大利、卢森堡、荷兰、西班牙、瑞士、英国、瑞典、芬兰、挪威、冰岛、俄罗斯、葡萄牙、波兰和马耳他；大洋洲国家2个，分别为新西兰和澳大利亚；非洲国家2个，分别为埃及和南非；南美洲国家1个，为巴西。

2015年6月29日，《亚投行协定》签署仪式在北京举行。亚投行57个意向创始成员国财长或授权代表出席了签署仪式，其中已通过国内审批程序的50个国家正式签署这一协定，其他尚未通过国内审批程序的意向创始成员国见证签署仪式。[①] 2015年12月25日，股份总和占比为50.1%的17个意向创始成员国批准《亚投行协定》并提交批准书，亚投行正式成立。2016年1月16日，亚投行在北京举行开业仪式，中国财政部部长楼继伟被选举为亚投行首届理事会主席，金立群当选亚投行首任行长。次日，亚投行举行剪彩仪式，正式启用定址北京的总部大楼。

亚投行成立后，一些国家陆续申请加入并得到批准。经过四轮"扩容"，截至2017年年底，亚投行成员国总数增加至84个。随着成员国数量的增加，亚投行在亚洲乃至全球的影响力不断提升，并成为全球不同地区、不同发展阶段国家相互合作的典范。

——亚洲基础设施投资银行的治理结构

理事会是亚投行的最高权力和决策机构，享有亚投行的一切权力。除了吸收新成员和确定新成员加入条件、增加或减少银行法定股本、中止成员资格、选举银行董事、选举行长以及中止或解除行长职务、决定银行的储备资金及净收益的配置与分配、修订《亚投行协定》、决定终止银行业务并分配银行资产等权力外，理事会可将其他部分或全部权力授予董事会，并且对于授予董事会

---

① 签署协定的50个国家分别为：澳大利亚、奥地利、阿塞拜疆、孟加拉国、巴西、柬埔寨、文莱、中国、埃及、芬兰、法国、格鲁吉亚、德国、冰岛、印度、印度尼西亚、伊朗、意大利、以色列、约旦、哈萨克斯坦、韩国、吉尔吉斯斯坦、老挝、卢森堡、马尔代夫、马耳他、蒙古国、缅甸、尼泊尔、荷兰、新西兰、挪威、阿曼、巴基斯坦、葡萄牙、卡塔尔、俄罗斯、沙特、新加坡、西班牙、斯里兰卡、瑞典、瑞士、塔吉克斯坦、土耳其、阿联酋、英国、乌兹别克斯坦和越南。菲律宾、丹麦、科威特、马来西亚、波兰、南非和泰国未当日签署协定。

的所有权力,理事会均保留其执行决策的权力。理事会由各成员委派的代表构成,各成员任命1名理事和1名副理事,但副理事只有在理事缺席的情况下才享有投票权。

董事会是亚投行的执行机构,负责指导银行的总体业务。董事会可行使《亚投行协定》明确赋予的权力以及理事会授予的一切权力,其主要权力和职责包括:理事会的准备工作;制定银行的政策,并以不低于成员总投票权3/4的多数,根据银行政策对银行主要业务和财务政策的决策,就向行长下放权力事宜做出决定;对协定明确的银行业务做出决定,并以不低于成员总投票权3/4的多数,就向行长下放相关权力做出决定;常态化监督银行管理与业务运营活动,并根据透明、公开、独立和问责的原则,建立以此为目的的监督机制;批准银行战略、年度计划和预算;视情况成立专门委员会;提交每个财年的经审计账目,由理事会批准等。亚投行董事会应由12名成员组成,由代表域内和域外成员的理事分别选出9名和3名,董事会成员不得由理事会成员兼任。董事会主席由行长兼任。

亚投行设行长1名,负责主持董事会,并在董事会指导下开展银行的日常业务。行长是银行的法人代表和最高管理人员。行长由理事会选举产生,任期5年,可连选连任1次。理事会可经法定程序决定中止或解除行长职务。行长由域内成员国的国民担任,任职期间,不得兼任理事、副理事、董事或副董事。行长担任董事会主席,无投票权,仅在正反票数相等时拥有决定票。行长可参加理事会会议,但无投票权。行长可向董事会推荐副行长人选,董事会按照公开、透明和择优的程序完成对副行长的任命,并决定副行长的任期、行使的权力及其在银行管理层中的职责。

——亚洲基础设施投资银行的法定股本与投票权

法定股本(authorized capital)是衡量银行资金规模和实力的重要指标。根据《亚投行协定》规定,亚投行的法定股本为1000亿美元,分为100万股,每股的票面价值为10万美元。每个成员均须认缴银行的股本。其中,域内成员共认缴750亿美元,域外成员共认缴250亿美元。认缴初始法定股本时,实缴股本与待缴股本之间的比例为2∶8。经理事会超级多数投票同意后,可以增加银行的法定股本以及调整实缴股本和待缴股本之间的比例。关于亚投行认缴股本的缴付,成员国可以分多期进行。对于欠发达成员以外的其他所有成员,其初始认缴股本中实缴股本分5次缴清,每次缴纳20%。其中,第1次缴付应在本协定生效后30天内完成,或在协定的批准书、接受书或核准书递交之日或之前缴付,以后发生者为准;第2次缴付在协定生效期满1年内完成;其余3次将相继在上一次到期1年内完成。初始认缴中原始实缴股本的缴付货币为美元或其他可兑换货币。亚投行法定股本遵循域内与域外分别分配的原则，域内成员与域外成员的法定股本之间的比例为3∶1，不得相互占用。各成员可认缴的法定股本按照GDP总量加权计算得出，其中按市场汇率计算的GDP占60%的权重，按购买力平价计算的GDP占40%的权重。各成员实际认缴的法定股本可按其意愿申购，可低于其按GDP加权分配的额度。

亚投行投票权分配兼顾主权平等和权责适应原则，同时还体现创始成员身份，给予创始成员一定的专享投票权。根据《亚投行协定》规定，每个成员的投票权总数是基本投票权、股份投票权以及创始成员享有的创始成员投票权的总和。全体成员的基本投票权占银行总投票的12%，在所有成员中进行平均分配，并且每个创始成员均享有600票创始成员投票权。这两项投票权的分配体现了主权平等原则，不论经济、人口和土地等规模的大小，各成员国所得投票权均相等。每个成员的股份投票权还按照该成员持有的银行股份数进行加权分配。对银行法定股本缴付最多的国家将拥有更大比例的股份投票权。由于这一部分投票占银行投票权的份额最大，因此总体上来看，亚投行实行的是一种加权表决制。一般认为，加权表决制难免有违背主权平等之嫌，但是实际上，与其说违反了主权平等原则，不如说这恰恰是正视国际经济关系不平等之现实的结果。这种不平等一方面体现为发达国家与发展中国家之间权利、义务的不平等，另一方面却也体现了各成员国（在国际金融组织中）自身权利与义务的对等。[①] 从亚投行投票权分配的方案和结果来看，主要体现了以下三个特征：一是保障了域内国家的优先决策权；二是体现了新兴市场与发展中国家的主导作用和利益诉求；三是维护了拥有股份较小的成员的利益。亚投行所体现出来的这些特征，是对现有多边金融体系治理结构的一种创新，并在一定程度上推进了国际金融体系朝着公正、合理的方向发展。

理事会和董事会进行决策时，需按照一定的决策程序，并满足做出决策的基本条件。其中，投票权的比例是银行决策最为重要的条件。并且，不同的事项需要达到的投票权比例也不相同。理事会讨论的事项，根据重要程度的不同，分别由全票、超级多数、特别多数和简单多数投票决定。理事会的超级多数投票通过指理事人数占理事总人数2/3以上且所代表投票权不低于成员总投票权3/4的多数通过；特别多数投票通过指理事人数占理事总人数半数以上、且所代表投票权不低于成员总投票权一半的多数通过；简单多数投票通过是指理事所代表投票权不低于成员总投票权一半的多数通过。而对于特别重大的事项，则要求理事会全票通过。（本条执笔：徐秀军）

[①] 刘音：《国际多边开发银行政策贷款条件性的国际法问题研究》，云南美术出版社2010年版。

八　核心概念

54. 丝路基金

——丝路基金的成立过程与目标定位

自"一带一路"倡议提出后，中国国家发展和改革委员会、中国财政部和中国人民银行等部门对设立"一带一路"投融资机制展开研究。2014年11月4日，在中共中央财经领导小组第八次会议上，中央财经领导小组组长习近平指出，设立丝路基金是要利用中国资金实力直接支持"一带一路"建设，并要注意按国际惯例办事，充分借鉴现有多边金融机构长期积累的理论和实践经验，制定和实施严格的规章制度，提高透明度和包容性，确定开展好第一批业务。亚洲基础设施投资银行和丝路基金同其他全球和区域多边开发银行的关系是相互补充而不是相互替代的，将在现行国际经济金融秩序下运行。①

2014年11月8日，习近平在北京举行的"加强互联互通伙伴关系"东道主伙伴对话会上宣布，中国将出资400亿美元成立丝路基金，为"一带一路"沿线国家基础设施、资源开发、产业合作和金融合作等与互联互通有关的项目提供投融资支持，同时还指出，丝路基金是开放的，可以根据地区、行业或者项目类型设立子基金，欢迎亚洲域内外的投资者积极参与。② 中方这一举措得到参加对话会的孟加拉国总统哈米德、柬埔寨首相洪森、老挝国家主席朱马里、蒙古国总统额勒贝格道尔吉、缅甸总统吴登盛、巴基斯坦总理谢里夫、塔吉克斯坦总统拉赫蒙和联合国亚太经社会执行秘书阿赫塔尔、上海合作组织秘书长梅津采夫等国家领导人和国际组织负责人的赞赏和支持。③ 11月9日，习近平在2014年亚太经合组织工商领导人峰会的开幕式上再次宣布这一重大举措。④ 并发表题为"谋求持久发展共筑亚太梦想"的主旨演讲。2014年12月29日，外汇储备、中国投资有限责任公司、中国进出口银行、国家开发银行共同出资人民币615.25亿元（合100亿美元）在北京注册成立丝路基金有限责任公司，标志着丝路基金正式成立。2015年1月6日，丝路基金召开第一届董事会第一次会议；2月6日，召开第一届监事会第一次会议；2月16日，丝路基金揭牌。丝路基金由此步入正常运营轨道。

---

① 《加快推进丝绸之路经济带和21世纪海上丝绸之路建设》，《人民日报》2014年11月7日第1版。
② 习近平：《联通引领发展伙伴聚焦合作——在"加强互联互通伙伴关系"东道主伙伴对话会上的讲话》，《人民日报》2014年11月9日第2版。
③ 《加强互联互通伙伴关系对话会联合新闻公报》，《人民日报》2014年11月9日第2版。
④ 习近平：《谋求持久发展共筑亚太梦想——在亚太经合组织工商领导人峰会开幕式上的演讲》，《人民日报》2014年11月10日第2版。

丝路基金按照市场化、国际化、专业化原则设立的中长期开发投资基金，重点是在"一带一路"发展进程中寻找投资机会并提供相应的投融资服务。丝路基金的宗旨目标是，秉承"开放包容、互利共赢"的理念，重点致力于为"一带一路"框架内的经贸合作和双边多边互联互通提供投融资支持，与境内外企业、金融机构一道，促进中国与"一带一路"沿线国家和地区实现共同发展、共同繁荣。丝路基金的定位是中长期开发投资基金，通过以股权为主的多种投融资方式，重点围绕"一带一路"建设推进与相关国家和地区的基础设施、资源开发、产能合作和金融合作等项目，确保中长期财务可持续和合理的投资回报。[1] 丝路基金主要在以下三个方面发挥特殊作用：一是对外大力践行和推广"一带一路"倡议精神；二是积极倡导绿色环保、可持续发展理念，履行社会责任；三是与国际、国内企业和金融机构精诚合作，彰显和放大国际合作效应。[2]

——丝路基金的业务领域与治理结构

丝路基金主要围绕"一带一路"建设，投资于基础设施、资源开发、产能合作、金融合作等领域。在基础设施投资方面，丝路基金致力于推动基础设施互联互通建设，注重基础设施建设规划与技术标准体系的对接，构建全方位、多层次的互联互通网络；在资源开发方面，丝路基金致力于加大传统能源资源勘探开发合作，推动清洁、可再生能源领域多层次互动，形成能源资源广泛合作；在产能合作方面，丝路基金致力于推动中国优势产能与国外需求相结合，助力装备、技术、标准和服务"走出去"，促进当地经济和社会发展；在金融合作方面，丝路基金致力于完善投融资合作框架，创新金融合作模式，加强同国际金融机构合作，共建开放、多元、共赢的金融合作平台。

丝路基金重点支持基础设施、互联互通，优先投向"一带一路"重大项目储备库的项目。丝路基金的投资范围包括股权投资、债权投资、基金投资和资产受托管理、对外委托投资等其他投资。股权投资为丝路基金的主要投资类型，包括绿地和棕地等项目股权出资、企业并购和资产收购（M&A）股权出资、首次公开募股（IPO）和企业上市前（Pre-IPO）投资、优先股投资等。债权投资包括贷款、债券投资（含次级债、可转债）、夹层投资等。丝路基金可设立子基金开展自主投资，与国际金融机构、境内外金融机构等发起设立共同投资基金，也可投资于其他基金。

丝路基金积极倡导"使命、创新、卓越、共赢"的企业文化理念，致力于

---

[1] 参见丝路基金有限责任公司网站，http://www.silkroadfund.com.cn。
[2] 魏革军、张驰：《开创"一带一路"投融资合作新格局——访丝路基金董事长金琦》，《中国金融》2017年第9期。

打造具有丝路基金特色的企业核心价值观和公司精神，凝聚公司整体向心力和创造力。其中，使命是指秉承服务"一带一路"、促进互联互通的时代使命，致力于为"一带一路"框架内的经贸合作和互联互通提供投融资支持；创新是指运用多种投融资工具，大力开拓新的目标市场和业务领域，积极探索适合自身特点的可持续发展之路；卓越是指奉行最优实践和最佳行为准则，坚持市场化、国际化、专业化导向，致力于打造国际一流的专业投资机构；共赢是指推进与合作伙伴平等合作、互利共赢，在"一带一路"建设中共同发展、共同繁荣。

丝路基金按照市场化、国际化、专业化的原则开展投资业务，可以运用股权、债权、基金、贷款等多种方式提供投融资服务，也可与国际开发机构、境内外金融机构等发起设立共同投资基金，进行资产受托管理、对外委托投资等。丝路基金依照《中华人民共和国公司法》，设立董事会、监事会和管理层，按市场化方式引入各类专业人才，建立与公司发展相匹配的科学规范、运转高效的公司治理结构。丝路基金的资金规模为 400 亿美元，是由外汇储备、中国投资有限责任公司、中国进出口银行、国家开发银行共同出资，首期资本金为 100 亿美元。其中，外汇储备通过其投资平台梧桐树投资平台有限责任公司出资 65 亿美元，中国投资有限责任公司通过赛里斯投资有限责任公司和中国进出口银行均出资 15 亿美元，国家开发银行通过国开金融有限责任公司出资 5 亿美元。

根据公司章程，董事会为丝路基金最高决策机构。董事会由 11 名董事组成，其中中国外交部、中国国家发展和改革委员会、中国财政部、中国商务部、中国人民银行、中国国家外汇管理局、中国投资有限责任公司、中国国家开发银行、中国进出口银行各委派 1 名代表作为董事以及 1 名公司高管董事和 1 名职工代表董事。董事会成员确定后报中国国务院备案。董事会设董事长 1 人，由代表半数以上股权的股东提名，董事会聘任。董事长是公司的法定代表人。丝路基金设监事会，成员 6 人，包括股东代表监事和职工代表监事。监事会设主席 1 人，由全体监事过半数选举产生。监事会中职工代表监事的比例不得低于 1/3。管理层最高职位为总经理，总经理由代表半数以上股权的股东提名，董事会聘任。丝路基金还设立了投资决策机构——投资委员会。在丝路基金管理层的领导下，投资委员会负责对公司投资业务进行审议、决策的机构，主要职责为审议公司资产配置策略及投资策略、拟投资事项、投资退出事项、其他投资事项等。

——丝路基金的运行原则与发展现状

丝路基金遵循国际通行的标准和准则，遵守中国和投资所在国家和地区的法律法规，注重绿色环保和可持续发展，积极承担相应的社会责任。丝路基金优先支持在"一带一路"框架下的政策沟通、设施联通、贸易畅通、资金融通、民心相通，携手合作伙伴共同打造开放合作平台，共建美好的未来。

根据致力于促进"一带一路"沿线的国家和地区的经济社会发展和多边双边的互联互通的中长期开发投资基金的定位，丝路基金的投资和运行遵循以下四个原则[①]：一是对接原则。丝路基金投资将优先支持"一带一路"框架内互联互通需要，注重与投资所在国家和地区发展战略和规划相衔接。在"一带一路"发展的进程中寻找投资机会，并且提供相应的投融资的路径，促进中国与"一带一路"沿线国家和地区实现共同发展、共同繁荣。二是效益原则。丝路基金坚持市场化的原则，投资于有效益的项目，实现中长期合理的投资回报，维护好股东的权益。丝路基金不同于财富基金，也不是援助性的，我们投资于有效益的项目，实现中长期的合理投资回报。三是合作原则。丝路基金维护国际通行的市场规则，遵守中国和投资所在国家和地区的法律法规，注重绿色环保和可持续发展，与其他金融机构和企业实现优势互补、合作共赢。因此，丝路基金与其他金融机构不是相互替代的关系，而是优势互补、合作共赢的关系。四是开放原则。丝路基金在运作一段时间后，将欢迎有共同志向的投资者加入，或者在子基金层面上形成合作。通过合作，各类的机构可以有效地发挥优势互补的作用，共同对地区和全球发展和繁荣做出贡献。[②]

在对接、效益、合作、开放的运作原则中，"对接"是核心原则。"对接"的内涵实际上就是优势互补、互利共赢，它主要体现在以下四个层面：一是战略规划的对接。在"一带一路"建设框架下，丝路基金的投资方向将实现与各国、各地区发展战略相对接，各参与方理解彼此关切，关注彼此利益，解决彼此难题，从而在共识基础上实现相互融合和战略对接。二是资本与产业的对接。资本与产业的对接主要体现在支持优质企业向提升跨国运营管理能力、自主创新能力和资源整合能力转型，支持企业发展向价值链高端升级转型，从而真正实现金融支持实体经济、支持经济结构调整、支持"一带一路"建设的核心目标。三是产业链的对接。"一带一路"建设是资源和产能整合过程，也是产业链的再造过程，是带动产业链上的相关企业直接或间接走出去的过程。在"一带一路"框架下，丝路基金将帮助企业融入"走出去"的产业链条上，对接或输出国际标准，通过核心技术提升、强化运营管理，巩固其领军地位。四

[①] 杨丽花、周丽萍、翁车玲：《丝路基金、PPP与"一带一路"建设——基于博弈论的视角》，《亚太经济》2016年第2期。

[②] 金琦：《支持企业"走出去"是成立丝路基金的初衷》，《中国企业报》2015年4月14日第18版。

八　核心概念

是风险与收益的对接。这是保障项目运营取得成功的基础，也是推进"一带一路"建设、实现共同发展的基础。丝路基金的项目评估和尽职调查力争尽量全面、详细和客观，投资方案力争充分设计风险的缓释和补偿机制，基础设施和公共服务类项目力争所在国的政府担保，相应地坚持与风险相对等的、合理的投资回报。[1]

在投资管理上，丝路基金已确立了较为规范、全流程的投资决策体系，涵盖项目筛选、储备、预审、立项、决策、投后管理等前、中、后台各个环节。在项目筛选方面，丝路基金注重与产业资本合作，在项目层面进行联合投资，优先支持对互联互通、国际产能合作具有强大带动效应的项目。作为财务投资者，丝路基金一般不寻求对被投资企业的控股权。在项目储备方面，丝路基金积极开拓项目来源，通过投资对象自荐、其他机构推荐及丝路基金自行跟踪等多种方式寻找投资机会，已建立了项目储备库。

自成立以来，丝路基金在不到3年的时间里，签署了一系列合作协议和备忘录，各项工作取得重大进展。自2015年4月20日丝路基金与三峡集团、巴基斯坦私营电力和基础设施委员会签署合作备忘录并启动首单对外投资起，截至2018年5月，丝路基金已经签约19个项目，承诺投资约70亿美元，支持的项目所涉及的总投资额达800多亿美元。[2] 投资覆盖俄蒙中亚、南亚、东南亚、西亚北非及欧洲等地区的基础设施、资源开发、产业合作、金融合作等领域。此外，丝路基金出资20亿美元设立了中哈产能合作基金。

2017年5月14日，习近平在"一带一路"国际合作高峰论坛开幕式上宣布，中国将加大对"一带一路"建设资金支持，向丝路基金新增资金人民币1000亿元。丝路基金的增资将加强丝路基金为"一带一路"建设提供多币种和可持续资金支持的能力。目前，丝路基金正在积极探索如何利用好美元和人民币为"一带一路"沿线国家项目提供更好的投融资服务。（本条执笔：徐秀军）

55. 新开发银行

——新开发银行构想缘起

金砖国家新开发银行的倡议源于诺贝尔经济学奖获得者斯蒂格利茨（Joseph Stiglitz）和伦敦经济学院教授斯特恩勋爵（Nicholas Stern）的一份报告。

---

[1] 金琦：《丝路基金如何助力"一带一路"》，《第一财经日报》2015年12月31日第T22版。
[2] 《中国与一带一路沿线国家货物贸易累计超5万亿美元》，2018年5月17日，国际在线，http://baijiahao.baidu.com/s?id=16006794791306164453&wfr=spider&for=pc。

在该报告中,他们分析了国际机构的权威数据后发现,目前新兴市场国家一方面存在较大的投资需求,另一方面又存在大量可以调动的闲置资金。国际能源机构(IEA)出版的《2010年世界能源展望》指出,"就能源部门来说,未来25年将需要33万亿美元的投资,预计其中64%的投资需求来自新兴与发展中经济体"。[1] 为了合理、有效利用新兴市场国家的资金,满足其日益增长的投资需求,斯蒂格利茨提出,新兴与发展中经济体需要建立一个金融中介系统。其中,最可行的方案是,由新兴经济体主导成立一个以充分利用过剩储蓄来满足其投资需求为宗旨的南—南开发银行(South-South Development Bank)。斯蒂格利茨的提议还基于这样一个背景,即现有多边开发机构对新兴经济体基础设施融资虽然能起到一定作用,但相对于新兴经济体日益增长的需求来说,作用仍十分有限。

在斯蒂格利茨报告的基础上,印度向其他4个金砖国家提出了共同建立一个新开发银行的倡议,该银行由5个金砖国家主导。在印度倡议初期,将拟成立的开发银行定名为"金砖国家主导的南—南开发银行"(BRICS—led South-South Development Bank)。为了便于其他金砖国家就新开发银行的成立进行讨论和研究,印度对开发银行的目标、资金来源、业务活动、资本结构以及进度安排等进行了初步筹划。

印度提出建立新开发银行的倡议很快得到其他4国的响应。2012年3月19日,在华盛顿特区召开的金砖国家财长会议上,各国代表就成立新开发银行工作组达成共识,并决定将由印度(现任金砖国家主席国)和南非(下一任金砖国家主席国)担任新开发银行工作组的联合主席。2012年3月,在第4次金砖国家领导人会晤期间,金砖国家领导人对新开发银行的宗旨和目的进行了规划,并指示5国财长审查该倡议的可能性和可行性。2013年3月,第5次金砖国家领导人会晤发表《德班宣言》,5国领导人正式同意建立一个新的开发银行。这标志着金砖国家合作进入了实质性阶段,标志着金砖国家领导人由过去就全球和金砖国家间宏观层面的磋商转入了经济金融务实性的全面合作。

——新开发银行的职能定位

目前,世界主要多边开发机构有世界银行、欧洲复兴开发银行、欧洲投资银行、亚洲开发银行、泛美开发银行、非洲开发银行和安第斯开发集团等。从现有多边开发机构的宗旨和职能来看,主要包括以下四个方面:一是减贫和促进发展。第二次世界大战以后建立的多边机构,包括世界银行、亚洲开发银行、非洲开发银行,这可以说是开发银行的传统目标。二是促进社会弱势领域

---

[1] International Energy Agency, *World Energy Outlook 2010*, https://webstore.iea.org/world-energy-outlook-2010.

的发展。包括欧洲投资银行、泛美开发银行都有这一职能，主要是服务于中小企业、微型企业。三是促进可持续发展。以应对气候变化、环境保护和可持续发展为目标，欧洲投资银行是比较典型的，当然其他的多边开发机构也多少有类似目标。四是促进区域发展和融合。欧洲复兴开发银行主要为东欧国家转型服务，而安第斯开发集团则为本地区一体化服务。具体而言，世界银行的主要职能是减贫、发展；欧洲复兴开发银行旨在为中东欧国家转型服务；欧洲投资银行主要为中小企业、不发达地区发展、气候变化、环境保护与可持续发展、知识经济、泛欧交通能源和通信网络建设提供支持；亚洲开发银行主要立足于亚洲地区减贫与发展；泛美开发银行主要为中小企业发展、私有部门发展（尤其是微型企业）提供服务；非洲开发银行重点关注减贫、技术和金融援助；安第斯开发集团的主要目的在于促进区域融合。

关于新开发银行的职能定位，金砖国家领导人在 2012 年第 4 次会晤期间曾达成基本共识，并在 2013 年第 5 次会晤上得到进一步确认。在《德里宣言》和《德班宣言》中，五国领导人明确指出，新的开发银行旨在为金砖国家、其他新兴市场和发展中国家的基础设施和可持续发展项目筹集资金，作为对全球增长和发展领域的现有多边和区域金融机构的补充。由此可见，新开发银行的宗旨是为金砖国家、其他新兴市场和发展中国家服务，其主要职能包括两个方面，即促进基础设施建设和可持续发展。

为此，新开发银行作为以发展融资为核心业务的跨区域金融机构，既要面向金砖国家，还要支持其他发展中国家，同时，还要成为沟通发展中国家和发达国家的桥梁。在后金融危机时代，全球面临投资不足的困境。该银行不仅应为新兴和发展中国家提供发展融资，也要积极促进新兴经济体对发达国家的投资，这不仅有利于新兴经济体的发展，同时也将促进发达经济体的经济复苏。同时，作为新成立的多边开发机构，新开发银行应充分汲取已有多边金融机构的经验教训，建立机构精简、决策高效、反应灵活的运营机制，并在投融资模式上勇于创新，形成政策性银行与商业银行相结合、间接融资与直接融资相结合的开发性金融模式，为全球的发展融资做出贡献。

——新开发银行的运行

新开发银行开业后，坚持成立的宗旨和职能定位，立足基础设施和可持续发展两大重点为金砖国家的相关项目提供支持。2016 年，新开发银行各项业务正式起步，投融资业务运营步入正轨。此后不到两年的时间里，新开发银行以其独立的政策、项目和投资决策评估框架实现了银行业务的大跨越，贷款项目陆续落地，项目影响初步显现。

在投资方面，新开发银行以可持续发展的理念和高效的运行模式批准了一批贷款项目。截至 2018 年 5 月，新开发银行累计批准了 21 个贷款项目，总金额超过 51 亿美元，项目覆盖所有成员国。截至 2017 年 11 月，批准中国 4 个贷款项目，总计 8.79 亿美元，占总贷款的比例为 29.4%；批准印度 3 个贷款项目，总计 10.7 亿美元，占总贷款的比例为 35.8%；批准俄罗斯 2 个贷款项目，总计 5.6 亿美元，占总贷款的比例为 18.7%；批准巴西 1 个贷款项目，为 3 亿美元，占总贷款的比例为 10.0%；批准南非 1 个贷款项目，为 1.8 亿美元，占总贷款的比例为 6.0%。

在批准的 11 个贷款项目中，主要支持风能、太阳能、水能等可再生能源利用以及道路、环境、法律等硬件和软件基础设施建设。目前，金砖国家已成为推动绿色能源发展的重要力量。国际可再生能源署数据显示，2016 年金砖国家在全球可再生能源发电装机容量中占 39.4%，其中中国占金砖国家可再生能源总装机容量的 2/3，巴西和印度的可再生能源装机容量分别占全球 5% 左右。这些项目完成后，预计将累计实现约 1500 兆瓦的可再生能源发电，减少 430 余万吨二氧化碳的排放。在不到两年的时间里，新开发银行能够推动 11 个贷款项目落地，离不开其精简的组织架构和高效的业务流程。这是其他多边开发性金融机构难以企及的。

在融资方面，新开发银行以创新的理念和精神，推动金砖国家本币债券发行。新开发银行未来 5 年战略显示，该行根据 2016 年和 2017 年预期进入筹划阶段的贷款项目和可能的贷款支持需求制订了总金额 100 亿元人民币的债券发行计划。2016 年 7 月，新开发银行发行首笔绿色金融债券，债券规模为 30 亿元人民币，期限为 5 年。这是新开发银行在资本市场上的首次亮相，同时开创了多边开发银行获准在中国银行间债券市场发行人民币绿色金融债券的先例。目前，新开发银行正在筹划新的人民币债券发行。

——新开发银行的发展前景

经过两年的开业运营，新开发银行完成了初创时期的各种准备。在现有建设经验的基础上，通过制定发展规划，新开发银行展现出广阔的发展前景。2017 年 6 月，新开发银行理事会批准了《新开发银行总体战略：2017—2021》（以下简称《总体战略》），其中对新开发银行如何履行职责调动资源支持金砖国家和其他新兴经济体和发展中国家的基础设施和可持续发展项目、补充现有多边和区域金融机构在促进全球增长和发展的作用方面进行了规划。

在筹资方面，新开发银行将逐步完成资本金的收缴和积极拓展国际市场。随着成员国实缴资本的不断增加，新开发银行的资金实力不断增强。当前，新开发银行的实缴资本仅为 22 亿美元。到 2022 年，新开发银行将完成现有 100 亿美元资本金的收缴。同时，新开发银行将根据自身资金需求和市场情况，继续执行已确定的总额100亿元人民币的债券发行计划。新开发银行还将会考虑发行以印度卢比计价的债券，并寻求在巴西和俄罗斯的发债机会。

在贷款方面，新开发银行将增加投资项目的数量和规模。2017—2018年，新开发银行正在储备的项目已经有23个，规模达60亿美元，其中在中国的项目有5个，规模在17亿美元左右。根据《总体战略》，到2021年新开发银行批准的项目数量可能扩大到50—75个。在不考虑扩员增资的情况下，到2021年，新开发银行批准贷款额最低为100亿美元，最高有望达到150亿美元；累计贷款额最低为320亿美元，最高有望达到445亿美元；累计发放贷款额最低为146亿美元，最高有望达到189亿美元（见表1）。

表1 　　　　　　　　2017—2021年新开发银行贷款计划　　　　　　　单位：百万美元

	情景1 批准贷款（年度）	情景1 批准贷款（累计）	情景1 发放贷款（年度）	情景1 发放贷款（累计）	情景2 批准贷款（年度）	情景2 批准贷款（累计）	情景2 发放贷款（年度）	情景2 发放贷款（累计）
2016	1500	1500	0	0	1500	1500	0	0
2017	2500	4000	700	700	3000	4500	750	750
2018	4000	8000	1350	2050	5000	9500	1550	2300
2019	6000	14000	2600	4650	8000	17500	3150	5450
2020	8000	22000	4100	8750	12000	29500	5350	10800
2021	10000	32000	5850	14600	15000	44500	8100	18900

注：2016年数据为实际值。

资料来源：新开发银行。

在治理方面，新开发银行将适应新形势，创造新的运行模式。新开发银行旨在通过更合理的项目评估和执行监督来实现运行的快速、灵活和高效。目前，新开发银行正在运用一种基于风险的方法来进行项目审批和监督，对于复杂、高风险的项目进行更严格的事前审查，而对于风险较低的项目则适用更精简的流程。尽管新开发银行将不断扩充专业人员数量，但员工绩效指标和激励措施将以风险评估、贷款支出和项目结果为导向，而不仅仅是批准项目。新开发银行精简的组织结构将使管理成本更低，但决策效率更高。从申请贷款流程方面来看，新开发银行将进一步提高项目评估和审批效率，从项目申请到批准需要的时间将缩短至6个月以下。

在成员方面，新开发银行将增加新的成员，争取更多的新兴市场国家支持和参与新开发银行建设。目前，新开发银行正设计新成员的准入标准和扩员计划。为了以不限制其运行能力和决策过程的步伐促进银行发展，新开发银行的扩员进程将是渐进的。根据《总体战略》，新开发银行将吸纳不同大小、不同发展水平的国家加入银行，同时将确保地理上的多样性。这表明，新开发银行将向包括新兴市场国家和发展中国家在内的所有国家开放。新开发银行也将因此成为成员覆盖世界所有地区的全球性多边开发性金融机构。

总之，新开发银行成立以来，以其务实、高效的运行模式实现了投融业务的稳步拓展，内部治理不断发展完善。尽管新开发银行的未来发展还面临诸多挑战，但总体来说正处于快速发展的机遇期。随着新的战略规划的逐步落实，新开发银行将汇聚更多的资金与力量致力于新兴市场与发展中国家的基础设施建设和可持续发展，并由此创造更为广阔的发展前景。（本条执笔：徐秀军）

56. 中国—东盟合作基金

——中国—东盟投资合作基金成立背景与过程

2007年1月，在第11次中国—东盟领导人会议上，中方表示"愿积极考虑在互利互惠的基础上，在东盟国家建立一批基础设施完善、产业链完整、关联程度高、带动和辐射能力强的经济贸易合作区，在更高层次上实现与东盟国家的互利共赢和共同发展"[1]。2007年11月，在第11次中国—东盟领导人会议上，为了满足双方经贸关系更大发展的需要，中方呼吁加强双方公路、铁路、水路、航空、信息通信的互联互通，并得到东盟国家领导人的积极回应。[2]

在中国与东盟经贸合作快速发展和东盟基础设施建设需求不断上升的背景下，中国积极加快区域和次区域交通、电力、通信领域建设步伐以及逐步实现基础设施的互联互通和网络化的有效途径。2009年4月，温家宝总理在博鳌亚洲论坛上宣布，中国决定设立总规模达100亿美元的"中国—东盟投资合作基金"（CAF，以下简称"东盟基金"），支持区域基础设施建设。[3] 2009年10月，温家宝总理出席第12次中国—东盟领导人会议时宣布，东盟基金首期10亿美元募资工作已经完成，年内可开始投资动作，同时中方决定将向东盟国家提供的150亿美元信贷中的优惠性质贷款额度增加到67亿美元，加大对中国与东盟基础设施建设合作的支持力度。[4] 在中国—东盟自由贸易区全面建成后，

---

[1] 温家宝：《共同谱写中国—东盟关系的新篇章——在第十次中国与东盟领导人会议上的讲话》，《人民日报》2007年1月5日第3版。

[2] 温家宝：《扩大合作互利共赢——在第十一次中国与东盟领导人会议上的讲话》，《人民日报》2007年11月21日第3版。

[3] 温家宝：《增强信心 深化合作 实现共赢——在博鳌亚洲论坛2009年年会开幕式上的演讲》，《人民日报》2009年4月19日第1版。

[4] 李腾：《温家宝出席第十二次中国与东盟领导人会议》，《光明日报》2009年10月25日第1版。

八 核心概念

双方基础设施互联互通建设需求加大，东盟基金加快了筹备进度。2010年1月7日，在中国和东盟国家领导人共同见证下，东盟基金发起方中国进出口银行与中国投资有限公司、中国银行、国际金融公司、中国交通建设集团等国内外四家机构正式签署东盟基金发起谅解备忘录。3月29日，东盟基金主发起方中国进出口银行及境内外金融机构和企业作为初始投资人共同签署东盟基金有限合伙协议等一系列投资文件，标志着东盟基金及基金管理机构正式成立并投入运营。

——中国—东盟投资合作基金的投资与运营管理

东盟基金是由中国进出口银行发起并经中国国务院批准在境外注册的私募股权基金，为中国与东盟国家企业间的经济合作提供融资支持。东盟基金的使命是，通过投资于东盟地区的基础行业，通过中国与东盟各国间的经济合作和发展，提升所投公司的价值，为东盟基金投资人争取最优的回报。东盟基金运用国际化和专业化的管理理念操作和运营，实现以下三个方面的结合：商业成功和社会经济可持续发展相结合、政府的战略引导与市场化运作相结合以及中国元素、东盟元素及东盟基金相结合。因此，东盟基金的目标地域为东盟成员国（越南、老挝、柬埔寨、泰国、缅甸、马来西亚、新加坡、印度尼西亚、菲律宾和文莱），同时还为东盟与其他区域之间的跨境项目提供资金支持。[①]

在投资策略上，东盟基金主要遵循以下原则：一是注重资产增值的投资模式，一般选择股权或类股权的投资形式；二是追求资产增值潜力；三是建立平衡的多元化资产组合，既包括新建项目，也包括成熟项目，既可以是项目层面的投资，也可以是公司层面的投资；四是通过资产培育、管理和财务技巧提升资产价值；五是掌握退出时机最大化项目收益。因此，东盟基金的可投资范围既包括筹建和在建的绿地项目，也包括处于运营培育期、增长期或成熟期的棕地项目。东盟基金的投资规模为单笔投资额通常为0.5亿、1.5亿美元，坚持与其他战略投资者实现共同投资但尽量保持少数股东地位，不谋求企业控股权，持股比例小于50%，不参与项目管理。在投资对象的选择上，东盟基金的标准包括以下五个方面：一是拥有良好经营业绩并值得信赖；二是拥有被证明的、可持续的商业模式；三是拥有升值潜力及可预见的盈利；四是拥有可靠及稳定的现金流；五是拥有经检验的卓越和稳定的管理团队。对于每一个潜在投资项目，东盟基金的专业团队均将进行全面的尽职调查，内容包括行业吸引力及增长潜力、企业的财务表现和竞争力、项目的可持续发展能力、企业和项目的环保贡献和社会责任等方面。在此基础之上，基金将与合作企业建立战略伙

---

① 本部分内容参见中国—东盟投资合作基金网站资料，http://www.china-asean-fund.com。

伴关系，帮助企业及项目实施有效的商业模式，为其提供增值服务。

在投资领域上，东盟基金的目标行业为基础设施、能源和自然资源。东盟基金倾向于投资可以产生长期稳定现金流的基础设施资产，包括公路、桥梁、铁路、城铁、港口和机场等交通运输领域，发电厂、电网、电力配送等电力领域，风电、水电、太阳能、生物质发电、地热等可再生能源领域；污水处理、城市供水、供暖、燃气等公用事业领域，通信塔、通信电缆等电信领域，石油和天然气储运管道及相关设施等管道及储运领域，学校、医院、医疗保健设施等公益设施领域。在投资自然资源项目时，注重把握市场时机，达到回报最大化。自然资源项目包括黑色和有色金属、贵金属、动力煤、焦煤及稀土、钾矿等其他矿产资源开采、加工和冶炼，原油及中下游产业、（液化）天然气、煤层气等油气资源开采和加工，林木、橡胶、棕榈油等林木资源的开采和加工。但是，东盟基金不倾向于投资早期资源勘探项目。

在环境和社会责任上，东盟基金致力于促进投资地区的社会和环境发展，加强社区生活质量。在评估和选择投资机会时，东盟基金将目标公司的价值取向和商业惯例对社会及环境的影响纳入研究考虑范畴。除遵守所投资区域的法律和法规外，东盟基金努力推行行业最佳社会责任实践。东盟基金采用社会和环境管理系统中的最高标准来规范基金的社会责任。除社会和环境法规外，东盟基金也遵循多种反腐败和反洗钱政策。为此，东盟基金建立了一整套完善的环境和社会责任管理体系，并使之贯穿于投资团队对潜在项目的筛选和评估全过程。在交易开始阶段，东盟基金将仔细评估项目以确保其指导价值观和商业实践与其保持一致。在随后的尽职调查阶段，东盟基金将根据自身的环境和社会责任标准考量公司在环境和社会责任方面的表现。在投资的整个周期，东盟基金将对投资组合公司在环境与社会责任方面的提升提供全力支持。

总之，在投资和运营管理方面，东盟基金的特点和优势在于其强大的投资实力，丰富的行业经验，以及对东盟地区和目标投资领域的深刻理解，并且获得背景雄厚的合作投资股东的支持。通过加强投资和运营管理，东盟基金参与投资能够为合作企业及项目带来持续的、有竞争力的价值提升和协同效应。

——中国—东盟投资合作基金的运行进展

东盟基金成立以来，一批项目相继落地，为中国金融和产业资源与东盟经济社会发展搭建了桥梁，促进了东盟基础设施互联互通以及中国产业的硬件和软件与东盟成员国之间的对接，实现了商业成功和最佳社会效应的双重目标。从实际运行情况看，东盟基金一期在东盟8个国家投资了10个项目，涵盖港口、航运、通信、矿产、能源、建材、医疗服务等多个领域，推动了中国与东盟国家产业融合和促进项目所在国经济建设。[1]

在菲律宾，东盟基金支持两家航运公司兼并重组。2010年12月，东盟基金首笔投资用于收购菲律宾第一大和第二大航运公司，将其整合成为菲律宾国内最大的航运集团，并大力支持公司提升安全标准。两大航运公司合并后，在菲律宾国内客货运市场占据绝对领先地位，并借此进入高增长的物流行业。该项目不仅获得良好收益，还促进了当地就业和经济发展。

在柬埔寨，东盟基金投资通信基础设施项目，帮助其发展全国性光纤网络及数字电视业务，并将柬埔寨数字电视业务拓展至缅甸等其他东盟国家。2011年3月和2012年6月，东盟基金入股柬埔寨光纤通信网络公司。2015年年初，东盟基金联合中国进出口银行浙江省分行采用"投贷结合"模式，向柬埔寨光纤通信网络有限公司提供总额为5000万美元的出口买方信贷。东盟基金助力中方背景的企业运用中国技术、设备和运营管理人才，以先发优势和较强的竞争力使光纤通信项目获得了市场主导地位，产业链延伸及区域性扩展进展顺利，并实现了年均较高的收益率。此外，东盟基金还与国内企业、柬埔寨国家电视台合作，共同投资柬埔寨三合一智能电视项目，为柬埔寨政府、企业、家庭提供以数字宽带网为基础的视频、互联网接入、通信等综合信息服务。

在印度尼西亚，东盟基金投资支持青山钢铁在印度尼西亚的镍铁冶炼产业园一期项目。2013年10月3日，在中国国家主席习近平和印度尼西亚总统苏西洛的见证下，东盟基金与上海鼎信投资集团有限公司和印度尼西亚八星投资公司签署镍铁项目投融资协议，合作在印度尼西亚开发大型镍铁冶炼项目，即印度尼西亚苏拉威西矿业投资有限公司[2]年产30万吨镍铁项目。该项目位于首个中国印度尼西亚工业投资合作区，是东盟基金在印度尼西亚的第一个投资项目，在东盟地区的第九个投资项目。2013年7月，项目开工建设。2014年12月20日，并网发电成功进入试生产阶段，10日后4条生产线开始试运行。2015年4月12日，第一艘装载22000吨镍铁的货轮自印度尼西亚苏拉威西岛的莫罗瓦利出发并抵达中国福建宁德口岸鼎信物流码头，标志着30万吨镍铁项目成功运行。

在泰国，东盟基金投资了泰国最大生物质发电公司和泰国林查班港口项目。东盟基金联手泰国规模最大的造纸企业"双A集团"的生物质发电项目位于泰国中部巴真府的304工业园区，占地20万平方米。2016年7月，该项

---

[1] 张敏：《中国—东盟投资合作基金一期投资东盟8国10个项目》，2018年2月28日，中国—东盟中心网，http://www.asean-china-center.org/2015-12/31/c_134966557.htm。

[2] 苏拉威西矿业投资有限公司为2009年9月中国第二大不锈钢生产商青山集团与印度尼西亚镍矿生产商八星（Bintang Delapan）集团成立的合资企业。

目生物质发电机组通过168小时试运行，正式投入商业运营。根据设计，单一机组年发电量为9.5亿度，可节约燃煤约50万吨。2011年7月，东盟基金完成了收购泰国林查班港—码头资产组合的少数股东权益。林查班港为泰国最大的深水港，林查班港码头为迄今为止泰国唯一的深水码头。该资产组合占据了领先的市场份额，发展前景广阔。

此外，东盟基金一期入股亚洲钾肥集团在老挝开发大型钾盐矿项目；在马来西亚支持矿业开发项目和新建水泥项目；在新加坡支持医疗项目发展。如今，东盟基金一期完成并退出了大部分项目，退出项目实现较高的收益，综合年化收益率为20%以上。

与此同时，东盟基金二期的筹建工作和项目储备工作有序展开。2016年，东盟基金二期（有限合伙）设立，总规模为10亿美元，存续期9—10年。投资区域仍为东盟成员国，投资行业包括工业园区、电力、机械、建材、钢铁、化工等产能合作领域，港口、机场、电力电网、通信骨干网等互联互通与基础设施领域，高端经济作物及农产品深加工、资源开发等资源与农业等领域，物流、通信、医疗、旅游、新兴模式商业项目等消费领域，单笔投资额度原则上为0.2亿—1.5亿美元。东盟基金二期吸纳了新的投资机构出资。例如，中国葛洲坝集团海外投资有限公司出资1.5亿美元；中国交通建设股份有限公司下属子公司中国路桥工程有限责任公司出资1亿美元，其中作为普通合伙人出资约100美元，剩余出资用于认购基金有限合伙人份额。（本条执笔：徐秀军）

57. 产能合作

——产能合作的缘起、内涵与意义

从内容来看，产能合作贯穿中国对外经济合作的始终，但明确提出产能合作作为中国对外经济合作的一种模式，是在"一带一路"倡议提出之后。产能合作也因此成为中国推进"一带一路"建设的重要途径之一。

在双边关系方面，中国最早同哈萨克斯坦探讨产能合作问题。2014年12月14日，中国国务院总理李克强在哈萨克斯坦首都阿斯塔纳同哈萨克斯坦总统纳扎尔巴耶夫、总理马西莫夫举行会谈并一致同意加强互利合作尤其是开展中哈产能合作，并尽快就此形成框架协议。双方认为，中国有充足的、高水平的装备产能，性价比高，在哈萨克斯坦以多种方式建设哈方需要的钢铁、水泥、平板玻璃生产，以及火电等大型基础设施项目，发展农产品深加工合作，有利于打造经济新增长点，应对经济下行压力，推进资源产业升级，助力哈萨克斯坦工业化进程，推动中国装备走出去，实现中哈双方的互利共赢和共同发展。①

在领导决策方面，中国最早于 2014 年 12 月底将产能合作列入领导人会议的核心议题。2014 年 12 月 24 日，中国国务院总理李克强主持召开国务院常务会议，部署加大金融支持企业"走出去"力度，推动稳增长、调结构、促升级等重大事项。会议认为，统筹国内国际两个大局，加大金融对企业"走出去"的支持，是稳增长、调结构的重要举措，可以推动中国优势和富余产能跨出国门、促进中外产能合作、拓展发展空间，提高中国产品尤其是装备的国际竞争力，推进外贸结构优化升级，促进制造业和金融服务业向中高端水平迈进。②

在政策制定方面，中国最早于 2015 年 5 月出台了关于国际产能的相关文件。2015 年 5 月 13 日，经李克强总理签批，国务院印发《关于推进国际产能和装备制造合作的指导意见》，并提出了推进国际产能和装备制造合作的指导思想和基本原则、目标任务和政策措施。这是中国出台的第一个推进国际产能和装备制造合作的政府文件，对当前及今后一个时期中国开展国际产能合作具有重要的指导意义。在这一文件的指导下，产能合作步入了快速发展的轨道。

但是，关于什么是产能合作，并没有形成统一的定义。这一概念提出初期，国际产能合作被认为是中国化解原材料工业过剩产能的关键出路。这种观点的主要依据是：一方面，随着中国经济发展进入中高速增长的新常态，本轮产能过剩很难依靠内需增长化解；另一方面，不同国家由于资源禀赋和经济发展水平不同，一国的过剩产能，对于其他国家而言可能并不过剩，甚至是迫切需求的。③ 其后，人们对产能合作有了更为广泛并更切合实际的理解。例如，有学者指出，国际产能合作是指两个存在意愿和需要的国家或地区之间进行产能供求跨国或者跨地区配置的联合行动，它可以通过产品输出和产业转移两种渠道进行，即商品输出也是资本输出。④ 还有学者认为"国际产能合作是指中国为了适应经济全球化趋势，结合国内经济新常态特点，将中国产业优势和资金优势与国外需求相结合，以市场为导向，以企业为主体，鼓励中国企业单独或者与国外企业合作在国外开展各种形式的工程承包、投资设厂等企业经营活动"⑤。在产能合作的内涵上，一些研究基于制造业是推

---

① 吴乐珺、黄文帝：《中国与哈萨克斯坦就开展产能合作达成共识》，《人民日报》2014 年 12 月 17 日第 2 版。
② 《李克强主持召开国务院常务会议》，《人民日报》2014 年 12 月 25 日第 1 版。
③ 王本力、张海亮、曾昆：《国际产能合作：化解产能过剩新思路》，《中国工业评论》2015 年第 11 期。
④ 郭朝先、邓雪莹、皮思明：《"一带一路"产能合作现状、问题与对策》，《中国发展观察》2016 年第 6 期。
⑤ 袁丽梅、朱谷生：《我国开展国际产能合作的动力因素及策略》，《企业经济》2016 年第 5 期，第 173 页。

动中国产业国际竞争力的主要动力,认为制造业是中国与"一带一路"国家产能合作的切入点。① 对于产能合作的投资项目,中国主要是解决产能过剩与东道国需求之间的差额问题,即可投资一些符合东道国比较优势,但目前东道国企业还没有开发的产业。②

在"一带一路"倡议提出后,推进国际产能合作意义重大。首先,它是保持中国经济中高速增长和迈向中高端水平的重大举措,有利于促进优势产能对外合作,形成中国新的经济增长点,有利于促进企业不断提升技术、质量和服务水平,增强整体素质和核心竞争力,推动经济结构调整和产业转型升级,实现从产品输出向产业输出的提升。其次,它是推动新一轮高水平对外开放、增强国际竞争优势的重要内容,有利于统筹国内国际两个大局,提升开放型经济发展水平,有利于实施"一带一路"、中非"三网一化"合作等重大战略。最后,它是开展互利合作的重要抓手,有利于深化中国与有关国家的互利合作,促进当地经济和社会发展。③ 而从产业转移的角度看,中国与"一带一路"沿线国家之间的产能合作具有以下积极作用:一是有助于互补式弥补相关国家产能提供和利用的不足;二是可以使中国改革开放多年培育的发展成果在"一带一路"沿线外溢和扩散;三是可以实现贸易所不能达到的经济利益;四是有利于产能移入地国家的经济发展。④

——产能合作的主要任务和实施途径

根据中国国务院发布的《关于推进国际产能和装备制造合作的指导意见》,中国推进国际产能和装备制造合作的总体任务是,将与我国在装备和产能领域里契合度高、合作愿望强烈、合作条件和基础好的发展中国家作为重点国别,并积极开拓发达国家市场,以点带面,逐步扩展。将钢铁、有色金属、建材、铁路、电力、化工、轻纺、汽车、通信、工程机械、航空航天、船舶和海洋工程等作为重点行业,分类实施,有序推进。具体来说,包括开展建材行业优势产能国际合作、加快铁路"走出去"步伐和拓展轨道交通装备国际市场、大力开发和实施境外电力项目、推动化工重点领域境外投资、提高轻工纺织行业国际合作水平、加快自主品牌汽车走向国际市场、提高信息通信行业国际竞争

---

① 赵东麒、桑百川:《"一带一路"倡议下的国际产能合作——基于产业国际竞争力的实证分析》,《国际贸易问题》2016年第10期。
② 钟飞腾:《"一带一路"产能合作的国际政治经济学分析》,《山东社会科学》2015年第8期,第43页。
③ 中华人民共和国国务院:《关于推进国际产能和装备制造合作的指导意见》(国发〔2015〕30号),2015年5月13日。
④ 周民良:《"一带一路"跨国产能合作既要注重又要慎重》,《中国发展观察》2015年第12期,第16页。

力、推动工程机械等制造企业完善全球业务网络、推动航空航天装备对外输出以及开拓船舶和海洋工程装备高端市场11个方面的任务。

围绕国际产能和装备制造合作的主要任务，中国政府主要通过以下四种途径逐步落实：一是提高企业"走出去"能力和水平，具体措施包括发挥企业市场主体作用、拓展对外合作方式、创新商业运作模式、提高境外经营能力和水平以及规范企业境外经营行为五个方面；二是加强政府引导和推动，具体措施包括加强统筹指导和协调、完善对外合作机制、改革对外合作管理体制、做好外交服务工作、建立综合信息服务平台和积极发挥地方政府作用六个方面；三是加大政策支持力度，具体措施包括完善财税支持政策、发挥优惠贷款作用、加大金融支持力度、发挥人民币国际化积极作用、扩大融资资金来源、增加股权投资来源，以及加强和完善出口信用保险七个方面；四是强化服务保障和风险防控，具体措施包括加快中国标准国际化推广、强化行业协会和中介机构作用、加快人才队伍建设、做好政策阐释工作，以及加强风险防范和安全保障五个方面。

——产能合作的进展

在中国对外产能合作中，中哈产能合作发挥了引领作用。2014年12月，中国国家发展和改革委员会主任徐绍史与哈萨克斯坦投资和发展部部长阿·伊谢克舍夫在北京举行中哈产能合作第一次对话，共同推进和深化两国产能与投资合作。这是中国同外国政府部门之间建立的首个产能合作对话机制。经过磋商，双方签署了《会议纪要》，初步确定了16个早期收获项目和63个前景项目清单，涉及钢铁、水泥、平板玻璃、能源、电力、矿业、化工等领域。[1] 中外产能合作取得首批成果。2015年8月31日，在中国国家主席习近平和哈萨克斯坦总统纳扎尔巴耶夫见证下，中国国家发展和改革委员会与哈萨克斯坦投资与发展部签署了《中华人民共和国政府与哈萨克斯坦共和国政府关于加强产能与投资合作的框架协议》。这是中国同外国政府部门签订的首个产能合作框架协议。2015年12月14日，中哈两国政府发表联合公报并指出中哈产能合作开创了两国务实协作的新模式，有利于丰富两国的合作内涵，加深双方的利益融合，有利于促进两国工业化进程，有助于两国更好地应对当前国际经济复杂形势，同时商定将继续坚持企业主导、市场运作、政府推动原则，深入推进中哈产能合作，大力开拓第三方市场。[2] 与此同时，中国加快了与其他国家签订

---

[1] 杨川、梅苗露：《中哈产能合作第一次对话在北京举行》，《中国经济导报》2014年12月27日第A01版。

[2] 《中华人民共和国政府和哈萨克斯坦共和国政府联合公报》，《人民日报》2015年12月15日第3版。

产能合作协议的步伐。截至 2017 年 9 月,中国同哈萨克斯坦、埃及、埃塞俄比亚、巴西等 37 个国家签署了产能合作协议,同东盟、非盟、欧盟、拉共体等区域组织进行合作对接,开展机制化产能合作,并积极推进与有关国家就具体领域开展第三方合作。

在长期实践中,中国企业与"一带一路"沿线国家产能合作的方式日益多样化,从最初的设备供货到 EP(设计—采购)、EPC(设计—采购—施工,交钥匙工程总承包)、BOT(建设—经营—转让)、BOO(建设—拥有—运营)、PPP(公私合营)、M&A(并购)、融资租赁等多种形式。同时,境外经贸合作区成为推进"一带一路"倡议下国际产能与装备制造合作的重要平台,将中国同东道国的产能合作需求实现了直接对接。境外经贸合作的快速发展,带动了国内纺织、服装、轻工、家电、建材、汽配、有色金属等优势产业的部分产能向境外转移,并实现与东道国之间的互利共赢。

近年来,中国积极推动"一带一路"建设,稳步开展国际产能合作,"走出去"工作体系不断完善,中国企业主动融入经济全球化进程加快。中国商务部数据显示,截至 2016 年年底,2.44 万家中国境内投资者在国(境)外共设立对外直接投资企业 3.72 万家,覆盖全球 190 个国家和地区,境外企业资产总额为 5 万亿美元。2016 年,中国对外直接投资净额为 1961.5 亿美元,创历史最高值并蝉联全球第 2 位,较上年增长 34.7%;对外直接投资累计净额为 13573.9 亿美元。2016 年,中国对外直接投资涵盖了国民经济的 18 个行业大类,其中制造业首次上升至第二。2016 年制造业对外投资净额为 290.5 亿美元,较上年增长 45.3%,占当年流量总额的 14.8%,主要流向汽车制造业、计算机/通信及其他电子设备制造业、专用设备制造业、化学原料和化学制品制造业、医药制造业、橡胶和塑料制品业、纺织业、皮革/毛皮/羽毛及其制品和制鞋业、铁路/船舶/航空航天和其他运输设备制造业、食品制造业等。其中,流向装备制造业的投资额为 142.5 亿美元,较上年增长 41.4%,占制造业投资总额的 49.1%。[①](本条执笔:徐秀军)

58. 跨境产业园区

——境外经贸合作区及其建设进展

"一带一路"倡议提出后,一批具有标志性的合作项目相继落地,不断推动"一带一路"建设取得实效。这些项目涵盖基础设施建设、工业合作、经贸

---

① 中华人民共和国商务部、国家统计局、国家外汇管理局:《2016 年度中国对外直接投资统计公报》,中国统计出版社 2017 年版。

合作和人文交流等多个领域，并成为推进"一带一路"建设和中外产能合作的重要载体。其中，境外经贸合作区和重大工程项目因其对东道国和区域经济社会发展具有重要的带动作用和辐射作用，已成为中国企业"走出去"的平台和名片。

境外经贸合作区是指在中国和有关国家政府的指导下，支持有实力、有条件的中国企业在有关国家投资建设或与所在国企业共同投资建设基础设施完善、主导产业明确、公共服务功能健全的产业园区。它通过吸纳中国、所在国或其他国家企业入区投资发展，推动双边和多边投资合作，促进当地经济发展的经贸活动。

中国的境外经贸合作区建设开始于2006年，主要是由国家商务部牵头，与政治稳定且同中国关系较好的国家政府达成一致，然后以国内审批通过的企业为建设经营主体，由该企业与国外政府协议和签约，在国外建设经济贸易合作区；再由该企业开展对外招商，吸引国内外相关企业入驻，形成产业集群，相当于中国企业以集群和抱团的方式集体对外直接投资与合作。

经过10余年的探索，中国的境外经贸合作区建设发展迅速，并日益成为中国与有关国家开展经贸合作的重要载体和我企业"走出去"聚集发展的平台。境外经贸合作区已成为中国企业深度参与东道国经济社会发展、全方位促进国际产能合作的重要模式和手段。近年来，境外经贸合作区发展迅速，助推"一带一路"建设融入主要国家和地区长期发展规划。目前，境外经贸合作区已经形成加工制造、资源利用、农业产业、商贸物流、科技研发等主要类型，聚集效果明显。

根据中国商务部数据，截至2017年年底，我国企业在44个国家建初具规模的境外经贸合作区99家，累计投资307亿美元，入区企业4364家，上缴东道国税费24.2亿美元，为当地创造就业岗位25.8万个。其中，2017年新增投资57.9亿美元，创造产值186.9亿美元。[1] 对促进东道国产业升级和双边经贸关系发展发挥了积极作用。其中，2016年，77个合作区新增投资54.5亿美元，占合作区累计投资的22.5%，入区企业413家，创造产值387.5亿美元，上缴东道国税费5.7亿美元。

在"一带一路"沿线国家，境外经贸合作区建设成效显著。"一带一路"沿线国家大多处于工业化进程初期，市场潜力较大，吸引外资意愿强烈。截至2017年年底，中国已在24个"一带一路"沿线国家建设了75家境外经贸合

---

[1] 中华人民共和国商务部新闻办公室：《【2017年商务工作年终综述之二十四】对外投资合作健康规范发展　我国加快从对外投资大国向对外投资强国迈进》，2018年2月23日，中华人民共和国商务部网站，http://www.mofcom.gov.cn/article/zt_swxs/lanmunine/201802/20180202714039.shtml。

作区，累计投资254.5亿美元，入驻企业3879家，上缴东道国税费16.8亿美元，创造就业21.9万个，占合作区整体的比重分别为82.8%、89.0%、69.4%和90.4%。[①]

境外经贸合作区不仅推动了东道国产业升级，为东道国经济社会发展做出了贡献，也增进了双边政治和经济关系，密切了人民交往和友谊。合作区建设有力地推动了东道国工业化进程和相关产业发展，特别是轻纺、家电、钢铁、建材、化工、汽车、机械、矿产品等重点产业发展和升级。通过经贸合作区建设，有关国家从中了解了中国对外开放的发展理念和模式，成为借鉴"中国经验""中国管理"的重要途径，日益受到相关国家的认同与欢迎。此外，合作区积极履行社会责任，主动参与公益活动，为东道国捐助的资金超过千万美元，在当地赢得了广泛赞誉。

——主要境外经贸合作区建设现状

中国—白俄罗斯工业园（简称为"中白工业园"）位于"丝绸之路经济带"的亚欧枢纽——白俄罗斯明斯克州，三期开发建设规划总面积为91.5平方千米，是目前中资企业最大的境外经贸合作区。目前，一期（2016—2020年）规划面积8.5平方千米中的3.5平方千米起步区完成"七通一平"建设，厂房和办公楼主体已投入使用。据中白工业园数据，2016年，中白工业园区参建单位为当地创造3000多万美元税收和5000多个就业岗位，租用购买当地设备合同额达1.2亿美元。2017年5月，白俄罗斯总统卢卡申科签署旨在完善中白工业园专门法律制度的第166号总统令，并通过优化行政环境和税收政策、扩大优惠范围来提高项目的投资吸引力，为工业园的长远发展奠定了法律基础。截至2017年9月，入驻园区的企业来自中国、奥地利、立陶宛、美国、白俄罗斯等国，涉及仓储物流、研发、机械制造、电子科技等领域，包括招商局物流集团、中兴通讯、华为、中联重科、潍柴控股等。

埃塞俄比亚东方工业园位于埃塞俄比亚首都亚的斯亚贝巴附近的杜卡姆市。2007年11月，东方工业园中标中国商务部境外经贸合作区，2015年4月正式得到中国财政部和商务部确认。埃塞俄比亚政府将工业园作为国家"持续性发展及脱贫计划（SDPRP）"的一部分，列为工业发展计划中重要的优先项目。工业园国内投资主体是江苏永元投资有限公司。东方工业园规划面积5平方千米，首期开发4平方千米，工业园已完成2.33平方千米的"四通一平"基础设施建设，建成标准型钢结构厂房近30万平米。工业园已经成为中国企业在非洲集聚投资的一个亮点，成为埃塞工业经济发展的重大示范项目。为

[①] 中华人民共和国商务部：《在建99个境外经贸合作区八成在亚欧》，《21世纪经济报道》2018年1月29日。

中国中小企业抱团"走出去"提供新的发展平台。目前已入园的多家企业从事水泥生产、制鞋、汽车组装、钢材轧制、纺织服装等行业。①

中国·埃及泰达苏伊士经贸合作区位于埃及苏伊士湾西北经济区，紧邻苏伊士运河，中国政府批准的第二批国家级境外经贸合作区。苏伊士经贸合作区始建于2008年，规划面积10平方千米，起步区面积1.34平方千米，扩展区6平方千米，旨在为中国企业赴埃及投资搭建良好平台。其中，起步区开发建设累计投资1.05亿美元，已全部开发完成。截至2016年年底，起步区资产价值为1.53亿美元。起步区共吸引巨石集团、牧羊集团、西电集团等企业近70家，协议投资额近10亿美元，实现年销售额1.8亿美元，进出口额2.4亿美元。扩展区分三期开发，整体计划总投资2.3亿美元，计划吸引150—180家企业，预计吸引投资额20亿美元，实现销售额80亿—100亿美元，提供就业机会约4万个。2015年11月，扩展区一期项目土地正式移交。2016年1月，中国国家主席习近平和埃及总统塞西共同为合作区扩展区项目揭牌，扩展区一期项目建设正式展开。2016年年底，累计投入4400万美元的基础设施建设竣工，已实现道路通、水路通、电路通，为入区企业建设、生产打下良好基础。②

泰中罗勇工业园位于泰国东部海岸，由中国华立集团与泰国安美德集团在泰国合作开发，为中国政府认定的首批"境外经贸合作区"。该工业园于2006年3月开始开发建设，总体规划面积12平方千米，包括一般工业区、保税区、物流仓储区和商业生活区，主要吸引汽配、机械、建材、家电和电子等有比较优势的企业入园。总体规划分三期，分别占地1.5平方千米、2.5平方千米和8平方千米。截至2017年年底，泰中罗勇工业园已完成开发建设超过5平方千米，100家企业投资入园，带动中国对泰国投资超29亿美元，累计实现工业总值超100亿美元，解决当地就业近30000人，中方派遣员工2000余人，成为中国东盟产能合作的重要平台。其中，2017年新引进入园企业12家，土地销售同比增长170%，营业收入同比增长62%，此外新建厂房及租赁14274平方米。③

柬埔寨西哈努克港经济特区（以下简称"西港特区"）是由红豆集团主导，联合中柬企业在柬埔寨西哈努克省共同开发建设的国家级经贸合作区，是首个签订双边政府协定、建立双边协调机制的合作区，也是"一带一路"和澜湄合作的标志性项目。在发展定位上，西港特区实行产业规划与当地国情的深度融合，将中国企业"走出去"实现跨国发展的意愿，与柬埔寨工业发展的阶

---

① 参见埃塞俄比亚东方工业园网站，http://www.e-eiz.com/index.html。
② 参见泰达苏伊士经贸合作区网站，http://www.setc-zone.com。
③ 参见泰中罗勇工业园网站，http://www.sinothaizone.com。

段性需要有效对接，确保特区建设可持续发展，前期以纺织服装、箱包皮具、五金机械、木业制品等为主要发展产业，后期将发挥临港优势，重点引入机械、装备、建材等产业。西港特区是柬埔寨最大的经济特区，总规划面积11.13平方千米，全部建成后将形成300家企业（机构）入驻，8万—10万名产业工人就业的配套功能齐全的生态化样板园区。截至2017年年底，西港特区已初步完成首期5平方千米的开发建设，累计引入企业118家，解决当地近2万人的就业。依托西港特区的发展，2017年西哈努克省人均GDP达到2010美元，位居柬埔寨全国第一。[1]

——境外经贸合作区建设经验

经过10余年的探索，中国的境外经贸合作建设取得了巨大的发展成就，已成为中国企业"走出去"的重要渠道，并为东道国的经济社会发展做出了重要贡献。从一些建设较好的境外经贸合作区来看，其成功经验主要表现在以下五个方面。

一是深入了解东道国的对外商的投资政策和各种有关的法律、法规、风俗习惯、市场状况、消费特点、产业竞争力等情况。经贸合作区到境外投资为了利用对方的资源和技术发展自己。因此，要知道对方的想法与利益所在，要清楚对方政府和民众对中国投资企业的态度和要求，要对他们的法律环境有充分的了解，要研究他们的产业和市场现状及发展趋势，本企业在哪些产业上占有比较优势，怎样介绍自己才能对对方政府和消费者有吸引力，等等。这是在对方投资能否成功的根本问题。特别是对法律法规的了解，一般国家对大规模的并购都有警惕的心理，主要是利用反垄断方面的立法对并购加以限制；而对外资投资建厂则采取欢迎的态度，甚至有优惠的政策。[2]

二是注重东道国及经贸合作区建设地点的选择。在境外建设经贸合作，要甄选合适的国家先行先试，并且选好国家后还要注重地域选择问题。地点的选择要依据企业自身核心业务发展对外部资源和市场利用的需要。如果境外经贸合作区主要旨在利用外部资源，就需要选择获得所需资源成本最低最方便的地方；如果主要目的是利用外部市场，就需要选择入驻企业的产品或服务最有市场及进入市场成本最低的地方。一般应先选择交通便利、通信发达、信息灵通、商机较多、生活方便的大城市。

三是选择合适的合作伙伴。目前，中国境外经贸合作区建设企业主要是与当地政府合资，也有当地企业合资建设。但对入驻企业来说，独资建厂或收购

---

[1] 参见西哈努克港经济特区网站，http://www.ssez.com。
[2] 《中国境外经贸合作区高速发展　园区开发企业盈利模式需多元化》，《21世纪经济报道》2018年7月3日。

百分之百股份，遇到的困难很大；而合资和收购部分股份（包括控股）则比较容易一些。如果采用合资方式建设，除了当地政府外，必须做好可行性论证并精心选择好合作伙伴，避免掉入合资陷阱。

四是选用熟悉国际金融、法律、会计等专业服务机构及有能力的专业人士，作为委托机构和相关业务的代理人。国内外都有一些专业机构和人才可供合作区建设企业选用，关键是在委托之前要对被委托机构和代理人的资质、能力和信誉情况进行深入的调查，才能避免出现用人（机构）不当或上当受骗的后果。同时，境外经贸合作区也要注重自身人才培养，建立完善的选人用人制度。

五是强化风险防范意识。在境外建设经贸合作区，其经营要受到东道国各种因素的影响和限制，除了要在投资前进行深入的调查研究之外，还要预先对可能遇到的各种风险制定相应的防范措施。境外经贸合作区可能遇到的风险包括政治风险、经营环境风险等，这些风险可能来自当地的政府部门、企业、金融机构和民众，也可能来自合作伙伴。防范风险的方法很多，其中最主要的办法是办理投资保险与担保，将一部分可能出现的风险转移给其他机构。[1]（本条执笔：徐秀军）

59. 中国的自由贸易区

——自由贸易区的概念

为正确理解自由贸易区（Free Trade Area）内涵，2008年5月19日，根据世界贸易组织的有关解释，中国商务部和海关总署联合发布了《关于规范"自由贸易区"表述的函》。函文中将"自由贸易区"定义为："两个以上的主权国家或单独关税区通过签署协定，在世贸组织最惠国待遇基础上，相互进一步开放市场，分阶段取消绝大部分货物的关税和非关税壁垒，改善服务和投资的市场准入条件，从而形成的实现贸易和投资自由化的特定区域。"[2] 函文还对"自由贸易区"所涵盖的范围做了说明，"是签署自由贸易协定的所有成员的全部关税领土，而非其中的某一部分"。不过，和中国签署自由贸易协定，中方关税领土不含香港、澳门和台湾地区。

自由贸易区（FTA）与自由贸易园区（Free Trade Zone，FTZ）有着本质

---

[1] 《中国境外经贸合作区高速发展　园区开发企业盈利模式需多元化》，《21世纪经济报道》2018年7月3日。

[2] 《商务部海关总署关于规范"自由贸易区"表述的函》，2008年5月14日，中华人民共和国商务部网站，http://www.mofcom.gov.cn/aarticle/b/e/200805/20080505531434.html。

区别。① 后者是指在某一国家或地区境内设立的实行优惠税收和特殊监管政策的小块特定区域，类似于海关合作理事会（世界海关组织的前身）所解释的"自由区"。按照该组织1973年订立的《京都公约》的解释："自由区（Free Zone）系指缔约方境内的一部分，进入这一部分的任何货物，就进口税费而言，通常视为在关境之外，并免于实施通常的海关监管措施。有的国家还使用其他一些称谓，例如自由港、自由仓等。""中国的经济特区、保税区、出口加工区、保税港、经济技术开发区等特殊经济功能区都具有'自由贸易园区'（FTZ）的某些特征。"中国（上海）自由贸易试验区、中国（广东）自由贸易试验区、中国（天津）自由贸易试验区、中国（福建）自由贸易试验区、中国（辽宁）自由贸易试验区、中国（浙江）自由贸易试验区、中国（河南）自由贸易试验区、中国（湖北）自由贸易试验区、中国（重庆）自由贸易试验区、中国（四川）自由贸易试验区、中国（陕西）自由贸易试验区等，严格意义而言，属于更高级别的自由贸易园区。

自由贸易区是区域经济一体化的一种重要形式。通常而言，区域经济一体化包括5种类型，按照自由化程度，从低到高依次为优惠贸易安排（Preferential Trade Arrangement，PTA）、自贸区（Free Trade Area，FTA）、关税同盟（Customs Union，CU）、共同市场（Common Market）和经济同盟（Economic Union）。② WTO将统称的区域贸易协定（RTA）分为4种类型：自由贸易协定（Free Trade Agreements，FTA）、关税同盟（Custom Unions，CU）、针对发展中国家的局部的自由贸易协定（Partial Scope Agreement，PSA or PS）、服务贸易自由化的经济一体化协定（Economic Integration Agreements，EIA）。

根据WTO，1948—2017年，现仍生效并通报WTO的区域贸易协定（RTAs）有455个。其中，新签订RTAs有430个，加入已有RTAs为25个。具体而言，新FTA有247个，加入FTA有4个，共计251个，占总比的55.2%。新EIA和加入EIA分别为144个和7个，共151个，占总比的33.2%。FTA和EIA二者总和占总比的88.4%，是当前区域经济一体化的最主要类型。新CU和加入CU分别为18个和12个；新PSA和加入PSA分别为21个和2个。由于WTO在统计时，将包含货物贸易和服务贸易协定实体只有1个RTA的通报计算为2次，因此实体上全球缔结的RTAs共计284个。其中，关于货物的协定140个，关于服务的1个，关于货物和服务的143个。③

---

① 《自由贸易区基础知识》，2008年9月18日，中国自由贸易区服务网，http://fta.mofcom.gov.cn/article//zhengwugk/200809/566_1.html。
② 郑玲丽：《WTO关于区域贸易协定的法律规范研究》，南京大学出版社2008年版，第12页。
③ 参见WTO官方网站，http://rtais.wto.org/UI/publicsummarytable.aspx。

——自由贸易区的基本内容

自由贸易区以签订自由贸易协定为基础,自由贸易协定(FTA)的内容即决定了自由贸易区的涵盖领域。自由贸易协定(FTA)是经济体之间通过谈判,就有关议题内容,达成共识并签署的协定。随着世界区域经济一体化的快速发展,协定的议题内容不断升级,自贸区的内涵和外延随之不断加深。自由贸易区内容,已从传统意义上包括货物贸易、原产地规则、争端解决机制等,扩大至包括服务贸易、贸易投资便利化、投资自由化、技术性贸易壁垒、卫生和植物卫生措施、贸易救济、透明度、知识产权、竞争政策、政府采购、环境标准、劳工标准等内容。

2015年12月6日,中国国务院发布《关于加快实施自由贸易区战略的若干意见》(以下简称《意见》),对加快建设高水平自由贸易区,提出了八个方面的要求和措施。[①] 从中不难看出当前自由贸易区主要涵盖的领域:一是货物贸易。与自由贸易伙伴共同削减关税和非关税壁垒,互开放货物贸易市场。二是服务贸易。推进金融、教育、文化、医疗等服务业领域有序开放,放开育幼养老、建筑设计、会计审计、商贸物流、电子商务等服务业领域外资准入限制。在与自由贸易伙伴协商一致的基础上,逐步推进负面清单谈判模式。三是优化投资环境和贸易投资便利化。大力推进投资市场开放和外资管理体制改革,实质性改善中国与自由贸易伙伴双向投资准入。积极稳妥推进人民币资本项目可兑换各项试点,加强与自由贸易伙伴货币合作,促进贸易投资便利化。四是知识产权、环境保护等新议题。要加快推进知识产权保护、环境保护、电子商务、竞争政策、政府采购等新议题谈判。五是贸易便利化。加强原产地实施管理,积极探索在更大范围实施经核准出口商原产地自主声明制度。改革海关监管、检验检疫等管理体制,加强关检等领域合作,逐步实现国际贸易"单一窗口"受理。六是规制合作。加强与自由贸易伙伴就各自监管体系的信息交换,促进在监管体系、程序、方法和标准方面的适度融合,减少贸易成本,提高贸易效率。七是自然人移动便利化。为企业境外投资的人员出入境提供更多便利条件。八是经济技术合作。要适当纳入产业合作、发展合作、全球价值链等经济技术合作议题。

研究发现,自由贸易区具有"贸易创造效应"和"贸易转移效应",区内成员均可从中不同程度受益,有利于经济贸易的增长。然而,由于自由贸易区固有的排他性,区外贸易伙伴享受不到自由贸易区优惠待遇,加之"贸易转移效应",非成员国的产品竞争力遭到削弱。这意味着,游离于自由贸易区之外

[①] 《把自由贸易区建设提到战略的高度》,2007年12月15日,人民网,http://finance.people.com.cn/GB/1045/6655386.html。

的国家,在国际市场竞争中将处于不利境地。[1]

不过,WTO允许自贸区成员相互给予更优惠的待遇,而不必给予其他成员,自贸区被视为WTO的一种补充(WTO Plus)。它既是超越WTO的深入开放,又是对WTO自由贸易体制的补充;它既遵循多边贸易体制的基本原则,又在协定伙伴国家之间提供更加自由的经贸空间,实现互利。

——中国自由贸易区取得的进展

中国非常重视自由贸易区的建设,将自由贸易区建设作为提高对外开放水平、构建人类命运共同体的重要抓手。

2007年,党的十七大报告明确提出,"实施自由贸易区战略,加强双边多边经贸合作"。[2] 将自由贸易区建设提到国家战略的高度,使其成为以开放促改革、促发展的新途径和新方式。当时有研究者认为,"自由贸易区已成为大国开展战略合作与竞争的重要手段,正在加速改变世界经济和政治格局。自由贸易区已经超越了经济范畴,兼有外交、政治方面的战略意义。它通过更加优惠的贸易和投资条件,将成员的经济利益紧密联系在一起。经济利益的融合又加强了成员之间的政治、外交关系,形成各种利益共同体。这一趋势使国家之间的竞争演变为各个利益集团之间的竞争。自由贸易区的大发展,对世界经济、政治格局产生了重大影响。在世界各国特别是大国竞相发展自由贸易区的形势下,如果置身局外或落于人后,发展空间就会受到挤压,在日趋激烈的国际竞争中就可能处于不利境地"。[3]

2012年,党的十八大报告再次强调,要"统筹双边、多边、区域次区域开放合作,加快实施自由贸易区战略,推动同周边国家互联互通"。

2013年,党的十八届三中全会提出"以周边为基础加快实施自贸区战略,形成面向全球的高标准自贸区网络"。

2014年12月5日,中共中央政治局就加快自由贸易区建设进行第十九次集体学习。中共中央总书记习近平在主持学习时强调,"推进更高水平的对外开放,加快实施自由贸易区战略,加快构建开放型经济新体制"。[4]

2015年12月6日,中国国务院发布《关于加快实施自由贸易区战略的若

---

[1] 陈文敬:《我国自由贸易区战略及未来发展探析》,2008年10月29日,人民网,http://theory.people.com.cn/GB/49154/49155/8249093.html。
[2] 《胡锦涛在中国共产党第十七次全国代表大会上的报告》,2007年10月25日,中国共产党新闻网,http://cpc.people.com.cn/GB/104019/104099/6429414.html。
[3] 《把自由贸易区建设提到战略的高度》,2007年12月15日,人民网,http://finance.people.com.cn/GB/1045/6655386.html。
[4] 习近平:《加快实施自由贸易区战略 加快构建开放型经济新体制》,2014年12月6日,新华网,http://www.xinhuanet.com/politics/2014-12/06/c_1113546075.htm。

干意见》（国发〔2015〕69号）。文件对自由贸易区的目标任务进行了规划。近期是提升已有自由贸易区的自由化水平，积极推动与中国周边国家和地区建立自由贸易区，与自由贸易伙伴的贸易额占对外贸易总额的比重达到或超过多数发达国家和新兴经济体水平。"中长期，形成包括邻近国家和地区、涵盖'一带一路'沿线国家以及辐射五大洲重要国家的全球自由贸易区网络，使中国大部分对外贸易、双向投资实现自由化和便利化。"① 文件还对中国优化自由贸易区建设布局做了规划，总体而言要形成周边、"一带一路"和全球三个层次。"一是加快构建周边自由贸易区。力争与所有毗邻国家和地区建立自由贸易区，不断深化经贸关系，构建合作共赢的周边大市场。二是积极推进'一带一路'沿线自由贸易区。结合周边自由贸易区建设和推进国际产能合作，积极同'一带一路'沿线国家商建自由贸易区，形成'一带一路'大市场，将'一带一路'打造成畅通之路、商贸之路、开放之路。三是逐步形成全球自由贸易区网络。争取同大部分新兴经济体、发展中大国、主要区域经济集团和部分发达国家建立自由贸易区，构建金砖国家大市场、新兴经济体大市场和发展中国家大市场等。"②

2017年，党的十九大报告再次强调，"中国坚持对外开放的基本国策，坚持打开国门搞建设，积极促进'一带一路'国际合作"。"中国支持多边贸易体制，促进自由贸易区建设，推动建设开放型世界经济。"③ 中国更多立足全球全人类层次规划自由贸易区建设，着力构建多边贸易体制，推动开放型世界经济。

根据中国自由贸易区服务网数据④，截至2018年2月，中国已签署自由贸易协定16个，涉及24个国家或地区，自贸伙伴遍及亚洲、拉美、大洋洲、欧洲等地区。16个自贸协定分别是中国与马尔代夫、格鲁吉亚、澳大利亚、韩国、瑞士、冰岛、哥斯达黎加、秘鲁、新加坡、新西兰、智利、巴基斯坦、东盟的自贸协定，内地与香港、澳门的《更紧密经贸关系安排》（CEPA）、中国与东盟自贸协定（"10+1"）升级、中国与智利自贸协定升级。中国正在谈判的自贸区有11个：《区域全面经济伙伴关系协定》（RCEP）、中国—海合会自贸区、中日韩自贸区、中国—斯里兰卡自贸区、中国—以色列自贸区、中国—

---

① 《国务院关于加快实施自由贸易区战略的若干意见》，2015年12月17日，中华人民共和国中央人民政府网，http://www.gov.cn/zhengce/content/2015-12/17/content_10424.htm。
② 《国务院关于加快实施自由贸易区战略的若干意见》，2015年12月17日，中华人民共和国商务部网站，http://www.mofcom.gov.cn/article/ae/ag/201512/20151201212556.shtml。
③ 《习近平在中国共产党第十九次全国代表大会上的报告》，2017年10月28日，人民网，http://cpc.people.com.cn/n1/2017/1028/c64094-29613660.html。
④ 参见中国自由贸易区服务网，http://fta.mofcom.gov.cn/。

挪威自贸区、中国—巴基斯坦自贸协定第二阶段谈判、中国—新加坡自贸协定升级谈判、中国—新西兰自贸协定升级谈判、中国—毛里求斯自贸区、中国—摩尔多瓦自贸区。中国正在研究的自贸区有 10 个：中国—哥伦比亚自贸区、中国—斐济自贸区、中国—尼泊尔自贸区、中国—巴新自贸区、中国—加拿大自贸区、中国—孟加拉国自贸区、中国—蒙古国自贸区、中国—巴勒斯坦自贸区、中国—巴勒斯坦自贸区、中国—秘鲁自贸协定升级联合研究。（本条执笔：田丰）

60. 自由贸易港

自由贸易港是指设在国家与地区境内、海关管理关卡之外的，允许境外货物、资金自由进出的港口区。对进出港区的全部或大部分货物免征关税，并且准许在自由港内，开展货物自由储存、展览、拆散、改装、重新包装、整理、加工和制造等业务活动。

——推进自由贸易港建设的国际实践和经验

第一，自由贸易港有相应的自由贸易政策体系，开放程度高。在自由贸易港中，一般货物不受进口配额或其他进口证规定所限；税制简单而且税率低，能实现人流、货物、资金、信息的自由流动。在投资政策上实行完全的内外一视同仁，大部分投资项目不受管制。在金融服务方面，实行自由汇兑制度，本地资金和外国资金可自由进出，企业融资极为便利。例如，香港作为外向型的自由港，长期奉行自由贸易政策，香港政府致力于营造方便营商的环境，专门组建了"方便营商咨询委员会"，旨在优化本地的规章管理制度，提供有效的跨部门、跨界别沟通平台。对货物进出口只实施最低限度的发证管制，通过多项措施减轻贸易管制带给业界的负担，商品、服务、资金、信息、人员流动相对自由；除了酒类、烟草与香烟、碳氢油类、甲醇四个税号以外的所有货物的进出都可以享受零关税。外资可 100% 控股，资金汇出自由。香港的税收也简单低额，只设三种直接税，包括利得税、薪俸税、物业税，并设有免税额制度。

迪拜是中东地区著名的全球性商业都市，经过 30 多年的建设发展，迪拜港成为中东最大的自由贸易港，迪拜作为阿拉伯联合酋长国（阿联酋）乃至海湾地区的贸易、航运、金融、物流和科技中心，其自由贸易区具有重要的国际影响力。1985 年迪拜政府设立了阿联酋第一个自由贸易港区——杰贝阿里自贸区，现已成为集物流仓储、进出口贸易、生产加工等多功能为一身的大型特区。迪拜政府给予进入贸易自由区的企业多项优惠政策，允许外资在自由区内设立独资企业，区内外商可100%控股，不受阿联酋公司法中规定的外资不超过49%的限制，在50年内免交所得税；企业可随时将其利润和资本汇出境外，不受任何金融和货币规章制度的限制。货物可以自由进出港，海关对区内货物采取随时抽查的方式进行监管；货物在区内储存、贸易、加工制造均不征收进口环节关税和增值税；自由区内的所有公司和企业进口其生产所需要的机器、设备、零件和必需品一律免征关税；自由区内工作人员免交个人所得税等。

第二，自由贸易港的建设对所在地区的经济社会发展水平、政府管理能力有较高的要求。自由贸易港不只是有优惠的政策特区，还需要有更多与之相配套的市场开放和软服务措施。例如，新加坡为了满足自贸区日益庞大的信息处理需求，早在1989年就推出了电子数据交换系统贸易网，以电子化促进贸易便利化，开通了中立、安全的贸易平台等一系列电子窗口与平台为自贸区发展服务，原来需要向多个部门分别提交的文件，只需提交一次。新加坡还建设包括无线与宽带接入、智能电网、数字应用、金融网络等在内的高科技"软基础设施"以及包括道路、跑道和仓库在内的硬件基础设施，其完善的商业生态系统涵盖了金融服务、外汇交易、保险、法律仲裁、人才等方面，把新加坡本地、东南亚地区和全球的所有重要利益相关者联系在一起。新加坡还将自由贸易区的港务管理工作委托给更具效率的企业来经营和管理。由于新加坡的金融成本较低，很多贸易公司都将金融和资产保管中心设在了新加坡。

荷兰的鹿特丹港配套设施完备，码头、堆场、仓库、道路、环保设施、支持保障系统非常完善。鹿特丹港务管理局对港区内的土地、码头、航道和其他设施统一开发，在离货物码头和联运设施附近规划建设物流园区，发挥港口物流功能，提供一体化服务。鹿特丹港在管理方面也不断在创新管理体制，鹿特丹港务管理局由先前的港务管理功能向物流链管理功能转变，港区物流中心均有与码头间的专用运输通道，提供物流运作的必要设备，采用最先进的信息技术，并提供增值服务以及海关的现场办公服务。鹿特丹港建设港口和工业园区，依托港口飞速发展的临港产业；鹿特丹港作为欧洲最大的集装箱码头，形成了完善的铁路、公路、水路的集疏运体系，港口还加快建设信息港，将设备和操作手段高度现代化，如建立了电子数据交换（EDI）的标准化服务系统，其货物装卸过程也完全用电脑控制以实施高效、便捷的船务运输管理。

——中国设立自由贸易港的探索进程

第一，建设自由贸易试验区。自2013年，中国先后批准设立了上海、广东、福建、天津等11个自由贸易试验区。设立自贸区的主要任务是探索中国对外开放的新路径和新模式，深化完善以贸易便利化为重点的贸易监管制度、以负面清单管理为核心的投资管理制度、以资本项目可兑换和金融服务业开放为目标的金融创新制度、以政府职能转变为核心的事中、事后监管制度。自贸区建设要形成与国际贸易、投资通行规则相衔接的制度创新体系，推动加快转变政府职能和行政体制改革，促进转变经济增长方式和优化经济结构，发挥自贸区科技创新、先进制造、金融贸易等重点功能承载区的辐射带动作用，实现以开放促发展、促改革、促创新，建设开放度高的贸易投资便利、货币兑换自由、监管高效便捷、法制环境规范的自由贸易园区，形成可复制、可推广的经验，服务全国的发展。

第二，设立海南自由贸易试验区和自由贸易港。2017年10月中国提出探索建设自由贸易港，在政策制定方面享有比现有的自由贸易区更大的自由度，在市场准入方面更加开放。自贸港将采用国际标准来确保货物、人力资源、资本和投资的自由流通，并得到新的规则和条例的支持，自由贸易港被视为自贸试验区的"升级版"。2018年4月13日，国家主席习近平在出席海南建省办经济特区30周年大会上，宣布建设海南自由贸易试验区和中国特色自由贸易港，4月14日，国务院发布《中共中央国务院关于支持海南全面深化改革开放的指导意见》。关于海南的一系列改革开放新举措意味着更全面、更高水平的对外开放，这些"先行先试"的新举措将使海南成为中国新一轮深化对外开放的标杆地区。

——设立海南自由贸易试验区和自由贸易港的意义

第一，海南建设自贸试验区和自由贸易港，是中国探索全面深化改革开放的重要制度尝试。中国对外开放已进入新阶段，自由贸易试验区建设也已积累、复制、推广了一大批改革经验，在自贸试验区"准入前国民待遇+负面清单"新模式的基础上，需要进一步探索开放新高地。中国要继续拓展对外贸易，继续扩大对外开放，自贸区和自贸港建设将在这个过程中扮演重要角色。探索建立自由贸易港，将会推动实施新一轮高水平对外开放，在金融、服务业等领域开放层次更高、力度更大，形成更高程度的资源优化配置。建设海南自由贸易港将会进一步探索加快政府职能转变、创新政府经贸和投资管理模式、践行中国服务业深度对外开放，有望形成自由贸易港的政策和制度体系，一旦成功，相关经验将全面对接中国经济，产生更大范围的"制度红利"。

第二，建设海南自由贸易港有利于中国探索国际贸易新规则，有助于对接国际贸易投资新规则。在当前全球贸易竞争、贸易摩擦加剧的背景下，具有更高标准的服务贸易和投资协定成为新一轮国际贸易谈判和规则制定的核心内容。由于自由贸易港有着更加特殊和宽松的政策，能带来更多的投资和发展空间，海南自由贸易港通过制度创新实施更开放便捷的贸易、投资准入，在服务贸易和投资协定方面补足短板，向国际新标准、新规则靠拢，争取达到更高的开放水平和开放标准，有利于中国与其他国家和地区实施更高标准的自由贸易区谈判，发展不同层级的自由贸易区，从而更好地探索规避贸易壁垒新途径、参与全球国际分工和国际规则制定，为经济发展和综合国力的进一步提升创造良好的外部条件。

第三，海南自贸试验区和自由贸易港作为服务业对外开放的重要载体有利于推动中国经济结构和外贸结构的转型升级。中国升级版的改革开放，不再是以廉价资源环境、人力和财税让利为特征的优惠型改革开放，而是以开放市场、强化服务、强调公平、优化资源配置为主的效率型改革开放，并将致力寻求更新更大的突破。围绕探索建设中国特色自由贸易港，海南的产业定位极为清晰：不以转口贸易和加工制造为重点，而以发展旅游业、现代服务业和高新技术产业为主导。按规划，到2020年，自由贸易试验区建设取得重要进展，国际开放度显著提高；到2025年，自由贸易港制度初步建立，营商环境达到国内一流水平；到2035年，自由贸易港的制度体系和运作模式更加成熟，营商环境跻身全球前列。在国家政策的有力推动下，海南将集聚生态、科技、贸易、商业服务和旅游等高端产业，随着相关支持政策的出台，海南各个产业都将迎来新的发展机遇，对于提升中国服务业发展水平和促进经济结构调整有着重要的意义。

61. 宏观经济政策多双边合作对话机制

宏观经济政策多双边合作对话机制是各国围绕宏观经济问题在双边或多边场合开展对话、磋商或政策协调的国际合作安排，一般由各国承担宏观经济管理职能的部门负责组织。按照主持或对话人的层级，可以分为国家元首与政府首脑级、副总理级、部长级、副部长级对话以及司局级、副司局级等层面的工作对话。其中，副总理级以上的对话机制，侧重对双边或多边关系中战略性、全局性、长期性问题进行讨论。按对话的领域，可以分为财政金融、货币、结构改革、经济发展战略等领域政策对话。

宏观经济政策多双边合作对话机制是共建"一带一路"倡议要重点推动的政策沟通的重要载体。《"一带一路"国际合作高峰论坛圆桌峰会联合公报》在合作举措部分明确表示，要采取的切实行动包括"就宏观经济问题进行深入磋商，完善现有多双边合作对话机制，为务实合作和大型项目提供有力政策支持"[①]。

——多边宏观经济政策对话机制

中国参与的多边宏观经济政策对话机制主要包括：二十国集团（G20）机制下的宏观经济政策对话、金砖国家合作机制下的宏观经济政策对话、亚太经合组织（APEC）机制下的宏观经济政策对话、东盟＋中日韩（10＋3）合作机制下的宏观经济政策对话、中日韩合作机制下的宏观经济政策对话、亚欧首脑会议（ASEM）机制下的宏观经济政策对话、上海合作组织机制下的宏观经济政策对话、1＋6圆桌对话会等。

G20机制下的宏观经济政策对话主要依托G20财长和央行行长会议机制展开。1997年亚洲金融危机爆发后，美国、英国、法国、德国、日本、意大利和加拿大7大主要工业国组成的七国集团（G7）逐渐认识到，解决全球经济金融问题离不开新兴经济体的参与。1999年9月25日，G7财政部长在美国华盛顿特区宣布成立G20。首次G20财长和央行行长会议于1999年12月在德国柏林举行。与会经济体除G7成员外，还包括中国、韩国、印度、印度尼西亚、沙特阿拉伯、土耳其、俄罗斯、巴西、阿根廷、墨西哥、南非11个新兴经济体及澳大利亚和欧盟。国际货币基金组织总裁和世界银行行长作为特邀代表与会。作为非正式对话机制，G20每年举行一次财长和央行行长会议，主席国采用轮换制。2005年10月，中国在北京举办第7次G20财长和央行行长会议。2008年国际金融危机爆发后，G20由财长和央行行长会议机制升格为领导人峰会机制。2009年9月举行的匹兹堡峰会将G20确定为全球经济合作的主要平台。2016年，G20第11次峰会在中国杭州举办。2018年峰会将在阿根廷布宜诺斯艾利斯举行。G20机制下的宏观经济政策对话始于金融危机，其议题最初集中于协调各国应对危机的宏观经济政策，包括共同采取金融救助和经济刺激措施、加强金融监管、支持发展中国家应对危机等。随着全球经济复苏，G20重心开始向国际经济的长效治理转移，包括促进全球经济"强劲、可持续、平衡"增长、推进国际金融组织与货币体系改革、制定并落实金融监管标准和准则、促进基础设施投资、加强国际税收合作等领域。

金砖国家合作机制下的宏观经济政策对话主要依托金砖国家财长和央行行长会议展开。2008年国际金融危机爆发后，为共同应对危机影响，中国、印度、巴西和俄罗斯于11月在巴西召开了首次财长和央行行长会议，主要就全球经济形势、G20有关议题以及四国财金合作等问题进行讨论。2011年，南非作为正式成员加入了领导人会晤机制，金砖四国由此扩展为金砖国家机制。

---

① 《"一带一路"国际合作高峰论坛圆桌峰会联合公报》，《人民日报》2017年5月16日。

2011年2月，南非作为正式成员参加了金砖国家财长和央行行长会议。金砖国家宏观经济政策对话磋商的重点议题包括推动新开发银行取得新进展，推动金砖国家本币债券市场、政府和社会资本合作（PPP）、金融监管与市场融合、货币合作、税收协调、反洗钱及反恐金融合作等领域的发展，以及完善金砖国家应急储备安排机制（CRA）等。

APEC机制下的宏观经济政策对话主要依托APEC财长会议机制展开。APEC是亚太地区最具影响的经济合作官方论坛。根据1993年11月美国西雅图首次APEC领导人非正式会议的决定，APEC各经济体财长从1994年开始召开年度会议，就地区宏观经济、金融问题进行磋商并交换意见。1994年3月18—19日，首次APEC财长会议在美国檀香山开幕。截至2017年，APEC经济体先后举行了24次财长会议。其中，中国分别于2001年和2014年主办了第8次和第21次APEC财长会。最初APEC财长会议在每年的领导人非正式会议之后召开，以落实当年领导人会议决定。1997年亚洲金融危机爆发后，APEC经济体的财长们认为，APEC财长会议机制应适应新的形势要求，及时就影响区域发展的重大经济、金融问题向领导人会议提出建议，更加有效地促进区域经济金融稳定与发展。为此，自2000年第7次财长会议起，APEC财长会议改在每年APEC领导人非正式会议之前举行。2017年第24届APEC财行会议在越南会安举行，21个成员经济体的中央银行、金融机构以及国际货币基金组织、世界银行、亚洲开发银行、经济合作与发展组织等机构的代表就全球和区域经济金融形势、基础设施长期投资、税基侵蚀和利润转移（BEPS）、灾害风险融资与保险、普惠金融等议题交换意见。

10+3机制下的宏观经济政策对话主要依托10+3财长和央行行长会议展开。1997年亚洲金融危机促使东亚各国认识到加强区域财金合作的必要性和紧迫性。1999年4月，首次10+3财长会在菲律宾马尼拉召开。2012年5月起，10+3财长会正式扩展为10+3财长与央行行长会议。10+3宏观经济政策对话关注的重点领域为建立区域多边资金救助机制、增强区域经济监测能力和促进亚洲债券市场发展。

中日韩合作机制下的宏观经济政策对话以财长机制为主，其下设财政部及央行副手、司局长及研讨会等多个层面的平台。三方财长每年定期会晤（一般与10+3财长会背靠背举行）。中日韩三国财政部和央行的副手和国际司局长也不定期召开非正式会议，讨论经济形势和区域财金安排的重大事宜。中日韩财长对话的主要任务是就区域宏观经济形势交换看法，协调三方在清迈倡议多边化、10+3宏观经济研究办公室（AMRO）以及亚洲债券市场发展倡议等议题下的立场等。

亚欧首脑会议（ASEM）机制下的宏观经济政策对话主要依托亚欧财长会议展开。1997年9月第一届亚欧财长会议在泰国举办。截至2017年，一共召开过12届亚欧财长会议，最近的一次是2016年在蒙古国乌兰巴托举行。亚欧财长会议主要落实ASEM有关财政和金融问题的决定，并通过对话和磋商推动亚欧之间经济和金融等领域的合作，促进区域一体化和全球金融稳定。

上海合作组织机制下的宏观经济政策对话主要依托上海合作组织财长和央行行长会议展开。2009年12月，为共同应对全球经济金融危机，上海合作组织成员国在哈萨克斯坦阿拉木图举行了第一次财长和央行行长会议，就各成员国如何通过加强财金领域合作，共同应对全球经济金融危机影响交换了意见。上海合作组织财长与央行行长会议主要关注全球及区域宏观经济形势、财政货币政策协调、促进成员间本币结算、筹建上合组织开发银行和专门账户等问题。

"1+6"圆桌对话会是中国发起的中国政府总理与世界银行、国际货币基金组织、世界贸易组织、国际劳工组织、经济合作与发展组织、金融稳定理事会负责人之间，就宏观经济形势、经济全球化、结构性改革、创新、贸易投资、劳动就业、金融监管、可持续发展、全球经济治理等领域问题进行磋商的对话会。2016年7月和2017年9月分别举办了第1次和第2次会议。

——双边宏观经济政策对话机制

中国参与的双边宏观经济政策对话机制主要包括中美全面经济对话、中英经济财金对话、中法高级别经济财金对话、中德高级别财金对话、中加经济财金战略对话、中俄财长对话、中日财长对话、中欧财金对话、中印财金对话、中国巴西高层协调与合作委员会下财金分委会对话等。

中美全面经济对话是中美双边进行宏观经济政策协调的主渠道。中美两国定期举行高级别经济对话可以追溯到2006年12月开创的中美战略经济对话。2009年4月，中美领导人在伦敦会晤时达成共识，在中美战略经济对话的基础上建立中美战略与经济对话机制。2017年4月，习近平与特朗普总统在美国佛罗里达海湖庄园会晤，双方宣布建立外交安全对话、全面经济对话（CED）等四个对话机制。中美高级别对话中，一般中方由副总理作为国家主席特别代表，与美方作为总统特别代表的财政部部长负责开展经济对话。中美高级别经济对话深化了双方高层的战略沟通，妥善管控了中美经济关系中的分歧和矛盾，拓展了在各自经济转型和结构调整中的合作机会，加强了在基础设施、城镇化、中小企业发展、农业、交通、民航、安全生产、知识产权、海洋经济等方面的交流与合作，进一步拉紧了双方的利益纽带。双方通过对话加强了多双边协调，为推进两国和世界经济强劲、可持续、平衡增长做出积极贡献。

中英经济财金对话是中国与英国之间进行双边宏观经济政策协调的主渠道。2008年1月时任国务院总理温家宝与时任英国首相布朗宣布建立副总理级经济财金对话。中英经济财金对话是双方就两国经济关系中的战略性、全局性、长期性问题进行讨论的有效平台。对话每年举行一次，首次中英经济财金对话于2008年4月15日在北京举行。2017年12月16日，中国国务院副总理马凯和英国财政大臣菲利普·哈蒙德在北京共同主持了第9次中英经济财金对话，双方就宏观经济形势和政策、贸易和投资、金融服务、基础设施和能源、产业战略、"一带一路"和第三方市场合作等领域的议题达成广泛共识并在务实合作上取得许多成果。

中法高级别经济财金对话机制是在2013年4月法国总统访华时，两国元首宣布建立的副总理级对话机制。该机制旨在就中法两国在经济和财金领域的战略性、全局性和长期性重大问题进行对话，推动中法经济合作和中法新型全面战略伙伴关系发展。对话原则上每年举行一次，在两国首都轮流举行。2017年12月1日，中国国务院副总理马凯与法国经济和财政部部长布鲁诺·勒梅尔在北京共同主持了第5次对话，双方就推动宏观经济政策合作和全球经济治理进程、加强贸易投资和产业合作、深化金融合作，以及应对气候变化和基础设施投融资相关的全球性挑战进行了深入探讨。

中德高级别财金对话是2014年3月习近平访德期间，两国发表联合声明宣布的定期举行的双边高级别财金对话。2015年3月17日，中国国务院副总理马凯和德国联邦财政部部长朔伊布勒、德意志联邦银行行长魏德曼共同主持首次中德高级别财金对话。中德高级别财金对话是推动和深化中德财政金融合作的新平台，主要围绕中德两国在财金领域的战略性、全局性和长期性重大问题，就宏观经济形势和政策、金融监管与合作、国际经济政策协调等议题进行交流。

中加经济财金战略对话是2014年11月加拿大总理来中国出席APEC领导人非正式会议期间与中方领导人共同决定成立的双边对话。2017年4月，中国国务院副总理汪洋在京与来访的加拿大财政部部长莫诺、国际贸易部部长尚帕涅举行会谈，共同启动中加经济财金战略对话。该对话旨在增进双方在事关两国和全球的战略性、长期性、全局性经济议题上的协调，议题涵盖宏观经济、金融、贸易、投资、能源、农业、国际经济治理等广泛领域。

中俄财长对话是2006年3月俄罗斯总统普京访华期间双方宣布成立的对话机制。该对话级别为部长级，每年一次，轮流在中俄两国举行。对话议题主要包括中俄宏观经济形势、财政政策、金融政策以及在国际财金领域的合作。2017年6月19日，第7次中俄财长对话在上海举行，中国财政部部长肖捷与俄罗斯财政部部长安东·西卢安诺夫共同主持对话，两国财政部围绕中俄宏观经济形势与政策、结构性改革、多双边财金合作等议题达成多项共识。

中日财长对话是中日两国财政部于2006年3月建立的、就财政经济政策及区域和全球经济发展态势等议题交换意见的重要双边机制。2017年5月6日，第6次中日财长对话在日本横滨举行。日本副首相兼财务大臣麻生太郎和中国财政部部长肖捷共同主持对话，两国财政部和央行高级官员出席。

中欧宏观经济政策对话和中欧财金对话是中国与欧盟之间进行宏观经济政策协调的两大机制。中欧财金对话是中国财政部与欧盟委员会为落实中欧领导人关于开展中欧宏观经济政策和财金领域对话的共识建立的磋商机制，对话级别原则上为副部级。首次中欧财金对话于2005年2月在欧盟总部布鲁塞尔正式启动。2015年12月16日，第7次中欧宏观经济政策对话在北京召开。中国国家发改委宁吉喆副主任与欧盟委员会财经总司总司长布提共同主持对话。中欧双方主要围绕各自宏观经济形势及政策取向、结构性改革及措施等进行了交流，并就落实中欧领导人共识、推进"一带一路"倡议与"欧洲投资计划"对接深入交换意见。2017年2月17日，第11次中欧财金对话在布鲁塞尔举行。中国财政部副部长史耀斌与欧盟委员会经济与金融事务总司长布提，金融稳定、金融服务与资本市场联盟总司长葛逊共同主持对话。双方就全球和中欧宏观经济形势与政策，国际经济金融合作，金融发展、稳定和监管合作，中欧审计监管合作等议题进行了深入讨论，达成多项共识。

中印财金对话机制是根据2005年4月中国总理温家宝访印期间中印两国政府签署的《中华人民共和国政府和印度共和国政府关于启动中印财金对话机制的谅解备忘录》建立的。对话旨在通过沟通和对话，推动双方在财政金融领域的政策交流和实质性合作。对话级别原则上为副部级；双方牵头单位为财政部，参与部门除财政部外，还包括与会议议题相关的其他部门；对话每12—18个月举行一次。2016年8月19日，第8次中印财金对话在北京举行。中国财政部副部长史耀斌与印度副财长沙克坎塔·达斯共同主持对话。双方围绕落实两国领导人共识、继续拓展和深化中印财金合作的主题，就全球经济面临的新挑战、中印宏观经济形势与政策及结构性改革进展、中印在多边框架和双边财金领域的合作等问题进行了深入探讨，达成一系列共识并发表了联合声明。

中国巴西高层协调与合作委员会下财金分委会对话的前身是根据2006年3月签署的《中华人民共和国财政部和巴西联邦共和国财政部关于启动中巴财政对话机制的谅解备忘录》建立的中巴财政对话机制。2009年9月，中巴双方在中巴高层协调与合作委员会下设立财金分委会，取代中巴财政对话机制。中国方面，财金分委会由财政部牵头，发展改革委、人民银行、银监会、证监会、保监会以及其他根据议题需要参与的机构（如国家开发银行、进出口银行、中投公司等）组成。议题主要包括宏观经济政策、多边财经事务、金融、货币等。会议原则上每年举行一次，由两国轮流主办。2017年6月18日，财金分委会对话第7次会议在上海举行。双方就当前全球背景下的中巴宏观经济形势与政策、结构性改革措施等议题进行了深入讨论，并对相关领域开展合作进行广泛探讨，合作领域包括在G20和金砖国家等多边框架下的合作，在新老多边开发银行的合作，双边税收政策协调与合作，投融资合作以及会计和审计监管合作等。（本条执笔：冯维江）

62. 新产业创新合作

——新产业创新合作的概念

新产业是相对于传统产业而言的，指的是随着新技术的应用而出现的新的产业部门。新产业和传统产业的内容是不断变化的。[①] 新产业包括新技术产业化形成的产业和用高新技术改造传统产业形成的产业。英国《经济学人》在2012年4月刊发的文章中提出，18世纪后期第一次工业革命使机器生产取代了作坊式的手工制作，20世纪初第二次工业革命开创了规模化生产时代，当前兴起的第三次工业革命核心是数字化制造，个性化、分散式生产将成为普遍潮流。这场产业革命的核心是信息技术的快速进步，驱动力来自智能制造、新材料、新能源、生物技术等领域的创新发展。[②]

新产业发展与科技创新相互影响。新产业的发展取决于科技创新的驱动，产业革命以科技革命为前提，科技革命必然引发产业革命。新一代信息技术的创新将开辟智能终端、大数据、云计算、高端芯片等新兴产业；深海、深空、极地等领域科技创新的突破，将引发现代海洋产业、现代空间产业、极地产业的新一轮革命；生命科学、生物技术的密集创新将带动形成庞大的生命健康、生态农业、生物制药等产业；低碳技术的新拓展，将带动绿色产业、新能源产业、环保产业等新兴产业蓬勃兴起。[③]

新产业创新是指通过技术开发、引进、消化吸收、生产、产业化等一系列活动推动创新，最终达到提高产业竞争力、促进经济增长和绿色发展的目的。广义的创新，不仅包括传统的技术进步，还包括组织和管理能力的变革、新市

[①] 周叔莲、裴叔平：《试论新兴产业和传统产业的关系》，《经济研究》1984年第8期。

[②] 李锋：《全球新产业革命与中国产业升级的战略选择》，《上海市经济管理干部学院学报》2016年第5期。

[③] 黄晓凤、王廷惠：《构建区域创新新格局打造经济发展新引擎》，2016年6月13日，新华网，http://www.xinhuanet.com/comments/2016-06/13/c_1119029355.htm.

场和新产品的开发、信息和知识资本的创新等。[①] 随着科学和技术的日益融合，技术创新的形式日益复杂，单一的企业自主创新已无法满足创新价值链条中的科学研究、技术开发、产品开发、生产制造等环节的需求，需要各参与主体在创新价值链的不同环节发挥相应的作用。新产业创新需要参与主体的共同合作。

——新产业创新的新内容、新特征

一是不断出现颠覆式创新和产业重构，商业模式和产业组织模式甚至发生了根本性变化。[②] 在以往相当长时期，产品生命周期一般都经历孕育期到成长期和成熟期的演变，总体发展轨迹相对稳定。但是，信息化时代的迅猛发展打破了产品生命周期的相对稳定。依托新技术、新模式、新业态，可以在短时间内改变产业的发展路径，甚至在全球范围内让整个产业重新洗牌。如以苹果公司为代表的智能手机，机会在一夕之间就取代了以诺基亚为代表的传统手机制造商。苹果公司在推出新产品后，依靠"硬件+软件""终端+服务"的商业模式创新，引领了全球智能手机的变革浪潮。全球范围内诸多产业的颠覆性创新还在继续，将带来产业组织模式的根本性变化。

二是产业融合发展程度不断加深。一方面，是制造与应用服务相融合的新领域。随着需求的变化、竞争加剧和技术进步，服务环节在制造业价值链中的作用越来越大，许多制造业企业甚至开始专注于研发、营销等环节，成为一体化方案提供商。比如，20世纪90年代初期，IBM开始向服务转型，并向高价值业务转移。最后由一家硬件制造商转变为全球最大的IT服务提供商和产品支持服务公司，总收入超八成来自服务。在卫星导航领域，不少中国企业依托"北斗"系统开创导航技术、制造与应用服务相融合的新领域，初步形成了涵盖核心芯片、应用终端、系统集成、运营服务等环节的产业链。另一方面，不同领域产业相互渗透和融合，在现有产业基础上孕育出新模式，催生出全新的服务形态。随着"互联网+"、大数据、云计算等领域快速发展，互联网已经广泛渗透到金融、教育、商业、医疗、交通、旅游等领域，几乎所有的传统行业都被互联网改变，许多互联网企业依托客户数据资源，开拓线上线下一体化服务，涵盖领域迅速拓展。

三是产业链纵向分离，向智慧化、网络化系统发展。[③] 为适应全新生产模

[①] 刘仕国、吴海英、马涛等：《利用全球价值链促进产业升级》，《国际经济评论》2015年第1期。

[②] 李锋：《全球新产业革命与中国产业升级的战略选择》，《上海市经济管理干部学院学报》2016年第5期。

[③] 黄先海、诸竹君：《新产业革命背景下中国产业升级的路径选择》，《国际经济评论》2015年第1期。

式，在各产业内部和产业之间，组织方式的网络化和虚拟化成为一种趋势。一方面，是生产组织的虚拟化。新产业革命中，新一代信息技术的快速发展实现了物质转换为信息的过程，生产组织渐趋虚拟化、数字化。另一方面，产业组织的网络化。传统的生产过程发生在企业内部，企业从外部采购原材料和中间品，然后生产出满足市场需要的产品。而随着产品设计、研发、生产的模块化和外包的迅速发展，模块化作为新型的产业组织方式广泛盛行。网络科技将大企业和中小微企业从原来的竞争协作关系向网络化共生关系转变，共同成为平台网络的参与者。在领先企业和跟随企业共同推动下，新技术、新成果迅速转化，推动新兴产业发展壮大。网络科技也将各国的生产环节连成一体，通过电子商务平台等新商业模式，形成基于智慧网络的全球价值链系统。

四是嵌入了数字化、网络化、智能化技术的智慧制造将日益成为主流。由于信息技术与制造技术的融合，大规模定制逐渐兴起。以3D打印机和新一代机器人为代表的智慧制造业已成为世界焦点产业，其应用和改进将会成为未来相当长时期内制造业发展的前沿领域。原有的规模化、标准化生产模式可能会被摒弃。3D打印技术直接通过逐层添加的方式制造出产品，极大简化了产品的制造程序，并且可以更好地满足消费者个性化需求。消费者不仅是产品的接受者，还可以亲身参与产品的设计过程，成为研发—生产流程的组成部分。

五是新兴国家与发达国家处于相近的起跑线上，有望缩小与发达国家技术差距。为应对2008年金融危机后的经济长期低迷，发达国家和发展中国家纷纷出台了振兴规划。发达国家制定"制造业回归战略"和"低碳转型战略"，发展中国家提出发展战略性新兴产业。在新产业革命的萌芽阶段，新兴国家与发达国家处于相近的起跑线上，面临与发达国家的同发产业创新地位，面临许多合作机会。发展中国家也有机会在新的技术模式和产业模式中具备与发达国家近似的水平，减小与其技术差距。

——新产业创新合作的路径方式

随着全球各国纷纷开始重视科技创新、发展新兴技术，创新驱动已成为未来经济发展的主要方式。全球各国致力于寻求新兴产业技术的突破以期振兴经济、抢占全球竞争制高点。发展中国家想要完全依靠本国力量自主研发、自主创新实现技术突破，追赶发达国家是非常困难和不现实的。国际交流与合作已成为寻求技术进步和突破的一种新途径。[1]

"十二五"期间，中国节能环保、新一代信息技术、生物、高端装备制造、

---

[1] 马树才、刘小琴：《中国战略性新兴产业创新现状、特征及提升路径——基于专利视角》，《贵州师范大学学报》（社会科学版）2017年第2期。

新能源、新材料和新能源汽车等战略性新兴产业快速发展。"十三五"时期是全球新一轮科技革命和产业变革从蓄势待发到群体迸发的关键时期,也是中国全面建成小康社会的决胜阶段及战略性新兴产业大有可为的战略机遇期。[①] 针对全球创新资源利用不足、国际创新合作不畅等问题,中国应突出国际创新合作,突出产业深度融合,强调通过积极引入全球创新资源、打造国际合作平台、构建全球创新网络和深度融入全球产业链,拓展战略性新兴产业发展新路径。[②]

一是引入全球资源进行创新合作。新产业可以整合利用全球创新资源,从全球范围内引进技术、资金和人才等创新要素,提升战略性新兴产业要素供给质量和水平。引进先进技术,由封闭式创新转向开放式创新。以"一带一路"建设为契机,推进国际产能合作,鼓励技术引进与合作研发,或者引进先进技术消化吸收与再创新。引进资金,利用外资研发机构的溢出效应,鼓励支持跨国公司、国际知名实验室等高层次的研发机构设立研发中心。此外,还可以引进人才。

二是打造国际合作新平台助推创新合作。政府从制度保障、园区建设和公共服务等主要方面入手,搭建平台和载体,促进新产业加强国际合作。建立国际合作机制,从国家层面提供制度保障,通过签署各类合作协议,保障和推动战略性新兴产业国际合作。建设国际合作产业园区,境外园区建设方面,以发达国家和"一带一路"沿线国家为重点,结合双边产业发展现状和实际需求,建设双边特色产业国际合作园区,引导龙头企业到海外建设境外合作园区。国内园区建设方面,强调创新合作方式,采取"两国双园"等模式,加强自贸区等双边或区域合作框架下的产业园区建设,提升重点领域开放合作水平。加强公共服务平台建设,建设国际科技成果转化和孵化、人才培训、信息服务、共性关键技术研发等各类公共服务平台,提升公共服务能力和水平。

三是构建全球创新发展网络服务新产业创新合作。全球创新网络的形成,有助于高效整合全球创新资源,满足新兴产业创新发展需求。其一,要加强全球创新网络服务机构建设,搭建各类国际经济技术交流与合作平台。加强驻外机构服务能力,提升其对战略性新兴产业国际化发展的指导和服务能力。利用G20、夏季达沃斯论坛等现有合作机制,开展新经济交流。充分发挥有关行业协会和商会作用,大力推进国际经济技术交流与合作。其二,

---

① 《"十三五"国家战略性新兴产业发展规划》,2016年12月19日,中国政府网,http://www.gov.cn/zhengce/content/2016-12/19/content_5150090.htm。

② 《推进战略性新兴产业开放发展拓展合作新路径》,2017年3月16日,中华人民共和国国家发展与改革委员会网站,http://gjss.ndrc.gov.cn/gjsgz/201703/t20170316_841130.html。

构建高效协同的国际化合作网络。引导社会资本设立一批战略性新兴产业跨国投资基金，组织一批城市对接战略性新兴产业国际合作，建设一批国际合作创新中心，发展一批高水平的国际化中介服务机构，建设一批海外研发中心，构建全球研发体系，形成政府、企业、投资机构、科研机构、法律机构、中介机构高效协同的国际化合作网络。其三，参与国际科技合作计划。当前，各个学科之间相互交叉渗透，一些大科学研究项目或计划越来越具有全球性，节能环保、生命健康、空天海洋等领域的研究越来越需要各国科学家共同参与。

四是深度融入全球产业链提升新产业创新合作。可以从参与全球产业链某个或某几个环节向全面、深度融合方向发展。比如，着眼于从国家战略层面，加强顶层设计和统筹考虑，推动产业链全球布局，聚焦高端装备、新一代信息技术、新能源等重点领域，实施差异化的国别策略，针对重点国别地区确定不同的建设重点、推进方式和实施路径，推动产业链资源优化整合。又比如，支持产业链"走出去"。支持企业、行业协会、商会、政府部门创新方式开展战略性新兴产业国际产能合作，向全球提供全产业链、全生命周期的产品，将"走出去"获得的优质资产、技术、管理经验"反哺"国内，形成综合竞争优势。此外，推动高层次的企业合作。推动高端装备、新一代信息技术、生物产业等领域的龙头企业与国际大企业开展更高层次的合作，学习国际大企业先进的公司治理、经营管理和技术创新经验，在不断提升企业自身国际竞争能力的同时，与国际大企业共同开拓国际市场，共同参与并主导产业链全球布局，实现优势互补，共赢发展。（本条执笔：田丰）

63. 国际性基础设施网络建设

——国际性基础设施网络建设的概念形成

目前，对国际性基础设施网络建设没有一个统一的、公认的规范定义。这一概念我们可以结合两方面的内容理解，即结合常规的基础设施含义和当前全球关注和重视的"基础设施互联互通"进行阐释。

基础设施含义广泛。随着经济社会的发展，基础设施的内涵和概念在层次和范围上会不断深化和扩大。基础设施（Infrastructure），本意指工程建筑物与土层直接接触、并将结构所承受的各种作用传递到地层上的最下层部分。早期主要用于军事领域。大约于20世纪40年代中后期，开始在经济分析中运用基础设施这个概念。罗森斯坦-罗丹认为，基础设施包括电力、运输、通信等所有基础产业，是为其他产业创造投资机会的社会先行资本。随后的经济学家陆续将教育、环境、科研、公共卫生等设施纳入基础设施的定义范围，使基础设施的概念有了广义和狭义之分。世界银行《1994年世界发展报告》将基础设施划分为经济基础设施和社会基础设施。前者是指永久性工程构筑、设备、设施及其所提供的用于经济生产和为居民所用的服务，包括公用事业、公共工程和其他交通部门三大类。具体而言，包括电力、管道煤气、电信、供水、环境卫生设施和排污系统、固体废弃物的收集和处理系统、大坝、灌渠和道路铁路、城市交通、海港、水运和机场。服务一般指商业服务业、教育、科研、文化、体育等设施。

基础设施概念具有历史性。在传统的农业社会中，它仅限于水运、马车等运输和邮递以及少量的水利设施。工业革命后，社会对基层设施的需求层次和多样化要求提高，对效率要求更高，因而高速铁路、高速公路得到快速发展。现在，除对交通基层设施需求更高外，对能源传输和通信等基层设施同样提出了更高需求。

基础设施建设是经济发展的支柱和基础，不仅有利于改善民生，提高民众生活质量，也是拉动世界经济复苏和增长的有效手段。在基础设施上投资就是在国家经济上投资。世界各国普遍重视基础设施投资建设，发展中国家在加速工业化和城市化的进程中，需要加大基础设施投资建设。如果一个国家交通方面的基础设施运转良好的话，就会带来更好的物流，减少货品在流通过程中所花费的时间，确保在贸易中货物能够以更低成本去供应，也能够给消费者带来更多选择，同时还可以促进发展中国家更好地融入全球供应和生产链条中。发达国家出于更新和升级老化基础设施和刺激经济复苏的双重目的，也在陆续推出规模庞大的基础设施建设计划。

基础设施互联互通是最先由中国提出的理念。作为落实"一带一路"倡议优先举措提出，最终形成全球性倡议。"要同有关国家共同努力，加快基础设施互联互通，建设好丝绸之路经济带、21世纪海上丝绸之路。""要把中欧合作和丝绸之路经济带等重大洲际合作倡议结合起来，以构建亚欧大市场为目标，加强基础设施互联互通。""我们要坚持互利共赢、共同发展，对接发展战略，加强基础设施互联互通，推进工业、农业、人力资源开发等各领域务实合作，打造绿色能源、环保、电子商务等合作新亮点，把亚非经济互补性转化为发展互助力。""我们应该发挥基础设施互联互通的辐射效应和带动作用，帮助发展中国家和中小企业深入参与全球价值链，推动全球经济进一步开放、交流、融合。"① 2016年9月3日，中国国家主席习近平在20国集团工商峰会开

---

① 《习近平在周边外交工作座谈会上发表重要讲话》，2013年10月25日，新华网，http://www.xinhuanet.com/politics/2013-10/25/c_117878897.htm。

幕式上发起全球基础设施互联互通联盟倡议，以加强基础设施互联互通项目的整体协调与合作，加速全球基础设施互联互通进程，夯实基础设施联动。[①]

国际性基础设施网络建设有着强大的经济力量驱动。"基础设施互联互通"对于全球贸易和经济增长至关重要，积极扩大基础设施投资，是兼顾经济短期和长期发展的突破点之一。随着区域经济一体化的发展和深化，跨区域互联互通基础设施的需求日益增长。

综上，可以认为，国际性基础设施网络建设是基础设施网络建设的一种特殊形式，是指在尊重相关国家主权和安全关切的基础上，相关国家加强基础设施建设规划、技术标准体系的对接，共同推进国际骨干通道建设，逐步形成连接大洲各次区域、各洲之间的基础设施网络。目前，主要包括交通基础设施、能源基础设施和通信基础设施三大类。

——国际性基础设施网络建设的内容分类

基础设施分类方法有很多。按其所在地域划分，可分为农村基础设施和城市基础设施。[②]农村基础设施在中国新农村建设的相关法规文件中包括农村生活基础设施、农业生产性基础设施、生态环境建设、农村社会发展基础设施四大类。具体又分别包括安全饮水、沼气、道路和电力等现代化农业基地及农田水利建设，农民吃饭、烧柴、增收等当前生计和长远发展问题，退耕还林、防护林体系、自然保护区生态保护和建设农村义务教育、农村文化基础设施和农村卫生等。城市基础设施，是指为城市生产和居民生活提供公共服务所必须具备的工程性基础设施和社会性基础设施的总称，以便各种经济活动和其他社会活动的顺利进行。工程性基础设施主要包括交通运输系统、能源供应系统、邮电通信系统、供水排水系统、环保环卫系统和防火防灾安全系统六大系统。它们分别又具体包括航空、铁路、高速、道路、桥梁、地铁、轻轨、高架和公共交通等；电、煤气等；移动和固定电话、广播电视、互联网、邮政等；供水和排水管网等；垃圾收集和处理、园林绿化、污染治理等；防治自然灾害、消防等。社会性基础设施主要包括商业服务、文化教育、社会福利等设施。

当前，按基础设施连接的广度和服务范围划分，基础设施建设可分为国际性基础设施网络建设和国内基础设施网络建设。上述的农村基础设施和城市基础设施属于后者。

国际性基础设施网络建设具体包括交通基础设施、能源基础设施、通信基础设施建设三大类。这三大类也是中国落实"一带一路"倡议优先建设项目。

[①]《G20峰会：倡议基础设施互联互通联盟，打造全球增长共赢链》，2016年9月3日，澎湃新闻网，http://www.thepaper.cn/newsDetail_forward_1523718。

[②]任艳：《制度创新与中国基础设施建设》，武汉大学博士学位论文，2011年。

2015年3月28日,中国国家发展和改革委员会、外交部、商务部联合发布了《推动共建丝绸之路经济带和21世纪海上丝绸之路的愿景与行动》,对"设施联通"做了明确规划。①

一是交通基础设施,囊括了陆、海、空三大方面。陆路方面,要抓住关键通道、关键节点和重点工程,优先打通缺失路段,畅通瓶颈路段,配套完善道路安全防护设施和交通管理设施设备,提升道路通达水平。水、海路方面,要推动口岸基础设施建设,畅通陆水联运通道,推进港口合作建设,增加海上航线和班次,加强海上物流信息化合作。航空方面,要加快提升航空基础设施水平。

二是能源基础设施建设的互联互通,包括油、气、电力等方面的输运通道建设。要共同维护输油、输气管道等运输通道安全,推进跨境电力与输电通道建设,积极开展区域电网升级改造合作。

三是通信基础设施,要共同推进跨境光缆等通信干线网络建设,提高国际通信互联互通水平,畅通信息丝绸之路。加快推进双边跨境光缆等建设,规划建设洲际海底光缆项目,完善空中(卫星)信息通道,扩大信息交流与合作。

——国际性基础设施网络建设的发展

随着世界范围的区域经济以及全球经济一体化的发展,跨区域国家之间的互联互通基础设施网络建设项目已经成为当前国际基础设施合作中的重要方向,相比区域内的项目,跨区域的基础设施项目对于区域间经济的带动更加明显。人、财、物、信息,将在更大的区域内进行平衡和流通,也最大限度地发挥着各区域各自的优势,为各国之间的互通发展带来了新的机遇。

2013年后在中国积极倡议推动下,国际性基础设施网络建设成为一个相当重要的角色,推动了世界经济的合作和发展。例如,中国东盟自贸区已将互联互通作为双方合作的优先领域和重点方向;亚太经合组织第21次领导人会议将区域互联互通作为三大重点议题之一;欧盟提出"欧洲基础设施联通计划",南非提出"跨国铁路走廊计划",中国"一带一路"倡议等。2016年,中国首次在G20框架下引入"互联互通"议题,并最终G20财长和央行行长一致通过《全球基础设施互联互通联盟倡议》。联盟将支持地区和全球基础设施互联互通项目,促进相关项目、政策信息共享,增进不同倡议和投资计划的对接,帮助有关各方解决全球基础设施互联互通、跨领域基础设施建设、硬件和软件互联互通方面存在的瓶颈,为实现可持续、平衡的经济增长提供动力。联盟是继"一带一路"倡议、亚洲基础设施投资银行之后,中国又一次向世界提出的

---

① 《推动共建丝绸之路经济带和21世纪海上丝绸之路的愿景与行动》,2015年3月28日,新华网,http://www.xinhuanet.com/world/2015-03/28/c_1114793986.htm。

构建宏大公共产品的倡议。[1]

国际性基础设施网络建设作用积极、需求旺盛，但也面临诸多问题和挑战。其一，融资方面的瓶颈。一方面是每年高达上万亿美元的资金缺口，另一方面是巨额的社会资本缺乏进入基础设施领域的政策环境和渠道。其二，区域间发展不平衡、对接困难。一些国家制度建设相对滞后，彼此间交通建设规划、政策、标准衔接不畅，互联互通水平较低，基础设施不足与运营效率不高同时并存。其三，许多地区基础设施项目在经济、社会、环境等方面，无法满足各国经济社会发展对基础设施的可持续性提出的新要求。

中国不仅善于提出建设性倡议，更重视付诸行动，一直积极参与和支持全球基础设施建设合作。2010年首届国际基础设施高峰论坛举办以来，中国实施了一大批公路、铁路、港口、桥梁、电力、电信等基础设施合作项目。中国金融机构通过提供优惠贷款、专项贷款、专项合作基金等方式，对国际基础设施合作给予融资便利和支持。中国政府积极搭建平台，建立机制，创造环境，推动基础设施多双边合作，先后签署了众多多双边合作协议、协定、备忘录。亚洲基础设施投资银行、金砖国家新开发银行、世界银行及其他多边开发机构也积极打造各有侧重、互为补充、层次分明的金融合作网络，推动解决国际基础设施融资问题。从"一带一路"到亚洲基础设施投资银行，再到全球基础设施互联互通联盟，这些都展现了中国在全球互联互通框架下做出的努力。

中国在国际性基础设施网络建设领域已经取得了阶段性的突破。交通基础设施方面，截至2017年年底，中国已建成世界上最庞大的、总里程达2.5万千米的高速铁路网，到2025年里程数将扩至3.8万千米。[2] 依托新亚欧大陆桥和西伯利亚大陆桥，中国已初步形成西、中、东3条中欧铁路运输通道，已经铺画了中欧班列运行线46条，中国国内开行城市增加到24个，到达欧洲11个国家24个城市，已累计开行班列3200多列。通过73个公路和水路口岸，与相关国家开通了356条国际道路客货运输线路；海上运输服务已覆盖"一带一路"沿线所有国家；与43个沿线国家实现空中直航，每周约4200个航班。[3] 能源基础设施方面，中缅、中哈、中俄原油管线陆续贯通运营，中亚、中缅天然气管道分别建成投产，联通三面的能源供应战略通道基本打通。[4] 通信基础

---

[1] 习近平：《中国发展新起点 全球增长新蓝图——在二十国集团工商峰会开幕式上的主旨演讲》，2016年9月3日，新华网，http://www.xinhuanet.com/world/2016-09/03/c_129268346.htm。

[2] 《中国高速铁路里程达2.5万公里》，2018年1月2日，新浪网，http://tech.sina.com.cn/roll/2018-01-02/doc-ifyqcsft9203654.shtml。

[3] 《打通腾飞双翼的血脉经络》，《经济日报》2017年4月27日。

[4] 范祚军、何欢：《"一带一路"国家基础设施互联互通"切入"策略》，《世界经济与政治论坛》2016年第6期。

设施方面，中国已有北京、上海、广州、昆明、南宁、乌鲁木齐、福州、哈尔滨 8 个城市获批设立国际通信业务出入口局，将联通中国与东南亚、中亚、南亚等多个区域的大容量光缆，中国与邻国之间的国际语音和数据通信对接网络初现雏形。总体而言，中国与沿线国家基础设施的互联互通合作正从东南亚向南亚、西亚、中亚、蒙俄等区域开展，已初步形成全方位、多层次的互联互通格局。（本条执笔：田丰）

64. 国际性基础设施标准与制度建设

——国际性基础设施标准与制度的概念

国际性基础设施标准与制度，可以理解为关于国际性基础设施网络建设的国际标准与制度，有狭义和广义之分。

狭义上，是指在国际性基础设施网络建设中，为消除区域内相关国家基础设施标准差异和技术障碍，降低运营成本和提高运营效率，相应国家通过友好协商或由跨国企业统一规划，确定各方均接受并采用的统一技术规格、操作规则、运营机制，并以文件固定的规范体系，是双边或多边采用的标准与制度。它既包括硬件上的能保障国际性基础设施顺利接轨的技术标准，又包括软件上的能实现国际性基础设施有机衔接并高效运转的系列规则。实际上，这是基础设施标准和制度应用扩大到本国外，是一个实际应用国际化的过程。

广义上，是指由成员国提案，国际标准化组织（ISO）、国际电工委员会（IEC）和国际电信联盟（ITU）采用制定，以及 ISO 确认并公布的其他国际组织［如国际原子能机构（IAEA）、国际铁路联盟（UIC）、联合国教科文组织（UNESCO）、国际卫生组织（WHO）、世界知识产权组织（WIPO）等］采用制定，并且为公众可获得的有关国际性基础设施网络建设的标准与制度。后面内容，实际上是基础设施标准和制度被国际组织认可的过程。这个过程有如下过程，其一，由成员国提出标准提案，获得委员会同意立项后成立工作组；其二，由工作组编制 WD（工作组草案）提交委员会审议；其三，WD 委员会审议通过后成为 CD（委员会草案）；其四，CD 经委员会审议形式 DIS（国际标准草案）；其五，DIS 经审议通过后提交 FDIS（国际标准最终草案）；其六，提交 ISO 理事会批准，最终形成国际标准并公布出版。

国际性基础设施标准与制度有着区别和连续。二者的区别在于，一是立足点不一样。广义概念，是立足国际标准化组织，主要目的为制定各国普遍适用的国际标准，至于采用了哪个国家的标准为蓝本，不是问题的关键。狭义概念，是立足本国的标准与制度，目的是让本国标准与制度"走出去"曾为他国乃至全球的蓝本。二是实现方式不一样。广义的，严格按照国际标准化操作流程推进即可。狭义的则是"因地制宜"，需根据目标国的不同以及标准策略的不同（如直接转化、标准互认、联合制定等），制定不同的规则。二者的联系在于，一是广义的标准与制度可以成为狭义的最重要路径。当本国标准与制度成为国际标准与制度后，更容易为目标国接受采纳。二是狭义的标准与制度又是成为广义的重要阶段。当本国的标准与制度为更多其他国家接受采用后，其也最有可能和动力成为广义的国际性标准与制度。

当前，国际性基础设施网络建设具体包括交通基础设施、能源基础设施、通信基础设施建设三大类。国际性基础设施标准与制度也主要围绕这三大方面。如"建立统一的全程运输协调机制，促进国际通关、换装、多式联运有机衔接，逐步形成兼容规范的运输规则，实现国际运输便利化"[①]。在交通基础设施方面，有铁路、公路、水运、民航等技术标准体系。在能源基础设施方面，包括沿线国家油气管道标准对接，在电力、电网和新能源等领域进行国际标准化合作。在信息基础设施方面，包括城市间信息互联互通标准，数字电视技术标准、巨幕系统和激光放映技术、点播影院技术规范等。[②]

——国际性基础设施标准与制度的形成路径

国际性基础设施标准与制度形成有直接和间接两方面因素。推进全球基础设施网络建设，有效实现互联互通是直接驱动因素。如，中国在落实"一带一路"倡议有关交通基础设施互联互通方面，就存在差异较大的标准和制度障碍。中国与许多"一带一路"沿线国家采用十分具有差异性的交通技术标准、口岸管理制度和运输标准等。受限较大的是各国铁路轨距的差异性，各国使用的轨距主要有三种：1453毫米宽的标准轨距（如中国），1000毫米宽的窄轨（如越缅甸、马来西亚），1520毫米宽的宽轨（独联体国家，包括哈萨克斯坦、吉尔吉斯斯坦、乌兹别克斯坦等）。在这种情况下，不同轨距区域的货物运输必须经过换轨程序，大幅增加了运输和时间成本。此外，中国与中亚在公路方面的技术标志，如运输标志、标线等有很大区别，这些都构成严重的技术障碍，最终制约基础设施互联互通的效率和效益。[③]

间接因素，或者根本上是国际标准与制度为经济发展做出的重要贡献不断被认识和重视。有研究将ISO制定的标准所产生的价值总结为四方面：一是科

[①] 《推动共建丝绸之路经济带和21世纪海上丝绸之路的愿景与行动》，2015年3月30日，中华人民共和国商务部网站，http://zhs.mofcom.gov.cn/article/xxfb/201503/20150300926644.shtml。

[②] 《标准联通共建"一带一路"行动计划（2018—2020年）》，2018年1月19日，国家标准化管理委员会官网，http://www.sac.gov.cn/zt/ydyl/bzhyw/201801/t20180119_341413.htm。

[③] 曹佳：《丝绸之路经济带的基础设施建设与合作进展》，《经济师》2015年第6期。

学合理，覆盖面大，适用性强。二是国际贸易准则，促进国际贸易。三是先进技术与新技术的载体。四是动态科技信息库，是平衡世界科学技术和经济发展的桥梁。[①] 还有研究对 2005—2014 年关于标准的经济学研究进行了统计分析，发现更多的观点认为标准促进国际贸易，但也有少部分研究认为它是双刃剑，既可以用以促进出口，又可以抑制进出口，是形成贸易技术性壁垒的重要因素。国际标准话语权越大的国家，受益最大，这也是发达国家扶持本国龙头企业争夺国际标准化工作的重要职位和主导地位，促使本国标准化成果上升为国际标准的原因。当前，信息通信技术标准促进了全球信息化发展，推动着资本、信息、人才等各种要素在全球范围更快速地流动，产业增加值已转向知识、信息和管理等新的要素，产业加速向高端制造业和现代服务业转型升级和提质增效。[②]

国际性基础设施标准与制度有其形成过程。尽管一国在基础设施如铁路、机场、港口建设中有着深厚的技术基础与丰富的经验，形成的国内标准也保障了较高的工程质量，但并不能强制要求其他国家也采取同样的标准。需要上升为国际标准；通过双方政府平等协商或者通过跨国企业利用市场手段商讨制定，然后分阶段、多渠道地实施。大体有六方面的路径。一是将某一国家的标准与制度或标准与制度的主要内容上升为国际标准，顺理成章地在全球推广。二是基础设施互联互通国家开展标准互认，或与合作国家共同制修订双边或多边均认可的标准。如对于公路运输监督标准不统一等问题，可以通过双方的沟通协商寻找出可行性方案来解决，建立标准化的物流设施和作业流程，建立标准化的统一运输仓储等环节的税费和赔偿细则，建立公正高效的应急与纠纷处理机制，等等。三是推动目标国家或地区直接采用或转化采用本国标准。四是协助或参与其他国家标准政策及具体标准的制修订，并推广至区域内多国采用甚至成为国际标准。五是在境外工程中，依据双方协议或合同要求，使用本国标准。六是根据本国的具体情况，等同采用或修改采用先进的他国标准或国际标准。

——国际性基础设施标准与制度的建设成果

研究表明，随着新一轮科技革命和产业变革，新能源、环境、健康、信息通信等领域被发达国家确定为国家战略发展重点。其中，信息化是全球标准战主阵地。[③] 发达国家争取的国际标准与制度主要围绕这些领域。

中国不仅积极倡议全球基础设施互联互通联盟，也积极推动国际性基础设

[①] 李凤芸：《国际标准的内涵价值》，《冶金标准与质量》2005 年第 3 期。
[②] 田为兴：《标准经济学理论研究前沿》，《经济学动态》2015 年第 10 期。
[③] 同上。

施标准与制度的制定。2015年10月20日，中国发布《标准联通"一带一路"行动计划（2015—2017）》，其中包括对基础设施标准"走出去"的规划。提出要在电力、铁路等基础设施领域，推动共同制定国际标准；同时，在设施联通、能源资源合作等方面，组织翻译500项急需的中国国家、行业标准外文版，促进"中国标准"的对外传播。这之后至2017年，中国与沿线国家（地区）在标准化方面的双、多边务实合作和互联互通，取得了显著成果。[1]

一是基础设施标准"走出去"，助力国际产能和装备制造合作。推动83项中国标准在土库曼斯坦注册并授权使用，帮助中国石油集团下属公司在土库曼斯坦承担的南约洛坦气田项目节省投资15%；中国铁建和中国中铁承建亚的斯亚贝巴至吉布提铁路（亚吉铁路）全部使用中国标准。这是首条在海外采用全套中国装备建造的第一条现代铁路。

二是拓展沿线国家标准化合作，促进互联互通。与21个"一带一路"沿线国家签署标准化合作协议；与英国互认62项标准，推动中法互认11项标准；与欧盟、东盟、中亚、中蒙俄经济走廊和海湾地区等沿线重点地区建立多双边标准化合作渠道；配合海外工程及优势领域，开展中法铁路、中英石墨烯、中俄油气和民机等标准化合作，组建成立"中俄民机标准专题组"，形成中俄民机标准互换互认机制，联合开展标准编制；在铁路、电动汽车等领域，推动联合制定国际标准，与法国联合制定3项铁路国际标准，成立中德电动汽车标准化工作组，推动中国3项直流充电技术纳入国际标准。2017年中国与俄罗斯、白俄罗斯、塞尔维亚、蒙古国、柬埔寨、马来西亚、哈萨克斯坦、埃塞俄比亚、希腊、瑞士、土耳其、菲律宾共12个国家标准化机构共同签署《关于加强标准合作，助推"一带一路"建设联合倡议》，提出深化标准化合作，致力于提升沿线国家标准一致化程度。"联合倡议"被纳入2017年"一带一路"国际合作高峰论坛成果，这说明沿线国家对标准化支撑"一带一路"建设，促进互联互通的基础性、战略性作用已达成共识，将进一步助推标准体系的相互兼容。[2]

三是加强标准比对和研究。组织铁路行业开展"高速铁路标准体系研究""泛欧高速铁路系统互联互通性技术标准研究"等课题研究，提出高速铁路标准制修订工作重点；围绕商贸物流托盘射频识别标签、国际货运代理合同等方面，制定10项中亚区域经济合作承运人和货运代理人协会联合会（CFCFA）标准，2016年在国际货运代理标准化领域开展17项英文、俄文标准翻译

---

[1] 《标准联通"一带一路"取得显著成果》，2017年5月16日，中国质量新闻网，http：//www.cqn.com.cn/zgzlb/content/2017-05/16/content_ 4296824. htm。

[2] 《我国与12国签署"一带一路"标准化联合倡议》，《中国质量报》2017年5月8日。

工作。

2017年12月26日，中国在实施《标准联通"一带一路"行动计划（2015—2017）》的基础上，围绕推进"一带一路"建设新阶段的总体要求和重点任务，结合标准化工作实际，又制定了《标准联通共建"一带一路"行动计划（2018—2020年）》，提出要深化基础设施标准化合作，支撑设施联通网络建设。①

当然，中国基础设施标准与制度不局限在"一带一路"，如高铁标准开始成为"世界标准"。② 从2012年开始，中国铁路总公司在中国开展了"中国标准"动车组研制工作。中国幅员辽阔，地形复杂，气候多变，被极寒、雾霾、柳絮、风沙"淬炼"出的"中国标准"正逐渐超越过去的"欧标"与"日标"，被越来越多的国家采用。如非洲蒙内铁路是中国为肯尼亚修建的一条全线采用中国标准的标轨铁路。同样，在数字电视领域，中国数字电视标准成为国际电信联盟国际标准后，已被全球14个国家采用，覆盖全球近20亿人口。截至2016年5月，中国已有189项标准提案成为ISO的国际标准，特别是在高铁、核电、通信、汽车等领域，中国在国际标准上实现了从跟随到引领的跨越。不断提升的影响力也意味着更大的全球责任。作为ISO常任理事国，中国在国际标准制定和促进世界经济合作、互联互通中扮演着愈发重要的角色。2016年9月14日，第39届国际标准化组织（ISO）大会发布《北京宣言》，其主题为促进世界互联互通。（本条执笔：田丰）

65. 全球价值链发展和供应链

——全球价值链发展与供应链的概念

全球价值链是指在经济全球化中，为了更好地满足消费者或用户实现价值最大化的要求，通过全球性企业的网络组织，把分散于全球各个价值环节的活动进行有效的链接和整合，即用某种治理机制对位于各个国家的设计、产品开发、生产制造、营销、交货、消费、售后服务、循环利用等各种增值活动进行机制化连接，并把所实现的价值对其中的所有参与者按一定原则进行分配。近年来，全球价值链在世界经济中的主导地位日益明显。并且，随着新一轮科技和产业革命的孕育兴起，传统的价值链正面临着变革，新的价值链正在孕育形成。习近平曾多次提出要合力打造新的全球价值链，实现世界各国互利共赢

---

① 《标准联通共建"一带一路"行动计划（2018—2020年）》，2018年1月19日，国家标准化管理委员会官网，http://www.sac.gov.cn/zt/ydyl/bzhyw/201801/t20180119_341413.htm。
② 卢泽华：《189项中国标准成为世界标准》，《人民日报》（海外版）2016年9月17日第4版。

发展。

  供应链就是在生产和流通过程中,为了将产品和服务交付给最终用户,由上游和下游企业构建的网链结构。这个网链结构是利用信息技术,将商流、物流、信息流、资金流等进行计划、组织、协调和控制的一个完整系统。由于经济的全球化,供应链所涉及的上下游就没有区域的界限。所以,供应链是从市场的资源配置、流程切入的。供应链管理,就是把生产过程从原材料和零部件采购、运输加工、分销直到最终把产品送到客户手中,作为一个环环相扣的完整链条,通过用现代信息技术武装起来的计划、控制、协调等经营活动,实现整个供应链的系统优化和其他各个环节之间的高效率的信息交换,达到成本最低、服务最好的目标。一体化供应链物流管理的精髓是实现信息化,通过信息化实现物流的快捷高效的配送和整个生产过程的整合,大大降低交易成本。①

  随着信息技术的发展和国际分工的深化,全球价值链已经成为决定当代及未来国际经济格局的一个重要因素。有学者认为全球价值链是分工链、生产链、增值链、利益链、融合链、合作链、国际链、机遇链、风险链、治理链。②各国参与国际分工的不是最终产品,而是中间产品和服务。一国价值增值或竞争优势体现在价值链的中间产品。这种分工链,我们也可以理解为供应链。跨国公司在全球价值链中居主导地位,跨国公司所处价值增值的区段不同、选择的模式不同、与当地产业的联系不同,则其增值也不同。参与价值链的企业,都会产生价值增值,但发展中国家在利益分配中始终处于不平等地位。全球价值链通过生产区段的跨国生产,将不同地域、不同国家的不同企业联系在一起,成为当代融合经济时代的缩影。促进全球价值链的区域合作是推动全球价值链发展的现实选择。加入全球价值链是发展中国家融入全球经济,实行产业结构升级的重大机遇。价值链参与企业和国家面临供应链中断等带来的系统性风险。国际组织和各国政府应加强监管和全球价值链治理。

  全球供应链是全球价值链的微观基础,价值链的升级变动势必影响供应链的调整。同时,全球供应链是全球价值链顺利运转的重要保障,供应链的变动也会影响价值链的实现。跨国公司进行全球供应链整合,旨在促进供应链上商流、物流、信息流和资金流的融合,开展供应链关系管理,提升供应链效率。近些年来,供应链创新不断推进,供应链深度整合,并通过贸易融资、并购、直接投资等手段提高对整个供应链的掌控能力,将分布在不同企业的优质资源组合起来,使供应链的多个环节协调运作,减少重复和浪费,实现更大增值。

---

① 丁俊发:《"一带一路"与全球供应链》,《全球化》2016 年第 7 期。
② 赵瑾:《全面认识全球价值链的十大特点及其政策含义》,《国际贸易》2014 年第 12 期。

——全球价值链发展与供应链的特征

全球价值链发展有着新的趋势和特征。在这一过程中,供应链也会相应地调整。总体来看,全球价值链发展呈现七方面特征。

一是全球价值链由制造业价值链向创新链发展变化。技术创新的跨国转移和合作已经成为当前经济全球化的重要发展趋势,进而使得全球价值链的发展在原有制造业价值链基础上,向全球创新链层面深度拓展。这一深度拓展的实质,就是企业在全球范围内搜索可利用的知识资源、关注资源使用权并且具备高度开放性的价值网络创新模式。[1]

二是数据成为全球价值链上配置的重要资源。新工业革命下的"数据"对于企业和投资者的价值与农耕时代"土地"的属性更为接近。如谷歌、脸谱、亚马逊这三家互联网巨头均已储存了海量的数据资源,并正在加快将这些数据资产化的进程。这些数据资产决定了未来相关企业的战略选择和商业模式走向。在某种程度上,这些企业凭借数据资产优势,已分流甚至取代传统巨头对全球价值链的掌控力,改变了全球价值链上不同环节的战略性及其增值率。[2]

三是全球价值链出现了跨国公司"逆向创新"战略调整的发展变化。伴随新兴经济体和发展中经济体的迅速崛起以及全球经济重心的逐渐"东移",全球消费市场布局重新调整。新兴和发展中经济体市场需求规模不断扩大为了接近这一"新"的市场,跨国公司全球价值链的布局策略随之调整。更多的研发创新活动置于新兴市场经济体,并以此为基础将创新产品销往包括发达国家在内的全球市场,进行"逆向创新"。

四是全球价值链从制造业向服务业拓展延伸。伴随着产品国际生产分割和切片化的深入演进,服务业在全球价值链中的作用日益凸显,不仅表现为服务成为"链接"产品生产不同环节和阶段的重要"黏合剂",发挥着协调运营、总部管理等重要作用,服务本身(如研发、设计、营销等)也越来越成为价值链中的重要增值环节。服务已然成为全球价值链的重要组成部分,这既是服务业"全球化"和"碎片化"发展的表现,也是其结果。

五是全球价值链进入"高端回流低端转移"等重塑阶段。金融危机后,各国纷纷制定发展战略,重视以技术创新拉动经济发展。如美国的"先进制造业"发展战略,德国的"工业4.0"战略,英国的"高价值制造"战略,法国的"新工业法国"战略。新的产业革命和技术革命,必然改变着全球产业链、

---

[1] 张二震、戴翔:《全球价值链发展新趋势与我国转变外贸发展方式的对策》,《中国国情国力》2016年第8期。

[2] 杨丹辉:《大数据与新硬件时代全球价值链分工的新趋势》,2016年2月25日,中华人民共和国商务部网站,http://gvc.mofcom.gov.cn/gvc/article/xsjl/201602/2121_1.html。

供应链格局。科技革命和产业革命推动下的全球价值链重塑和调整,既包括全球价值链自身的变动,比如,传统"微笑曲线"的整体移动、与"微笑曲线"相伴随的可能还会出现新式的所谓"沉默曲线"乃至"悲伤曲线",以及不同国家在全球产业链中地位重构,也包括发达国家所谓的"制造业回流",以及寻求劳动力等成本"洼地效应"的供应链调整。

六是部分行业出现了"合工"的趋向。一些掌握最尖端技术的企业更加注重研发的内部化,以便将附加值最高的环节牢牢控制在企业内部。同时,互联网公司不断向上游渗透,加入新型智能硬件设备和服务型制造等新兴领域的竞争。这些企业充分利用在下游收集的客户信息和消费者偏好,为市场带来"体验为王、大道至简"的新一代一体化产品。价值链自主延展的战略行为带动了行业的深度垂直整合。因此,有别于从20世纪90年代到21世纪前10年国际分工中产业内企业之间链条式的分工深化以及由大规模外包支撑的网络状全球一体化分工体系,新一轮产业分工显现出"云团化"的迹象。在新工业革命下,新兴国家依靠比较优势确立的制造业生产和出口规模优势有可能被进一步削弱,拉大在尖端领域与发达国家的差距。

七是全球价值链深度演进内生地推动全球经济新规则诞生。全球价值链的进一步发展,尤其是基于制造业价值链向全球创新链的深度演进,会对与之相应的后者制度保障提出了更高要求。更确切地说,会对包括法制化水平、制度质量、知识产权保护、生产要素市场、环保标准、劳工标准、竞争中立、商业环境的公正透明等内容在内的国内经济政策和市场环境提出了更高的要求。

——全球价值链发展与供应链的发展方向

全球价值链发展对促进全球经济增长具有重要的作用。全球价值链有利于调动各国充分利用自身资源优势,参与全球产业分工,促进贸易和投资,并带动实现自身经济的发展。这与"一带一路"倡议目标是一致的。近20年来,经济全球化浪潮所催生的巨大变化之一就是全球价值链的深入发展,80%的全球贸易通过跨国公司主导的价值链来完成。这一新的国际分工体系的形成,不仅引发全球供应链、产业链、商品链的深刻变革,对国际贸易、跨国投资乃至全球经贸治理也带来深远影响。

经济全球化使世界各国紧密联系在了一起,形成了相互联系、相互依存的局面。和平、发展、合作、共赢为世界各国人民所需要。而要引导经济全球化进程向着这样的方向发展,就必须用好全球价值链这一工具和途径。针对全球价值链存在的不足,中国国家主席习近平提出要"合力打造新的全球价值链"。这一中国方案为推进开放、包容、均衡、普惠、共赢的新全球化指明了方向,为开辟经济全球化新时代贡献了中国智慧。

全球价值链存在的不足,主要是中小企业、低收入发展中国家对全球价值链发展的作用并未得到应有重视。发展中国家对全球价值链参与的程度、地位的分布、利益的分配都存在着很大差距,一定程度上影响了全球价值链的公平性、合理性,不利于全球价值链长期健康、有序的发展。面对全球经济治理变革,中国积极参与国际经贸规则制定,提出完善全球经济治理的新理念、新倡议,鼓励各方积极融入全球价值链,增加全球价值链的包容性,构建互利共赢的全球价值链。

关于全球价值链包容性的界定,有学者认为至少应体现在三个方面。一是在全球价值链宏观治理和规则体系层面,要坚定支持维护以 WTO 为核心的多边贸易体制,加强政策协调和能力建设,完善 WTO、G20 等全球经济治理平台,广泛接纳不同国家和地区为重塑包容协调全球价值链所做的建设性努力。二是在产业层面,既要理解新兴产业全球价值链生成、改进和优化的客观规律,尊重保护新兴领域领军企业研发创新的成果,也要为传统产业全球价值链的绿色化、智能化转型发展创造有利条件,打造能够提供多样化就业岗位、共融共生的全球产业系统。三是从微观主体层面来看,要能够为不同国家、不同规模、不同技术、不同所有制结构的企业特别是中小企业提供接入全球价值链公平而开放的通道,为其扫除开展贸易和投资、进而升级到更高价值链环节的技术壁垒和各种障碍,营造公平竞争、信息畅通的价值链微观生态,并能够充分保障后起国家企业获得合理分工收益、实现全球价值链治理地位提升的机会。①

构建包容协调的全球价值链既符合经济全球化纵深发展的客观需要,也顺应了当前国际分工日益细化的演变趋势。有研究认为 G20 加强全球价值链的务实合作,可从五个方面展开。② 第一,降低货物关税壁垒。在全球价值链深入发展的背景下,中间产品的跨境流动在全球贸易中占据主导,由于一个产品在被最终消费之前需多次跨越边境,因而也放大了贸易壁垒对产品成本的影响。在多边机制下全面降低国际贸易壁垒更有助于全球价值链的发展和深化。第二,提高贸易便利化水平。全球价值链背景下,高效的贸易便利化措施有助于通过压缩贸易成本、减少延误和降低不确定性提高一国参与全球价值链的水平。一国参与全球价值链不仅需要提高本国的贸易便利化水平,更要改善区域整体的基础设施建设,提高物流效率,打通阻碍本地区供应链连接的阻塞点,

---

① 杨丹辉:《促进包容协调,重塑全球价值链规则体系》,2016 年 8 月 11 日,中华人民共和国商务部网站,http://gvc.mofcom.gov.cn/gvc/article/xsjl/201608/2424_1.html。
② 李光辉:《G20 需加强全球价值链务实合作》,2016 年 8 月 12 日,中华人民共和国商务部网站,http://gvc.mofcom.gov.cn/gvc/article/xsjl/201608/2425_1.html。

提高区域互联互通水平。第三，扩大服务市场开放。加强服务贸易和扩大服务贸易的份额是提高增加值出口特别是提升单位出口中增加值比率的重要途径之一，掌握其中重要的一些服务环节将成为管理全球价值链的重要手段。第四，促进区域经济合作。吸收更多的发展中经济体参与区域经济合作，有助于增强区域价值链的紧密性，提升区域整体对全球价值链的吸引力和影响力。第五，增加全球价值链互动。进一步增加发展中经济体中小企业与发达经济体大型跨国公司之间的互动，通过加强内外资企业配套协作，发挥本土企业与跨国公司在价值链上的协同效应，深度参与国际产业分工协作成为众多发展中经济体嵌入全球价值链的有效途径。

中国深化全球价值链合作并与"一带一路"建设结合起来，将有利于推动全球经贸治理向更加着眼于发展、开放和包容的方向迈进。[①]（本条执笔：田丰）

66. 促进可再生能源和能效合作

——可再生能源的基本内涵

可再生能源是来自可再生资源的能源，从人类时间尺度看，这些可再生资源不需要人力参与便能够自然得到补充，是取之不尽、用之不竭的，是相对于会耗竭的非再生能源的一种能源，包括太阳能、水能、风能、生物质能、波浪能、潮汐能、海洋温差能、地热能等。可再生能源通常在四个重要领域提供能源：发电、空气和水的加热与冷却、交通、农村（远离电网地区）的能源服务。

相对于化石能源，可再生能源的优点主要体现在：第一，分布地域广泛，能显著缩短能源运输距离，可缓解能源供应安全问题。化石能源通常集中分布在数量有限的国家和地区，能源的需求国和供应国的空间距离非常遥远，能源运输线路漫长，甚至跨越数国，导致能源供应受地缘政治、过境运输安全和区域安全状况等多重因素的困扰。而可再生能源分布地域广泛，可显著节省能源运输成本，降低能源过境运输的不确定性风险。而且，可再生能源的发展，有助于能源需求国降低化石能源的进口需求依赖度，保障能源供应安全。

第二，可再生能源是清洁能源，环境效益和健康效益显著。太阳能、风能和水电等再生能源不会排放温室气体（如二氧化碳），是清洁能源，有助于减缓温室效应和全球变暖现象。与煤炭不同，太阳能电池板可在四年时间内抵消

[①] 沈丹阳：《认清机遇和挑战以更加积极的姿态融入全球价值链》，2016年3月27日，新华网，http://www.xinhuanet.com/politics/2016-03/27/c_128837664.htm。

其碳足迹。因此，可再生能源的发展，可显著缓解化石能源燃烧造成的空气污染问题，改善公众健康，减少污染造成的过早死亡率，有助于实现《巴黎气候变化协定》（以下简称《巴黎协定》）的碳减排目标。

第三，可再生能源是可持续、永不耗竭的。化石能源的储量是有限的，终将会枯竭。若能源需求结构不能进行适当的调整，化石能源的供应将会出现严重短缺，其价格将会暴涨，这将会对世界经济的稳定发展构成严重冲击。而可再生能源的一个主要优势是可持续性，永远不会耗尽。例如，水能、风能将可能持续服务人类社会10亿年。①

第四，可再生能源提升能源使用效率。可再生能源的主要用途是提供电力，其部署通常与电气化相结合。效益表现在：一是电力可转化为热能（温度可高于化石燃料），进而可高效地转化为机械能；二是可再生能源的电气化效率更高，可节省一次能源消耗，因为大多数可再生能源发电不需要经过损失大量能量的蒸汽循环环节（化石能源发电通常损失40%—65%的能量）。②

虽然可再生能源在环境方面拥有无可比拟的优势，但其在经济成本上的劣势相较于化石能源仍非常明显，尽管政府补贴和技术进步在推动着可再生能源的商业开发成本不断地下降。并且，可再生能源发电还面临着规模和稳定性的挑战。体现在：其一，可再生能源的发电量规模偏小。太阳能和风电产生的电量规模，难以与传统化石燃料发电机产生的电量相比拟。而要增加可再生能源的发电量，需要建造更多的发电设施，需要占用更多的土地。这对资金投入和土地资源均构成压力。其二，可再生能源受天气因素的影响大，能源供应的可靠性和稳定性存在挑战。可再生能源发电对于天气的依赖度通常较大，这会影响电力供应的稳定性和可靠性。水电发电机需要下雨来补充供应流动的水，风力涡轮机需要风力来转动叶片，太阳能集热器需要晴朗的天空和阳光来收集热量并发电。

——可再生能源的发展状况

为保障能源安全、保护生态环境、应对气候变化等问题，世界各国对于可再生能源的发展高度重视，纷纷采取政府补贴、便利并网和加大研发投入等方式来鼓励可再生能源的发展，加快开发利用可再生能源已成为国际社会的共识和行动。目前，全球可再生能源开发利用规模迅速增长，成本显著下降，发展可再生能源已成为中国等许多国家推进能源转型和应对气候变化的核心途径。

---

① "Renewable Energy", Wikipedia, March 5, 2018, https://en.wikipedia.org/wiki/Renewable_energy.

② Ibid..

当前，全球可再生能源发展呈现出三个特征：第一，发展可再生能源已成为全球能源转型和实现应对气候变化目标的战略选择。全球能源转型的趋势是先从化石能源体系向低碳能源体系转变，最终转向以可再生能源为主的可持续能源体系。《巴黎协定》的签约国几乎都设定了可再生能源发展目标。

第二，可再生能源已成为重要的替代能源。近年来，欧美等国每年60%以上的新增发电装机来自可再生能源。2016年，全球可再生能源新增发电装机容量165吉瓦，约占新增发电装机容量的2/3，其中，光伏发电装机容量增长74吉瓦，首次超过煤电装机容量的增量。另据IEA的预测，2017—2022年，全球可再生能源装机容量将增长43%，2022年的装机容量将超过920吉瓦。① 这表明全球电力系统建设正在发生结构性转变。特别是在德国等欧洲国家，可再生能源已逐步成为主流能源。

第三，可再生能源的经济性已得到显著提升。随着可再生能源技术的进步及应用规模的扩大，可再生能源发电的成本显著降低。风电设备和光伏组件价格近五年分别下降了约20%和60%。美国风电长期购电协议价和德国新增的新能源电价已基本与传统能源平价，可再生能源发电的补贴强度持续下降，经济竞争能力明显增强。2016年，光伏发电的招标价格已低至3美分/千瓦时。据IEA的预测，2017—2022年，光伏发电、陆上风电和海上风电的成本将分别下降25%、15%和33%。②

为缓解严重的空气污染问题，降低原油进口依赖度，保障国家能源供应安全，中国政府通过财政补贴和便利并网等方式，大力推动可再生能源产业的发展。根据《可再生能源发展"十三五"规划》，中国的可再生能源发展目标是，可再生能源消费占一次能源消费的比重在2020年、2030年分别达15%、20%。目前，可再生能源已成为中国重要替代能源。而且，随着技术快速进步和开发利用规模逐步扩大，中国可再生能源技术装备水平显著提升，逐步成为可再生能源技术产业强国，在全球可再生能源发展领域占据重要的领导地位。根据IEA的统计和预测，中国2016年占全球新增光伏装机容量的份额约为50%，在2017—2020年占全球新增可再生能源装机容量的份额约为40%。③

2017年，中国可再生能源发电量1.7万亿千瓦时，占全部发电量的

---

① International Energy Agency, "Renewables 2017: Analysis and Forecasts to 2022", Executive Summary, Market Report Series, 2017.

② 中华人民共和国国家发展和改革委员会：《关于印发〈可再生能源发展"十三五"规划〉的通知》，2016年12月10日，http://www.ndrc.gov.cn/zcfb/zcfbghwb/201612/t20161216_830269.html。

③ International Energy Agency, "Renewables 2017: Analysis and Forecasts to 2022", Executive Summary, Market Report Series, 2017.

26.4%，其中，水电 11945 亿千瓦时、风电 3057 亿千瓦时、光伏发电 1182 亿千瓦时、生物质发电 794 亿千瓦时，分别同比增长 1.7%、26.3%、78.6%、22.7%。截至 2017 年年底，中国可再生能源发电装机容量达 6.5 亿千瓦，占全部电力装机容量的 36.6%，其中，水电装机容量 3.41 亿千瓦、风电装机容量 1.64 亿千瓦、光伏发电装机容量 1.3 亿千瓦、生物质发电装机容量 1488 万千瓦，分别同比增长 2.7%、10.5%、68.7%、22.6%。[①] 不过，中国可再生能源还面临着体制机制的明显制约：现行电力运行机制不适应可再生能源规模化发展需要；可再生能源发电大规模并网存在技术障碍，存在弃水、弃风、弃光现象；可再生能源对财政补贴的依赖度较高。

——可再生能源和能源效率的合作

开展可再生能源和能源效率的合作，是"一带一路"建设的重要途径，具有迫切的现实需求和广阔的发展潜力。理由在于：一是许多沿线国家经济发展水平较低，严重依赖化石能源，环境污染较为严重，能源技术落后，能源效率较低，清洁能源发展能力不足，发展可再生能源和提升能效的意愿较为强烈；二是许多沿线国家拥有丰富的油气资源和可再生资源，但尚未获得有效开发，不能将资源优势转变为经济优势；三是一些传统化石能源资源较贫乏的国家，迫切需要通过发展可再生资源和提升能效的方式，降低对外能源依赖度，维护其国内能源供应安全。

在中国发布的"一带一路"愿景与行动中，提出要"积极推动水电、核电、风电、太阳能等清洁、可再生能源合作，推进能源资源就地就近加工转化合作，形成能源资源合作上下游一体化产业链"，"推动新兴产业合作，按照优势互补、互利共赢的原则，促进沿线国家加强在新能源领域的深入合作，推动建立创业投资合作机制"。[②] 同时，在《"一带一路"国际合作高峰论坛圆桌峰会联合公报》中，主张"促进可再生能源和能效等领域合作"。同时，《2030 年可持续发展议程》也强调"加强国际合作，促进获取清洁能源的研究和技术，包括可再生能源、能效，以及先进和更清洁的化石燃料技术，并促进对能源基础设施和清洁能源技术的投资"。

为扎实推动中国与"一带一路"沿线国家在能源领域的务实合作，国家发展和改革委员会和国家能源局联合发布了"一带一路"能源合作的愿景和行动，强调坚持绿色发展原则，"积极推进清洁能源开发利用，严格控制污染物及温室气体排放，提高能源利用效率，推动各国能源绿色高效发展"，并将

---

① 丁怡婷：《2017 年可再生能源发电量 1.7 万亿千瓦时》，《人民日报》2018 年 1 月 26 日第 9 版。
② 《推动共建丝绸之路经济带和 21 世纪海上丝绸之路的愿景与行动》，2015 年 3 月 28 日，新华网，http：//www.xinhuanet.com/world/2015-03/28/c_1114793986.htm。

"落实2030年可持续发展议程和气候变化《巴黎协定》，推动实现各国人人能够享有负担得起、可靠和可持续的现代能源服务，促进各国清洁能源投资和开发利用，积极开展能效领域的国际合作"作为一项重点合作领域。为确保"一带一路"可再生能源合作顺利推进，中国政府宣布采取两项行动：一是"继续加强与国际能源署、石油输出国组织、国际能源论坛、国际可再生能源署、能源宪章、世界能源理事会等能源国际组织的合作"；二是"积极实施中国—东盟清洁能源能力建设计划，推动中国—阿盟清洁能源中心和中国—中东欧能源项目对话与合作中心建设。继续发挥国际能源变革论坛、东亚峰会清洁能源论坛等平台的建设性作用"。[①]

在国际能效合作领域，G20分别于2014年、2016年发布的《G20能效行动计划》《G20能效引领计划》是两份最具影响力和代表性的文件。G20成员国一致认为，加强能效合作，可改善经济活动，促进生产率提升，维护能源安全，提高环境效益。作为能源消费量占全球80%以上的用户，G20成员国通过持续提升自身能效，在维持能源供需平衡方面发挥了重要作用。

《G20能效行动计划》为成员国灵活地加强自愿性能效合作提供了切实可行的方案，确定了交通工具（特别是重型卡车）、联网设备、能效融资、建筑、能源管理和发电6个重点领域。成员国可选择参与符合本国工作重点的合作项目，分享知识、经验和资源。

《G20能效引领计划》为成员国加强能效自愿合作提供了全面、灵活和资源充足的长期合作框架。G20成员国可在自愿合作的前提下，秉承"互利、创新、包容、共享"的精神，进一步强化双边和多边国际能效合作。根据《G20能效引领计划》，G20成员国将在交通工具（特别是重型卡车）、联网设备、能效融资、建筑、能源管理、发电以及超高能效设备（SEAD）、"双十佳"（最佳节能技术和最佳实践，TOPTENs）、区域能源系统（DES）、能效知识分享框架、终端用能数据和能效度量11个重点领域开展合作。（本条执笔：王永中）

67. 应对气候变化

——概念的阐述及形成过程

应对气候变化的科学依据主要来自1988年创建的评估气候变化的国际组织"政府间气候变化专门委员会"（IPCC）所发布的多卷气候变化评估报告。

---

① 《推动共建丝绸之路经济带和21世纪海上丝绸之路的愿景与行动》，2015年3月28日，新华网，http://www.xinhuanet.com/world/2015-03/28/c_1114793986.htm。

迄今为止，IPCC已经陆续发布了有关气候变化的5次评估报告。1990年的第一次评估报告指出，地球在过去100年里地面平均温度已经上升了0.3℃—0.6℃，温室气体浓度由工业革命时期的230ml/m³升至353ml/m³，海平面上升10—20厘米。此次报告促成了各国政府间的对话，并推动了1992年《联合国气候变化框架公约》（以下简称《公约》）的建立。第二次评估报告首次提出如果温度升幅较工业化革命前增加2℃，气候变化风险将明显增加。1996年欧盟首次将2℃与二氧化碳当量浓度（即将所有温室气体排放物折算成二氧化碳后的浓度）"不大于550ppm"进行了对应。2014年发布的第五次评估报告指出，未来全球气候变暖还将继续，到21世纪末地球表面平均温度将在1985—2005年的基础上升高0.3℃—4.8℃。报告还评价了现有的有关极端气候事件主要结论的可信度，并从"极端气候事件+脆弱性+暴露程度"的角度剖析了灾害风险的根源，对于各国把风险管理纳入应对气候变化行动的整体框架提供了重要的科学依据。

与其他全球环境问题相比，气候变化问题具有复杂性和特殊性。它不仅是一种纯粹自然现象，还具有社会经济属性。全球层面看，一旦全球气温上升，气候就成了一种公共物品，并且强制各国消费，这种物品可被称为"强制性公共物品"。国内层面看，气候变化具有负外部效应，表现为生产的外部不经济与消费的外部不经济。几乎所有市场参与者的行动都会产生温室气体的排放，包括能源、工业、运输业和土地使用等，由于这种行动所带来的影响成本不能被市场及时反映，甚至不能在当代人中得到反映，就体现为市场失灵。此外，气候变化存在代际影响，如果现在加大对气候变化的应对，那么未来代际可能享受不到他们应有的生活环境，这对于他们来说是不公平的。因此，治理气候变化，有着道德意义。由于当前的国际社会缺乏纯粹的超越国家主权的治理模式，气候问题的特殊属性决定了要应对全球气候变化，国际层面必须通过建立正式的国际合作机制和规则予以解决，制定排放目标，明确排放责任，设立监管机制。

全球共同应对气候变化，不仅反映在《公约》及其框架下的《巴黎协定》文件中，同时还体现在2015年全球193个国家签署的《改变我们的世界：2030年可持续发展议程》中。减少碳排放，走绿色、低碳、可持续发展之路，降低全球变暖的速度是为国际社会所认可的彻底解决气候变暖问题的最有效的方法。

——应对气候变化的主体内容

《公约》为国际社会未来数十年如何控制大气中温室气体的浓度做出了制度安排，是全球应对气候变化的第一部正式、权威、全面的国际合作框架。它由序言和 26 条原文组成，给出了应对气候变化的几大核心要素，即基本原则、减缓与适应、技术与资金、透明度及履约核查。

1. 基本原则

《公约》明确指出，国际社会在应对全球气候变化的过程中必须遵循五项基本原则：其一是"共同而有区别的责任原则、公平原则和各自能力原则"，该原则是国际气候治理机制的重要构成要素，它旨在为发达国家与发展中国家规定不同的减排责任与义务，从而使得该国际机制体现出公平性与合理性的制度特征。其二是"特殊原则"，即应对气候变化必须考虑和尊重特殊发展中国家的国情和需求。其三是"预防原则"，即对可能发生的气候风险，要建立预警和应急机制，做好风险防范。其四是兼顾气候变化与经济发展的"可持续发展"原则，考虑了代际影响、经济和社会的可持续发展等。其五，推动应对气候变化与国际经贸关系协调的"国际合作"原则。

2. 减排安排

一般来说，应对温室效应造成的全球变暖，主要对策有两种：第一，气候减缓，即通过削减未来的温室气体排放量或者增大对温室气体的吸收，减少排放到大气中的温室气体，从而遏制全球变暖的趋势；第二，气候适应，即增强应对气候变化不利影响的能力。其中，减缓性对策包括削减温室气体的排放源和增加温室气体的吸收汇/库。在温室气体减排方面，主要目标有四个，一是减排绝对量的减少；二是二氧化碳排放增长速度的降低；三是碳排放强度的削减，即相对量的减少；四是扩大碳汇吸收，包括森林、土壤、造林以及借助碳捕获和碳吸收技术（CCS）等。相对应的国际层面的政策在《京都议定书》下表现为三机制，即联合履行、排放贸易、清洁发展机制。《巴黎协定》下主要执行目标包括：（1）发达国家切实履行《京都议定书》第二承诺期的承诺，最大化其减缓努力。（2）发达国家兑现其有关支持发展中国家应对气候变化的资金、技术和能力建设方面的承诺，制定切实可行的路线图。（3）强化 2016—2020 年的高级别参与，每两年任命两名高级别倡导者，推动减排行动的落实。此外，加强经验分享，推动适应气候变化的合作行动。（4）加强更高层次的合作网络建设，包括建立非国家行为体气候行动门户网站和平台建设，鼓励公民社会的参与，调动私营部门的积极性，吸引金融机构的参与，以及加强城市层面和其他次国家级层面的合作与行动努力，以全方位推动全球范围内的减排行动。（5）充分发挥市场机制的作用，包括各缔约方制定有力的气候政策，发挥碳定价、碳市场等的作用。

国内层面的政策则包括：经济层面采取碳税、许可贸易、对可再生能源和清洁技术的补贴等；行政层面包括计划指令、技术与产品标准、认证与标识等；以及其他的自发政策，包括签署自愿减排协议，树立环保意识和改变行为等。而适应性政策是在生态、社会或经济系统方面做出调整，以对实际或预期的气候刺激因素及其影响做出趋利避害的反应，提升系统、地区或社区适应气候变化影响的潜力或能力。政策方面包括可持续的基础设施建设、推广节水技术和扩大植树造林、加大生态保护和生态修复力度，加强预警信息系统的建设和灾害应急管理机制的建设等。

3. 资金与技术机制

《公约》第 11 条明确提出要建立促进技术转让的资金机制。规定发达国家可以通过各种双边、区域性和多边渠道筹集履约资金。但对资金和技术的来源、渠道和种类没有具体说明，属于模糊承诺。《巴黎协定》则在技术与资金机制上给予了明确说明。资金方面要求发达国家制定可操作的资金路线图，兑现其 2020 年前向发展中国家提供每年 1000 亿美元资金的承诺，且 2025 年后新的资金援助规模每年不得少于 1000 亿美元。同时通过绿色气候基金和其他公共资金的运作，充分调动多方资源，包括私人部门、多边开发机构以及其他双边或多边渠道资金。技术层面，《巴黎协定》决定加强技术机制由技术执行委员会和气候技术中心与网络牵头，加快气候有益技术的研发和示范推广，加强对新技术需求的评估，以及加强对转让技术的评估，并为技术的开发与转让创造有利的环境，消除发展障碍。

4. 履约核查机制

该机制强调对各国减排承诺要进行定期的通报，保证信息和数据的透明化，并定期对进度进行审查更新。"可测量、可报告、可核实制度"（MRV）体系自在公约框架下被确立后，一直处于被修改、完善的过程中，标准正逐步趋于统一化。《巴黎协定》特别设立一个透明度能力建设倡议，要求国家自主贡献目标只能进不能退，每 5 年进行盘点，同时提出要加强针对透明度的国家机构建设，加强培训和援助，逐步提高透明度。

——全球应对气候变化的主要进展与趋势

1990 年第 45 届联合国大会正式启动了国际社会应对气候变化的进程。1992 年，194 个缔约方国家在联合国环境与发展大会上公开签署了《公约》，于 1994 年正式生效。这一国际公约确立了国际社会普遍认可的低碳发展原则，是国际社会应对气候变化的第一部根本大法。1997 年 12 月《公约》第三次缔约方大会（COP3）签署了包括 28 个条款和 2 个附件在内的《京都议定书》，于 2005 年正式生效。议定书是国际社会应对气候变化的首份强制性量化安排的协议。随着发展中国家整体实力和排放量的快速上升，发达国家开始极力呼吁新的全球减排安排，各缔约国就议定书的第二承诺期（2013—2020 年）及全球范围内更多国家参与减排的国际协议展开谈判，并于2015年年底通过《巴黎协定》，该协定明确提出，要加强对气候变化威胁的全球应对，除了把全球温室气体的平均升温幅度控制在2℃这一目标之外，将1.5℃目标也纳入进来，尽量减少气候变化的长期风险和影响。1.5℃目标是第一次进入全球气候行动的最高政治议程。围绕如何确保《巴黎协定》的有效推进以及不断强化各国的行动力，当前应对气候变化正呈现以下趋势。

第一，气候议程与发展议程、增长议程、贸易投资议程、金融议程等日益融合。为了实现国家自主贡献目标，实现低碳绿色转向，各国必然加强和调整增长战略，利用低碳发展的重要机遇，增加适应气候变化的投资。同时也会加强和调整融资战略，构建绿色金融体系，满足低碳发展的资金需求。

第二，可持续的基础设施投资将成为实现可持续发展目标和经济增长的关键，也是实现框架公约下气候目标的关键。可持续的基础设施投资可以避免锁定高碳投资，给政策制定者制定未来雄心勃勃的减排目标预留余地，从而使全球经济在2050年脱碳成为可能。可持续基础设施投资还可以平衡全球贸易下滑对各国的影响，将为各国创造就业机会，帮助各国更好地应对未来气候的影响。同时，作为可持续基础设施融资的一部分，与气候相关的系统性金融风险披露将推动全球资本的战略再部署，从而创建具有气候韧性的全球金融体系。

第三，应对气候变化的融资模式与创新将逐渐展开。目前发达国家承诺的2020年之后在1000亿美元基础上继续增资的计划已经被推后到2025年，随着美国宣布退出《巴黎协定》，未来依赖公共气候资金来解决气候融资缺口的难度将大大增加。2016年年底，绿色融资首次进入联合国气候治理议程，以解决气候融资不足的难题。2017年年底在德国波恩举行的联合国气候变化谈判（COP23）中，商业和工业部门对气候变化的投资成为讨论的重点之一，绿色金融的作用日益显著。在过去的10年里，一些国家和金融机构已经采取措施促进金融机构和金融市场的绿色转型。自愿标准，例如，"赤道原则"增强了许多金融机构的环境风险管理。全球20多个证券交易所制定了上市公司"环境、社会和治理（ESG）"信息披露指南，建立了许多绿色指数。越来越多的机构包括英国央行和中国工商银行已开始评估气候的财务影响和环境政策变化开始新的环境压力测试的实践。德国、美国和英国已经开发出绿色融资利息补贴和保障程序，以及政府支持的绿色投资银行。英国还建立了绿色发展银行，大力投资绿色项目，吸引私人资金参与。自2012年以来，中国也陆续出台了一系列政策激励措施支持绿色金融。

第四，以跨国城市网络为代表的非主权国家行为体在治理体系中的地位凸显。城市在经济发展、技术创新和人类发展中扮演越来越重要的角色，同时城市也是解决气候问题的主要力量。跨国城市网络即是城市参与气候治理的一个典型模式。该模式的主要特点是：在自愿参与以及平等协商基础上，组建城市间的治理网络和交流平台，以共同推广最佳实践，分享创新的低碳技术和方法，从而实现城市温室气体减排，充分发挥城市在气候治理中的能动性和政治影响力。近些年来，城市联盟已经成为国际气候治理议程设置的重要参与者、气候治理规范的重要推广者、气候合作项目的开展者以及全球低碳和可持续发展实践的最佳分享平台。跨国城市网络参与国际气候治理的方式有两种：第一种是建立内部的组织框架，会员需要做出行动承诺，并接受联盟的监督，联盟也会为会员提供交流学习平台，允许会员间进行信息共享，促进气候技术的传播与推广，是气候治理的"创新活动家"。第二种是参与外部治理，包括通过游说、倡议、报告等对政府和多边进程施加影响力，以获得更多的政策支持和项目资助，并通过网络将人、物资、信息聚集在一起，通过类聚效应在城市层面推动与低碳发展相关的规范和技术的扩散。（本条执笔：田慧芳）

68. 可持续发展

——"可持续发展"的概念阐述与形成过程

可持续发展是一个备受政府、学者、业界关注的概念。不同领域的学者从不同视角对这一概念进行过描述和解释。生态学家认为可持续发展就是要加强生态和环境系统的生产和更新能力；社会学家认为可持续发展既是在不超出生态系统承载极限情况下，实现人类生活质量的提升；经济学者则从成本效益视角分析，认为可持续发展的目标是在环境保护基础上，实现社会福利水平的持续增加。1987年世界环境与发展委员会在提交联合国的《我们共同的未来》报告中曾提出一个被广泛接受的可持续发展的权威定义：可持续发展是"既满足当代人的需要，又不对后代人满足其需要的能力构成危害的发展"。随后这一定义在1992年联合国环境与发展大会暨地球问题里约首脑会议（"里约+20"，或Rio+20会议）的第一份全面的人类可持续发展规划《21世纪议程》中被进一步给予系统阐述。《21世纪议程》将可持续发展分为四个维度，分别为经济与社会的可持续发展；可持续发展的资源利用与环境保护；社会公众与团体在可持续发展中的作用；可持续发展的实施手段和能力建设。每个维度又分为四个层面，分别是可持续发展的主要体系（经济与社会、资源与环境、公众与社团、手段与能力）、基本方面、方案领域和行动举措。议程还在充分尊重各国的差异，尤其是发达国家和发展中国家之间的责任和义务差异基础上，制订了78个方案领域的2500多项行动计划，包括扶贫、保护大气、海洋和生活多样化，以及促进可持续农业、改变消费和生产方式避免资源的过度浪费等，成为指导国际社会实现可持续发展的纲领性文件。

1972年美国经济学家Donella Meadows发表了著名的《增长的极限》，该书从人口与环境的视角，论述了人口增长可能带来的环境压力。书中提出，由于世界人口增长、粮食生产、工业发展、资源消耗和环境污染这五项基本因素的运行方式是指数增长而非线性增长，而人口、经济所依赖的粮食、资源和环境却是按照线性方式发展，如果不进行治理，直接的结果将是不断增长的人口很可能耗尽地球上有限的自然资源，从而导致地球生态系统的毁灭。通过定量研究，Meadows小组认为，要改变这种恶性增长的趋势，纯粹技术上的、经济上的或法律上的措施和手段不可能带来实质性的改善，唯一可行的办法是建立稳定的生态和经济条件，限制增长，使社会改变方向，向均衡的目标前进。

之后联合国在瑞典斯德哥尔摩召开了人类历史上第一次全球范围的人类环境会议，这是人类社会第一次正式的大规模环境会议，113个国家的超过1万多名代表列席会议，并最终公布了著名的《联合国人类环境会议宣言》，宣布了37个共同观点和26项共同原则，以及109条保护全球环境的"行动计划"。此次会议是全人类第一次正式直面环境问题挑战的起始点，并促进了联合国环境规划署的建立，标志着全球可持续发展行动合作正式开启。1983年3月，联合国成立了环境与发展委员会（WCED），负责制定长期的环境对策以及开展能使国际社会更有效地解决环境问题的途径和方法的研究，该委员会于1987年发表了著名的《我们共同的未来》报告，报告从"共同的问题""共同的挑战"和"共同的努力"三大方面展开论述，首次将环境保护提升到人类可持续发展的高度。

——"可持续发展"的实践与内涵演变

1992年，联合国在巴西里约热内卢召开了联合国历史上最重要的一次环境与发展大会暨地球问题里约首脑会议，即有名的Rio+20会议，183个国家代表团和70个国际组织共同就兼顾经济增长、社会发展和环境保护的可持续发展达成一项全球计划，即上文提及的《21世纪议程》。它为各国政府、联合国组织、发展机构、非政府组织和独立团体采取措施实现可持续发展提供了蓝图。为了全面支持《21世纪议程》在全球范围内的落实，联合国可持续发展委员会（CSD）由联合国大会于1992年12月批准成立，旨在确保联合国环境与发展会议（UNCED）（地球问题首脑会议）后续行动的有效开展。该委员会有53个成员，是联合国经济及社会理事会下的一个重要委员会，主要负责审查《21世纪议程》和《关于环境与发展的里约宣言》的执行进展情况，同时也为《约翰内斯堡执行计划》在地方、国家、区域和国际层面的后续行动提供政策指导。

  1994年小岛屿发展中国家可持续发展全球会议通过了《关于小岛屿发展中国家可持续发展的巴巴多斯行动纲领》，为小岛屿发展中国家的可持续发展制定了具体行动和措施。1997年联合国大会特别会议（地球问题首脑会议五周年特别会议）通过了《进一步执行21世纪议程方案》，其中列出了1998—2002年可持续发展委员会工作方案。2002年可持续发展问题世界首脑会议（南非约翰内斯堡）评估了自1992年地球问题首脑会议以来进展中遇到的障碍和取得的成就。

  进入21世纪，人类面临的生态基础将越来越脆弱，联合国千年发展目标应运而生。2000年，联合国元首和政府首脑会议在纽约召开，会议最终通过了《联合国千年宣言》，并针对如何消除贫困，制定了一系列量化目标。"千年发展目标"（MDGs）的总目标有8项，包括了经济、社会、环境和国际合作4个方面，但以消除极端贫困、饥饿和疾病预防为主要目标。《联合国千年宣言》的最后截止时间均为2015年。

  2002年，联合国秘书长启动了"千年项目"。2005年，由杰佛里·萨克斯教授领导的独立咨询机构将其最终建议拟成一份综合报告——《投资与发展：实现千年发展的切实计划》，并且提交给了秘书长。2005年9月，联合国成员国元首和政府首脑再次集会，利用这次难得的机会在发展、安全、人权和联合国改革等领域做出了诸多积极的决策，并得到各层次团体，包括民间团体的热烈回应。在千年发展目标的特别活动上，时任联合国秘书长潘基文将向联合国会员国介绍他的新报告，"人人过上有尊严的生活"。在会员国通过的成果文件中，世界各国领导人重申实现千年发展目标的承诺，同意于2015年9月举行高级别首脑会议，采取一组实现千年发展的新目标。2013年9月23日，秘书长举办了高级别论坛，为促进和加快实现千年发展目标采取进一步行动，并进一步加强之后的成果。可以说，MDG是联合国历史上最重要的全球发展目标。这一阶段经过20多年的发展演化，全球可持续治理已经形成了包含经济发展、社会进步和环境保护三个支柱及以消除贫困、保护自然、转变不可持续的生产和消费方式为核心要素的综合发展框架。国际社会在推进经济发展、消除饥饿与贫困、改善民生等方面取得了积极进展。各国将MDGs融入各国的长期发展战略，并开展了形式多样的国际合作，加大了对可持续发展思想的宣传与培训。

  但遗憾的是全球发展并未真正转向"可持续"的轨道。根据联合国的相关评估，在经济社会维度，可持续发展虽然取得了显著进展，但依然存在极端贫困人口比例高、各国发展差距大、性别不平等、难民等问题。在环境维度方面的形势则更为严峻，90个最重要的环境目标中，包括气候变化、沙漠化和干旱等在内的24个目标几乎没有进展，有8个目标状况甚至出现退化。尽管少数地区环境治理取得积极进展，但全球环境总体状况在恶化，环境问题的地区分布失衡加剧。

——从MDGs到SDGs：全球可持续发展的新一轮改革

2015年是千年发展议程及其确定的千年发展目标的最后截止年，因此自2010年起，联合国各机构就启动了制定2015年后的全球发展议程的工作。

2012年，国际可持续发展领域再次回到巴西里约，举行了又一次大规模、高级别的"Rio+20"会议。会议邀请来自政府、私营部门、非政府组织和其他利益相关者参加，以评估全球可持续发展所取得的进展。此次会议围绕三大目标展开讨论：评估现有承诺的进展与实施差距；新的可持续发展承诺；识别全球新挑战。议题方面也集中讨论绿色经济如何推动全球可持续发展，以及消除贫困，建立完善的发展框架改革等方面。此次会议的一个重大背景是2008年爆发的全球金融危机。各国试图寻求新的增长点，以摆脱危机。绿色经济从而走上了人类历史的舞台，代表产业经济结构转型的"绿色新政"应运而生。随后的"Rio+20"峰会上也通过了《我们期望的未来》。《我们期望的未来》的主要目标是设计2015年后的全球可持续发展目标。此次会议上，联合国提出了新一轮全球可持续发展治理改革的方向和标准，包括建立包容性的发展框架，将不同的主权国家、非国家行为主体、社会团体和个人等纳入可持续发展框架中；建立起支持可持续发展的稳定的资金流；提高行政效率；加强实施的能力建设；建立动态反映自然和社会系统变化的有效方法和指标；建立强有力的问责机制和透明度保障措施等。最终于2015年9月，世界各国领导人在历史性的联合国首脑会议上一致审议通过《2030年可持续发展议程》。通过的《2030年可持续发展议程》的17项可持续发展目标于2016年1月1日正式生效。在接下来的15年中，随着这些普遍适用于所有人的新目标的出台，各国将努力结束各种形式的贫困，打击不平等并应对气候变化，同时确保不会有人落在后面。

可持续发展目标也称为全球目标，它以千年发展目标（MDGs）的成功为基础，旨在进一步消除所有形式的贫困。新目标的独特之处在于，它呼吁所有国家，无论贫穷、富裕还是中等收入水平采取行动来促进繁荣，同时保护地球。同时新议程也认识到，消除贫困必须与促进经济增长的战略相结合，并在应对气候变化和环境保护的同时满足一系列社会需求，包括教育、健康、社会保护和就业机会。新的可持续发展议程把环境目标、社会目标以及经济目标作为具有同等重要意义的三根支柱，列出17个可持续发展目标（SDGs）。由于

1990年以来全球二氧化碳排放量增加超过50%，而应对气候变化行动在旧千年发展目标中的进展并不如意，因此《2030年可持续发展议程》把应对气候变化目标（SDG13）单独列出，旨在到2020年，每年募集1000亿美元资金，满足发展中国家需要，减缓气候相关的灾害，同时增强内陆国家及岛国等易受影响地区的抵御风险能力和适应能力。第三次发展筹资问题国际会议提出的"亚的斯亚贝巴行动议程"则为可持续目标的实施提供了具体的政策和行动。可以说，联合国2030年可持续发展目标中的多项环境目标同时为未来15年全球环境治理指明了方向。（本条执笔：田慧芳）

69. 贸易投资便利化

贸易投资便利化是按照国际通行的规范、标准和惯例，通过综合协调实施的简化国际贸易投资程序，消除国际贸易投资障碍，降低国际贸易活动和资本流动过程中的交易成本，保证贸易投资过程的高效性、透明性以及可预见性的一系列举措的过程。具体来说，贸易投资便利化又可细分为贸易便利化和投资便利化。世界贸易组织（WTO）最早是在1996年新加坡部长级会议上将贸易便利化列入工作日程，而投资便利化最早作为独立议题被提出则是在2008年亚太经合组织（APEC）发布的《投资便利化行动计划》（IFAP）中。

——贸易投资便利化的定义

关于贸易便利化，不同国际组织或机构给出了各自的定义。WTO认为贸易便利化是对进出口流程的简化（simplification）、现代化（modernization）和协调化（harmonization）。[1] WTO所说的进出口或国际贸易流程，包括国际贸易中与商品转移所需的数据和信息的收集、展示、交流和处理相关的各项活动、实践和程序。[2] 世界银行认为贸易便利化包括放宽边境限制、实施外汇市场自由化等一系列复杂的边境措施和边境后措施，广义上还包括从制度和监管改革到提升海关和港口效率的广泛举措。[3] 世界银行聚焦于在基础设施投资、海关现代化和过境环境、精简文件需求和信息流动、自动化和电子数据交换、港口效率、物流和运输服务的监管与竞争、多式联运、运输安全等领域促进贸易便利化。[4] 经济合作与发展组织（OECD）认为贸易便利化是精简（streamlining）

---

[1] WTO, Trade facilitation, https://www.wto.org/english/tratop_e/tradfa_e/tradfa_e.htm.
[2] WTO, Trade facilitation, http://gtad.wto.org/trta_subcategory.aspx?cat=33121.
[3] World Bank, Trade Facilitation, http://go.worldbank.org/QWGE7JNJG0.
[4] World Bank, Trade Facilitation in the World Bank, http://siteresources.worldbank.org/INTRANETTRADE/Resources/Topics/Trade_Facilitation_Brochure_July_2005.pdf.

和简化（simplifying）国际贸易流程。① 联合国贸易和发展会议（UNCTAD）认为贸易便利化是根据简单和标准化的海关流程、文件要求、货物和过境操作以及贸易与运输公约安排等，来建立一个透明（transparent）、一致（consistent）和可预测（predictable）的边境交易环境。广义来说，任何可以简化贸易过程从而减少交易周期时间和成本的举措都可归结到贸易便利化的范畴之中。具体来看，UNCTAD 认为贸易便利化涵盖的措施包括：（1）贸易交易的手续、程序和文件，采取标准化和电子化的信息；（2）改进货物运输服务、法律框架、运输和通信基础设施，使用现代信息技术工具；（3）政府、服务供应商和贸易商等主体之间设立贸易便利化机构等磋商机制，及时讨论和分享贸易相关的信息。② 世界海关组织（WCO）认为贸易便利化就是避免不必要的贸易限制，而这可以通过运用现代技术和方法、以国际协调的方式改善管制质量来实现。③ APEC 认为贸易便利化是对海关及其他阻碍、延迟或增加跨国界货物运输成本的行政程序的简化和合理化，换言之，即削减进口商和出口商在边境上的繁文缛节，帮助商品能以更加高效、更低成本的方式实现交付。④

关于投资便利化，各机构的定义也有所不同。APEC 给投资便利化的定义是政府为吸引外国投资而采取的行动，这些行动在投资周期的各个阶段发挥作用，以实现管理有效性和效率最大化。投资便利化举措覆盖了广泛的领域，最终的重点在于允许投资高效流动并获得最大收益。投资便利化最重要的原则是透明度、简单性和可预测性。⑤ UNCTAD 认为投资便利化是旨在使投资者在东道国更容易建立和扩大投资并开展日常业务的一系列政策和行动。投资便利化重点是减少投资落地的障碍，例如，改进透明度和投资者对信息的获取，为投资者更高效地办理行政手续，抑或提升政策环境对投资者的稳定性和可预测性。⑥ OECD 也认为投资便利化是为了方便投资者新设或扩大已有投资。为此，由一个部门授权即可的一站式服务能够降低投资许可程序的交易成本，是实现便利化的关键要素。投资便利化的核心任务是填补由现有政策中的不一致或不准确造成的信息差距。⑦

---

① OECD, Trade facilitation, http：//www.oecd.org/tad/facilitation/.
② UNCTAD, Trade facilitation handbook, Part I national facilitation bodies: lessons from experience. http：//unctad.org/en/Docs/sdtetlb20051_en.pdf.
③ WCO, What is Securing and Facilitating Legitimate Global Trade, http：//www.wcoomd.org/en/topics/facilitation/overview/customs-procedures-and-facilitation.aspx.
④ APEC, APEC's Second Trade Facilitation Action Plan, APEC paper 207 – SE – 05, 2007.
⑤ APEC, APEC Investment Facilitation Action Plan (IFAP), 2008/MRT/R/004, 31 May 2008.
⑥ UNCTAD, Investment Facilitation: *A Review of Policy Practices*, February 2017, http：//investmentpolicyhub.unctad.org/Upload/Documents/Investment-Facilitation_Review%20Note%203%20feb.pdf.
⑦ OECD, Draft chapter: Investment promotion and facilitation, 2014, https：//www.oecd.org/daf/inv/investment-policy/PFI-update-investment-promotion-and-facilitation.pdf.

贸易便利化和投资便利化都强调通过对程序与手续的精简，让贸易或投资的政策环境更加透明、稳定和可预测，降低交易费用。在研究和政策实践中，贸易便利化和投资便利化常常被合称为贸易投资便利化。

——贸易投资便利化的测量

测量贸易便利化水平的指标体系最具代表性的是世界经济论坛（WEF）在《全球贸易促进报告》中发布的贸易促进指数（Enabling Trade Index，ETI）。2016年该报告对全球136个经济体在市场准入、边境管理、基础设施、商业运营环境4大方面7个支柱（国内市场准入、外国市场准入、边境管理有效性和透明度、运输基础设施的可获得性和质量、运输服务的可获得性和质量、信息通信技术的可获得性及使用情况、商业运营环境）的表现进行评估。其中，市场准入包括国内市场准入和外国市场准入两个支柱，用来衡量一个国家的市场保护水平以及出口商在目标国市场所面临的保护水平。国内市场准入主要评估一国贸易政策中关税保护的水平和复杂程度，包括贸易加权的平均关税水平、进口免税商品占比、通过关税变动幅度、关税高峰与从量关税的多寡、关税种类数量所表示的关税制度复杂性等，共有6项具体指标。外国市场准入主要评估一国出口商在目标市场面临的关税壁垒，包括该国面临的平均关税水平，以及通过双边或区域贸易协定或被授予贸易优惠而在目的地市场获得的优惠幅度2项指标。边境管理有效性和透明度，主要衡量与货物进出口相关的效率、透明度和成本，包括对海关及相关机构提供的关键服务的范围、质量和综合水平的评估，对通关时间、成本及所需文件数量的评估，以及对边境流程在时间上的可预测性和透明度的评估，对通关过程中腐败的评估等共计13项指标。运输基础设施的可获得性和质量，主要测量国内公路、航空、铁路和港口基础设施的可获得性和质量，以及空中及海上航线的互联互通程度等，共有7项指标。运输服务的可获得性和质量，包括运输及物流企业的数量和能力，运输的便利性、成本和及时性以及邮政效率等6项指标。信息通信技术的可获得性及使用情况，包括国内民众、企业和政府使用移动电话和互联网的情况，互联网接入质量，以及充分利用互联网的潜力等，共计7项指标。运营环境，评估了一国产权保护水平，公共机构的质量和公正性，执行合同的效率，金融可获得性，对外开放程度（包括对外国资金和劳动力的开放），犯罪发生率和恐怖主义活动数量所表示的个人安全水平等，共计16项指标。[①]

测量投资便利化水平最具代表性的指标体系是世界银行从2003年开始发布的《营商环境报告》里的营商环境指数。《营商环境报告》将企业投资经营

---

① 相关内容参见 WEF, The Global Enabling Trade Report 2016, http://wef.ch/getr16。

分为开办企业、办理施工许可证、获得电力、登记财产、获得信贷、保护少数投资者、纳税、跨境贸易、执行合同、办理破产、劳动市场监管11个一级指标，并分别下设3—4个二级指标构建了一套比较完整的投资便利化评价体系。

——贸易投资便利化的实施

贸易投资便利化的实施在国家、区域和全球三个层面展开。首先，各国出于提升本国商品竞争力的考虑，可能自主或与伙伴国以双边方式采取扩大市场准入、改善边境管理、提升基础设施和互联互通水平、发展信息通信技术、实施更透明和可预测的贸易投资政策等贸易投资便利化措施。例如，新加坡在1989年建立了世界上第一个"单一窗口"，综合了35个边境机构的职能，大大提升了通关效率，减少了企业通关成本。

其次，区域层面的经济合作中对贸易投资便利化的强调越来越多，区域贸易安排已经越来越广泛地纳入了贸易投资便利化条款。区域贸易安排最初的贸易投资便利化只涉及相关费用削减、通关程序透明度等，后来加入了减少贸易单证、精简边境机构等举措，再后来不仅强调边境措施，一些更加复杂的边境后措施也成为区域贸易安排中贸易投资便利化的内容。APEC是大力提倡贸易投资便利化的区域合作组织之一，长期将单一窗口、经认证的经营者以及建立电子化程序等作为区域贸易便利化目标，已经先后实施了两轮贸易便利化行动计划并提出了投资便利化行动计划。

最后，多边体制下，一些国际组织致力于推进贸易投资便利化在全球层面的拓展。OECD根据WTO谈判的相关贸易政策建立了由16个指标构成的贸易便利化指数，据此对各国在不同发展阶段应当优先采取的贸易便利化举措提出建议。世界银行和联合国贸易和发展会议也在近年加强对投资便利化议题的研究，从各自角度为投资便利化措施提供国际参考标准。2017年2月22日，卢旺达、阿曼、乍得和约旦4个WTO成员向WTO递交了《贸易便利化协定》的批准文件。至此，批准《贸易便利化协定》的成员已达112个，超过《协定》生效所需达到的WTO成员总数2/3的法定门槛，协定正式生效并对已批准协定的成员正式实施。2017年4月，中国牵头巴西、阿根廷、尼日利亚等发展中成员组成"投资便利化之友"，共同推动该议题在WTO中的讨论。

以平等、开放、透明为原则的亚欧伙伴关系是俄罗斯首倡、中国支持、亚欧国家和地区组织参与的经济合作倡议。2017年5月15日发布的《"一带一路"国际合作高峰论坛圆桌峰会联合公报》，将"以平等、开放、透明为原则的欧亚伙伴关系"确定为"一带一路"倡议与之沟通协调，从而为推进互联互通和可持续发展带来合作机遇的国际、地区和国别合作框架和倡议之一。

（本条执笔：冯维江）

70. 人文交流与合作

——民心相通指引下的人文交流与合作

人文交流与合作历来是中国对外交往中的一大主题,"一带一路"倡议也不例外。事实上,虽然倡议有着强调基础设施建设和经济发展的突出"硬性"特征,但是这并不代表其忽视了关于人的"软性"交流与合作。相反,人文交流与合作自倡议甫一提出起就被确立为后者的重要内容和长期基础,并且被提炼为民心相通这一概念,成为倡议所主张的互联互通中的一大领域,是各国通过倡议框架下的全面深入合作最终形成人类命运共同体的一大支柱。2013 年 9 月,中国国家主席习近平在访问哈萨克斯坦时正式提出了"丝绸之路经济带"和"五通"的概念。其中,特别强调了"国之交在于民相亲","搞好上述领域合作,必须得到各国人民支持,必须加强人民友好往来,增进相互了解和传统友谊,为开展区域合作奠定坚实民意基础和社会基础"。① 这一表述奠定了人文交流与合作在推进"一带一路"倡议中的作用和定位,确定了民心相通是实现政策沟通、设施联通、贸易畅通和资金融通的长期基础。这一定位高度肯定了人文交流与合作的重要意义。

2013 年 10 月,习近平在印度尼西亚国会的演讲中提出了共建"21 世纪海上丝绸之路",在这次讲话中他更为具体地阐述了民心相通的内容与方式。习近平强调"合抱之木,生于毫末;九层之台,起于累土",要想友谊之树常青,就必须夯实双方关系的社会土壤,"交往多了,感情深了,心与心才能贴得更近"。为此,应当促进青年、智库、议会、非政府组织和社会团体之间的友好交流,在增进了解和友谊之外还要为双边关系的发展提供智力支持,互相促进文化、教育、卫生和医疗事业的发展。② 在 2014 年年底的互联互通对话会上,习近平进一步阐述了"五通"的全面内涵,指出互联互通"不仅是修路架桥,不光是平面化和单线条的联通",而是"基础设施、制度规章、人员交流三位一体"。③ 因此,民心相通指引下的人文交流与合作根本上是要推动人员在不同国家间的双向交流,最终是要构成与物理联通、制度联通并列的人文联通。其交流主体在狭义上是公民个人和民间团体,广义上则是包括议会和政党在内

---

① 习近平:《弘扬人民友谊 共创美好未来——在纳扎尔巴耶夫大学的演讲》,《人民日报》2013 年 9 月 8 日第 3 版。
② 习近平:《携手建设中国—东盟命运共同体——在印度尼西亚国会的演讲》,2013 年 10 月 3 日,新华网,http://www.xinhuanet.com/world/2013-10/03/c_117591652.htm。
③ 习近平:《联通引领发展,伙伴聚焦合作——在"加强互联互通伙伴关系"东道主伙伴对话会上的讲话》,《人民日报》2014 年 11 月 9 日第 2 版。

的除一国行政部门以外的所有社会群体。同时这一交流主要集中于旅游、文化、教育、科技、卫生等"软"领域。

对于如何更好地实现民心相通，习近平也在不断总结和提出一些基本方针和原则。首先，民心相通是要构建"民众加强感情、沟通心灵的柔力"，以"配合政治、经济、安全合作的刚力"，因此必须真正地以平等的姿态进行双向的沟通与互动，不能将民心相通简单地理解为以利诱人。这正如习近平所说："以利相交，利尽则散；以势相交，势去则倾；惟以心相交，方成其久远。"[①] 其次，还应当认识到人文交流虽然看上去简单，但是实际上要比修路架桥、商旅往来甚至政府合作都要更加困难。不同社会要想真正实现互相尊重、互相交流、互相理解绝非一朝一夕之事。因此，习近平在人文交流与合作上经常提醒"民心交融要绵绵用力，久久为功"。[②] 在实际推进民心相通的过程中，要格外注意民心工程的长期性和艰巨性，切忌急于求成。

——人文交流与合作的进展与成就

民心相通指导下的人文交流与合作主要可以分为三大类：一是各国公民层面的交流，这既包括自发的跨国旅行，也包括国家推动的留学、技术人员交流；二是各国机构层面的交流，主要是在各个相关领域形成互助网络，加强专业领域的交流与合作；三是由各国政府搭建的双边或者多边的文化交流机制，或者制定的推进各国社会交流的文化产业和贸易发展规划。目前，"一带一路"倡议框架下的人文交流与合作在上述三个方面均取得了丰硕的成果，有力地支持了中国与其他参与国在政治、经济领域的务实合作。

在公民层面的交流上，近年来中国赴"一带一路"倡议合作国家旅行的总人次迅速上升，2017年的数字已经达到了2015年的2.7倍。目前，"一带一路"国家间的国际旅游已经占全球旅游的70%以上，仅中国与各参与国的双向旅游规模就超过2500万人次。整个"十三五"期间，中国预计将向各倡议参与国输送1.5亿人次的游客，拉动超过2000亿美元的旅游消费；同时还将从这些国家吸引8500万人次的游客，拉动约1100亿美元的旅游消费。[③] 除出入境旅游外，"丝绸之路"留学推进计划同样进展得如火如荼。除了既有的留学项目外，中国

[①] 习近平：《共创中韩合作未来，同襄亚洲振兴繁荣——在韩国国立首尔大学的演讲》，《人民日报》2014年7月5日第2版。

[②] 习近平：《共同开创中阿关系的美好未来——在阿拉伯国家联盟总部的演讲》，2016年1月21日，新华网，http://www.xinhuanet.com/world/2016-01/22/c_1117855467.htm。

[③] 《中国旅游业："一带一路"都是景 加快发展正其时》，2017年5月20日，人民网，http://travel.people.com.cn/n1/2017/0520/c41570-29288338.html；《"十三五"期间我国将吸引"一带一路"沿线国家旅游人数8500万人次》，2017年9月14日，央广网，http://news.china.com/news100/11038989/20170914/31393273.html。

还设立了"丝绸之路"中国政府奖学金,每年提供 1 万个奖学金新生名额。截至 2017 年年底,"一带一路"沿线国家在华留学生达到了 31.72 万人。同样,自 2012 年以来,中国共有 35 万人赴"一带一路"倡议参与国留学,仅 2016 年一年就达到了 7.5 万人。此外,在专业技术人员的交流方面,中国着力打造了"丝绸之路文化之旅""丝绸之路文化使者""青年汉学家研修计划"等交流项目,计划到 2020 年时能够使得年度双边文化交流规模达到 3 万人次。①

在机构层面的交流上,教育机构之间的合作首先伴随着人员流动的迅速提升而走向深入。自 2013 年以来,中国先后与 46 个国家和地区签订了学历学位互认协议;截至 2016 年年底,共有 2539 个中外大学合作办学,其中中国在 14 个"一带一路"倡议参与国设立了 4 个机构和 98 个办学项目。② 除合作办学以外,孔子学院项目同样是在教育领域进行国际人文交流与合作的重要途径。截至 2017 年年底,全球 146 个国家已经建立起 525 所孔子学院和 1113 所孔子课堂,基本上实现了对倡议参与国的全方位覆盖。在功能上,除了语言教学以外,孔子学院还推出了外国汉学研究者访华、外国汉语教师来华研究等多种交流项目。③ 除教育机构外,促进中外智库的合作同样是倡议框架下人文交流的重要部分。当前,"一带一路"国际研讨会、"一带一路"智库合作联盟等高端学术交流平台和合作机制正不断完善之中。国内高等院校和研究机构已经建立了超过 300 家的"一带一路"研究平台,参与"一带一路"研究的外国知名智库已有 50 多家。"一带一路"国际智库合作联盟正在不断壮大,智库间的交流与合作也在不断深入。此外,中国还在积极推动建立"丝绸之路国际剧院联盟""丝绸之路国际图书馆联盟""丝绸之路国际博物馆联盟""丝绸之路国际美术馆联盟"和"丝绸之路国际艺术节联盟"等文化领域的专门机构间的合作网络构建,在国际上引起了强烈反响。④

在政府层面的交流上,中国高度重视在政府间合作框架中加入人文交流与合作的内容。在与各倡议参与国签署的关于"一带一路"的政府间备忘录中,中国多次强调要加强在这一领域的合作。截至 2016 年年底,中国已经与相关国家签订了 318 个政府间文化交流合作协定,并按照协定互相设置了 11 个文化中心,举办了包括教育交流年、文化旅游年在内的多种正式交流活动。⑤

---

① 《推进与"一带一路"沿线国家民心相通成果丰硕》,《新民晚报》2017 年 5 月 11 日。
② 陈万灵:《引领"一带一路"人文交流合作的"金砖路径"》,《亚太经济》2017 年第 3 期。
③ 赵麦茹:《"一带一路"建设中的人文交流基地建设研究》,《南京理工大学学报》(社会科学版)2017 年第 3 期。
④ 《推进与"一带一路"沿线国家民心相通成果丰硕》,《新民晚报》2017 年 5 月 11 日。
⑤ 韩业庭:《以文化为媒促交流合作——"一带一路"人文交流与合作取得新进展》,《光明日报》2017 年 4 月 14 日第 3 版。

2017年，为了整合现有的人文交流与合作项目，中国文化部制订了《"一带一路"文化发展行动计划（2016—2020）》，提出了建设"一带一路"国际交流机制、国内合作机制，完善"一带一路"文化交流合作平台，建立沿线国家文化中心，搭建"一带一路"文化交流合作平台的整体计划，着力打造包括"丝绸之路文化使者"在内的文化交流品牌。① 此外，在中央和地方政府的共同推动下，中国还迅速展开了"一带一路"友好城市群的建设。截至2017年5月，中国已经与相关国家的245个省、州一级政府建立了491对友好城市，通过以点带线的方式有力拉动了不同社会之间的多层次交往，促进了各国人民的彼此了解。②

对于"一带一路"倡议框架下的人文交流与合作，习近平还多次强调了智库在其中可以发挥的作用。在广度上，习近平呼吁沿线各国在教育、科技、文化、体育、旅游、卫生、考古等各个人文领域中建立交流平台，共同打造"一带一路"智库合作网络。在深度上，习近平要求智库"切实推进舆论宣传，积极宣传'一带一路'建设的实实在在成果，加强'一带一路'建设学术研究、理论支撑、话语体系建设"。这指明了智库在"一带一路"倡议推进中的应有专长和优势。包括智库在内的研究机构应当在前期评估、中期规划和后期宣传等各合作环节中起到汇聚民意、沟通民情、拉近民心的作用，为推进"一带一路"倡议、建设人类命运共同体做出贡献。

个人、机构和政府层面的多层次人文交流与合作有效地促进了倡议各参与国之间的社会交往和了解，有力配合了各方在政治、经济领域中的务实合作。

（本条执笔：肖河）

71. 文明交流与互鉴

——"文明交流与互鉴"概念阐述及形成过程

强调各种文明均有其长处，不同文明之间应该通过交流（包括对话）以借鉴彼此的优势，从而维护世界和平、实现共同繁荣。这是中国领导人过去几年里戮力推动的外交理念与实践。

2014年3月底，习近平在联合国教科文组织的讲话中表示，"文明因交流而多彩，文明因互鉴而丰富。文明交流互鉴，是推动人类文明进步和世界和平

---

① 《文化部"一带一路"文化发展行动计划（2016—2020年）》，2017年1月6日，新华网，http://www.xinhuanet.com/culture/2017-01/06/c_1120256880.htm。
② 何亚飞：《"一带一路"助推中外文化交流》，2017年9月14日，FT中文网，http://www.ftchinese.com/story/001074288。

发展的重要动力"。① 这是"一带一路"倡议提出后，中国领导人在国际重要场合首次力推文明交流与互鉴。

2014年6月28日，习近平在和平共处五项原则发表60周年纪念大会上的讲话中强调，"文明多样性是人类社会的基本特征。当今世界有70亿人口，200多个国家和地区，2500多个民族，5000多种语言。不同民族、不同文明多姿多彩、各有千秋，没有优劣之分，只有特色之别"。因此，"我们要尊重文明多样性，推动不同文明交流对话、和平共处、和谐共生，不能唯我独尊、贬低其他文明和民族"。②

在2015年3月28日公布的《推动共建丝绸之路经济带和21世纪海上丝绸之路的愿景与行动》中，在"时代背景"部分提出"增进沿线各国人民的人文交流与文明互鉴"，在"框架思路"部分提出"人文交流更加广泛深入，不同文明互鉴共荣，各国人民相知相交、和平友好"。最后的"共创美好未来"部分则提到，"一带一路"是一条互尊互信之路，一条合作共赢之路，一条文明互鉴之路。

在2015年3月29日博鳌亚洲论坛主旨演讲中，习近平强调"必须坚持不同文明兼容并蓄、交流互鉴"，"要促进不同文明不同发展模式交流对话，在竞争比较中取长补短，在交流互鉴中共同发展，让文明交流互鉴成为增进各国人民友谊的桥梁、推动人类社会进步的动力、维护世界和平的纽带"，并倡议召开亚洲文明对话大会。③

2016年4月28日，习近平在亚信第五次外长会议开幕式上的讲话中，提到要"推动不同文明交流互鉴"。④

2016年4月29日，中共中央政治局就历史上的丝绸之路和海上丝绸之路进行第三十一次集体学习，强调人文交流、文化建设，是"一带一路"建设的应有之义。积极推动"一带一路"成为文化交流之路、文明对话之路，通过深耕"一带一路"，共谋文化发展，共促文明互鉴。⑤

---

① 习近平：《在联合国教科文组织总部的演讲》，2014年3月28日，新华网，http://www.xinhuanet.com/world/2014-03/28/c_119982831_2.htm。

② 习近平：《弘扬和平共处五项原则 建设合作共赢美好世界——在和平共处五项原则发表60周年纪念大会上的讲话》，2014年6月28日，人民网，http://politics.people.com.cn/n/2014/0628/c1024-25213331.html。

③ 习近平：《迈向命运共同体 开创亚洲新未来——主席在博鳌亚洲论坛2015年年会上的主旨演讲》，2015年3月29日，新华网，http://www.xinhuanet.com/politics/2015-03/29/c_127632707.htm。

④ 习近平：《凝聚共识 促进对话 共创亚洲和平与繁荣的美好未来——在亚信第五次外长会议开幕式上的讲话》，2016年4月28日，新华网，http://www.xinhuanet.com/2016-04/28/c_1118761158.htm。

⑤ 谢金英：《让"一带一路"成为文明对话之路》，2016年5月4日，新华网，http://www.xinhuanet.com/comments/2016-05/04/c_1118795453.htm。

八 核心概念

2017年1月18日,习近平在联合国日内瓦总部的演讲中提到,"人类文明多样性是世界的基本特征,也是人类进步的源泉","不同文明要取长补短、共同进步,让文明交流互鉴成为推动人类社会进步的动力、维护世界和平的纽带"。[1]

2017年5月,习近平在"一带一路"国际合作高峰论坛开幕式讲话中主张,"一带一路"建设要以文明交流超越文明隔阂、文明互鉴超越文明冲突、文明共存超越文明优越,推动各国相互理解、相互尊重、相互信任。[2]

2017年9月,习近平在金砖国家工商论坛开幕式讲话中建议,"我们应该发挥人文交流纽带作用……打造更多像文化节、电影节、运动会这样接地气、惠民生的活动……让我们五国人民的交往和情谊汇成滔滔江河,为金砖合作注入绵绵不绝的动力"。[3]

在2017年10月18日所做的十九大报告中,习近平提到,未来构建人类命运共同体,需要采取许多措施,其中之一就是"促进和而不同、兼收并蓄的文明交流"。[4]

——"文明交流与互鉴"的主体内容及进展

"文明交流与互鉴"的主体内容:(1)它指的是不同文明之间的沟通与取长补短;(2)它强调跨文明的交流,但大部分国与国之间的交流都发生在不同文明之间,因此,文明交流与互鉴的实现形式通常表现为人文交流;(3)亚洲是多文明分布区与"一带一路"实施的重点区域,文明对话是实现文明交流与互鉴的重要形式,因此应给予特别的重视;(4)中国政府将"文明交流与互鉴"当作"一带一路"建设的一个抓手,因此许多措施在建设"一带一路"的框架下进行,操作时以双边交流为主,同时兼顾多边与区域交流机制。内容上,广泛开展文化交流、学术往来、人才交流合作、媒体合作、青年和妇女交往、志愿者服务等。[5]

中国政府在推动人文交流方面已经取得了诸多进展。

当前,各类丝绸之路文化年、旅游年、艺术节、影视桥、研讨会、智库对话等人文合作项目百花纷呈,人们往来频繁,在交流中拉近了心与心

---

[1] 习近平:《共同构建人类命运共同体——在联合国日内瓦总部的演讲》,2017年1月19日,新华网,http://www.xinhuanet.com/world/2017-01/19/c_1120340081.htm。
[2] 习近平:《携手推进"一带一路"建设——在"一带一路"国际合作高峰论坛开幕式上的演讲》,《人民日报》2017年5月15日第3版。
[3] 习近平:《共同开创金砖合作第二个"金色十年"——在金砖国家工商论坛开幕式上的讲话》,2017年9月3日,人民网,http://world.people.com.cn/n1/2017/0903/c1002-29511835.html。
[4] 习近平:《决胜全面建成小康社会 夺取新时代中国特色社会主义伟大胜利——在中国共产党第十九次全国代表大会上的报告》,《人民日报》2017年10月28日第1版。
[5] 《推动共建丝绸之路经济带和21世纪海上丝绸之路的愿景与行动》,2015年3月30日,中华人民共和国商务部网站,https://zhs.mofcom.gov.cn/article/xxfb/201503/20150300926644.shtml。

的距离。① 截至2016年5月，在"一带一路"沿线60多个国家中，蒙古国、俄罗斯、埃及、斯里兰卡、老挝、泰国、尼泊尔、新加坡、巴基斯坦等多个国家的中国文化中心已建成。在沿线其他重点国家建立文化中心，也已列入发展计划。②

跨国合作进行考古挖掘是文明交流的一个典型事例。改革开放以来，先后有十几个国家的考古队到中国进行了70多个项目的合作。借着"一带一路"的春风，中国考古学者也开始走出国门，到境外进行考古合作。2012—2016年，中国与乌兹别克斯坦考古学者对费尔干纳盆地的明铁佩古城遗址（Mingtape）进行了4次联合挖掘，对这一遗址的时代、性质、演变等有了初步认识，并取得了一系列重要收获。联合考古的过程中，充分展示了中国田野考古的技术、思想与理念，增进了中乌两国学者的交流与互信，也彰显了考古学在保护与研究中亚文化遗产中的重大影响力。③

中国还倡议召开"亚洲文明对话大会"。习近平在博鳌论坛2015年年会主旨演讲中提到，"今天的亚洲，多样性的特点仍十分突出，不同文明、不同民族、不同宗教汇聚交融，共同组成多彩多姿的亚洲大家庭"。为此，"中方倡议召开亚洲文明对话大会，加强青少年、民间团体、地方、媒体等各界交流，打造智库交流合作网络，让亚洲人民享受更富内涵的精神生活，让地区发展合作更加活力四射"。

在2016年3月举行的博鳌亚洲论坛年会期间，国务院新闻办主办"亚洲文明对话会"，邀请中国国务院新闻办公室主任蒋建国、巴基斯坦前总理阿齐兹、联合国教科文组织助理总干事诺达、伊朗常驻联合国教科文组织大使贾拉利教授、诺贝尔文学奖得主莫言、北大国家发展研究院名誉院长林毅夫、新加坡国立大学东亚研究所所长郑永年、复旦大学中国研究院院长张维为等嘉宾进行对话。蒋建国在会上表示，中方将推动举办亚洲文明对话大会。④ 2016年9月，在中国成都举办了"亚洲青年文明对话论坛"，并将之当作"亚洲文明对话大会"的有机组成部分。⑤

---

① 习近平：《携手推进"一带一路"建设——在"一带一路"国际合作高峰论坛开幕式上的演讲》，《人民日报》2017年5月15日第3版。
② 谢金英：《让"一带一路"成为文明对话之路》，2017年5月4日，新华网，http://www.xinhuanet.com/comments/2016-05/04/c_1118795453.htm。
③ 姜潇：《走进中乌"联合考古"队里的中国考古人》，2016年6月22日，新华网，http://www.xinhuanet.com/2016-06/22/c_1119094692.htm。
④ 《亚洲文明对话会：吹响亚洲文明对话的号角》，2016年3月26日，中国政府网，http://www.gov.cn/xinwen/2016-03/26/content_5058502.htm。
⑤ 《亚洲青年文明对话论坛开幕 46国青年精英汇聚成都》，2016年9月21日，人民网，http://world.people.com.cn/n1/2016/0921/c1002-28730823.html。

八　核心概念

2016年4月28日，习近平在亚信第五次外长会议开幕式上的讲话中再次提到亚洲文明对话大会，他认为，"推动不同文明包容互鉴、共同发展，为维护地区和平稳定发挥作用。各方可以通过参与亚洲文明对话大会等平台和手段，汇聚智慧和力量，为地区安全综合治理营造更加深厚的基础"。[①]

与希腊共同倡议发起"文明古国论坛"，推进具有悠久文明的国家之间的联系、从文明中寻求智慧与营养、应对人类面临的挑战。首届部长级会议2017年4月在希腊举行，中国、希腊、埃及、伊朗、伊拉克、意大利、印度、墨西哥、秘鲁、玻利维亚等国家部长和高级别官员与会，会后发表了《关于建立"文明古国论坛"的雅典宣言》。[②]

中国也参与或支持一些文明对话与交流活动，比如，中国宋庆龄基金会组织专家学者团出席俄罗斯、印度、希腊三国民间人士组织的"文明对话—罗德论坛"。[③]

——"文明交流与互鉴"的意义

孟子曾经说："夫物之不齐，物之情也。"所以人类才有多样的文明，而文明各有其长，这就决定了文明间交流与互鉴的价值。古代丝绸之路跨越不同流域、文明与宗教：尼罗河流域、底格里斯河和幼发拉底河流域、印度河和恒河流域、黄河和长江流域，埃及文明、巴比伦文明、印度文明、中华文明，佛教、基督教、伊斯兰教信众聚居地。因此，不同文明、宗教、种族求同存异、开放包容，共同书写相互尊重的诗篇、描绘共同发展的美好画卷。[④]

国之交在于民相亲，民相亲在于心相通。不同国家之间的文化交流是实现民心相通的重要手段，有助于不同国家的人从不同文明中寻求智慧、汲取营养，为人们提供精神支撑和心灵慰藉。但文明间的差异长期以来一直是亚欧大陆上许多冲突的根源。冷战期间，意识形态矛盾盖过了民族矛盾，成为亚欧大陆冲突的主要根源。

冷战结束后，意识形态差异不再是大国间的主要矛盾。以亨廷顿为代表的一批人认为，"文明"将取代"意识形态"成为国家间冲突的主要原因，大国矛盾将主要表现为西方文明与非西方文明（主要是伊斯兰文明与中华文明）

[①] 习近平：《凝聚共识　促进对话　共创亚洲和平与繁荣的美好未来——在亚信第五次外长会议开幕式上的讲话》，2016年4月28日，新华网，http://www.xinhuanet.com/2016-04/28/c_1118761158.htm。

[②] 《王毅出席"文明古国论坛"首次部长会》，2017年4月24日，中华人民共和国外交部网站，http://www.fmprc.gov.cn/web/wjbzhd/t1456264.shtml。

[③] 刘旭：《"文明对话"——世界公众论坛第13届年会希腊举行》，2015年10月9日，中新网，http://www.chinanews.com/gj/2015/10-09/7561136.shtml。

[④] 光明日报社评论员：《促进文明交流互鉴共存——六论深入学习习近平主席"一带一路"国际合作高峰论坛开幕式演讲精神》，《光明日报》2017年5月20日第3版。

之间的冲突。这种观点影响广泛,但并没有成为全球共识。强调文明共存的可能性与必要性、主张强化文明交流与对话的观点受到更为广泛的支持,典型例子是联合国将2001年确定为"不同文明之间的对话年"并发布《文明对话宣言》。

中国政府与学者也对"文明冲突论"持保留态度。中国学者承认,不同文明间存在差异,但强调文明间可以通过对话避免冲突、化解分歧,因而主张各国应推动文明间的交流与借鉴,以实现不同文明的共同进步。[①] 不争的事实是:历史上的文明冲突虽然给人类造成了许许多多的灾难,但整体上人类依然在向前发展,文明间冲突的时间也少于合作与交流的时间。

中国政府在提出"一带一路"倡议后,一方面在对外交往场合,不断强调文明交流、文明对话、文明互鉴;另一方面在实践中通过双边、多边、区域等多种途径推进人文交流。中国虽然不是最早提倡"文明交流与互鉴"的国家,但中国政府将"文明交流与互鉴"当作构建人类命运共同体的一大手段和"一带一路"建设的一个重点领域,从多方面入手,并出台一系列具体政策、提供人、财、物加以落实,从而将"文明交流与互鉴"提升到新的高度。这是继经济合作之外又一个重点合作领域,赋予其沟通民心、缓和冲突、实现文明间取长补短、助力共同繁荣的重任。(本条执笔:薛力)

[①] 宋健:《文明对话:世界的共同追求》,2001年9月21日,人民网,http://www.people.com.cn/GB/guoji/24/20010921/566147.html。

九 "一带一路"国际合作高峰论坛

72. "一带一路"国际合作高峰论坛

——论坛举办的主要背景、目的

自 2013 年秋习近平提出共建"一带一路"合作倡议后,中国与沿线国家发展战略顺利对接、相关合作稳步推进、成果和进度超出预期。截至 2018 年 5 月,"一带一路"建设从无到有、由点及面,全球已经有 100 多个国家和国际组织共同参与,88 个国家和国际组织与中国签署 103 项合作协议和谅解备忘录,中国同沿线国家贸易总额累计已经超过 5 万亿美元,对"一带一路"沿线国家投资累计超过 700 亿美元,形成广泛的国际合作共识和良好的品牌效应。不仅联合国大会和安全理事会、联合国亚太经社理事会、亚太经合组织、亚欧会议、大湄公河次区域合作等多个国际组织和多边机构的有关决议或文件都纳入或体现了"一带一路"建设的内容。而且经济走廊建设稳步推进,互联互通网络逐步成型,贸易投资大幅增长,重要项目合作稳步实施,取得一批重要早期收获。亚投行、丝路基金的成立为金融合作提供了坚实支撑。可以说,"一带一路"倡议提出 4 年多来,合作不断开花结果,影响迅速席卷全球,成为迄今最受欢迎的国际公共产品,也是目前前景最好的国际合作平台。"一带一路"倡议来自中国,成果正在惠及世界。

考虑到"一带一路"建设处在全面推进的关键节点,中国政府认为有必要举办一次高峰论坛,在总结过去的基础上更好地规划未来。2017 年 1 月,习近平在参加达沃斯世界经济论坛年会时向外界郑重宣布,中国将于 2017 年 5 月在北京举办首届"一带一路"国际合作高峰论坛。共商合作大计,共建合作平台,共享合作成果,为解决当前世界和区域经济面临的问题寻找方案,为实现联动式发展注入新能量,让"一带一路"建设更好造福各国人民。[①] 2017 年 3 月 5 日,李克强总理在十二届全国人大五次会议上作《政府工作报告》时提

---

① 习近平:《共担时代责任 共促全球发展——在世界经济论坛 2017 年年会开幕式上的主旨演讲》,2017 年 1 月 18 日,新华网,http://www.xinhuanet.com/2017-01/18/c_1120331545.htm。

出，要高质量办好"一带一路"国际合作高峰论坛，同奏合作共赢新乐章。[①] 2017年3月8日，外交部部长王毅在两会记者会上就"一带一路"国际合作高峰论坛回答记者提问时表示，高峰论坛除了领导人出席的圆桌峰会以外，还会有更大范围的高级别会议以及围绕"五通"也就是政策沟通、设施联通、贸易畅通、资金融通、民心相通和智库交流并行召开的6场主题会议。[②]

——主体内容

2017年5月14—15日，包括29个国家的元首和政府首脑和来自130个国家、70多个国际组织的1500名代表齐聚北京，参加由中国主办的首届"一带一路"国际合作高峰论坛，并有4000多名各国记者采访报道了此次盛会。按照会议日程本次论坛主要包括开幕式、圆桌峰会，以及高级别会议和相关平行主题论坛三个部分，2017年5月14日上午习近平出席开幕式并发表主旨演讲，开幕式后举行了"一带一路"国际合作高级别全体会议；14日下午举行同高峰论坛紧密相关的6场平行主题会议，来自国内外上千名嘉宾代表分别聚焦"五通"和智库交流展开深入探讨，并就具体事项签署系列协议、达成多项共识。15日一整天，习近平全程主持领导人圆桌峰会，包括两个阶段的专题会议和工作午餐，并在其后的记者会上介绍高峰论坛主要成果。

第一，论坛开幕式及高级别会议。2017年5月14日，国家主席习近平出席"一带一路"国际合作高峰论坛开幕式，并发表题为"携手推进'一带一路'建设"的主旨演讲。随后，俄罗斯总统普京、土耳其总统埃尔多安、联合国秘书长古特雷斯也先后在开幕式上致辞。

开幕式结束后，中共中央政治局常委、国务院副总理张高丽出席了"一带一路"国际合作高峰论坛高级别全体会议，并发表题为"坚持共商共建共享加强'五通'交流合作"的致辞。在高级别全体会议上，智利总统巴切莱特，捷克总统泽曼，埃塞俄比亚总理海尔马里亚姆，希腊总理齐普拉斯，巴基斯坦总理谢里夫，英国首相特使、财政大臣哈蒙德，法国总统代表、参议院外事委员会主席、前总理拉法兰，德国联邦政府及总理代表、经济和能源部部长齐普里斯，第71届联合国大会主席汤姆森，世界银行行长金墉，国际货币基金组织总裁拉加德，世界贸易组织总干事阿泽维多，以及世界经济论坛主席施瓦布先后致辞。[③]

[①] 《"一带一路"国际合作高峰论坛倒计时 20多位外国领导人已确认与会》，中国政府网，https://www.yidaiyilu.gov.cn/xwzx/gnxw/9621.htm。
[②] 《外交部部长王毅回答中外记者提问》，新华网，http://www.xinhuanet.com/politics/2014lh/foreign-minister/。
[③] 《张高丽出席"一带一路"国际合作高峰论坛高级别全体会议并致辞》，2017年5月14日，"一带一路"国际合作高峰论坛官方网站，http://www.beltandroadforum.org/n100/2017/0514/c24-347.html。

第二,"五通"和智库交流平行主题论坛。"政策沟通"平行主题会议由国家发展和改革委员会、国务院发展研究中心主办,主题是"政策沟通和发展战略对接——创新机制、共谋发展"。与会各方全面阐述了政策沟通和发展战略对接的深刻内涵和深远意义,分享了双边多边开展政策沟通和发展战略对接的实践经验,并签署了32个双边、多边合作文件以及企业合作项目,涉及18个国家和8个国际组织。

"加快设施联通"平行主题会议由国家发展和改革委员会和交通运输部共同主办,主题是"互联互通,走向繁荣"。与会代表就加强"一带一路"基础设施互联互通全面合作、对接规划和技术标准、推进国际骨干通道建设、扩大早期收获成果、促进沿线各国经济繁荣与区域经济合作等问题进行广泛深入交流。

"推进贸易畅通"平行主题会议由商务部主办,主题是"畅通高效,共赢发展,深化'一带一路'经贸合作"。会议发布了推进"一带一路"贸易畅通合作倡议。倡议参与方一致认为,有必要推动"一带一路"贸易畅通合作,实现更具活力、更加包容、更可持续的经济全球化。根据倡议,中国将从2018年起举办中国国际进口博览会。

"促进资金融通"平行主题会议由财政部和中国人民银行共同举办,主题是"建立多元化投融资体系,促进'一带一路'建设"。会议期间,财政部与有关国家财政部门签署了"一带一路"融资指导原则,与亚洲基础设施投资银行、金砖国家新开发银行和世界银行等多边开发银行签署了关于加强在"一带一路"倡议下相关领域合作的谅解备忘录。中国人民银行与国际货币基金组织签署了关于建立中国—基金组织联合能力建设中心的谅解备忘录,与捷克央行签署了合作谅解备忘录。

"增进民心相通"平行主题会议由中联部主办,主题是"共建民心之桥,共促繁荣发展"。会议邀请沿线国家民众代表现场讲述参与"一带一路"建设的亲身经历,展示了中国同沿线各国和相关国际组织开展文化、教育、科技、旅游、卫生、新闻等领域交流合作的成果,宣布启动《中国社会组织推动"一带一路"民心相通行动计划(2017—2020)》、"丝路沿线民间组织合作网络"以及"增进'一带一路'民心相通国际智库合作项目"。

"智库交流"平行主题会议由中宣部主办,中国国际经济交流中心承办,主题是"携手打造智力丝绸之路",来自40多个国家的著名智库负责人、前政要和知名专家学者约200人出席。会议聚焦"一带一路"促进全球经济强劲、平衡、包容、可持续发展,开放包容互学互鉴的丝绸之路和"一带一路"创新发展国际合作蓝图三个议题,形成智库共识、联合研究报告、协议联合成立

"一带一路"研究院等多项成果。中共中央政治局委员、中央书记处书记、中宣部部长刘奇葆出席"智库交流"平行主题会议,并发表题为"携手打造'智力丝绸之路'"的主旨演讲。刘奇葆希望中外智库加强交流合作,建设好智库联盟和合作网络,共同建设"智力丝绸之路"。[①]

第三,圆桌峰会。2017年5月15日,来自30个国家的领导人和联合国、世界银行、国际货币基金组织负责人出席圆桌峰会,围绕"加强国际合作,共建'一带一路',实现共赢发展"的主题,就对接发展战略、推动互联互通、促进人文交流等先后举行第一阶段会议、工作午宴、第二阶段会议。习近平全程主持会议并分别致开幕词、闭幕词,会议结束后与会各方还通过了联合公报。各方一致强调"一带一路"建设的重要意义,期待把合作推向更高水平、更大范围、更深层次;同意加强宏观经济政策协调,营造良好国际环境;希望把发展战略对接落到实处,努力形成各国规划衔接、发展融合、利益共享局面。各方一致决定,支持把互联互通作为"一带一路"建设合作的重点领域,完善基础设施互联互通网络,努力加强政策、规制、标准等方面的"软联通",充分发挥互联互通对实体经济的辐射和带动作用,打造稳定多元的金融联通和合作格局。各方一致同意,"一带一路"建设要坚持经济合作同人文交流双轨并进,坚持民生导向,服务可持续发展。[②]

——取得成效及反响

本次会议为各国分享经验、交流成果搭建了平台,参会各方可以通过深入沟通、广泛交流来进一步加强互动合作。与会各国领导人及国际组织负责人高度评价中方提出"一带一路"倡议并举办这次高峰论坛,期待携手推进"一带一路"建设,实现共同繁荣。概括来说,"一带一路"国际合作高峰论坛有以下几大亮点。

其一是范围覆盖面广、开放包容度高。这次论坛的一个突出特点是参与方多,代表性强。来自29个国家的国家元首、政府首脑与会,来自130多个国家和70多个国际组织的1500多名代表参会,覆盖了五大洲各大区域,真正将"一带一路"国际合作峰会办成一台覆盖全球各洲没死角、无盲区的"普天同庆"和"共襄盛举"的大戏。

其二是效果好、成果实、硕果多。这次高峰论坛是"一带一路"框架下最

[①] 《刘奇葆出席"一带一路"国际合作高峰论坛"智库交流"平行主题会议》,2017年5月14日,"一带一路"国际合作高峰论坛官网,http://www.beltandroadforum.org/n100/2017/0514/c24-345.html。

[②] 《"一带一路"国际合作高峰论坛举行圆桌峰会习近平主持会议并致辞》,2017年5月15日,"一带一路"国际合作高峰论坛官网,http://www.beltandroadforum.org/n100/2017/0515/c24-418.html。

高规格的国际活动，也是新中国成立以来由中国首倡、中国主办的层级最高、规模最大的多边外交活动，是 2017 年最重要的主场外交。通过高峰论坛这个平台，中国同与会国家和国际组织进行了全面的政策对接，签署了几十份合作文件，确立了未来一段时间的重点领域和路径。除了对话交流之外，会议还将签署一些项目合作双边协议，同时开展双边会见、媒体专访等活动，以推进务实合作。峰会期间各国共计达成 5 大类、76 大项、270 多项合作文件，作为东道主中方还向丝路基金新增注资 1000 亿元人民币，鼓励金融机构开展人民币海外基金业务，规模预计约 3000 亿元人民币。[①]

其三是精心组织、认真筹备。这次论坛的圆满成功，是在以习近平同志为核心的党中央坚强领导下取得的，也离不开各部门各地方的共同努力。有关部门和北京市等地方政府都为筹备工作做出了重要贡献。参与论坛的各方代表也给予了大力支持与合作。特别是作为本次会议主办地，北京市在会务安排、场地建设、人员配备等方面大量投入、精心准备，各项工作卓有成效，受到各国舆论的广泛好评。针对大家所关心的空气质量问题，市政府完全参照"奥运指标"，采取限制污染物排放或限产等严厉措施进行大气综合治理，全力确保空气质量达标工作。同时，中方在论坛期间特意编排了与"丝绸之路"内涵息息相关的精彩文艺演出，不仅弘扬中华传统文化与古代"丝绸之路"文明之间的血脉关联和历史情结，也体现了"一带一路"沿线不同地域文化的互促共进与交流融合。（本条执笔：丁工）

73. "加强政策沟通和发展战略对接"平行主题论坛

"一带一路"国际合作高峰论坛高级别会议专门安排"加强政策沟通和发展战略对接"平行主题会议，旨在突出共建"一带一路"集众智、汇众力的重要意义和独特优势。

——主体内容

2017 年 5 月 14 日下午，举行的"一带一路"国际合作高峰论坛聚焦"政策沟通"平行主题会议上，与会嘉宾开展了多场双边、多边会谈和会见，签署了 32 个双边、多边合作文件以及企业合作项目，涉及 18 个国家和 8 个国际组织。"政策沟通"平行主题会议由国家发展和改革委员会、国务院发展研究中心主办，主题是"政策沟通和发展战略对接——创新机制、共谋发展"，旨在深化各方对"一带一路"倡议的理解，增进互信，凝集共识，促进各国政策规

[①] 《杨洁篪就"一带一路"国际合作高峰论坛接受媒体采访》，2017 年 5 月 17 日，中国政府网，http://www.gov.cn/guowuyuan/2017-05/17/content_5194834.htm。

划相互对接,形成推进"一带一路"建设的合力。会议期间,共有来自 70 多个国家和 40 多个国际组织的约 360 位嘉宾参与了交流活动,31 位中外部长、国际组织负责人以及地方政府、政党、企业、智库负责人先后在会上发言。

当天,参会嘉宾就政策沟通和发展战略对接的内涵、意义和实践展开了深入的交流探讨,并就市场主体需求、地方政府作用和智库支持等事宜充分交换看法,并提出了具体的意见和可行的建议。会议主旨发言由中国国务院发展研究中心主任李伟主持,国际标准化组织主席张晓刚、国际贸易与可持续发展中心总裁梅林德分别主持了两个单元的讨论。[①] 国家发展和改革委员会主任何立峰,联合国秘书长古特雷斯,瑞士联邦主席罗伊特哈德出席会议并发表主旨演讲,法国总统代表、参议院外交、防务和武装力量委员会主席、前总理拉法兰出席会议并发言,国务院发展研究中心副主任隆国强对会议进行了总结。

中国国务院发展研究中心主任李伟表示,我们当前一项十分必要而迫切、重要而艰巨的工作,就是进一步加强政策沟通,就如何搭建合作平台汇集众力,如何畅通交流渠道、实现战略有效对接等问题开展广泛深入研讨,从而形成行之有效的政策机制和行动方案,以推进"一带一路"早日成为和平之路、繁荣之路、开放之路、创新之路、文明之路。

国家发展和改革委员会主任何立峰在主旨发言中指出,政策沟通是开展各方面务实合作的基础,也是共建"一带一路"的重要保障。共建"一带一路"倡议是解决国际政治经济面临挑战和困境的中国方案,体现了汲取历史经验、面向未来发展的中国智慧。实践证明,做好双边和多边政策沟通,重点要加强四个层面的对接。第一个层面是发展战略对接,从宏观上寻求合作最大公约数,找准共同的行动方向。第二个层面是发展规划对接,将发展战略确定的愿景细化到具体的时间表和路线图,分步实现合作目标。第三个层面是机制与平台对接,促进各国执行机构有效衔接,建立顺畅的交流、沟通、磋商渠道和机制,及时解决规划实施及项目执行中面临的问题和困难。第四个层面是具体项目对接,通过基础设施、经贸、投资、金融、人文等各领域项目合作,实现共同发展。何立峰强调,中国将继续同国际社会一道,秉持和平合作、开放包容、互学互鉴、互利共赢的"丝路精神",坚持共商、共建、共享的原则,以政策沟通为基础和保障,进一步促进各国设施联通、贸易畅通、资金融通和民心相通。[②]

[①] 《加强政策沟通实现共赢发展》,2017 年 5 月 15 日,中华人民共和国国家发展和改革委员会网站,http://helifeng.ndrc.gov.cn/zyhd/201705/t20170515_ 847409.html。

[②] 何立峰:《加强政策沟通做好四个对接共同开创"一带一路"建设新局面》,2017 年 5 月 15 日,中华人民共和国国家发展和改革委员会网站,http://helifeng.ndrc.gov.cn/zyhd/201705/t20170515_ 847388.html。

联合国秘书长安东尼奥·古特雷斯表示,"一带一路"国际合作高峰论坛充分体现了各方的雄心和共识,通过这次会议,与会各国都能够在共建"一带一路"中找到更适合自己的重点。古特雷斯指出,共建"一带一路"倡议有利于促进《2030年可持续发展议程》的实施,把绿色技术和绿色投资带到沿线国家,促进相关国家经济、社会、人文等深入交流。①

古特雷斯强调,"一带一路"是分享全球最佳实践的重要平台,能够促进联合国成员国公平、公正的发展。古特雷斯强调鼓励有关国家按照共商、共建、共享的原则,积极参与共建"一带一路"倡议,共商合作机制,共建合作平台,创新合作方式,开展广泛务实合作,造福各国人民。

瑞士联邦主席罗伊特哈德认为,共建"一带一路"倡议对推动区域基础设施连接具有重要意义,共同的技术标准、政策法规和战略规划是促进设施联通的重要基础,表示愿意在共建"一带一路"倡议框架下加强政策沟通和发展战略对接,推动双方开展更高层次的务实合作。

围绕政策沟通和发展战略对接的内涵、意义和实践以及需求、行动和建议,法国总统代表,法国参议院外交、防务和武装力量委员会主席、前总理拉法兰在发言中指出,法国致力于建设多极世界,支持有利于促进和平合作、繁荣发展的倡议,"一带一路"是促进实现亚欧之间政策沟通、基础设施联通愿景的重要载体。加强政策沟通和发展战略对接有利于为建设更开放、更稳定和更繁荣的世界提供重要制度保障。②

在阿联酋国务部部长苏尔坦看来,加强政策沟通和发展战略对接不能是昙花一现,而是要形成机制化、常态化。他表示,阿联酋愿意承办下一届对接会议,愿意成为推动"一带一路"繁荣与发展的"推进器""催化剂"。乌拉圭农牧渔业部部长塔瓦雷·阿格雷表示,乌拉圭在科技农业等领域具有领先优势,希望在"一带一路"建设中发挥积极作用。乌拉圭作为食品的可靠提供国和现代化的农业国,致力于为全球安全、环境变化、资源保护等问题的解决贡献力量,而这些因素都是构建全球和平和安全的关键,所以我们决定采取切实行动参与"一带一路"倡议。

联合国工业发展组织总干事李勇认为,发展是核心,而工业是发展的强劲推动力,"一带一路"建设要促进绿色工业发展,促进清洁生产技术的运用,由此创造贸易竞争力,推动人类可持续发展目标的实现。国务院发展研

---

① 《"一带一路"国际合作高峰论坛"政策沟通"平行主题会议签署32个合作协议》,2017年5月14日,新华网,http://www.xinhuanet.com/2017-05/14/c_1120970716.htm。
② 《"一带一路"国际合作高峰论坛"加强政策沟通和战略对接"平行主题会议召开》,《中国经济时报》2017年5月15日。

究中心副主任张军扩在发言中提出，智库尤其是政府智库在政策沟通和战略对接方面能发挥独特而重要的作用，能够更有效地参与到"一带一路"的政策沟通和战略对接过程当中，特别是在政策和战略对接的早期，各国政府机构尚未建立机制性通道，政府智库更是加强战略对接和深化政策沟通不可或缺的主要力量。

国务院发展研究中心副主任隆国强作会议总结时表示，来自不同国家、组织、企业的代表，各自有不同的关注点，恰恰反映出在推进"一带一路"建设中加强政策沟通和战略对接的重要性。我们不可能把这些关注点同时作为重点，所以大家要沟通、协调，最终形成一个更加有效的路线图。今天的会议本身就是政策沟通和战略对接的一个非常具有典范意义的活动。我们今天讲政策沟通和战略对接主要是政府行为，但是不排除私人部门特别是企业的参与。实际上，"一带一路"的推进主体是企业，政府无论是做政策沟通、战略沟通还是平台建设，都是为企业能够更好地参与"一带一路"建设，搭建一个更加高效、更加透明、更加符合市场规律要求的良好营商环境、投资环境和合作环境。

总体而言，与会嘉宾普遍认为，加强政策沟通是"一带一路"建设的重要保障。加强政府间合作，积极构建多层次政府间宏观政策沟通交流机制，深化利益融合，促进政治互信，达成合作新共识。沿线各国可以就经济发展战略和方针政策进行充分的交流对接，共同制定推进区域合作的规划和措施，协商解决合作中的问题，共同为务实合作及大型项目实施提供决策参考和政策支持。

——取得成效及反响

本次"加强政策沟通和发展战略对接"论坛是在世界经济发展、中国自身发展和"一带一路"建设都处于关键阶段的背景下举行的，对外发出了各方合力推动"一带一路"国际合作、携手构建人类命运共同体的积极信号，对世界、对中国都有着十分重要的意义。与会各方从政府、国际组织、政党、企业和智库等多个角度，全面阐述了政策沟通和发展战略对接的深刻内涵和深远意义，分享了双边多边开展政策沟通和发展战略对接的实践经验。各国部长结合本国和本地区实际，提出了在"一带一路"框架下加强政策沟通的迫切需求；与会地方政府和企业也表达了各自发展中面临的政策障碍，呼吁各国在"一带一路"框架下达成更多政治共识，促进区域和全球政策协同，为区域发展一体化和经济全球化提供制度保障。大家一致认为，本次以"加强政策沟通和发展战略对接"为专题的会议具有主题突出、内容丰富、参与广泛和形式多样的特点，会议强化了各方推进政策沟通的共识，明确了政策沟通的方向和重点任务，增强了推进"一带一路"建设的意识合力。（本条执笔：丁工）

74. "加快设施联通"平行主题论坛

基础设施的联通就像"一带一路"的关节,能够帮助和确保其灵活行动,对于支持沿线国家经济社会发展和造福沿线各国人民都具有重要意义。基于此,论坛主办方决定把"加快设施联通"会议的主题确定为:"互联互通、走向繁荣。"

——主体内容

2017年5月14日下午,"一带一路"国际合作高峰论坛高级别会议"加快设施联通"平行主题论坛在国家会议中心召开,具体议题包括基础设施建设、网络衔接、技术标准对接、国际运营便利化等方面。来自48个国家和11个国际组织,涵盖交通、能源、通信等领域的200多位政府部长、国际组织负责人及企业代表出席会议。瑞士联邦主席多丽丝·洛伊特哈德,欧盟委员会副主席卡泰宁,塞尔维亚副总理左拉娜·米哈伊洛维奇,乌兹别克斯坦副总理阿济莫夫,以及巴基斯坦、泰国、马来西亚、俄罗斯等国家的政府部长及国际组织负责人,中国工业和信息化部部长苗圩,中国国家发展和改革委员会副主任、国家能源局局长努尔·白克力等共32名嘉宾在会上发言。会议由交通运输部和国家发展和改革委员会共同主办,交通运输部部长李小鹏致开幕词并作闭幕总结,国家发展和改革委员会副主任胡祖才、交通运输部副部长戴东昌主持会议。

李小鹏部长在致辞中强调,设施联通是合作发展的基础,要着力推动陆上、海上、天上、网上四位一体的联通,聚焦关键通道、关键城市、关键项目,连接陆上公路、铁路道路网络和海上港口网络,这对于进一步加快推动"一带一路"基础设施互联互通,具有很强的指导意义。互联互通既是一条设施联通之路,也是一条心灵相通之路,要在共识中共建、在共建中共享、在共享中共赢,中方愿与各国一道,坚持合作共赢,齐心协力,加快推进设施联通,共同开启"一带一路"建设新篇章。[①]

俄罗斯联邦能源部部长亚历山大·诺瓦克认为,当前全球经济遇到挑战,为克服困难全世界人民应该把能力联合起来。俄罗斯曾提出大亚欧倡议,当前重要的任务之一就是与中国"一带一路"倡议相对接,扩大俄罗斯本国铁路、港口的建设力度,加紧建设新的能源管道和电网,通过跨区域合作,最终形成

[①] 《加快推进设施互联互通开启"一带一路"新篇章 交通运输部部长李小鹏致开闭幕辞》,2017年5月14日,中华人民共和国交通运输部网,http://www.mot.gov.cn/buzhangwangye/lixiaopeng/zhongyaohuodonghejianghua/201705/t20170514_2203957.html。

大亚洲能源环，为保障各国的能源安全做出贡献。① 欧盟委员会副主席卡泰宁表示，"一带一路"倡议将中国和欧洲联结在一起，将使沿线国家和合作伙伴受益。中欧必须架设桥梁，进行合作和协商，而不应建起高墙阻隔对方。美国总统特别助理、白宫国安会亚洲事务高级主任波廷杰说，高质量的基础设施发展有助于推动经济的互联互通，美方愿利用自身在全球基础设施发展方面的经验，参与"一带一路"相关项目建设。联合国亚太经济社会委员会执行秘书阿赫塔尔认为，基础设施综合发展有助于推动多种交通方式联通衔接，促进低碳节能，推进信息传播。她还建议，共建"一带一路"要突破双边项目制约，促进多边政策框架和标准制定，加强跨部门合作。②

工业和信息化部部长苗圩作题为"加强信息通信互联互通共同实现互利共赢发展"的主题发言。他表示，目前，中国积极地致力于加强与世界各国在信息通信基础设施的互联互通。中国与"一带一路"沿线12个国家建有34条跨境陆缆和多条国际海缆，直接连通了亚洲、非洲、欧洲等世界各地，中国与国际电信联盟、联合国亚太经合会等国际组织合作，努力推进东非信息高速公路、亚太信息高速公路等多边合作倡议，中国信息通信企业参与了全球170多个国家信息通信基础设施的建设。苗圩建议，各方通过加强政策沟通、创新合作模式、推动多方合作等方式，共同推动信息通信基础设施互联互通，实现互利共赢发展。③

在能源基础设施领域合作方面，中国国家发展和改革委员会副主任、国家能源局局长努尔·白克力就顺应信息时代能源转型变革的大势，深化"一带一路"能源合作，提出了三点倡议：一是加强政策沟通，各国进一步加强战略、规划、政策、标准等方面的交流和对接，探讨构建"一带一路"能源合作俱乐部，共同打造绿色低碳全球能源治理体系。二是加强产能融通，各国应抓住新一轮科技革命的机遇，加强能源科技研究，开展关键技术和核心装备联合攻关，推动重大项目、先进标准和工程服务合作，协同提高区域与全球能源供应和保障能力。三是加强设施联通，中国愿与各国一道，积极推动跨境能源通道建设，特别是抓住新一轮能源结构调整和能源技术变革的趋势，建设全球能源互联网，实现绿色低碳发展，共享能源发展的成果。④

---

① 《"一带一路"国际合作高峰论坛高级别会议"加快设施联通"平行主题会议召开》，2017年5月19日，中国中央政府网，http://www.gov.cn/xinwen/2017-05/19/content_5195227.htm。
② 《加快设施联通平行主题会议达成三大共识聚焦设施联通软硬件"通"与"畅"》，2017年5月15日，中华人民共和国国家发展和改革委员会网站，http://jtyss.ndrc.gov.cn/gzdt/201705/t20170515_847376.html。
③ 《苗圩、陈肇雄、刘利华出席"一带一路"国际合作高峰论坛》，2017年5月15日，中华人民共和国工业和信息化部网站，http://www.miit.gov.cn/n1146290/n1146397/c5643548/content.html。
④ 努尔·白克力：《在加快设施联通平行主题会议上的发言》，2017年5月17日，中华人民共和国国家能源局网，http://www.nea.gov.cn/2017-05/17/c_136292234.htm。

九 "一带一路"国际合作高峰论坛

在本次"加快设施联通"平行主题论坛上,与会各方围绕交通、能源、通信领域基础设施建设,形成富有成效的合作意向和政策文件,在国际运输、能源开发和信息互联互通等方面签署中华人民共和国政府同乌兹别克斯坦政府《国际道路运输协定》、中国民用航空局与国际民用航空组织《合作意向书》和中华人民共和国工业和信息化部与国际电信联盟《关于加强"一带一路"框架下电信和信息网络领域的合作意向书》等50多项合作文件。前项合作有望帮助发展中国家培养海运人才和加强能力建设;后者则在提高"一带一路"沿线各国航空安全、提升沿线各国安全和安保监管能力、促进沿线国家航空运输自由化和便利化等诸多方面展开深度合作。此外,会议期间工信部苗圩部长还与泰国数字经济部部长披切就加强中泰信息通信领域合作深入交换了意见。

——取得成效及反响

本场会议各方嘉宾深入讨论了"一带一路"设施联通建设的主要目标、重点领域、合作机制和推进方式,达成了广泛共识,为全面推进"一带一路"建设提出了一系列具有可操作性的思路和建议。最终,参会各方达成以下共识。

第一,"一带一路"联通历史与未来,"一带一路"合作倡议让沿线国家获得了更大的发展空间,为实现联动式发展注入新能量,要共同努力进一步推动沿线国家深化合作。与会各方一致认为,一是增进互信、凝聚更多共识。以"加快设施联通"平行主题会议为契机,在"共商、共建、共享"的原则下,充分尊重各方利益和关切,在合作机制和合作模式等方面增进理解、凝聚共识、合作共赢,奠定进一步深入合作的基础。二是明确重点、推动更大突破。围绕当前设施联通面临的部分骨干通道通而不畅、各国技术标准不统一等挑战,共商对策,重点推进关键通道、关键节点和重点工程,优先打通缺失和瓶颈路段,提高联通能力和水平。同时,加强基础设施运营管理对接,推进建立统一的协调机制,实现更高水平的基础设施便利化。三是搭建平台、促进更务实合作。"加快设施联通"平行主题会议也是一个务实合作的平台,会议期间共签署涉及交通、能源、通信领域的谅解备忘录、合作路线图、意向书和具体项目等50余项,有力促进合作项目落地实施,以推动沿线国家基础设施互联互通的务实合作。[①]

第二,设施互联互通扮演着"先行官"的重要角色,是实现"一带一路"愿景的重要保障,各方要将加强务实合作,共同努力推动设施互联互通迈上新的台阶。[②] 基础设施互联互通是实现"一带一路"愿景的基础支撑、重要保

[①] 《国家发改委等介绍"一带一路"国际合作高峰论坛高级别会议情况》,2017年5月10日,中国中央政府网站,http://www.gov.cn/xinwen/2017-05/10/content_5192398.htm。

[②] 《推进互联互通构筑发展纽带——访交通运输部部长李小鹏》,《人民日报》2017年5月13日。

障，扮演着"先行官"的重要角色。在"共商、共建、共享"的原则下推动设施联通，一方面，有利于促进跨国运输和国际多式联运的有机衔接，实现国际运输便利化。另一方面，也有利于提升国际国内道路通达水平，畅通综合交通运输网络，促进沿线国家共享"一带一路"成果。因此，结合基础设施的网络特点，通过互联互通来增进沿线各国的互信，加快推动构建全方位、多层次、复合型的互联互通网络，促进区域要素流动，带动区域协调发展，惠及沿线各国和人民，推动实现互联互通的早期收获。

第三，设施联通中"通"和"畅"是关键，要在"共商、共建、共享"原则下，充分尊重各方利益和关切，在硬件和软件上共同发力，通过对接实现"一加一大于二"的效果。抓住交通基础设施的关键通道、关键节点和重点工程，优先打通缺失路段，畅通瓶颈路段，配套完善道路安全防护设施和交通管理设施设备，提升道路通达水平。推动口岸基础设施建设，畅通陆水联运通道，推进港口合作建设，增加海上航线和班次，加强海上物流信息化合作。拓展建立民航全面合作的平台和机制，加快提升航空基础设施水平。加强能源基础设施互联互通合作，共同维护输油、输气管道等运输通道安全，推进跨境电力与输电通道建设，积极开展区域电网升级改造合作。共同推进跨境光缆等通信干线网络建设，提高国际通信互联互通水平，畅通信息丝绸之路。也就是说，推进"陆、海、空、网"四位一体的"硬联通"和政策、规则、标准三位一体的"软联通"，不断完善"一带一路"建设的基础设施网络。（本条执笔：丁工）

75. "推进贸易畅通"平行主题论坛

"一带一路"倡议为全球贸易发展提供了巨大发展机遇、更广阔的发展空间，如何通过创新贸易方式，消除投资和贸易壁垒，构建区域内和各国良好的营商环境，降低区域和跨境交易成本把投资和贸易有机结合起来，以投资带动贸易发展，激发释放合作潜力，做大做好合作"蛋糕"，就成为决定"一带一路"贸易能否畅通的关键因素。考虑到世界范围的贸易保护主义和孤立主义呈现抬头之势，这种国际环境对"一带一路"贸易合作构成不利影响，因而围绕贸易畅通问题展开深入讨论，集思广益、凝聚共识，对"一带一路"贸易畅通建设具有十分重要的意义。

——主体内容

2017年5月14日下午，"一带一路"国际合作高峰论坛高级别会议"推进贸易畅通"平行主题会议在北京国家会议中心举行。"推进贸易畅通"专场

九 "一带一路"国际合作高峰论坛

论坛是"一带一路"国际合作高峰论坛"1+6"高级别会议项下的一场平行主题会议,由商务部主办,科技部、海关总署、税务总局、质检总局、贸促会等部门协办,以"畅通高效,共赢发展,深化'一带一路'经贸合作"为主旨议题,中国政府有关部门主要负责人、部分国家及国际组织的与会嘉宾,围绕促进贸易便利化、振兴相互投资、贸易与可持续发展议题进行了深入交流,并一起观看了视频专题短片《共同命运》。来自60多个国家(地区)以及10多个国际组织的代表近200人参会,其中20个国家和5个国际组织的代表与会发言或参与互动对话。[1]

比利时副首相兼就业、经济、消费行业外贸事务大臣克里斯·皮斯特,中国海关总署署长于广洲,波黑副总理兼外经贸部部长沙罗维奇,中国国家税务总局局长王军,摩尔多瓦副总理兼经济部部长奥克塔维安·卡尔梅克,中国国家质检总局局长支树平,乌克兰第一副总理兼经济发展和贸易部部长斯捷潘·库比夫,世界贸易组织总干事罗伯特·阿泽维多,联合国副秘书长、联合国贸发会议秘书长穆希萨·基图伊等,9位参会嘉宾先后进行了交流发言。中国商务部部长钟山出席会议并作主旨发言,会后超过60个与会国家共同发布《推进"一带一路"贸易畅通合作》的倡议文件。

中国商务部部长钟山表示,为推进"一带一路"贸易畅通,中国将从沿线国家和地区进口2万亿美元商品,从2018年起将举办中国国际进口博览会。未来5年,中方愿为沿线国家提供1万个来华研修和培训名额,派遣50名高级经贸专家,为沿线国家提供人才智力支持和政策咨询服务。[2]

中国海关总署署长于广洲作题为"深化大通关合作机制推动'一带一路'贸易畅通"的重点发言,介绍中国海关围绕"信息互换、监管互认、执法互助"与"一带一路"沿线国家海关开展大通关合作的情况,并提出进一步深化合作的5点建议:深化机制衔接合作,加强各国海关在管理规则、执法程序、监管措施、改革经验等方面的交流协作;深化监管创新合作,探索监管结果互认,扩大AEO互认合作,推动高科技手段和装备的运用,实现精准监管、智能监管;深化信息共享合作,推进国际贸易"单一窗口"标准衔接,实现标准化数据互换,搭建沿线海关高效、安全、规范的数据交换共享平台;深化贸易安全合作,加强沿线海关情报交流合作,拓展联合执法、反恐等合作,严厉

---

[1] 《"一带一路"国际合作高峰论坛高级别会议"推进贸易畅通"平行主题会议在京举行》,2017年5月14日,中华人民共和国商务部网站,http://zhongshan.mofcom.gov.cn/article/activities/201705/20170502574666.shtml。

[2] 《商务部部长钟山出席"一带一路"国际合作高峰论坛高级别会议"推进贸易畅通"平行主题会议并作主旨发言》,2017年5月14日,中华人民共和国商务部网站,http://zhongshan.mofcom.gov.cn/article/ldjianghua/201705/20170502574661.shtml。

打击跨境走私违法活动；深化能力建设合作，坚持沿线海关兼容并蓄，加强经验与智慧分享，互学互鉴、共同提高。①

巴基斯坦商务部部长库拉姆·达斯吉尔·汗在"推进贸易畅通"平行主题会议上，现场交流了巴基斯坦参与"一带一路"建设的经验。他表示巴基斯坦已经参与到"一带一路"建设中，刚才播放的电视片中雄伟的大桥、繁忙的港口，就是在巴基斯坦建成的项目。"一带一路"聚焦发展这个根本性问题，而发展又为和平起到一个锚定的作用。

波黑副总理兼外经贸部部长沙罗维奇表示，波黑对于参与"一带一路"建设有浓厚的兴趣，希望与中国加强合作，大力推进波黑贸易促进计划。他表示，直接投资非常重要，构建当地的供应链也非常重要，波黑希望扩大与中国在农业、高科技领域的合作。目前，波黑积极参与"一带一路"建设已结出硕果，中方参与的波黑斯坦纳里火电站项目已竣工，成为"一带一路"建设的早期收获之一。②

中国国家质检总局局长支树平出席会议并致辞时强调，作为国际公认的国家质量基础设施，标准、计量、认证认可、检验检测是国家通用技术语言，也是贸易畅通的桥梁纽带。作为质量技术基础的主管部门，质检总局认真落实习近平的倡议，主动加强与"一带一路"沿线国家的务实合作，搭建了合作机制和平台，推动了质量基础互联先行，开展了便利贸易的务实合作，加强了疫病疫情联防联控，取得了阶段性的成效。为此，中国质检总局中愿与"一带一路"沿线国家一道，积极推动质量技术基础的互联互通，确保质量安全，消除技术壁垒，畅通国际贸易。③

联合国副秘书长、联合国贸发会议秘书长穆希萨·基图伊认为，从发展中国家角度来说，经济全球化发展需要提升有效的生产力和投资软环境，促进贸易一体化。中国帮助提高发展中国家的贸易标准、物流链、标准链，提升相关国家的生产能力，不让任何一个国家落在后面，中国发挥了实实在在的领导力。乌克兰第一副总理兼经济发展和贸易部部长斯捷潘·库比夫表示，中国是乌克兰重要的战略伙伴，第二大贸易伙伴国，"一带一路"倡议为乌克兰实现贸易多元化提供机遇。华为在海外的 7 个研发中心之一就落户在乌克兰，乌克兰欢迎中国朋友来乌投资，实现互利共赢。

---

① 《于广洲出席"推进贸易畅通"平行主题会议并作重点发言》，2017 年 5 月 18 日，中华人民共和国海关总署网站，http://www.customs.gov.cn/customs/302249/302425/671563/index.html。
② 《积极推动扩大相互市场开放》，《经济日报》2017 年 5 月 15 日。
③ 《支树平在"一带一路"国际合作高峰论坛"推进贸易畅通"平行主题会议上强调联通质量技术基础畅通"一带一路"贸易》，2017 年 5 月 15 日，中国国家质量监督检验检疫总局网站，http://www.aqsiq.gov.cn/ldzz/zsp/zyhd/201705/t20170515_488401.htm。

中国国家税务总局局长王军表示，"一带一路"沿线国家要完善税制，着力消除税收壁垒；加强双边合作，有效降低税收负担；深化多边合作，共同提升税收治理能力，进一步服务和推进"一带一路"建设。税收协定是促进跨国经贸活动平等互利的税收国际法保障。他还建议，各国应加快相互之间税收协定谈签与完善，进一步简化协定执行程序，提高协定执行水平，并完善税收争端解决机制，有效降低跨境投资者税收负担。中国在提升征管能力和纳税服务水平方面曾得到国际社会的热情帮助，今后将乐意为帮助其他国家做出更大努力。真诚希望与各国一道，努力构建"一带一路"税收合作长效机制，研究建立沿线国家税务局长会晤与沟通平台，促进税收政策协调及征管多边合作，更好地发挥税收促进全球经济治理的作用。[1]

德国联邦经济和能源部部长布丽吉特·齐普里斯高度评价了近年来德中两国能源领域务实合作取得的积极成果，并希望进一步深化能源各领域合作，共同推动、积极参与全球能源转型发展。

泰国商业部部长阿披拉迪·丹达蓬介绍，泰国99%的企业都是中小微企业，这样的背景下，"一带一路"建设确实是在为平常人创造更好的生活，不会把中小企业落在后面。

澳大利亚贸易、旅游与投资部部长史蒂文·乔博表示，对澳大利亚而言，中国是最有价值的旅游市场。澳大利亚愿意和中国合作，通过经贸合作实现双赢，而"一带一路"可以提供这样的宝贵机会。

格鲁吉亚经济和可持续发展部部长乔治·加哈里亚说，今天是以第一个已签署自贸协定的国家来参会的，格中自贸协定是一个重要的成就，对可持续发展来说非常重要。

意大利经济发展部副部长伊万·斯卡尔法洛托说，意大利是亚欧大陆理想的桥梁，全球化是共同的命运，没有谁可以独善其身。必须携起手来，推动全球可持续发展。

白俄罗斯经济部部长季诺夫斯基表示，白中是很好的盟友和战略伙伴，中国—白俄罗斯工业园已成为丝绸之路经济带上的一颗明珠，希望有更多中国高新技术企业前往白俄罗斯建厂，带来先进的技术和管理理念，带动白俄罗斯经济发展，实现互利共赢。

论坛最后还宣布通过《推进"一带一路"贸易畅通合作倡议》，倡议参与方认为，在当前全球经济增长动力不足的背景下，有必要在尊重各国发展目标的同时，推动更具活力、更加包容、更可持续的经济全球化，促进贸易投资自

---

[1] 王军：《三项举措加强"一带一路"税收合作》，2017年5月15日，中华人民共和国国家税务总局网站，http://www.chinatax.gov.cn/n810219/n810724/c2611635/content.html。

由化和便利化，抵制保护主义，推进"一带一路"贸易畅通合作，实现合作共赢。

——取得成效及反响

本次"推进贸易畅通"专题论坛的召开可谓恰逢其时，不仅深化了各方面对共建"一带一路"倡议的认识，更有效地提升了各国的政治互信和对强化自由贸易合作重要性的理解。参会发言嘉宾深入讨论了"推进贸易畅通"的主要目标、重点领域、合作机制和推进方式，为全面推进"一带一路"贸易畅通建设提出了一系列具有可操作性的思路、方法和建议。大家提出，宜着力研究解决投资贸易便利化问题，拓宽贸易领域，优化贸易结构，挖掘贸易新增长点，促进贸易平衡等极具建设性的意见，引起与会嘉宾和各国代表的共鸣。对于中国坚持维护并推进全球化的承诺，世界贸易组织总干事罗伯托·阿泽维多表示赞赏。他认为，中国致力于多边贸易体制，这对世贸组织成员具有积极意义。举办"贸易畅通"平行主题论坛是中国推动经济全球化、支持多边贸易体制的重大举措。（本条执笔：丁工）

76. "促进资金融通"平行主题论坛

推动"一带一路"建设的可持续和稳定发展，离不开长期未定的资金保障。而融资问题的解决需要靠沿线国家共同努力，既要发挥政府的作用，更要充分发挥市场的力量，动员多渠道资金参与到"一带一路"建设中去。

"促进资金融通"平行主题论坛的主旨是为各方对"一带一路"建设中融资方面的实践进行交流互鉴，分享经验搭建平台；推动"一带一路"沿线国家、国际组织、金融机构、智库企业等就融资过程中应该遵循的原则达成共识；推进沿线国家政府、金融机构、企业和智库携手合作，共同推动建立长期、稳定、可持续、风险可控的多元化融资体系。

——内容

"促进资金融通"平行主题论坛是由中国财政部和中国人民银行联合举办，于2017年5月14日下午在北京国家会议中心举行。来自50个国家的政府、金融机构、企业、智库及国际组织约260名代表出席了会议。此次论坛的主题是"建立多元化投融资体系，促进'一带一路'建设"，包括开幕式和两场专题讨论。

中国财政部部长肖捷发表题为"携手建设可持续的多元融资机制 共同开创'一带一路'合作美好未来"的主旨演讲。他指出，融资瓶颈是实现互联互通的突出挑战，资金融通是"一带一路"建设的重要支撑。为更有效地促进资金融通,包括中方在内的 27 个国家的财政部门,共同核准了《"一带一路"融资指导原则》。为了打破资金融通的瓶颈困境,有效推进"一带一路"建设,肖捷提出"一带一路"参与方共同努力的方向。第一,要有效发挥政府政策的引导和支持作用,促进本地区国别发展战略对接,形成区域基础设施规划及融资安排,并在法律、税收、贸易、投资等方面加强政策协调,营造透明、友好、非歧视的融资环境。第二,要充分发挥市场机制配置资源的决定性作用,鼓励政策性、开发性、商业性金融机构和相关机构投资者发挥更大作用,推广政府和社会资本合作,实现各方资金共同参与的良好格局。第三,加强与多边开发机构的合作,利用其各自优势,灵活开展多边融资,世界银行、亚投行等六家国际金融机构将与中方签署谅解备忘录,加强在"一带一路"相关领域的合作。第四,坚持风险可控这一前提,鼓励创新融资模式、渠道、工具与服务,发展和完善股权融资市场和本币债券市场,惠及广大沿线国家,促进可持续、包容性发展。①

中国人民银行行长周小川提出促进"一带一路"资金融通的四个建议。第一,运用开发性金融,助力"一带一路"资金融通。"一带一路"建设具有项目回收周期较长、资金需求规模巨大等特点,开发性金融可以在其中发挥重要作用。实践证明,开发性金融业务具有多重优势,既可连接政府与市场、整合各方资源,又可为特定需求者提供中长期信用支持,还能对商业性资金起引领示范作用,以市场化方式予以支持。第二,推动商业银行开展网络化布局,为贸易和投资提供更好的金融服务。"一带一路"建设不仅需要投融资合作,还涉及大量配套金融服务,包括代理行关系、银团贷款、资金结算和清算、项目贷款、账户管理、风险管理等。无论是促进贸易融通,还是更好地服务对外投资,均需要加快推进金融机构和金融服务的网络化布局,提高对贸易的金融服务能力,才能形成金融和经济相互促进的良性循环,进而盘活整盘棋局。第三,加强金融基础设施互联互通,推动以社区银行、互联网/电信支付为代表的普惠金融发展。中国在银联的跨境支付、以农信社为代表的中国社区银行、以手机支付和电信支付为核心的普惠金融等这方面已经有一些进展,愿与沿线国家交流与分享相关经验。第四,积极发挥本币在"一带一路"建设中的作用。积极使用本国货币有助于有效动员当地储蓄、有利于降低换汇成本、有利于维护金融稳定等。中国在签订本币互换协议、货币直接交易、人民币清算行和人民币跨境支付系统(CIPS)方面进行了一些有益的尝试,愿与沿线国家分

---

① 《携手建设可持续的多元融资机制 共同开创"一带一路"合作美好未来——肖捷部长在"促进资金融通"平行主题会议上的演讲》,2017 年 5 月 14 日,中华人民共和国财政部网站,http://www.mof.gov.cn/zhengwuxinxi/caizhengxinwen/201705/t20170514_2600078.htm。

享相关经验。此外，周小川表示，希望进一步推动股票和债券市场等资本市场发展，扩大股权、债券融资市场的连通性。①

世界银行行长金墉表示世界银行在贸易便利化、基础设施建设等方面，与发展中国家合作积累了不少经验，"我们非常渴望也准备为'一带一路'建设提供任何形式的资金支持"。发展中国家尤其是贫困国家在基础设施中面临诸多挑战，世界银行将动员自己和其他资源的资金一如既往地支持发展中国家，包括"一带一路"沿线国家的合作发展。"要让最贫穷的国家融入世界市场体系，以便从中受益，共同分享经济全球化的红利。"②

国际货币基金组织总裁拉加德引用中国传统俗语"一根筷子易折断，一捆筷子抱成团"来表达资金融通、金融一体化的重要性。她表示要实现综合运用政府、投资者、金融机构以及普通民众资源，需要建设一个为所有人服务的金融系统。针对如何实现这一目标，拉加德提出了三大政策优先领域。第一，要努力吸引对于高质量基建的外商直接投资。去年新兴经济体和发展中国家获得的净投资额还不足他们 GDP 总和的 1%。如果这些国家希望激活外商直接投资的流入，可以实行稳健的宏观经济政策、增加贸易透明度、改善商业和监管环境来实现。第二，要加强金融包容性，尤其是发展中国家经济体更是如此。IMF 的分析显示，那些金融包容性强的经济体与包容性相对较弱的经济体相比，经济增速存在 2—3 个百分点的优势。第三，要运用好金融科技力量。在中国，例如，在北京、杭州这样的大城市，人们甚至可以过上无现金的便利生活，仅仅依靠支付宝、微信等线上互联网产品就可以实现在线支付。③

香港特别行政区行政长官梁振英表示，香港是中国的国际金融中心，同时也是世界的中国金融中心，可以作为中国内地与外国之间的"超级联系人"，和中国内地企业一起"并船出海"，并与外国企业一起走入中国内地。另外，香港具有优势，可以满足日益增加的"一带一路"项目集资和财务管理服务需求。在"一带一路"倡议实施的过去四年中，设施联通不断加强，香港可以提供好的项目和营运管理，确保基建项目维持高素质。④

---

① 《周小川阐述"一带一路"资金融通四大建设性想法》，2017 年 5 月 17 日，新华网，http://www.xinhuanet.com/money/2017-05/17/c_1120984974.htm。
② 《代表在"促进资金融通"会建言：推动构建多元化融资体系》，2017 年 5 月 15 日，中国经济网，http://www.ce.cn/xwzx/gnsz/gdxw/201705/15/t20170515_22802960.shtml。
③ 《IMF 总裁拉加德：一根筷子易折断，一捆筷子抱成团》，2017 年 5 月 15 日，中国经济网，http://m.ce.cn/bwzg/201705/15/t20170515_22803916.shtml。
④ 《共建"一带一路"香港在金融、法律、基建等方面大有可为》，2017 年 5 月 15 日，中国新闻网，http://www.chinanews.com/ga/2017/05-15/8223650.shtml。

中国国家开发银行董事长胡怀邦表示，开发性金融机构在"一带一路"建设中具有独特的优势和作用。它长期致力于支持基础设施、基础产业、重大项目建设和发展，与政府部门及社会各方联系密切，有利于做好相关政策对接。同时，开发性金融机构以中长期投融资为主要手段，能够匹配重大项目的大额、中长期融资需要。开发性金融机构与政策性金融机构、商业性金融机构以及其他各类金融机构是分工合作、相互补充的关系，共同构成"一带一路"资金融通的"朋友圈"。[1]

新开发银行行长卡马特认为，"一带一路"建设需要应对不少挑战，其中之一就是如何去风险化。需要重视的一个风险就是汇率的风险。"一带一路"项目周期较长，根据今天的汇率来判断明天的可能并不现实，因此要优先考虑使用本币进行投资，也需要考虑与其他国家货币互换的安排。[2]

亚投行行长金立群表示，亚投行在为"一带一路"国家提供资金时必须坚持三个原则。第一，融资的项目必须可实施可运营。第二，项目必须是环保的。第三，项目必须受到所在国的欢迎。

丝路基金董事长金琦表示，金融要为实体经济服务，丝路基金重点是在基础设施、能源、资源、产业项目上提供金融服务，以支持实体经济发展。"一带一路"建设，首先要解决资金融通，这是一个关键。[3]

与会人员围绕"动员多渠道资金，破除'一带一路'融资瓶颈"和"推动金融机构网络化，加强'一带一路'的金融合作"两大主题，畅所欲言，提出对"促进资金融通"建设的看法、建议和主张。与会人员认为"一带一路"涉及大量的基础设施、产能合作，沿线国家处于不同的发展阶段，国情也有很大差异，风险管控的挑战也非常大。"一带一路"融资可持续性的要求高，既要注重项目成功、保证一定收益、有效防范风险，同时还要吸引各类资金广泛参与，形成长期、稳定、可持续的金融支持机制。

——成果

"促进资金融通"平行主题论坛有效地促进了"一带一路"参与方在构建资金渠道、加强金融机构合作、加大资金支持建设等方面的交流与合作，达成了多项成果。

丝路基金新增资金 1000 亿元人民币。

中国鼓励金融机构开展人民币海外基金业务，规模初步预计约 3000 亿

---

[1] 《代表在"促进资金融通"会建言：推动构建多元化融资体系》，2017 年 5 月 15 日，中国经济网，http://www.ce.cn/xwzx/gnsz/gdxw/201705/15/t20170515_22802960.shtml。

[2] 同上。

[3] 《丝路基金董事长金琦：丝路基金的定位是股权投资》，2017 年 5 月 14 日，凤凰网，https://item.btime.com/0133iq9h9ep9gqmg19daj3i6qgf。

人民币，为"一带一路"提供资金支持。

中国国家发展和改革委员会将设立中俄地区合作发展投资基金，总规模1000亿元人民币，首期100亿元人民币，推动中国东北地区与俄罗斯远东开发合作。

中国财政部部长肖捷与阿根廷、白俄罗斯、英国等26个国家的财长或财政部授权代表共同签署了《"一带一路"融资指导原则》，这是各方在"一带一路"倡议下首次就资金融通问题制定的指导性文件。中国财政部与亚洲开发银行、亚洲基础设施投资银行、欧洲复兴开发银行、欧洲投资银行、新开发银行、世界银行集团6家多边开发机构签署《关于加强在"一带一路"倡议下相关领域合作的谅解备忘录》。

中国财政部联合多边开发银行将设立"多边开发融资合作中心"。

中哈产能合作基金投入实际运作，签署《支持中国电信企业参与"数字哈萨克斯坦2020"规划合作框架协议》。

丝路基金与上海合作组织银联体同意签署《关于伙伴关系基础的备忘录》。丝路基金与乌兹别克斯坦国家对外经济银行签署合作协议。

中国国家开发银行设立"一带一路"基础设施专项贷款（1000亿元等值人民币）、"一带一路"产能合作专项贷款（1000亿元等值人民币）、"一带一路"金融合作专项贷款（500亿元等值人民币）。

中国进出口银行设立"一带一路"专项贷款额度（1000亿元等值人民币）、"一带一路"基础设施专项贷款额度（300亿元等值人民币）。

中国国家开发银行与法国国家投资银行共同投资中国—法国中小企业基金（二期），并签署《股权认购协议》；与意大利存贷款公司签署《设立中意联合投资基金谅解备忘录》；与伊朗商业银行、埃及银行、匈牙利开发银行、菲律宾首都银行、土耳其农业银行、奥地利奥合国际银行、柬埔寨加华银行、马来西亚马来亚银行开展融资、债券承销等领域务实合作。

中国进出口银行与马来西亚进出口银行、泰国进出口银行等"亚洲进出口银行论坛"成员机构签署《授信额度框架协议》，开展转贷款、贸易融资等领域务实合作。

中国出口信用保险公司同白俄罗斯、塞尔维亚、波兰、斯里兰卡、埃及等国同业机构签署合作协议，与埃及投资和国际合作部、老挝财政部、柬埔寨财政部、印度尼西亚投资协调委员会、波兰投资贸易局、肯尼亚财政部、伊朗中央银行、伊朗财政与经济事务部等有关国家政府部门及沙特阿拉伯发展基金、土耳其实业银行、土耳其担保银行、巴基斯坦联合银行等有关国家金融机构签署框架合作协议。

中国人民银行与国际货币基金组织签署了《中国人民银行与国际货币基金组织关于建立中国—基金组织联合能力建设中心谅解备忘录》；中国人民银行与捷克国家银行签署了《中国人民银行与捷克国家银行合作谅解备忘录》。

中国进出口银行与联合国工业发展组织签署了《关于促进"一带一路"沿线国家可持续工业发展有关合作的联合声明》。

亚洲金融合作协会正式成立。

中国工商银行与巴基斯坦、乌兹别克斯坦、奥地利等国家主要银行共同发起"'一带一路'银行合作行动计划"，建立"一带一路"银行常态化合作交流机制。

"促进资金融通"平行主题论坛首次确立了资金融通方面的指导原则，有效地促进了"一带一路"参与方在构建融资渠道、加强金融机构、加大资金支持等方面的交流与合作，对于"一带一路"参与方破除资金融通困境，构建长期、稳定、可持续、风险可控的多元化融资体系有重要的意义。（本条执笔：屈彩云）

77. "增进民心相通"平行主题论坛

"民心相通"是"一带一路"建设的社会根基。"增进民心相通"平行主题论坛的主旨是为"一带一路"建设参与国共聚一堂，增进沟通与交流，进一步推动民心相通进入新阶段、迈上新台阶搭建平台，建立多层次人文合作机制，开辟更多合作渠道，深入开展人文领域交流合作，让广大民众成为"一带一路"建设的主力军和受益者。

——"增进民心相通"平行主题论坛的主要内容

"增进民心相通"平行主题论坛由中共中央对外联络部主办，教育部、科技部、文化部、国家卫生计生委、国家旅游局、国务院侨办、全国总工会、共青团中央、全国妇联、全国友协、中国残联、中国红十字会总会等部门协办会议，于2017年5月14日下午在北京国家会议中心举行。来自60多个国家的政府、政党、企业、民间社会组织以及联合国机构等国际组织400余名代表出席了"增进民心相通"平行主题论坛。此次论坛的主题是"共建民心之桥，促繁荣发展"，包括主旨发言、嘉宾致辞、故事分享、成果展示、会议总结五个部分。

中联部部长宋涛在会上发表题为"同筑民心之桥，共建'一带一路'"的主旨演讲。宋涛指出推动民心相通建设将为各国经济合作夯实社会根基，为改革和完善全球治理体系注入动力，为深化文明交流互鉴提供平台，为构建人类命运共同体积聚条件。为了有效推进民心相通建设，宋涛提出"共、情、实、容"四字建议和理念。"共"就是各国要加强协调、通力合作，强化共同担当意识，履行好各自的责任义务，提升相关民心相通项目的落地效率，促进民心相通建设的常态化、机制化。"情"就是要多开展可以拨动人们心弦的活动，注重厚植情谊、以情动人。"实"就是要注重增进民心相通项目的普惠性，提升沿线国家不同群体、不同阶层民众的参与度和获得感。"容"就是各国要秉承包容开放原则，不断完善多元主体合作模式，带动更多国家、更多国际组织、更多社会力量参与进来。各国应坚持"共商、共建、共享"的原则，践行"共、情、实、容"的理念，发挥主人翁精神，加强沟通、交流与合作，共筑民心之桥，实现共同发展。①

联合国教科文组织总干事伊琳娜·博科娃在会上致辞，认为"一带一路"对于促进沿线国家的文化教育发展与交流发挥了重要作用，并表示"一带一路"倡议是使所有人享受发展、平等、包容的一把钥匙。②

世界卫生组织总干事陈冯富珍致辞，并表示"非常赞赏共商、共建、共享的原则，我坚信谅解备忘录和实施计划将为中国与世卫组织加强合作提供良好机会。期待通过协同努力，增进全球与区域卫生安全，促进健康，打造健康'一带一路'"。③

巴基斯坦旁遮普省首席部长穆罕默德·夏巴兹·谢里夫致辞，并指出："在全球贸易谈判停滞不前的同时，中国寻求新的贸易路线和翻新旧路线，支持发展中国家恢复物质和人力基础设施。这是建立在相互尊重和福祉基础上的民间伙伴关系。"④

俄罗斯中国友好协会主席梅津采夫致辞，认为"'一带一路'作为经济发展战略，为世界许多国家、东西方各个民族开展全新的合作创造了条件，成为在古丝绸之路沿线地区开展人文合作、发展民间外交的统一走廊。通过对话巩固民心相通，是各国人民加强传统友谊的重要环节和基础，是各国政治和经济关系顺利有效发展的保障"。⑤

---

① 宋涛：《共筑民心之桥共建"一带一路"——在"一带一路"国际合作高峰论坛之"增进民心相通"平行主题会议上的主旨讲话》，《当代世界》2017年第6期。
② 《联合国教科文组织总干事伊琳娜·博科娃致辞》，2017年5月12日，中共中央对外联络部网站，http://www.idcpc.gov.cn/ztzl/hylt/zjmxxt/jbzc/201705/t20170512_89648.html。
③ 《世界卫生组织陈冯富珍致辞》，2017年5月12日，中共中央对外联络部网站，http://www.idcpc.gov.cn/ztzl/hylt/zjmxxt/jbzc/201705/t20170512_89649.html。
④ 《巴基斯坦旁遮普省首席部长穆罕默德·夏巴兹·谢里夫致辞》，2017年5月12日，中共中央对外联络部网站，http://www.idcpc.gov.cn/ztzl/hylt/zjmxxt/jbzc/201705/t20170512_89652.html。
⑤ 《俄罗斯中国友好协会主席梅津采夫致辞》，2017年5月12日，中共中央对外联络部网站，http://www.idcpc.gov.cn/ztzl/hylt/zjmxxt/jbzc/201705/t20170512_89725.html。

多位国际组织和国际民间友好组织负责人、"一带一路"沿线国家以及侨商界代表等在会上阐述了对"一带一路"民心相通工作的看法和主张。缅甸、乌兹别克斯坦、斯里兰卡、希腊、坦桑尼亚、巴基斯坦等沿线国家民众代表在论坛现场讲述了参与"一带一路"建设的亲身经历，分享"一带一路"民心相通的故事。

论坛展示了中国同沿线各国和相关国际组织开展文化、教育、科技、旅游、卫生、新闻等领域交流合作的成果，宣布启动《中国社会组织推动"一带一路"民心相通行动计划（2017—2020）》、"丝路沿线民间组织合作网络"以及"增进'一带一路'民心相通国际智库合作项目"。

与会代表认为中国倡导的"一带一路"建设是造福沿线各国民众的重要举措，是搭建民众心灵沟通的桥梁，愿积极促进沿线各国民众交流与合作，夯实"一带一路"建设的民意基础。

——"增进民心相通"平行主题论坛的成果

"增进民心相通"平行主题论坛达成许多共识，启动《"一带一路"科技创新合作行动计划》，签署众多协议和备忘录，取得了丰硕的成果。

中国政府将加大对沿线发展中国家的援助力度，未来3年总体援助规模不少于600亿元人民币。

中国政府将向沿线发展中国家提供20亿元人民币紧急粮食援助。向南南合作援助基金增资10亿美元，用于发起中国—联合国2030年可持续发展议程合作倡议，支持在沿线国家实施100个"幸福家园"、100个"爱心助困"、100个"康复助医"等项目。向有关国际组织提供10亿美元，共同推动落实一批惠及沿线国家的国际合作项目，包括向沿线国家提供100个食品、帐篷、活动板房等难民援助项目，设立难民奖学金，为500名青少年难民提供受教育机会，资助100名难民运动员参加国际和区域赛事活动。

中国政府与黎巴嫩政府签署《中华人民共和国政府和黎巴嫩共和国政府文化协定2017—2020年执行计划》，与突尼斯政府签署《中华人民共和国政府和突尼斯共和国政府关于互设文化中心的协定》，与土耳其政府签署《中华人民共和国政府和土耳其共和国政府关于互设文化中心的协定》。

中国政府与联合国教科文组织签署《中国—联合国教科文组织合作谅解备忘录（2017—2020年）》。

中国政府与波兰政府签署政府间旅游合作协议。

中国政府倡议启动《"一带一路"科技创新合作行动计划》，实施科技人文交流、共建联合实验室、科技园区合作、技术转移四项行动。

中国政府与世界粮食计划署、联合国国际移民组织、联合国儿童基金会、联合国难民署、世界卫生组织、红十字国际委员会、联合国开发计划署、联合国工业发展组织、世界贸易组织、国际民航组织、联合国人口基金会、联合国贸易和发展会议、国际贸易中心、联合国教科文组织等国际组织签署援助协议。

教育部与俄罗斯、哈萨克斯坦、波黑、爱沙尼亚、老挝等国教育部门签署教育领域合作文件，与塞浦路斯签署相互承认高等教育学历和学位协议，与沿线国家建立音乐教育联盟。

中国科技部与蒙古国教育文化科学体育部签署关于共同实施中蒙青年科学家交流计划的谅解备忘录，与蒙古国教育文化科学体育部签署关于在蒙古国建立科技园区和创新基础设施发展合作的谅解备忘录，与匈牙利国家研发与创新署签署关于联合资助中匈科研合作项目的谅解备忘录。

中国环境保护部发布《"一带一路"生态环境保护合作规划》，建设"一带一路"生态环保大数据服务平台，与联合国环境规划署共同发布建立"一带一路"绿色发展国际联盟的倡议。

中国财政部将设立"一带一路"财经发展研究中心。

中国国家卫生和计划生育委员会与捷克、挪威等国卫生部签署卫生领域合作文件。

中国国家旅游局与乌兹别克斯坦国家旅游发展委员会签署旅游合作协议，与智利经济、发展与旅游部签署旅游合作备忘录，与柬埔寨旅游部签署旅游合作备忘录实施方案。

中国国家新闻出版广电总局与土耳其广播电视最高委员会、沙特阿拉伯视听管理总局签署合作文件。中国中央电视台与有关国家主流媒体成立"一带一路"新闻合作联盟。

中国国务院新闻办公室与柬埔寨新闻部、文莱首相府新闻局、阿联酋国家媒体委员会、巴勒斯坦新闻部、阿尔巴尼亚部长会议传媒和公民关系局签署媒体交流合作谅解备忘录。

中国国务院新闻办公室与柬埔寨外交与国际合作部、文莱外交与贸易部政策与战略研究所、以色列外交部、巴勒斯坦外交部、阿尔巴尼亚外交部签署智库合作促进计划谅解备忘录。

中国国家开发银行将举办"一带一路"专项双多边交流培训，设立"一带一路"专项奖学金。

中国民间组织国际交流促进会联合 80 多家中国民间组织启动《中国社会组织推动"一带一路"民心相通行动计划（2017—2020）》，中国民间组织国际交流促进会和 150 多家中外民间组织共同成立"丝路沿线民间组织合作网络"。"一带一路"智库合作联盟启动"增进'一带一路'民心相通国际智库合作项目"。

中国国务院发展研究中心与联合国工业发展组织签署关于共建"一带一路"等合作的谅解备忘录。丝路国际智库网络50多家国际成员和伙伴与中方共同发布《丝路国际智库网络北京共同行动宣言》。

中国国际城市发展联盟与联合国人类住区规划署、世界卫生组织、世界城市和地方政府组织亚太区签署合作意向书。

"增进民心相通"平行主题论坛有效地促进了"一带一路"参与方在文化、教育、科技、卫生、媒体等多领域、多层面的交流与合作,对于"一带一路"参与方民众交往的增强、民众感情的递增、彼此理解与信任的加深、不同文明之间的交融互鉴有重要的意义。(本条执笔:屈彩云)

78."智库交流"平行主题论坛

——"智库交流"平行主题论坛的背景和目的

智库是政府和公众之间、政策研究和传播之间的桥梁。自"一带一路"倡议提出以来,国内外学界积极响应,对此进行广泛而深入的研究。目前,中国智库和有关"一带一路"研究机构已经超过400家,外国知名智库也有50多家参与"一带一路"研究,并推出了一大批研究成果。围绕"一带一路"倡议和建设,相关研究机构应运而生,"一带一路"参与国之间的智库交流与合作不断加强,并推出许多重要的研究成果。中国智库出版了400多本"一带一路"主题图书,近50家国外知名智库发表了100多份专题研究报告。智库为"一带一路"建设架起了促进沟通、增进理解、凝聚共识的桥梁。

智库将在"一带一路"建设中发挥更加积极的作用。一是提供智力成果,通过联合研究和跨国合作研究,形成高质量研究成果,为政府提供咨询,为国家间发展战略对接提出建议。二是推动思想创新,加强国际合作、投资贸易、项目建设、科学技术等方面研究创新,提高沿线国家的治理能力,增强可持续发展动力。三是增进观念认知,客观准确地解读"一带一路"倡议,传递真实、客观、全面的信息。四是加强对话交流,促进不同国家和文明的交流互鉴,加深相互了解和认知,搭建更多交流信息、汇聚智慧、对话思想的平台和载体。[1]

智库交流是"一带一路"国际合作的重要组成部分,对推进互联互通,特别是民心相通具有独特作用。4年来,智库在推进"一带一路"研究的深入、

---

[1] 《发展改革委等介绍"一带一路"国际合作高峰论坛高级别会议情况》,2017年5月10日,中国政府网,http://www.gov.cn/xinwen/2017-05/10/content_5192398.htm#5。

践行"一带一路"精神和理念,推动"一带一路"倡议与相关地区及国家发展规划的对接等方面扮演着重要的角色,发挥着重要的作用。"一带一路"建设需要听取和学习中外各方面智库学者的远见卓识和真知灼见。习近平在"一带一路"高峰国际合作论坛上提出"要发挥智库作用,建设好智库联盟和合作网络"。①

"智库交流"平行主题论坛的主旨在于,搭建各国智库人员进行广泛交流,分享经验,互学互鉴,凝聚共识,贡献智慧的平台;搭建各国智库人员探寻"一带一路"建设的新机制与路径,推进"一带一路"倡议成为东西方沟通与合作的新桥梁;创建各国智库人员促进"一带一路"愿景变为现实,追求共享发展与繁荣的"智力丝绸之路"。

——"智库交流"平行主题论坛的内容

"智库交流"平行主题会议由中宣部主办,中国国际经济交流中心承办,于2017年5月14日下午在北京国家会议中心举行。来自40多个国家和地区的200多位著名智库负责人、前政要和知名专家学者参加了会议。"智库交流"平行主题会议的主题是"携手打造智力丝绸之路",会议分为嘉宾演讲致辞和专题讨论两个重要环节。

中共中央政治局委员、中央书记处书记、中宣部部长刘奇葆发表题为"携手打造'智力丝绸之路'"的主旨演讲。他提出共建"智力丝绸之路"的四点建议。第一,把"一带一路"建设放在构建人类命运共同体的大愿景下来思考。把人类命运共同体理念和丝路精神结合起来,深化研究、阐发内涵,使其成为各国共建"一带一路"的鲜明指引,成为我们凝心聚力、携手合作的定海神针。第二,把"一带一路"建设放在经济全球化的大舞台上来谋划。"一带一路"建设,倡导开放共享,致力于政策、道路、规则的互联互通,把中国的发展与沿线各国发展结合起来,为世界经济发展注入了强大正能量。第三,把"一带一路"建设放在国际关系演进的大格局中来研究。"一带一路"创造机遇、促进发展、通向共赢,必将有力促进国际关系的公平正义。第四,把"一带一路"建设放在人类文明交流互鉴的大视野里来把握。建设"一带一路",就要推动不同文明在交流互鉴中共同发展,成为增进各国友谊的桥梁、推动人类社会进步的动力、维护世界和平的纽带。形成更多高端研究成果,为"一带一路"更好惠及各国人民提供智力支持。② 他

---

① 习近平:《携手推进"一带一路"建设——在"一带一路"国际合作高峰论坛开幕式上的演讲》,《人民日报》2017年5月15日第3版。
② 刘奇葆:《携手打造"智力丝绸之路"》,2017年5月19日,中华人民共和国国务院新闻办公室网,http://www.scio.gov.cn/ztk/dtzt/36048/36583/36584/Document/1552880/1552880.htm。

希望中外智库加强交流合作,建设好智库联盟和合作网络,形成更多高端研究成果,共建"智力丝绸之路"。

中国国际经济交流中心理事长曾培炎谈论了智库如何在"一带一路"建设中发挥作用。他认为智库需要深入研究"一带一路"的内在发展规律,探索提炼"一带一路"合作治理新模式,努力为"一带一路"惠及沿线国家提供智力支持,发挥"一带一路"建设中的"第二轨道"作用。①

国家创新与发展战略研究会会长郑必坚表示,"一带一路"的宏大构想,反映的就是这样一种通过长周期、大变动、新动能来推动经济全球化进入新阶段的历史要求。"一带一路"国际合作,正在成为经济全球化进入新阶段的强劲动力和重要标志。②

美国亚洲协会政策研究所所长、澳大利亚前总理陆克文表示,从历史的角度,我看到古丝绸之路带来通商和文化的交流,而不是冲突和战争;从现在的角度,我看到"一带一路"不断促进国际秩序改革和发展;从未来的角度,我看到"一带一路"的成功可以帮助数十亿人脱贫,可以保护我们的地球,可以创造全球合作的可能。这些都需要全世界的智慧,也需要我们互相理解、消除误解的智慧。③

美国保尔森基金会主席亨利·保尔森表示,"一带一路"积极推动世界互联互通的目标取向尤为可贵,将进一步促进基础设施和其他项目的投资,推动亚洲乃至世界更大范围内经济互联格局的形成,也希望美国能够在"一带一路"的发展过程中保持更为开放心态,积极寻求参与"一带一路"的机遇。④

巴基斯坦总理外交事务顾问萨尔塔吉·阿齐兹表示,巴基斯坦高度认同"一带一路"倡议精神。中巴经济走廊有幸成为"一带一路"倡议的第一个旗舰项目。这一项目不仅将造福巴基斯坦,而且有望推动区域发展。"一带一路"倡议意味着由东方推动的亚洲价值观引领的新一轮经济全球化浪潮,彰显了开放与包容的理念,智库可从中找到东西方共同的合作目标,并对各种可能进行全方位探索;各国国情相异,国家发展政策也有所不同,智库应探索出一条使

---

① 曾培炎:《广集众智共建"智力丝绸之路"》,2017年5月19日,中华人民共和国国务院新闻办公室网站,http://www.scio.gov.cn/ztk/dtzt/36048/36583/36585/Document/1552849/1552849.htm。
② 郑必坚:《宏大构想应运而兴》,2017年5月19日,中华人民共和国国务院新闻办公室网站,http://www.scio.gov.cn/ztk/dtzt/36048/36583/36585/Document/1552851/1552851.htm。
③ [美]陆克文:《三个视角看"一带一路"》,2017年5月19日,中华人民共和国国务院新闻办公室网站,http://www.scio.gov.cn/ztk/dtzt/36048/36583/36585/Document/1552861/1552861.htm。
④ [美]亨利·保尔森:《美国应寻求参与"'一带一路'的机遇"》,2017年5月19日,中华人民共和国国务院新闻办公室网站,http://www.scio.gov.cn/ztk/dtzt/36048/36583/36585/Document/1552854/1552854.htm。

"一带一路"倡议与各国发展协调一致的道路。①

捷克前总理、社会民主党前主席伊日·帕鲁贝克表示，基础设施建设，能够促进其他亚洲国家的发展；在中亚、俄罗斯、西非等地修建基础设施并进行大量投资，能够增强丝绸之路沿线所有国家的经济实力，有力提高人民生活水平，稳定国家局势，加快国家、地区乃至世界的经济发展。"一带一路"倡议将加快亚洲和欧洲国家的发展，进而推动全球经济增长，有志从商、辛勤工作、期盼繁荣的人都将从这一倡议中获益。②

土耳其马尔马拉基金会主席阿坎·苏威尔表示："从伦敦到北京，我们形成了一个全新的外交空间，'一带一路'建设不仅仅连接亚洲、欧洲和非洲，也不仅仅连接贸易、历史、文化，更为我们打开彼此的大门和胸怀，帮助我们传承历史文化财富，更好地发展本地区的文化、宗教。"③

欧洲中心马达里亚加学院执行主任皮埃尔·德福安表示，中国提出的"一带一路"倡议没有扩张的意图，在推进过程中，注重共商、共建、共享，重视中小企业利益，被国际社会广泛看好。中国发起建设的亚投行正沿着正确的方向前进，如今已有 77 个成员国，是个典型的多边机构。④

俄罗斯联邦政府分析中心主任康斯坦丁·诺斯克表示，"一带一路"已写入联合国文件，政策沟通、设施联通、贸易畅通、资金融通和民心相通这"五通"形成合力，与联合国的可持续发展目标能够形成双赢。"一带一路"是进行国际合作的框架载体，俄罗斯欧亚经济联盟和"一带一路"已经实现对接，这对于中俄全方位的合作影响深远。⑤

印度尼赫鲁大学东亚研究中心教授谢刚认为，"一带一路"建设为推动全球包容性发展，为各国青年人、中小企业平等参与国际合作创造了条件。"一带一路"倡导互联互通，重视基础设施建设，把生产中心和消费中心连接在一起，促进货物运输和服务贸易，鼓励中小企业参与其中，有助于促进社会发展，维护社会公平。⑥

---

① ［巴基斯坦］阿尔塔吉·阿齐兹：《凝聚智库力量护航"一带一路"》，2017 年 5 月 19 日，中华人民共和国国务院新闻办公室网站，http：//www.scio.gov.cn/ztk/dtzt/36048/36583/36585/Document/1552860/1552860.htm.

② ［捷克］伊日·帕鲁贝克：《世纪工程全球获益》，2017 年 5 月 19 日，中华人民共和国国务院新闻办公室网站，http：//www.scio.gov.cn/ztk/dtzt/36048/36583/36585/Document/1552862/1552862.htm.

③ 《智库交流文明互鉴搭桥梁》，2017 年 5 月 15 日，中华人民共和国国务院新闻办公室网站，http：//www.scio.gov.cn/ztk/dtzt/36048/36583/36584/Document/1551960/1551960.htm.

④ 《专家学者呼吁：携手打造智力丝绸之路》，2017 年 5 月 15 日，中国经济网，http：//www.ce.cn/xwzx/gnsz/gdxw/201705/15/t20170515_22803274.shtml.

⑤ 同上。

⑥ 同上。

日本前首相、东亚共同体研究院院长鸠山由纪夫表示，亚投行给各国带来安全感，日本从一开始就应该加入，参与"一带一路"建设。日本有着充足的资金、丰富的经验和人力资源，可以为亚投行提供服务。在"一带一路"建设过程中，日本不能落在后面。①

与会人员围绕"一带一路"促进全球经济强劲、平衡、包容、可持续发展，开放包容、互学互鉴的丝绸之路和"一带一路"创新发展国际合作蓝图三个议题，畅所欲言，重点探讨"一带一路"建设对扩大全球需求、提升全球供给、培育全球新动能的积极作用，"一带一路"建设对构建全球贸易、投资新机制的促进作用，"一带一路"建设推动全球包容性发展，为各国青年人、中小企业平等参与国际合作创造条件，绿色"一带一路"建设，如何加强智库间的交流与合作，发挥智库在"一带一路"建设中的作用，如何推动"一带一路"倡议与相关区域及国家重点发展战略规划等对接，促进"一带一路"健康发展，共建"一带一路"长效合作和发展机制等内容。

与会人员认为，"一带一路"建设离不开智库的积极参与，携手打造"智力丝绸之路"是"一带一路"建设的重大课题。智库可以扮演探路者的角色，将各国共建"一带一路"的政策措施、合作模式、共赢发展等行之有效的做法积极加以推广。智库可以汇聚众力，共同发展新平台，探索新路径，开辟增长新动力，助推沿线国家共同繁荣。智库可以发挥人才优势，通过开展风险评估等方面研究，进一步为企业提供政策咨询和智力支持。②

——"智库交流"平行主题论坛的成果

"智库交流"平行主题论坛达成了重要共识、形成智库联合研究报告，并协议联合成立"一带一路"研究院等多项成果。

中国国际经济交流中心、新加坡国立大学李光耀公共政策学院等16家中外智库共同提议的《构建多彩丝绸之路的共识》发布，各国智库专家形成6条共识：第一，智库应携手建设多彩丝绸之路，拓展"一带一路"发展的新空间。第二，智库应携手构建"人类命运共同体"的理论框架与体系，形成"一带一路"广泛共识。第三，智库应携手促进经济政策的沟通与协调，增强"一带一路"相关国家经济增长的均衡性和包容性。第四，智库应携手推动"一带一路"相关国家发展战略对接，建立与完善智库参与对接工作的机制。第五，智库应携手探索提炼"一带一路"建设的新模式，为推进全球治理提供

---

① 《专家学者呼吁：携手打造智力丝绸之路》，2017年5月15日，中国经济网，http://www.ce.cn/xwzx/gnsz/gdxw/201705/15/t20170515_22803274.shtml。

② 《"智库交流"平行主题会议举行倡议携手打造"智力丝绸之路"》，2017年5月15日，中国社会科学网，http://www.cssn.cn/zk/zk_jsxx/zk_zx/201705/t20170515_3518167.shtml。

有益借鉴。第六，智库应携手构建"一带一路"智库合作长效机制，建设双边和多边的智库交流网络。

中国国家发展和改革委员会代表中国政府与联合国开发计划署签订《"一带一路"倡议的行动方案》，聚焦信息交流、项目合作、政策协调、伙伴关系建立、能力建设等重点领域。

联合国开发计划署与中国国际经济交流中心共同发布《"一带一路"倡议——助力可持续发展的变革性全球治理新思路》。

国家开发银行研究院、中国国际经济交流中心、丝路规划研究中心联合发布《"一带一路"贸易投资指数报告》，报告利用数据化的分析方法，不断提供深度研究成果，更加准确深入地反映"一带一路"建设在贸易、投资等领域的发展状况。

"智库交流"平行主题论坛推动了各国智库在"一带一路"研究上的交流与合作，对于各国智库总结经验，凝聚智慧，探讨共建"一带一路"长效合作机制，开展围绕"一带一路"的双边或多边联合研究，构建共赢的伙伴关系网络，建言献策发挥积极作用有重要的意义。（本条执笔：屈彩云）

十 国际上相关行动计划与"一带一路"

79.《2030年可持续发展议程》与"一带一路"

——可持续发展的中国方案

中国曾在联合国千年发展目标落实进程中做出巨大贡献，2000—2015年，中国以年均8%的增长速度，使国内近7亿人口摆脱贫困。中国还曾积极参与南南合作，为120多个发展中国家落实千年发展目标提供了帮助。中国的经济增长产生的巨大需求增加了与非洲和拉丁美洲等地区的贸易联系，对这些地区的增长和减贫发挥了重要的推动作用。可以说，中国的成就和经验是联合国旧千年发展目标得以总体基本实现的重要保障。

在《2030年可持续发展议程》通过后，中国同样是联合国可持续发展目标的坚定支持者和贡献者。2016年1月1日生效的《2030年可持续发展议程》的落实存在四大挑战：一是气候变化应对挑战，要求能源部门脱碳，并应对20多亿人的城市化进程；二是大规模的移民带来的基础设施等挑战，人道主义援助挤占了传统的发展资源，二者之间的关系需要协调；三是国际金融与税收体系仍然十分脆弱，需要实现转型；四是国际贸易体系的转型挑战，要使其与2030年议程更好地对接，纳入社会与环境标准。因此，各国必须整合2030年议程的17个可持续目标和169个具体目标，根据各国具体情况，将这些目标纳入国家中长期发展战略，建立国际议程和国内战略之间的协同和互补关系。

从国内层面看，2016年4月中国率先发布《落实2030年可持续发展议程的立场文件》，积极支持可持续发展目标的落实。2016年中国G20杭州峰会就落实《2030年可持续发展议程》和《巴黎协定》进行了全方位资源和政治动员，将如何推动落实可持续发展目标和气候目标融入G20的增长议程、贸易投资议程、金融议程等的方方面面，明确提出要通过一系列的举措，包括对话、政策协调以及加强更高层次的国际合作等。2016年9月中国出台《落实2030年可持续发展议程国别方案》，明确了中国推进落实工作的指导思想、总体原则，从战略对接、制度保障、社会动员、资源投入、风险防控、国际合作、监督评估 7 个方面详细阐述了中国推动《2030 年可持续发展议程》的总体路径，并给出了落实 17 项可持续发展目标和 169 个具体目标的具体方案。中国是全球第一个制定目标导向和领域全覆盖的翔实落实规划的国家，将可持续发展目标转化为经济、社会、环境等领域的具体任务，制定《国家创新驱动发展战略纲要》《全国农业可持续发展规划（2015—2030 年）》《"健康中国 2030"规划纲要》《中国生物多样性保护战略与行动计划（2011—2030 年）》等。

中国方案不仅致力于中国的可持续发展，还明确指明中国还将努力帮助其他发展中国家在全球执行过程中开拓进取，为全球和国别发展战略的对接提供了良好的案例和榜样。中国着力推进包括南南合作在内的国际交流与合作，成立南南合作援助基金、"中国—联合国和平与发展基金"、南南合作与发展学院、国际发展知识中心。而 2013 年 "一带一路" 倡议的提出则旨在创造一个跨越三大洲（亚洲、欧洲和非洲）的综合贸易和发展网络，共同致力于实现全球可持续发展目标。

——"一带一路" 倡议中的可持续发展理念

2015 年，在《2030 年可持续发展议程》推出前夕，中国发布了《推动共建丝绸之路经济带和 21 世纪海上丝绸之路的愿景与行动》，该文件明确指出，中国将秉持 "和平合作、开放包容、互学互鉴、互利共赢" 的理念，让共建成果惠及更广泛的区域，在尊重各国发展道路和模式选择基础上加强不同文明之间的对话，寻求利益契合点和合作最大公约数，促进共同发展、实现共同繁荣。可见 "一带一路" 背后的官方意识形态即是和平发展，通过支持基础设施投资并促进经济发展，促进合作并最大限度地减少冲突。习近平在 2017 年 5 月 "一带一路" 国际合作高峰论坛开幕式的主旨发言中曾说道："和平赤字、发展赤字、治理赤字，是摆在全人类面前的严峻挑战。" 古丝绸之路沿线地区曾经是 "流淌着牛奶与蜂蜜的地方"，如今很多地方却成了冲突动荡和危机挑战的代名词。推进 "一带一路" 建设，就是要聚焦发展这个根本性问题，释放各国发展潜力，实现 "经济大融合、发展大联动、成果大共享"。

中国发起的 "一带一路" 倡议和《2030 年可持续发展议程》的背景尽管不尽相同，但他们有很多共同的价值观和特征。二者都将可持续发展作为总体目标，旨在加深各国和各地区之间基础设施、贸易、金融、政策的连通，尤其最重要的是人民之间的 "连通性"，从而创造机会，增加全球公共产品的供给，实现合作共赢。联合国秘书长安东尼奥·古特雷斯在当前全球化和自由贸易遭遇挑战时曾高度评价 "一带一路" 倡议在推动《2030 年可持续发展议程》方面的作用，他说，我们需要一个将全球紧密团结的倡议，让人们相信有更好的全球化，让人们相信自由贸易可以让整体受益，让人们相信全球的可持续发展不会让任何人落在后面,而"一带一路"倡议所描述的正是中国为全球发展带来的"新愿景",它为国际社会应对气候变化、粮食安全和水资源短缺等全球性挑战提供了新的机遇。

——"一带一路"倡议的发展红利

实现经济增长、社会包容性和环境可持续性是《2030年可持续发展议程》的三大支柱。"一带一路"倡议无论是从发展经济、改善民生,还是从应对金融危机、加快转型升级的角度看,沿线各国都有着广泛的共同利益。它以经济和人文合作为主线,将中国与不同国家的战略规划和安排纳入一个框架中,代表了一个更大范围、更高层次的国际经济合作框架。[①]

一是促进减贫与增长。与发达国家相比,"一带一路"沿线大多数国家的物流及基础设施存在水平不足、质量落后等普遍问题。基础设施的缺陷意味着高运输成本,这妨碍了市场准入、跨境贸易和经济发展,使得这些国家发展面临下行风险,而基础设施以及区域贸易和投资合作可以减少这些下行风险。2014—2016年,"一带一路"国家的GDP增长率平均为4.2%,而全球平均水平为2.6%。2016年该地区贡献了全球GDP增长的68%,其中亚洲的贡献(包括中国)远高于50%。更好的基础设施和更大的区域连通性有利于改善"一带一路"国家进入全球市场的机会,使其可以更好地利用比较优势并支撑长期发展。在"一带一路"高峰论坛上,与会国同意推动建设道路、铁路、港口、能源管道和电信等交易基础设施的"务实合作"。

二是推动绿色转型。中国的绿色"一带一路"行动主要有四大目标:

促进海外可持续发展。2015年,中国对绿色行业的投资达到4000亿美元,到2020年,中国计划在其境内投放至少3600亿美元的可再生能源。越来越多的中国可再生能源公司正在海外投资。通过"一带一路"倡议,中国可以通过向其他国家提供便宜的可再生能源设备来推动和展示更大规模的绿色增长,并为帮助其他国家实施可再生能源并减少排放提供宝贵的经验教训。

确保具有气候韧性的基础设施建设。可持续的基础设施投资可以避免锁定高碳投资,给政策制定者制定未来雄心勃勃的减排目标预留余地,从而使全球经济在2050年脱碳成为可能。可持续基础设施投资还可以平衡全球贸易下滑对各国的影响,将为各国创造就业机会,帮助各国更好地应对未来气候的影响。

推动绿色金融体系的构建。中国近年来制定了一系列改革金融体系的措施,旨在构建全方位的绿色金融体系。中国也是唯一在银行部门建立健全绿色

[①] 卢锋、李昕等:《为什么是中国?——"一带一路"的经济逻辑》,《国际经济评论》2015年第3期。

信贷体系的国家。中国还设立了全国绿色发展基金和省级绿色基金,支持绿色企业发展。2016年中国绿色债券的市场规模占到全球总数的39%,在绿色金融发展领域,具有较为成熟的政策制定和实践经验,可以通过"一带一路",帮助其他发展中国家实现金融体系的绿色化。

确保海外企业投资符合全球环境、社会与治理(ESG)行为准则。目前,中国政府和各行业协会已经颁布了海外投资环境和社会风险管理指导方针。这些自愿性质的指导方针将有利于对中国的海外投资和投资国家的利益相关方进行密切监测,确保企业在投资进程中认真对待环境、社会风险。

三是重塑地区的经济和贸易关系。尽管"一带一路"倡议的经济影响尚难量化,但其贸易投资和建设活动正在增加。中国同"一带一路"参与国还致力于推动贸易和投资便利化,改善营商环境,并通过大规模基础设施项目重振主要国际贸易路线,其中最重要的投资领域之一是信息和通信技术(ICT)。发达国家的互联网普及率当前已经在80%以上,但在发展中国家只有40%,最不发达国家仅有15%。信息通信技术的投资不仅对业务增长很重要,它们还可以帮助加速联合国的可持续发展目标,缩小世界发达和发展中地区之间的数字鸿沟。通过"一带一路",各国正在共同合作,准备一些能够以更大规模取得成功的联合项目,并有更多机会筹集必要的资金。一旦ICT基础设施就位,将为社区发展带来新动能,为商业伙伴开辟新市场。

四是提供稳定和可持续的金融保障。中国是全球开发融资的主要参与者。为了给"一带一路"提供发展资金,中国推出了三项举措:亚洲基础设施投资银行(AIIB)、新开发银行(NDB)和丝绸之路基金。2016年,亚投行向"一带一路"的9个发展项目贷款17亿美元。亚洲开发银行也宣布,到2020年亚行的气候融资总额将从30亿美元翻倍至60亿美元,重点支持可再生能源项目、能效项目、可持续交通项目和智慧城市建设项目,同时将偏重于提升不发达国家适应气候变化的能力,帮助提升这些国家的基础设施,发展气候智能农业,提高应对气候灾害的能力。中国财政部已经与亚行签订了"一带一路"项目融资协议。

提供项目融资的亚洲基础设施投资银行、新开发银行以及亚洲开发银行等多边机构还致力于提高项目的环境标准。目前这些多边开发机构在进行基础设施投资时越来越把重点放在可再生能源和绿色能源项目上,而不是传统能源项目。亚洲基础设施投资银行(AIIB)已将自身定位为"精益、清洁和绿色",以期在其环境和社会框架中致力于帮助各国实现《巴黎协定》的国家承诺。自从2016年年初正式开业以来,亚投行已经资助了24个基础设施项目,其中包括总价值10亿美元的7个清洁能源项目。亚投行还在其2017年能源计划草案中承诺仅在特殊情况下为燃煤电厂提供资金,至今尚未批准任何煤炭项目。

总体来看,"一带一路"倡议和落实《2030 年可持续发展议程》的理念和总体方向一致,两种机制相互促进,共同致力于推进全球基础设施的互联互通,以及开展更广泛的区域合作,实现全球共同、绿色、可持续发展。中国本着"广泛协商、共同贡献、共同利益"的原则,同国际社会一道推动"一带一路"建设。因此,"一带一路"倡议不会成为地缘政治工具,而是全球增长和繁荣的工具。未来二者如果能够成功整合,很可能会形成一种新的国际多边合作平台,不仅为全球可持续发展提供强大动力,也将为各国和地区合作树立新榜样。(本条执笔:田慧芳)

80.《亚的斯亚贝巴行动议程》与"一带一路"

"一带一路"倡议的主要目标是推进全球互联互通和可持续发展,特别是通过基础设施建设提供持续融资,促进全球经济的强劲、可持续发展。《亚的斯亚贝巴行动议程》(Addis Ababa Action Agenda)是联合国会员国共同推进可持续发展取得的重要成果,为可持续发展筹资提供全球框架。"一带一路"倡议与《亚的斯亚贝巴行动议程》以推进全球可持续发展为共同使命,双方加强战略对接和协作,建立更紧密的国际发展合作伙伴关系,推动南北合作、南南合作和三方合作,为 2015 年后全球可持续发展议程提供强有力的基础。

——《亚的斯亚贝巴行动议程》奠定 2015 年后发展筹资全球框架

2015 年 7 月 15 日,在埃塞俄比亚首都亚的斯亚贝巴进行的联合国第三次发展筹资问题国际会议上,各成员国达成《亚的斯亚贝巴行动议程》(Addis Ababa Action Agenda),形成了 2015 年后发展筹资的全球框架。《亚的斯亚贝巴行动议程》包括一系列旨在彻底改革全球金融实践并为解决经济、社会和环境挑战而创造投资的大胆措施,标志着在促进普遍和包容性的经济繁荣、提高人民福祉的同时,在保护环境方面加强全球合作伙伴关系的一个新的里程碑。[1]

《亚的斯亚贝巴行动议程》(以下简称《议程》)的目标是,结束贫困和饥饿,并从促进包容性经济增长、保护环境和推动社会包容 3 个层面实现可持续发展。[2] 为了实现这一目标,《议程》呼吁各国加强和振兴可持续发展伙伴关系,构建一体化的国家筹资框架,支撑当地国在国际规则一致性的要求下主导

---

[1] 《联合国第三次发展筹资问题国际会议成功达成成果文件〈亚的斯亚贝巴行动议程〉》,2015 年 7 月 23 日,联合国新闻,https://news.un.org/zh/story/2015/07/239302。

[2] United Nations, *Addis Ababa Action Agenda of the Third International Conference on Financing for Development* (*Addis Ababa Action Agenda*), Resolution adopted by the General Assembly on 27 July 2015 (A/RES/69/313), p. 2.

可持续发展战略。

第一,构建国际发展筹资框架,完善全球发展环境。可持续发展依赖于稳定开放的国际经济环境、公正合理的全球经济治理体系和发展所需的知识、技术和能力建设。为了营造良好的国际发展环境,《议程》号召各国加强协调一致,维护自由开放的多边贸易体制,实现普遍、有章可循、开放、透明、可预测、包容、非歧视和公平的多边贸易体系,以及积极的贸易自由化。[1] 在金融领域,各国要健全金融市场监管,维护金融稳定,建立全球金融安全网。同时,各国要推动全球经济治理体制的改革完善,加强联合国在促进发展方面的主导作用,在尊重各自组织授权的同时,达成一项更有力、更一致和更具包容性和代表性的促进可持续发展的国际架构。[2] 联合国副秘书长、联合国环境规划署执行官阿齐姆·施泰纳称,议程为未来筹资体系设定了一个可操作的框架,这将会改变国际经济格局,从而更好地服务于人类的需要和可持续发展的未来。[3]

第二,积极调动国内资源,发挥本国在推进可持续发展战略中的主导作用。《议程》重申当地国对自身经济和社会发展负有主要责任,特别尊重国家在遵守相关国际规则的前提下,自主制定国家政策和发展战略,努力消除贫困和推动可持续发展。此次发展筹资国际会议更加突出发展中国家自身在可持续发展议程中的自主作用,特别强调各国以本国自主为原则制定国内资源公共政策,并调动和有效利用国内资源对于可持续发展的核心意义。[4] 在成果文件中,各国就旨在扩大财政收入基础、提高税收征管、采取健全的社会、环境和经济政策(包括反周期财政政策)、打击逃税和非法资金流动、建立健全的贷款框架并遵守适当的社会和环境保障措施、健全债务管理以实现长期的债务可持续性等一揽子措施达成了一致。此外,《议程》还倡导援助国和多边开发机构,提供适当的知识和技术,加强发展中国家的发展能力建设。例如,促进信息和通信技术基础设施的开发和利用、加强机构能力和人力资源开发等。

第三,推动国际发展合作,强化可持续发展全球伙伴关系。为了补充各国在调动国内公共资源方面的不足,《议程》积极推动各种形式的国际公共融资,

---

[1] United Nations, *Addis Ababa Action Agenda of the Third International Conference on Financing for Development* (*Addis Ababa Action Agenda*), Resolution adopted by the General Assembly on 27 July 2015 (A/RES/69/313), p. 20.
[2] Ibid., pp. 25 - 26, 29.
[3] 王欲然:《中方倡议推进创新型筹资》,《人民日报》2015 年 7 月 19 日第 3 版。
[4] United Nations, *Addis Ababa Action Agenda of the Third International Conference on Financing for Development* (*Addis Ababa Action Agenda*), Resolution adopted by the General Assembly on 27 July 2015 (A/RES/69/313), p. 7.

强化国际发展合作。官方发展援助提供方重申了各自作出的官方发展援助承诺。许多发达国家承诺实现官方发展援助占国民总收入的0.7%，以及给予最不发达国家的官方发展援助占国民总收入的0.15%—0.20%的具体目标。欧洲联盟承诺在2015年后议程时限内实现官方发展援助占国民总收入的0.7%，并承诺在近期共同实现给予最不发达国家的官方发展援助占国民总收入0.15%—0.20%的具体目标，以及在2015年后议程时限内达到给予最不发达国家的官方发展援助占国民总收入0.20%的具体目标。我们鼓励官方发展援助提供方考虑制定一个目标，使给予最不发达国家的官方发展援助至少占国民总收入的0.20%。[①] 在发挥南北合作主渠道作用的同时，南南合作是国际合作促进发展的重要组成部分。《议程》也提倡加强三方合作，以协调各方行动和提升发展合作相关的经验和专门知识。此外，《议程》高度重视多边开发银行和其他国际发展银行在筹集可持续发展资金和提供专门技能方面的作用，继续利用其捐款、其稳定的优惠和非优惠发展资金。

第四，推动筹资机制创新，动员和多利用利益攸关方资源，拓宽资金来源渠道。《议程》为解决可持续发展提出明确的、更具包容性的筹资原则。《议程》推动了一系列措施改革投融资机制，以广泛地撬动资金，为经济、社会和环境可持续发展进行持续筹资。除了在可持续发展战略中纳入弹性、优质的基础设施投资计划，鼓励投资促进机构更好地通过项目编制、投资引导优化投资环境外，《议程》还鼓励各国强化公私伙伴关系，积极运用混合融资等多元金融工具。为了协调推进多边开发银行、国家开发银行、官方发展伙伴以及私营部门在基础设施建设融资中发挥作用，《议程》提议由多边开发银行牵头建立一个全球基础设施论坛。为了最大限度地拓展资金来源，发挥不同类型金融产品的融资功能，《议程》提出要组合利用不同融资工具。例如，利用保险、投资担保（包括通过多边投资担保机构）和新的金融工具来激励对发展中国家的外国直接投资，鼓励养老金基金和主权财富基金等管理大量集资的长期机构投资者把更高比例的资金分配到发展中国家的基础设施建设中。通过强化公私伙伴关系、混合使用融资工具，优惠性质的公共筹资和非优惠性质的公共和私营筹资能够结合起来更有效地发挥作用。

——"一带一路"多元化融资机制为基础设施融资提供解决方案

持续性的融资是"一带一路"建设顺利推进的保证。由于基础设施项目具有风险集中、收益分散的特性，基础设施项目融资长期存在资金缺口。根据亚

[①] United Nations, *Addis Ababa Action Agenda of the Third International Conference on Financing for Development* (*Addis Ababa Action Agenda*), Resolution adopted by the General Assembly on 27 July 2015 (A/RES/69/313), p. 21.

洲开发银行（ADB）估计，2016—2030 年，亚洲地区就需要 26 万亿美元的基础设施投资。这意味着平均每年需要 1.7 万亿美元的基础设施建设投资。① 据中国国务院发展研究中心估算，2016—2020 年，"一带一路"沿线国家基础设施合意投资需求至少在 10.6 万亿美元以上。② 构建一套融资机制为国际基础设施建设提供持续融资，是"一带一路"建设面临的重要挑战。

在充分吸收国内基础设施建设的经验和大胆进行创新性探索的基础上，"一带一路"建设逐渐发展出适合基础设施建设的投融资体系，形成"一带一路"多元化投融资机制。2017 年 5 月 14 日，在"一带一路"国际合作高峰论坛高级别会议"促进资金融通"平行主题会议期间，在中国倡议和推动下，中国财政部与阿根廷、白俄罗斯等 26 国财政部共同核准公布了《"一带一路"融资指导原则》。《"一带一路"融资指导原则》通过建立能够动员公共和私营部门以及匹配资金需求和供给的多元化投融资框架，为振兴基础设施建设，实现可持续发展提供了突破融资瓶颈的综合方案。

第一，发挥本国政府的引领作用，协调多元投融资主体。"一带一路"强调与相关国家发展战略的对接，鼓励当地国制定基础设施发展战略或规划，积极利用本国公共资金为"一带一路"建设提供项目融资、公共服务和政策保障。政府要积极通过发展战略、规划的对接和开发性金融领域的合作，引导资金流向。③ 同时，相关国家要继续利用政府间合作基金、对外援助资金等现有公共资金渠道，协调配合政策性金融机构、出口信用机构、商业银行、股权投资基金、保险、租赁和担保公司等各类商业性金融机构，以及养老基金、主权财富基金等长期机构投资者资金来源参与基础设施建设。

第二，充分发挥开发性金融作用，强化公私伙伴关系。以多边开发银行和国家开发银行为代表的开发性金融机构在提供可持续性的融资、机构专有技术和融智服务方面具有优势。"一带一路"倡议呼吁开发性金融机构提供更多的融资支持和技术援助，鼓励其通过贷款、股权投资、担保和联合融资及其他融资渠道参与跨境基础设施建设。同时，开发性金融机构要加强与市场主体的合作与协调，鼓励私人资本的进入，发挥市场机制在金融资源配置中的决定性作

---

① Asian Development Bank, *Meeting Asia's infrastructure needs*, Mandaluyong City, Philippines: Asian Development Bank, 2017, https://www.adb.org/sites/default/files/publication/227496/special-report-infrastructure.pdf.
② 国务院发展研究中心"'一带一路'设施联通研究"课题组，张丽平执笔：《"一带一路"基础设施投融资需求及中国角色》，《调查研究报告》[2017 年第 17 号（总 5092 号）]，2017 年 2 月 15 日。http://www.drc.gov.cn/n/20170215/1-224-2892687.htm，2018 年 3 月 1 日访问。
③ 刘玮：《"一带一路"多元化融资机制为基础设施融资提供解决方案》，2017 年 5 月 30 日，中国网，http://opinion.china.com.cn/opinion_60_165860。

用，实现公共部门和私人资金共同参与的融资格局。"一带一路"建设将积极发挥开发性金融机构、国家专项基金和官方发展援助在发展融资中的催化剂作用，推进政府与社会资本合作（PPP）模式，优化跨境建设的回报共享和风险分担机制，吸引更多私人资金的参与。

第三，结合多元融资工具，构建多层次投融资体系。"一带一路"建设项目具有多元的融资需求，包括贷款、股权、债券融资、融资租赁以及援助等。相关国家正在共同构建一个多层次的融资体系，为"一带一路"建设提供贷款、股权融资、债券融资、发展援助等多元化的融资安排。除了一般的商业银行贷款和开发性金融机构提供的优惠贷款外，股权投资成为重要的融资方式。其中有投资期限较短的私募股权投资、中长期的产业基金、地区或国别基金及专门的"一带一路"专项基金。"一带一路"债券融资包括"一带一路"相关政府类机构在沪深交易所发行的政府债券、"一带一路"相关企业和金融机构在沪深交易所发行的公司债券、境内外企业在沪深交易所发行的募集"一带一路"建设资金的公司债券。各国达成推动本币债券市场发展的共识，扩大中长期资金来源。"一带一路"债券试点工作已在中国启动。2018年3月2日，在沪深交易所先后发布《关于开展"一带一路"债券业务试点的通知》，3天之后恒逸石化股份有限公司"一带一路"公司债券成功发行。以"一带一路"债券为依托的融资工具将会为"一带一路"建设提供强有力的资金保障。[①]

第四，明晰环境社会责任，强化投融资安全保障。"一带一路"融资非常注重社会环境保护，提升企业社会责任和债务可持续性。"一带一路"融资密切关注债务的可持续性、环境的可持续性以及对当地民生的影响，防止项目本身引起或者加剧东道国的不稳定。[②]"一带一路"融资机制引入国际融资最佳实践，不仅确保提高了投融资的安全保障，而且有效地打消了国际社会的疑虑，推进了与其他国际发展融资安排的对接。

——"一带一路"与《亚的斯亚贝巴行动议程》的对接：共同推进可持续发展筹资

"一带一路"倡议与《亚的斯亚贝巴行动议程》高度契合。"一带一路"多元化投融资机制为国际基础设施融资提供解决方案，《亚的斯亚贝巴行动议程》通过金融创新，为经济、社会和环境的可持续发展提供了具有可操作性的筹资框架。双方都以推动可持续发展为宗旨，以创新金融安排，完善发展融资机制为重要手段，具有稳固的战略对接基础。中国积极推进"一带一路"国际合作，加强与《亚的斯亚贝巴行动议程》和《2030年可持续发展议程》的战

[①] 王思文：《"一带一路"债券份额有望进一步加大》，《证券日报》2018年3月7日第B1版。

[②] 姚枝仲：《突破"一带一路"建设融资瓶颈》，《光明日报》2017年5月28日第7版。

略对接。中国将可持续发展议程的落实工作同推进"一带一路"建设有机结合，不断推动基础设施互联互通、产业投资、生态环保、金融、人文交流等重点领域务实合作。① 中国政府大力支持"一带一路"相关的发展融资。据中国常驻联合国代表刘结一介绍，中国政府设立的丝路基金签约15个项目，承诺投资金额达60多亿美元，并且在原有400亿美元基础上再增资1000亿元人民币。中国积极鼓励金融机构开展人民币海外基金业务，规模预计约3000亿元人民币。中国国家开发银行、进出口银行将分别提供2500亿元和1300亿元等值人民币专项贷款，用于支持"一带一路"基础设施、产能、金融合作。中国未来3年将向参与"一带一路"建设的发展中国家和国际组织提供600亿元人民币援助，建设更多民生项目。中国将向沿线发展中国家提供20亿元人民币紧急粮食援助，向南南合作援助基金增资10亿美元。中方还将向有关国际组织提供10亿美元，落实一批惠及沿线国家的合作项目。②"一带一路"建设将继续助力落实《亚的斯亚贝巴行动议程》，并在融资实践中推动《议程》倡导的发展筹资框架不断完善。（本条执笔：刘玮）

81. 非洲《2063年议程》与"一带一路"

——非洲《2063年议程》的提出和实施

2013年5月，第21届非洲国家元首和政府首脑会议于埃塞俄比亚首都亚的斯亚贝巴召开，同年也是非洲国家联盟（African Union, AU）的前身非洲统一组织（Organization of African Unity）成立50周年纪念日。为了庆祝非洲国家的独立和非盟的诞生、加速非洲大陆的发展、增强非洲国家间的合作，与会的各国元首和政府首脑共同商讨确定了一份关于未来50年非洲经济、社会转型的战略性框架文件，即非洲《2063年议程》（Africa Agenda 2063，以下简称《议程》），其中重点包括"非洲2063年愿景"（African Aspirations for 2063）。《议程》吸收和综合了包括《拉各斯行动计划》（Lagos Plan of Action）、《阿布贾协定》（Abuja Treaty）、"最低一体化项目"（Minimum Integration Programme）、"非洲基础设施发展项目"（Programme for Infrastructural Development in Africa, PIDA）、"非洲农业全面发展项目"（Comprehensive Africa Agricultural Development Programme, CAADP）、"非洲发展新伙伴项目"（New partnership for

---

① 《中国落实2030年可持续发展议程进展报告》，2017年8月24日，中华人民共和国外交部网站，http://www.fmprc.gov.cn/web/ziliao_674904/zt_674979/dnzt_674981/qtzt/2030kcxfzyc_686343/。

② 刘洁一：《"一带一路"是助力落实2030年可持续发展议程的重要倡议》，2017年5月25日，人民网，http://world.people.com.cn/n1/2017/0525/c1002-29298423.html。

Africa's Development，NEPAD）在内的多个长期发展规划的内容。①

此后，历届非盟首脑会议不断完善和落实《议程》的框架和内容。2014年6月，于赤道几内亚首都马拉博举行的非盟第23届首脑会议公布了《议程》草案。2015年1月，于亚的斯亚贝巴举行的非盟第24届首脑会议审议和讨论了《议程》提出的各项具体倡议和项目。2015年6月，于南非首都约翰内斯堡举行的非盟第25届首脑会议为《议程》制定了《首个十年发展规划草案》（The Draft First Ten—Year Implementation Plan）。2016年1月，于亚的斯亚贝巴举行的非盟第26届首脑会议提出《议程》精神应当与保障非洲基本人权、赋予非洲女性平等权利相一致。2016年7月，于卢旺达首都基加利举行的非盟第27届首脑会议提出要根据《议程》设置的目标开始启动全非统一电子护照，推动非洲一体化进程。② 2017年1月，于亚的斯亚贝巴举行的非盟第28届首脑会议提出通过加大对非洲青年的投资来推动非盟《2063年议程》。2017年7月，于亚的斯亚贝巴举行的非盟第29届首脑会议敦促各国履行会费改革承诺，解决落实《议程》的资金问题。2018年1月，再次于亚的斯亚贝巴举行的非盟第30届首脑会议就《议程》实施做出重大决定，启动了《议程》中的首个旗舰项目——非洲单一航空运输市场项目。其中，23个非盟成员国宣布立即执行该项目。此举有力地落实了《议程》关于消除非洲国家间航空准入限制、实现民用航空自由化的目标。③

经过不断完善，当前《议程》的宗旨是"依靠非洲公民自身建立统一、繁荣与和平的非洲，成为国际舞台上的活跃力量"。其主要理念基础包括非盟宪章（Constitutive Act of the African Union）、非盟愿景（African Union Vision）、《非盟五十周年庆典八项优先领域宣言》（The 8 Priority Areas of AU 50th Anniversary Solemn Declaration）和"非洲2063年愿景"。其中，关联最直接、影响最大的《非洲2063年愿景》包括7项主要目标：（1）建立在包容性增长和可持续发展基础上的繁荣非洲；（2）以泛非主义和非洲复兴为基础、政治团结的一体化大陆；（3）善治、民主、尊重人权、正义和法制的非洲；（4）和平与安全的非洲；（5）拥有深厚文化认同以及共同历史遗产、价值观念和道德规范的非洲；（6）非洲的发展由人民推动，依赖于人民的潜力，特别是妇女、青年和儿童；（7）非洲将成为强大、团结、坚韧和有影响力的国际行为体和

---

① Africa Union，"About Agenda 2063"，https：//au.int/en/agenda2063/about.
② 韩振国、于永达：《非盟〈2063年议程〉与中非合作论坛背景下的中非农业合作》，《国际经济与合作》2017年第12期，第5页。
③ 《非洲单一航空运输市场正式启动》，2018年1月30日，中华人民共和国驻非盟使团合作交流处网站，http：//africanunion.mofcom.gov.cn/article/jmxw/201801/20180102706410.shtml。

合作伙伴。①

在《议程》的关键文件中,《首个十年发展规划草案》涉及具体的项目规划和建设,其重要职能之一就是确定具体的优先领域、政策目标和实施策略,并且在所有的利益相关方之间明确权责,以实现非洲经济和社会转型的突破性发展。目前,已经确定的优先领域包括非盟旗舰项目(The AU Flagship Projects/Programmes)、其他国家、地区层次规划的重点领域,PIDA、CAADP等洲际合作框架,以及包括"2020枪声沉寂计划"(Silence the Guns by 2020)在内的非盟大会决议等。在非盟旗舰项目中,除了上文提到的非盟统一电子护照和非洲单一航空运输市场之外,还包括全非高速铁路网络、非洲虚拟和网络大学、泛非互联网、洲际金融设施、非洲外太空战略、非洲日用品战略、洲际自由贸易区、年度非洲论坛和大英加水电站工程等,涵盖了从基础设施建设、科技创新、贸易、金融到人文交流的各个方面。②

——"一带一路"倡议对接《2063年议程》

中国长期与非洲国家保持着密切贸易、人员往来和深度经济合作。在"一带一路"倡议提出后,非洲自然成了倡议框架下的重要合作伙伴,中非双方都对对接"一带一路"倡议与非洲《2063年议程》产生了浓厚兴趣。在倡议提出后不久的2014年5月,李克强总理访问了埃塞俄比亚等非洲4国,并到访非盟总部亚的斯亚贝巴。在那里,他提出了"461"中非合作框架,即坚持"平等相待、团结互信、包容发展、创新合作"4项原则,推进"产业合作、金融合作、减贫合作、生态环保合作、人文交流合作、和平安全合作"6大工程。完善中非合作论坛这一重要平台,打造中非合作升级版。李克强总理特别强调中国愿意为非洲打造高速铁路、公路以及区域航空网络提供金融、人员和技术支持。③ 中方提出的这些倡议正是《议程》中非盟旗舰项目的重要内容,此次访问也拉开了中非双方对接倡议与《议程》的序幕。

半年后的2015年1月,中国政府特使、外交部副部长张明与非盟委员会主席德拉米尼·祖马正式就非洲交通和基础设施的"三网一化(非洲高速铁路、高速公路、区域航空网络及基础设施工业化)"合作签署了谅解备忘录。在签署过程中,祖马明确指出"这项谅解备忘录将现实性地推进在非洲《2063议程》基础上的各项协议",张明也表示"非盟提出了2063年发展战略规划,中国也制定了两个一百年的发展目标","这项合作是非洲的发展战略与中国的

---

① Africa Union, "About Agenda 2063", https://au.int/en/agenda2063/about.
② Ibid..
③ 《李克强提出"461"合作框架打造中非合作升级版》,2014年5月6日,中国新闻网,http://www.chinanews.com/gn/2014/05-06/6135600.shtml。

发展战略、非洲人民的梦想与中国人民的梦想的结合"。① 备忘录的签署说明中国已经自觉地在基础设施和工业建设领域与非盟和非洲各国就《议程》展开对接合作。同时,备忘录的签署也为2015年年底中非合作论坛的召开与双边倡议对接的全面深化奠定了基础。

2015年12月,中非合作论坛于南非约翰内斯堡召开,这也是该论坛自2000年成立以来第1次在非洲国家举办。② 在中非合作论坛步入15周年之际,这一安排既体现了"一带一路"倡议提出后中国对中非发展合作的重视,又表明了中国对非洲国家在这一合作关系中的主体性强调。此次论坛共有42位国家元首和政府首脑参加,52个成员代表出席。中国国家主席习近平和南非总统祖马共同主持并通过了《中非合作论坛约翰内斯堡峰会宣言》和《中非合作论坛——约翰内斯堡行动计划(2016—2018)》。在论坛的开幕致辞中,习近平全面阐述了将中非新型战略伙伴关系提升为全面战略合作伙伴关系、全面深入对接"一带一路"倡议和议程的框架和方式,提出了未来3年中的"十大合作计划"。它们分别是:(1)工业化合作计划,在非洲兴建和升级一批工业园区,建立相关能力建设中心,培训技术人才;(2)农业现代化合作计划,鼓励中国农业企业赴非发展,转让农用技术,增加当地农民收入,联合建立农业科研合作机制,向农业受灾国家提供紧急粮食援助;(3)基础设施合作计划,支持中国企业积极参与非洲基础设施的规划、设计、建设、运营和维护,合作建立5所交通大学;(4)金融合作计划,扩大双边人民币结算和本币互换业务,鼓励中国金融机构在非开设分支机构;(5)绿色发展合作计划,支持非洲增强绿色、低碳、可持续发展能力;(6)贸易和投资便利化合作计划,实施50个促进贸易援助项目,支持非洲改善贸易和投资的软硬件条件;(7)减贫惠民合作计划,增加对非援助,实施以妇女儿童为主要受益者的减贫项目,免除相关非洲最不发达国家的政府间无息贷款债务;(8)公共卫生合作计划,支持非洲的公共卫生体系建设,为非洲提供部分药品援助,鼓励中国药品企业在非洲的本地化生产;(9)人文合作计划,援建5所文化中心,提供2000个学历学位教育名额和3万个政府奖学金名额,每年组织200名非洲学者访华和500名非洲青年研修,协助培训新闻从业人员,积极开展双边直航和旅游;(10)和平与安全合作计划,向非盟提供6000万美元的武器装备贷款,支持非盟的常备军和危机反应部队的建设和运作,支持联合国在非维和行动,支持非

---

① 《中国与非盟签署推动非洲"三网一化"建设谅解备忘录》,2015年1月28日,国际在线,http://news.cri.cn/gb/42071/2015/01/28/6891s4856170.htm。
② 舒运国:《"一带一路"与"2063年愿景"中非发展合作迎来新机遇》,《当代世界》2015年第12期。

洲国家安全能力建设。此外，为了落实"十大合作"计划，中国还将提供50亿美元的无偿援助和无息贷款，提供350亿美元的优惠性质贷款及出口信贷额度，为中非发展基金和非洲中小企业发展专项贷款各增资50亿美元，并设立首批资金为100亿美元的中非产能合作基金。合计共600亿美元的各类金融援助和支持。[①]

中国提出的"十大合作计划"与"非洲2063年愿景"中提出的7项目标高度吻合，对于《首个十年发展规划草案》中所划定的各项旗舰工程更是给予了直接的帮助和支持。借助这一合作框架，中非双方实现了在政策沟通、设施联通、贸易畅通、资金融通、民心相通这五个领域的全方面对接，使得同样追求社会发展和现代化的中国梦和非洲梦紧密地联系在了一起。

——倡议与《议程》的对接成果与影响

据不完全统计，自约翰内斯堡峰会提出"十大合作计划"以来，中非双方已经签署了250多项经贸合作协议，涉及金额500多亿美元。同时，中国已经成为非洲的最大贸易伙伴，在非洲的投融资存量也已经超过1000亿美元。[②] 在肯尼亚、埃塞俄比亚、坦桑尼亚和刚果（布）这4个中非产能合作先行示范国家，中非产能合作基金已经批准了10多个项目，总投资金额超过10.7亿美元。亚吉铁路、蒙内铁路等一大批标志性旗舰项目已经竣工并投入运营。此外，截至2018年，中国在非洲建成、在建或筹建的产业园已经有100多个，其中40个已经开始运营，其中埃塞俄比亚东方工业园、埃及苏伊士经贸合作区、尼日利亚莱基工业园已经在实现产业转移、提升当地就业、提高非洲国家创汇能力等方面发挥了显著的积极作用。[③]

"一带一路"倡议与《议程》的对接是在完全平等的基础上进行的经济合作，中国不仅高度尊重非洲国家自身的意愿和规划，而且尤其注意主动配合非洲国家的发展蓝图，做到"先义后利""义大于利"。这给予了非洲国家将发展的主动权掌握在自己手中、抵制西方发达国家对非洲国家的经济和社会发展指手画脚、肆意干预的现实可能，为它们探索和深化自身的改革开放提供了良好的外部环境和必要的经济支持，有助于它们走出一条独立自主的"非洲道路"。[④] 其中，随着中国经济的持续发展和中非发展倡议对接的不断深化，中

---

① 习近平：《开启中非合作共赢、共同发展的新时代——在中非合作论坛约翰内斯堡峰会开幕式上的致辞》，2015年12月4日，新华网，http://www.xinhuanet.com/world/2015-12/04/c_1117363197.htm。
② 贺文萍：《中非关系进入黄金期和成熟期》，《人民日报》（海外版）2018年2月10日第1版。
③ 张卓敏：《中非产能合作或成未来五年新热点》，《国际商报》2018年1月8日。
④ 刘青建：《非洲"2063年愿景"与发展援助的利用——中国经验与欧盟角色》，《当代世界》2015年第12期。

国强调国家公共管理职能、重视国家能力建设的发展模式也日益得到非洲人民的青睐。在建立胜任的发展型国家、实现非洲《2063年议程》规划的过程中,中国已经成为非洲各国重要的借鉴和学习对象。①

2018年2月,中国外交部部长王毅与来华访问的非盟委员会主席法基共同宣布中非双方将把9月在北京举办的中非合作论坛升格为北京峰会,以适应中非合作关系迅速发展的现实需要。王毅外长特别指出,未来"一带一路"倡议将与非洲《2063年议程》进一步实现对接,以期更好地将非洲的发展同中国的发展、亚欧大陆的振兴,以及区域一体化和经济全球化的时代潮流结合起来。②(本条执笔:肖河)

82. 文明古国论坛与"一带一路"

——文明古国论坛的创立

2017年4月24—25日,由希腊和中国共同发起和组织的文明古国论坛(Ancient Civilizations Forum, ACF Forum)第1次部长级会议于希腊首都雅典召开,共有希腊、中国、埃及、伊朗、伊拉克、意大利、印度、墨西哥、秘鲁、玻利维亚10个国家派出代表出席论坛。在希腊,文明古国论坛又被称为"伟大文明10个国家(Great Civilizations, GC 10)"。③ 在受邀出席的10个国家中,除墨西哥和印度外,其他6国均派出部长或副部长级官员出席会议,显示出对论坛的高度重视。他们分别是中华人民共和国外交部部长王毅、阿拉伯埃及共和国外交部部长舒克里、希腊共和国外交部部长科齐阿斯、伊朗伊斯兰共和国外交部部长扎里夫、伊拉克共和国外交部部长贾法里、意大利共和国外交与国际合作部部长阿尔法诺、秘鲁共和国文化部部长德尔索拉尔、多民族玻利维亚国外交部副部长帕洛梅克。希腊外长尼科斯·科齐阿斯和中国外长王毅共同主持了文明古国论坛第一届部长级会议。

此次会议通过了《关于建立"文明古国论坛"的雅典宣言》(以下简称《宣言》)。《宣言》指出伟大文明古国丰富、多元的文化遗产在人类发展进程中一直发挥着决定性作用,各国有责任依靠自身,或者通过联合国教科文组织、其他联合国专门机构和项目展开国际合作来保护本国的文化遗产。除了宣

---

① [赞比亚]恩琼加·迈克尔·穆里基塔:《在非洲创建胜任的发展型国家:实现非洲2063议程的基本动议》,《非洲研究》2015年第1卷。
② 《中非合作论坛北京峰会9月举办规划新时代中非合作蓝图》,2018年2月11日,中非合作论坛,http://www.mfa.gov.cn/zflt/chn/zxxx/t1533993.htm。
③ "GC-10: New initiative of the Hellenic Ministry of Foreign Affairs", Hellenic Chinese Center for Entrepreneurship, http://www.chinese-center.gr/gc-10-new-initiative-ministry-foreign-affairs/.

示要加强对文物、考古遗迹和文化遗产的保护，打击文物走私和制止针对文化遗产的恐怖主义之外，《宣言》还强调了文明和文化作为软实力的作用，支持通过文明的互动和交流来促进不同文化和人民之间的相互理解、认同和宽容，以应对国际社会在文化、社会、经济和政治领域的挑战。在论坛的组织架构方面，《宣言》明确宣示玻利维亚、中国、埃及、希腊、伊朗、伊拉克、意大利和秘鲁8国为"文明古国论坛"的正式发起国。论坛的成员身份将是开放性的，各成员国将轮流成为论坛年度部长级会议的轮值主办国，各国应加强在联合国教科文组织等相关国际机构内的合作。《宣言》还确定，2018年度的部长级会议将于玻利维亚举办，而秘鲁和伊拉克也表达了承办2020年和2021年年度部长级会议的意愿。①

虽然希腊和中国均为文明古国论坛的发起国，但是前者依然是论坛最早、最积极的倡议者，文明古国论坛本身也是希腊利用自身地缘位置和文化资源发起的一系列多边文化外交倡议之一。除文明古国论坛外，希腊现任外长科齐阿斯还分别于2015年10月和2016年9月在雅典和罗德岛发起和主持了国际宗教会议（International Conference on Religious and Cultural Pluralism and Peaceful Coexistence In the Middle East，简称International Religion Conference）和罗德岛（东地中海）安全与稳定会议（Conference for Security and Stability），其目的都是充分利用希腊处于不同文明汇集地的地缘位置和深厚的历史文化来促进不同文明群体间的交流、共存与合作，充分发挥希腊在文化外交上的影响。目前，希腊已经分别举办了两届上述会议。在第二届罗德岛会议中，共有东地中海和中东地区的15个国家代表到会出席，阿拉伯国家联盟和海湾合作委员会也派出了代表。② 通过这些多边文化外交机制，希腊也获得了更大的区域影响力。

文明古国论坛的构思和创建同样来自希腊外长科齐阿斯的推动。在2015年年初，希腊就开始酝酿筹办以雅典为中心的国际文化交流机制，这立即获得了意大利和埃及两国的积极赞成。随后，墨西哥、中国和印度也先后响应，其中中国更是表达了对推进这一倡议的大力支持。在得到上述5国的支持后，科

---

① 《关于建立"文明古国论坛"的雅典宣言》，2017年4月28日，中华人民共和国外交部网站，http://www.fmprc.gov.cn/web/ziliao_674904/1179_674909/t1457692.shtml。

② "Second Conference for Security and Stability (Rhodes, 22 – 23 May 2017)", Hellenic Republic Ministry of Foreign Affairs, 21 May 2017, https://www.mfa.gr/en/current-affairs/news-announcements/second-conference-for-security-and-stability-rhodes – 22 – 23 – may – 2017.html; "Second International Conference on Religious and Cultural Pluralism and Peaceful Coexistence in the Middle East" (Athens, 30 – 31 October 2017), Hellenic Republic Ministry of Foreign Affairs, 27 October 2017, https://www.mfa.gr/en/current-affairs/statements-speeches/second-international-conference-on-religious-and-cultural-pluralism-and-peaceful-coexistence-in-the-middle-east-athens – 30 – 31 – october – 2017.html.

齐阿斯在随后于雅典召开的第一届国际宗教会议上正式提出要创立国际文明交流的"秘书处",并计划邀请 10 个历史最悠久的国家参与其中。[①] 最终这一倡议发展为文明古国论坛这一合作框架,而伊拉克、伊朗、玻利维亚和秘鲁随后也受邀成为论坛的创始成员。

——"一带一路"倡议催生文明古国论坛

作为文明古国论坛的创始成员国和共同发起国,中国在这一新兴的国际文化和文明交流机制的创立和运作中发挥了重要作用。中希两国围绕文明古国论坛的密切合作既是推动双方在"一带一路"倡议框架下由表及里、从外而内地深化双边合作的重要举措,是推进两国社会民心相通的重要一步;也是中希两国多年来,尤其是西方金融危机和希腊债务危机爆发以来在"一带一路"倡议框架下展开的持久、深入的经贸合作积累而成的宝贵成果,体现了中国倡导的"互联互通"原则在增进国与国关系中的显著作用。

一方面,《宣言》在强调要发扬希腊的奥林匹克竞技与和平精神的同时,明确提出要推进"一带一路"这一国际合作倡议,肯定了其在促进文明间对话、实现民心相通上的重要作用。这一立场体现了东西方精神文化的相互呼应、相互支持和相互借鉴。在会议发言中,王毅外长称赞了在国际形势不确定增加的背景下希腊首创"文明古国论坛"的积极意义,指出"文明古国论坛"对待文化与文明交流的精神与弘扬"和平合作、开放包容、互学互鉴、互利共赢"的丝路精神一脉相承,可以为"一带一路"建设提供宝贵的思想支持和文化助力。其中,王毅特别说明了应当如何将"文明古国"的历史身份与"一带一路"倡议主张的民心相通结合起来:首先,"作为文明古国,我们比其他国家更加深切地体会到,文明没有高低、优劣之分,各种文明都值得尊重和珍惜";其次,"作为全球有代表性的原创型文明古国,我们应更加自觉地倡导文明对话与互动,反对文明冲突与排斥,致力于超越社会制度和意识形态的差异和偏见,增进各国人民的相互理解与信任"。[②]

另一方面,中国和希腊两国能够以共同发起国和组织者的身份举办"文明古国论坛",除了说明两国对文明、文化以及和平共处有类似的看法之外,也说明两国的双边政治和文化互信达到了相当的高度。这种高水平的合作和信任绝非"天生"或者"理所当然"的,相反是中国坚持不懈地展开与希腊的全方位合作所结出的硕果。在 2008 年金融危机爆发后,为了更好地将中国的资

[①] "New initiative of the Ministry of Foreign Affairs", Independent Balkan News Agency, 25 October 2015, http://www.balkaneu.com/initiative-ministry-foreign-affairs/.

[②] 王毅:《焕发古老文明新活力共建人类命运共同体——在"文明古国论坛"首届会议上的讲话》,2017 年 5 月 2 日,中华人民共和国外交部网站,http://gjjls.seac.gov.cn/art/2017/5/2/art_ 8277_ 280053.html。

金技术与东道国的优势禀赋结合起来,中国明显增加了对包括希腊在内的欧洲国家的投资尤其是大型基础设施投资,其中希腊的比雷埃夫斯港项目更是重中之重。2008年,中远集团成功中标比雷埃夫斯港的2号与3号码头项目,当年11月与希腊比雷埃夫斯港务局(PPA)签署特许经营权协议。2010年6月码头开始正式全面运营。但是随着希腊债务危机的不断发酵,其国内的经济、社会和政治动荡不断加剧,一些社会集团和政治力量出于疑虑、误解或者政治动员的考虑,开始批评和攻击比雷埃夫斯港的私有化。2015年1月27日,刚刚在大选中获胜的左翼齐普拉斯政府为了照顾国内情绪,立即中止了比港项目的私有化进程。[①] 这一做法引起了国内外对比港项目的广泛关注以及对中希双边经贸合作的担忧。

然而,对于比港项目的一时波折,中远集团和中国政府既未灰心丧气,也未对希腊政府的政策横加指责,而是通过持续不断的沟通、完善和进一步合作来争取希腊政府和社会的理解。在中国的努力下,比港项目很快就峰回路转。2016年1月,负责希腊国有资产出售的希腊国家私有化委员会批准了新的港口项目方案;4月,中远海运和希腊共和国发展基金(简称"发展基金")重新签署协议,中远海运以3.685亿欧元收购比港管理局67%的股权。两个多月后的6月30日,希腊议会以超过三分之二的多数票批准了项目协议。[②] 至此,不仅比港项目本身"转危为安",而且还带动了两国政府的关系和"一带一路"框架下的广泛务实合作进入了新阶段。

2016年7月,就在希腊议会批准比港项目后数天后,希腊总理齐普拉斯赴北京展开了对中国的访问,先后会见了国家总理李克强和国家主席习近平。在会面中,习近平表示双方一方面应当"将比雷埃夫斯港建设为地中海最大的集装箱转运港、海陆联运的桥头堡,成为'一带一路'合作的重要支点";另一方面则要发挥两国均为古老文明国家的共同点,"要加强文明互鉴,使人文交流成为沟通两国人民心灵的桥梁和纽带"。齐普拉斯则明确表示希腊在重振经济和社会的过程中,会将自身的发展战略同中方"一带一路"倡议对接合作,并在能源、运输等领域发挥连接东西的枢纽作用。[③] 此外,齐普拉斯在访问中还特别强调在文化和科技领域的合作。这次访问也成为确定了中希两国在"一带一路"框架下展开全面合作的"里程

---

① 肖河:《中国海外利益保护及其政策(2014—2015年)》,载李慎明、张宇燕主编《全球政治与安全报告(2016)》,社会科学文献出版社2016年版,第169页。
② 《中国远洋海运集团收购比雷埃夫斯港股权迈出决定性一步》,2016年7月4日,新华网,http://news.xinhuanet.com/overseas/2016-01/22/c_128654947.htm。
③ 《习近平会见希腊总理齐普拉斯》,2016年7月5日,新华网,http://www.xinhuanet.com/politics/2016-07/05/c_1119169554.htm。

碑式访问"。① "文明古国论坛"的创立正是双方沿着这一轨道不断深化双边"互联互通"尤其是"民心相通"所取得的重大成果和继续努力的新起点。

——潜力无穷的倡议对接前景

2017年首届"文明古国论坛"部长级会议召开时，正值"一带一路"国际合作高峰论坛前夕，两者可谓相互配合、相得益彰。文明古国论坛的主要推手、希腊外长科恰斯明确表示"一带一路"国际合作高峰论坛和文明古国论坛是同一个硬币的两面。"一带一路"倡议是要在包括基础设施、交通和能源在内的诸多领域创造持续、可行的合作网络，确保互联互通和相互依存能够具有普遍的外溢效应；文明古国论坛则将巩固各国共同的文化基础和特性，引发更进一步的合作意愿。希腊和中国作为文明古国论坛的"双发动机"，应当能够通过文明古国论坛与"一带一路"国际合作高峰论坛的互动催生更多的合作。② 可以说，文明古国论坛的定位之一就是要通过文化交流来巩固和丰富"一带一路"倡议框架下的互联互通。

在王毅外长出席并共同主持文明古国论坛后，希腊总理齐普拉斯也随后于5月13日到访北京出席"一带一路"国际合作高峰论坛。在访问和会晤中，习近平明确提出"中希两国作为东西方文明的重要代表，应该充分发挥深厚的文化底蕴优势，不断释放双方人文合作潜力，充分利用文明古国论坛这一新平台，推动不同文明交流对话"。在这次访问中，中国和希腊两国都再次确认了文明沟通和务实合作之间相互促进、相互支撑的积极关系，巩固了两国之间、两项倡议之间的合作共识。未来，希腊将继续作为中国和欧盟之间的重要沟通桥梁，作为世界不同文明间的交流枢纽来参与和促进"一带一路"倡议继续走向深入。这决定了文明古国论坛和"一带一路"倡议之间的战略对接必将拥有无穷的潜力和强大的生命力。（本条执笔：肖河）

83.《亚太经合组织互联互通蓝图》与"一带一路"

——《亚太经合组织互联互通蓝图》的提出

2013年10月，在印度尼西亚巴厘岛召开的亚太经合组织第21次领导人非正式会议重点讨论茂物目标、互联互通、可持续和公平增长三大议题。互联互通正式进入亚太经合组织议程，成为其推进亚太区域合作的新突破口。会议提

---

① 《中远比雷埃夫斯港项目只是开始，希中合作的"龙头"起来了，整个"身体"会乘势而上》，2016年7月4日，中华人民共和国驻希腊共和国大使馆，http://www.fmprc.gov.cn/ce/cegr/chn/ztlm1/qplszlfwzg/t1377193.htm。

② 《专访：文明古国论坛具有里程碑式意义——访希腊外长科恰斯》，2017年4月23日，环球网，http://world.huanqiu.com/hot/2017-04/10526413.html。

出硬件、软件和人员交往互联互通三大支柱,实现亚太无缝、全方位互联互通和一体化的目标。会议还通过了《APEC 互联互通框架》和《APEC 基础设施开发与投资多年计划》两个成果文件。也正是在 2013 年 9 月和 10 月,中国国家主席习近平分别在哈萨克斯坦和印度尼西亚提出建设"新丝绸之路经济带"和"21 世纪海上丝绸之路"的合作倡议。"一带一路"倡议的核心内容就是促进基础设施建设和互联互通,实现联动协同发展。

2014 年 11 月,中国担任亚太经合组织会议东道国,进一步推进了互联互通议程。会议把"加强全方位互联互通和基础设施建设"作为三大重点议题之一。在拓展和深化印度尼西亚会议两个成果文件的基础上,北京亚太经合组织领导人非正式会议批准了《亚太经合组织互联互通蓝图》(以下简称《蓝图》),提出了硬件互联互通、软件互联互通、人员交流三大支柱领域的行动计划,并确立在 2025 年实现亚太地区"无缝联通"目标。[①] 尽管亚太经合组织在促进互联互通方面取得了很多进展,《蓝图》仍然面临挑战。在硬件联通方面,域内基础设施及信息通信技术设施的普及和质量仍不均衡。在软件联通方面,各种管理限制和能力差距,使得现有规制在促进互联互通方面仍显不足。在人员交往互联互通方面,需要减少人员交往和流动障碍,促进人员顺畅流动而共同努力。

为此,亚太经合组织提出 2025 年互联互通愿景,决心在 2025 年前完成各方共同确立的倡议和指标,加强硬件、软件和人员交往互联互通,实现无缝、全面联结和融合亚太的远景目标。新的行动计划对下一步从硬件、软件和人员交往三个层面加强互联互通提出了方向指导。[②] 在硬件层面,亚太经合组织成员国将重点改善投资环境,通过公私伙伴合作关系及其他渠道加强亚太经合组织经济体在能源、信息通信技术及交通运输等领域的基础设施融资,帮助本地区破解互联互通建设资金瓶颈。在此过程中,成员国将加强运用良好实践,积极推动财长机制和亚太经合组织公私伙伴关系专家咨询小组开展知识共享和能力建设。在软件层面,亚太经合组织成员国将采取共同行动,解决贸易便利化、结构和规制改革、交通及物流便利化等领域的重大问题。其中包括实现海关和边境管理机构现代化、在各经济体 2020 年建立"单一窗口"系统、促进各"单一窗口"系统的相互适用和无纸化贸易、通过分享最佳实践和规制案例加强规制衔接和规制合作、继续推进亚太经合组织商业便利化多年期项目等具体措施。在人员交往层面,亚太经合组织成员国将致力于便利人员跨境流动和

---

① 明远:《落实互联互通蓝图活络亚太经济血脉》,《光明日报》2017 年 11 月 11 日第 6 版。
② 参见《亚太经合组织互联互通蓝图(2015—2025)》,《中国青年报》2014 年 11 月 12 日第 7 版。

创新理念交流。其中包括承诺采取继续扩大亚太经合组织商务旅行卡持有者数量和效用、推进跨境教育合作、放宽游客签证限制以及简化通关程序、加强亚太经合组织文化交流活动、推进跨境科技和创新交流工作和设立交通和物流行业专业资质认定标准等措施。最后,《蓝图》还提出通过推进能力建设和私营部门合作,加强监督、评估及审议等手段,加快落实亚太经合组织互联互通蓝图。

——《亚太经合组织互联互通蓝图》的落实情况

2015年11月,在菲律宾马尼拉召开的亚太经合组织第23次领导人非正式会议上,各方讨论通过了落实互联互通十年蓝图有关文件和评估机制,明确亚太地区未来十年区域联通的发展方向。各成员国积极采取集体和自主行动落实亚太互联互通蓝图。

首先,亚太经合组织在落实营商便利化倡议方面取得积极进展。成员国发布的《营商便利化行动计划（2016—2018）》提出了新的宏伟目标,即到2018年在创业、获得建筑许可、跨境贸易、获取信贷、履行合同这5个现有优先领域内,将营商便利化程度提高10%。各国在此基础上制订具体方案落实行动计划,并履行相关手续,加入旨在降低跨境贸易成本的《世界贸易组织贸易便利化协定》。

为了提高通关效率、降低贸易成本,中国在APEC框架下发起成立亚太示范电子口岸网络（APMEN）,推动实现供应链系统数据互通、互用。亚太示范电子口岸网络被亚太经合组织贸易投资委员会列为亚太经合组织贸易便利化框架的核心组成部分,成为亚太经合组织框架内推进贸易互联互通的重要项目。历经三年的运行,亚太示范电子口岸网络合作已由初创阶段逐步走向实质性合作阶段。亚太示范电子口岸网络推动了成员对电子口岸最佳实践的了解,开展了海运可视化能力建设培训等项目,取得了初步成效,在利马会议上得到了APEC领导人的肯定。[①] 亚太示范电子口岸网络运营中心设在上海,目前已有中国、越南等10个成员经济体的14个电子口岸或港口加入进来。三次公私对话会就APEC经济体电子口岸法律政策框架和经验、能力建设、单一窗口系统案例和APMEN试点项目等议题进行了积极讨论,推动形成口岸间的数据网络及合作平台。2017年5月在越南首都河内举办的第23届贸易部长对话会上,成员国完成了关于单一窗口系统法律政策框架等的案例研究,启动电子原产地证数据交换、"海运可视化"及"空运物流可视化试点合作"3个试点项目,确定中方将主办APMEN能力建设培训班,以及确定智利将加入

[①] 中华人民共和国商务部:《亚太示范电子口岸网络第三次公私对话会召开》,2017年5月19日,中国政府网,http://www.gov.cn/xinwen/2017-05/19/content_5195344.htm。

APMEN。① 未来，亚太示范电子口岸网络建设将推动供应链中各系统间数据的互通、互用，为亚太地区港口提供优质高效的信息和技术服务，实现亚太区域供应链信息透明化、口岸信息平台和单一窗口平台区域一体化。亚太经合组织成员国也将通过电子口岸网络建设，进一步落实《贸易便利化协定》和《供应链互联互通框架行动计划第二阶段 2017—2020 年建议框架》。此外，亚太经合组织还鼓励成员经济体发起与《贸易便利化协定》和《供应链互联互通框架行动计划第二阶段 2017—2020 年建议框架》实施相关的新能力建设项目，包括 APEC 供应链联盟和 APEC 绿色供应链合作网络。

其次，亚太经合组织积极推动成员国间的资金融通和标准一致化，为撬动区域内贸易和投资活络血脉。为了进一步发掘亚太区域发展与合作的融资渠道，解决基础设施建设相关的融资瓶颈，亚太经合组织积极发展公私伙伴关系，广泛动员私人资本参与基础设施建设，培育资本市场发掘长期基础设施投资，提高投资机会的质量，在城市开发和区域互联互通过程中加强包容性基础设施建设。为减少标准差异对区域内贸易和投资的阻碍，亚太经合组织积极促进区域内的标准一致化，特别是在信息通信技术和新兴技术领域推动标准一致化，促进数字经济及其相关的贸易和投资活动。此外，亚太经合组织还积极推动了基础设施建设与投资的同行评议机制和能力建设。

最后，亚太经合组织积极推动区域内的人员流通。亚太经合组织积极推动可持续旅游业，促进跨境旅行便利化，积极发挥旅游业在边远地区经济开发中的作用。在亚太经合组织第 25 次领导人非正式会议宣言中，各成员国承诺决心 2025 年前实现亚太地区接待游客人数达 8 亿人次的目标。各地方政府还积极授权发放 APEC 商务旅行卡，促进商旅人员签证和通关的便利化。与此同时，跨境教育和科研合作是亚太经合组织推进人员流通的重要领域。亚太经合组织成员国制定《亚太经合组织教育战略 2016—2030》教育领域愿景规划，积极推动教育领域合作，积极出台区域内留学便利化和奖励措施，努力兑现 2020 年前实现亚太经合组织范围内跨境学生交流每年 100 万人的承诺。区域内科研合作水平和范围也大大提高。澳大利亚教育研究理事会（ACER）对 21 个亚太经合组织经济体研究人员协作情况进行研究，发现在 2011—2015 年，APEC 研究人员合作完成的出版物超过 68 万份（占 9%），APEC 经济体中合著的出版物比例大幅增加，总体增长率为 24%②。

---

① 中华人民共和国商务部：《APEC 第 23 届贸易部长会议取得五大成果》，《WTO 经济导刊》2007 年第 6 期。

② Ali Radloff, *Mapping Researcher Mobility: Measuring research collaboration among APEC economies*, Asia-Pacific Economic Cooperation (APEC), ingapore, 2017.

——《亚太经合组织互联互通蓝图》与"一带一路"倡议的战略对接

互联互通是亚太经济合作组织和"一带一路"倡议的重要议题领域。许多亚太经济体既是亚太经合组织的成员,又是"一带一路"倡议的重要参与国。"一带一路"和亚太经合组织互联互通议程的成员重叠和合作领域相辅相成,为双方的战略对接奠定了坚实的基础。亚太经合组织和"一带一路"建设的参与国都表示积极推进各领域互联互通倡议的协调对接,努力把互联互通合作推向更高水平。

亚太经合组织积极通过论坛和工作组推进次区域互联互通和倡议间协作,积极发起和落实《APEC成员经济体和全球基础设施中心协作行动计划》,并将不同倡议间的协作落实为本地区不同基础设施互联互通项目之间的对接和合作。在亚太经合组织框架内,各成员国加强跨境交通运输系统建设、建立亚太示范电子口岸网络、落实《APEC跨境电子商务便利化框架》、完善电子商务政策环境、构建APEC绿色供应链合作网络等措施,与"一带一路"相关国家的贸易便利化和供应链联通措施相互补充、互为助力。

"一带一路"建设的各方参与者积极推动不同互联互通倡议和发展战略的对接和协作,努力实现一体化的可持续发展框架。在"一带一路"国际合作高峰论坛圆桌峰会联合公报中,各国元首强调国际、地区和国别合作框架和倡议之间沟通协调能够为推进互联互通和可持续发展带来合作机遇,主张加强"一带一路"倡议和各种发展战略的国际合作,建立更紧密的合作伙伴关系。"一带一路"倡议提出的政策沟通、设施联通、贸易畅通、资金融通、民心相通"五通"与《亚太经合组织互联互通蓝图》提出的硬件互联互通、软件互联互通、人员交流三大支柱领域的行动计划高度契合,两大倡议相辅相成,相互促进,共同推动亚太地区的区域经济一体化和可持续发展。"一带一路"建设大大提升了中国和亚太地区国家各领域的合作水平,积极支持亚太经合组织成员实现互联互通和可持续发展目标。《亚太经合组织互联互通蓝图》与"一带一路"倡议不仅在推动互联互通的目标和实现路径方面高度一致,而且两大倡议将在重塑区域合作和可持续发展议程上高度融合,为亚太地区合作和共同发展提供新动力。(本条执笔:刘玮)

84.《东盟共同体愿景2025》与"一带一路"

——《东盟共同体愿景2025》概念阐述及其主题内容

《东盟共同体愿景2025》是促进东盟一体化的重要性文件。随着东盟各国经济合作的日益深化,特别是在经历了1997—1998年的亚洲经济危机之后,东盟认识到必须加强政治、经济、安全、社会与文化等领域的合作，建立能够应对外部冲击的各种机制，才能够保证区域的稳定和发展，于是决定成立类似于欧盟的东盟共同体。1997年9月，东盟公布了《东盟愿景2020》（ASEAN Vision 2020），它为东盟未来发展绘制了蓝图，提出东南亚国家共同体构想，宣布东盟将致力于构建一个面向世界，以和平、进步、繁荣为特征，富有发展活力的共同体。2003年10月，在第九届东盟峰会上，通过了第二个《东盟国家协调一致宣言》（Declaration of ASEAN Concord II），提出在2020年建立东盟共同体（ASEAN Community），该共同体包括东盟安全共同体（ASEAN Security Community，ASC）、东盟经济共同体（ASEAN Economic Community，AEC）和东盟社会文化共同体（ASEAN Socio—Cultural Community，ASCC）三大支柱，推进区域政治安全、经济发展和社会文化领域的合作。[①] 2007年1月，在第十二届东盟峰会上，东盟通过了《东盟提前在2015年建立共同体宿务联合宣言》，确定将实现东盟共同体的时间提前至2015年。2009年2月，在第十四届东盟峰会上，签署了《东盟政治安全共同体蓝图》和《东盟社会文化共同体蓝图》，会议决定这两份蓝图再加上第十三届东盟峰会签署的《东盟经济共同体蓝图》共同构成《东盟共同体（2009—2015）建设路线图》。2015年11月，第二十七届东盟峰会通过了《东盟迈向2025年吉隆坡宣言：携手前行》（ASEAN 2025: Forging Ahead Together）和《东盟共同体愿景2025》（ASEAN Community Vision 2025），宣布东盟共同体于2015年12月31日正式成立，为未来10年东盟共同体的发展指明了方向。

《东盟共同体愿景2025》是一个大胆、进步和前瞻性的文件。它的目标是维持东盟区域一体化的势头，并进一步促进、加强东盟共同体的建设。《东盟共同体愿景2025》的三大支柱是东盟政治安全共同体、东盟经济共同体和东盟社会文化共同体。东盟政治安全共同体聚焦政治互信与地区安全，东盟经济共同体着力经济发展与区域合作，东盟社会文化共同体关注社会进步与人文交流，三者之间是相互依存和相互促进的关系。

东盟希望在2025年建立统一、包容和灵活的政治安全共同体。提升东盟在政治与安全领域的合作水平，确保东盟成员国和平相处，并与世界其他国家共处于正义、民主与和谐的环境中。东盟政治安全共同体主要有3个目标。第一，建立一个拥有共同价值和规范并以制度为基础的共同体。东盟人民在遵守东盟基本原则、规范和价值观的同时，接受宽容和中庸的价值观。东盟确保人民享有人权和基本自由，并按照民主、法治和善治的原则，创造公正、民主、

---

① 王勤：《东盟跨入共同体时代：现状与前景》，《厦门大学学报》（哲学社会科学版）2016年第5期。

和谐和平等的环境。东盟充分尊重各国人民的不同宗教、文化和语言，本着在差异中寻求统一的精神维护共同价值观。第二，承担综合安全共同责任，建立具有凝聚力、和平与活力的区域。东盟将在处理地区和平安全的挑战方面保持凝聚力和响应力，在塑造不断发展的地区结构方面发挥核心作用。第三，在日益整合与相互依赖的世界中，建立动态、外向型的区域。东盟将加强自身的统一性、凝聚力和向心性，保持自身在塑造由东盟主导的机制下不断发展的地区结构中的驱动力。同时，同时加深东盟与外部各方的接触，为全球的和平、安全与稳定做出东盟的集体贡献。[1]

东盟希望在 2025 年建立高度一体化、有竞争力、创新性和动态活力的经济共同体。东盟将以更加灵活、包容和以人为本的经济共同体形式融入世界经济的浪潮。东盟经济共同体主要有 4 个目标。第一，建立单一市场和生产基地。东盟希望通过加强货物贸易承诺和有效解决非关税壁垒来推进单一市场的议程。同时，促进东盟内部服务贸易的深度融合，加强无缝投资、熟练劳动力、商人和资本的自由流动。第二，建立具有竞争力的区域经济体。东盟希望通过知识创新、绿色技术和数字技术建立促进生产力强劲增长的竞争、创新和充满活力的共同体。同时也要加强东盟内部的经济治理、监管和透明度，制定有效的纠纷解决机制。第三，促进区域经济平衡发展。东盟希望建立灵活、包容和以人为本的共同体，促进经济公平发展和包容性增长。东盟将进一步通过支持中小型企业发展的政策、加强企业和利益相关者参与、促进次区域发展项目合作、提供更多经济机会和支持消除贫困来促进区域经济平衡发展。第四，融入全球经济体系。东盟希望建立一个全球化的东盟，能够对其外部经济关系采取更加系统和连贯的措施。同时，东盟也希望建立一个团结的东盟，能够在全球经济舞台上具有更多发言权，在解决国际经济问题方面发挥更大的作用，增强东盟对全球价值链的参与度，积极融入全球经济体系，保持与区域外经济的协调一致。[2]

东盟希望在 2025 年建立一个以人为本、有社会责任感、以实现东盟各国人民和国家间的团结、稳定和统一，塑造共同的身份、建立一个有共同关怀、福祉共享、包容与和谐的社会，增强和改善本地区人民的生活与福利。[3] 东盟社会文化共同体主要有 6 个目标，分别是人类发展、社会福利和社会保障、社

---

[1] ASEAN 2025: Forging Ahead Together, *ASSOCIATION OF SOUTHEAST ASIAN NATIONS*, November 24th, 2015, http://www.asean.org/wp-content/uploads/2015/12/ASEAN-2025-Forging-Ahead-Together-final.pdf.

[2] 同上。

[3] 王勤：《东盟跨入共同体时代：现状与前景》，《厦门大学学报》（哲学社会科学版）2016 年第 5 期，第 84 页。

会正义和公民权利、确保环境可持续发展、建立东盟身份认同和缩小发展差距。[①]

——《东盟共同体愿景2025》与"一带一路"倡议的对接

东盟共同体的建立与中国的"一带一路"倡议有若干共通之处,两者可以实现某种程度的战略对接。"一带一路"倡议的核心理念是开放包容、合作共赢,它既是中国首倡,又为各国所共享,旨在实现共同发展的愿望。[②] 东盟共同体愿景的初衷也是促进东盟自身的经济发展、社会稳定和文化交流。但是也能在这一过程中保障区域和平稳定,促进经济平衡发展,加强文化和谐交流。所以,"一带一路"倡导政治互信、经济融合和文化包容,构建责任共同体、利益共同体和命运共同体;而东盟共同体的三大支柱政治安全共同体、经济共同体和社会文化共同体,分别涵盖政治安全互信、区域经济融合和社会文化交流;二者总体而言有诸多类似相融之处,可逐步对接,取得优势互补和合作共赢的经济效应。

东盟共同体愿景和"一带一路"的对接主要体现在经济方面。首先,东盟有能力在"一带一路"中发挥重要作用,这也是21世纪海上丝绸之路建设的优先方向。其次,东盟经济共同体和"一带一路"的目标相互契合。东盟希望在2025年建立灵活、创新、包容和高度一体化的经济共同体,实现商品、服务、投资、资本和技能劳动力的自由流动,促进区域经济和平衡发展,积极融入世界经济体系。"一带一路"旨在促进经济要素有序自由流动、资源高效配置和市场深度融合,推动沿线各国实现经济政策协调,开展更大范围、更高水平、更深层次的区域合作,共同打造开放、包容、均衡、普惠的区域经济合作架构[③]。在实现各国互惠互利的同时,将中国经济融入世界经济体系。所以,东盟经济共同体与"一带一路"的目标规划有较强的相关性。再次,东盟经济共同体和"一带一路"的合作重点相互对接。《东盟共同体愿景2025》规划中强调东盟要实现互联互通,包括基础设施互联互通、机制互联互通和民间互联互通。而"一带一路"的合作重点涉及政策沟通、设施联通、贸易畅通、资金融通和民心相通。可见两者十分相近。最后,东盟经济共同体和"一带一路"的优先发展领域都是基础设施建设。基础设施建设一直是"一带一路"建设的

[①] ASEAN 2025: Forging Ahead Together, ASSOCIATION OF SOUTHEAST ASIAN NATIONS, November 24th, 2015, http://www.asean.org/wp-content/uploads/2015/12/ASEAN-2025-Forging-Ahead-Together-final.pdf.

[②] 徐步:《对接"一带一路"与"东盟共同体愿景2025"》,2017年5月12日,中华人民共和国外交部网站,http://www.fmprc.gov.cn/web/dszlsjt_673036/t1460913.shtml。

[③] 《推动共建丝绸之路经济带和21世纪海上丝绸之路的愿景与行动》,2015年3月28日,新华网,http://www.xinhuanet.com/world/2015-03/28/c_1114793986.htm。

优先领域。《东盟互联互通总体规划》作为实施东盟经济共同体的重要战略步骤，也率先提出区域基础设施互联互通规划，包括交通运输、通信网络、能源安全等基础设施的建设和完善，其主要的项目涉及东盟公路网、泛亚铁路、内陆河道运输网、航海、航空运输网络、综合运输走廊，以及通信和能源基础设施的建设，并拓展基础设施投融资的合作，推广公私合作伙伴关系模式。[①] 东盟多数国家基础设施建设相对滞后，海陆空交通设施、电力供应、配套产业明显不足，东盟可在"一带一路"倡议下同中国就基础设施建设展开合作。

在具体的对接方式上，东盟共同体愿景和"一带一路"对接可以在国家和区域两个层面进行。在国家层面，中国可同东盟的单个国家加强政策沟通，进行产能合作或项目投资。"一带一路"倡议可与印度尼西亚"海洋支点"战略、老挝"变陆锁国为陆联国"战略、柬埔寨"四角"战略、菲律宾"雄心2040"战略、越南"两廊一圈"战略等东盟国家自身发展规划深度对接，不断优化中国与东盟国家各领域务实合作的顶层设计和规划。[②] 中国为这些东盟国家提供资金、设备、技术，不仅解决了国内过剩的产能，还满足了东南亚地区对投资和技术的需求，实现了中国的产能优势与东盟国家人力、资源优势互补。在区域层面上，东盟共同体愿景可以和"一带一路"倡议进行合作和互补，比如，加强东盟—中国自贸区建设，加强中国和东盟在上文中提到的资本流动、技术创新、互联互通以及基础设施建设等方面的合作。充分发挥中国—东盟（10+1）、中国—东盟博览会等合作机制的作用，构建中国和东盟之间全方位、多层次、复合型的互联互通网络，实现东盟各国多元、自主、平衡、可持续的发展。（本条执笔：薛力、刘天一）

85. 亚欧会议及其互联互通工作组与"一带一路"

——亚欧会议的缘起与发展

随着冷战的结束，世界政治多极化和全球经济一体化的趋势不断加强，亚欧两洲希望建立对话机制，强化地区间联系，谋求共同发展。1994年7月，欧盟制定《走向亚洲新战略》，主张与亚洲进行更广泛的对话，将全面加强亚欧关系与经贸合作列为其全方位外交和对外经贸战略的重点之一。1994年10月，时任新加坡总理吴作栋访法期间倡议召开亚欧会议，得到广泛积极响应。

[①] Master Plan on ASEAN Connectivity 2025, ASSOCIATION OF SOUTHEAST ASIAN NATIONS, January 25th, 2018, http://asean.org/?static_post=master-plan-asean-connectivity-2025-2.

[②] 徐步：《对接"一带一路"与"东盟共同体愿景2025"》，2017年5月12日，中华人民共和国外交部网站，http://www.fmprc.gov.cn/web/dszlsjt_673036/t1460913.shtml.

1996年1月,第一届亚欧文化论坛在意大利的威尼斯市举行。1996年3月,第一届亚欧首脑会议于泰国曼谷召开,亚欧会议正式启动。来自亚洲的10个国家与欧洲15个国家的领导人就促进亚欧政治对话,加强亚欧经济合作,促进科技、文化、环保等其他领域的交流和合作及亚欧会议的后续行动四个方面进行了讨论,会后达成共识并发表了《首届亚欧会议主席声明》。[①]《主席声明》标志着亚欧会议正式启动,各方将在亚欧会议合作框架内加强亚欧政治对话、经济合作和社会文化交流,增进了解和互信,推动建立亚欧新型全面伙伴关系。

根据首届亚欧首脑会议通过的《主席声明》,亚欧会议的目标是在亚欧两大洲之间建立旨在促进增长的新型、全面伙伴关系,加强相互对话、了解与合作,为经济和社会发展创造有利的条件,维护世界和平与稳定。成员国就亚欧会议的主要原则达成以下共识:成员国之间应在平等伙伴关系、相互尊重和互惠互利的基础上开展对话;促进基本权利、遵守国际法义务、不干涉他国的内部事务;保持渐进式开放进程,扩大成员应由各成员国政府首脑在协商一致的基础上做出决定;亚欧会议进程应是非正式的,不应机构化;除政府间对话和合作外,还将促进两洲工商部门以及两洲人民之间的对话、往来和合作;同样重视并推动政治对话、经济合作及其他领域的合作。

亚欧会议形成了非机制化、多层次的合作机制。除首脑会议外,亚欧会议活动还包括外长会议、高官会议和其他部长会议等,日常工作通过高官会议进行沟通协调。亚欧首脑会议负责确定亚欧会议的指导原则和发展方向,隔年在亚洲和欧洲轮流举行,迄今已举办11届。第十二届首脑会议将于2018年10月由欧盟在比利时布鲁塞尔举办。外长会议负责对亚欧会议活动进行政策规划和整体协调,外长会议每两年举行一次,与首脑会议错年举行,迄今已举办13届。高官会议负责协调和管理亚欧会议各领域活动,并对首脑会议、外长会议做准备,包括审议新倡议和磋商文件,以及就共同关心的国际地区问题初步交换看法。高官会议通常在首脑会议和外长会议前不定期在亚欧之间轮流举行,每年2—3次。协调员机制负责日常协调,由亚欧各两个成员组成。协调员根据需要不定期举行会议,代表各自地区通报情况、汇总各方立场并进行协调。欧洲协调员由欧盟轮值主席国和欧盟担任,亚洲方面由东盟、东北亚和南亚次区域各确定一名协调员。亚欧会议还举行经济、财政、文化部长和海关署长及科技、环境、教育、交通、农业等其他专业部长级会议负责各自领域落实首脑

[①] 来自亚洲的10个国家分别为马来西亚、菲律宾、印度尼西亚、泰国、文莱、新加坡、越南、中国、日本和韩国。欧洲的15个国家分别为英国、法国、德国、意大利、西班牙、葡萄牙、芬兰、荷兰、比利时、卢森堡、瑞典、奥地利、爱尔兰、丹麦和希腊。

会议决定，制定合作规划和开展相关活动。亚欧会议还下设工商论坛、人民论坛，积极推动工商界和民间团体交流，反映社会和市场层面的意见。此外，亚欧会议还于1997年设置了唯一常设机构亚欧基金（Asia—Europe Foundation，简称 ASEF），通过亚欧会议各成员的捐赠，推动亚欧学术、文化和人员交流，促进民间相互了解。

亚欧会议将推动经贸合作作为构建亚欧两洲全面伙伴关系的基石。为了推动亚欧两地区间的双向贸易和投资活动，亚欧会议积极推动了两洲间的贸易便利化和投资自由化。1997年，亚欧会议制订《投资促进行动计划》（ASEM Investment Promotion Action Plan，IPAP），通过"投资促进"和"投资政策与法规交流"两大支柱，改善成员间投资环境，促进两洲间投资的双向流动。紧接着，亚欧会议于1998年通过《贸易便利行动计划》（ASEM Trade Facilitation Action Plan，TFAP），对成员国在海关程序、标准一致化、政府采购、动植物检疫、知识产权、商务人员流动和分销业的市场准入等领域的合作进行指引，降低了两洲之间的贸易成本，促进了贸易发展。此后，亚欧会议还出台《贸易便利行动计划2002—2004年工作目标》等文件，不断强化亚欧经贸合作，推动亚欧国家区域和多边贸易政策对话。

——亚欧会议的新起点：互联互通与务实合作

2014年10月，在意大利米兰举行的第十届亚欧首脑会议上，李克强总理提出将共同推进亚欧互联互通和贸易投资自由化作为深化亚欧合作三大重点领域之一。李克强总理还提出举办亚欧互联互通产业对话会。2015年，在中国重庆召开的亚欧互联互通产业对话会上，各方展示了促进亚欧互联互通的坚定决心，并勾勒出了亚欧会议互联互通议程的基本轮廓。来自亚欧会议成员工商、政府和学术界代表围绕"创新引领行动，推进亚欧互联互通"这一主题，达成《重庆倡议》。各方提出支持并鼓励亚欧会议成员提升本国基础设施硬件和软件水平，构筑高效、具有竞争力的综合基础设施网络。

2016年7月15日，在蒙古乌兰巴托举行的第11次亚欧首脑会议成为亚欧会议迎来新生的转折点。此次会议时值亚欧会议成立20周年，肩负着为亚欧会议重整待发、开拓未来的历史重任。中国在塑造会议议程发展方向上发挥了积极的引领作用。会议以"亚欧伙伴二十载，互联互通创未来"为主题，总结亚欧会议过往20年经验，并为其第三个十年发展规划蓝图。参会各方重申亚欧会议将继续坚持《亚欧合作框架》规定的以非正式政治对话、经济与社会人文领域的合作倡议作为亚欧合作关系的基石，并提出要通过加强伙伴关系、聚焦务实合作、促进全方位互联互通和促进非正式性、网络关系和灵活性来引领亚欧会议第三个十年。在第十一届亚欧会议主席声明中，各国领导人同意成立互联互通工作组来落实相关工作。

在第十一届亚欧首脑会议主席声明和关于亚欧会议第三个十年的乌兰巴托宣言中，互联互通被正式纳入亚欧会议主流合作框架。亚欧伙伴关系中政治对话、经济金融合作和社会文化交流三大支柱的各个领域都被纳入亚欧会议相关活动，包括政治、经济、数字化、技术、社会文化和人员交往等。

亚欧会议重新焕发生机不仅体现在各成员就"亚欧互联互通"作为亚欧会议未来的重点方向和政策优先达成共识，还表现为亚欧会议机制向推动各领域务实合作方向转变，推动各方将共识转化为具体行动。首先，各成员聚焦共同关注的合作领域，确保合作倡议的延续性。其次，探索通过进一步改进工作方法和内部协调，使亚欧会议在保持非正式性的同时提高效率。各国领导人强调要确保更有效的机构记忆，重新定期举办中断13年的经济部长会议，支持亚欧基金在提高亚欧会议的能见度方面发挥更大作用，支持基金将其活动与亚欧会议优先合作领域相对接，并鼓励各利益攸关方参与亚欧会议进程。再次，亚欧会议鼓励将民众，特别是青年和工商界纳入务实合作领域，推动民众更多参与亚欧会议活动。最后，亚欧会议将更加重视提升亚欧会议发展中成员的能力建设。

——亚欧会议与"一带一路"对接的前景与挑战

亚欧会议将互联互通作为推动亚欧全面伙伴关系的重要方向，与"一带一路"提出的政策沟通、设施联通、贸易畅通、资金融通和民心相通等"五通"高度契合。亚欧会议的互联互通议程与"一带一路"倡议覆盖的主要地区也高度吻合。亚欧会议和"一带一路"倡议的各成员都表示，希望加强政策沟通与协调，推动不同倡议之间的对接，共同推进区域内合作。亚欧会议互联互通倡议将与《东盟互联互通总体规划》《"连接欧洲设施"计划》、欧洲数字议程、欧洲交通网络、联合国欧洲经济委员会和亚太经社理事会主导的亚欧交通连接项目、丝绸之路经济带和21世纪海上丝绸之路倡议等协同推进，共同促进亚欧互联互通与共同发展。

"一带一路"以务实的项目为先导，推进政策、贸易、设施、金融和人文领域的"五通"，为亚欧会议落实合作共识提供了实践路径。"一带一路"建设在亚欧地区的早期收获，也能够为深化亚欧合作提供新的强劲动力。亚欧会议将与"一带一路"相互补充、相互促进，共同促进地区和平与持续发展。首先，亚欧会议就互联互通的内涵、工作范围、时间表的共识与"一带一路"倡议的愿景、行动高度一致。亚欧互联互通涵盖所有交通方式、政策制度、基础设施、金融和贸易投资、数字信息、能源、教育研究、人力资源、人文旅游等。其次，亚欧会议部长级会议和互联互通工作组将成为亚欧会议与"一带一路"倡议对接的重要载体。亚欧会议各部长级会议将按照乌兰巴托宣言,推进互联互通全面主流化,互联互通工作组将具体落实相关工作。工作组将在2018年举行三次会议,讨论通过工作组成果文件。再次,亚欧会议和"一带一路"都将亚欧交通系统建设作为优先事项,二者在大型交通项目的规划和建设方面有很大的合作潜力。亚欧会议提出要制订发展和加强亚欧运输走廊和航线战略计划,通过综合联运、多式联运交通系统和基础设施改善亚欧交通运输互联互通,有效利用数字互联互通,增进亚欧社会经济联系。最后,亚欧会议将与"一带一路"就互联互通方面的标准和规则一致化进行协调。包括互联互通遵循的标准、可持续性和经济可行性、遵循国际法律及准则等。

亚欧会议与"一带一路"建设对接也面临一些挑战。一方面,欧洲内部对"一带一路"缺乏整体的合作框架,也没有统一的态度。德国和欧盟希望欧盟作为整体与中国就"一带一路"倡议进行合作,试图通过亚欧互联互通平衡中国—中东欧"16+1合作"机制,建立多边化的标准和规则,继续主导亚欧合作的进程。而中东欧国家则对希望通过中国—中东欧"16+1合作"机制继续加强与中国的经贸合作。因此,在推进亚欧互联互通以及实现亚欧会议与"一带一路"对接的操作层面,会员内部达成共识将会更加困难。另一方面,乌克兰危机后,俄罗斯和西欧国家之间的地缘政治关系趋紧,亚欧联盟和以欧盟为中心的地区一体化出现互斥性,相关国家的战略选择空间也受到限制。这在一定程度上不利于亚欧合作和区域经济一体化的推进。最后,恐怖主义、难民问题以及欧洲的民粹主义对于亚欧会议和"一带一路"倡议共同推进亚欧互联互通也是重要的挑战。(本条执笔:刘玮)

86. 中国和中东欧国家合作与"一带一路"

——中国和中东欧国家合作与"一带一路"的概念

按照中国外交部2012年确立的"16+1合作"框架的定义,中东欧国家包括维谢格拉德四国(波兰、匈牙利、捷克、斯洛伐克)、东南欧国家(罗马尼亚、保加利亚、斯洛文尼亚、克罗地亚、塞尔维亚、马其顿、波黑、黑山、阿尔巴尼亚)和波罗的海三国(爱沙尼亚、拉脱维亚和立陶宛)。[①] 中国和中东欧国家合作,指的就是中国与上述16国的合作。2012年,中国与中东欧16国共同建立了新型合作平台,即中国—中东欧国家合作(亦称"16+1合

[①] 《中东欧对华政策的内在需求,合作迈向成熟期》,2018年2月8日,澎湃网,http://www.thepaper.cn/baidu.jsp?contid=1989625。

作"）。经过各方5年的共同努力，"16+1合作"框架下已建立领导人会晤机制以及政策协调、经贸、文化、教育、农业、交通、旅游、科技、卫生、智库、地方、青年等各领域合作平台，取得丰硕成果，受到中国和中东欧国家民众欢迎和广泛关注。①

中东欧地区作为"一带一路"沿线重要区域，在推进"一带一路"建设中占有重要位置。中国和中东欧国家的合作促进了"一带一路"倡议在中东欧地区的良性互动和全面均衡发展。②"16+1合作"致力于构建开放包容、互利共赢的新型伙伴关系，开创了中国与欧洲国家合作的新途径。它同中欧合作大局同步并举，致力于实现中国、中东欧国家和欧盟三方共赢，走出了一条跨越不同地域、不同制度的国家间务实合作新模式。中东欧是"一带一路"倡议的先行者和实践者，中国和中东欧国家的合作将成为"一带一路"建设的重要历程，成为同心打造人类命运共同体的先行实践，成为中国践行正确义利观的有效举措。

"一带一路"倡议也为中国和中东欧国家合作创造诸多重要机遇。③ 一是激发中东欧国家共同发展的强烈愿望。"一带一路"倡议不仅助力中东欧国家寻找新的增长动力，也促进中国—中东欧国家经济结构的互补。互联互通项目推动中国与中东欧各国合作发展对接，发掘区域市场潜力，促进投资和消费，创造需求和就业，匹配双方的利益诉求，推动双方经济贸易良性发展。二是搭建中国—中东欧国家互利合作的平台。随着"一带一路"倡议的实施，中国加强了与包括中东欧国家在内的沿线国家的互动交流，也为此出台了诸多优惠政策措施，搭建了"16+1合作"等多个互利合作平台。三是为中国企业投资当地，促进当地发展提供了良好的环境。在"一带一路"倡议的推动下，中国企业"走出去"战略持续推进，在中东欧的投资并购、上市、工程竞标等商业经营机会大大增加，双方的共同利益和相互需求增加，经贸关系也进一步密切。

随着"一带一路"建设不断推进，中国和中东欧国家的务实合作加速发展。2017年，中国外交部对5年来一些具有代表性的成果进行了梳理和汇总，形成成果清单，主要涵盖政策沟通、互联互通、经贸、金融、人文5大类，共233项具体成果。其中，搭建政策沟通平台成果28项，提升互联互通水平成果40项，促进经贸务实合作成果52项，完善金融合作框架成果28项，拉紧人文

---

① 《中国—中东欧国家合作五年成果清单》，2017年11月28日，中华人民共和国外交部网站，http://www.mfa.gov.cn/web/zyxw/t1514537.shtml。
② 《中国—中东欧国家合作助力"一带一路"建设》，2018年2月23日，新华网，http://www.xinhuanet.com/silkroad/2018-02/23/c_129814889.htm。
③ 吴志成：《"一带一路"倡议与中国—中东欧国家合作》，《统一战线学研究》2017年第6期。

交流纽带成果 75 项。①

——中国和中东欧国家合作与"一带一路"建设的成果内容

中国—中东欧国家合作机制于 2012 年建立以来，众多"一带一路"建设合作项目开花结果，有力促进了双方经贸、金融合作与"一带一路"建设。

一是围绕"一带一路"达成众多政策框架合作成果，合作不断走向成熟。2015 年 11 月，17 国共同制定《中国—中东欧国家合作中期规划》，明确 2015—2020 年的工作方向和重点，进一步释放合作潜力，推动"16+1 合作"提质增效。规划提出："欢迎和支持建立中欧互联互通平台。'16+1 合作'将充分把握'一带一路'建设带来的重要契机，不断拓展合作空间，同时为'一带一路'建设作出更多贡献。"② 2017 年 5 月，部分中东欧国家领导人来京参加了"一带一路"国际合作高峰论坛，中东欧 16 国全部被纳入"一带一路"倡议框架下。2017 年 7 月 14 日，在罗马尼亚首都布加勒斯特举行第二次中国—中东欧政党对话会，来自中东欧 16 国 35 个政党的代表、地方政府和企业家代表以及中国代表团共计 600 余人参加了对话会。标志着"16+1 合作"框架下的政党交流平台实现了机制化。2017 年 11 月，中国同中东欧 16 国共同发表《中国—中东欧国家合作布达佩斯纲要》，强调愿以"16+1 合作"为依托，继续共商、共建、共享"一带一路"，推动"一带一路"倡议与欧洲投资计划等重大倡议和各国国家发展规划相对接。中国—中东欧合作已经从最初的"窗口期"走向了"成熟期"。

二是中东欧对华政策秉持友好交往的发展方向，为"一带一路"倡议项目落地提供保障。一方面，中东欧将中国视为战略伙伴的国家增多，合作升级，出台对华政策纲要等政府文件。继 2016 年中国与捷克确立了战略伙伴关系，中国与波兰、塞尔维亚确立了全面战略伙伴关系之后，2017 年 5 月 13 日，中国与匈牙利关系升级为全面战略伙伴关系。中国已经与中东欧 4 国确立了不同程度的战略伙伴关系。出台政府文件方面，如斯洛伐克议会 2017 年 4 月通过了《2017—2020 年斯洛伐克与中国经济关系发展纲要》，该发展纲要认为斯洛伐克必须为了经济目的而利用其较好（并且仍在加强）的对华政治关系。该发展纲要还提到实现这一目标的多种措施，其中包括扩大驻华外交人员数量、为吸引中国投资者和游客在中国各地开办"斯洛伐克之家"、尝试制订利用中资在斯洛伐克境内修建基础设施的计划等。另一方面，中东

---

① 《中国—中东欧国家合作五年成果清单》，2017 年 11 月 28 日，中华人民共和国外交部网站，http://www.mfa.gov.cn/web/zyxw/t1514537.shtml。

② 《中国—中东欧国家合作中期规划》，2015 年 11 月 24 日，中华人民共和国外交部网站，http://www.fmprc.gov.cn/web/zyxw/t1317976.shtml。

欧国家普遍认可中国的发展模式。中东欧国家如今对德国等欧洲大国强制推行价值观外交日益感到不满，与之相比，中国在不施加政治压力、不围绕安置叙利亚或利比亚难民的问题提出要求的情况下开展合作，中国开展的务实合作日益受到中东欧国家欢迎。如捷克科学院全球研究中心主任马雷克·赫鲁贝茨表示，"'16+1合作'机制在发展过程中成功吸引了政治家、媒体、社会科学家和普通市民的关注"。

三是经贸金融合作成果丰硕。经贸合作规模不断扩大，经贸合作不断深化。据中国商务部统计数据显示，中国和中东欧国家的合作机制自2012年启动至今，中国与中东欧16国进出口贸易额已从2012年的521亿美元增至2016年的587亿美元，增长13%，占同期中国同欧洲进出口贸易的比重由7.1%升至9.8%。同时，中国企业赴中东欧国家投资兴业的热情也不断高涨。据不完全统计，2016年中国企业在中东欧地区投资超过80亿美元。而中东欧16国在华投资超过12亿美元，涵盖机械制造、汽车零部件、化工、金融、环保等多个领域。中国海关数据显示，2017年中国与中东欧16国双边贸易额同比增长超过15%。波兰是中国在中东欧国家中最大贸易伙伴，2017年中波贸易额达到213.5亿美元，增长20%。规模扩大的同时，合作不断深化。连续数年在捷克举行的中国投资论坛，已成为中国与中东欧国家深化经贸合作的重要平台。中国与中东欧国家的经贸合作不仅有力推动了相关国家的经济发展，也为中国的设备、技术、标准和服务"走出去"提供了有效途径。

金融合作不断深入。中国—中东欧协同投融资合作框架开始实施，由中国国家开发银行与中东欧国家金融机构共同发起的中国—中东欧银联体于2017年11月27日正式成立，共有14家成员，均为中国和中东欧各国政府控股的政策性、开发性金融机构和国有商业银行。2016年11月，中国工商银行牵头成立中国—中东欧金融控股有限公司并设立中国—中东欧基金；中国国家开发银行将提供20亿等值欧元开发性金融合作贷款；中国—中东欧投资合作基金二期10亿美元完成设立并投入运营。有力推动了中东欧国家基础设施建设与"一带一路"沿线国家基础设施互联互通。中国对中东欧的投资主要集中在基础设施建设等领域，并购投资和绿地投资均出现较大增长。中国出资的100亿美元专项贷款截至2017年，其中优惠项目贷款已经用完，主要是投资基础设施建设、水力、高速公路等建设。贝尔格莱德跨多瑙河大桥竣工通车，波黑斯塔纳里火电站并网发电，匈塞铁路、中欧陆海快线等基础设施互联互通重大项目稳步推进。这些，一方面提升了当地的就业水平，促进当地经济发展。另一方面，也提升了中国在该地区的影响力。

四是人文交往活动丰富。如2017年中国—中东欧媒体交流年活动、中国—中东欧国家文化合作论坛、中国—中东欧国家教育政策对话等重要的人文交流活动从多个角度和层面提升了"16 + 1 合作"的热度和水平。不过，在整体推进人文交流的过程中，各国与中国的交往也存在活动数量与投入不平衡的情况。

在"一带一路"建设大潮中，中国和中东欧国家正在共商、共建、共享的道路上大步向前，以实际行动践行人类命运共同体理念，绘就互利共赢、共同繁荣的美丽画卷。①

——中国和中东欧国家合作与"一带一路"建设的方向

未来"一带一路"倡议与中东欧国家合作的主要方向是完善整体规划设计和多层次政策沟通，充分兼顾和关注中东欧国家的差异性，以互利互信、合作共赢为目标促进长期合作，以重点项目示范逐步推进合作。一是继续围绕"一带一路"框架协议，落实项目。如落实《中国—中东欧国家合作中期规划》和《中国—中东欧国家合作布达佩斯纲要》确定的路线图。推进互联互通重大项目与经贸合作园区建设，打造产能合作新平台，促进贸易投资双增长，加强投融资合作，扩大双方在旅游、科技、教育、服务、农业等领域合作，提升人文社会交流水平。二是推进"一带一路"互联互通项目落地。亚洲基础设施投资银行和丝路基金参与中东欧国家基础设施互联互通项目的力度会加大，以提升对中东欧国家重点项目的金融支撑能力，支持中东欧铁路、公路和港口与亚欧大陆桥对接，鼓励中欧班列服务沿线中东欧国家。三是平衡贸易合作。中国会更加重视推进与中东欧非欧盟国家的合作。这些国家经济发展水平相对较低、财政支撑能力有限，且不受欧盟贸易、投资及金融相关政策限制，因而合作空间更大、机会更多，更容易出成果。四是通过加强中欧合作，推进中东欧国家合作。在加强与中东欧欧盟成员国合作基础上，中国国内企业会更多地到中东欧国家投资经营，并且会在中欧投资协定谈判和中欧自贸区方面进行努力。（本条执笔：田丰）

87. "中欧海陆快线"与"一带一路"

——"中欧海陆快线"的概念阐述及其形成过程

"中欧海陆快线"（the China – Europe Land – Sea Express Route）是指连接中国与欧洲的一条货物贸易新通道，包括陆上运输通道与海上运输通道两个部分。陆上部分通过铁路进行运输，其两端分别为匈牙利的布达佩斯与希腊的比

---

① 《"一带一路"助力中国与中东欧共建人类命运共同体》，2017 年 11 月 27 日，中国政府网，http://www.gov.cn/xinwen/2017 – 11/27/content_ 5242500. htm。

雷埃夫斯港，中间贯穿塞尔维亚与马其顿。海上运输通道的两端分别为比雷埃夫斯港与中国沿海港口，货运航线经过地中海、红海、阿拉伯湾、印度洋、马六甲海峡（或绕行巽他海峡与龙目海峡两者之一）、南海、东海、黄海。

2013年11月，中国总理李克强在罗马尼亚出席第二次中国—中东欧国家领导人会晤时，与匈牙利、塞尔维亚两国总理达成一致，共同改造升级匈塞铁路，即位于布达佩斯与贝尔格莱德之间的铁路线，将铁路运行速度从40千米/时提升到200千米/时。

2014年6月，李克强总理访问希腊期间，与希腊总理萨马拉斯共同考察了中远海运集团运营的比雷埃夫斯集装箱码头。港口扩建后，吞吐能力大大提升，其货物将远远超过1000多万人口的希腊市场所需。为此，中希双方探讨了深化两国港口合作的可能途径与方式。

2014年12月，李克强总理在出访塞尔维亚期间，与塞尔维亚、匈牙利、马其顿三国协商达成一致，共同打造"中欧陆海快线"，为此，将匈塞铁路向南延伸到比雷埃夫斯港。这样，一方面途经希腊、马其顿、塞尔维亚和匈牙利的货运列车，将把货物直接运进欧洲腹地。另一方面，在充分利用比雷埃夫斯港吞吐能力的同时，也比在西欧港口装卸货物节省了一段航程。

2015年11月，在苏州举行的中国—中东欧国家领导人第四次会晤期间，中匈塞三国签署了匈塞铁路项目方面的一些合作文件，商定中国进出口银行为主要融资行。

——"中欧海陆快线"与"一带一路"的关系

习近平在"'一带一路'国际合作高峰论坛"上明确指出，"一带一路"建设，"重点面向亚欧非大陆，同时向所有朋友开放。不论来自亚洲、欧洲，还是非洲、美洲，都是'一带一路'建设国际合作的伙伴"。[①] 这一表述与《愿景与行动》中"共建'一带一路'致力于亚欧非大陆及附近海洋的互联互通"[②] 相契合。从中可见，亚欧大陆无疑是"一带一路"建设的重点地区。而且，中国推进"一带一路"的重点对象国是周边国家与发展中国家，而不是发达国家。主要原因是，中国在这些国家可以展示自己的比较优势、展示大国责任，从而展示"中国智慧"与"中国方案"。

根据2015年3月发布的《推动共建丝绸之路经济带和21世纪海上丝绸之路的愿景与行动》，"一带一路"建设的走向为：丝绸之路经济带重点畅通中

---

① 习近平：《携手推进"一带一路"建设——在"一带一路"国际合作高峰论坛开幕式上的演讲》，《人民日报》2017年5月15日第3版。
② 《推动共建丝绸之路经济带和21世纪海上丝绸之路的愿景与行动》，2015年3月28日，新华网，http://www.xinhuanet.com/world/2015-03/28/c_1114793986.htm。

国经中亚、俄罗斯至欧洲（波罗的海）；中国经中亚、西亚至波斯湾、地中海；中国至东南亚、南亚、印度洋。21世纪海上丝绸之路重点方向是从中国沿海港口过南海到印度洋，延伸至欧洲；从中国沿海港口过南海到南太平洋。[1] 据此，中国政府列出了21世纪海上丝绸之路（简称"海丝"）两条路线与丝绸之路经济带（简称"陆丝"）的六条路线。两条海丝路线是：一条从中国沿海，经过南海、马六甲海峡、印度洋，目的地包括东非、西亚与欧洲，一条从中国沿海经过南海穿过印度尼西亚，终点在南太平洋。六条陆上经济走廊是：中蒙俄、新亚欧大陆桥、中国—中亚—西亚、中国—中南半岛、中巴、孟中印缅。[2]

从上可以看出，"中欧海陆快线"既不属于六大走廊，也与两条海上丝绸之路路线不完全吻合。实际上，中欧海陆快线可以看作是"海丝"与"陆丝"的结合，更准确地说，是"海丝"之西线与"新亚欧大陆桥"的结合。这是中国政府在推进"一带一路"建设的过程中，结合中东欧16国的特点，对"海丝"与"陆丝"进一步细化的产物。参与构建新亚欧大陆桥的中欧班列中，16个中东欧国家中只有波兰的华沙、罗兹与斯洛伐克的多布拉成为终点城市。[3]

因此，"中欧海陆快线"乃中国为巴尔干四国度身定做的"一带一路"建设项目，旨在凸显这些国家的区位优势、弥补这些国家规模上的不足、带动这些国家的经济发展。而巴尔干四国（特别是塞尔维亚与马其顿）也对此很感兴趣。也就是说，"中欧海陆快线"的陆上部分，很好体现了《推动共建丝绸之路经济带和21世纪海上丝绸之路的愿景与行动》的要求："坚持共商、共建、共享原则，积极推进沿线国家发展战略的相互对接。"[4]

——"中欧海陆快线"的意义

欧洲是中国最大的贸易伙伴，布达佩斯地理上位于欧洲比较中心的位置，而比雷埃夫斯港则是欧洲南部重要的对外联系门户。"中欧海陆快线"为中国与中东欧之间搭起了一条便捷的贸易通道。中国出口欧洲的货物可以通过这个通道快速抵达欧洲中心地带。欧洲出口中国的货物也可以通过这个通道送上开往中国的货船。"中欧海陆快线"建成后，从中国通往欧洲货物的海运时间将缩短7—11天。

---

[1] 《推动共建丝绸之路经济带和21世纪海上丝绸之路的愿景与行动》，2015年3月28日，新华网，http://www.xinhuanet.com/world/2015-03/28/c_1114793986.htm。
[2] 同上。
[3] 刘卫东等：《"一带一路"战略研究》，商务印书馆2017年版，第98—100页。
[4] 《推动共建丝绸之路经济带和21世纪海上丝绸之路的愿景与行动》，2015年3月28日，新华网，http://www.xinhuanet.com/world/2015-03/28/c_1114793986.htm。

"中欧海陆快线"开辟了中欧经贸合作互联互通新渠道。加强对外贸易合作，尤其是在世界经济整体下行趋势中，中国开辟对欧洲出口和欧洲商品输华便捷航线，无疑将给相关国家带来巨大发展机遇，对实现各国互利共赢、共同发展具有重要现实意义。中欧海陆快线贯穿希腊、马其顿、塞尔维亚与匈牙利，直接辐射人口3200多万，将产生巨大经济地区辐射效应，为中欧贸易、商品运输、人员交流往来带来利益可观的美好前景。

通过建设"中欧海陆快线"，中国也将以此为契机，将"中国制造""中国创新"带到欧洲，开辟新市场。不仅如此，中国政府也强调要实施积极的进口促进战略，加强技术、产品和服务进口以及与群众生活密切相关的一般消费品进口。这"一出一进"，既能促进中欧贸易合作升级，推动中国产业结构调整，提高开放合作水平，又实实在在地惠及了各国百姓，可谓一举多得。

如果"中欧海陆快线"获得成功，将为中国以创新方式落实"一带一路"提供一个新鲜的经验，从而促进"一带一路"在非洲、拉丁美洲等发展中国家集中地区的落实。因而，"中欧海陆快线"被视为中国"一带一路"倡议下中欧合作的旗舰项目。

中国与欧洲分别位于亚欧大陆的两端，两者没有战略矛盾，经济具有互补性，双方合作将带动亚欧大陆中部地区的发展、将亚欧大陆打造成为世界中心，取代美国的角色地位是可能的。[1] 欧盟成为中国最大的贸易伙伴就是一个证明。但也存在一些因素影响中欧海陆快线的建设。

第一，政治信任问题。欧美之间的跨大西洋合作非常紧密，政治、军事、经济、文化合作都达到了很高的水平。中欧合作虽然发展迅速，但整体上还达不到跨大西洋合作的层级水平。一个日益明显的倾向是：即使是对与中国的经济合作（如来自中国的投资），欧盟中的许多成员国也有所保留。

欧盟对于"一带一路"的整体态度是半信半疑，因而基本上采取"限制、利用"的政策，特别是在涉及中东欧国家时。欧盟中的发达国家担忧中国借此输出价值观与发展模式，影响欧盟内部的团结。[2] 德国传统上对巴尔干地区有较大的影响力，对中国在这一地区影响力的上升尤其敏感。2018年2月德国总理默克尔公开表示要警惕中国通过经济合作"渗透巴尔干"。[3]

---

[1] 薛力：《"一带一路"下的中欧合作如何双赢？》，2016年3月31日，FT中文网，http://www.ftchinese.com/story/001066890? page =1。

[2]《学者：欲制衡"一带一路"显示西方国家无法接受中国模式发展》，2018年2月23日，联合早报网，http://www.zaobao.com/special/report/politic/cnpol/story20180223-837277。

[3]《默克尔警惕中国"渗透巴尔干"？德学者：欧洲还未适应中国崛起》，2018年2月23日，环球网，http://world.huanqiu.com/exclusive/2018-02/11615617.html? t =1519352843851。

即使是游离于欧洲大陆的英国,其精英阶层对于"一带一路"的看法也不一致。卡梅伦政府比较积极,特蕾莎·梅则不那么积极,其上任后马上暂停了欣克利角C核电站项目以进行重新评估。最近的例子是,她于2018年1月访问中国时甚至没有与中国签署"一带一路"政府间合作文件。

第二,制度壁垒。中国与中东欧国家为了强化彼此间的合作,从2011年开始"16+1合作",几年来取得了一系列进展:制定了《中国—中东欧国家合作中期规划》,搭建起20多个机制化交流平台,规划出匈塞铁路、"中欧海陆快线""三海港区合作"等重大项目,推出200多项具体举措。投资、贸易、旅游等领域合作均呈现快速增长趋势。[1] 打造"中欧海陆快线"的陆上快线也是巴尔干沿线四国的共同愿望。但中东欧国家缺乏资金,加入欧盟后主要靠欧盟结构基金进行大型基础设施建设,因此必须执行欧盟的相关法规,这使得欧盟有了影响中东欧基建市场的手段,而中东欧的基建市场也主要被来自西欧的公司所占领。

"投融资+承建"是发达国家走向海外市场初期普遍采取的方式,第二次世界大战前的西欧国家、第二次世界大战后的美国、日本以及亚洲"四小龙",都是如此。中国在建设"一带一路"的过程中,也不时采用这一模式。这在亚洲、非洲乃至拉美,都行得通。在欧洲,则碰上了习惯于玩"规则壁垒"的欧盟,如财政上的债务上限、公共工程招投标制度等。

欧盟于2017年开始对匈塞铁路项目进行调查,其理由是匈牙利在这个项目中使用了欧盟基金[2],因此需要调查其是否符合欧盟法规,特别是其中的政府采购法。这一项目原先预计2017年竣工,其中塞尔维亚段2015年12月已经动工。但受欧盟调查的影响,匈牙利政府在2017年11月表示,该项目将在2020年动工。[3]

第三,中东欧的比较优势不足。市场潜力有限(直接辐射范围3200万人,不到德国市场的一半),四国之间的协调(多种文化分布区,历史上互相猜疑、战争导致的不信任,现在彼此间信任度依然不足,典型如希腊与马其顿之间围绕"马其顿"地名之争),四国的能力与期待不匹配(在欧洲属于相对落后的地区,但一心"向西",眼光比较高)。

第四,与其他线路的竞争问题。《欧盟交通基础设施新政策备忘录》中规划的9条优先发展的交通走廊之一的"东欧至地中海走廊",经过匈牙利、罗

---

[1] 《"16+1合作"缘何而起?听听中匈总理怎么说!》,2017年11月28日,中国政府网,http://www.gov.cn/xinwen/2017-11/28/content_5242918.htm。

[2] 高晓川:《"一带一路"倡议下影响中国中东欧国际合作的制约因素分析》,2018年1月23日,搜狐网,http://www.sohu.com/a/218325963_115479。

[3] 同上。

马尼亚、保加利亚与希腊,其间绕过了塞尔维亚与马其顿。另外,中欧班列从"渝新欧"开始,已经发展到 57 条线路,国内开行城市达到 35 个,顺畅连接欧洲 12 个国家 34 个城市,累计开行 6235 列,其中 2017 年开行数量达 3271 列。① 中欧班列直通西欧多个国家,或导致中高附加值产品没有足够的动力走中欧海陆快线。低附加值的产品(如农产品、纺织品),利润率相对较低,还可能与中东欧产品产生竞争。(本条执笔:薛力)

88. "中间走廊"倡议与"一带一路"

——"中间走廊"倡议概念阐述与形成过程

"中间走廊"倡议(Middle Corridor Initiative)又叫"中间走廊"计划(Middle Corridor Project),是土耳其政府提出的一个发展计划,旨在打造连接土耳其与中国的运输网络,起点在土耳其,沿途经过格鲁吉亚、阿塞拜疆、里海、土库曼斯坦、哈萨克斯坦、乌兹别克斯坦、阿富汗、巴基斯坦,最终到达中国。②

历史上,土耳其是丝绸之路的重要节点,在奥斯曼帝国的强盛期,君士坦丁堡(即伊斯坦布尔)甚至是丝绸之路的终点。现在的土耳其,有许多服装品牌、餐厅、高校、道路等以"丝绸之路"命名。丝绸之路已经成为土耳其展示民族自豪感的重要资源。许多土耳其人喜欢说,土耳其与中国分别位于丝绸之路的起点和终点。因此,土耳其比较容易接受与"丝绸之路"相关的事物。埃尔多安 2002 年上台后调整了一心向西的外交取向,对东部国家的重视程度上升,也有意挖掘古丝绸之路资源。

2009 年,土耳其前总统居尔访华时对时任中国国家主席胡锦涛表示,希望通过两国政府的共同努力,重新振兴古丝绸之路。③

2011 年,时任国家副主席的习近平访问土耳其,其间中土两国领导人均提到应设法复兴丝绸之路。2012 年,土耳其现任总统、时任总理的埃尔多安访华时,又与中国领导人讨论如何振兴古丝绸之路。

2015 年 7 月,中国总理李克强对来访的土耳其总统埃尔多安表示,中方愿将"一带一路"倡议同土方"中间走廊"计划相衔接,加强铁路等基础设施建设、新能源、轻工、通信等产业合作,推动双边贸易均衡增长;拓展航空、

---

① 王义桅:《如何看待"一带一路"建设的国际规则之争?》,2018 年 2 月 22 日,FT 中文网,http://www.ftchinese.com/story/001076401?page=rest。
② 郑青亭:《土耳其总统:希望"中间走廊"成为"一带一路"重要组成部分》,《21 世纪经济报道》2017 年 5 月 15 日。
③ 李振环:《"一带一路"土耳其板块已见雏形》,《光明日报》2015 年 4 月 19 日第 1 版。

航天、金融等新兴领域合作,希望能为中方企业赴土耳其投资提供便利和支持,中土双方应该用好两国副总理级政府间合作委员会机制,协调政治、经贸、人文等领域合作。埃尔多安则表示,土方非常希望发展对华关系,欢迎中方扩大对土基础设施建设、能源、信息通信、金融、航空、工程承包等领域投资与合作,土耳其愿成为中方企业生产、物流基地,期待与中方一道开展第三方市场合作。[1] 这里的第三方市场主要指"中间走廊"涉及的国家。

2015年10月,二十国集团峰会在土耳其的安塔利亚举行,其间中国政府与土耳其政府签署了关于将"一带一路"倡议与"中间走廊"倡议相衔接的谅解备忘录,为双方相关合作提供了指南。[2]

2016年11月,外交部部长王毅访问安卡拉,与土耳其外长恰武什奥卢达成共识:要深入对接"一带一路"和"中间走廊"倡议,创新合作思路和方式,重点推进东西高铁等大型合作项目,争取早期收获,实现共同发展。[3]

2017年5月,土耳其总统埃尔多安在"一带一路"国际合作高峰论坛上明确表示,希望"中间走廊"倡议成为"一带一路"倡议的重要组成部分。

——"中间走廊"倡议与"一带一路"的关系

中国可以通过中国—中亚—西亚走廊、中巴经济走廊、孟中印缅经济走廊来构筑不经过俄罗斯的抵达欧洲陆上运输通道。但孟中印缅经济走廊与运输通道因为印度的原因进展缓慢,未来前景难料。中巴经济走廊是"一带一路"的旗舰项目,许多项目在快速推进,如卡巴特水电站、瓜达尔港。喀喇昆仑公路升级改造大部分已经完成,横贯巴基斯坦南北的干线公路也在加快进行升级改造。巴基斯坦方面还主张修建中巴喀喇昆仑铁路。一旦建成,可以利用现有的巴基斯坦铁路线抵达伊朗扎黑丹,摆渡到舒尔加兹后接入伊朗铁路系统向西衔接土耳其境内铁路,而后穿过土耳其进入欧洲铁路网。中国—中亚—西亚走廊方面,中吉乌铁路修通后,向西穿过土库曼斯坦接入伊朗铁路网再通往土耳其。这一方案的路线短于穿越巴基斯坦的线路。

土耳其已经规划把东部卡尔斯到西部埃迪尔内之间的铁路升级为高速铁路,[4] 其中伊斯坦布尔到安卡拉段533千米已经在2014年通车,时速250千

---

[1] 谭晶晶:《李克强会见土耳其总统埃尔多安》,2015年7月29日,新华网,http://www.xinhuanet.com/world/2015-07/29/c_1116082658.htm。
[2] Spotlight: China, Turkey working toward modern Silk Road,2016年11月28日,新华网,http://www.xinhuanet.com/english/2016-11/28/c_135864545.htm。
[3] 施春、邹乐:《中土将深入对接"一带一路"和"中间走廊"倡议》,2016年11月14日,中华人民共和国国务院新闻办网站,http://www.scio.gov.cn/ztk/wh/slxy/31200/Document/1519441/1519441.htm。
[4] Spotlight: China, Turkey working toward modern Silk Road,2016年11月28日,新华网,http://www.xinhuanet.com/english/2016-11/28/c_135864545.htm。

米/小时。埃迪尔内已经有铁路连接保加利亚,未来则可望接入欧盟优先发展的九条交通走廊之一"东欧至地中海走廊"。卡尔斯已经有铁路通往阿塞拜疆的巴库与伊朗的大不里士,但伊朗铁路在马什哈德与土库曼斯坦铁路之间、舒尔加兹与扎黑丹之间是"断头路"。

从上可知,土耳其提出的"中间走廊"计划,是有针对性地回应中国的"一带一路",特别是中国—中亚—西亚走廊与中巴经济走廊。"中间走廊"计划将助推这两个走廊的建设。因而受到中国政府的肯定与支持。下一步两国应探讨如何将"中间走廊"倡议与"一带一路"倡议对接的具体方案,包括获得相关国家的支持。

——"中间走廊"倡议的意义、有利条件与面临的挑战

对中国来说,为构建中国—中亚—西亚经济走廊与新亚欧大陆桥中线与南线,增添了一个强有力的合作伙伴国,再一次显示了"一带一路"倡议的生命力。对于中巴经济走廊、"一带一路"在伊朗的落实等也有益。而对于中亚、南亚与南高加索国家来说,西亚经济总量最高、在穆斯林世界影响日隆的土耳其积极呼应"一带一路",将减少它们对中国的疑虑,其参与"一带一路"建设的积极性将提升,特别是吉尔吉斯斯坦、土库曼斯坦、阿塞拜疆等国家。

对土耳其来说,"中间走廊"计划有多方面的意义,首先有助于强化与中国的关系。"一带一路"倡议提出后,中国企业赴土耳其投资明显增加,通信、核电、高铁、新能源为代表的中国高科技企业落户均有土耳其,凸显土耳其投资环境的吸引力。[①] 考虑到"一带一路"建设经常涉及大型基础设施项目,中国政府在选择合作对象国时非常重视东道国政府的态度,像土耳其这样提出在第三国与"一带一路"倡议对接方案的国家还不多,因此,中国政府除了与土耳其合作推进"中间走廊"建设外,很可能会加大在土耳其境内的投资力度。以横贯土耳其东西的铁路升级改造为例,中国公司参与了伊斯坦布尔—卡拉奇段第二期的改造工程,这段 158 千米的工程已在 2014 年高质量完工,这为双方进一步的合作奠定了良好的基础。

其次,"中间走廊"计划也有助于塑造土耳其的"亚欧交通枢纽"地位。连接卡尔斯与埃迪尔内的铁路线东西横贯土耳其全境,长度约 2000 千米,这条铁路升级改造为高速铁路后,将大大改善土耳其东西部之间的交通。而一旦向西接入欧洲高速铁路系统、向东开通到中国的运输通道,土耳其作为"亚欧交通枢纽"的地位将得以确立。土耳其西部已经有了欧盟的"东欧至地中海走廊",土耳其可以促成欧盟将这一走廊接入土耳其。因而土耳其在东部回应中

---

① 吴宇:《"一带一路"倡议成中国企业投资土耳其"分水岭"》,2017 年 10 月 25 日,新华网,http://www.sh.xinhuanet.com/2017-10/23/c_136699694.htm。

国的"一带一路"倡议也就顺理成章。毕竟，只要把若干"断头路"接通，土耳其就有了直达中国的铁路。

最后，"中间走廊"倡议还能提升土耳其的国际地位，助推土耳其的国家复兴进程。埃尔多安刚上台时继续奉行"融入欧洲"的政策。几年下来屡遭挫折后，意识到欧盟是个基督教俱乐部而非文明的联盟后，修改了外交政策，开始奉行新奥斯曼主义，其主要内容是：提倡民族与宗教平等；在不放弃西方的情况下，提升自己在穆斯林世界的影响力；推动突厥语国家的联合，采取多种措施强化突厥语国家联盟（成员国包括土耳其、哈萨克斯坦、吉尔吉斯斯坦、乌兹别克斯坦、土库曼斯坦和阿塞拜疆）的政治经济文化；强化与东亚国家的关系。

对于大型基础设施建设，政府稳定而有力的支持是项目获得成功的必要条件。对于"中间走廊"与"中国—中亚—西亚经济走廊"这种在第三国的合作项目来说，更是如此。对于中国来说，可以做到"政府提供稳定而有力的支持"。那么，土耳其方面是否可以做到呢？

依据2017年公投通过的新宪法，埃尔多安总统有可能任职到2029年。[①] 2018年6月土耳其进行大选，埃尔多安再次当选土总统。"有雄心、有治国能力、有政治手腕"是他的显著特点，他可能是国父凯末尔之后最强有力的土耳其领导人。

埃尔多安的雄心集中体现在致力于让土耳其重振奥斯曼雄风，大胆喊出"奥斯曼帝国也有其长处"。在判断加入欧盟希望不大后，转而推行"新奥斯曼主义"，以强化与非西方国家的关系、提升土耳其在伊斯兰世界与突厥语国家中的影响力。

埃尔多安的能力体现在许多方面，首先是区域与国家治理能力。出生于普通穆斯林家庭，却能在40岁当选伊斯坦布尔市长，并把这个国际性大都市治理得井井有条。2003年当选总理后又推动土耳其经济快速发展，使土耳其人均GDP翻了四番，2016年达到10807美元。[②]

同时，埃尔多安也有丰富的政治手腕：把行政体系从总理制改为总统制并当选为总统，利用军人发动"政变"的契机整顿军队，实现了对军队的控制，很可能终结"军队干政"的传统；在一年内与俄罗斯的政治关系实现从敌对到亲密的大幅度转圜。

埃尔多安也比较务实。土耳其与以色列的关系在2010年蓝色马尔马拉号

[①]《埃尔多安可能要干到2029年》，2017年4月18日，新华网，http：//www.xinhuanet.com/local/2017-04/18/c_129544261.htm。

[②]《土耳其2016年GDP增长2.9%》，2017年4月25日，中华人民共和国商务部网站，http：//www.mofcom.gov.cn/article/i/jyjl/j/201704/20170402553307.shtml。

事件后限入低谷，2016年却与以色列达成妥协以恢复两国关系、摆脱外交孤立。① 虽然反对库尔德人独立建国，但承认土耳其境内有库尔德族人，这有助于缓和政府与库尔德人的关系。②

"中间走廊"倡议与"一带一路"倡议的对接有许多有利因素，前景看好，但真正落实需要克服一些挑战。

首先，线路设计上的困难。"中间走廊"的最短路线是：从土耳其的卡尔斯经亚美尼亚到阿塞拜疆的巴库，穿越里海后沿着土库曼斯坦铁路向东，经乌兹别克斯坦与吉尔吉斯斯坦进入中国。但里海沿岸国家之间围绕里海发生的争议，使得里海的利用严重受限，无论是里海油气资源开发、跨海油气管道，还是轮船摆渡。建设跨海大桥无疑是最佳选择，但这在可以预见的未来落实的可能性不大。

其次，如果绕行伊朗进入土库曼斯坦或巴基斯坦，则受美国与伊朗关系的掣肘。特朗普政府明显逆转了奥巴马时期的对伊朗政策，"强硬"成为对伊朗政策的主要基调。埃尔多安虽然对美国的要求不再像以前那样配合，但作为北约盟国，土耳其难以完全不顾美国的意见大张旗鼓地发展与伊朗的关系。而且，中吉乌铁路与喀喇昆仑铁路何时落实还没有时间表。

再次，土耳其能用于"中间走廊"的资金有限。2003年埃尔多安执政后，土耳其很快摆脱了严重的通货膨胀，经济进入快速发展期，2016年GDP达到8567亿美元，③ 成为全球排名第17位的经济体，在西亚各国中稳居第一。但国内需要大量投资，并且居民储蓄率不高，经常账户赤字严重，④ 因而能用于对外投资的资金有限。这意味着土耳其对于"中间走廊"的建设主要提供政治上的支持。

最后，土耳其境内的安全问题也会影响"中间走廊"计划的落实。库尔德工人党为报复土耳其政府的打击行动，在土耳其境内频繁发动恐怖袭击，其影响已经不限于土耳其南部与东南部，而涉及安卡拉、⑤ 伊斯坦布尔⑥等中心城

---

① 《土耳其拟恢复与以关系为何选现在？》，2015年12月23日，新华网，http：//www.xinhuanet.com/world/2015-12/23/c_128560702.htm。
② 土耳其政府因为叙利亚问题而与库尔德工人党关系重新变紧张，但这是另一回事。
③ 《土耳其2016年GDP增长2.9%》，2017年4月7日，中华人民共和国商务部网站，http：//www.mofcom.gov.cn/article/i/jyjl/j/201704/20170402553307.shtml。
④ 《综述：土耳其大举投资基础设施建设拉动经济增长》，2016年6月24日，环球网，http：//world.huanqiu.com/hot/2016-06/9080851.html。
⑤ 《一个与库尔德工人党有关组织宣称对安卡拉恐袭负责》，2016年3月17日，中新网，http：//www.chinanews.com/gj/2016/03-17/7801391.shtml。
⑥ 《土耳其反恐形势日益严峻》，2016年12月13日，人民网，http：//world.people.com.cn/n1/2016/1213/c1002-28946935.html。

市。这使得土耳其的入境旅游人数大幅度下降,也必然影响到土耳其的投资与建设,特别是在东部地区。(本条执笔:薛力)

89. 中国—欧盟互联互通平台("容克计划")与"一带一路"

——"一带一路"倡议的提出与欧盟的反应

自"一带一路"倡议提出之后,尽管"一带一路"的终端指向欧洲,欧盟作为一个整体及其他28个成员国并没有被明确界定为"一带一路"的沿线国家。[①]

不过,中东欧国家率先将中国与中东欧的互联互通项目纳入"一带一路"框架。在2014年6月举办的中国—中东欧国家贸易促进部长级会议上,各国领导人共同发表《中国—中东欧国家经贸促进部长级会议共同文件》,提出"各国应继续坚持相互尊重、平等互利、优势互补的原则,以推进'丝绸之路经济带'和'21世纪海上丝绸之路'建设为契机,根据各自国家法律法规,欧盟成员国并将根据欧盟相关法律法规,进一步加强经贸对话,提升经贸合作水平,拓展新的合作领域,促进共同发展与繁荣"。[②]

紧接着,西欧部分国家开始与中国就"一带一路"倡议展开接触。希腊在李克强总理2014年6月到访期间,表示"希腊愿成为中国产品进入欧洲的门户和枢纽,与中方加强海洋合作,共同推进21世纪海上丝绸之路建设,推动希中和欧中合作不断结出新的硕果"[③]。2014年3月,习近平访问欧盟总部期间,中欧双方发表了《关于深化互利共赢的中欧全面战略伙伴关系的联合声明》,表示双方决定共同挖掘中国丝绸之路经济带倡议与欧盟政策的契合点,探讨在丝绸之路经济带沿线开展合作的共同倡议。[④] 2015年3月,中国的《推进共建丝绸之路经济带和21世纪海上丝绸之路的远景与行动》正式确认"一带一路"将致力于亚欧非大陆及附近海洋的互联互通。尽管欧洲是"一带一路"倡议的目的地,中国仍经历了一个渐进的过程决心将欧盟纳入"一带一

[①] 张骥、陈志敏:《"一带一路"倡议的中欧对接:双层欧盟的视角》,《世界经济与政治》2015年第11期。

[②] 《中国—中东欧国家经贸促进部长级会议共同文件》,2014年6月9日,中华人民共和国商务部网站,http://www.mofcom.gov.cn/article/ae/ai/201406/20140600616162.shtml。

[③] 《李克强与希腊总理萨马拉斯共同出席并发表演讲》,2014年6月21日,人民网,http://politics.people.com.cn/n/2014/0621/c1024-25179666.html。

[④] 《关于深化互利共赢中欧全面战略伙伴关系的联合声明》,2014年3月31日,中国政府网,http://www.gov.cn/xinwen/2014-03/31/content_2650712.htm。

路"合作框架。

虽然中欧双方对在"一带一路"框架下加强合作达成了初步意向,但欧盟和西欧国家对"一带一路"倡议总体上仍持观望态度,中欧双方并未找到明确的对接点。2014年3月习近平访问德国杜伊斯堡之后,中国驻德国大使馆与柏林智库和基金会共同组织了一系列有关"一带一路"的活动,对"一带一路"的概念、范围和深度等问题进行了讨论,但是双方未能达成实质性的合作计划。[1] 随着"一带一路"建设的推进,欧盟和一些主要西欧国家心态比较复杂,认为"一带一路"倡议对欧洲既是机会又是挑战。一方面,欧盟认为"一带一路"促进基础设施联通和贸易、投资增长将有利于地区经济增长,另一方面欧盟又担心"一带一路"会危及欧洲内部的标准和规则一致性。[2]

——欧盟的欧洲投资计划与"一带一路"倡议的战略对接

欧盟在2014年11月底推出欧洲投资计划(The Investment Plan for Europe,又称"容克计划",The Juncker Plan),成为欧盟与"一带一路"对接的转折点。新一届欧盟委员会提出的促增长、就业和投资的欧洲投资计划主要由三部分组成:一是建立总额210亿欧元的欧洲战略投资基金(EFSI),以在2015—2017年带动至少3150亿欧元的产业、国家政府和私营的投资。欧洲战略投资基金是容克计划的核心支柱。二是欧洲战略投资基金与欧盟相关援助计划配合,共同建立一个可信的项目平台,引导私营部门将资金投向最需要的领域,满足实体经济的需要。三是为吸引更多投资制定路线图,改善商业环境和融资条件,消除行业以及金融和非金融投资壁垒。

欧盟投资计划是欧盟委员会倡导的,旨在通过欧盟的资金和公共资源撬动私人投资,吸引资金投向欧盟的实体经济,以促进欧盟就业、经济增长与投资的主导发展战略。欧洲投资计划鼓励战略基础设施、数字和能源、产业中心交通基础设施、教育和研发、促进就业以及环境可持续性项目等领域的投资,积极扶持中小企业等面临市场失灵的投资项目。并且,欧盟委员会通过推动能源联盟、资本市场联盟、数字统一市场策略、循环经济计划等诸多致力于消除招商引资实际障碍和改善投资环境的具体措施与行动方案。[3]

---

[1] Jan Gaspers, "Germany and the 'Belt and Road' Initiative: Tackling Geopolitical Implications through Multilateral Frameworks", in Frans-Paul van der Putten etc, ed., *Europe and China's New Silk Roads*, *A Report by the European Think-tank Network on China* (ETNC), December 2016, p. 26.

[2] Michal Makock, "The EU Level: 'Belt and Road' Initiative Slowly Coming to Terms with the EU Rules-based Approach", in Frans-Paul van der Putten etc, ed., *Europe and China's New Silk Roads*, *A Report by the European Think-tank Network on China* (ETNC), December 2016, p. 67.

[3] Thibault Heuze, "The European Investment Plan: Main Features and Possible Synergies with OBOR Initiative", *EU-China Public Lectures*, *Delegation of the European Union to China*, Chengdu, 2016.

欧洲投资计划与"一带一路"倡议具有高度的战略契合。首先，两者关注的优先领域相同，且中欧双方的经验和优势可以互补。欧盟委员会投资规划议程中的泛欧交通网涵盖欧盟内部公路、铁路、港口、机场及内陆水运等交通走廊建设，计划到2030年建成统一的欧洲交通运输体系是两者对接的重点领域。此外，欧盟还积极推进包括地区间跨国电力网，尤其供应网与核电工程等欧洲能源基础设施连接以及信息通信基础设施（宽带、云计算和大数据等）、数字经济、电子商务、信息技术基础设施、智慧城市、物联网等也是两者对接的重点领域。

其次，两者都具有巨大的吸引融资和分担风险需求。欧洲投资计划最大的挑战是投资资金不足问题，希望通过公共资金撬动广泛的私人资本增加投资，创造就业，提升竞争力。欧洲对第三方资金特别是"一带一路"融资持开放和欢迎态度。"一带一路"建设也希望吸引欧洲的多边开发银行和商业金融机构参与，实现联合融资和风险分担。双方在发展公私伙伴关系、促进中小企业投资推动可持续发展融资方面也具有广阔的合作空间。

最后，两者在营造商业环境、降低投资壁垒，推动法律法规完善和标准协调方面可以相互促进。[1] 欧盟投资计划将改善商业环境和融资条件、消除各种投资壁垒作为重要的议程，而"一带一路"建设提出的政策沟通、资金融通和设施联通也都是为了创造更加自由、开放和联通的市场环境。"一带一路"建设可积极利用欧盟在制度机制、立法规制、理念引领等方面的影响力，为"一带一路"建设营造开放、包容的市场规则。

"一带一路"倡议与欧洲投资计划的高度战略契合，为双方战略对接奠定了基础。在2015年6月底第17次中欧领导人会晤上，中国和欧盟领导人决定对接中国"一带一路"合作倡议和欧洲投资计划，同意建立中欧共同投资基金，建立中欧互联互通平台，尽早达成一个全面的中欧投资协定等。会晤确定了具体对接措施：成立联合工作组，细化对接方式；加强中欧互联互通平台合作；设立透明的欧洲投资项目门户等。[2] 紧接着在9月28日举办的第五次中欧经贸高层对话会上，双方达成三项共识：一是中方宣布向初期预计投资总额为3150亿欧元的"欧盟投资计划"（EU Investment Plan）进行投资，成为第一个宣布向欧盟投资计划投资的非欧盟国家；二是中欧同意建立一个"联合工作组"（Joint Working Group）以推进双方在投资领域的全方位合作，工作组由来

---

[1] ［塞尔维亚］德拉甘·帕夫里塞维奇：《促进"一带一路"倡议和欧洲投资计划对接的政策建议》，《欧洲研究》2015年第6期。

[2] "Factsheet on 'EU-China Investment Cooperation'", EU-China High Level Economic Dialogue, Beijing, September 28, 2015, http://ec.europa.eu/priorities/jobs-growth-investment/plan/docs/factsheet-eu-china-investment-cooperation_en.pdf.

自国家发改委、欧盟委员会、中国丝路基金和欧洲投资银行的专家组成;三是双方着力探讨建立"中欧合作基金"(Sino—European Cooperation Fund)的模式与架构。①欧洲委员会和中国政府还签署了一项关于欧盟—中国互联互通平台的谅解备忘录,以期加强中国的"一带一路"倡议与欧盟倡导的互联互通之间的协同合作。该平台将促进双方在基础设施、设备、技术及标准等领域的合作,并将创造诸多商业机会,促进双方的就业、增长和发展。该平台将依托与欧洲投资银行的合作而进行。②此次经贸高层对话开启了"一带一路"倡议与欧盟投资计划战略对接的良好开端。

——中国—欧盟互联互通平台:"一带一路"国际合作的多边化努力

在欧盟的提议下,中国与欧盟在2015年9月第五次中欧经贸高层对话会上宣布成立中国—欧盟互联互通平台,标志着欧洲投资计划与"一带一路"倡议对接的正式机制建立。互联互通平台成立后,召开了两次主席会议,一次工作组会议。在2016年6月29日召开的中欧互联互通平台第一次主席会议上,工作组汇报了平台前期工作进展及未来合作建议,并提交了工作机制和示范项目优先行动清单请双方主席审议。③根据《中欧互联互通平台第一次主席会议会议纪要》要求,中欧双方于11月24—25日召开中欧互联互通平台投融资合作专家组第一次会议。双方就各自的融资政策、模式及潜在合作机制进行了充分交流,并重点围绕中欧互联互通平台示范项目优先行动清单展开讨论,详细介绍了项目概况、当前进展、融资模式等情况,研究探讨了融资支持政策及下一步合作机会。④2017年6月1日,中欧互联互通平台第二次主席会议在比利时布鲁塞尔召开。会议听取了双方工作组在项目清单、政策法规、技术规范以及项目投融资等方面的工作情况,并就加强战略政策对接、推动示范项目实施以及深化中欧班列、绿色低碳交通、通关便利化、标准和技术规范等多方面合作达成共识。⑤中国—欧盟互联互通平台将会有效推进"一带一路"倡议与欧洲投资计划的对接,特别是推动"一带一路"建设项目与"泛欧交通运输网络政策"的对接、标准协调、提高市场环境透明性以及项目实质性合作。

欧盟提议建立中国—欧盟互联互通平台体现了欧盟推动中欧"一带一路"

---

① Thibault Heuzé, "The European Investment Plan: Main Features and Possible Synergies with OBOR Initiative", *EU-China Public Lectures*, *Delegation of the European Union to China*, Chengdu, 2016.
② 闫磊:《中国将对接欧盟投资计划》,《经济参考报》2015年9月29日第4版。
③ 《中欧互联互通平台第一次主席会议成功举办》,2016年6月30日,中华人民共和国国家发展和改革委员会网站,http://www.ndrc.gov.cn/gzdt/201606/t20160630_809633.html。
④ 《中欧互联互通平台投融资合作专家组第一次会议在北京召开》,2016年11月30日,中国政府网,http://www.gov.cn/xinwen/2016-11/30/content_5140147.htm。
⑤ 《胡祖才副主任出席中欧互联互通平台第二次主席会议》,2017年6月8日,中华人民共和国国家发展和改革委员会网站,http://www.ndrc.gov.cn/gzdt/201706/t20170608_850292.html。

合作多边化的努力。一方面，欧盟希望吸引中国资金流入欧洲战略投资基金，加强基础设施和规则标准领域的互联互通合作；另一方面欧盟希望将中国与欧洲国家特别是欧盟成员国的基础设施、交通、运输、通信等项目合作纳入欧盟投资计划的框架，欧盟希望推动中欧"一带一路"合作进入多边轨道，发挥欧盟在欧洲的经济、制度和规范影响力，从而确保欧盟在参与"一带一路"建设中的控制权。欧盟特别担心中国与欧盟成员国的双边合作和"16+1合作"等次区域合作会影响欧盟的团结，也担心中国在"一带一路"项目中绕过欧盟采取与欧盟不一致的标准，削弱欧盟统一市场规则。① 欧盟推动在以中国—欧盟互联互通平台为代表的多边平台进行协调，希望协调中国"一带一路"相关投资遵守欧洲的投资规则和标准，并通过互联平台建立共同框架，确定合作战略、计划和政策，明确联合项目的规则和与原则相关的法律问题。（本条执笔：刘玮、魏斯莹）

90. 欧盟东部伙伴关系与"一带一路"

——欧盟东部伙伴关系的形成

欧盟东部伙伴关系（Eastern Partnership，EaP）是欧盟 2004 年提出的欧洲邻国政策（European Neighbourhood Policy，ENP）框架的一部分，其是欧盟、欧盟各成员国与东部和南部邻国共同提出的联合倡议框架，旨在提高欧盟与上述国家的政治联合与经济一体化水平。欧洲邻国政策的对象国共有 16 国，分为东部伙伴关系和地中海伙伴关系对象国两大类。其中，欧盟东部伙伴关系的政策对象国为亚美尼亚、阿塞拜疆、白俄罗斯、格鲁吉亚、摩尔多瓦共和国和乌克兰 6 国。与欧盟内部以及欧盟针对入盟候选国和潜在候选国的治理不同，尽管欧盟邻国政策同样强调对政策对象国在政治、经济和社会方面的"欧洲化"改造，但是邻国政策的对象国家短期内并不存在入盟前景。因此，这一政策框架的本质是在不扩大欧盟范围的前提下实现欧盟内部政策的外向扩展，是一种"睦邻式欧洲化"。②

欧盟东部伙伴计划主要得到了希望欧盟"东进"的东欧和北欧国家的支持。2007 年，法国总统萨科齐首先提出了"地中海联盟"（Union for the Mediterranean）的概念，并获得了欧盟内"南进派"国家的普遍支持。对此，波兰

---

① Michal Makock, "The EU Level: 'Belt and Road' Initiative Slowly Coming to Terms with the EU Rules-based Approach", in Frans-Paul van der Putten etc, ed., *Europe and China's New Silk Roads, A Report by the European Think-tank Network on China (ETNC)*, December 2016, pp. 69 – 70.

② 任桑：《从科层制治理向网络化治理的转移——基于欧盟东部周边治理的分析》，《欧洲研究》2015 年第 3 期。

随即在2007年年底提出了东部伙伴关系计划,并得到了瑞典的支持。两国于2008年5月正式在欧盟外交与总务会议上联合发起东部伙伴关系倡议,并在6月的欧盟首脑会议上通过。同年,格鲁吉亚危机和俄格战争的爆发迅速推进了伙伴关系的形成。2008年12月,欧盟委员会提出了关于东部伙伴关系的具体政策框架,并于2009年3月正式通过。2009年5月7日,欧盟27国与东部伙伴关系6国的政府首脑或代表在布拉格举行了首次欧盟"东部伙伴关系"峰会,签署了《东部伙伴关系宣言》。这标志着欧盟东部伙伴关系的正式形成和启动。[1]

东部伙伴关系框架下的政策合作可以分为双边和多边渠道两类。前者主要是政策对象国与欧盟之间的《联系国协定》(Association Agreements,AAS),重点涉及贸易、政治与安全、司法和能源基础设施等方面的合作。其中,最为至关重要的内容就是旨在削减关税壁垒、按照欧盟标准和欧盟内既有法规推进国际贸易的《深入和全面的自由贸易协定》(Deep and Comprehensive Free Trade Areas,DCFTA)。后者则包括多个政府间和非政府间的合作平台。在政府间多边合作平台中,最为重要的就是每两年举行一次的东部伙伴关系峰会(Easter Partnership Summit)。除峰会以外,还会举行年度部长级会议。在欧盟同样高度重视的非政府多边合作平台方面,则搭建了东部伙伴关系公民社会论坛(Civil Society Forum)、地方和地区领导人会议(Conference of Local & Regional Authorities for the Eastern Partnership,CORLEAP)以及欧盟—东部邻国议会大会(EURONEST Parliament Assembly)。欧盟邻国项目(European Neighbourhood Instrument,ENI)东向资金则是支持和推进上述多边合作框架的主要资金工具。[2]

继2009年的布拉格峰会之后,欧盟东部伙伴关系峰会已经举办了五届,它们分别是2011年9月的华沙峰会、2013年11月的维尔纽斯峰会、2015年5月的里加峰会和2017年11月的布鲁塞尔峰会。其中,2015年的里加峰会影响最为重大。在里加峰会上,欧盟的推动各方共同提出了"2020年20项成果"(20 Deliverables for 2020)倡议,确定了到2020年为止东部伙伴关系的优先发展领域和项目,提出了"更强经济""更强治理""更强联通"和"更强社会"的四大发展目标。在这些领域中,最为重要的目标包括通过构建泛欧铁路网络(TEN-T Network)升级交通基础设施,增强高效能源的政治所有权,为中小企业提供更多的金融支持,降低伙伴国间的关税,增加伙伴国间的贸易机

---

[1] 徐刚:《欧盟"东部伙伴关系"计划评析》,《国际论坛》2010年第5期。
[2] "Eastern Partnership", European Union External Action, https://eeas.europa.eu/headquarters/headquarters-homepage/419/eastern-partnership_en.

会,加强与草根公民组织的接触以及更多地支持青年群体。① "2020 年 20 项成果"倡议是欧盟东部伙伴关系合作框架在未来数年中的基本发展指南。在 2017 年的布鲁塞尔峰会上,欧盟委员会主席图斯克重申了"2020 年 20 项成果",并表示欧盟和各国将把中小企业、数字经济、交通、能源和基础设施作为未来投资的重点领域。此外,面对乌克兰危机的持续挑战,峰会还强调了对各伙伴国维护主权、独立和领土完整的支持,呼吁在国际法的基础上和平解决争端。同时用实际行动进一步加强了与亚美尼亚的关系,签署了《全面增强伙伴关系协定》和航空协议,并将泛欧铁路网络延伸至东部伙伴国。②

需要指出的是,自 2009 年欧盟东部伙伴关系启动以来,欧盟内部就一直存在对"东进"和"南向"发展的不同看法,这在一段时间内削弱了作为整体的欧盟对东部伙伴关系的支持。此外,东部伙伴关系的发展还面临着伙伴国与欧盟在治理标准上的矛盾以及俄罗斯对其的严重不信任甚至抵制。这些因素共同使得东部伙伴计划一度"非常冷清"。③ 但是,由于欧盟在东部伙伴关系框架中更多地采用了照顾到关系对象国特殊性的网络式治理结构,而非欧盟内部"整齐划一"的科层式治理,因此还是取得了不少进展。④ 同时,在乌克兰危机爆发后,欧盟内部对东部伙伴国的关注显著提升。2015 年拉脱维亚作为欧盟轮值主席国更是在欧盟东部国家的支持下大力促进了东部伙伴关系的发展。目前,东部伙伴关系已经成为欧盟未来合作和发展中充满挑战但也极富潜力的重要领域。

——欧盟东部伙伴关系框架下的"一带一路"与中东欧国家

从欧盟东部伙伴关系里加峰会所确定的重点发展领域来看,该合作框架与中国提出的"一带一路"倡议有着明显的利益交汇和理念契合点。事实上,中国也一直在欧盟和成员国层面积极促进倡议与欧盟东部伙伴关系这两大合作平台的对接,这种合作也对中东欧各国自身的发展和经济合作规划产生了显著影响。总体看来,基础设施投资和降低贸易壁垒、提升贸易自由化程度上是"一带一路"倡议与欧盟东部伙伴计划的欧盟成员就"2020 年 20 项成果"进行对接的最主要领域。

在基础设施方面,欧盟国家,尤其是以匈牙利为代表的中东欧国家积极赞

---

① "Eastern Partnership", European Union External Action, https://eeas.europa.eu/headquarters/headquarters-homepage/419/eastern-partnership_en.

② "Eastern Partnership summit, 24/11/2017", Council of European Union, http://www.consilium.europa.eu/en/meetings/international-summit/2017/11/24/.

③ 《欧盟"东部伙伴关系"计划正式启动》,《人民日报》2009 年 5 月 9 日第 3 版。

④ 任桑:《从科层制治理向网络化治理的转移——基于欧盟东部周边治理的分析》,《欧洲研究》2015 年第 3 期。

成中国通过"一带一路"倡议加大对该地区的基础设施投资。双方一直在积极商讨对接倡议和欧洲投资基金，建立中欧互联互通平台，促进泛欧铁路网络等跨境铁路的修建，以缓解欧洲东西部之间的基础设施投资和经济发展不平衡，通过增强欧洲内部的互联互通来增强欧盟内部的凝聚力和欧盟东部伙伴关系的生命力。[1] 欧盟层面，在2015年9月举行的第五次中欧经贸高层对话会上，欧盟委员会声明双方将就倡议与欧盟委员会主席容克于2014年年底提出的"欧洲投资计划"进行对接，同时签署了建立中欧互联互通平台的谅解备忘录，以促进双方更好地对接基础设施建设、投资计划和政策规定。[2] 成员国层面，在2017年4月于华沙召开的旨在呼吁欧盟重视发展东部伙伴关系的维谢格拉德集团外长会上，匈牙利外长西亚尔托强调将努力促进中东欧国家之间的能源合作与运输连接，而这将与"一带一路"倡议相得益彰。[3] 目前，从浙江义乌至拉脱维亚里加的货运班列已经于2016年10月启动，这极大地促进了欧洲东部作为亚欧大陆物流关键节点的发展。此外，连接从希腊到匈牙利的匈塞铁路也正在积极筹建之中。

在贸易自由化方面，中国通过"一带一路"倡议推动的港口和陆地运输建设、降低贸易壁垒和海关程序便利化等措施不仅显著促进了中国和中东欧国家的贸易，而且也提升了欧盟其他国家与东欧16国的贸易水平。根据数据统计，中国提出的中东欧海关程序简化每推进1%，将促进欧盟对中东欧地区贸易出口增长0.99%，陆路基础设施水平每提高1%，则能带动欧盟对该地区出口增长0.11%。[4] 截至2016年，中国与中东欧国家的贸易总额达到586.4亿美元，占中国与欧洲贸易总额的10.19%，增长率达到9.5%。这与2016年中国整体对外贸易额下降6.8%，对欧贸易额下降3.3%形成了鲜明对比。[5] 目前，波兰、捷克与匈牙利已经成为中国在中东欧地区最重要的三大贸易伙伴，它们已经成为连接"一带一路"倡议与欧盟东部伙伴关系的枢纽。

当前，中国的"一带一路"倡议已经通过包括中国与中东欧国家"16+1合作"在内的多边机制，逐步实现了与欧盟成员国在东部伙伴关系框架下的对接。在2017年11月于布达佩斯举办的中国与中东欧国家峰会中各方达成了

---

[1] 郑东超：《中东欧智库的"一带一路"观》，《中国投资》2017年第4期。
[2] 《欧盟委员会欢迎"一带一路"对接"欧洲投资计划"》，2015年9月29日，新华网，http://www.xinhuanet.com/world/2015-09/29/c_1116708073.htm。
[3] 《维谢格拉德集团外长呼吁欧盟重视发展东部伙伴关系计划》，2017年4月13日，新华网，http://www.xinhuanet.com/world/2017-04/13/c_1120803290.htm。
[4] 孙玉琴、苏小莉：《"一带一路"倡议下中东欧贸易便利化对中国与欧盟出口影响的比较》，《上海对外经贸大学学报》2018年第1期。
[5] 罗琼、藏学英：《"一带一路"背景下中国与中东欧国家多元合作问题》，《国际经济合作》2017年第9期。

《布达佩斯纲要》(Budapest Guidelines),明确提出要更深入地协调"一带一路"倡议、中国与中东欧国家"16+1 合作"、中欧互联互通平台和欧盟东部伙伴关系的规划与推进。[①] 这也标志着中国未来还将更多地在欧盟东部伙伴关系框架下展开与欧盟各国的合作。[②]

——欧盟东部伙伴关系框架下的"一带一路"与东部伙伴 6 国

除了欧盟成员国以外,中国也在"一带一路"倡议框架下与白俄罗斯、乌克兰、摩尔多瓦、亚美尼亚、阿塞拜疆、格鲁吉亚这 6 个欧盟东部伙伴关系的非欧盟伙伴国展开了经济合作和规划对接,其中在白俄罗斯等国已经取得了具有示范意义的早期成果。

白俄罗斯是东部伙伴关系六国中与"一带一路"倡议对接最早、合作最为顺利的国家,也是世界范围内在"一带一路"倡议框架下合作发展最为迅速的国家之一。早在 2014 年 1 月,中白两国就签署了《中国商务部和白俄罗斯经济部关于共建"丝绸之路"合作议定书》;2015 年 5 月,白俄罗斯总统卢卡申科就明确表示"完全支持"中方提出的"一带一路"设想,愿意成为"倡议的重要支柱";随后,白俄罗斯政府特别颁布《关于发展白俄罗斯共和国与中华人民共和国双边关系》的第 5 号总统令,要求以参与"一带一路"为出发点更新和协调国内已有的发展计划;2016 年 9 月,两国领导人正式推出《中华人民共和国政府与白俄罗斯政府共同推进"一带一路"建设的措施清单》。[③] 这一系列合作措施使得白俄罗斯成为整个"一带一路"建设的支点国家,在倡议中占据了至关重要的地位。其中,已经步入开发和运营并举关键阶段的中白"巨石"工业园更是成为"一带一路"倡议与东道国发展战略成功对接的典范成果,被视为"丝绸之路经济带上的明珠"。

乌克兰则是第 1 个宣布支持"一带一路"倡议的欧洲国家。早在 2013 年 12 月,乌克兰时任总理亚努科维奇就在访华时与中国就落实倡议达成了一系列协议。此后尽管乌克兰爆发了严重的内外政治、军事危机,中国也始终没有放弃与乌克兰围绕倡议框架进行合作。2017 年,双方不仅在贸易尤其是农产品领域扩大了合作,并且达成了超过 60 亿美元的基础设施建设和投资协议,其中包括 DSSC 码头建设、敖德萨尤日内港航道疏浚、基辅地铁四号线等大型标志性项目。[④] 2017 年 1 月,中国国家主席习近平与乌克兰总统波罗申科在瑞

[①] "The Budapest Guidelines for Cooperation between China and Central and Eastern European Countries",2017 年 11 月 8 日,中华人民共和国驻美利坚合众国大使馆,http://www.china-embassy.org/eng/zgyw/t1514534.htm。

[②]《"一带一路"战略对接初结硕果》,《人民日报》(海外版) 2017 年 4 月 17 日第 1 版。

[③] 赵会荣:《白俄罗斯与"一带一路"》,《欧亚经济》2017 年第 4 期。

[④] 张弘:《中国与乌克兰"一带一路"合作的风险与应对》,《和平与发展》2017 年第 4 期。

士达沃斯会晤,进一步确认双方将就"一带一路"倡议加强互利共赢合作。

外高加索三国和摩尔多瓦同样表达了对参与"一带一路"倡议的强烈兴趣,其中格鲁吉亚的态度尤为积极。2016年6月,格鲁吉亚总理克维里卡什维利亲自撰文表示希望在"一带一路"建设中发挥连接亚欧的区位优势作用,利用中国的基础设施投资将格鲁吉亚打造为亚欧物流运输的中心枢纽。此外,格鲁吉亚还积极利用自身于2014年与欧盟签署《联系国协定》后的贸易环境优势,大力发展与中国的双边贸易、吸引制造业投资。此后,双边发展对接迅速展开,2015年格鲁吉亚成为第一个与中国展开自贸协定谈判的东欧国家,并签署了加强共建丝绸之路经济带的合作备忘录。[①] 不仅格鲁吉亚试图通过与"一带一路"倡议的紧密配合实现自身的迅速发展,阿塞拜疆和亚美尼亚同样希望中国在外高加索地区的经济合作中进一步发挥作用。例如,阿塞拜疆在农业和能源领域向中国推出了7年内减免50%收入税的优惠政策,亚美尼亚则将作为自身"大动脉"的南北公路交由中国水电建设集团承建。[②] 此外,2017年12月,摩尔多瓦也与中国签署了关于启动自贸协定谈判的谅解备忘录,开启了自贸谈判。这些都是各国通过倡议不断深化发展对接的成果。[③]

"一带一路"倡议与欧盟东部伙伴关系均以促进欧盟东部邻国的整体发展作为目标,都以基础设施投资和贸易便利化为抓手。从上述的具体务实合作可以看出,两者形成了互相支持、互相促进的积极格局,有力地促进了该地区、中国和欧盟三方的经济合作与社会发展。(本条执笔:肖河)

91. 以平等、开放、透明为原则的欧亚伙伴关系与"一带一路"

2015年5月8日,中俄两国在莫斯科发表了《关于丝绸之路经济带建设与欧亚经济联盟建设对接合作的联合声明》,达成了丝绸之路经济带建设与欧亚经济联盟建设对接合作的重要共识。2016年6月17日,俄罗斯总统普京在圣彼得堡国际经济论坛全体会议上发表讲话,呼吁建立大亚欧伙伴关系。普京在讲话中呼吁建立一个有欧亚经济联盟、中国、印度、巴基斯坦、伊朗、独联体国家以及其他感兴趣的国家和国际组织参加的大亚欧伙伴关系。他主张在灵

[①] 《格鲁吉亚总理在〈龙〉杂志撰文:在"一带一路"建设中发挥连接欧亚的区位优势》,2016年6月28日,新华网,http://www.xinhuanet.com/world/2016-06/28/c_129096319.htm。

[②] 《外高加索国家在"一带一路"沿线具有重要的地理优势和合作潜力》,2017年5月8日,人民网,http://world.people.com.cn/n1/2017/0508/c1002-29260637.html。

[③] 《中国摩尔多瓦启动自贸谈判》,2017年12月28日,中国"一带一路"网,https://www.yidaiyilu.gov.cn/slxwzy/41571.htm。

活的一体化结构框架内加大协作,认为在当今客观形势下,只有大家共同努力、相互协作,才能有效地完成所面临的一系列生产和经济任务。

普京的呼吁得到了中国的积极回应。2016年6月25日,普京访华期间,两国元首签署《中华人民共和国和俄罗斯联邦联合声明》。该声明明确提出,"中俄主张在开放、透明和考虑彼此利益的基础上建立亚欧全面伙伴关系,包括可能吸纳欧亚经济联盟、上海合作组织和东盟成员国加入"。该声明还显示,落实该倡议将推动深化地区一体化进程。为落实领导人声明,中国商务部与亚欧经济委员会还签署了《关于正式启动中国与欧亚经济联盟经贸合作协议谈判的联合声明》,正式启动谈判。2017年7月4日,在中国国家主席习近平与俄罗斯总统普京见证下,中国商务部部长钟山与俄罗斯经济发展部部长马克西姆·奥列什金在莫斯科签署了《中华人民共和国商务部与俄罗斯联邦经济发展部关于欧亚经济伙伴关系协定联合可行性研究的联合声明》,决定开展亚欧经济伙伴关系协定的可行性研究工作。该声明的签署,显示了中俄两国深化互利合作、推进贸易自由化和地区经济一体化的坚定决心,以及探讨全面、高水平、未来面向其他经济体开放的贸易投资自由化安排的共同意愿。

——亚欧伙伴关系的进展

亚欧伙伴关系最初是俄罗斯提出的以欧亚经济联盟为出发点,开展与中国、印度等亚欧国家的经贸与投资合作的经济合作倡议。该倡议在WTO准则基础上建立,旨在构建能令所有参与者受益的经济发展新区域。

欧亚经济联盟是俄罗斯、白俄罗斯、哈萨克斯坦等亚欧地区国家成立的经济合作组织。2014年5月29日,俄罗斯、白俄罗斯和哈萨克斯坦三国总统在哈首都阿斯塔纳签署《欧亚经济联盟条约》,宣布欧亚经济联盟将于2015年1月1日正式启动。根据条约,俄白哈三国将在2025年前实现商品、服务、资本和劳动力的自由流动。条约还涉及能源、交通、工业、农业、关税、贸易、税收和政府采购等诸多领域,列出了自由贸易商品清单,但其中不包含烟酒等敏感商品。2015年1月2日,亚美尼亚正式加入欧亚经济联盟,同年8月12日,吉尔吉斯斯坦加入欧亚经济联盟。

欧亚经济联盟与中国已经着手建立制度化的合作关系。2016年,中国与欧亚经济联盟经贸合作协议谈判正式启动。协议历经五轮谈判、三次工作组会和两次部长级磋商,范围涵盖了海关程序与贸易便利化、知识产权、部门合作和政府采购等10个章节,包含了电子商务和竞争等新议题。2017年10月1日,中国商务部部长钟山与亚欧经济委员会贸易委员尼基申娜签署了《关于实质性结束中国与欧亚经济联盟经贸合作协议谈判的联合声明》。这是中国与欧亚经济联盟首次达成的重要经贸制度安排。协议的达成将进一步减少非关税贸易壁垒，提高贸易便利化水平，营造产业发展的良好环境，推动"一带一路"建设与欧亚经济联盟建设对接合作，促进与欧亚经济联盟及其成员国经贸关系深入发展。

欧亚经济联盟与印度也开启了自贸区谈判。2017年6月3日，亚欧经济委员会贸易委员尼基申娜与印度工业和贸易部部长希特哈拉曼签署了欧亚经济联盟与印度启动自贸区协定谈判的声明。谈判将涉及海关管理、知识产权保护、减少双边贸易中关税和非关税壁垒等诸多领域。亚欧经济委员会希望自贸协定生效后，能取消双边贸易关税，促进欧亚经济联盟成员国的农产品向印度出口，主要涉及谷类作物、植物油、蔬菜和包括矿泉水在内的饮料。同时，也有利于成员国工业领域产品的走出去，促进机械设备、交通工具、涡轮喷气发动机、钢制品、木材、化学制品、橡胶和塑胶等产品的出口。

亚欧伙伴关系合作的范围还在不断扩大。除印度之外，欧亚经济联盟成员国首脑还决定将与埃及、伊朗和新加坡等国开展自贸区谈判。亚欧伙伴关系对欧洲也持开放的态度。普京曾表示大亚欧倡议是开放的，与欧盟的协调对双方都有利。未来亚欧伙伴关系可能包括东亚、东南亚、南亚、中亚国家以及欧洲国家及其组织。

——亚欧伙伴关系的原则

亚欧伙伴关系以平等、开放、透明为原则。平等是处理国际关系特别是国际经济合作的基本原则。亚欧伙伴关系中的合作方，不分大小、强弱、贫富，都是这个大家庭的平等成员，都有平等参与亚欧伙伴关系经济合作的权利。涉及大家的事情要由各国共同商量来办。各方应该坚持友好协商、共同建设、共享成果的理念，兼顾各方利益和关切，最大限度凝聚共识，确保各方在亚欧伙伴关系经济合作中权利平等、机会平等、规则平等。

开放是国际经济合作的原动力。世界经济发展的历史证明，开放带来进步，封闭导致落后。重回以邻为壑的老路，不仅无法摆脱自身危机和衰退，而且会收窄国际经济合作与发展的共同空间，导致"双输"局面。亚欧伙伴关系以开放为原则，就是要坚持开放、包容、普惠、共赢，构建平等协商、共同参与、普遍受益的亚欧区域合作框架，重振贸易和投资的引擎作用，增强贸易投资安排开放性和包容性，维护多边贸易体制，而碎片化或封闭或排他性的安排不是正确选择。

透明是国际经济合作的重要保障。构建公正、合理、透明的经贸投资规则体系，可以营造稳定规范透明、可预期、有利于开放发展的营商环境，促进贸易和投资自由化、便利化，这样才能够确保亚欧伙伴关系各合作方生产要素有序流动、资源高效配置、市场深度融合，最终形成横跨亚欧的大型开放经济空间。

——亚欧伙伴关系的合作内容

俄罗斯方面没有就亚欧伙伴关系出台类似《"一带一路"愿景与行动》的路线图，但从其官方表态及智库分析看，俄罗斯提倡的亚欧伙伴关系包括以下几个方面的内容。① 第一，减少非关税壁垒，促进贸易投资便利化。包括简化和规范投资、卫生、海关、知识产权保护相关规定和程序，促进简化相互投资和发展产业合作的进程等。第二，加强基础设施建设与互联互通方面的合作。经过波兰、白俄罗斯、俄罗斯、哈萨克斯坦，连接德国柏林和中国乌鲁木齐的亚欧交通走廊，是亚欧伙伴关系基础设施建设的重点之一。2017年8月24日，俄罗斯交通部举行会议讨论亚欧高铁走廊建设项目的可行性研究报告。俄罗斯境内高铁段占走廊全长的44.3%，设计行驶时间为9.5个小时。布列斯特（白俄罗斯）—多斯特克（哈萨克斯坦）设计行驶时间为19.5个小时。列车平均时速250千米。货运主要通过中国至欧洲路段（790万吨）实施。客运量2050年前将达到每年3690万人次。除亚欧交通走廊外，冰上丝绸之路（北冰洋"北方航线"）也是俄罗斯力推的基础设施项目。而建设土库曼斯坦—阿富汗—巴基斯坦—印度天然气管道、跨朝鲜铁路和实施"大图们江倡议"的计划以及创建东南亚经济走廊等项目，也被涵盖于"扩大欧亚伙伴关系"这一整体的、全球性的项目当中。第三，货币金融合作。例如，促进增加在贸易、直接投资和贷款领域使用本国货币结算，创建货币掉期，深化出口信贷、保险、项目和贸易融资、银行卡领域的合作。加强亚洲基础设施投资银行、丝路基金、上合组织银行联合体等金融机构之间的合作。第四，联合创建工业园区和跨境经济合作区。②

——亚欧伙伴关系与"一带一路"倡议对接

以平等、开放、透明为原则的亚欧伙伴关系与"一带一路"倡议在目标、理念、重点区域和领域等具有较高的一致性，这为两者的对接奠定了合作基础。在目标上，共建"一带一路"倡议旨在促进经济要素有序自由流动、资源高效配置和市场深度融合，推动沿线各国实现经济政策协调，开展更大范围、更高水平、更深层次的区域合作，共同打造开放、包容、均衡、普惠的区域经济合作架构。"一带一路"是促进共同发展、实现共同繁荣的合作共赢之路，是增进理解信任、加强全方位交流的和平友谊之路。③ 亚欧伙伴关系致力于加

---

① 部分内容详见李自国《大欧亚伙伴关系与"一带一路"倡议》，《海外投资与出口信贷》2017年第5期。

② ［俄］安德烈·杰尼索夫：《欧亚经济联盟对接丝绸之路经济带——俄中全面战略协作伙伴关系的新方向》，《中国投资》2015年第7期。

③ 《推动共建丝绸之路经济带和21世纪海上丝绸之路的愿景与行动》，2015年3月28日，新华网，http://www.xinhuanet.com/world/2015-03/28/c_1114793986.htm。

强亚欧空间的稳定、确保繁荣和稳定发展。两者在目标上是一致的。

从理念来看，亚欧伙伴关系和"一带一路"倡议都秉持和平合作、开放包容、互学互鉴、互利共赢、平等透明、相互尊重的精神，在共商、共建、共享的基础上，本着法治、机会均等原则加强合作。《"一带一路"国际合作高峰论坛圆桌峰会联合公报》确认的平等协商、互利共赢、和谐包容、市场运作、平衡和可持续原则，得到了包括俄罗斯总统普京等欧亚经济联盟领导人在内的多国领导人的认可。

从合作区域看，"一带一路"倡议最初是"贯穿亚欧非大陆，一头是活跃的东亚经济圈，一头是发达的欧洲经济圈，中间广大腹地国家""丝绸之路经济带重点畅通中国经中亚、俄罗斯至欧洲（波罗的海）；中国经中亚、西亚至波斯湾、地中海；中国至东南亚、南亚、印度洋。21世纪海上丝绸之路重点方向是从中国沿海港口过南海到印度洋，延伸至欧洲；从中国沿海港口过南海到南太平洋"①，后来在国际合作高峰论坛上明确为"植根于丝绸之路的历史土壤，重点面向亚欧非大陆，同时向所有朋友开放"②"加强亚欧互联互通，同时对非洲、拉美等其他地区开放"③。亚欧伙伴关系重点合作的国家和地区与"一带一路"重点方向高度重合，并且亚欧伙伴关系也强调对其他感兴趣的国家和组织开放。

从合作领域看，两者都提倡贸易投资自由化、便利化，注重发展基础设施建设和互联互通，强调加强本币结算在内的货币金融合作，人文方面提倡加强人员往来和推进文明互鉴、开放包容等。

近年来，通过中俄之间、中国与欧亚经济联盟之间以及"一带一路"国际合作高峰论坛等双边和多边达成的各项共识和一系列联合声明，以平等、开放、透明为原则的亚欧伙伴关系与"一带一路"倡议之间的对接已经具备比较坚实的制度基础。（本条执笔：冯维江）

92. 南美洲区域基础设施一体化倡议与"一带一路"

——南美洲区域基础设施一体化倡议与南美洲基础设施规划委员会

2000年，阿根廷、玻利维亚、巴西、智利、哥伦比亚、厄瓜多尔、圭亚

---

① 《推动共建丝绸之路经济带和21世纪海上丝绸之路的愿景与行动》，2015年3月28日，新华网，http://www.xinhuanet.com/world/2015-03/28/c_1114793986.htm。

② 习近平：《携手推进"一带一路"建设——在"一带一路"国际合作高峰论坛开幕式上的演讲》，《人民日报》2017年5月15日第3版。

③ 《"一带一路"国际合作高峰论坛圆桌峰会联合公报》，2017年5月15日，新华网，http://www.xinhuanet.com/world/2017-05/15/c_1120976819.htm。

那、巴拉圭、秘鲁、苏里南、乌拉圭和委内瑞拉等13个南美洲国家共同于巴西利亚举办了第一届南美洲首脑峰会（Summit Meeting of South American Presidents）。在峰会上，为了提升区域运输、能源和通信设施的现代化水平，在各国主权和权利平等和可持续发展的前提下提升区域联通水平，提高南美洲的整体竞争力，各国领导人共同提出了南美洲区域基础设施一体化倡议（Integration of the Regional Infrastructure of South America，IIRSA）。此后，逐年召开的南美洲首脑峰会逐渐正式化、机制化。2004年12月，第三届南美国家首脑峰会发表了《库斯科声明》，宣布成立南美国家共同体（South American Community of Nations，CSN）。最终，在委内瑞拉的建议下，各参与国于2008年在巴西利亚制定了《联盟宪章》（Constitutive Treaty of UNASUR），成立了南美洲国家联盟（Union of South American Nations，UNASUR）。与此相应，南美洲区域基础设施一体化倡议也被纳入南美洲国家联盟的治理框架之中。在2009年1月的第三次联盟理事会上，正式创设了南美洲基础设施规划委员会（South American Infrastructure and Planning Council，COSIPLAN）这一部长级委员会。IIRSA也被纳入COSIPLAN，为后者的区域互联互通规划提供技术支持。①

南美洲基础设施规划委员会下设有三大类机构：第一是通信、铁路一体化、地理信息系统和网络、金融和担保这四大专门工作组（Working Groups）；第二是由各国代表组成的协调委员会（Coordinating Committee）；第三则是IIRSA技术论坛（IIRSA Technical Forum），下设运输与后勤、航空、港口与航运、铁路、通信、边境、贸易、金融8个负责在具体领域内推进一体化进程的执行技术组（Executive Technical Groups）。此外，泛美开发银行（Inter—American Development Bank，IDB）、安第斯开发银行（Corporación Andina de Fomento，CAF）、拉普拉塔河流域开发融资基金（River Plate Basin Financial Development Fund，FONPLATA）和巴西国家开发银行（Brazilian National Development Bank，BNDES）等金融机构的代表则组成了IIRSA的技术协调委员会（Technical Coordinating Committee），为相关决策提供顾问支持。②

技术协调委员会中的各金融机构同时也是IIRSA框架下各基础设施联通项目的融资来源，其中泛美银行发挥着主导作用。在项目的筛选上，南美洲基础设施一体化委员会明确了一体化项目优先原则和各国代表协商一致原则。此

---

① "History"，South American Infrastructure and Planning Council of UNASUR，http：//www.iirsa.org/Page/Detail? menuItemId=121.

② "Organization"，South American Infrastructure and Planning Council of UNASUR，http：//www.iirsa.org/admin_ iirsa_ web/Uploads/Pages/files/organigrama%20web%20ingles.PNG.

外，委员会还设定了4项具体筛选标准：（1）必须属于IIRSA规定的项目组合之中；（2）必须通过可行性研究或者已经取得政府资金的支持；（3）必须服务于整个区域的互联互通，必须是跨界的一体化项目；（4）必须能够长期创造就业机会和满足社会需求，符合有效和可持续发展的原则。① 在完成了2000年12月于蒙得维的亚召开的南美交通、能源和通信部长会议上确定的《2000—2010行动计划》后。COSIPLAN和IIRSA制订了新的规划方案《战略行动计划2012—2022》（Strategic Action Plan 2012—2022）并重新梳理了项目组合（project portfolio）和优先项目议程（priority project Agenda）。在剔除掉至2008年时尚未取得进展的项目并添加新增项目后，现在IIRSA的项目组合中共有581个南美一体化项目，预计投资额1910亿美元。② 其中有31个对区域设施一体化和社会经济发展有重大影响的战略项目或者项目群被列入优先项目议程，预计投资额200亿美元左右。③

根据2016年的统计数据，COSIPLAN规划涉及南美洲基础设施一体化的项目组合中，89%涉及交通运输，它们占总计划投资的71%，其余主要是能源类项目。在8个具体领域中，公路项目数量最多，占总数的44.2%，其次是内陆航运（12.7%）和铁路（11.3%）。从投资额来看，公路类占总投资额的32.6%，其次是能源（28.9%）和铁路（26.3%）项目。从这一数据可见，公路和铁路网络建设是IIRSA推进基础设施一体化的重心。其中，公路项目主要集中于南方共同市场——智利枢纽（MERCOSUR-Chile Hub）和南回归线枢纽（Capricorn Hub），其中60%的项目已经启动或者完工，只有10%处于前期规划阶段。铁路项目中目前则有39%尚处于前期规划阶段。以投资额计算，安第斯枢纽（Andean Hub）中的项目虽然只占总项目数的3%，但是却占到总投资额的38%。其次则是南回归线枢纽（27%）和巴拉圭—巴拉那河水道枢纽（Paraná Waterway）（21%）。④

——"一带一路"对接南美洲区域基础设施一体化倡议

南美洲的多个国家都始终高度关注"一带一路"倡议的规划与实施。2016年智利驻华大使就公开表示"一带一路"应将拉丁美洲和加勒比海国家纳入其

---

① 罗雨泽、陈红娜：《推进区域基础设施建设的国际经验》，2015年8月3日，中华人民共和国国务院发展研究中心网站，http：//www.drc.gov.cn/xsyzcfx/20150803/4-4-2888158.htm。
② "Project Portfolio", South American Infrastructure and Planning Council of UNASUR, http：//www.iirsa.org/Page/Detail? menuItemId=32.
③ "Integration Priority Project Agenda", South American Infrastructure and Planning Council of UNASUR, http：//www.iirsa.org/Page/Detail? menuItemId=95&orderDocumentsByDate=false.
④ Transportation Projects Top the COSIPLAN Portfolio, Inter American Development Bank, http：//conexionintal.iadb.org/2016/04/07/las-obras-en-transporte-encabezan-la-cartera-del-cosiplan/? lang=en.

中，他还特别指出中国的基础设施投资有助于新建、改善或者重启包括横跨安第斯山脉、连接智利与阿根廷的安第斯铁路在内的跨境基础设施。①

作为回应，2014年7月中国国家主席习近平在提出"一带一路"倡议后不久就访问了巴西、阿根廷和委内瑞拉3国，出席了于巴西利亚召开的中国—拉美和加勒比国家领导人会晤。在会后发布的《中国—拉美和加勒比国家领导人巴西利亚会晤联合声明》中，各方共同强调了基础设施对贸易、经济增长和社会发展的促进作用，以及铁路、公路、港口、机场、电信等基础设施建设和改造的重要性。在题为《努力构建携手共进的命运共同体》的主旨演讲中，习近平承诺"中方将正式实施100亿美元中拉基础设施专项贷款，并在这一基础上将专项贷款额度增至200亿美元"。② 除了给予资金支持以外，中国、巴西和秘鲁三国领导人还更加具体地提出三国将共同就建设连接巴西和秘鲁的两洋铁路进行可行性基础研究，以实现巴西同秘鲁的铁路线贯通，扩大南美洲的交通基础设施建设。③

2015年1月，中国—拉美和加勒比国家共同体论坛首届部长级会议在北京召开，并通过了《中国与拉美和加勒比国家合作规划（2015—2019）》。《规划》明确提出要鼓励"有实力的中方和拉方企业参与有利于拉美和加勒比一体化和改善中国与拉共体成员国间互联互通的重点项目"，同时"充分利用中拉合作基金、中拉基础设施专项贷款、中方提供的优惠性质贷款以及其他金融资源，支持中国和拉共体成员国间重点合作项目"。④ 同年，李克强总理访问了巴西、哥伦比亚和智利三国，提出了一系列产能合作计划，其中就包括正式启动两洋铁路的可行性基础研究。巴西总统罗塞夫在会见中还公开表示"巴方将邀请中国公司参加工程建设，建成后将成为一条巴西通往亚洲的便捷通道，缩短距离、降低成本"。⑤ 从"一带一路"倡议的提出到2015年，中国上述一系列举措和表态说明中国已经在实践中将"一带一路"倡议所重视和主张的设施联通和资金融通延伸到南美洲地区，参与到IIRSA所规划的区域基础设施一体化进程中。

---

① 《智利希望"一带一路"扩围》，中国投资网，http://www.chinainvestment.com.cn/type_hgzc_tzsj/6268.html。

② 习近平：《努力构建携手共进的命运共同体——在中国—拉美和加勒比国家领导人会晤上的主旨讲话》，2014年7月18日，新华网，http://www.xinhuanet.com/world/2014-07/18/c_1111688827.htm。

③ 《中国—巴西—秘鲁关于开展两洋铁路合作的声明》，2014年7月18日，中国政府网，http://www.gov.cn/xinwen/2014-07/18/content_2719749.htm。

④ 《中国与拉美和加勒比国家合作规划（2015—2019）》，2015年1月10日，人民网，http://world.people.com.cn/n/2015/0110/c157278-26360355.html。

⑤ 《中巴合作签大单条条与你我相关》，2015年5月20日，人民网，http://politics.people.com.cn/n/2015/0520/c1001-27031855.html。

此后，中国和南美各国围绕基础设施建设不断深化合作。继 2015 年 4 月巴西以创始成员国身份加入亚投行后，秘鲁、委内瑞拉、玻利维亚、智利、阿根廷等国相继申请加入。在中国的支持下，南美部分国家的互联互通建设也取得了不少成果。例如，中国承建了厄瓜多尔的多条公路和多个水电站，包括最大的辛克雷水电站。[1] 在双方的积极互动下，"一带一路"倡议与南美洲各国和 IIRSA 的战略对接终于在 2017 年迈上了新的台阶。5 月 10 日，在"一带一路"国际合作高峰论坛前夕，中国发布了《共建"一带一路"：理念、实践与中国的贡献》这一调整了倡议定位的重要文件，明确表示欢迎拉丁美洲和加勒比地区参与"一带一路"建设，中国将致力于同拉丁美洲和加勒比有关国家对接发展战略，用共建"一带一路"的理念、原则和合作方式推动各领域务实合作。[2] 这一新定位使得"一带一路"倡议突破了以往的区域限制，呼应了南美国家积极要求参与倡议的呼声，鼓舞了双方在倡议框架下进一步展开区域基础设施一体化的对接。以此为起点，"一带一路"倡议与南美洲区域基础设施一体化倡议也从实践对接提升为正式对接。

——南美各国深度参与"一带一路"的前景

在正式提出扩大"一带一路"倡议的合作范围，正式对接倡议与 IIRSA 之后，中国与南美洲以及拉丁美洲国家之间的合作也迅速迈上了新台阶。2017 年 5 月峰会期间，中国首先与阿根廷政府发表了联合声明，确认"双方将在'一带一路'框架内加强发展战略对接，推进互联互通和联动发展"，"继续落实好水电、核能、铁路等现有重大合作项目"。[3] 这也是中国和南美地区国家第一次就"一带一路"发表联合声明。2017 年 11 月，中国与巴拿马签署了"一带一路"建设和铁路交通系统合作的谅解备忘录。巴方在会谈中还提出了在设施联通上以巴拿马为枢纽向中美洲和加勒比地区辐射，例如借助中国资金和技术修建连接巴拿马和哥斯达黎加的铁路的想法。[4] 这也是中国与拉美国家的第一份"一带一路"建设谅解备忘录。2017 年 12 月 19 日，厄瓜多尔与白俄罗斯、库克群岛和瓦努阿图一起加入了亚洲基础设施投资银行，这也使得申请加入亚投行的南美国家升至 6 国。从上述进展可以看出，中国

---

[1] 谢文泽：《对接"一带一路"推进构建中拉命运共同体》，2017 年 12 月 27 日，中国社会科学网，http://ex.cssn.cn/skyskl/skyskl_jczx/201712/t20171227_3795709.shtml。

[2] 推进"一带一路"建设工作领导小组办公室：《共建"一带一路"：理念、实践与中国的贡献》，2017 年 5 月 10 日，新华网，http://www.xinhuanet.com/politics/2017-05/10/c_1120951928.htm。

[3] 《中华人民共和国和阿根廷共和国联合声明》，2017 年 5 月 18 日，中国网，http://www.china.com.cn/news/2017-05/18/content_40842903.htm。

[4] 《中国与巴拿马签署〈关于共同推进丝绸之路经济带和 21 世纪海上丝绸之路建设的谅解备忘录〉》，2017 年 11 月 25 日，中国"一带一路"网，https://www.yidaiyilu.gov.cn/xwzx/gnxw/35763.htm。

与南美和拉美国家围绕区域基础设施一体化建设展开合作的潜力和前景极为广阔。

鉴于 IIRSA 将公路和铁路建设作为投资重点,未来中国与南美国家在铁路一体化建设方面的合作无疑具有最为广阔的前景和最为深远的影响。当前,COSIPLAN 下属的铁路一体化执行技术组已经在 IIRSA 框架下确定了"三横一纵"的整体铁路建设规划。"三横"分别是东西向的智利瓦尔帕莱索港—阿根廷布宜诺斯艾利斯铁路,智利安托法加斯塔—巴西帕拉纳瓜铁路,秘鲁—玻利维亚—巴西两洋铁路,其中智利政府在 2015 年明确表示欢迎中国企业参与智利至阿根廷的两洋铁路的隧道工程。"一纵"则是阿根廷布宜诺斯艾利斯—玻利维亚圣克鲁斯铁路。除了这四条铁路之外,中国和巴西、秘鲁政府多次共同探讨的巴西坎波斯—秘鲁巴约瓦尔的横向两洋铁路和巴西里约格兰德—贝伦的纵向铁路也是南美洲地区的重要南北铁路线,它们共同构成了"四横二纵"的一体化铁路网。[①] (本条执笔:肖河)

93.《东盟互联互通总体规划2025》与"一带一路"

——《东盟互联互通总体规划 2025》概念阐述及其主要内容

东盟于 2016 年 9 月 7 日第二十七届东盟峰会上通过了《东盟互联互通总体规划 2025》(Master Plan on ASEAN Connectivity 2025)。《东盟互联互通总体规划 2025》将成为《东盟迈向 2025 年吉隆坡宣言:携手前行》(ASEAN 2025: Forging Ahead Together)文件的一部分,同时也是《东盟互联互通总体规划 2010》(Master Plan on ASEAN Connectivity 2010)的后续文件。《东盟互联互通总体规划 2025》的总体目标是建立一个全面融合联系的一体化东盟,提高东盟的竞争力、包容性和凝聚力。东盟互联互通也是推动政治安全互信、区域经济融合和社会文化交流的东盟共同体的基础性手段。《东盟互联互通总体规划 2025》设定了三大支柱,包括基础设施互联互通(如运输、信息、能源和通信技术)、机制互联互通(如贸易、投资和服务自由化)和民间互联互通(如教育、文化和旅游);同时,也明确了五大优先战略领域,分别是可持续基础设施、数字创新、无缝物流、卓越监管和人员流动。

可持续基础设施战略是东盟互联互通建设的重要内容,其主要目标有三个。第一,根据需要增加每个东盟成员国的公共和私人基础设施投资。第二,

---

[①] 谢文泽:《"一带一路"视角的中国—南美铁路合作》,《太平洋学报》2016 年第 10 期。

协调现有资源，为东盟基础设施的整个生命周期提供支持，显著提高东盟基础设施建设能力。第三，在东盟成员国之间交流"智能城市化"模式的经验，加快模式能在东盟更加广泛地推行，在促进社会经济增长的同时改善民众生活质量。可持续基础设施战略也提出了三项倡议。第一，建立东盟基础设施项目和资金来源的循环轮序清单。第二，建立东盟平台来衡量和改善基础设施生产力。第三，为东盟的各个城市制定可持续城市化战略。

通畅的物流是实现东盟各国间互联互通的前提。但由于地区间时间和运输成本过高，物流效率并没有像《东盟互联互通总体规划2010》中设想的那样得到提升。潜在的挑战之一就是东盟成员国间缺乏对问题的协调和对恰当措施的交流分享。东盟力图实现的无缝物流战略，其主要目标有两个：第一，降低东盟各成员国间的供应链成本，建立机制以支持东盟成员国间物流公司间的合作，解决关键地区供应脱节的瓶颈；第二，提高东盟各成员国间供应链的速度和可靠性。加强东盟成员国间的物流经验和措施分享。无缝物流战略也提出了两项倡议。第一，通过提升东盟贸易路线的顺畅度和物流通畅度来提高东盟的竞争力。第二，通过改善关键地区的运输受阻的瓶颈问题，提高东盟的供应链效率。

在东盟互联互通政策与程序的制定和实施过程中进行有效的监管是十分必要的。卓越监督战略的主要目标有两个：第一，东盟各成员国在关键部门就产品的标准协调和技术规定达成一致，相互认可；第二，减少东盟各成员国间因非关税措施导致的贸易扭曲。卓越监督战略也提出了两项倡议：第一，就东盟互联互通建设中的优先产品在产品标准、相互认可和技术规定方面达成共识；第二，在东盟互联互通建设中提高透明度，加强监管，减少因非关税措施导致的贸易扭曲。

东盟地区的旅游限制已取消，但是人员流动性仍有很大的提升空间。为此，东盟提出了人员流动战略四项倡议：第一，便利旅游信息获取，促进东盟旅游发展；第二，便利东盟成员国间的签证办理；第三，根据东盟各成员国国情，设立共同的职业资格培训方案并发放统一资格证；第四，支持东盟各成员国间的跨国高等教育交流。[①]

——《东盟互联互通总体规划2025》与"一带一路"倡议的对接

《东盟互联互通总体规划2025》旨在推进区域经济融合、实现成员国之间的深层次互联互通。"一带一路"倡议能够创造与基础设施建设相关的投资机会，推进区域融合，二者可以实现对接。共建"一带一路"旨在促进经济要素

---

① 以上内容整理自：Master Plan on ASEAN Connectivity 2025, ASSOCIATION OF SOUTHEAST ASIAN NATIONS, January 25th, 2018, http://asean.org/?static_post=master-plan-asean-connectivity-2025-2。

有序自由流动、资源高效配置和市场深度融合,推动沿线各国实现经济政策协调,开展更大范围、更高水平、更深层次的区域合作,共同打造开放、包容、均衡、普惠的区域经济合作架构。"一带一路"的互联互通项目将推动沿线各国发展战略的对接与耦合,发掘区域内市场的潜力,促进投资和消费,创造需求和就业,增进沿线各国人民的人文交流与文明互鉴,让各国人民相逢相知、互信互敬,共享和谐、安宁、富裕的生活。[①] 东盟国家处于"一带一路"倡议的陆海交汇地带,是中国推进"一带一路"建设的优先方向和重要伙伴。[②]《东盟互联互通总体规划2025》涵盖了基础设施互联互通、机制互联互通和民间互联互通三大支柱,指出了可持续基础设施、数字创新、无缝物流、卓越监管、人员流动五大优先战略领域,这直接与"一带一路"倡议的政策沟通、设施联通、贸易畅通、资金融通、人心相通的"五通"内容对应。

在政策沟通方面,"一带一路"倡议可以同东盟各成员国的自身战略实现对接。"一带一路"倡议可与印度尼西亚"海洋支点"战略、老挝"变陆锁国为陆联国"战略、柬埔寨"四角战略"、菲律宾"雄心2040战略"、越南"两廊一圈"战略等东盟国家自身发展规划深度对接,不断优化中国与东盟国家各领域务实合作的顶层设计和规划。[③] 中国和东盟各国可以加强政府间合作,积极构建多层次政府间宏观政策沟通交流机制,深化利益融合,促进政治互信,达成合作新共识,就经济发展战略和对策进行充分交流对接,共同制定推进区域合作的规划和措施,协商解决合作中的问题,共同为务实合作及大型项目实施提供政策支持。

在设施联通方面,东盟可与中国在互联互通和基础设施建设方面进行对接。基础设施建设是东盟互联互通的重要内容,也是"一带一路"倡议的优先领域。第8次东盟互联互通研讨会期间,东盟互联互通协调委员会轮值主席伊丽莎白·布恩苏塞索就表示,东盟愿意推进《东盟互联互通总体规划2025》与"一带一路"倡议的对接合作,欢迎亚洲基础设施投资银行等多边金融机构积极加入东盟国家的基础设施建设。[④] 中国和东盟可以在交通运输、通信网络、能源安全等领域进行合作,具体项目包括东盟公路网、泛亚铁路、内陆河道运输网、航海、航空运输网络、综合运输走廊,以及通信和能源基础设施的建

---

① 《推动共建丝绸之路经济带和21世纪海上丝绸之路的愿景与行动》,2015年3月28日,新华网,http://www.xinhuanet.com/world/2015-03/28/c_1114793986.htm。
② 徐步:《对接"一带一路"与"东盟共同体愿景2025"》,2017年5月12日,中华人民共和国外交部网站,http://www.fmprc.gov.cn/web/dszlsjt_673036/t1460913.shtml。
③ 同上。
④ 《东盟代表说愿推进东盟互联互通规划与"一带一路"倡议对接》,2017年7月14日,新华网,http://news.xinhuanet.com/2017-07/14/c_1121322257.htm。

设等。

在贸易畅通和资金融通方面，东盟可以在商业贸易方面与中国进行更多的合作。中国经济实力不断强大，成为许多国家和地区最重要的贸易合作伙伴。中国—东盟自由贸易区于 2010 年建成，并不断升级发展。中国现有的很多企业家都对东盟的交通、住宅和建筑领域进行大量投资，东南亚华人华侨也拥有雄厚的经济实力，成为中国与东盟各国建立互联互通关系的重要桥梁。中国和东盟应进一步拓宽贸易领域，优化贸易结构，挖掘贸易新增长点，促进贸易平衡；把投资和贸易有机结合起来，以投资带动贸易发展；① 加快投资便利化进程，消除投资壁垒。当前，阿里巴巴、华为、中兴等中国互联网高科技企业，正积极投资印度尼西亚等东盟国家，与当地企业合作。这有助于促进就业增长、有利于东盟企业建立健全本地区供应链、产业链和价值链，提升东盟国家在全球产业布局中的地位。②

在人心相通方面，东盟和中国应不断加强人员往来。中国—东盟人员交流已跨入"每年 3000 万人次"时代，中国已成为泰国、越南、印度尼西亚、柬埔寨最大客源国，是新加坡的第二大客源市场。双方游客的往来不仅加深了彼此了解，更带来了经济效益。③ 中国有必要同东盟各国广泛开展文化交流、学术往来、人才交流合作、媒体合作、青年和妇女交往、志愿者服务等活动，为深化双多边合作奠定坚实的民意基础。（本条执笔：薛力、刘天一）

94.《巴黎协定》与"一带一路"

自 2013 年推出中国"一带一路"倡议以来，人们一直担心其对气候变化的潜在影响。中国参与煤电厂项目尤其受到广泛关注。截至 2016 年年底，中国已经在 25 个"一带一路"国家参与了 240 个此类项目，包括正在规划或处于建设阶段的 106 个项目。鉴于《巴黎协定》的目标只能通过大幅度减少全球排放量来实现，一个重要问题仍然存在："一带一路"雄心勃勃的项目是新绿色发展模式的开端吗，还是只会促进无节制的增长？对此，中国在"一带一路"行动计划中给出了清晰的答案。

——《巴黎协定》与"一带一路"国家面临的气候挑战

2015 年年底，在国际社会的共同努力下，经过艰难的磋商和利益妥协，

---

① 《推动共建丝绸之路经济带和 21 世纪海上丝绸之路的愿景与行动》，2015 年 3 月 28 日，新华网，http://www.xinhuanet.com/world/2015-03/28/c_1114793986.htm。
② 徐步：《对接"一带一路"与"东盟共同体愿景 2025"》，2017 年 5 月 12 日，中华人民共和国外交部网站，http://www.fmprc.gov.cn/web/dszlsjt_673036/t1460913.shtml。
③ 同上。

《巴黎协定》最终得以成功通过。《巴黎协定》的签署是国际社会面对气候危机所取得的一次伟大的胜利。它开创了一种全新的国际气候治理模式，这一模式即对发展中国家的发展需求给予了充分的理解和支持，同时也加强了应对气候变化的全球行动力度。这种量力而行同时又只进不退的包容、动态的国际气候治理模式，使得全球在应对气候变化问题上兼具了灵活性和严肃性，更容易调动全球各国、各层次的力量和资源，以共同应对全球气候危机，避免体系的震荡，使得气候行动能够长期持续下去，为未来国际气候治理指明了方向。协定规定，除了把全球温室气体的平均升温幅度控制在2℃这一目标之外，将1.5℃目标也纳入进来，尽量减少气候变化的长期风险和影响。可以说《巴黎协定》将所有国家纳入全球减排行列，无疑全球煤炭、油气等传统能源需求将持续下降，从而影响到各国对传统能源投资的积极性。

根据中国发改委国家气候战略中心的统计，当前"一带一路"沿线国家的人口和GDP分别为全球的2/3和1/3，它们为全球提供了近60%的石油、55%的天然气和70%的煤炭资源，也消耗着全球近一半的一次能源、电力和其他钢铁、原木等初级生产资源，但由于人口众多，"一带一路"沿线国家的人均能源消耗和人均用电均只占到世界平均水平的80%左右，具有较大的增长潜力。[①] 目前包括中国在内的"一带一路"沿线国家的温室气体排放量目前占全球排放总量的一半以上。中国科学院此前对38个"一带一路"沿线国家资源环境绩效进行评估[②]，发现这些沿线国家单位GDP能耗占到世界平均水平的50%以上，但单位GDP的钢材、水泥、有色金属和水的消耗则为世界平均水平的2倍多。"一带一路"沿线国家能源强度高，碳排放更是占到全球的60%以上，未来还将是主要的温室气体排放增长区。国际能源署（IEA）也预测，"一带一路"沿线国家如印度和东南亚国家未来对煤炭的需求量将大幅攀升，中东和亚洲一些其他国家对石油的需求可能呈现上升态势。但"一带一路"沿线国家大多生态环境脆弱，全球10个最脆弱的气候变化国家中有6个位于"一带一路"范围内，且基础设施建设水平不高，人口密集，部分地区自然条件严酷，生态承载力较低，对气候相关活动极为敏感。

尽管《巴黎协定》没有针对海外投资的相关规定，只是各国根据自身情况做出关于"国家自主贡献"（NDCs）的承诺，其规定的减排行动仅限于国内，未涉及关于海外投资监管的条款，但《巴黎协定》赋予了东道国可以以《巴

---

① 柴麒敏、祁悦、傅莎：《推动"一带一路"沿线国家共建低碳共同体》，《中国发展观察》2017年第Z2期。
② 中国科学院可持续发展战略研究组：《2015中国可持续发展报告——重塑生态环境治理体系》，科学出版社2015年版。

黎协定》减排义务为由，对能源投资进行征收和国有化的法律依据。在《巴黎协定》下气候责任正式成为具有法律拘束力的社会责任。这一变化无疑加大了能源投资的政治法律风险。在投资准入方面，《巴黎协定》减排义务将进一步削弱"一带一路"沿线国家对传统能源的投资需求，气候责任很可能成为东道国阻碍投资者进入的有力屏障；准入后，如果投资者仍以传统模式进行投资，还可能遭受东道国以气候责任为由的征收或国有化，使投资国处于不利地位[①]。

——中国"一带一路"倡议的绿色承诺

随着"一带一路"倡议内容不断丰富和升华，绿色发展理念逐步被融入"一带一路"的建设进程中。2015年3月，中国发改委、外交部、商务部等联合发布《推动共建丝绸之路经济带和21世纪海上丝绸之路的愿景与行动》，明确提出要"加强能源基础设施互联互通合作"，在煤炭、油气、可再生能源领域等广泛合作，又强调投资建设要突出生态文明理念，加强应对气候变化的合作。2016年6月，习近平在乌兹别克斯坦最高会议立法院演讲时强调，要"着力深化环保合作，践行绿色发展理念，加大生态环境保护力度，携手打造'绿色丝绸之路'"。《"十三五"生态环境保护规划》中设置了"推进'一带一路'绿色化建设"专门章节，统筹规划未来五年"一带一路"生态环保总体工作。2017年5月，习近平在"一带一路"国际合作高峰论坛开幕式发表主旨演讲中进一步强调要"践行绿色发展的新理念，倡导绿色、低碳、循环、可持续的生产生活方式，加强生态环保合作，建设生态文明，共同实现2030年可持续发展目标"，"设立生态环保大数据服务平台，倡议建立'一带一路'绿色发展国际联盟，并为相关国家应对气候变化提供援助"。

为深入落实中国加快绿色"一带一路"建设的相关部署，2017年5月中国环保部等4部委联合发布《关于推进绿色"一带一路"建设的指导意见》，明确提出未来的"一带一路"建设的绿色目标：用3—5年时间，建成务实高效的生态环保合作交流体系、支撑与服务平台和产业技术合作基地；再用5—10年时间完善生态环保服务保障体系，推动重要生态项目实施。《指导意见》可以说是中国推进绿色"一带一路"建设的纲领性文件，它把中国的绿色发展理念全面融入"五通"（政策沟通、设施联通、贸易畅通、资金融通、民心相通）的具体任务和措施中，描绘出中国建设绿色丝绸之路清晰路线图，也表明中国推动绿色发展，加强"一带一路"沿线国家生态环保战略对接和政策沟通，共同建设绿色、繁荣与友谊的"一带一路"的决心。

---

① 梁晓菲：《"一带一路"战略下的国际能源合作——以气候变化〈巴黎协定〉为视角》，《理论月刊》2017年第5期。

——"一带一路"上的绿色行动与方向

"一带一路"倡议是一项大规模的事业，它对气候变化的影响是复杂的。中国政府已经深刻意识到气候不友好的"一带一路"是一种无法承受的损失，因此中国领导人誓言要"绿化"这个项目，积极促进投资和贸易的生态进步，加强保护生态环境、保护生物多样性和应对气候变化的合作，目标是使丝绸之路成为一个环保型的道路。在2016年9月的杭州G20峰会上，中国提出绿色金融，并于2016年展示了其作为最大的绿色债券发行人的承诺。2015年，习近平在联合国领导人峰会上提出南南合作基金，提升南方国家应对气候变化的能力。目前中国已经按自己的方式向发展中国家提供了帮助。在2015年的巴黎气候谈判中，中国承诺通过南南气候合作基金为其他发展中国家提供31亿美元（205亿元人民币）的支持。该基金与绿色气候基金类似，也是利用不同的金融机构向发展中国家提供资金。中国气候基金还将开展气候变化南南合作"十百千"项目，即10个低碳示范项目、100个气候减缓和适应项目以及提供1000个面向发展中国家的应对气候变化培训名额。这一做法很好地契合了《巴黎协定》的目标。

2017年5月12日，为推动《关于推进绿色"一带一路"建设的指导意见》的进一步落实，中国环保部再一次发力，印发《"一带一路"生态环境保护合作规划》。规划进一步明确"生态环保合作是绿色'一带一路'建设的根本要求"，制定了"一带一路"2030具体规划目标，即到2025年推进生态文明和绿色发展理念融入"一带一路"建设，形成与沿线国家的环保合作良好格局；到2030年"共同推动实现2030可持续发展目标、继续深化生态环保合作领域、全面提升合作水平"，并提出六大重点任务：

其一，加强生态环保政策沟通，包括分享生态文明和绿色发展的理念与实践、构建生态环保合作平台、推动环保社会组织和智库交流与合作等。

其二，促进国际产能合作与基础设施建设的绿色化，包括强化企业行为绿色指引、推动基础设施绿色低碳化建设与运营管理和产业园区的环境管理。

其三，发展绿色贸易，具体包括促进环境产品与服务贸易便利化、建立绿色供应链管理体系、加强绿色供应链国际合作等。

其四，推动绿色资金融通，具体包括研究制定绿色投融资指南、探索设立"一带一路"绿色发展基金、分享绿色金融领域的实践经验、引导投资决策绿色化等。

其五，开展生态环保项目和活动，具体包括深化环境污染治理和生态保护合作、加大绿色示范项目的支持力度、开展环保产业技术合作园区及示范基地建设等，并重点规划出与"五通"相关的25个项目。

其六，加强能力建设，发挥地方优势，具体包括加强地方环保能力建设，编制地方"一带一路"生态环保合作规划及实施方案，依据区位优势推动"一带一路"环境技术和产业合作基地建设等。

为进一步明确未来3年绿色"一带一路"建设努力方向，2017年12月，推进"一带一路"建设工作领导小组办公室印发了《标准联通共建"一带一路"行动计划（2018—2020年）》，旨在加强"一带一路"绿色标准的制定和深化节能领域标准化合作。行动计划提出，未来3年，要"加快绿色产品评价标准的研究制定，推动产品标准体系构建，加强绿色产品标准、认证认可合作交流，推广绿色产品标准，推动绿色产品认证与标识的国际互认，减少绿色贸易壁垒，促进绿色贸易发展。推进绿色基础设施的标准化建设，以标准提升基础设施运营、管理和维护过程中的绿色化、低碳化水平，强化生态环境质量保障"，同时"推动与区域重点国家节能标准的协调，开展制冷空调、照明产品等节能标准化合作研究，支撑绿色产业和生态环保合作项目建设"。

"一带一路"倡议将影响沿线国家的增长轨迹，而它们的增长轨迹又将决定全球2℃的全球温升控制目标（相对于工业化前水平）是否能够实现。2017年5月全球环境研究所发布的《"一带一路"中国参与煤电项目概况研究》也显示，沿线一些国家逐渐减少对煤电等高排放项目的支持，而中国在"一带一路"沿线国家煤电项目的参与在2010年已经达到峰值，2016年出现减速，而可再生能源的投资则在快速增加。2016年中国以783亿美元的冠军成为头号清洁能源投资者。大量投资催生了一批清洁能源产品供应商。2016年中国在世界十大光伏组件企业中有8家占据了太阳能组件行业的主导地位，在风力涡轮机制造业中有5家占据主导地位。

"一带一路"投资能否与这些国家的低碳发展路径相契合，在很大程度上取决于中国能否通过对海外融资实行更严格的标准来促进低碳项目。2017年9月，为了鼓励和引导中国金融机构和企业在对外投资过程中强化环境风险管理，遵循责任投资原则，包括中国绿色金融委员会、中国投资协会、中国银行业协会、中国证券投资基金业协会等在内的7家机构共同向参与对外投资的中国金融机构和企业发起了《中国对外投资环境风险管理倡议》，要求参与对外投资的中国金融机构和企业充分借鉴国际经验，了解项目所在地的环境法规、标准和相关的环境风险，尽可能遵守所在行业的最高环境标准，强化环境、社会、治理（ESG）信息披露，遵循责任投资原则，将生态文明和绿色发展理念融入投资决策和项目实施全过程。银监会也于2017年1月发布《境外投资的环境和社会风险指南》，并派出工作组对银行的境外投资进行检查，确保海外投资符合指南要求。国家发改委也在起草《企业境外投资管理办法》，制定环境敏感行业清单。

中国当前的努力方向都与《巴黎协定》共识的预期一致。在应对气候变化上，中国正在以自己独特而坚定的方式向世界证明"一带一路"倡议将有助于而不是破坏全球应对气候变化的努力。（本条执笔：田慧芳）

95. 跨欧洲交通运输网与"一带一路"

跨欧洲交通运输网（Trans – European Transport Networks，简称 TEN-T）是欧盟关于欧洲公路、铁路、机场和运河等交通手段整合成统一交通运输网的系列规划和政策，其设想是通过协调改善各主要的公路、铁路、内河航道、机场、港口和交通管理系统，形成一体化及多式联运的长途、高速运输网络。

——TEN-T 的形成过程

TEN-T 政策源自 1992 年的欧洲共同市场计划，当年颁布的《马斯特里赫特条约》为 TEN-T 在交通、通信和能源等基础设施建设方面奠定了法律基础。1993 年，欧盟在其白皮书《经济增长、竞争能力与就业》中，提出要提升对跨欧洲交通网的投资力度，并将其作为抑制 1992—1993 年经济衰退的重要发展主题之一。1994 年 6 月欧洲委员会（简称"欧委会"）会议首次通过了 11 个优先交通运输项目目录。6 个月之后，在德国埃森召开的欧委会会议又决定在原有路网基础上实施新建和扩建，并将之前的 11 项计划项目扩大至 14 项。此外，欧委会还决定向 TEN-T 提供共同体补助金。[①]

1996 年，欧委会第 1692/96/E 号决议暨"全欧交通运输网络发展方针"经审议通过，欧盟议会、欧盟理事会根据此项决策进行规划编制，列出选定的 14 项优先项目目录，将此作为实现交通基础设施政策的核心。2001 年 5 月，欧盟议会、欧盟理事会通过了第 1346/2001/EC 号决议，新增对于沿海港口、内河航运港口、多式联运枢纽节点的发展目标，并纳入 TEN-T 框架体系。2004 年 4 月，欧盟议会、欧盟理事会又通过第 884/2004/EC 号决议，它在 1692/96/EC 号决议的基础上做出了区域性调整，旨在通过调整适应欧盟东扩带来的交通量改变。考虑到成员国数量逐步增加，欧盟将优先项目进一步确定为 30 项。2007 年 11 月，欧盟宣布对上述 30 项优先项目提供 50 亿欧元建设资金。高铁投资总额为 39.34 亿欧元，其中，欧盟对柏林—维罗纳（意大利）/米兰—博洛尼亚—那不勒斯—墨西拿—巴勒莫 5 段线路的总融资额为 9.011 亿欧元；法国里昂—都灵以及将延长到斯洛文尼亚、匈牙利和乌克兰边境的高铁路

[①] 张天悦、林晓言：《交通在区域经济协同发展中的助推作用——以泛欧交通网为例》，《技术经济》2011 年第 8 期。

线,将融资7.545亿欧元。上述两条高铁线路将分别穿越阿尔卑斯山,并分别兴建长63千米和51.5千米的隧道。德国汉堡—丹麦的费马恩海峡、瑞典和芬兰"北方三角"铁路、公路干线将分别获得欧盟3.7429亿欧元和1.5549亿欧元的融资,塞纳河—北方省航道运河将融资4.2019亿欧元。① 2009年,为了更加合理地制定2014—2020年欧盟财政预算框架,欧盟对TEN-T项目的经济社会效益进行了系统总结,其中2004年决策调整后,TEN-T项目通过构筑连接欧洲东西部成员国的运输走廊,加快了东部与西部之间的互联互通,被认为是过去十年内该项目所取得的最为重要的成就之一。经过20多年的发展,欧盟综合交通网络规模不断扩大、结构更趋合理,有效支撑了成员国经济与社会的发展。②

2014年1月,经欧盟议会和欧盟理事会批准,TEN-T开启了下一个阶段的工作,即以空间布局的方式规划了到2050年要建成、修缮的公路、铁路、内陆水运、航运及港口、机场、货物仓储装卸的基础设施建设工程,着重打通9条贯穿全欧洲的核心交通走廊,解决欧洲交通运输基础设施发展不平衡和技术标准不兼容的问题。预计在2050年前欧盟将建设94个有铁路和公路连接的大型港口,修建38个有铁路直接连通大城市的大型机场,将1.5万千米铁路改造升级为高铁,以及实施35个跨境项目以减少交通运输瓶颈。③ 新近加入欧盟的国家,因基础设施条件较为落后,若维持现状,不施加额外政策措施,将成为欧盟经济体和本国经济发展的制约和瓶颈。此项建设行动的依据是:根据预测,客、货运输量将伴随着经济活动的复苏而增长,以2005年的总量为基准,货运量在2030年将增长40%左右、在2050年增长80%左右,客运周转量增长幅度略低于货运周转量(到2030年和2050年涨幅分别为34%和51%);除此之外,边缘地区(如西班牙、葡萄牙和东欧国家)由于基础设施匮乏和货运周转量的增长,造成干线运输拥挤程度严重、区域可达性降低,物流企业基础设施能力供给不足和成本上涨的窘境,不仅需要完成大量的长距离运输,也难以提出有效的应对措施。④ 为应对上述问题,欧盟明确了260亿欧元专项资助相关交通项目,到2020年相关投资可能追加至5000亿欧元,计划在2030年建成核心交通网络。

2016年6月17日,欧委会宣布了欧盟境内195个交通项目。这些项目将通过"连接欧洲设施"计划获得67亿欧元资金支持,并再撬动29亿欧元公共

---

① 陈志萱:《欧盟将斥巨资建泛欧交通项目》,《经济日报》2007年11月27日。
② 张琛:《欧盟交通运输行业引导政策的借鉴与启示》,《交通企业管理》2015年第6期。
③ 《欧盟推出泛欧铁路网9条"走廊"线路规划》,2014年9月18日,中国新闻网,http://www.chinanews.com/gj/2014/09-18/6605727.shtml。
④ 张琛:《欧盟交通运输行业引导政策的借鉴与启示》,《交通企业管理》2015年第6期。

和私营投资,预计到 2030 年创造 10 万个就业岗位。这 195 个项目大多处在 TEN-T 计划的核心位置。

——TEN-T 的内容

TEN-T 的最终目标是缩小差距,消除瓶颈,消除欧盟成员国运输网络之间存在的技术障碍,加强欧盟的社会、经济和地域凝聚力,并为建立单一欧洲运输系统做出贡献。该政策旨在通过建设新的物理基础设施来实现这一目标;采用创新的数字技术,替代燃料和通用标准;以及现有基础设施和平台的现代化升级。[①] TEN-T 由两个层面的计划组成。其一是涵盖欧洲所有地区的综合网络;其二是综合网络中连通最重要节点的重要连接。

TEN-T 中,每一种交通方式都有其自身的网络,包括:跨欧洲公路网络、跨欧洲铁路网络(含全欧高速铁路网络及全欧常规铁路网络)、跨欧洲内河航运网络及内河港口、跨欧洲海港网络、海洋高速公路、跨欧洲机场网络、跨欧洲多式联运网络、跨欧洲航运管理及信息网络、跨欧洲航空管理网络、跨欧洲定位及导航网络(含伽利略定位系统)。

TEN-T 确立的 30 个优先项目是:柏林—巴勒莫铁路轴线、巴黎—布鲁塞尔—科隆—阿姆斯特丹—伦敦高速铁路轴线、欧洲西南高速铁路轴线、欧洲东部高速铁路轴线、贝蒂沃线、里昂—乔普铁路轴线、伊古迈尼察—布达佩斯高速公路轴线、伊比利亚半岛—欧洲其他国家多式联运轴线、科克—斯特兰拉尔铁路轴线、米兰—马尔彭萨机场、厄勒海峡大桥、北欧三角洲铁路/公路轴线、爱尔兰—比荷卢公路轴线、西海岸主线、伽利略定位系统、锡尼什—巴黎货运铁路轴线、欧洲中轴线、莱茵河—多瑙河内河航运轴线、伊比利亚半岛高速铁路轴线号决议、费马恩海峡大桥、海洋高速公路、雅典—纽伦堡/德累斯顿铁路轴线、格但斯克—维也纳铁路轴线、里昂—热那亚—鹿特丹/安特卫普铁路轴线、格但斯克—维也纳高速公路轴线、爱尔兰—欧洲大陆铁路/公路轴线、波罗的海铁路轴线、欧洲首都铁路轴线、爱奥尼亚海—亚得里亚海多式联运轴线、塞纳河—斯海尔德河内河航运轴线。

TEN-T 计划为欧洲核心交通网基础设施建设打下基础的 9 条交通走廊,包括两纵三横四对角线走廊。分别是:斯堪的纳维亚—地中海走廊(赫尔辛基至瓦莱塔)、北海—波罗的海走廊(赫尔辛基至安特卫普)、北海—地中海走廊(贝尔法斯特至巴黎)、波罗的海—亚得里亚海走廊(格丁尼亚至科佩尔/的里亚斯特)、东部至东地中海走廊(汉堡至帕特雷/伊古迈尼察)、莱茵河—阿尔卑斯山走廊(热那亚至泽布吕赫)、大西洋走廊(阿尔赫西拉斯至曼海姆/斯

---

① European Commission, *About TEN-T*, https://ec.europa.eu/transport/themes/infrastructure/about-ten-t_en.

特拉斯堡)、莱茵河—多瑙河走廊(斯特拉斯堡至苏利纳)、地中海走廊(阿尔赫西拉斯至乌克兰边境)。

——TEN-T 与"一带一路"

"一带一路"倡议的重要内容之一是基础设施互联互通,其宗旨与 TEN-T 具有内在的一致性。《推动共建丝绸之路经济带和 21 世纪海上丝绸之路的愿景与行动》提出,基础设施互联互通是"一带一路"建设的优先领域。在尊重相关国家主权和安全关切的基础上,沿线国家宜加强基础设施建设规划、技术标准体系的对接,共同推进国际骨干通道建设,逐步形成连接亚洲各次区域以及亚欧非之间的基础设施网络。抓住交通基础设施的关键通道、关键节点和重点工程,优先打通缺失路段,畅通瓶颈路段,配套完善道路安全防护设施和交通管理设施设备,提升道路通达水平。推进建立统一的全程运输协调机制,促进国际通关、换装、多式联运有机衔接,逐步形成兼容规范的运输规则,实现国际运输便利化。推动口岸基础设施建设,畅通陆水联运通道,推进港口合作建设,增加海上航线和班次,加强海上物流信息化合作。拓展建立民航全面合作的平台和机制,加快提升航空基础设施水平。《"一带一路"国际合作高峰论坛圆桌峰会联合公报》也提出,推动在公路、铁路、港口、海上和内河运输、航空、能源管道、电力、海底电缆、光纤、电信、信息通信技术等领域务实合作,欢迎新亚欧大陆桥、北方海航道、中间走廊等多模式综合走廊和国际骨干通道建设,逐步构建国际性基础设施网络。欧盟提出的旨在振兴欧盟境内投资、促进经济增长和增加就业的"容克计划"也正和"一带一路"相对接,其中交通基建领域包括 TEN-T 与中欧陆海快线、新亚欧大陆桥等项目的对接。

为了促进 TEN-T 与"一带一路"倡议的相互沟通与政策协调,第 17 次中国欧盟领导人会晤确立了建立中欧互联互通平台。2016 年 6 月 22 日,欧委会通过了"欧盟对华新战略要素"文件,提出了未来 5 年对华关系的重点方向。其中明确表示中欧互联互通平台是双方建立的一个重要的政策论坛,旨在让欧盟的政策和项目与中国的"一带一路"倡议产生协同作用。具体来说,这个平台将推动双方的基础设施合作,包括融资、互操作性和物流。欧盟交通委员维尔勒塔·布尔茨(Violeta Bulc)表示,随着经济国际化的不断发展,欧方对欧盟之外有效的交通基础设施的需求越来越大。欧洲不能忽略其他长距离基础设施发展计划的重要性,比如中国的"一带一路"倡议。中欧互联互通平台就是要确保中国的"一带一路"倡议跟欧盟的 TEN-T 网络发展能够和谐共存。[1]《"一带一路"国际合作高峰论坛圆桌峰会联合公报》中也已经将 TEN-T 列为

---

[1] 郑青亭:《专访欧盟交通委员维尔勒塔·布尔茨:要让全欧交通网络计划与"一带一路"倡议对接》,《21 世纪经济报道》2016 年 7 月 4 日。

"一带一路"倡议重点对接的国际、地区和国别合作框架和倡议之一。(本条执笔:冯维江)

96. 西巴尔干六国互联互通议程与"一带一路"

——西巴尔干六国与互联互通议程

西巴尔干六国互联互通议程(Western Balkan 6 Connectivity Agenda)是西巴尔干各国在东南欧交通观察机构(South-east Europe Transport Observatory, SEETO)为促进各成员国就组织和协调基础设施建设召开的西巴尔干六国峰会(Western Balkan 6 Summit)以及更大规模的西巴尔干峰会(Western Balkan Summit)上提出的一系列互联互通议程的总称。西巴尔干六国指的是该地区尚未加入欧盟的阿尔巴尼亚、塞尔维亚、黑山、波斯尼亚和黑塞哥维那、马其顿以及科索沃(地区)。上述六国的代表组成了东南欧交通观察机构的指导委员会(Steering Committee)。其他同样处于西巴尔干地区的欧盟成员国和相关国家同样也是扩大后的西巴尔干峰会的参与者,它们包括区域内的克罗地亚、斯洛文尼亚以及区域外的德国、意大利、奥地利和法国。

东南欧交通观察机构是2004年6月由欧盟与巴尔干半岛上非欧盟国家根据《核心地区交通网络发展谅解备忘录》(Memorandum of Understanding for the Development of the Core Regional Transport Network)建立的推动地区交通设施建设的专门机构,当时的成员国除现有6国外还有彼时尚未加入欧盟的克罗地亚。其核心任务是为将泛欧运输网络(TEN-T Comprehensive Network)延伸至西巴尔干地区进行前期协调和准备,包括协调和改善各国的交通运输政策和技术标准,制订西巴尔干地区的交通网络与欧盟的一体化方案。[①] SEETO下设指导委员会、铁路和联运工作组(2006年建立)、道路安全工作组(2009年建立)以及秘书处等多个常设机构,其最高决策机制是由六国的交通部长和欧盟委员会代表组成的年度部长委员会(Annual Meeting of Ministers, AMM),负责审议SEETO下属各机构提交的运输网络扩展和一体化方案。[②]

西巴尔干六国峰会和西巴尔干峰会是SEETO框架下建立较晚的"软"交流机制,其建立的目的并不仅仅是单纯在基础设施领域加强欧盟和六国的合作,而且还意在对冲俄罗斯在东南欧地区不断增长的影响,防止东南欧各国因为"入盟无望"而与欧盟离心。在乌克兰危机爆发后,以德国为代表的部分欧盟国家为了防范俄罗斯扩大在西巴尔干地区的影响,采取了一系列预防措施。

[①] "Welcome to SEETO", South East Europe Transport Observatory, http://www.seetoint.org/.

[②] "About Us", South East Europe Transport Observatory, http://www.seetoint.org/about/.

2014年8月,德国总理默克尔在柏林举办了"西巴尔干经济论坛",开启了"全力支持和促进西巴尔干国家加入欧盟"的"柏林进程"(Berlin Process),这也是欧盟时隔11年再次举办高级别的西巴尔干会议。德国的这一立场也得到了欧盟的支持。[1] 在"柏林进程"的推动下,SEETO各成员国在当年10月和次年3月接连召开了两次部长级会议,并且在2015年4月于布鲁塞尔举行了由各国首脑出席的巴尔干六国峰会。峰会以联合声明的形式表达了对"柏林进程"和彼时将于8月举行的西巴尔干峰会的支持,承诺加快自身的政策改革以推进欧盟标准和核心运输网络在西巴尔干地区的延伸。[2]

2015年8月,西巴尔干会议正式升级为西巴尔干峰会,至今已经连续举办三届。分别是2015年的维也纳峰会、2016年的巴黎峰会和2017年的里雅斯特峰会,每届峰会上均会发表年度《互联互通议程》(Connectivity Agenda)。截至2017年,欧盟和西巴尔干各国已经在议程框架下提出了20个互联互通项目,其中包括5个能源项目和15个铁路、桥梁和码头项目,欧盟承诺通过"入盟前资金"(Pre—Accession Instrument)为这些项目资助10亿欧元,计划以此在2020年前带动40亿欧元的基础设施投资。除了交通和能源投资之外,《2017年西巴尔干6国互联互通议程》还强调了开放市场、移除壁垒、实现管制措施的透明化,以建立区域经济区(Regional Economic Area);同时,还要加强西巴尔干六国与欧盟的人员特别是青年人之间的交流。[3] 从性质上看,《互联互通议程》是"柏林进程"的一部分,其目的是要加速西巴尔干六国加入欧盟的进程,最终实现全面一体化。其虽然仍以SEETO提出的扩展欧盟既有的核心运输网络为重要抓手,但是该议程涉及的一体化议题正在向其他经贸和社会领域扩散。

——"一带一路"倡议对接西巴尔干六国

西巴尔干六国互联互通议程主要涉及阿尔巴尼亚、塞尔维亚、黑山、波斯尼亚和黑塞哥维那、马其顿、科索沃以及克罗地亚、斯洛文尼亚这8个国家。在广义上,它们也属于中东欧国家的一部分。但是相对于其他国家而言,这一地区的大部分国家与中国的政治、经贸和社会交往较少;尽管当地对中国普遍抱有积极印象,但是实际上并不了解中国及"一带一路"倡议。对于是按照

---

[1] 王洪起:《德国启动巴尔干"柏林进程"着力解决三大关键问题》,2016年5月27日,国务院发展研究中心亚欧社会发展研究所,http://www.easdri.org.cn/newsitem/277392684。

[2] "Western Balkans 6 Summit: Building Networks, Connecting People", European Commission, April 24, 2015, https://ec.europa.eu/commission/commissioners/2014 – 2019/hahn/blog/western-balkans-6-summit-building-networks-connecting-people_ en.

[3] "Connectivity Agenda: Co-financing of Investment Projects in the Western Balkans 2017", European Commission, http://www.seetoint.org/seetodocuments/1626.

"一带一路"倡议提出的灵活务实合作、不设门槛的方式来增强互联互通,还是按照欧盟式的"标准化"方式来实现互联互通,这一地区也存在不同意见。① 此外,与其他中东欧国家相比,该地区不少国家的领土和经济体量较小,这导致经济合作的潜力较小;同时,克罗地亚和斯洛文尼亚两国的基础设施建设也较为完备,因而参与"倡议"的需求相对较低;相反,塞尔维亚这一长期经历战争与动荡的国家则存在庞大的基础设施需求。② 这种特殊结构使得尽管"一带一路"倡议与西巴尔干六国互联互通议程在基础设施和能源投资领域存在不少合作空间,但是实际对接状况相对差异较大。

塞尔维亚是西巴尔干地区参与"一带一路"倡议最为积极、双边成果也最为丰硕的国家。早在2013年11月,中国、塞尔维亚和匈牙利三国总理就在中国—中东欧领导人会晤上就合建贝尔格莱德至匈牙利布达佩斯的现代化铁路,亦即匈塞铁路达成共识。此外,塞方还积极推动中方参与多个基础设施项目,将很多高速公路、火电、运河项目交由中国企业承建,并且向中国争取贷款融资,例如科斯托拉茨电站二期和莫拉瓦运河项目。③ 其中,匈塞铁路更是在2015年6月被正式纳入"一带一路"倡议框架,成为与中欧陆海快线并称的旗舰项目。在合作发展与战略对接顺利推进的背景下,双方于2015年11月正式签署了政府间共同推进"一带一路"建设的谅解备忘录,这也标志着双方的合作进入了一个新阶段。2016年6月,中国国家主席习近平展开了对塞尔维亚的国事访问。在访问中,两国元首共同签署了《中华人民共和国和塞尔维亚共和国关于建立全面战略伙伴关系的联合声明》,明确了"聚焦重点合作领域,拓展重大合作项目,把基础设施建设合作作为两国务实合作的优先方向",同时"加强塞尔维亚国家发展战略同'一带一路'建设和中国—中东欧国家合作对接"。④ 当前,以匈塞铁路和连接塞尔维亚与黑山的E763高速公路为代表的倡议框架下的基础设施建设,将大大提高塞尔维亚在欧洲交通网络中的地位,将使得塞尔维亚更快地融入欧洲快速铁路网和高速公路网络。⑤ 可以说,塞尔维亚正是"一带一路"倡议与西巴尔干六国互联互通议程成功对接的典型范例。

---

① [斯洛文尼亚]马悟、[斯洛文尼亚]达沃尔·武切科夫斯基、[斯洛文尼亚]波斯蒂安·乌多维奇:《从社会认同的角度看西巴尔干国家对华发展经贸投资关系的态度——以斯洛文尼亚和黑山两国为例》,《欧洲研究》2015年第6期。
② 龙静:《"一带一路"倡议在中东欧地区的机遇和挑战》,《国际观察》2016年第3期。
③ 《塞尔维亚基本情况及我"一带一路"倡议实施条件》,2015年2月16日,中华人民共和国商务部网站,http://www.mofcom.gov.cn/article/i/dxfw/jlyd/201503/20150300910892.shtml。
④ 《习近平同塞尔维亚总统尼科利奇举行会谈》,2016年6月18日,新华网,http://www.xinhuanet.com/world/2016-06/18/c_1119068674.htm。
⑤ 《塞尔维亚:共建"一带一路"共享"五通"成果》,《光明日报》2017年12月21日第10版。

马其顿是区域中另一个积极对接西巴尔干六国互联互通议程与"一带一路"倡议的国家。就在倡议提出后不久的2013年,马其顿国家公路公司就与中国水电签约,授权后者承包修建欧洲八号走廊基塞沃—奥赫里德、东西走廊米拉蒂诺维奇—斯蒂普这两段高速公路。这也是马其顿对外授标中最大的单项合同。[①] 此外,规划中作为匈塞铁路延伸的"中欧海陆快线"也将贯穿马其顿南北。另一方面,除了直接的公路、铁路网络建设之外,马其顿还于2014年和2017年分两次从中国进口了6列动车组和4台电力机车。其中前者是中国高端整车产品首次进入欧洲市场,而后者则将运行于通过马其顿的泛欧10号铁路上。[②] 2017年11月,马其顿总理阿扎尔在中国—中东欧国家领导人峰会上明确表示"一带一路"倡议为马其顿带来了巨大的投资前景,而马方也准备借此机会进一步启动对泛欧10号铁路的现代化改造和全国路网翻修等大型基础设施投资项目。[③]

中国与塞尔维亚、马其顿等国在基础设施投资、建设和相关贸易方面的合作充分说明"一带一路"倡议完全能够与西巴尔干六国互联互通议程实现对接,推动这一地区的基础设施建设与更新,并且已经取得了不少突出成果。

——"一带一路"倡议的东南欧前景

出于各种内外部环境因素的影响,与塞尔维亚和马其顿相比,西巴尔干地区的其他国家参与"一带一路"倡议的速度相对较慢。但是,它们也无一例外地表示了对倡议的欢迎,这也从另一方面说明倡议与西巴尔干各国、与西巴尔干六国互联互通议程的战略对接还具有广阔的前景和深厚的潜力。剩下的国家中,阿尔巴尼亚近年来参与"一带一路"倡议的步伐明显加快。在2017年的"一带一路"国际合作高峰论坛上,阿尔巴尼亚率先与中国签署了"一带一路"建设备忘录。在2017年12月的中国—中东欧首脑峰会期间,中国和阿尔巴尼亚又签署了关于海关、能源和基础设施投资,以及合作开发斯卡维查水电站的谅解备忘录。[④] 此外,斯洛文尼亚与中国在"16+1合作"平台下的合作也取得了较为迅速的进展。2016年年底开始,中国企业相继参与了马里博尔

[①] 《中国获马其顿对外最大单项合同"一带一路"战略再下一城》,2016年2月7日,中国对外投资网,http://www.fdi.gov.cn/1800000628_5_341_0_7.html。
[②] 王洪起:《"一带一路"——马其顿的机遇与安全风险分析》,《新视角》2017年9月6日,http://www.dunjiaodu.com/top/2017-09-06/1772.html。
[③] 《马其顿总理称"一带一路"倡议为马带来巨大投资前景》,2017年11月28日,中华人民共和国商务部网站,http://www.mofcom.gov.cn/article/i/jyjl/m/201711/20171102676744.shtml。
[④] 《中阿签署多项合作文件》,2017年12月5日,中华人民共和国驻阿尔巴尼亚共和国大使馆经济商务参赞处,http://al.mofcom.gov.cn/article/jmxw/201712/20171202692265.shtml。

市机场开发、卢布尔雅那市市政照明系统和机场专用转运大巴等项目,双方的政策沟通和贸易水平也有了明显提升。受到这一态势鼓舞,2017年4月中国国务院副总理张高丽访问了斯洛文尼亚,明确表示愿意加紧商签和推进"一带一路"建设的政府间谅解备忘录。①

在黑山、克罗地亚以及波斯尼亚和黑塞哥维那,"一带一路"倡议也在更多地被当地政府、社会和民众了解,参与倡议的愿望也日益强烈。2017年9月,具有广泛影响力的黑山经济学人和经理人学会举办了全球化与"一带一路"倡议论坛,多个西巴尔干国家的学界和工商界人士应邀出席。会上,黑山总理马尔科维奇公开表示倡议为黑山提供了发展机遇,让黑山有机会与该框架内的国家共同发展、实现自身的目标愿景。②克罗地亚同样希望中国能够在中欧合作的框架下将基础投资的目标转向自身,例如将中欧陆海快线的港口设在克罗地亚的里耶卡,或者升级里耶卡到首都萨格勒布的铁路。③在波黑,两国政府和民间组织一直在就"一带一路"倡议进行宣传和推广,2017年在波黑甚至专门成立了"一带一路"建设与促进中心。这些举措都为未来两国在倡议框架下的深入合作打下了基础。(本条执笔:肖河)

97. 世界贸易组织《贸易便利化协议》与"一带一路"

世界贸易组织(WTO)《贸易便利化协定》(简称《协定》)是在 WTO 多边贸易谈判中达成的关于货物贸易的"一揽子协议",生效后即纳入 WTO 法律体系之中成为 WTO 规则的一部分。它也是 WTO 成立 23 年以来达成的首个多边贸易协定,是多哈回合谈判启动以来首个富有法律约束力的成果。2017 年 2 月《协定》得到 WTO 超过三分之二成员核准,从而正式生效。《协定》的生效和全面执行,将促进跨境贸易流动,降低贸易成本。WTO 经济学家的研究表明,《协定》将使各国贸易成本平均下降 14.3%,并且发展中和最不发达国家受益最大。《协定》还可能将进口和出口货物所需时间分别减少一天半和两天,比《协定》生效和全面执行前水平分别下降 47% 和 91%。④ "贸易畅通"

---

① 《张高丽访问斯洛文尼亚》,2017 年 4 月 15 日,新华网,http://news.xinhuanet.com/2017 - 04/15/c_ 1120817018.htm。
② 《黑山总理说"一带一路"助力黑山实现发展愿景》,2017 年 9 月 14 日,新华网,http://www.xinhuanet.com/world/2017 - 09/14/c_ 1121659474.htm。
③ 刘作奎:《克罗地亚希望搭上"一带一路"顺风车》,2015 年 7 月 23 日,中国网,http://opinion.china.com.cn/opinion_ 80_ 134180.html。
④ WTO, *Trade Facilitation Agreement marks first anniversary since entry into force*, 22 February 2018, https://www.wto.org/english/news_ e/news18_ e/fac_ 22feb18_ e.htm。

是共建"一带一路"倡议核心内容之一,《协定》的生效将有力推动"一带一路"倡议的顺利实施。

——《协定》的出台和生效

有关贸易便利化的条款在 WTO 甚至其前身关税及贸易总协定（GATT）中早已存在。如 GATT 第 5 条、第 7 条、第 8 条、第 9 条和第 10 条关于过境自由、海关估价、规费和进出口手续、原产地标记、贸易条例的公布和实施，以及《与贸易有关的知识产权协定》第 3 部分第 4 节"边境措施相关的特殊要求"等均涉及贸易便利化的内容。但这些条款散见于多个协议之中，缺乏系统性和协调性，有的还比较抽象缺乏可操作性。

1996 年 12 月在新加坡召开的 WTO 首届部长级会议上列出了新一轮谈判的备选议题，将贸易便利化与投资、竞争政策、政府采购透明度等议题共同列入，统称"新加坡议题"。1997 年 1 月，货物贸易理事会将贸易便利化问题列入工作日程。2003 年在坎昆召开的 WTO 第五届部长级会议上，各方就多数问题无法达成一致，新加坡议题只保留了贸易便利化作为唯一议题纳入多哈发展回合。

2004 年 7 月 WTO 总理事会通过多哈工作计划（July Package），并在附件 D "贸易便利化谈判模式"的基础上启动谈判。受多哈回合谈判僵局的影响，贸易便利化谈判直到 2013 年 12 月于印度尼西亚巴厘岛举行的第九届部长级会议上才获得历史性突破。会议发表了《巴厘部长宣言》，达成了包括农业、棉花、贸易便利化等议题在内的《巴厘一揽子协定》（Bali Package）。《协定》就是其中之一，也是 WTO 成立以来达成的首个多边贸易协定。

按照相关条款规定，2014 年 7 月 31 日是《协定》生效程序的第一个截止日期，但由于印度、古巴等国的反对，议定书未能按计划如期通过。直至 2014 年 11 月 27 日，WTO 总理事会通过了《协定》议定书，将《协定》纳入《世贸组织协定》附件 1A 中。《协定》需经 WTO 成员中的三分之二多数接受后正式生效。2014 年 12 月，中国香港成为首个加入《协定》的 WTO 成员。2017 年 2 月 22 日，继卢旺达、阿曼、乍得和约旦核准《贸易便利化协定》议定书后，核准成员数达到 112 个，超过世贸组织 164 个成员的三分之二，《协定》正式生效。2018 年 2 月 9 日，纳米比亚向 WTO 提交了接受书，至此 WTO 成员中已有 131 个成员批准了《协定》。

——《协定》的主要内容和实施情况

《协定》共分为 3 个部分，共计条款 24 项。第一部分是贸易便利化措施，第二部分是发展中与最不发达成员的特殊差别待遇，第三部分是机构安排和最终条款。

第一部分共 12 个条款，包括过境货物流动、货物放行与清关等内容，对 1994 年《关税与贸易总协定》中的相关条款（第 5 条、第 8 条及第 10 条）进行澄清与改进，并对程序简化、海关合作等加以规定。具体条文包括：第 1 条信息的公布与可获性，规定各成员应以非歧视和易获取的方式及时公布进口、出口和过境程序相关的表格和单证、税费信息、法律法规等，并通过互联网公布和及时更新。成员方应设立咨询点并将有关信息通知 WTO 贸易便利化委员会。第 2 条评论机会、生效前信息及磋商，规定相关法律法规和信息应给予贸易商发表意见的机会，边境机构与贸易商及其他利害关系方之间应定期磋商。第 3 条预裁定，即成员方当局应当对申请人提交的货物税则归类、原产地等有关事项进行事先裁定，不予裁定需说明理由。第 4 条上诉或审查程序，要求立法机关保障就相关行政决定提起行政复议乃至司法审查的权利。第 5 条增强公正、非歧视性及透明度的其他措施，包括动植物检疫、扣押、检验程序以及公正、非歧视和透明度原则等。第 6 条关于对进出口征收或与进出口和处罚相关的规费和费用的纪律，包括一般纪律、特别纪律、处罚纪律。第 7 条货物的放行与通关，对海关业务做出详细的规定，包括抵达前业务的办理，电子支付，将货物放行与关税、国内税、规费及费用的最终确定相分离，风险管理，后续稽查，确定和公布平均放行时间，对经认证的经营者的贸易便利化措施，以及对快运货物和易腐货物通关的具体规定等。第 8 条边境机构合作，规定了成员内部边境机构之间的协调，以及拥有共同边界的成员之间在工作日和工作时间、程序与手续、共用设施的建设与共享、联合监管、设立一站式边境监管站等方面的合作。第 9 条规定了受海关监管的进口货物的移动。第 10 条与进口、出口和过境相关的手续，涉及简化手续和单证要求，解决单证的纸质或电子副本产生的问题，进出口及过境手续采用国际标准，设立单一窗口，装运前检验的要求，解决报关代理使用问题，适用共同边境程序和统一单证要求，明确对拒绝入境货物的规定，货物进出境加工暂准进口问题等。第 11 条是对过境自由的详细规定。第 12 条海关合作，包括促进守法和合作的措施，信息交换与提供，合作费用的分担等方面内容。

第二部分共 10 个条款，主要是有关发展中成员和最不发达成员的特殊差别待遇（Special and Differential Treatment，SDT）的内容，涉及实施时限和实施能力两个方面。《协定》规定，发达成员须履行在协定生效后立即实施协定第一部分的所有条款的义务。发展中和最不发达成员则可以将《协定》条款的实施分为 A、B、C 三类，并自行确定各项条款的类别归属。其中 A 类条款是协定生效后立即实施的条款（或最不发达成员在协定生效后 1 年内实施的条款）；B 类条款是需要一定过渡期再实施的条款；C 类条款是既需要一定的实施过渡期，又需要在接受援助并具备了实施能力后再实施的条款。《协定》中这些承诺的过渡期与执行要求都建立在发展中与最不发达成员取得执行能力的基础上。

具体来看，第13条是给予发展中国家成员和最不发达国家成员的特殊和差别待遇条款的总则，明确了"实施本协定条款的程度和时限应与发展中和最不发达国家成员的实施能力相关联"。第14条是对A、B、C三类条款类别的介绍和对发展中及最不发达成员自行指定三类条款的规定。第15条关于A类条款的通知和实施。第16条关于B类和C类条款最终实施日期的通知。第17条关于B类和C类条款实施日期的延长。第18条B类和C类条款的实施。第19条B类和C类条款之间的转换。第20条适用《关于争端解决规则与程序的谅解》的宽限期。第21条能力建设援助的提供。第22条向委员会提交的援助信息。

第三部分是有关机构安排（第23条）和最后条款（第24条）的内容，包括WTO贸易便利化委员会及各成员内贸易便利化委员会的设立，促进国内协调及协定条款的实施，以及对《协定》约束力的说明等内容。

《协定》在WTO历史上首次将发展中国家和最不发达国家实施相关条款的义务与该国能力相关联，并规定可向特定国家给予援助及支持，使其具备相应的实施能力。为了实现对发展中和最不发达国家实施《协定》提供援助，WTO成员还成立了"贸易便利化协定基金"（Trade Facilitation Agreement Facility，简称TFAF）。TFAF于2014年WTO总理事会通过《协定》议定书时起投入运作。其提供的援助包括：帮助申请援助的发展中或最不发达成员评估实施《协定》的能力以及实施《协定》特殊条款所需的援助；维护信息共享平台以协助确定潜在捐助者；编写或收集案例及培训资料，为实施《协定》提供指导；进行捐助者和受助者的匹配工作；当成员被确定为潜在捐助者，但无法开展相应的援助项目，也难以从其他渠道获得项目建议前期工作支持时，提供项目前期工作补助；当无法从其他渠道获得资金时，提供与《协定》条款实施相关的项目实施补助。这些补助仅限于"软基础设施"，如通过咨询服务、国内研讨会或专员培训实行海关法现代化。

根据《协定》数据库，截至2018年2月23日，有107个成员通报了本国的A类条款，49个成员通报了B类条款，39个成员通报了C类条款。从各成员通报情况看，《协定》执行率为58.7%，其中发达成员执行率为100%，发展中成员执行率为56.4%，最不发达成员执行率为1.7%。[1]

---

[1] WTO, *Trade Facilitation Agreement marks first anniversary since entry into force*, 22 February 2018, https://www.wto.org/english/news_e/news18_e/fac_22feb18_e.htm.

——《协定》与"一带一路"倡议

《协定》的生效和实施对"一带一路"贸易畅通具有重要意义和推动作用。"一带一路"倡议的重点合作领域之一是贸易畅通,投资贸易合作是"一带一路"建设的重点内容。《推动共建丝绸之路经济带和21世纪海上丝绸之路的愿景与行动》提出,要着力研究解决投资贸易便利化问题,消除投资和贸易壁垒,构建区域内和各国良好的营商环境。《"一带一路"国际合作高峰论坛圆桌峰会联合公报》还将《协定》列为与"一带一路"倡议实现沟通协调的国际、地区和国别合作框架和倡议之一,提出加强通关手续等方面信息交流,推动监管互认、执法互助、信息共享;加强海关合作,通过统一手续、降低成本等方式促进贸易便利化,同时促进保护知识产权合作。"一带一路"倡议的实施也有助于《协定》推进贸易便利化目标的实现。(本条执笔:冯维江)

十一　国际上类似计划与"一带一路"对接

98. 联合国的丝绸之路项目与"一带一路"

联合国"丝绸之路项目"倡议由世界旅游组织（United Nations World Tourism Organization，UNWTO）发起，旨在通过充分调动相关资源，加强国家间合作，实现丝绸之路沿线国家旅游业可持续发展。具体来讲，该项目的主要目标有以下三点：一是最大限度发挥丝绸之路途经国家旅游发展效益，使丝绸之路沿线旅游业的发展更多惠及丝绸之路途经的国家与地区；二是通过刺激投资，起到保护沿线自然和文化遗产的作用；三是寻求促进丝绸之路国家和地区之间的更大合作，以实现丝绸之路沿线旅游体验的无缝衔接，打造高品质旅游项目。

——情况介绍

1993年，在印度尼西亚召开的联合国世界旅游组织第十届全体大会上，丝绸之路旅游项目的概念被首次提出。随着当时丝绸之路沿线文化交流、贸易与旅游业的再次兴起，世界旅游组织决定将古丝绸之路的路线作为旅游概念加以重新设计，并通过一个跨度超过12000千米的旅游项目再次连接三个大洲。该项目由联合国世界旅游组织与教科文组织共同推进，通过塑造一个以文化和自然遗产以及旅游多样性（陆地和海洋路线）为重点的旅游概念，将意大利、乌兹别克斯坦以及日本等25个国家连在一起。具体而言，该项目意在创立一个新的旅游概念，即实现东道主（能力建设计划、地方赋权、商业网络等）和旅行者（通过创造更丰富的旅行体验）共同受益。

1994年，UNWTO在乌兹别克斯坦撒马尔罕举行"第一届丝绸之路国际会议"，19国代表参加。此次会议通过了《撒马尔罕丝绸之路旅游宣言》，标志着"丝绸之路项目"正式启动。该宣言的主要精神是：承诺维护区域合作与稳定；通过可持续发展实现经济繁荣；建立多方参与、高质量的旅游品牌；决心将文化与旅游联系在一起，以充分发掘丝绸之路沿线国家的丰厚自然与文化遗产。

1999年，在乌兹别克斯坦希瓦市 UNWTO 与联合国教科文组织联合召开"旅游与文化研讨会"并通过《希瓦宣言》，强调文化在保护和平、繁荣以及不同文化间相互理解等方面的重要作用，呼吁中亚各国保护其文化与自然遗产。该宣言亦得到了欧盟委员会的支持。

2002年，UNWTO 在乌兹别克斯坦布哈拉市召开"第四届丝绸之路国际会议"并通过《布哈拉宣言》，再次强调提升旅游可持续性的重要作用，并列举了刺激丝绸之路项目目的地文化与生态旅游的具体措施。此外，该宣言还就相关问题做出了一系列安排，比如邀请旅游目的地国与国际利益相关方共同投资丝绸之路项目沿线旅游业，并同意在乌兹别克斯坦撒马尔罕设立丝绸之路项目办事处。

2009年，在世界经济危机的大背景下，UNWTO 在哈萨克斯坦首都阿斯塔纳市召开第十八届全体会议并通过《阿斯塔纳宣言》，建议丝绸之路项目会员国进一步加强彼此融合，并呼吁联合国开发计划署和教科文组织进一步支持丝绸之路的活动。

2010年，UNWTO 在伊朗设拉子市召开"第五届丝绸之路旅游城市市长论坛"并通过《设拉子宣言》。此次会议吸引了26个国家48个城市的代表参会。

上述宣言均主动对丝绸之路项目进行设计和推进，是丝绸之路项目旅游概念的原则性及指导性文件。其共同基础是：致力于加强项目相关合作，为地区稳定和繁荣做出贡献；联合各层次的利益相关者，建立高质量的旅游品牌；以丰富与丝绸之路相关的自然和文化内涵为基础塑造新的旅游概念。[①]

2010年10月8—9日，UNWTO 在乌兹别克斯坦撒马尔罕召开了丝绸之路第五次国际会议。此次会议聚焦丝绸之路沿线国家发展问题，决定将丝绸之路项目从概念落到实处，制订了第一版"丝绸之路项目行动计划"。该计划旨在促进项目沿线国家间合作以及旅游业可持续发展，将作为营销和能力建设的合作框架，不断打造丝绸之路项目旅游，以可持续、负责任以及具有国际竞争力的方式推动沿线国家发展。为此，UNWTO 成立丝绸之路项目工作组。该工作组主要负责：讨论并制订丝绸之路行动计划；及时反馈丝绸之路项目战略和行动计划执行情况；确保协调执行行动计划，包括立即采取长期行动的战略；促进协调一致的信息发布与信息共享；分享和交流技术技巧以及最佳实践方式。

该项目总体行动计划的目标是：第一，丝绸之路项目将成为国际知名的无缝旅游体验品牌，并得到广泛的国际支持与营销合作。同时，该项目将帮助沿

---

① UNWTO 官方网站，http://silkroad.unwto.org/en/content/declarations。

线国家建设高质量的基础设施,保证跨国界旅行的顺利开展。第二,该项目将促进沿线目的地国家经济繁荣并不断刺激投资。在可观回报的吸引下,各国政府将重视并支持发展旅游业。此外,旅游业的发展将直接或间接创造就业。第三,项目利益相关方将密切合作,实现互利共赢。该项目有助于推动沿线国家加强彼此合作,在公共与私营部门之间建立共赢的伙伴关系,增加旅客的停留时间以提高当地收益。第四,通过发展旅游业改善文化和环境管理。项目有助于帮助沿线国家建立先进的文化管理体系,增强发展的可持续性,保护自然环境,并以此来增强相关国家的旅游竞争力。第五,丝绸之路概念旅游将成为维护和平与促进文化理解的工具。项目有助于促进文化多元化、密切文化间对话、实现跨文化合作,为增强社会凝聚力以及实现持久和平贡献关键性力量。[①]

截至 2016 年 1 月,丝绸之路项目的成员国包括 33 个国家:阿尔巴尼亚、亚美尼亚、阿塞拜疆、孟加拉国、保加利亚、中国、克罗地亚、朝鲜、韩国、埃及、格鲁吉亚、希腊、伊朗、伊拉克、以色列、意大利、印度尼西亚、日本、哈萨克斯坦、吉尔吉斯斯坦、蒙古、巴基斯坦、罗马尼亚、俄罗斯联邦、沙特阿拉伯、圣马力诺、西班牙、叙利亚、塔吉克斯坦、土耳其、土库曼斯坦、乌克兰以及乌兹别克斯坦。

——具体措施

UNWTO 丝绸之路项目主要在以下三个领域下功夫。[②]

一是营销和推广。在旅游目的地营销方面,丝绸之路沿线国家拥有扎实的基础。UNWTO 研究发现,丝绸之路是当前世界在线讨论最多的旅游线路之一。如丝绸之路沿线国家采取协作的方式共同持续营销"丝路"品牌,对提升丝绸之路品牌形象及提高旅游吸引力能够发挥重要的推动作用。

具体措施包括:广泛与业界接触,提升丝绸之路在柏林国际旅游展(ITB Berlin)和伦敦世界旅游交易会(WTM London)等重要国际展会上的影响力,以便将品牌拓展到世界其他地区;挖掘数据、研究潜力,为项目贡献更多智慧,以创建有效的丝绸之路品牌推广战略,加强丝绸之路沿线国家的旅游合作,提高消费者的认可度;建立介绍项目目的地的专门网站或营销门户,丰富丝绸之路旅游的在线资料;根据主要客源市场的利益和期望制定营销策略;举办丰富多彩的国际丝绸之路节日活动;与海上丝绸之路(中国)、香料之路(印度)、琥珀之路(波兰)、万里茶道(中蒙俄)等其他相关国际专题路线加强合作,以创造新的营销机会。

---

① 世界旅游组织官方网站,http://silkroad.unwto.org/en/content/objectives。
② UNWTO Silk Road Action Plan 2016/2017, p. 8, http://cf.cdn.unwto.org/sites/all/files/docpdf/sr2016web.pdf.

二是能力建设及目的地管理。丝绸之路沿线国家拥有丰富的自然文化遗产及旅游景点分布，是区域投资的理想资源。但同时，这些国家也面临着不少挑战，如丝绸之路沿线国家的文化产品、服务、酒店等服务水平以及语言能力差异较大，旅游信息不够集中，文化遗产管理情况不容乐观，物质与非物质遗产备受威胁，当地社会参与度不够，以及一些地区也缺乏解说服务等。因此，发展丝绸之路项目，需要以可持续及统一的方式对项目目的地国进行管理。

具体措施包括：通过丝绸之路项目部长级会议和工作组会议等既定模式促进旅游业参与项目决策及发展；通过联合国教科文组织、世界旅游组织丝绸之路遗产走廊项目等跨国举措，进一步促进沿线国家发展基于当地社会的旅游业；通过在线课程、手册以及讲习班加强相关行业培训与发展；在旅游目的地国推进管理和保护遗产的专项能力建设计划；大力发展能够提供高质量体验、优质服务的创新型旅游文化产品；与国家投资机构合作吸引更多投资，以提升丝路品牌旅游的形象；通过实施旅游指南培训计划，改善国际社会对文化遗产地的理解与认知；推动公私合营模式（PPP），为项目沿线国家可持续发展注入更大活力。

三是旅游便利化。虽然丝绸之路项目沿线国家今天依然是商业与旅游枢纽，但过时的签证政策、低效的过境手续以及繁冗的海关规定等对该区域发展旅游业构成羁绊。对此，UNWTO积极与丝绸之路成员国的合作，着力推动签证便利化以及增强国家间连通性，以期实现相关国家国际游客数量增加、经济发展、就业增多等目标。

具体措施包括：加强研究，使项目沿线国家认识到获得签证的难易度会对国际游客数量增长、经济发展、就业增多的重要影响；继续跟进签证政策改革，提升签证办理程序的现代化水平与互惠属性，争取简短办理签证所需时间，推进丝绸之路项目"共同签证"构想不断向前发展；密切签证政策制定者与旅游行业之间的联系，提高决策层对促进旅游便利化的认识；开发丝绸之路旅游线路，增加相关目的地国家之间的连通性；制定一整套丝绸之路项目标牌制作指南，以推动沿线国家制作广受欢迎、信息丰富且样式统一的标牌；加强互联互通和航线发展，密切机场、航空公司以及航空管理部门之间的合作，推动丝绸之路沿线国家人员往来向无障碍化发展，促进跨境旅游和散客交流。

——与"一带一路"对接及未来发展

联合国丝绸之路项目力图通过旅游促进沿线经济发展，与中国提出的"一带一路"倡议契合度较高，两者合作空间广阔。中国是联合国丝绸之路项目的成员国之一，曾举办过两届世界旅游组织全体大会。UNWTO丝绸之路项目行动计划《2016—2017 年报告》指出，随着丝绸之路项目行动计划被不断落实，国际游客到访项目沿线国家的数量将于 2030 年达到 18 亿人次，即每天将有 500 万人次因休闲、商务或其他原因过境项目沿线国家，亚太地区也将因此在 2010—2030 年成为发展最快的出境游地区。同时，互联网接入服务的改善、智能手机的普及以及科技普及带来的科学应用将继续影响国际旅游趋势，推动项目沿线国家进一步发展旅游业。

2003 年 10 月 19—24 日，UNWTO 第十五届全体大会在北京举行，来自世界 100 多个国家的旅游部长和代表与会。其间，中国国家旅游局局长何光暐与约旦哈希姆王国旅游古迹部部长塔维尔签署了《中国公民自费组团赴约旦旅游实施方案谅解备忘录》，标志着约旦正式成为中国公民旅游目的地国家。至 2003 年年底，共 29 个国家和地区被中国政府批准开放为中国公民自费组团的旅游目的地。

2017 年 9 月 11—16 日，UNWTO 在四川省成都市召开了第二十二届全体大会，来自 130 多个国家的政要及旅游相关从业者与会。会议形成了《"一带一路"旅游合作成都倡议》，得到来自俄罗斯、哈萨克斯坦、斯里兰卡、柬埔寨、马达加斯加等国代表的积极响应。根据该倡议，未来将有多国在提升旅游便利化、加强旅游风险处置能力、开展旅游联合推广等方面融入"一带一路"倡议，以进一步深化"一带一路"沿线国家旅游交流与合作。（本条执笔：魏斯莹）

99. 美国的新丝绸之路计划与"一带一路"

新丝绸之路计划（New Silk Road Initiative）是美国倡导的针对阿富汗及其他中亚国家的跨区域经济发展计划，旨在整合该地区资源以提升其作为欧洲与东亚之间过境地区的发展潜力。该计划由美国前国务卿希拉里 2011 年 7 月正式提出，意图借助阿富汗连接中亚和南亚的地理位置优势，通过重建各类基础设施，加强阿富汗与邻国的经济联系，把阿富汗建设成为本地区的交通和贸易枢纽，以此带动阿富汗国内经济转型，并在美国及北约撤军之后，使阿富汗能够实现国民经济的可持续发展以及权力的平稳过渡。同时，该计划还力图以阿富汗为中心，打造一个连接中亚和南亚地区的经济圈，推动实现"能源南下"与"商品北上"的战略目标。

——背景情况

如果以阿富汗战争作为分界点的话，美国于 1999 年、2006 年、2011 年先后提出三个版本的"新丝绸之路计划"分别反映了阿富汗战争前、阿富汗战争中以及阿富汗战争后三个不同时期美国对"大中亚"地区的战略设想。①

新丝绸之路战略设想由美国约翰·霍普金斯大学中亚高加索研究所所长弗雷德·斯塔尔（Frederick Starr）教授最先提出。该设想计划借助中亚作为古代丝绸之路的中心地带这一历史及地理优势，辅以中亚丰富的自然资源，实现中亚与南亚的相互促进与共同发展。在冷战结束、苏联解体的历史大背景下，美国政府为帮助新近独立的中亚国家摆脱俄罗斯、伊朗的影响，同时也为利用里海地区的油气资源来实现多元化进口，接受了新丝绸之路这一设想，并于1999年5月通过了《丝绸之路战略法案》（Silk Road Strategy Act of 1999）。后来，由于"9·11"事件及美国发动阿富汗战争，该战略设想被美国政府搁置。

2005年斯塔尔教授再次提出新丝绸之路构想，主张以阿富汗为中心，推动中亚、南亚在政治、安全、能源和交通等领域的合作，建立一个由亲美的、实行市场经济和世俗政治体制的国家组成的新地缘政治板块，将油气资源丰富的中亚、西亚与经济发展迅速的印度、东南亚连接起来，促进各国以及几大区域间的优势互补，推动包括阿富汗在内的地区国家的经济社会发展，服务于美国在该地区的战略利益。这一设想也称为"大中亚计划"。斯塔尔教授在一份题为《阿富汗及其邻国的"大中亚伙伴计划"》的报告中，第一次把阿富汗与中亚五国作为一个整体称为"大中亚"。其后，美国国务院调整了部门机构设置，将原属欧洲局管理的中亚五国事务与南亚事务合并成立一个新机构，即中亚南亚局（Bureau of South and Central Asia Affairs），全面推动"大中亚"战略。

2006年5月4日，美国参议院通过《2006年丝绸之路战略法案》（The Silk Road Strategy Act of 2006）。该法案表示："阿富汗从塔利班统治下解放，以及阿富汗在政治与经济领域所开启的开放过程，使得阿富汗重新融入中亚成为可能"，"鉴于阿富汗的稳定、繁荣与民主受到来自全球与地区层面的包括恐怖主义、政治—宗教极端主义以及毒品生产与走私的威胁，鉴于阿富汗的地理位置、文化及历史认同，理应承认阿富汗属于中亚国家之列，而不是将它从这些国家中分开"。

2010年5月，美国战略与国际问题研究中心（CSIS）和约翰·霍普金斯大学中亚高加索研究所共同发布《阿富汗成功的关键——新丝绸之路战略》报告，并指出：通过恢复阿富汗作为欧洲、中东、南亚和东南亚之间的交通和贸易枢纽地位，可以巩固美国在阿富汗取得的军事成果，并将军事重点转移到经济和社会发展上。

2011年7月，美国国务卿希拉里·克林顿在印度参加第二次美印战略对话

---

① 赵江林：《战略方向与实施路径：中美丝绸之路倡议比较研究》，《战略决策研究》2015年10月。

期间，提出新版"新丝绸之路计划"。该版"新丝绸之路计划"是为了服务美国从阿富汗撤军这一战略动作，防止撤军后阿富汗安全形势发生塌方式逆转，维护其在中亚、南亚地区的战略利益。与前几版计划相同的是，该计划意图以阿富汗为枢纽，加强中亚与南亚国家的经济合作。在同年9月的新丝绸之路计划部长级会议、11月的阿富汗问题伊斯坦布尔会议、12月的阿富汗问题波恩会议，以及2012年5月的北约峰会中，新丝绸之路计划都是重要议题。对美国来讲，推动新丝绸之路计划主要基于以下几个方面的战略考量。

建立中亚区域能源市场。对于美国而言，新丝绸之路是一系列有潜力为中亚带来经济增长和稳定的联合投资项目和区域贸易集团。2014年，时任美国副国务卿的威廉·伯恩斯在政府施政报告中表示，美国战略的核心是建立中亚区域能源市场。

通过加强中亚—阿富汗—南亚的经济合作，帮助阿富汗经济在美军撤离后平稳发展，防止其国内安全形势恶化。2009年，美国政府开始制定相关外交政策，以帮助阿富汗建立独立的经济。根据世界银行的估算，2014年后阿富汗将很难继续保持目前的经济增长率，经济面临崩溃的危险。美国希望通过"新丝绸之路计划"的实施，打通中亚—阿富汗—南亚的贸易通道，为阿富汗提供能源、创造就业机会，并开拓产品市场。

加强与巴基斯坦的关系。印度、巴基斯坦以及南亚其他地区的16亿消费者对能源的需求越来越大，而哈萨克斯坦及土库曼斯坦的水电和天然气储备是南亚理想的能源来源。对此，2011—2012年担任美国驻阿富汗和巴基斯坦特别代表的马克·格罗斯曼表示，下一个关键阶段是将阿富汗和巴基斯坦私营部门投资与创业关联起来。格罗斯曼还指出，阿富汗的水果和巴基斯坦的水泥目前受到贸易壁垒的限制，希望通过新丝绸之路计划帮助巴基斯坦发展经济并带来就业。

加强与印度的战略伙伴关系。新丝绸之路计划力图推动中亚—南亚的能源合作，这对能源短缺的印度而言有较大吸引力；计划推动以阿富汗为枢纽的基础设施建设，这和已经在阿富汗投入巨资进行社会重建的印度的目标高度重合；计划推动地区合作稳定阿富汗经济，这也符合印度的利益。

——主要内容

新丝绸之路计划的内容包括软件和硬件两个方面。软件建设是指贸易自由化、减少贸易壁垒、完善管理制度、简化过境程序、加快通关速度、克服官僚作风、消除贪污腐败、改善投资环境，等等。硬件建设则是指修建连接中亚、阿富汗和南亚的铁路、公路、电网、油气管道等基础设施。通过软件和硬件两方面的建设，目的是加快中亚地区、南亚地区和阿富汗的商品、服务、人员跨地区自由流动。在新丝绸之路的具体建设过程中,美国奉行四管齐下策略,即建设区域能源市场、促进中亚—阿富汗—南亚贸易和运输便利化、改善海关程序和边境手续、加强企业之间和个人之间的联系。①

希拉里将新丝绸之路定义为"一张能将这个长久以来因纷争和政治隔离而被撕裂的地区重新整合在一起的经济和运输网"。相关计划可归纳为四个方面:②

区域能源市场方面。南亚经济增长迅速,人口超过16亿,因此对廉价、高效、可靠能源的需求不断增长。与此同时,中亚地区蕴藏着大量的能源资源,包括石油、天然气和水电等。如果通过阿富汗将这些资源中的一部分从中亚引向南亚对于该地区的能源供应商和能源用户来说将是双赢。为此,美国在该地区开展了一系列投资与援助项目:支持CASA—1000区域电网项目,2014年3月美国通过世界银行对该电网项目投资5.26亿美元并为CASA秘书处提供1500万美元资金援助;推进阿富汗能源输电线路、水力发电厂和相关改革,投资17亿美元;支持巴基斯坦的电网建设,帮助巴电厂增加1000兆瓦发电,为1600多万人提供电力。

贸易和运输方面。要想密切加强和中亚的贸易与人员往来,必须改善道路、铁路、桥梁等基础设施"硬件"。但同时也需要在"软件"方面开展工作,如协调国家海关系统,将各国纳入多边贸易机构,并让邻国共同努力,打破体制和官僚贸易壁垒等。为此,美国提供的援助包括:在阿富汗修建或修复道路3000余千米;2011年,美国国际开发署(USAID)帮助制定了阿拉木图共识,这是中亚国家之间的"区域合作框架"。其项目包括减少贸易壁垒、发展出口能力、并支持哈萨克斯坦和阿富汗加入世贸组织;为2010年《阿富汗—巴基斯坦过境贸易协定》(APTTA)提供技术援助,并支持吉尔吉斯斯坦、塔吉克斯坦和阿富汗之间的跨境运输协定(CBTA)。

海关和边境行动。区域贸易收益与否很大程度上取决于过境是否快速有效。除此之外,还包括防止武器、毒品和贩运人口过境的边界安全和善政。美国与地区伙伴合作减少边境等待时间,加强在关键检查站和过境点的合作,防止非法和危险物质过境。在美国的援助下:自2009年以来,中亚的区域内贸易增长了49%;自2011年以来,跨区域边界的平均成本下降15%;海关程序已在七个阿富汗过境点精简化,带动贸易加速发展,平均清关时间从2009年的8天缩短到2013年的3个半小时,每年可节约3800万美元。

---

① 赵江林:《战略方向与实施路径:中美丝绸之路倡议比较研究》,《战略决策研究》2015年10月。

② 美国国会网,https://2009-2017.state.gov/p/sca/ci/af/newsilkroad/index.htm。

企业与民间。区域经济联系带来了远远不止基础设施、边境口岸、商品和服务的流动。思想交流和经济市场的扩大也为青年、妇女和少数民族创造了机会,并促进了地区的稳定和繁荣。具体措施包括:为中亚数百名阿富汗学生提供求学资助;赞助中亚—阿富汗妇女经济研讨会和南亚女企业家研讨会,支持数千名女企业家和企业主;在阿拉木图、伊斯兰堡、喀布尔、马扎里沙里夫和特尔梅兹组织的贸易代表团因会见和会议带来了1500多万美元的贸易交易。

——现状与未来

美国国务院负责南亚和中亚事务的第一副助理国务卿理查德·霍格兰德大使表示美国的"新丝绸之路计划"与中国的丝绸之路经济带建设有相通之处,可以互为补充,特别是在中亚地区能源资源开发以及基础设施互联互通等方面具有广阔的合作前景。希望与中方加强沟通交流,探寻开展在第三国合作的具体形式,实现双赢甚至多赢的局面。然而自2016年希拉里在美国大选中落败以后,新丝绸之路计划目前一直搁浅,未来能否继续发挥作用尚未可知。

同时,由于南亚和中亚地区的国家整体经济发展水平较低,各国间关系敏感复杂,且对地区经济合作的认同度总体较低,美国推动地区贸易便利化、加强地区互联互通等政策目标难以在短期内实现。再加上地区安全形势不稳定,在美国整体财政状况欠佳、全球战略向内收缩的情况下,无论是当时的奥巴马政府还是目前的特朗普政府,恐怕都没有精力和财力全面推动新丝绸之路计划。因此,对新丝绸之路计划做"窄化"处理最符合美国在该地区的利益。但也应看到,虽然新丝绸之路计划在特朗普上台执政后便处于停滞状态,但美国没有放弃经略中亚地区。新丝绸之路计划项下部分项目仍在推进过程中。(本条执笔:魏斯莹)

100. 俄罗斯的欧亚经济联盟与"一带一路"

——概念及主体内容

欧亚经济联盟是由俄罗斯主导建立的、致力于推动地区经济一体化进程的区域组织。在2011年11月18日的《欧亚经济一体化宣言》基础之上,白罗斯、哈萨克斯坦、俄罗斯三国2014年5月29日在阿斯塔纳签署《欧亚经济联盟条约》(Treaty on the Eurasian Economic Union),宣布2015年1月1日正式启动欧亚经济联盟(The Eurasian Economic Union)。2015年1月2日和8月12日,亚美尼亚和吉尔吉斯斯坦正式成为欧亚经济联盟成员国。2017年4月,摩尔多瓦成为欧亚经济联盟首个观察员国。

欧亚经济联盟已成为世界上重要的区域经济组织。欧亚经济联盟覆盖

1.827亿人口和2000万平方千米；2014年的国内生产总值高达2.2万亿美元，占全球的3.2%；2016年的工业产出占全球的2.2%；2014年的出口量与进口量分别占全球的3.7%、2.3%。①

欧亚经济联盟已制定自身经济一体化的时间表，如力争在2025年实现内部商品、服务、资金和劳动力的自由流动，终极目标是建立类似于欧盟的经济联盟。与此同时，欧亚经济联盟积极推进与区域外国家和组织的经济合作进程，如与中国签署对接合作协议，与越南签署首个自贸协议。

——与"一带一路"的战略对接

政策沟通方面。在欧亚经济联盟正式成立之前，中国与俄罗斯两国2014年就《中华人民共和国与俄罗斯联邦关于全面战略协作伙伴关系新阶段的联合声明》中表示，双方将寻找丝绸之路经济带项目和将建立的欧亚经济联盟之间可行的契合点。② 2015年5月8日，中国和俄罗斯在莫斯科发表的《中华人民共和国与俄罗斯联邦关于丝绸之路经济带建设和欧亚经济联盟建设对接合作的联合声明》指出，中方支持俄方积极推进欧亚经济联盟框架内一体化进程，并将启动与欧亚经济联盟经贸合作方面的协议谈判；双方将共同协商，努力将丝绸之路经济带建设和欧亚经济联盟建设相对接，确保地区经济持续稳定增长，加强区域经济一体化，维护地区和平与发展。根据中俄两国领导人达成的共识，双方建立了副外长级别的丝绸之路经济带建设与欧亚经济联盟建设对接合作协调机制工作组。同时双方还签署了《中华人民共和国商务部和欧亚经济委员会关于启动中国与欧亚经济联盟经贸合作伙伴协定的联合声明》，决定建立自贸区。③ 2016年6月25日，中国商务部与欧亚经济委员会签署了《关于正式启动中国与欧亚经济联盟经贸合作伙伴协定谈判的联合声明》。中国与欧亚经济联盟经贸合作伙伴协定主要集中在贸易便利化、行业问题、海关合作等领域。④

设施联通方面。基础设施的互联互通是欧亚经济联盟与"一带一路"对接的重要组成部分。2015年2月，"一带一路"首个实体项目——中哈物流铁路专运线正式开通。开通后，连云港将成为哈萨克斯坦通过中国进出口过境运输唯一港口，同时也将提升中国与欧亚经济联盟之间的互联互通能力。⑤ 作为莫

---

① The Eurasian Economic Union, General Information, http://www.eaeunion.org/? lang = en#about-info.
② 《中俄关于全面战略协作伙伴关系新阶段的联合声明》，2014年5月20日，新华网，http://www.xinhuanet.com/world/2014 - 05/20/c_ 1110779577_ 3. htm。
③ 《商务部部长：中国与欧亚经济联盟最终将建立自贸区》，2015年5月10日，中国政府网，http://www.gov.cn/xinwen/2015 - 05/10/content_ 2859756. htm。
④ 《欧亚经济联盟同中国启动经贸合作伙伴协定谈判》，2016年7月1日，中华人民共和国商务部网站，http://www.mofcom.gov.cn/article/i/jyjl/e/201607/20160701351179.shtml。
⑤ 《中哈物流铁路专运线即将开通》，《人民日报》（海外版）2015年1月14日第2版。

斯科—北京高铁和连接中国与欧洲、近东市场的"丝绸之路"的一部分,莫斯科—喀山高铁计划于2017年年内完成设计工作,2018年开工建设。① "双西公路"东起中国连云港,西至俄罗斯圣彼得堡,与欧洲公路网相连,途经中哈俄三国数十座城市,总长8445千米。

贸易畅通方面。中国与欧亚经济联盟之间的贸易具有互补性,贸易潜力巨大。2016年,欧亚经济联盟与中国进出口贸易额785.6亿美元。中国对于欧亚经济联盟的投资总额不断增加,已成为中国投资的重点地区。中国向欧亚经济联盟国家直接投资存量大幅增长,2008—2016年,中国企业对欧亚经济联盟国家的累计直接投资额增长138%,至257亿美元。② 合作建设产业园也是中国与欧亚经济联盟经济合作的重要内容。在陕西省西咸新区建立中俄丝绸之路高科技产业园,在莫斯科建立高科技产业园。2015年,中国和白俄罗斯开始建设中白工业园。作为中国目前对外合作层次最高、占地面积最大、政策条件最为优越的园区,中白工业园区已成为构建丝绸之路经济带的标志性工程,也将深化中国与欧亚经济联盟的贸易互联互通。③

资金融通方面。中国加强与欧亚经济联盟的金融领域的合作。中国与欧亚经济联盟成员国均签署了双边本币互换协议。这将推动中国与欧亚经济联盟的经济合作力度与深度。与此同时,中国与欧亚经济联盟国家在亚洲基础设施投资银行、金砖国家开发银行、上海合作组织银行联合体等多边金融机构内积极开展合作。

民心相通领域。国之交在于民相亲,民相亲在于心相通。中国与欧亚经济联盟国家举办有关丝绸之路的文化项目。2014年12月9—10日,以"共创21世纪丝绸之路文化带"为主题的第一届丝绸之路国际文化论坛在哈萨克斯坦共和国首都阿斯塔纳市成功召开。2015年9月13—15日,以"发展伙伴关系、共商文化合作"为主题的第二届丝绸之路国际文化论坛在俄罗斯联邦首都莫斯科举办。中国与欧亚经济联盟国家相互之间举办艺术节、文化年、图书展和电影节等文化活动。截至2017年12月31日,在欧亚经济联盟国家构建有30个孔子学院和36个孔子学堂。④ 中国已成为欧亚经济联盟国家主要的留学目的地。为了推动有关丝绸之路的国际学术研究合作,2015年5月22日,由西安

---

① 《俄铁路公司表示莫斯科—喀山高铁拟于2018年开工建设》,2017年8月17日,中国驻哈巴罗夫斯克总领馆经商室,http://khabarovsk.mofcom.gov.cn/article/jmxw/201708/20170802628084.shtml。
② 《中国企业近8年对欧亚经济联盟的累计直接投资增长138%》,2017年2月16日,中华人民共和国商务部网站,http://fec.mofcom.gov.cn/article/ywzn/xgzx/guonei/201702/20170202516552.shtml。
③ 《中白工业园成中国最大海外工业园区》,《深圳特区报》2016年10月21日。
④ 《关于孔子学院/课堂》,孔子学院总部,http://www.hanban.edu.cn/confuciousinstitutes/node_10961.htm。

交通大学倡议的丝绸之路大学联盟正式成立。莫斯科动力工程学院、纳扎尔巴耶夫大学、哈萨克斯坦阿尔法拉比国立大学等欧亚经济联盟国家的大学已加入联盟。[①]

——与"一带一路"倡议对接的条件

尽管丝绸之路经济带与欧亚经济联盟是两类不同性质的经济合作模式，但两大合作倡议仍具有坚实的合作基础。特别是欧亚经济联盟放缓内部的深度一体化，转向拓展亚欧地区更广泛的合作伙伴关系，为"一带一路"倡议与欧亚经济联盟对接创造了条件。

第一，欧亚经济联盟在亚欧空间拓展区域经济一体化，与"一带一路"倡议推动亚欧互联互通的目标一致。2016年3月，中、俄、哈、吉、塔五国经济部长讨论在上合空间建立经济大陆伙伴关系的可能性和机制。此外，俄罗斯积极推动欧亚联盟与其他国家建立自由贸易区。除了2015年5月与越南签署自由贸易协定外，与印度、伊朗、柬埔寨、埃及等国的自由贸易协定谈判都逐渐进入议事日程。欧亚经济联盟合作范围的拓展，也为其与"一带一路"对接提供了更广阔的空间。

第二，两者关注的重点合作领域重叠。欧亚经济联盟的重要目标是对内推动商品、资本、服务和人员的自由流动。"一带一路"倡议的主要目标是"五通"。二者在市场规则与行业技术标准协调和具体项目落实方面有很大的合作空间。2015年9月，欧亚经济联盟政府间委员会会议通过的《欧亚经济联盟成员国工业合作的基本方向》文件所列举的产业、交通、能源、高新技术以及农业和金融领域的相关项目都是两者共同关注的重要领域。

第三，中俄战略互信为欧亚经济联盟与"一带一路"倡议对接奠定政治基础。中国与俄罗斯及中亚国家建立战略伙伴关系，形成了高度的政治互信，为推动丝绸之路经济带建设和欧亚经济联盟对接提供了政治前提。

第四，上海合作组织为欧亚经济联盟与"一带一路"倡议对接提供平台。上海合作组织是在亚欧区域内发展较为成熟的合作机制，其有力推动了成员国在海关、交通运输、能源、金融合作、电子商务、农业、通信等领域的合作。上海合作组织的目标与欧亚经济联盟高度一致。上海合作组织覆盖的各类成员都是丝绸之路经济带上的重要国家。上海合作组织的特殊地位使其能够为丝绸之路经济带和欧亚经济联盟对接提供有效的平台。

——与"一带一路"对接：前景与挑战

2015年5月签署的《关于丝绸之路经济带建设和欧亚经济联盟建设对接

---

① 参见丝绸之路大学联盟官网：http://uasr.xjtu.edu.cn/sy1/sy.htm。

合作的联合声明》标志着"一带一路"与欧亚经济联盟对接进程正式开启。联合声明提出，双方努力将丝绸之路经济带建设和欧亚经济联盟建设相对接，确保地区经济持续稳定增长，加强区域经济一体化，维护地区和平与发展，开辟整个亚欧大陆的共同经济空间。并且，联合声明还提出欧亚经济联盟将与丝绸之路经济带在以下领域加强对接合作：在交通基础设施、物流和多式联运方面加强互联互通；扩大投资贸易合作，实现贸易便利化，优化贸易结构；促进相互投资便利化和产能合作；促进金融合作，实现货币互换和本币结算，深化项目和贸易融资；推动区域和全球多边合作。

丝绸之路经济带不仅会加强亚欧经济体间的互联互通，还可以利用中国巨大的市场规模扩大欧亚经济联盟成员国的出口，带动各国经济发展。各成员国将欧亚经济联盟与"一带一路"对接视为重振本国科技优势，改变"去工业化"消极影响，恢复制造业竞争力，振兴经济的重要增长点。[1] 中国将推动丝绸之路经济带与欧亚经济联盟的对接合作作为亚欧地区互联互通的重要引擎。因此，"一带一路"与欧亚经济联盟对接前景将非常广阔。未来欧亚经济联盟将与"一带一路"在促进区域内贸易便利化、建立中国与欧亚经济联盟自贸区、打造跨境经济合作区与产业园、加强物流、交通基础设施、多式联运等领域的互联互通、推进工业产能对接、加强金融合作、推进具体合作项目落实等方面不断推进，在亚欧地区开辟共同的经济空间。我们仍需认识到，尽管中国和欧亚经济联盟成员国合作的动力强劲其具有良好的对接条件，但是欧亚经济联盟自身的问题及该地区的特殊情况，会对未来欧亚经济联盟与"一带一路"的对接合作构成挑战。特别是，欧亚经济联盟内部经济结构趋同和市场需求低迷、欧亚经济联盟与盟外经济体存在较高的贸易和投资壁垒、欧亚经济联盟外部竞争的压力不断增大、中亚地区政治动荡和社会不稳定及面临大国竞争以及恐怖主义等非传统安全威胁因素都将会制约区域内的互联互通合作。因此，欧亚经济联盟与"一带一路"的对接合作需要付出长期的努力和持久的耐心，仍需通过具体项目的稳步落实不断汇聚合作动力。（本条执笔：田光强、刘玮）

101. 日本的亚洲基建投资计划与"一带一路"

2015 年，安倍首相提出"高质量基础设施合作伙伴关系"，通过加强民间金融，提升日本国际协力机构、亚洲开发银行和国际协力银行之间的合作，以在亚洲地区实现"高质量基础设施投资"，并使之有益于经济社会和环境。

---

[1] 王维然、王京梁：《试析欧亚经济联盟的发展前景》，《现代国际关系》2015 年第 8 期。

2013年,"一带一路"倡议提出后,日本官方一直未明确表现出支持的态度。直到2017年年底,安倍政府开始逐渐表示对"一带一路"倡议的支持。中日双方在经济层面有较大的合作空间,在实现"高质量基础设施投资计划"和"一带一路"倡议对接上机遇与挑战并存。

——概念阐述与主体内容

2015年5月21日,日本首相安倍晋三在第二十一次"亚洲的未来"国际交流会议晚餐会上,提出"高质量基础设施合作伙伴关系"(「質の高いインフラパートナーシップ」)。他指出,日本政府将与其他国家和国际组织合作推进"高质量基础设施投资"。为此,日本与亚洲开发银行(Asian Development Bank,ADB)一起在未来5年将对亚洲提供将近1100亿美元的资金。[①] 包括加强民间金融,强调"质量和数量"同等重要。而"高质量基础设施"的特征包含:经济效率、安全、抵御自然灾害、环境和社会效应、有益于当地社会和经济。

日本实施"高质量基础设施合作伙伴关系"包括四大支柱:

一是全面利用日本的经济合作以扩展援助。通过协调日本官方开发援助(Official Development Assistance,ODA)贷款、技术合作和大型援助,并加强国际协力机构(Japan International Cooperation Agency,JICA)的私人部门投资,以增加25%的日本对亚洲基础设施的ODA贷款。利用新形式ODA贷款,即对发展中国家提供资金和为基础设施建设PPP项目提供保障。其中,JICA的贷款、海外的投融资要更为迅速。申请JICA贷款的重要项目,政府机构的相关手续要缩短至最长1年半的时间,而其他普通项目的手续缩短至最长2年。民间企业通过JICA向海外进行投融资,从提出申请之日起,原则上中央三省厅机构要在2周以内对申请进行审查。

二是加强日本与亚洲开发银行的合作。支持亚洲开发银行项目,例如增强亚洲开发银行贷款能力;扩大对私人部门的贷款比例;缩短项目准备时间。鼓励亚洲开发银行未来资金增长的倡议。通过国际协力机构和亚洲开发银行合作的新模式,对PPP等民间基础设施建设项目进行支持。2015年年末,国际协力机构将在亚洲开发银行设立新的信托基金。在今后5年时间,该信托基金将提供最高达15亿美元的投融资。为推进高质量公共基础设施建设,亚洲开发银行与国际协力机构合作将制订长期支援计划,与外国政府开展技术合作,并提供资金支持。今后5年,亚洲开发银行和国际协力机构将为此融资100亿美元。为顺利实施高质量基础设施建设计划,日本政府、亚洲开发银行和国际协

---

① 参见「「質の高いインフラパートナーシップ」の公表」,2015年5月21日,http://www.mofa.go.jp/mofaj/gaiko/oda/about/doukou/page18_000075.html。

力机构将定期开展高层政策对话。

三是强化日本国际协力银行的功能,实现对项目的资金支持翻一番。日本国际协力银行增加对海外基础设施建设的支援手段,例如通过追增提供对银行的"两级贷款"、购买债券等方式支持基础设施项目建设。增强日本国际协力银行为 PPP 基础设施项目的资金支持能力,例如高风险项目。对海外的通信、广播、邮政事业进行投资,并成立支持通信、广播、邮政事业的机构——JICT。通过 2014 年 10 月成立的 JOIN(海外交通·都市开发事业支援机构),以利用日本新干线技术为前提,向海外的高速铁路建设项目提供资金支持。通过日本海外基础设施投资公司,促进他国交通和城市发展。

四是推广"高质量基础设施投资",使其成为国际标准。通过媒体传播"高质量基础设施投资"的成功实践;探讨国际开发金融机构(MDBs)与亚洲开发银行合作,对基础设施建设项目进行投资;制作《高质量基础设施投资事例集》,并翻译成英文向各国发布,及时更新事例集的内容;提供直接参与体验日本先进技术的机会;与国际组织(如世界银行和亚洲开发银行)和伙伴国一起开展"高质量基础设施投资"的研讨会;在国际会议(如 G20 和联合国)上强调"高质量基础设施投资"的重要性;"高质量基础设施投资"技术合作的开展。[1]

此外,日本在实施"高质量基础设施投资计划"过程中提出了高质量基础设施投资的五大基本要素:(1)通过 PPP 等方式进行;(2)整体与发展中国家和地区的社会经济开发和发展战略的需求相适应;(3)以高标准来保护社会环境;(4)确保基础设施建设的质量,包括低成本的经济性、包容性、安全性、坚固性、可持续性、便利性;(5)对当地社会经济的贡献。[2] 在亚洲地区,日本极力推动"高质量基础设施建设",如印度新德里地铁,日本方面认为其以"安全第一"为原则,并强调对自然环境的友好度;蒙古乌兰巴托太阳桥援引日本技术,缓解了当地的交通压力;越南—日本友谊桥也引用日本技术,并在发展中强调交通安全。且除了在亚洲地区之外,日本还在"七国集团"等国际平台上推广"高质量基础设施投资"。

——与"一带一路"对接情况及其取得的进展

"一带一路"倡议提出后,日本政府对"一带一路"倡议态度一直不太积极。而从 2017 年年底开始,日本领导人对"一带一路"倡议的态度发生转变。

---

[1] 「質の高いインフラパートナーシップ」,日本外务省,http://www.mofa.go.jp/mofaj/gaiko/oda/files/000112659.pdf。

[2] 「「質の高いインフラ投資」事例集」,日本外务省国际协力局编集,第 6 页,http://www.mofa.go.jp/mofaj/gaiko/oda/files/000083884.pdf。

2017年11月11日，在越南岘港召开APEC会议期间，中日两国首脑举行了会谈。其间，习近平指出，互利合作是中日关系向前发展的动力。新形势下，双方应该提升双边务实合作水平，积极推进区域经济一体化，推动"一带一路"框架内合作尽早落地。安倍首相对习近平表示，"即使在第三国也希望与中国在商业上进行合作，这不仅对中日两国，对当地国也具有一定意义"。并对"一带一路"倡议表示支持。之后12月4日，在东京召开的中日CEO峰会上，安倍首相再次表示，"中日两国携手合作应对亚洲旺盛的基础设施需求，这样不仅对中日两国的发展，对亚洲各国人民的繁荣也会做出贡献，再次对'一带一路'倡议表示赞赏"。2018年1月24日，安倍在众议院全体会议上就中国倡导的"一带一路"构想表示，"期待能为地区的和平与繁荣做出贡献。日本将从这一观点出发同中国展开合作"。①

在具体合作措施方面，2017年11月末，日本首相官邸、外务省、财务省、经济产业省和国土交通省共同制定了中日民间企业合作的指南，向参加"一带一路"的企业指明了可合作的领域，包括节能环保、太阳能和风力发电站的开发与运营；产业集聚化，共同开发泰国东部的工业园区；物流建设，良好利用中欧铁路网，推进相关制度改善。其中，他们特别指出，不支持可能用于军事目的的港口开发。并且，政府支持的金融机构也开始探讨相互合作方式。同时，日本政府还努力说服对与中国合作的抱有疑虑的日本企业参与合作。②

随着亚洲地区经济一体化的发展，以及"一带一路"倡议的不断推进，日本政府改变了最初的消极态度。中日两国在"一带一路"倡议下的对接合作也逐渐开始。从日本方面的行动来看，日本虽一方面关注中日之间的合作，鼓励企业参与"一带一路"合作倡议。与此同时，日本也继续在战略上制衡中国。2017年11月，在特朗普总统访日时，日本方面发表了"自由开放的印度太平洋战略"，显示出牵制中国经济崛起的意图。但日本方面也认识到，随着中日之间经济联系的加强，日本方面不能无条件地限制中国，需要参与到"一带一路"倡议中来，从而获得一定的经济利益。由此可见，日本希望通过参与"一带一路"倡议加强与中国和亚太地区的经济联系。但由于地缘结构矛盾，日本一定程度上仍然在防范甚至制约中国的经济崛起。

——未来发展方向

日本"高质量基础设施投资计划"是日本针对亚洲互联互通发展提出的地

---

① 冈田充：「安倍政権が一転、中国の「一帯一路」支持で動き出す経済界」，BUSINESS INSIDER JAPAN，2017年12月13日，https://www.businessinsider.jp/post-108346。

② 「中国に手を差し出す日本…「一帯一路」への参加を具体化」，the hankyoren，2017年12月5日，https://headlines.yahoo.co.jp/hl? a=20171205-00029156-hankyoreh-kr。

区基础设施联通的合作计划。虽然当前中日两国并未就两个合作倡议的对接而开展具体的合作项目，但是从地区经济发展形势，两大合作倡议的发展目标、手段和内容方面，双方对接存在一定的潜力。

首先，从地缘经济因素看，亚洲地区经济融合的发展强化了对互联互通建设的需求。在亚洲开发银行《满足亚洲基础设施建设需求》的报告中指出，亚洲及太平洋地区若保持现有增长势头，到2030年其基础设施建设需求总计将超过22.6万亿美元（每年1.5万亿美元）。[1] 亚洲地区有许多国家的基础设施条件还比较落后。中日两国作为地区经济实力相对较强的国家，且在基础设施建设中有一定的经验，双方加强合作，有利于共同实现亚洲互联互通，这符合地区经济发展需求和态势。

其次，双方发展目标趋同，"高质量基础设施合作伙伴关系"和"一带一路"倡议都对地区繁荣和发展的关切。日本"高质量基础设施合作伙伴关系"强调基础设施的质量和数量同等重要，且关注基础设施建设的社会环境和经济效应。而"一带一路"倡议强调"绿色"发展，即"绿色"带路的概念。因此，两大倡议在发展内容和目标层面存在一定的相似性，双方存在对接合作的可能。

最后，双方合作具有现实条件，即两大倡议都关注基础设施联通，且强调多元化的融资手段。日本"高质量基础设施投资计划"的第四大支柱中强调与国际组织等开展合作，共同推行高质量基础设施投资。而在"一带一路"倡议发展下，亚洲基础设施投资银行的成立，为两大倡议的具体对接提供机制和组织条件。

但是，由于国家间竞争和地区合作机制间竞争，日本"高质量基础设施合作伙伴计划"与"一带一路"倡议的对接也存在一定的限制因素。一方面，中日两国在亚太地区合作机制中存在着主导地位的竞争。由于两国历史和现实因素，中日两国间政治互信缺失，一直以来两国存在对地区合作主导权的竞争。这也是"一带一路"倡议提出后，日本方面不太积极响应的重要原因。因此，在双方地区合作计划对接过程中，如何化解双方在合作主导权上的矛盾，是两者对接的一大挑战。另一方面，亚太地区存在多种地区合作机制，这在一定程度上降低了两者合作的可能性。如日本一直以来支持TPP，即使在美国宣布退出后，日本仍大力推进其落实。且中日在经济发展上存在一定的差距，双方对地区经济合作的具体标准和规则的界定也有差别。因此，两者在具体对接的规则和细节上存在一定的挑战。

---

[1] Asian Development Bank，"Meeting Asia's Infrastructure Needs"，https：//www.adb.org/sites/default/files/publication/227496/special-report-infrastructure.pdf.

在机遇和挑战并存下，中日双方需要从高层共识、项目合作和民间合作等层面来加强两者的对接。首先，以"促进地区繁荣和发展"为目标，形成合作共识。中日在地区合作中虽存在一定的竞争，但日本"高质量基础设施投资计划"和中国"一带一路"倡议都旨在促进地区经济发展。因此，以促进地区发展为共同目标下，扩大双方共同利益和发展目标的认知，为双方合作打下基础。其次，以项目带合作，通过具体的项目促进双方合作。"一带一路"倡议在具体建设内容方面包含"五通"，在中日双方未达成具体的合作框架下，可以先从具体的合作项目入手，以促进双方合作进程。最后，民间先行，加强中日民间经济联系。在2012年"钓鱼岛事件"以来，中日关系一度遇冷，也影响到中日经济交往。而民间行为体具有一定的灵活性，通过民间经济交流带动双方合作。（本条执笔：刘静烨）

102. 印度的"季风计划"与"一带一路"

——缘起、内涵与发展

"季风计划"（Project Mausam），全称"季风计划：海上路线与文化景观"（Project Mausam: Maritime Routes and Cultural Landscapes），在2014年6月20日卡塔尔多哈召开的第三十八届世界遗产大会上由印度文化部宣布启动，是一项由印度发起的涵盖世界文化遗产名录上包括自然和文化遗产等要素的跨国性倡议。"Mausam"源自阿拉伯语，其词源指的是船只可以安全航行的季节。季风计划借用的气候词汇"季风"，是指北印度洋由于受南亚热带季风气候影响而形成的特殊北印度洋季风环流。夏季（5—9月），在西南季风的影响下形成顺时针大洋环流圈。冬季（11—3月），在东北季风的影响下形成逆时针大洋环流圈。正是基于对自然环境的适应与利用，印度洋地区自古就利用季风环流开展区域内和跨区域的贸易与人文交流。

印度提出"季风计划"的理念，既基于对印度洋地区贸易交往与人文交流的辉煌历史的向往，也着眼于对恢复过去荣光的责任与使命。时任联合国教科文组织总干事对印度倡议表示赞赏，一些区域内甚至区域外的国家也对此计划表现出了兴趣。"季风计划"由印度文化部主导，由位于新德里的英迪拉·甘地国家艺术中心（IGNCA）负责计划的实施与协调，印度考古局（ASI）和印度国立博物馆（NMI）作为两个支持机构提供支持。同时，"季风计划"包括的若干主题，则主要通过联合国教科文组织的各种文化公约加以实施。

"季风计划"是一个多学科的项目，将重建印度洋地区各国长期失去的联系，并建立起新的合作和交流通道。"季风计划"的核心要素是文化路线和海洋景观。这两个要素不仅将印度洋沿岸不同地区联系在一起，也将沿海中心与内陆腹地连接起来，而且更为重要的是，共享的知识系统和思想沿着这些路线传播，并影响到沿海中心和周边广大地区。因此，"季风计划"的战略目标分两个维度：在宏观层面，通过"重新联结"和"重新建立"印度洋地区国家间的各种联系渠道，以巩固各方对文化价值观念与关切的相互理解；在微观层面，则是聚焦在区域海洋环境中增强对不同民族文化的理解。

在最初的计划推进与项目实施层面，季风计划有三个目标：一是推动印度洋海上交通与文化传播线路跨国联合申报世界遗产；二是建立"海上文化景观与路线"综合数据库，在联合国教科文组织建立相关在线平台；三是协调联合国教科文组织各文化公约和世界遗产公约的关系，为"季风计划"联合申遗扫清障碍。[1] 可以看出，"季风计划"在最初阶段的目标基本上完全聚焦于印度洋地区的文化项目。

然而从时间的维度上看，"季风计划"的发展则经历了三个阶段。从计划的内涵看，"季风计划"也经历了从单一文化项目转变为涵盖政治、经济、文化与安全要素的国家综合性战略。第一阶段是2014年6月以前以非政府智库为主要推动力量的文化研究。第二阶段是2014年6月至2014年9月印度政府接力非政府智库推动的文化研究，将"季风计划"上升为印度国家层面的文化战略，目标在于推动印度洋沿岸国家集体申报世界文化遗产项目，复兴印度洋古代海上航路和环印度洋地区国家间的文化联系，同时也强化印度在印度洋地区的文化核心地位。第三阶段是2014年9月举行关于"季风计划"的特别会议后，"季风计划"开始由单一的文化战略转向包含政治、经济、文化甚至安全要素的综合性战略。[2]

2014年9月16日，印度外交部和文化部围绕"季风计划"举行特别会议，两个部门的官员明确表示，"季风计划"不仅要着眼于印度的文化地位，还有必要涵盖相关严肃的战略层面。[3] 因此，学者将这次特别会议视为印度将"季风计划"由功能单一的文化战略提升为具有综合性功能和外交战略意味的国家战略规划的一个标志。同年11月17日，印度考古局和喀拉拉邦旅游局在科钦召开以"印度洋区域：印度的文化景观和海上贸易航路"为主题的全国性会议，推动旨在建立跨文化联系和恢复历史海事文化和经济关系的"季风计划"。印度文化部秘书在致辞中强调，生产性劳动、天文学、航海学、船舶制造、港

---

[1] 曾祥裕、杜宏：《印度海上合作新倡议的内涵、影响与对策》，《南亚研究季刊》2016年第3期。
[2] 陈菲：《"一带一路"与印度"季风计划"的战略对接研究》，《国际展望》2015年第6期。
[3] Sachin Parashar, "Narendra Modi's 'Mausam' manoeuvre to check China's maritime might", *The Times of India*, September 16, 2014, https://timesofindia.indiatimes.com/india/Narendra-Modis-Mausam-manoeuvre-to-check-Chinas-maritime-might/articleshow/42562085.cms.

口建设、沿岸文化景观、移民和移民社区都将成为"季风计划"的内容。①

2015年3月,印度媒体报道称,政府提出的"季风计划"框架,目标是与包括南非、毛里求斯、也门、巴林、埃及、伊拉克、巴基斯坦、孟加拉国、泰国、柬埔寨、菲律宾、印度尼西亚、新加坡、中国以及斯里兰卡在内的39个与印度洋有密切联系的国家建立联系。②

印度总理莫迪为推进"季风计划",于2015年3月出访塞舌尔、毛里求斯和斯里兰卡印度洋三国,目标就是扩大与这三个国家的政治、经济与军事联系。莫迪对印度洋三国的访问,证明了印度的"季风计划"已经完成转型,从一个文化项目演变为一个综合性的战略性倡议。

——与"一带一路"对接的现状与问题

中国于2013年9月和10月先后提出建设"丝绸之路经济带"和重建"21世纪海上丝绸之路",而作为印度国家文化战略的"季风计划"是于2014年6月提出的,较中国提出"一带一路"倡议晚8个月。"一带一路"倡议与内涵扩大后的"季风计划"在地理范围上有较大重合,在内涵要素上具有相似之处,在实施路径与最终目标上也有共通之处,因此两者在本质上并不具有天然的对抗性,相反却有实现彼此对接甚至相互融合的机遇。

中国在推进"一带一路"建设过程中始终秉持共商、共建、共享的理念,在2014年2月中印边界问题特别代表第17轮会谈期间正式邀请印度参与"21世纪海上丝绸之路"建设,③印度团结进步联盟政府(UPA)总理曼莫汉·辛格表示将积极参与"孟中印缅经济走廊"和"丝绸之路经济带"建设。④而在"季风计划"框架内,印度政府最初计划与印度洋沿岸的39个国家建立跨文化与经贸的联系,尽管中国不是印度洋沿岸国家,但最初是被列入框架名单中的。⑤

---

① "Meet on Indian Ocean Trade Routes, Sites Begins", *The New Indian Express*, November 19, 2014, http://www.newindianexpress.com/cities/kochi/Meet-on-Indian-Ocean-Trade-Routes-Sites-Begins/2014/11/18/article2528470.ece.

② Rumani Saikia Phukan, "India's Tourism Sector: Achievements and the Road Ahead", *Maps of India*, May 31, 2015, https://www.mapsofindia.com/my-india/government/indias-tourism-sector-achievments-and-the-road-ahead.

③ Vijay Sakhuja, "The Maritime Silk Route and the Chinese Charm Offensive," in Aparupa Bhattacherjee ed., "The Maritime Great Game: India, China, US & The Indian Ocean," *IPCS Special Focus*, p.6, http://www.ipcs.org/pdf_file/issue/SR150-IPCSSpecialFocus-MaritimeGreatGame.pdf.

④ 《印度总理辛格会见杨洁篪》,2014年2月11日,中国驻印度大使馆网,http://www.fmprc.gov.cn/ce/cein/chn/zywl/t1127457.htm。

⑤ Rumani Saikia Phukan, "India's Tourism Sector: Achievements and the Road Ahead", *Maps of India*, May 31, 2015, https://www.mapsofindia.com/my-india/government/indias-tourism-sector-achievments-and-the-road-ahead.

然而最初的积极迹象并没有能够持续。2014年5月上台的莫迪任总理的全国民主联盟政府（NDA）不仅改变了上届团结进步联盟政府对中国"一带一路"倡议的积极立场，而且在推动"季风计划"实施过程中也没有将"季风计划"与中国"一带一路"进行直接关联，既不表明对接，也不明确对冲。印度莫迪政府最初奉行既不对接也不对冲的立场的意图有二：一是避免让国际社会将"季风计划"理解为针对"一带一路"的战略对冲行为；二是在推进"季风计划"的过程中为体现印度主导权和话语权而排斥有影响力的中国的直接参与。

在印度战略界，普遍的观点认为，印度将"季风计划"从文化战略提升到综合性战略，是为应对中国"一带一路"倡议尤其是反制"21世纪海上丝绸之路"对印度的消极影响。而在中国学者眼中，通过概念对接、功能对接和文化对接，中印之间能够规避冲突、凝聚共识、开拓合作。[①] 然而与中国的愿望背道而驰，尽管中国始终致力于邀请印度加入"一带一路"建设，但印度对中国"一带一路"的立场却从模糊与等待逐渐演变成质疑与反对。

实际上，印度立场转变所体现的，正是印度对中国推动"一带一路"建设的战略诉求有根深蒂固的疑虑。印度认为，中国的"一带一路"在经济上将通过投资扩大中国在周边地区的影响力，在外交上将利于塑造中国正面积极的国际形象，在战略上可抵消美国"亚太再平衡"的战略压力，在安全上可保障印度洋能源通道安全，同时还可为中国参与印度洋沿线国家的基础设施建设提供合法性。[②] 客观而言，印度决策者更多的是从零和博弈的视角看待中印在印度洋地区的互动，这不仅导致印度对"21世纪海上丝绸之路"认知的负面倾向愈演愈烈，同时也制约了中国倡议与"季风计划"进行有效对接的空间。

尽管印度对"一带一路"倡议的认知存在较深的疑虑，但中国始终致力于彼此发展战略对接，希望将"一带一路"与印度的"季风计划"进行有效对接。2015年4月中国驻印大使在对印度大学的演讲中曾明确指出，中方重视印方对"一带一路"的看法和建议，愿同印方进一步加强政策沟通，期待将"一带一路"倡议与印度"香料之路"和"季风计划"等规划对接，形成合作"最大公约数"。[③]

2016年6月核供应国集团（NSG）年会在首尔召开，因印度将未能实现申

[①] 陈菲：《"一带一路"与印度"季风计划"的战略对接研究》，《国际展望》2015年第6期。

[②] Vijay Sakhuja, "Xi Jinping and the Maritime Silk Road: The Indian Dilemma", *IPCS Article*, No. 4662, September 15, 2014, http://www.ipcs.org/article/china/xi-jinping-and-the-maritimesilk-road-the-indian-dilemma-4662.html.

[③] 《乐玉成大使在尼赫鲁大学"一带一路"研讨会上的演讲》，2015年4月7日，中华人民共和国驻印度共和国大使馆网站，http://www.fmprc.gov.cn/ce/cein/chn/sgxw/t1252684.htm.

请加入核供应国集团诉求的原因指向中国，导致中印矛盾因"具体问题"而公开化和表面化，随着印度国内反华情绪明显抬头，印度战略界对华认知也总体上出现逆转，印度政府对"一带一路"的政策取向也从"模糊"走向"明朗"，开始奉行公开的反对、竞争与对冲，并决意缺席2017年5月在北京召开的"一带一路"国际合作高峰论坛。印度对"一带一路"的政策立场中，"对冲"与"竞争"特征凸显。首先是印度指责中国"一带一路"倡议缺乏公开性和透明度，对相关国家的财政可持续性构成威胁。其次是明确地反对中巴经济走廊（CPEC），认为互联互通项目必须以尊重主权和领土完整的方式进行，并以中巴经济走廊经过巴控克什米尔这一印巴争议地区为由对走廊提出反对。最后是迟滞孟中印缅经济走廊（BCIM）进程，不再回应中方关于建设中尼印经济走廊的建议。

为与中国的"一带一路"倡议展开竞争与对冲，印度有针对性地出台跨地区、区域内甚至次区域合作倡议或计划。在南亚地区，印度积极推进"孟不印尼"次区域合作（BBIN），以对冲中国针对该地区的经济走廊倡议。同时，在跨区域层面，强化与日本合作并提出"亚非增长走廊"计划。印度与日本于2017年5月提出的"亚非增长走廊"愿景文件，在地理范围上与中国的"21世纪海上丝绸之路"完全重合，计划涵盖项目发展与合作、高质量基础设施与机制化互联、能力建设与技能提升、民间伙伴关系四个领域的建设，以基础设施建设尤其是能力建设为重点，日本与印度在非洲、伊朗、斯里兰卡和东南亚国家兴建的多个基础建设项目被纳入该计划框架。

实际上，考虑到印度对"一带一路"倡议的疑虑，加之印度立场的转变，中国也照顾到相关国家参与"一带一路"建设的舒适度，不再强调印度的"加入"，而是强调彼此发展战略"对接"，例如中方建议积极探讨将中国"一带一路"与印度"东向行动"等战略对接，两国学者也在讨论将印度的"季风计划"与中国的"一带一路"倡议尤其是"21世纪海上丝绸之路"进行对接的可能性。然而对印度来说，明确反对作为"一带一路"旗舰项目的"中巴经济走廊"，不管这是印度的外交立场还是外交工具，都已经约束了印度对"一带一路"倡议的整体性政策选择。[①]

—— 与"一带一路"对接的未来发展趋势

中国始终倡导发展战略对接，将对印关系置于新时代中国外交的重要位置，愿与印方一道加强战略沟通、增进战略互信、拓展各领域务实合作，并提出愿与印度成为和平共处的好邻居、世代友好的好朋友和携手振兴的

[①] 叶海林：《莫迪政府对华"问题外交"策略研究——兼论该视角下印度对"一带一路"倡议的态度》，《当代亚太》2017年第6期。

好伙伴。① 目前，战略对接的妨碍与制约因素完全在于印度。

"季风计划"的提出与发展彰显了印度的战略抱负与雄心，表明印度希望借此计划从文化、战略甚至心理上强化自身在印度洋地区的存在与影响。然而客观地看，目前的"季风计划"仍是一个相对模糊战略，印度政府截至目前并没有出台关于"季风计划"的正式文件，也未成立对应的统筹机构，更缺少战略实施的具体规划。

总体来看，缺少核心要素的"季风计划"目前只是印度彰显战略雄心的一个积极姿态。因此，"季风计划"的未来发展方向及其能否与中国"一带一路"形成对接，都将有待观察。（本条执笔：吴兆礼）

103. 印度尼西亚的"全球海上支点战略"与"一带一路"

2013年10月，习近平在访问印度尼西亚时提出"21世纪海上丝绸之路"倡议。随后在2014年，印度尼西亚佐科总统提出"全球海上支点"战略。其后，中国、印度尼西亚在对接"全球海上支点"战略与"一带一路"倡议的实践中，从政策沟通、设施联通、资金融通、贸易畅通和民心相通五个方面开展合作。今后，双方将继续通过基础设施、产能合作和民间交流进一步加强合作。

——概念阐述与主体内容

2014年，印度尼西亚总统佐科在就职演说中提到，"我们要努力使印尼再次成为一个海洋国家；大洋、海域、海峡和海湾是我们文明的未来"。随后，在2014年11月的东盟峰会上，佐科再次阐述其施政目标是将印度尼西亚建成"全球海上支点"，并提出优先考虑建成五个支点，即复兴海洋文化、保护和经营海洋资源、发展海上交通基础设施、进行海上外交、提升海上防御能力。②至此，"全球海上支点"战略初具雏形。

具体来看，"全球海上支点"战略在促进经济发展方面包含以下两个方面：一方面，海上互联互通。印度尼西亚加强海上互联互通建设的根本即是加强群岛之间交通运输和升级港口基础设施建设，涉及岛屿面积达到600万平方千米。③

---

① 《印度总理莫迪会见杨洁篪》，2017年12月24日，中华人民共和国驻印度大使馆网站，http://www.fmprc.gov.cn/ce/cein/chn/zywl/t1521790.htm。

② Pandu Utama Manggala, "Rethinking Indonesia's global maritime axis", *The Jakarta Post*, March 22, 2015, http://www.thejakartapost.com/news/2015/03/22/rethinking-indonesia-s-global-maritime-axis.html.

③ Vibhanshu Shekhar and Joseph Chinyong Liow, "Indonesia as a Maritime Power: Jokowi's Vision, Strategies, and Obstacles Ahead", *Brookings*, November 2014, https://www.brookings.edu/articles/indonesia-as-a-maritime-power-jokowis-vision-strategies-and-obstacles-ahead/.

印度尼西亚政府计划在未来五年内兴建49座大型水坝，24个现代化港口，15座机场和1000千米高速公路，预计今后5年内总投资将超过700万亿印度尼西亚盾（约为554亿美元）。该计划一旦成功实施，印度尼西亚物流成本将降至国内生产总值的19%左右。① 另一方面，海洋商业的发展。佐科总统表示将继续大力实施以开发和利用海洋资源为重点的"印尼经济建设总计划"（简称MP3EI），以此将印度尼西亚经济发展引向可持续发展的模式。印度尼西亚政府设定了以农业、采矿、能源、工业、海洋产业、旅游业、通信业和战略核心地区发展为重点的"八大项目"和建设苏门答腊—爪哇—加里曼丹—苏拉威西—巴厘—巴布亚"六大经济走廊"。②

"全球海上支点"战略偏向关注国内经济发展和国内政治改革。该战略的提出基于印度尼西亚国内经济发展形势。其中，印度尼西亚基础设施建设相对落后，物流运输等因素制约了印度尼西亚经济发展。同时，印度尼西亚经济结构不平衡也制约了其经济及对外经济的发展。因此，"全球海上支点"战略旨在对不利于经济发展的相关方面进行改革，实现印度尼西亚经济繁荣，从而增强其地区和对外影响力。而在将"全球海上支点"战略投射到外交政策层面有可能会遇到一些问题。如对外交往中强调海洋文化与印度尼西亚伊斯兰文化之间的平衡问题；实现印度尼西亚海洋安全与地区安全与稳定之间的协调等。

近年来，印度尼西亚经济发展不断趋好，从印度尼西亚经济增长情况和吸引对外投资情况就能看出。根据亚洲开发银行的数据统计，印度尼西亚2016年GDP增长率为5%，2017年为5.1%，2018年预测值为5.3%。③ 印度尼西亚投资协调委员会最新公布的数据显示，2017年印度尼西亚吸收外国直接投资总额达323.4亿美元（不含油气行业投资），较上年增长8.5%。新加坡、日本、中国分列印度尼西亚最大外资来源地前三名，采矿、机械、电子、工业地产、制药等成为热门投资行业。④

——与"一带一路"对接情况及其取得的进展

印度尼西亚是与"一带一路"倡议对接发展相对成熟的国家。2013年10月，习近平在访问印度尼西亚期间提出了"21世纪海上丝绸之路"的构想，

---

① 马博：《"一带一路"与印尼"全球海上支点"的战略对接研究》，《国际展望》2015年第6期。
② 中国驻印度尼西亚大使馆经济商务参赞处：《印尼新政府将继续实施MP3EI规划》，2014年9月11日，http://id.mofcom.gov.cn/article/ziranziyuan/huiyuan/201409/20140900727570.shtml。
③ ADB Database, https://www.adb.org/countries/indonesia/economy。
④ 《印尼外国直接投资显著增长》，2018年2月28日，中国经济网，http://cn.chinagate.cn/news/2018-02/28/content_50621460.htm。

且与苏希洛总统共同宣布将中国印度尼西亚关系提升为全面战略伙伴关系。在地缘上，印度尼西亚不仅是海上丝绸之路的重要支点国家，同时也是"21世纪海上丝绸之路"首倡之地。而从发展阶段上看，中国印度尼西亚关系发展进入历史机遇期。从双边关系看，中国印度尼西亚交流合作不断推进，双边关系稳定发展。因此，双方就"全球海上支点"战略与"一带一路"倡议的对接情况较好，在高层共识、政策沟通和具体的合作领域都取得了一定的成果。

首先，中国与印度尼西亚政策沟通初具成效。在中国提出"一带一路"倡议后，印度尼西亚方面也表示欢迎。2017年2月2日，印度尼西亚外交部发言人阿尔马纳塔·纳西尔表示，近年来中国企业对印度尼西亚直接投资快速增长，印度尼西亚期待与中国加强基础设施和能源领域的合作。希望将中国"一带一路"倡议和印度尼西亚"全球海洋支点"战略对接，使印度尼西亚能够更多获益。[①] 在2017年5月，首届"一带一路"国际合作高峰论坛期间，习近平与佐科总统会见时，习近平表示，"2013年10月我在印度尼西亚首次提出共同建设21世纪海上丝绸之路倡议。总统先生执政后，提出将印度尼西亚建设成为'全球海洋支点'。近年来，两国积极对接上述倡议和构想，全面深化合作，取得丰硕成果，为双边关系增添了更加丰富的内涵，打开了更加广阔的合作空间"。佐科表示，"印尼高度评价'一带一路'倡议和中方举办此次论坛，相信'一带一路'建设将为印度尼西亚同中国经济合作带来更多机遇。印度尼西亚愿深化同中方'一带一路'建设框架下合作，提高经贸投资水平，探讨有关经济互联互通走廊的建设，特别是工业、农业、电力、港口、旅游等领域重大项目合作，深化人文交流"[②]。2017年8月，中国—印度尼西亚高层经济对话第三次会议上，双方表示，要继续深入对接中方"21世纪海上丝绸之路"倡议和印度尼西亚"全球海洋支点"构想，共同推动中国印度尼西亚经贸合作不断深入发展。[③] 2018年2月9日，李克强总理会见访华的印度尼西亚外长蕾特诺。会见中，李克强总理表示，中方高度重视发展同印度尼西亚的关系，愿同印度尼西亚密切高层交往，将"一带一路"倡议同印度尼西亚发展战略更好衔接，推动基础设施等重点领域合作取得更多成果，为中国同印度尼西亚关系的发展注入新动力。蕾特诺

---

① 《印尼期待将"一带一路"倡议和印尼"全球海洋支点"战略对接》，《人民日报》（海外版）2017年3月3日，https://www.yidaiyilu.gov.cn/ghsl/hwksl/9109.htm。
② 《习近平会见印度尼西亚总统：推动两国在"一带一路"建设框架内全方位合作》，2017年5月14日，新华社，https://www.yidaiyilu.gov.cn/xwzx/xgcdt/13403.htm。
③ 《中印尼高层经济对话第三次会议举行深入推进"一带一路"建设》，《人民日报》2017年8月13日。

外长表示，印度尼西亚同中国的关系取得长足发展，合作成果丰硕。印度尼西亚方愿同中方加强高层互访，扩大经贸合作，深化人文交流，推进雅万高铁建设。欢迎中方积极参与印度尼西亚"三北综合经济走廊"建设。[1] 因此，中国和印度尼西亚双方高层都认识到合作对接的重要性，并为推动其对接做出了相关努力。

其次，中国与印度尼西亚设施联通不断推进。2016年10月，由中国电力建设集团参与投资建设的印度尼西亚明古鲁燃煤电站项目25日在明古鲁省首府明古鲁市举行开工仪式。项目总投资约3.6亿美元，其中75%为中国工商银行和中国进出口银行的银团融资贷款，25%为合资企业自有资金。项目预计2019年正式商业运营，运营期25年。2017年1月，由中国企业参与投资建设的印度尼西亚单体装机容量最大火力发电项目爪哇7号项目在万丹省西冷地区举行桩基工程开工仪式，标志着项目正式进入施工建设阶段。2017年7月，由中国中铁股份有限公司承建的印度尼西亚雅加达至万隆高速铁路瓦利尼隧道工程的开工仪式15日在西爪哇省瓦利尼举行。雅万高铁工程全长142千米，连接印度尼西亚首都雅加达和第四大城市万隆，最高设计时速350千米，计划3年建成通车。

再次，中国印度尼西亚金融合作不断加强。2017年2月，中国银行雅加达PIK支行开业。作为最早进入印度尼西亚的中资企业，中国银行雅加达分行再添新网点。2017年3月，中国建设银行（印度尼西亚）股份有限公司揭牌，标志着中国与印度尼西亚合作领域不断加深，合作层次不断提高。2018年1月5日，中国人民银行行长周小川与印度尼西亚银行行长阿古斯·玛多瓦多约（Agus D. W. Martowardojo）共同签署了《中国人民银行和印度尼西亚银行关于印度尼西亚银行在华设立代表处的协定》。这是外国央行在华设立的第九家代表处。印度尼西亚银行驻华代表处的设立，有助于加强两国央行间合作，促进双边金融与经贸关系进一步发展。[2]

最后，中国印度尼西亚民心交流不断加深。2017年10月，印度尼西亚首届中国留学及就职展在雅加达开幕，为印度尼西亚学生和汉语学习者提供关于赴华留学以及就业的信息，为印度尼西亚学生来中国求学提供桥梁。2017年11月，讲述中国救援队参与2004年年底印度洋海啸救援行动的中国印度尼西亚首部合拍影片《大海啸》在印度尼西亚首都雅加达正式启动。《大海啸》是

---

[1] 《李克强会见印度尼西亚外长蕾特诺》，2018年2月10日，中国政府网，https://www.yidaiyi-lu.gov.cn/xwzx/xgcdt/47836.htm。

[2] 《印度尼西亚银行在华设立代表处》，2018年1月14日，中国日报网，https://www.yidaiyilu.gov.cn/xwzx/gnxw/43906.htm。

中印尼两国政府电影合作协议的启动项目，也是中印尼两国人文领域合作的重点项目。

——未来发展方向

印度尼西亚"全球海上支点"战略着眼于国内经济发展和国家实力提升，"一带一路"倡议为区域合作搭建了新的平台。两者在发展背景和利益层面有许多共通点。一方面，在中国—东盟合作框架下，中国印度尼西亚加强合作符合地区经济发展的大趋势。中国—东盟合作已经走过黄金十年，迈入钻石十年。中国是东盟最大的贸易伙伴，而印度尼西亚是东盟中经济体量较大的国家，中国印度尼西亚经济合作的加深，符合地区经济发展的总体需求。且中国印度尼西亚双边关系近年来相对稳定，2013年，双边关系提升为全面战略伙伴关系。这为两国经济合作的开展提供了重要保障。另一方面，"全球海上支点"战略与"一带一路"倡议的对接将为两国带来经济社会发展收益。中国对印度尼西亚的投资能促进当地经济的发展，也能带动当地就业；同时，中国企业对外投资也能促进企业国际化，增加企业收入。中国印度尼西亚经济合作将为双方带来经济收益。

同时，在双方合作中也存在一些不确定性。一方面，印度尼西亚国内因素可能影响中国印度尼西亚合作的开展。印度尼西亚国内政治关系复杂，由于缺乏对当地环境的了解以及社会文化差异，使一些在印度尼西亚投资的中国企业，存在一定的投资风险。且在历史上，印度尼西亚出现过排华事件，印度尼西亚国内仍有一部分对华人不太友好的力量存在。因此，印度尼西亚对华人的态度将影响两国合作的开展。另一方面，大国因素的影响。在印度尼西亚提出"全球海上支点"战略后，印度尼西亚的发展潜力凸显，美国和日本都加大了对印度尼西亚的关注。美国智库研究表明，在印度尼西亚提出"全球海上支点"战略之际，美国要加大与印度尼西亚的经济和军事合作。[①] 而在2015年3月安倍首相和佐科总统的会谈中，双方确定在经济贸易、投资和海洋领域开展合作。且在城市高铁等项目建设方面，日本提出向印度尼西亚提供约1400亿日元的贷款。[②] 日美加大与印度尼西亚的合作，这在一定程度上会动摇和影响印度尼西亚与中国的合作。

在两国经济和贸易合作及经济发展形势下，印度尼西亚"全球海上支点"战略与"一带一路"倡议对接可以从以下三个方面进一步提升。其一，基础设

[①] Vibhanshu Shekhar and Joseph Chinyong Liow, "Indonesia as a Maritime Power: Jokowi's Vision, Strategies, and Obstacles Ahead", *Brookings*, November 2014, https://www.brookings.edu/articles/indonesia-as-a-maritime-power-jokowis-vision-strategies-and-obstacles-ahead/.

[②] 《日本将向印尼提供73亿元贷款，援助高铁等建设》，《环球时报》2015年3月14日。

施建设可成为中国印度尼西亚合作对接的重点。在中国印度尼西亚已有的基础设施建设合作基础上，可以通过亚洲基础设施投资银行、丝路基金等增大对印度尼西亚基础设施建设项目的融资。同时，根据印度尼西亚国内的发展情况，中国加强参与到与其合作建设陆路交通和海上交通。其二，加强产能合作，培育中国印度尼西亚经济合作的新增长点。印度尼西亚作为东盟地区最大的能源出口国，拥有丰富的油气资源。中国印度尼西亚在能源方面的合作潜力巨大，中海油和中国石油在印度尼西亚已有相当的投资，双方可在油气合作区建设中加深合作。其三，鼓励民间交往，增进两国民心相通。在东盟国家中，印度尼西亚国家文化与中国文化的差异较大。在双方合作对接中，加强彼此间的文化交流，鼓励民间交往，为双方互联互通提供社会基础。例如，提升双方旅游合作，鼓励媒体合作交流，为留学生互换提供资金和平台的支持等。（本条执笔：刘静烨）

104. 澳大利亚的北部大开发计划与"一带一路"

——概念阐述及主体内容

澳大利亚北部包括西澳州和昆士兰州位于南回归线以北的部分及整个北领地区，面积超过 300 万平方千米。与广袤的地域面积相比，澳大利亚北部地区人口仅为 130 万，占全国人口的 5% 左右，绝大部分人口分布在海岸线附近的城市，如汤斯维尔、凯恩斯、麦凯、开尔文等。此外，澳大利亚北部地区居住着约 19 万原住民，占全澳原住民总数的 30%。

澳大利亚北部有三大支柱产业——采矿业、能源业和农业。采矿业方面，澳大利亚已探明的铁、铅、锌、银等金属矿藏中，70% 以上蕴藏在北部。澳大利亚几乎所有的磁铁、钻石和磷酸盐矿都分布在北部。能源业方面，澳大利亚是世界第二大煤炭出口国、第四大煤炭生产国，60% 以上的煤炭资源集中在北部。北领地区和西澳州盛产液化天然气，昆士兰州出产煤层气。农业方面，2012 年澳大利亚北部畜牧业、种植业总产值高达 52 亿澳元。在三大产业尤其是采矿业和能源业的带动下，北部地区出口行业发展迅速。2012—2013 年，北部地区港口出口产值达 1210 亿澳元，占澳大利亚全国出口产值的 55%。

此外，澳大利亚北部在国防和区域防务合作上发挥着重大作用。澳大利亚和美国的多个军事基地位于北部地区，澳大利亚联邦政府每年向该地区投入 15 亿—20 亿澳元防务费用，其中仅军事设施投资就已高达 9 亿澳元。

澳大利亚政府于 2015 年 6 月发布《我们的北部，我们的未来——发展澳大利亚北部白皮书》，提出了"北部大开发"计划①。2017年10月，澳大利亚政府发布"北部大开发"阶段性实施报告②。以下是"北部大开发"主要内容：

一是放宽土地使用权限制，提高水资源利用率。澳大利亚北部土地的开发利用面临量大难题：一是大量皇家领地（Crown Land）以畜牧用途租赁给经营者，原则上经营者不得将土地用于其他经济活动。经营者扩大土地使用权范围需政府机构层层审批，其权益受保障程度也远不及私人所有土地。二是原住民土地以土著居民所有（native title）形式存在，即原住民土地为原住民社区集体所有，原住民个人不拥有土地。在此情况下，对原住民权益的保障反而限制了个人的土地使用权利，降低了土地利用效率和原住民经济收益。因此，澳大利亚政府试图改革管理畜牧用土地使用的相关规章制度，建立安全可靠的土地使用权交易系统，投入1060万澳元开展土地多元化使用试点；就原住民土地开展调查，研究其土地用于商业用途的排他性使用模式，通过澳大利亚政府委员会（Council of Australian Governments）宣传、促进原住民与外来投资者合作；为北部居民与投资者提供更多商业信息，提高生产、投资效率等。

水资源方面，澳大利亚北部主要是水利基础设施不足与陈旧老化问题。为此，澳大利亚政府成立了国家水利基础设施发展基金（National Water Infrastructure Development Fund），用以兴建相关设施。同时，评估北部各地水资源利用现状与潜力，考虑建立水资源交易市场。

经过两年的实践，澳大利亚北部土地使用多元化程度明显提高，并且建立了8个原住民土地改革试点区，新增原住民企业签署的商业合同总值达2.84亿澳元。15项水资源利用优化调查研究项目正在开展，预计将于2019年全部完成。国家水利基础设施发展基金已向昆士兰州菲滋洛伊河水利项目投入1.3亿澳元，仍有1.47亿澳元有待使用。

二是营造友好的投资环境。长久以来，对澳投资需要面对冗长的审批手续和复杂的规章制度，投资者承担了许多不必要的政策风险。"北部大开发"计划认为，澳大利亚政府为投资者营造友好的投资环境能促进资本自由流通，使亚太地区各国的资本和技术能高效整合澳大利亚北部资源，拉动经济发展，将北部打造成澳大利亚贸易和投资的"大门"。为此，澳大利亚政府提出：2015年、2017年举办"北部开发投资论坛"，为投资者提供政策、产业、项目相关

---

① 参见 http://northernaustralia.gov.au/sites/prod.office-northern-australia.gov.au/files/files/NAWP-FullReport.pdf。

② 参见 http://northernaustralia.gov.au/sites/prod.office-northern-australia.gov.au/files/files/Our-North-Our-Future_2017-Implementation-Report_0.pdf。

资讯；提高与东盟国家、亚太经合组织国家的经济连通性，投入250万澳元用于孵化澳大利亚北部与印度尼西亚、巴布亚新几内亚、东帝汶的商业合作；1360万澳元用于北部旅游业开发、经营支持；投资7500万澳元兴建"北部大开发"联合研究中心，重点开展农业、食品、热带病研究；拨出200万澳元财政预算在北领地区达尔文市设立市场准入手续简化办公室，提高行政效率；为中国和印度开放电子旅游签证，引进10年多次往返签证，试点简体中文签证申请；简化渔业、水产业监管程序，成立专门委员会甄别模糊或难以实施的监管条例。

目前，澳大利亚政府一系列措施初现成效。2015年"北部开发投资论坛"吸引了超过20多个国家的350多名投资者与会，部分投资项目已经落实。市场准入手续简化办公室正在为19个资源、能源、水产项目提供支持。澳大利亚并与中国、日本、韩国和东盟签订了自贸协定，对这些国家的出口额逐年升高。

三是加快基础设施建设步伐。澳大利亚北部大部分基础设施建设由产业资本拉动，如各类资源、能源产业修路建港，其优势在于私人资本善于成本—收益分析，就单一项目而言更具效率，而弊端在于缺乏区域整体规划，地区难以整体快速发展。"北部大开发"计划提出：出资50亿澳元为基础设施建设提供融资贷款服务，为北部高速公路建设项目优先提供6亿澳元支持；升级改进牛肉制品供应链，拨出1亿澳元作为牛肉制品运输道路修建专项资金；发布北部地区基础设施审计报告，开展北部货运铁路建设可行性研究，为投资者提供潜在可行基建项目信息；向北部偏远地区投入3960万澳元升级机场设施与空运服务，建立投资者组织调研改善北部航空业务方案等。

至2017年，澳大利亚政府已规划了7亿澳元用于建设38条高速公路，完善北部道路交通网络。其中包括18个牛肉制品运输道路项目，投资额1亿澳元左右。澳大利亚政府已向偏远地区机场升级项目拨款1500万澳元并将继续追加投资，其中22个项目已完工，25个正在建设。

四是提供有质有量的劳动力。澳大利亚北部人口较少，劳动力相对缺乏，同时，工人间技术水平差异较大，导致收入差距较大。"北部大开发"计划提出：发挥产业技能基金作用，为企业主和工人提供咨询与技能培训服务；扩大原住民就业面，为原住民从事道路基建工作提供便利；支持北领地区政府改革工作资质认证制度，使持有其他地区工作资质认证的工人能获得北领地区政府认可；在劳动力匮乏地区推出更灵活的外来移民就业政策，落实"指定区域移民协议"（DAMA），为太平洋岛国工人提供两年工作签证等。

五是提高政府治理能力。"北部大开发"成功实施离不开澳大利亚各级政府通力合作，改变落后的治理方式，计划提出创立澳大利亚北部战略伙伴机制——澳大利亚政府首相、副首相、北部省份行政长官年度会晤机制，建议议会成立澳大利亚北部联合委员会并设为常设委员会，行政机构每年向议会报告北部开发进度；将澳大利亚北部办公室移至北部地区以更好管理北部开发事务；强化各层级政府部门合作，提高政府治理效率等。

——与"一带一路"倡议对接前景

早在2014年11月，国家主席习近平对澳大利亚进行国事访问时提出，中方愿意应澳方邀请积极参与澳大利亚"北部大开发"计划。而出于种种原因，澳大利亚仍未加入"一带一路"倡议。

中澳在基础设施建设方面的合作相对滞后，中国参与"北部大开发"基建项目不多。交通基础设施方面，2015年4月，中交集团下属的中交国际（香港）控股有限公司全资收购了澳大利亚第三大建筑公司约翰·贺兰德公司，该企业拥有铁路基建管理及运营资质。民营企业中，2015年10月，山东岚桥集团与北领地区政府签署达尔文港租赁协议，获得达尔文港80%的股份，租期99年。能源基础设施方面，2016年1月，国家电投并购太平洋水电公司，在澳大利亚的水电装机容量为4.3万千瓦，风电装机容量达41.4万千瓦，成为澳大利亚第二大风力发电公司。通信基础设施方面，中澳鲜有合作，不仅如此，还有澳大利亚政府阻挠华为公司铺设南太平洋岛国到澳大利亚海底光缆的新闻。[1]

基础设施建设方面，澳大利亚政府虽然拨出资金用于"北部大开发"，但资金缺口仍然存在，同时，澳大利亚北部劳动力不足，这为中国企业采取PPP、TOT等模式加入北部基建提供了窗口。由于澳大利亚政治大环境影响，中国企业短期内可能难以获得通信基建项目订单，交通和能源基建或是中国企业发力点。

农业合作方面，澳大利亚北部50%以上土地为农业用地，其中有大量畜牧业用地，加之澳大利亚北部自然条件与中国的差异，使得两国农业有很强互补性。中国企业可进一步发展与澳大利亚北部的农产品贸易，加大对澳北部的农业投资，凭借澳大利亚较先进的农业生产技术，还可弥补中国高端农产品供给不足的短板。

旅游业合作方面，澳大利亚北部自然风光秀丽，著名的大堡礁便位于澳大利亚北部，"北部大开发"也倡导对北部旅游资源充分开发利用。中国公民赴澳旅游逐年增多，推动澳大利亚旅游业发展，中国企业投资澳大利亚旅游业不

---

[1] 《英媒：澳大利亚政府阻挠中国企业海底光缆项目》，2017年12月31日，网易新闻，http://news.163.com/17/1231/15/D70AJRB100018AOQ.html。

仅能更好服务中国游客,也能在一定程度上促进两国民心相通。

新兴产业方面,促进澳大利亚北部地区产业多元化发展是"北部大开发"目标之一,部分科技、医疗、生物、环保等产业园区已经建立。中国企业可从澳大利亚学习部分产业的先进经验,发挥电子商务、移动支付等优势特长,拓展合作空间。(本条执笔:庞佳欣)

105. 波兰的"琥珀铁路货运走廊"与"一带一路"

——建立的背景

2016年3月1日,匈牙利、波兰、斯洛伐克和斯洛文尼亚四国交通部门联名签署并向欧盟委员会提交了一份名为"琥珀铁路货运走廊"的11号建设意向书。2017年12月5日,四国交通部长共同签署了《关于波兰、斯洛伐克共和国、匈牙利、斯洛文尼亚共和国运输部门共同成立琥珀铁路货运走廊的合作备忘录》,标志着琥珀铁路货运走廊正式建立。[1]

琥珀铁路货运走廊的建立既有历史因素,也有现实考虑。

历史因素。"琥珀之路"和"丝绸之路"类似,是一条古代运输琥珀的贸易通道,该通道贯通欧洲大陆南北,极大地促进了欧洲地区的商贸往来。随后,"琥珀之路"逐渐向东发展,在波兰与"丝绸之路"相接,得以通往亚洲的伊朗、印度和中国。"琥珀之路"与"丝绸之路"在当时共同组成了东西方文明互通交流大通道。2013年中国国家主席习近平提出"一带一路"倡议一定程度上鼓舞了中东欧国家复兴"琥珀之路"的决心。该走廊计划命名为"琥珀"不仅仅是一个历史符号,也为了复兴"琥珀之路",实现"新琥珀之路"与"一带一路"对接,重建东西方互联互通的贸易物流大通道。

现实因素。第一,经济全球化、区域一体化持续推进,世界经济增长和贸易正发生深刻调整,需要加强区域合作,激发发展活力。第二,2008年金融危机后,中东欧国家经济增长缓慢,经济发展处于换挡期、转型期,也是社会改革和发展的重要时期,需要建设更先进完备的基础设施以促进国家经济稳步发展,实现地区经济繁荣。第三,匈牙利、波兰、斯洛伐克和斯洛文尼亚四国地处亚欧大陆的中间地带,港口较少,货运需求量大,货物运输效率有待提高。第三,"一带一路"倡议正在助力亚欧非各国基础设施转型升级,推动区域间互联互通,琥珀铁路货运走廊建设正好能对接"一带一路",连接亚欧贸易物流通道,促进共同繁荣。

---

[1] "Amber rail freight transport corridor established", Website of the Hungarian Government, December 7, 2017.

——主要内容

"琥珀铁路货运走廊"是欧洲铁路货运网络建设的一部分,是原欧洲铁路货运网络建成后的第一条新铁路货运走廊,旨在促进跨境铁路货运,提高基础设施服务质量,完善欧洲铁路货运网络。根据四国备忘录,"琥珀铁路货运走廊"建设将在两年内(2019年1月31日前)开始建设。[1] 为了确保该走廊建设的有效执行,四国组建执行委员会,执行监督机构总部设在匈牙利。

"琥珀铁路货运走廊"建设将大致沿波罗的海和地中海之间的古代琥珀之路,北起华沙北部和波兰—白罗斯边界,一直向南延伸至科佩尔港和匈牙利—塞尔维亚边界,主要将斯洛文尼亚的科佩尔港通过匈牙利西部连接到波兰和斯洛伐克的工业中心,使匈牙利、波兰、斯洛伐克和斯洛文尼亚四国之间实现互联互通。路线的主要节点有:科佩尔—卢布尔雅那—佐洛埃格塞格—肖普朗/乔尔瑙—匈牙利和塞尔维亚边界—凯莱比奥—布达佩斯—科马隆—利奥波多夫/劳伊考—布拉迪斯拉发—日利纳—卡托维兹/克拉科夫—华沙—泰雷斯波尔—波兰和白俄罗斯边界。[2] 该走廊计划将匈牙利的各工业中心和多式联运码头与亚得里亚海沿岸国家和巴尔干半岛国家相连接,并延伸至中国资助的布达佩斯—克莱维亚铁路,目的是使大部分货物可以从中国、东南亚等国家运抵科佩尔港和雅典港,并通过铁路运输抵达欧洲各地。

GYSEV铁路网络建设是"琥珀铁路货运走廊"建设的核心。GYSEV铁路网络主要是建设或升级从匈牙利肖普朗码头到斯洛文尼亚科佩尔港口连接斯洛文尼亚、波兰、斯洛伐克、匈牙利各主要码头和工业区的海陆空多式联运综合交通设施。[3] 未来将根据实际需求为欧盟其他成员国增加路线延伸段,以增强实际效益,促进贸易和物流的连通。

"琥珀铁路货运走廊"对四国乃至欧洲的发展具有重要战略意义。第一,该走廊建设将通过对走廊沿线地区的电力、交通等基础设施的投资建设和升级,改善地区投资环境,促进经济持续稳健发展。第二,走廊建设将为阿尔卑斯山东部的货运提供直接通道,增强在阿尔卑斯山以东的国际南北铁路运输的承载量,实现货物运输的高效率,并提高GYSEV铁路网络在南北轴线上的地位。第三,走廊的建设促进了斯洛文尼亚亚得里亚海港口、匈牙利多瑙河内陆航道港口和斯洛伐克之间的互联互通,强化货运能力。第四,促进塞尔维亚铁

---

[1] "Memorandum of Understanding between the Ministries Responsible for Transport of Poland, the Slovak Republic, Hungary and the Republic of Slovenia on the establishment of the Executive Board of the Amber Rail Freight Corridor", 2017年12月5日, http: //imss. dz-rs. si/imis/0e8a25578f80c2c3473a. pdf.

[2] "Amber Rail corridor established", Trade Trans Website, 2017年12月28日, Http: //www. trade-trans. com/content/amber-rail-corridor-established。

[3] 同上。

路交通的发展,并可能进一步改善欧盟东部和亚欧大陆桥的铁路交通运输。第五,波兰作为"琥珀之路"和"丝绸之路"的交会点,在对接"一带一路"建设上具有独特区位优势。① "琥珀铁路货运走廊"建设不只是能满足波兰、匈牙利、斯洛伐克和斯洛文尼亚四国及沿线的交通需求,更有潜力通过对接"一带一路",实现亚欧大陆更深层次的互联互通,促进地区发展模式转变,从而增加琥珀走廊的交通量。

——未来发展展望

2016年6月,习近平访问波兰时就提出将"丝绸之路"和"琥珀之路"相连接,加强合作交流,实现"一带一路"倡议和欧洲发展战略对接,促进亚欧大陆互联互通。"一带一路"倡议的地理指向重点连接亚欧大陆,而"琥珀铁路货运走廊"连接欧洲多个重要城市,正是"一带一路"通往欧洲,实现政策沟通、设施联通、贸易畅通、资金融通、民心相通的重要一环。目前,中国和"琥珀铁路货运走廊"四个发起国均已取得较好的合作,合作领域包括基础设施建设、能源、金融、制造业、汽车业等。未来,"一带一路"与"琥珀铁路货运走廊"对接合作驱动力强,发展潜力巨大。

第一,加强战略对接,助力全球战略伙伴关系建设。2015年6月,中国和匈牙利签署了"一带一路"政府间谅解备忘录,匈牙利成为欧洲第一个与中国签署"一带一路"合作文件的国家,引领中东欧对华合作。② "一带一路"倡议弥补了匈牙利"向东开放"政策落实的资金不足问题,促进了匈牙利的经济状况改善和发展,强化了两国经贸合作伙伴关系。2015年11月,中国和波兰、斯洛伐克分别签署了"一带一路"建设谅解备忘录。2016年6月,中国和波兰正式建立了全面战略伙伴关系,波兰成为"一带一路"建设的坚实伙伴。中波两国不断拓宽合作领域,寻求利益契合点,除了已有的制造业、农业能源方面的合作外,重点开拓共建网上丝绸之路,清洁能源合作,创新合作等。③ 中国和斯洛伐克也在"一带一路"合作上达成了共识,并希望把握合作契机,深化两国经贸合作。中国和斯洛文尼亚两国在"一带一路"和"16+1"合作框架基础上保持良好发展态势,双边合作日益密切,取得了不少务实成果。中国和"琥珀铁路货运走廊"四国不断加强战略合作,共谋发展,为"一带一路"和"琥珀铁路货运走廊"实现对接带来巨大合作动力。

---

① 《习主席称波兰是"丝绸之路"和"琥珀之路"的交汇点专家解读"琥珀之路"》,2016年6月21日,环球网,http://world.huanqiu.com/hot/2016-06/9066191.html。
② 《"一带一路"对接向东开放,匈牙利引领中东欧对华合作》,2016年12月1日,澎湃新闻网,http://www.thepaper.cn/newsDetail_forward_1572276。
③ 《习主席称波兰是"丝绸之路"和"琥珀之路"的交汇点专家解读"琥珀之路"》,2016年6月21日,环球网,http://world.huanqiu.com/hot/2016-06/9066191.html。

第二，促进设施联通，打造互联互通的亚欧大陆。"一带一路"建设的主要内容之一是打破封闭，促进沿线基础设施建设，实现亚欧大陆互联互通。"琥珀铁路货运走廊"的目标是建设和升级沿线基础设施，建设更高效的海陆空一体跨境货运物流网络。"一带一路"和"琥珀铁路货运走廊"在内容上高度契合，合作发展潜力广阔。中匈共建的"匈塞铁路"是中国铁路成套技术和装备首次进入欧洲市场的实践，作为中国—中东欧"16+1"合作框架的重要组成部分，对推动中欧铁路合作具有重要的示范作用。① 这为"一带一路"和"琥珀铁路货运走廊"在基础设施建设上实现对接提供了很好的范式，也是中国与"琥珀铁路货运走廊"四国共商、共建、共享，打通"丝绸之路"和"琥珀之路"，形成亚欧大陆无障碍物流贸易网络的一次成功尝试。未来，"一带一路"和"琥珀铁路货运走廊"对接不仅能够推动基础设施项目的顺利实施，还将产生"一加一大于二"的效果，促进地区经济繁荣。

第三，加强经贸合作，联结亚太和欧洲两大经济圈。随着中国全方位对外开放进入更高阶段，中国在"一带一路"大框架下，不断深化和扩大与"琥珀铁路货运走廊"国家的经贸合作，取得了阶段性成果。中国已成为匈牙利在欧盟以外的最大贸易伙伴，匈牙利也成为中国在中东欧地区的最大投资目的国。在当前世界经济持续低迷不振的情况下，中匈贸易逆势增长，不仅说明两国贸易往来有很大潜力，更是两国友好关系的象征和体现。② 波兰是"丝绸之路"和"琥珀之路"的交会点，也是中东欧经济大国，经济结构较完整，和中国有很大的合作空间。中国也在积极寻求和波兰的合作利益契合点，不断提高和波兰的经贸合作水平，加强优势互补，推进友好合作。中国已成为斯洛文尼亚在亚洲最大的贸易伙伴，为了将中国广阔的市场和斯洛文尼亚的高新技术、尖端产品相协调，发挥经济互补性，两国达成了一系列经贸合作项目，并在不断扩展合作领域和渠道。中国积极发展和斯洛伐克的贸易伙伴关系，2017年5月，斯洛伐克提交了"2017—2020年斯洛伐克与中国经济关系发展纲要"，指出将加强双边合作，未来合作将主要集中在投资、贸易、运输、旅游和科研创新等领域。③ "一带一路"和"琥珀铁路货运走廊"对接在经贸上有巨大的合作空间，不仅将促进货运物流的畅通，也将发挥联动效应，推动沿线国家更深层次、更宽领域的经贸合作，并辐射到亚欧两大经济圈。（本条执笔：庞佳欣）

---

① 《"一带一路"对接向东开放，匈牙利引领中东欧对华合作》，2016年12月1日，澎湃新闻网，http://www.thepaper.cn/newsDetail_forward_1572276。

② 同上。

③ 《斯洛伐克经济部长：斯积极参与"一带一路"倡议》，2017年5月13日，新华网，http://www.xinhuanet.com/2017-05/13/c_1120965221.htm。

106. 埃及的新苏伊士运河计划与"一带一路"

——概念阐述及主体内容

苏伊士运河在 1869 年 11 月 17 日正式通航，全长约 169 千米，连同引航道共约 194 千米。苏伊士运河，是连通亚欧非三大洲的主要国际海运航道，在全球有着"东西方海运捷径"和"世界航海咽喉要道"的盛名，被埃及人自豪地称为"埃及繁荣的大动脉"。该运河将地中海与红海相连通，从而将大西洋与印度洋、太平洋相连通，大大缩短了欧洲与亚洲之间的航程。苏伊士运河是世界上最为重要的国际航道之一。每年通行的船只数量、涉及的国家和地区数量都居世界运河之首。苏伊士运河的货运量占世界海上货运总量的 20%；占亚欧国家海上货运总量的 80%；全世界 22% 的集装箱从苏伊士运河通过，约占全球贸易的 10%。苏伊士运河还是世界上最为重要的石油运输通道之一，与霍尔木兹海峡、马六甲海峡、巴拿马运河等并称为世界石油运输"咽喉"，通航世界上 25% 的油轮。[①] 因此，苏伊士运河在世界海运贸易中占据着至关重要的地位。

随着国际贸易的快速发展，旧有的苏伊士运河难以满足通航需求。为了提升航行能力，埃及政府 2014 年 8 月 5 日决定启动新苏伊士运河项目。新苏伊士运河项目包括单独开凿的 35 千米新河道和拓宽的 37 千米旧运河，其作用主要是为原有航道提供双向通航条件，并允许更大船只经过，从而提升苏伊士运河通航效率。2015 年 8 月 6 日，新苏伊士运河正式开通。新苏伊士运河开通之后，将原来的单向通航变为双向通航，据埃及苏伊士运河管理局的数据，新运河开通将大幅增加原苏伊士运河通航能力，经航船只的通航等候时间将从原先的 22 小时缩短至 11 小时，并实现双向通航。埃及政府估计，到 2023 年，通过运河的商船数量将从目前日均 49 艘增至 97 艘；运河年收入将从目前的 53 亿美元增加到 132 亿美元。[②] 与此同时，埃及政府还计划未来沿苏伊士运河建设"苏伊士运河走廊经济带"，包括修建公路、机场、港口等基础设施，预计经济带全部建成后每年将为埃及创造高达 1000 亿美元收入，约占该国经济总量的三分之一。因此，新苏伊士运河被称为振兴民族自豪感、复兴国家经济的基石。

埃及是古代"陆上丝绸之路"和"海上丝绸之路"的重要一环，而沟通两海三大洲的苏伊士运河是"21 世纪海上丝绸之路"的重要组成部分。新苏伊士运河开通之时正是"一带一路"倡议开始推进建设之际，两者的对接可谓

[①] 苏庆义：《新苏伊士运河对国际经贸的影响》，《中国远洋航务》2015 年第 9 期。
[②] 《新苏伊士运河开通，政经双重意义可期》，2015 年 8 月 8 日，新华网，http://www.xinhuanet.com/mrdx/2015-08/08/c_134494343.htm。

天时地利人和。

——与"一带一路"对接情况及取得的进展

2014年12月22—25日,埃及总统阿卜杜勒-法塔赫·塞西对中国进行国事访问。在访问期间,中埃双方共同决定将中埃关系提升为全面战略伙伴关系。习近平表示,中国愿意将共建丝绸之路经济带和21世纪海上丝绸之路的倡议同埃及重大发展规划对接。塞西表示,习近平提出共建"一带一路"倡议为埃及复兴提供了重要契机,埃及愿意积极参与并支持。埃及希望同中国合作开发苏伊士运河走廊和苏伊士经贸合作区等项目,创造更好条件,吸引中国企业赴埃及投资。① 在双方签署的《中国和埃及关于建立全面战略伙伴关系的联合声明》中,埃方强调,中方提出的共同建设丝绸之路经济带和21世纪海上丝绸之路的倡议具有重要意义,符合两国的未来合作利益。双方愿共同探讨在此框架下的合作。② 2015年3月28日,在中国国家发展和改革委员会、外交部、商务部联合发布的《推动共建丝绸之路经济带和21世纪海上丝绸之路的愿景与行动》中,21世纪海上丝绸之路重点方向是从中国沿海港口过南海到印度洋,延伸至欧洲。③ 而苏伊士运河正是这一路线的重要航道咽喉。2016年1月20日,中国国家主席习近平对埃及进行国事访问。在与埃及总统塞西会谈时,习近平表示,中埃双方要将各自发展战略和愿景对接,利用基础设施建设和产能合作两大抓手,将埃及打造成"一带一路"沿线支点国家。中方愿参与埃及苏伊士运河走廊、新行政首都等项目建设,愿扩大在贸易、融资、航天、能源等领域的合作。埃及总统塞西也表示,愿将自身发展规划同"一带一路"建设对接,在亚投行框架内推进基础设施等合作。④ 2016年1月21日,中埃两国共同发表的《关于加强两国全面战略伙伴关系的五年实施纲要》指出,埃方支持中方提出的建设"丝绸之路经济带"和"21世纪海上丝绸之路"重要倡议。双方同意在该倡议框架下加强合作,特别是中方支持埃及政府为实现埃及经济复苏制订的各项计划,其中既包括开发苏伊士运河走廊等国家级重大项目,也包括其他双方认定有经济可行性的重要项目。⑤ 中埃双方还签署了《关

---

① 《中埃提升为全面战略伙伴关系》,2014年12月24日,新华网,http://world.people.com.cn/n/2014/1224/c157278-26268908.html。
② 《中国和埃及关于建立全面战略伙伴关系的联合声明》,2014年12月23日,人民网,http://politics.people.com.cn/n/2014/1223/c70731-26262928.html。
③ 《推动共建丝绸之路经济带和21世纪海上丝绸之路的愿景与行动》,2015年3月28日,新华网,http://www.xinhuanet.com/world/2015-03/28/c_1114793986.htm。
④ 《习近平访问埃及成果一览》,2016年1月24日,人民网,http://politics.people.com.cn/n1/2016/0124/c1001-28080021.html。
⑤ 《中华人民共和国和阿拉伯埃及共和国关于加强两国全面战略伙伴关系的五年实施纲要》,2016年1月22日,新华网,http://www.xinhuanet.com/world/2016-01/22/c_1117855474.htm。

于共同推进丝绸之路经济带和21世纪海上丝绸之路建设的谅解备忘录》。2017年5月,埃及派遣代表团出席"一带一路"国际合作高峰论坛。2017年9月5日,中国国家主席习近平在厦门会见埃及总统塞西。塞西表示,埃方支持共建"一带一路"倡议,愿将自身发展战略同这一倡议对接,并加大同中方在投资、基础设施等领域合作。①

中国已成为埃及最大的贸易伙伴国和最大进口来源国。随着埃及与"一带一路"倡议的战略对接,中埃之间的贸易逆差有所减少,双方贸易更趋平衡、持续。2017年,中国与埃及双边货物进出口额为108.66亿美元,比去年同期下降4.05%。其中,中国对埃及出口95.35亿美元,下降11.52%。中国自埃及进口13.31亿美元,增长142.59%。中国与埃及的贸易顺差82.05亿美元,下降19.78%。② 中国对于埃及的直接投资不断增加。根据中国商务部的统计数据,2016年中国对埃及直接投资流量高达1.2亿美元。截至2016年年末,中国对埃及直接投资存量高达8.89亿美元,解决直接就业人口10000多人。截至2016年年底,在埃及投资的中国企业有1312家,投资总额6亿多美元,在外国投资国家中位居第21位。在中国驻埃及使馆经商参赞处备案并开展经贸活动的埃及中资企业机构140多家。③ 随着埃及政府大力推进基础设施建设,中国在埃及的承包工程业务量快速增加。根据中国商务部的统计数据,2016年中国企业在埃及新签承包工程合同31份,新签合同额80.22亿美元,完成营业额22.81亿美元;当年派出各类劳务人员2119人,年末在埃及劳务人员1546人。④ 2017年,中埃斋月十日城市郊轻轨项目正式签约,将建设埃第一条电气化轻轨线;埃及新首都中央商务区项目在塞西总统见证下正式签约,是中资企业在埃承接的最大单个工程。⑤ 为了推动双方之间的经济合作,中埃加快在金融领域内的合作步伐。2016年12月,两国央行签署规模为180亿元人民币的双边本币互换协议。近两年来,中国国家开发银行、进出口银行、亚投行、工商银行、中信保公司通过各种形式为埃提供贷款和授信的签约金额超过50亿美元。⑥

苏伊士运河是中埃两国合作的重要领域。苏伊士运河是中国海外贸易的重

---

① 《习近平会见埃及总统塞西》,2017年9月5日,新华网,http://www.xinhuanet.com/world/2017-09/05/c_1121607635.htm。
② 《2017年12月中国对埃及出口增长13.92%,进口增长28.67%》,2018年1月2日,中国驻埃及经商参赞处,http://eg.mofcom.gov.cn/article/i/201801/20180102706840.shtml。
③ 中华人民共和国商务部:《对外投资合作国别(地区)指南:埃及》,2017年,第56页。
④ 同上书,第59页。
⑤ 《2017年中埃合作概况》,2018年1月17日,中国驻埃及经商参赞处,http://eg.mofcom.gov.cn/article/zxhz/201801/20180102702850.shtml。
⑥ 同上。

要通航要道。中国对欧贸易的60%要经过苏伊士运河运输，占运河通航船只的10%以上。[1] 每年约有1800余艘中国籍商船通过苏伊士运河，缴纳通行费超过3亿美元。[2] 2008年，中国·埃及苏伊士经贸合作区正式运营，是中国政府批准的第二批国家级境外经贸合作区，也是集中了国家级资源开发建设的重点境外经贸合作区。截至2016年年底，苏伊士合作区起步区共有企业70家，累计吸引协议投资额近10亿美元，为当地创造超过3000个就业机会。2014年9月，中埃启动合作区扩展区项目，扩展区面积6平方千米，分三期开发，开发建设总投资约2.3亿美元。2015年11月30日，中国泰达投资公司与埃及签署《苏伊士经贸合作区扩展区一期土地移交协议》，接受一期2平方千米土地。2016年1月习近平访问埃及期间，与塞西总统共同为扩展区启动揭牌。[3] 借助于新的苏伊士运河，埃及政府提出一项"苏伊士运河走廊经济带"的发展计划，借助新运河的区位优势带动包括汽车组装、高新电子、石油炼化、水产养殖、船舶制造、轻纺织品等产业的发展，将埃及打造成世界级的经贸和物流中心。埃及政府预计，该项目建成后每年将为埃及带来1000亿美元收入，创造上百万个就业机会。[4] 埃及政府希望中国企业积极参与"苏伊士运河走廊经济带"发展计划。

在双方共同努力之下，埃及新苏伊士运河计划与中国"一带一路"的战略对接取得了全面进展、丰硕成果，但是，也面临着一些挑战：受国际经济形势的影响，埃及经济较为低迷，发展缓慢；国内政治局势不稳，仍然存在着政治风险；埃及深受恐怖主义的困扰，安全风险不容低估。虽然存在着诸多挑战，但是，中埃双方推进经济合作的战略和决心坚定不移，新苏伊士运河计划与"一带一路"的战略对接仍大有可为。（本条执笔：田光强）

107. 肯尼亚的拉穆港—南苏丹—埃塞俄比亚交通走廊计划与"一带一路"

——概念的阐述及主体内容

拉穆港—南苏丹—埃塞俄比亚交通走廊计划（Lamu Port—South Sudan—Ethiopia—Transport Corridor Project，简称"LAPSSET"或"拉穆走廊"）是肯尼亚"2030年愿景战略"的一部分，该战略着眼于国家的长期发展，旨在

---

[1] 于杰飞：《新苏伊士运河的意义》，《光明日报》2015年8月9日第6版。
[2] 中华人民共和国商务部：《对外投资合作国别（地区）指南：埃及》，2017年，第33页。
[3] 同上书，第60页。
[4] 于杰飞：《新苏伊士运河的意义》，《光明日报》2015年8月9日第6版。

到 2030 年将肯尼亚发展成为新兴工业化的中等收入国家，为国家公民提供安全保障和高质量的生活。该战略包括政治、经济、社会三大板块。其中，经济目标是实现每年 10% 以上的经济增长率，并保持到 2030 年。[1] 为了促进地区经济发展，缓解蒙巴萨—乌干达运输走廊的交通压力，2012 年 3 月，肯尼亚联合南苏丹、埃塞俄比亚，启动了"拉穆走廊"计划。这是肯尼亚"2030 年愿景战略"中最大的基础设施建设计划，该计划的目标是开辟肯尼亚第二个交通运输走廊，建立多式联运的运输渠道，实现肯尼亚与南苏丹、埃塞俄比亚之间的无缝连接，促进肯尼亚北部、东部、东北部和沿海地区的经济发展。

"拉穆走廊"分为两部分，一是基础设施走廊建设，包括公路、铁路、管道、电缆等项目，二是经济走廊建设，主要是吸引投资，发展工业。该计划的项目覆盖肯尼亚全国一半以上地区，总投资金额 250 亿美元以上。"拉穆走廊"于 2015 年被非盟批准为非洲基础设施旗舰计划（PICI 计划）和非洲基础设施发展计划（PIDA 计划）。2016 年，拉穆走廊在美国华盛顿被评为"2016 年度全球基础设施领导力项目"，被认为是非洲国家独立以来"非洲大陆最大工程"。[2] 其中，拉穆是该计划中的关键节点，为了把拉穆建设成为国际大都市，肯尼亚以拉穆港口和输油管道的开发作为发展的主要催化剂，借助经济特区和度假城市的建设给拉姆带来巨大的商机和就业机会，通过公路、铁路、航空一体式交通网络建设和电力水利基础设施建设为拉穆的发展和转型提供重要条件。为此，"拉穆走廊"计划由七个重点基础设施项目和其他基础设施建设项目组成，具体如下：

一是拉姆港港口建设。该港口位于曼达湾，总体规划由沿海 6000 米长的 32 个泊位组成。其中 2016 年建成了 3 个泊位，预计到 2030 年将建成 20 个，其余的在 2030 年后陆续建成。

二是地区间标准轨距铁路线建设。该项目计划铺设拉穆至伊西奥洛，伊西奥洛分别至南苏丹和埃塞俄比亚的铁路线，总长 1710 千米。其中，拉穆—伊西奥洛段（530 千米）、伊西奥洛—莫亚莱段（450 千米）已建成，伊西奥洛—纳克多克段（730 千米）预计 2020 年完工，届时旅客列车时速达 60 千米/小时，货运列车时速达 120 千米/小时，铁路运输量将占拉穆与南苏丹和埃塞俄比亚之间长途货运量 90% 以上，预计 2020 年承载进出口量分别达 300 万吨和 470 万吨，2030 年承载进出口量分别达 510 万吨和 930 万吨。

三是地区间高速公路建设。共铺设三条公路：拉姆—伊西奥洛线、伊西奥

---

[1] 参见 LAPSSET Corridor Development Authority, http://www.lapsset.go.ke/.
[2] 同上。

洛—南苏丹线、伊西奥洛—埃塞俄比亚线。其中,伊西奥洛—埃塞俄比亚线已建成,拉姆—伊西奥洛线、伊西奥洛—南苏丹线在建设中。

四是石油管道建设。肯尼亚的石油勘探为原油管道建设创造了巨大的推动力。该项目计划共铺设两条石油管道,分别是南苏丹朱巴—肯尼亚拉穆(1260千米)的原油管道和拉姆—伊西洛—莫亚莱—埃塞俄比亚的斯亚贝巴(790千米)的成品油管道。

五是国际机场建设。该项目计划建设三个国际机场,分别在拉穆、伊西奥洛、洛基察吉奥,预计2020年全部完工。

六是度假城市建设。该项目计划把拉穆、伊西奥洛、图尔卡纳湖建设成度假城市,预计建设费用分别约为9.7亿美元、2亿美元和4200万美元。其中,拉穆将建设成最大的度假城市,以会展中心为核心设施,辅以娱乐中心、车站、文化中心和渔码头等。

七是多功能大型水坝建设。该水坝将建在塔纳河,预计在2030年前建成。该水坝的建成不仅为城市的发展提供大量水电,也将确保充足的农业灌溉,提高粮食自给率。

其他基础设施建设主要有:一是公共设施建设,包括光纤电缆、通信系统、污水处理厂等城市配套公共设施的建设。其中,电力基础设施的建设处于优先地位。二是拉穆炼油厂建设,该厂将为肯尼亚和埃塞俄比亚提炼石油产品,估计日产能为12万桶,预计到2020年完成。

"拉穆走廊"对东非地区的可持续发展具有重大意义。第一,走廊建设有利于社会稳定。该走廊所覆盖的地理范围被视为盗匪横行、社会冲突不断的地区,但项目实施至今,安全问题和社会冲突明显减少。第二,项目的建成将有助于南苏丹摆脱对苏丹港口及原油管道的依赖,减少双边摩擦,并为埃塞俄比亚增加一个进出口通道,加速埃塞南部地区经济发展,同时也为肯尼亚带来可观的石油运输运营收入。第三,基础设施的逐渐完善为东非国家带来了大量的投资机会,促进了经济稳步发展。基础设施建设刺激了走廊沿线的新兴产业发展,使之出现了富有活力的新兴城镇:拉穆、图尔卡纳、梅鲁等。第四,基础设施项目的实施给当地居民提供了大量而可持续的就业机会。同时,肯尼亚政府为贫困而有能力的学生提供奖学金,培养专业对口的技术人才,使民众更好地实现就业。第五,度假城市的建设及配套的公路、铁路、航空交通设施建设将加速肯尼亚开辟新的旅游景点,极大地推动肯尼亚旅游业的发展,并助力服务业的增长。

——与"一带一路"对接

"拉穆走廊"与"一带一路"对接是在中非合作"461"框架(四个原则:平等、务实、真诚、守信;六大工程:产业、金融、减贫、生态环保、人文交流、和平与安全；一个平台：中非合作论坛）下进行的。2015年1月，中国和非洲联盟签署推动"三网一化"建设备忘录，旨在促进非洲高铁、高速公路、航空和工业化基础设施建设。2015年12月，习近平在中非合作论坛约翰内斯堡峰会上公布《中非合作论坛——约翰内斯堡行动计划》，提出了"十大合作计划"（工业化、农业现代化、基础设施、金融、绿色发展、贸易和投资便利化、减贫惠民、公共卫生、人文、和平与安全），并提供了600亿美元资金，共同打造中非命运共同体。[①] "拉穆走廊"计划的目的是解决长期以来东非地区基础设施落后的问题，而基础设施建设恰好是"一带一路"建设的重要内容之一，"拉穆走廊"计划与"一带一路"对接具有利益契合点。"拉穆走廊"与"一带一路"对接情况如下：

第一，交通基础设施建设。中国承建了肯尼亚大部分的基础设施建设项目，涉及铁路、公路、港口、机场、石油管道、电力和房建等，并已取得阶段性成果。具有代表性的项目有：一是三家中国公司共同承建的肯尼亚首条现代化高速公路内罗毕—锡卡高速公路，全长50千米，8车道，于2012年11月启用，该公路是"道路驱动肯尼亚经济发展"的典范，它的启用促进了肯尼亚国内各区域经济更好地融汇与合作，也极大提升了肯尼亚作为地区经济枢纽的地位。[②] 二是中国路桥修建的肯尼亚蒙巴萨—内罗毕标轨铁路（蒙内铁路），这是肯尼亚百年来建设的首条新铁路，于2017年5月正式通车，该铁路连接肯尼亚首都内罗毕和东非第一大港蒙巴萨港，全长480千米，沿线共开通了33个站点，设计运力2500万吨，是一条采用中国标准、中国技术、中国装备建造的现代化铁路。[③] 该铁路的建成不仅促进了肯尼亚的经济发展，提供了大量就业机会，还有助于东非铁路的网络连接，推动非洲大陆的互联互通。此外，中国企业还承建了内马铁路、内罗毕集装箱内陆港、蒙巴萨港和拉穆港多个泊位等。据统计，2017年1—10月，中国在肯承包工程企业共新签项目72个，总合同金额33亿美元。[④] 这些基础设施建设为肯尼亚带来了大量就业机会，巩固了肯尼亚东非物流枢纽地位，也推动了"一带一路"合作的深入发展。

[①] 姚桂梅：《"一带一路"建设下的中非产能合作》，2017年7月18日，人民网，http://cpc.people.com.cn/n1/2017/0718/c191095-29412141.html。
[②] 《中国公司承建肯尼亚首条高速公路正式启用》，2012年11月10日，中国日报网，http://www.chinadaily.com.cn/hqgj/jryw/2012-11-10/content_7471425.html。
[③] 《中国承建肯尼亚蒙内铁路今日通车成"一带一路"重要名片》，2017年5月31日，中国"一带一路"网，https://www.yidaiyilu.gov.cn/xwzx/hwxw/14942.htm。
[④] 《中国成为肯尼亚最大外商直接投资来源国两国经贸合作不断深化》，2018年1月9日，中国"一带一路"网，https://www.yidaiyilu.gov.cn/xwzx/roll/43082.htm。

第二，产能投资合作。自 2015 年起，中国已成为肯尼亚最大的外商直接投资来源国，据中国驻肯尼亚大使馆经商处统计，肯中经贸协会成员企业 85 家，多为央企、地方企业和较大的民营企业，集中于承包工程和商贸、物流领域。① 另据世界银行调查报告显示，中国在肯投资企业达 400 家，成为对肯尼亚制造业投资数量最多的国家。中国对肯尼亚制造业投资占所有对肯投资的 64%，主要集中在汽车零部件、食品、消费电子产品、农业加工业、建材和通信器材方面。② 中国不仅帮助肯尼亚发展基础设施，加速东非国家互联互通的交通网络建设，还助其建立经济区，以产业转移提高肯尼亚工业生产力。2017 年 12 月，首届中国非洲产能合作展览会、"中国非洲产能合作论坛"③ 在肯尼亚内罗毕国际会议中心召开，不仅展示了中国的优质产品和先进技术，也加强了工业联系，推动产能合作的深层次、宽领域发展。

第三，加强金融合作。金融支持是肯尼亚各项目顺利实施的关键。2015 年，中国工商银行与肯尼亚共同签署《基础设施整体开发合作协议》，共同支持肯尼亚基础设施改造，构建产能合作的新平台。根据协议，工商银行为肯尼亚基础设施、电力、电信、输变电、交通等领域提供融资、高端财务顾问等投融资一体化服务。④ 2016 年，在中非合作论坛上，中非共签署了 40 余项涉及中非金融机构和企业间的合作协议，总金额约为 180 亿美元。⑤ 2017 年，中国进出口银行同东南非贸易与开发银行签署融资协议，根据协议，进出口银行向东南非贸易与开发银行提供 2.5 亿美元贷款，用于中非融资合作等资金需求。此外，中非发展基金和中非产能基金也为非洲"三网一化"建设提供了资金支持。

第四，推进能源合作。中国已成为肯尼亚电力、能源投资建设的重要力量，推动了肯尼亚能源基础设施建设发展。2015 年 6 月，中国电建与肯签署了合作协议，承建肯尼亚最大火电项目——肯尼亚拉姆电站，该电站大大提高了肯尼亚的电网供电能力，改善电源结构，促进水电、火电、风电、地热等多种能源形式的互补发展。⑥ 2016 年 9 月，中肯共建的东非最大的加里萨 50 兆瓦

---

① 《中企投资改变了我们的生活》，2018 年 1 月 9 日，人民网，http://world.people.com.cn/n1/2018/0109/c1002-29752989.html。

② 《中国在肯投资企业达 400 户》，2016 年 4 月 6 日，中华人民共和国商务部网站，http://www.mofcom.gov.cn/article/i/jyjl/k/201604/20160401290541.shtml。

③ 《中国非洲产能合作展览会在肯尼亚举行》，2017 年 12 月 15 日，人民网，http://world.people.com.cn/n1/2017/1215/c1002-29707956.html。

④ 《中国工行在肯尼亚签署〈基础设施整体开发合作协议〉》，2015 年 7 月 21 日，中国日报网，http://caijing.chinadaily.com.cn/2015-07/21/content_21370152.htm。

⑤ 《中非签署 40 余项经贸合作协议》，《经济参考报》2016 年 8 月 1 日，http://dz.jjckb.cn/www/pages/webpage2009/html/2016-08/01/content_21903.htm。

⑥ 《中国电建 10 亿美元签署肯尼亚拉姆电站总承包合同》，2015 年 6 月，中国电力建设集团官网，http://www.spem.com.cn/news/news1041.html。

光伏电站项目正式启动,建成后将成为肯尼亚及东部非洲地区最大的并网光伏电站及非洲最大的光伏电站之一。① 2016 年,中美企业也合作共建肯尼亚凯佩托风电项目,推进非洲清洁能源的发展。2017 年 5 月,中国电建又签署了肯尼亚拉姆 1050 兆瓦燃煤电站项目合作协议,该发电站建成后将成为东非、中非和南非地区(不包括南非共和国)最大的发电设施。②

第五,促进民心相通。通过项目投资建设,中肯人民建立起了良好关系。为培养肯尼亚铁路运营人才,中国在筹建"中非友谊·肯尼亚铁路学院",并帮助肯尼亚高校创建铁路工程专业。③ 同时,肯尼亚首都内罗毕设立了广播和通讯电视台"中国环球电视网",各地区也纷纷建立了孔子学院,中国还为非洲学生留学中国发放奖学金,肯尼亚学校也引入中文课程等。④

中肯两国是全面战略合作伙伴关系,中国是肯尼亚的最大贸易伙伴,两国经贸合作发展迅猛。中肯两国积极推进"拉穆走廊"与"一带一路"对接,两国合作正不断开花结果,在共商、共建中实现共享、共赢。

未来中肯两国将继续推进重大项目,完善肯尼亚乃至东非地区的基础设施,改善其投资环境,推动地区稳定、经济合作和民间交流。中肯在贸易投资合作领域具有巨大对接合作潜力,尤其在产能合作、制造业转型升级、通信、农业现代化等方面。"拉穆走廊"与"一带一路"对接所建设的不只是一条基础设施完善的交通走廊,更是一条配套设施完善的综合性工业走廊,以基础设施建设带动工业化发展,促进非洲国家经济的长远发展。(本条执笔:庞佳欣)

108. 越南的南北经济走廊/两廊一圈与"一带一路"

"两廊一圈"是由越方提出的促进中越经济合作的倡议,2004 年中越两国就此达成共识。随后,该倡议在中越边境贸易便利化、农业、医疗合作等领域取得了相关成果。"一带一路"倡议提出后,中越双方共同合作实现两个合作框架的对接,在政策沟通、贸易畅通、设施联通等方面取得初步成果。

——概念阐述与主体内容

"两廊一圈"是由越南提出的,在中国—东盟合作框架和澜沧江—湄公河

---

① 《中国肯尼亚共建的东非最大光伏电站项目启动》,2016 年 9 月 30 日,环球网,http://world.huanqiu.com/hot/2016-09/9505115.html。
② 《中国电建签署肯尼亚拉姆燃煤电站项目合作协议》,2017 年 5 月 19 日,中华人民共和国国务院国有资产监督管理委员会官网,http://www.sasac.gov.cn/n103/n2549214/n2594106/n2596627/c2610945/content.html。
③ 同上。
④ 《外媒称"一带一路"助肯尼亚发展:中国人凭借效率赢尊重》,2017 年 6 月 12 日,中非合作论坛官网,http://www.fmprc.gov.cn/zflt/chn/zxxx/t1469376.htm。

次区域合作框架下中越两国经济合作发展的具体成果。2004年5月20日，时任越南总理潘文凯访问中国时，向温家宝总理提议共建"两廊一圈"。当年10月，在温家宝总理访问越南期间，两国政府发表《中越联合公告》，公报中提到，积极探讨"昆明—老街—河内—海防—广宁""南宁—谅山—河内—海防—广宁"经济走廊和环北部湾经济圈的可行性。至此，"两廊一圈"进入政府的合作构想阶段。从地理范围看，"两廊一圈"覆盖了中国南部四个省，包括云南、广西、广东和海南，以及越南五个省，即老街、谅山、广宁、河内、海防。从长期发展来看，通过中越"两廊一圈"可以辐射到周边大湄公河区域其他国家。从合作性质来看，"两廊一圈"通过基础设施建设（铁路、公路、航空等），加强中越贸易、投资和产业合作，实现资源和生产要素的跨国流动与优化配置，从而形成区域性的国际经济走廊。[1]

在"两廊一圈"推进过程中，越南在政策和基础设施建设方面都做出相应的调整。其中，"南北经济走廊"发展规划为进一步落实"两廊一圈"规划提供支持。2008年7月11日，越南政府出台《批准到2020年谅山—河内—海防—广宁经济走廊发展规划的决定》（98/2008/QD—TTg号决定）。决定提出其总目标是"建立具有现代、同步基础设施的南宁—谅山—河内—海防—广宁经济走廊，投资环境具有竞争力，有利于两国边境地区各省发展经济、贸易和合作发展，营造便利条件给两国企业和第三国企业开展合作，使南宁—谅山—河内—海防—广宁经济走廊成为两国经济贸易合作新的增长点，并在中国—东盟经济贸易合作中发挥重要作用"，[2] 包括在相关口岸的通商便利化机制，以及建立跨境经济合作区。2015年3月，越南政府又批准《到2020年展望2030年谅山—河内—胡志明市—木排（西宁省）经济走廊发展规划》。"越南政府预计，到2020年，南北走廊贡献的GDP将达到2000亿—2200亿美元，占越南全国GDP总量的70%，并将吸引900万—950万国外游客和4000万—4100万国内游客，预计将创收150亿—160亿美元。"[3] 越南提出建设南北经济走廊进一步为"两廊一圈"的落实提供了政策支持。

此外，越南"北部湾沿海经济圈"发展规划以加强越南国内经济区建设，为与"两廊一圈"对接提供有利条件。2009年3月2日，越南政府出台《批准到2020年北部湾沿海经济圈发展规划的决定》（34/2009/QD—TTg号决定）。该北部湾沿海经济圈包括广宁省和海防市，地理面积7418.8平方千米，人口近

---

[1] 参见刘稚《经济全球化与区域一体化下的中越"两廊一圈"》，《当代亚太》2006年第10期。

[2] 李碧华：《越南"两廊一圈"的政策规划建设与中越共建"一带一路"》，《东南亚纵横》2016年第5期。

[3] 《越南：南北经济走廊/两廊一圈》，2015年3月17日，中国"一带一路"网，https://www.yidaiyilu.gov.cn/zchj/gjjj/1067.htm。

290万。规划的目标是将这一地区发展成为富有活力的经济区，使之与越中两个经济走廊和中国南部沿海地区对接，为越南主动、有效地扩大与中国与东盟的贸易和发展合作创造有利条件。计划到2020年，上述地区对越南国内生产总值的贡献率达到约6.5%—7%，人均国内生产总值达到3500—4000美元。①

在基础设施建设层面，高速公路建设为南北经济走廊/"两廊一圈"建设提供了硬件支撑。2014年9月，越中河内至老街高速公路全线通车，这是首条连接越中边境的高速公路；2015年12月，越南河内—海防高速公路全面通车，为越南北部地区经济发展增添新动力；2014年开始动工的越南河内—谅山高速公路，已完成河内—北江段建设，整条高速公路建设完成后将与中国南宁—友谊关高速公路相接。

在中越合作机制层面，中国云南省与越南老街、河内、海防、广宁五省市经济走廊合作会议是两国合作的重要平台。自2004年以来，云南省与老街、河内、海防和广宁五省市已连续举行了八次经济走廊合作会议。在贸易投资、交通运输、旅游、文化教育、人员培训、农业、医疗等合作领域已取得一定成果。根据中国海关总署统计，2014年越南超过新加坡成为中国在东盟地区的第二大贸易伙伴。② 中越贸易一直保持稳定增长，至2017年，据越南统计总局发布的数据显示，2017年中越双边贸易额预计938亿美元，其中两国贸易不平衡状况有所改善，越南对华出口增幅加大。③ 而在互联互通层面，中越加速联通发展。在陆路方面，已开通了16条客运线、7个口岸20条货运线，其中昆明—老街—河内—海防、南宁—谅山—河内、深圳—谅山—河内线深入腹地，对促进两国贸易，尤其是中国广西和越南北部省份的物流运输有重大的意义。④ 2017年11月22日，第八次中国云南与越南老街河内海防广宁五省市经济走廊合作会议在越南海防市举行。会议上，五省市就加强经贸投资、互联互通等方面合作进行深入交流并达成广泛共识，并签署了会议纪要和加强金融、旅游、物流等领域合作的6项协议。⑤

---

① 李碧华：《越南"两廊一圈"的政策规划建设与中越共建"一带一路"》，《东南亚纵横》2016年第5期。
② 《越南成为我在东盟第二大贸易伙伴》，2014年11月20日，中国海关总署网，http://vn.mofcom.gov.cn/article/zxhz/tjsj/201411/20141100804400.shtml。
③ 《2017年中越双边贸易额预计938亿美元》，2018年1月18日，中国日报网，http://www.chinadaily.com.cn/interface/toutiaonew/53002523/2018-01-18/cd_35530738.html。
④ 《越南交通部副部长谈中越两国互联互通》，2013年7月30日，中华人民共和国驻越南社会主义共和国大使馆经济商务参赞处，http://vn.mofcom.gov.cn/article/zxhz/sbmy/201307/20130700221203.shtml。
⑤ 《第八次中越五省市经济走廊合作会议签署多项协议》，2017年11月24日，新华网，http://www.xinhuanet.com/2017-11/24/c_1122008173.htm。

——与"一带一路"对接情况及其取得的进展

自"一带一路"倡议提出以来,中越双方从高层共识到政策联通,为"两廊一圈"和"一带一路"的对接提供了有力的政策支持;在实践层面,双方推动项目对接,实现了"两廊一圈"和"一带一路"倡议的具体对接。

其一,中越双方高层交流不断,双方在两大倡议对接上从初步设想阶段升级到达成共识。2015年9月18日,在第12届中国—东盟博览会开幕式上,越南副总理阮春福表示,越南欢迎并积极研究参与中国在相互尊重、互利基础上提出的增进区域交流与合作的有关倡议,其中包括"一带一路"。[①] 在2015年,习近平访问越南之际,双方同意整合两国优势,加紧磋商"一带一路"和"两廊一圈"框架内合作,协调推进两国多领域产能合作,集中精力做好大项目建设,大力推进两国边境和金融合作,推动双边贸易均衡可持续发展。[②] 2016年9月,越南政府总理阮春福在对中国访问时表示,越南希望两国通过共建互联互通的项目得到认同,从此加强两国关系的密切交往。越南愿同中国把"两廊一圈"与"21世纪海上丝绸之路"对接合作起来。[③] 在2017年5月召开的"一带一路"国际高峰论坛上,越南国家主席陈大光在介绍采访时表示,"目前越南和中国正在推动'两廊一圈'规划和'一带一路'建设有效对接。这将有助于扩大两国及与其他国家之间的贸易投资,不断开拓市场,吸引更多基础设施建设投资"。[④] 至此,中越双方在"两廊一圈"和"一带一路"对接上已经形成一定共识。

其二,通过政策层面的沟通,中越双方在政策层面实现"两廊一圈"和"一带一路"倡议的对接。在2017年11月,习近平访越期间,双方签署《共建"一带一路"和"两廊一圈"合作备忘录》。两国发表的联合声明特别指出,越方愿同中方落实好业已签署的共建"一带一路"和"两廊一圈"合作文件,尽早确定合作的优先领域、重点方向及具体项目,推进双方政策沟通、设施联通、贸易畅通、资金融通、民心相通,为两国全面战略合作提质升级创造条件。[⑤] 2017年11月12日,中国商务部部长钟山与越南工贸部部

---

① 《越南副总理:越南将积极参与"一带一路"建设》,2015年9月18日,中国新闻网,http://finance.ifeng.com/a/20150918/13981831_0.shtml。

② 《习近平访问越南、新加坡成果》,2015年11月8日,新华网,http://www.xinhuanet.com/world/2015-11/08/c_1117074341.htm。

③ 《中越联合公报》,2016年9月14日,新华社,http://politics.people.com.cn/n1/2016/0914/c1001-28716858.html。

④ 《陈大光:推动"两廊一圈"与"一带一路"》,2017年5月12日,中国经济网,http://news.sina.com.cn/gov/2017-05-12/doc-ifyfeivp5623677.shtml。

⑤ 《外交部:中方愿同越南、老挝一道继续携手共建"一带一路"》,2017年11月15日,中国新闻网,https://www.yidaiyilu.gov.cn/xwzx/gnxw/34744.htm。

长陈俊英在越南河内正式签署《中国商务部与越南工贸部关于加快推进中越跨境经济合作区建设框架协议谈判进程的谅解备忘录》。[①] 2017 年 11 月 13 日,李克强总理在会见越南阮春福总理时表示,双方要加快发展战略对接,按照海上、陆上、金融合作"三线并举"原则,推进"一带一路"和"两廊一圈"加快对接,促进双边贸易在做大贸易总量和包容、多元化发展中实现平衡,更好实现互利双赢。阮春福总理也表示,越方愿继续精心培育越中友好,深化两国全面战略合作伙伴关系,推进发展战略对接,加强产能、交通设施、跨境经济合作区、农业、金融、环保等领域合作,推动双边经贸关系达到新水平。[②]

其三,中越双方在基础设施建设、经贸合作等方面加快落实"两廊一圈"与"一带一路"的对接。由中铁六局承建的越南首都河内吉灵至河东城市轻轨项目将于 2018 年年底正式运营,这条轻轨不仅是中国轻轨走进越南的第一条轻轨,也是越南全国的第一条轻轨。由中国南方电网有限责任公司、中国电力国际有限公司和越南煤炭集团电力有限责任公司合作建设的越南永新一期发电厂,投资金额高达 18 亿美元,项目建成后将有效缓解越南南方缺电现状。在经贸合作方面,2016 年 12 月 9 日,中国—越南(深圳—海防)经济贸易合作区全面动工,成为推动两国发展战略对接的新平台。2017 年 11 月,首趟广西开往越南的中欧班列通行,为广西越南经贸合作开启新通道。中欧班列(中国南宁—越南河内)跨境集装箱直通运输将以大运量和安全、高效、实惠等运输优势,提升跨境物流通道能力。[③] 据越南计划投资部外国投资局数据,截至 2017 年 12 月 20 日,中国对越投资协议金额达 21.7 亿美元,284 个新增投资项目,83 个追资项目,817 个注资或购买股份项目。[④]

——未来发展方向

"两廊一圈"和"一带一路"倡议的对接已在具体的项目领域得到落实,从两者的内涵性质看,是两个地区合作倡议和框架的对接。两者的对接存在一定的必然性。利益共享,双方共赢是两者对接的根本保障。不论是"两廊一圈"合作框架,还是"一带一路"倡议都为中国和越南的经济发展提供新的

[①] 《中越签署备忘录,加快推进中越跨境经济合作区建设》,2017 年 11 月 14 日,中华人民共和国商务部网站,https://www.yidaiyilu.gov.cn/xwzx/hwxw/34542.htm。
[②] 《李克强会见越南总理阮春福:"三线并举"加快推进两国政策对接》,2017 年 11 月 14 日,新华网,https://www.yidaiyilu.gov.cn/xwzx/xgcdt/34520.htm。
[③] 《广西至越南开通首趟中欧班列,提升跨境物流通道能力》,《人民日报》2017 年 11 月 29 日。
[④] 《中国加快对越南投资步伐,2017 年新增投资项目 284 个》,2018 年 1 月 5 日,中华人民共和国商务部网站,https://www.yidaiyilu.gov.cn/xwzx/hwxw/42720.htm。

机遇。通过两个合作框架的实施，能为越南和中国的经济发展带来红利。区域融合，地区发展是两者对接的发展方向。在"两廊一圈"和"一带一路"倡议下，加强了物质和人员层面的互联互通，使次区域和区域的经济一体化不断加深，最终有利于整个地区的经济繁荣和发展。

从中越关系和地缘环境看，"两廊一圈"和"一带一路"的对接也存在一定的挑战。一方面，中越政治互信不足，在具体项目实施过程中容易遇到挑战。中越之间由于南海问题，双方的政治互信不强。且越南方面存在对"一带一路"倡议的疑惑，担心与中国的经济联系会对越南产生负面影响。另一方面，经济发展差距，使中越两国在合作规划对接过程中遇到困难。越南近几年经济增速快，但是其与中国仍存在一定的经济差距，双方对经济发展的诉求存在差异。因此，有部分中国在越南的项目在适应越南国情和经济发展上存在一定问题。本地区其他大国主导的地区合作框架，也在一定程度上对中越合作产生负面影响。

因此，中越在实现"两廊一圈"和"一带一路"对接上有较大的合作空间。双方要坚定共识，秉承"共商、共建、共享"原则，继续落实政策沟通、设施联通、贸易畅通、资金融通、民心相通等方面的合作。在地区已有合作框架下，开拓地区合作新模式，尊重双方国情，以促进社会经济发展。（本条执笔：刘静烨）

109. 蒙古国的草原之路与"一带一路"

——提出的背景及内容

2013 年中国提出"一带一路"倡议之后，蒙古国给予积极响应。2013 年，蒙古国政府提出建设连接中蒙俄三国铁路、公路、石油、电力、天然气"五大通道"。2014 年，蒙古国根据自身处于亚欧之间的地理优势，提出了"草原之路"倡议，希望通过运输贸易带动资源开发以振兴本国经济。2014 年 9 月 2 日，蒙古国政府颁布 282 号决议，正式启动"草原之路"倡议，成立由副总理、经济发展部长、国防部长、环境发展部长、外交部部长等十几位部长组成的工作小组。2014 年，蒙古国议会第 34 号决议中的《关于保障经济稳定增长的措施》明确指出，"草原之路"倡议所需工作及机构建设由蒙古国政府 282 号决议确立。

根据此前规划，"草原之路"倡议由 5 个项目组成，总投资需求约为 500 亿美元，具体包括：连接中俄的 997 千米高速公路，1100 千米电气线路，扩展跨蒙古国铁路、天然气管道和石油管道，发展经蒙古国的亚欧过境运输。

蒙古国政府相信此计划的实施将为本国带来更多投资并带动产业升级，蒙古国的能源和矿产行业也会因此提升到新的水平。据其估计，通过经营中俄间天然气和石油的过境运输，蒙古国将在 2020 年获得 2000 亿蒙古图格里克的收益。①

——与"一带一路"的战略对接

蒙古国本来就是古代丝绸之路的重要通道，其"草原之路"倡议与"一带一路"的对接将使传统的丝绸之路重获生机，也将推动蒙古国自身及中蒙俄经济走廊的积极发展。中国驻蒙古国前大使高树茂就指出，蒙古国结合自身国情提出的"草原之路"发展战略与"一带一路"倡议高度契合，蒙古国历史上就是万里茶道和草原丝绸之路的关键通道，推动"一带一路"和"草原之路"对接，对蒙古国自身发展以及中蒙俄经济走廊建设至关重要。②

政策沟通方面。2014 年 8 月 22 日，对蒙古国进行国事访问的习近平在蒙古国国家大呼拉尔发表题为《守望相助——共创中蒙关系发展新时代》的重要演讲，指出中方愿同蒙方加强在丝绸之路经济带倡议下合作，对蒙方提出的草原之路倡议持积极和开放态度。③ 2014 年 9 月 11 日，习近平在塔吉克斯坦首都杜尚别同俄罗斯总统普京、蒙古国总统额勒贝格道尔吉举行中俄蒙首次元首会晤，中俄蒙三国发展战略高度契合。中方提出共建丝绸之路经济带倡议，获得俄方和蒙方积极响应。习近平建议可以把丝绸之路经济带同俄罗斯跨亚欧大铁路、蒙古国"草原之路"倡议进行对接，打造中蒙俄经济走廊，加强铁路、公路等互联互通建设，推进通关和运输便利化，促进过境运输合作，研究三方跨境输电网建设，开展旅游、智库、媒体、环保、减灾救灾等领域务实合作。④ 2015 年 3 月 28 日，在中国国家发展和改革委员会、外交部、商务部联合发布的《推动共建丝绸之路经济带和 21 世纪海上丝绸之路的愿景与行动》中，将中蒙俄经济走廊定位为重点打造的国际经济合作走廊。⑤ 2015 年 7 月 9 日，中国国家主席习近平在乌法同俄罗斯总统普京、蒙古国总统额勒贝格道尔吉举行中俄蒙元首第二次会晤，就将中方丝绸之路经济带倡议、蒙方"草原之路"倡议、俄方跨亚欧运输大通道倡议进行对接达成重要共识。三方批准了《中华人

---

① 中国驻蒙古经商参赞处：《蒙古国启动"草原之路"计划以振兴经济》，2014 年 9 月 15 日，中华人民共和国商务部网站，http：//mn.mofcom.gov.cn/article/jmxw/201409/20140900746042.shtml。
② 邱海峰：《"一带一路"+"草原之路"》，《人民日报》（海外版）2016 年 7 月 15 日第 2 版。
③ 习近平：《守望相助，共创中蒙关系发展新时代——在蒙古国国家大呼拉尔的演讲》，2014 年 8 月 22 日，新华网，http：//www.xinhuanet.com/world/2014-08/22/c_1112195359.htm。
④ 《共同打造中蒙俄经济走廊》，2014 年 9 月 15 日，中华人民共和国商务部网站，http：//www.mofcom.gov.cn/article/i/jyjl/j/201409/20140900728588.shtml。
⑤ 《推动共建丝绸之路经济带和 21 世纪海上丝绸之路的愿景与行动》，2015 年 3 月 28 日，新华网，http：//www.xinhuanet.com/world/2015-03/28/c_1114793986.htm。

民共和国、俄罗斯联邦、蒙古国发展三方合作中期路线图》,提出在对接丝绸之路经济带、欧亚经济联盟建设、"草原之路"倡议基础上,编制《中蒙俄经济走廊合作规划纲要》。① 2016 年 7 月,中国国务院总理李克强访问蒙古国。此次访问将是六年来中国国务院总理首次访问蒙古国,李克强总理也成为蒙古国换届选举产生新政府后访问该国的第一位外国领导人。访问期间,中蒙双方签署了 10 多份合作协议,并同意加快推进"一带一路"与"草原之路"战略对接。

设施联通方面。蒙古国道路运输发展部部长顾问芒来巴亚尔表示,中国的"一带一路"将使蒙古国有机会推动新的项目,包括拓展蒙古国南北纵贯的铁路,以及建立向东面发展的新路线。为此,蒙古国正在向亚洲投资银行寻求融资多个铁路项目,包括兴建 550 千米连接中国与欧洲的铁路线。2014 年 10 月份,蒙古国国家大呼拉尔(议会)通过决议,塔温陶勒盖—嘎顺苏海图、霍特—毕其格图新铁路轨将采用与中国相同的标轨。其中,嘎顺苏海图与中国甘其毛都口岸接壤,毕其格图与中国珠恩嘎达布其口岸接壤。② 2015 年 4 月 9—10 日,中俄蒙铁路运输合作三方磋商会议在蒙古国乌兰巴托举行。三方确认,愿在"丝绸之路经济带""跨欧亚发展带""草原之路"倡议的框架内开展铁路过境运输合作。三方支持扩大现有铁路通道运量及其进一步发展;研究成立三方运输物流联合公司的可能性;采取措施均衡发展并提升乌兰乌德—纳乌什基—苏赫巴托—扎门乌德—二连浩特—集宁方向各区段的铁路运输能力;发展铁路运输方面教育机构全面合作并相互交流经验,支持人才及教师培养、培训、再教育及发展科研合作;充分利用现有合作机制编制铁路运输领域发展合作的共同行动计划。三方商定,每年就铁路过境运输问题举行会议。③ 2015 年 5 月,扎门乌德—乌兰巴托—阿勒坦布拉格高速公路项目正式启动。这是丝绸之路经济带与"草原之路"战略对接的首个项目,也是蒙古国首条高速公路。④ 2016 年 6 月,在中俄蒙元首签署的《建设中蒙俄经济走廊规划纲要》框架内,在铁路建设方面,三国就铁路建设复线或电气化铁路与运输达成共识。主要内容包括建设从蒙古国的额尔敦特向北连接俄罗斯、在蒙古国东西部地区

---

① 《中华人民共和国、俄罗斯联邦、蒙古国发展三方合作中期路线图》,2015 年 7 月 10 日,中国政府网,http://www.gov.cn/xinwen/2015-07/10/content_2894909.htm。
② 《蒙古国南线两段铁路将采用与中国相同标轨》,2014 年 10 月 15 日,环球网,http://world.huanqiu.com/article/2014-10/5179370.html。
③ 《中俄蒙铁路运输合作三方磋商会议在蒙古召开》,2015 年 4 月 14 日,中国政府网,http://www.gov.cn/xinwen/2015-04/14/content_2846109.htm。
④ 杜世伟:《蒙古国"草原之路"与中蒙俄经济走廊》,张洁主编:《中国周边安全形势评估(2016)》,社会科学文献出版社 2016 年版,第 115 页。

建设新铁路、南下经中国连接俄罗斯远东地区口岸、新建莫斯科至北京高速铁路等 8 个铁路走廊项目。① 2016 年，中国公布的《中欧班列建设发展规划（2016—2020 年）》，明确提到建设中欧班列中通道，即由内蒙古二连浩特口岸出境，途经蒙古国与俄罗斯西伯利亚铁路相连，通达欧洲各国。②

贸易畅通方面。虽然中蒙两国在经济规模和贸易结构方面存在着明显差异，但是双方在经贸合作领域具有较大的互补性。蒙古国自然资源尤其是矿产资源丰富，但是工业基础较差，需要大量进口机械设备和轻工业产品，而中国具有较强的制造优势，中蒙双方具有较强的经济互补性。中国是蒙古国最大的贸易伙伴国和投资伙伴国。过去 20 年来，中蒙贸易规模增长了 50 倍，中国已连续 10 多年成为蒙古国最大贸易伙伴国和投资国，2015 年，中国对蒙贸易在蒙古国总体对外贸易中占比达到 62%。③ 随着丝绸之路经济带与"草原之路"倡议战略对接及中蒙俄经济走廊建设的不断推进，中蒙之间的经贸合作潜力巨大。

资金融通方面。为了推进"草原之路"与丝绸之路经济带的战略对接，中蒙两国积极开展金融领域内的合作。2014 年，蒙古国成为亚洲基础设施投资银行首批创始成员国。2014 年 8 月 21 日，中蒙签署《关于建立和发展全面战略伙伴关系的联合宣言》，表示双方将进一步巩固金融合作，增加本币互换规模，支持以本币进行贸易结算，加强商业贷款、项目融资等合作。④ 2015 年 11 月 11 日，两国签署《关于深化发展全面战略伙伴关系的联合声明》，提出双方支持在落实"一带一路"倡议框架下，蒙方同亚洲基础设施投资银行、丝路基金等金融机构就本地区基础设施建设大型项目融资开展合作。2014 年以来，中国向蒙古国提供了大量优惠贷款。2015 年 10 月 23 日，中国农业银行对蒙跨境人民币业务中心在呼和浩特正式成立。该中心设立后，将使中蒙人民币跨境资金清算时间大大缩短，由原来的 2 小时缩短到现在的实时到账。⑤ 与此同时，双方不断推进人民币和图格里克的货币互换进程。2011 年，中国人民银行与蒙古国银行签署了金额为 50 亿元人民币的双边本币互换协议。2014 年，两国续签双边本币互换协议，将互换金额扩大至

---

① 《中蒙将落实"一带一路"对接蒙古"草原之路"战略》，2016 年 9 月 22 日，网易网，http://news.163.com/16/0922/21/C1JKDU2R00014SEH.html。
② 《草原之路对接"一带一路"，蒙古国希望搭中欧班列"快车"》，2017 年 4 月 15 日，环球网，http://world.huanqiu.com/hot/2017-04/10446131.html。
③ 邱海峰：《"一带一路"+"草原之路"》，《人民日报》（海外版）2016 年 7 月 15 日第 2 版。
④ 《中华人民共和国和蒙古国关于建立和发展全面战略伙伴关系的联合宣言》，2014 年 8 月 22 日，新华网，http://www.xinhuanet.com/world/2014-08/22/c_1112179283.htm。
⑤ 《农业银行对蒙古国跨境人民币业务中心在呼和浩特揭牌》，2015 年 10 月 22 日，人民网，http://nm.people.com.cn/n/2015/1022/c356223-26887351.html。

150亿元人民币。2017年，双方续签了中蒙双边本币互换协议，规模保持为150亿元人民币/5.4万亿蒙古图格里克，互换协议有效期3年，经双方同意可以展期。

民心相通领域。国之交在于民相亲，民相亲在于心相通。为了传播中国优秀文化、增进中蒙两国人民的友谊，中国至今已在蒙古国建立了3个孔子学院和5个孔子学堂。2014年5月2日，中蒙文化教育基金、中蒙社会发展基金揭牌仪式在乌兰巴托举行。该基金主要用于帮助和提高蒙古国的文化教育水平以及经济发展和社会进步。揭牌仪式后，中国银行乌兰巴托代表处和蒙古国立大学孔子学院共同签署了《蒙古国立大学孔子学院与中国银行乌兰巴托代表处战略合作协议》和《蒙古国立大学孔子学院与中蒙文化教育基金战略合作协议》。根据协议内容，中国银行乌兰巴托代表处以及中蒙文化教育基金每年设立奖学金，资助品学兼优的蒙古籍学生接受汉语教育，以及组织和赞助华文教育在蒙推广。[①] 2014年8月21日，中蒙签署《关于建立和发展全面战略伙伴关系的联合宣言》，指出商定建立两国青少年互访交流机制；自2015年起的5年内，中方每年邀请100名蒙古国青年访华，蒙方每年邀请50名中国青年访蒙；今后5年，中方将向蒙方提供1000个培训名额，增加提供1000个中国政府奖学金名额，邀请250名蒙古国新闻媒体代表访华。[②] 2014年10月25日，中蒙两国签署了《中国和蒙古国战略伙伴关系中长期发展纲要》，提出在未来5年，中方将通过多种渠道每年向蒙方提供不少于1000个中国政府奖学金名额，其中本科生名额不少于200个；中方支持在蒙汉语教学，愿向蒙方增派汉语教师志愿者，愿同蒙方合作在蒙大专院校内开设汉语教师或预科班，在教材提供、编写等方面提供支持帮助；建立两国青年代表团隔年互访定期交流机制；互办中小学生夏令营活动。[③] 2015年11月11日，中蒙双方将研究成立中蒙人文交流共同委员会，全面推进两国人文领域合作，夯实社会民意友好基础。2016年10月3日，首个中国主题图书翻译出版中心在乌兰巴托举行的中国蒙古国文化合作启动仪式上正式成立。该中心由中国人民大学出版社和蒙古国立师范大学共同成立。该中心将推动做好中国主题图书在蒙古的出版发行、促进两国版权合作与版权贸易、设立和审定中蒙图书翻译资助项目等工作。中心旨在加强中蒙新闻出版合作，搭建中蒙两国新闻出版领域唯一的政府间合作

---

① 《中蒙文化教育基金、中蒙社会发展基金揭牌仪式举行》，2014年5月3日，人民网，http://world.people.com.cn/n/2014/0503/c1002-24967114.html。

② 《中华人民共和国和蒙古国关于建立和发展全面战略伙伴关系的联合宣言》，2014年8月22日，新华网，http://www.xinhuanet.com/world/2014-08/22/c_1112179283.htm。

③ 《中国和蒙古国战略伙伴关系中长期发展纲要》，2013年10月26日，中国政府网，http://www.gov.cn/jrzg/2013-10/26/content_2515790.htm。

交流平台。① 2016年10月1日,"电视中国剧场"开播和中国影视剧喀尔喀蒙古语译制中心正式成立,旨在向蒙古国民众推介优秀中国影视作品。

在中蒙两国的共同积极推进之下,"草原之路"倡议与"一带一路"的战略对接取得了全方位进展,步入快速发展的新阶段。(本条执笔:田光强)

110. 哈萨克斯坦的光明之路计划与"一带一路"

——提出背景及主要内容

2008年金融危机后,世界经济复苏步伐缓慢且不明朗,地缘政治环境的恶化和全球新兴市场的变化使哈萨克斯坦面临着严峻的挑战和突出的经济问题。为此,2012年12月,哈萨克斯坦总统纳扎尔巴耶夫提出了"哈萨克斯坦2050战略",这一战略的口号是"强大的商业,强大的国家",旨在通过一系列的社会经济改革和政治改革,力争在2050年跻身世界前30大经济体。2013年9月,习近平在哈萨克斯坦访问时,提出了共建"丝绸之路经济带"倡议,得到了哈萨克斯坦的积极响应。随后,2014年,国际油价暴跌,经济增长过度依赖石油的哈萨克斯坦经历了经济低迷时期。在此背景下,总统纳扎尔巴耶夫提前了两个月,于2014年11月11日发表了年度演说和国情咨文,正式提出"光明之路"新经济计划。② 该计划服务于"哈萨克斯坦2050战略",旨在保障经济持续发展和社会稳定,实现经济结构升级转型,降低国家经济对能源出口的依赖程度,并将哈萨克斯坦打造成连接中国、欧洲与中东各大市场的全球交通走廊。为此,"光明之路"计划在五年之内将国家基金中的90亿美元投入于基础设施建设、工业化建设、教育和公共服务设施建设、中小型企业扶持等方面。

"光明之路"计划是以基础设施建设为核心,通过道路的互联互通,使其在经济领域产生倍增效应,以带动哈萨克斯坦各个经济领域的快速发展的新经济政策。"光明之路"计划的主要内容分为以下七个方面③。

第一,建设和完善交通和物流基础设施。交通和物流基础设施建设是"光明之路"计划的核心,强调以哈萨克斯坦首都阿斯塔纳作为中心交通枢纽,建设辐射全国各个区域中心的公路、铁路和航空交通和物流网络,实现城市之间

---

① 《首个中国主题图书翻译出版中心在蒙古成立》,2016年10月3日,人民网,http://edu.people.com.cn/n1/2016/1003/c1006-28755698.html。

② "Nyrly Zhol-The Path to the Future", Official Site of the Republic of Kazakhstan, 11 November 2014, http://www.akorda.kz/en/addresses/the-address-of-president-of-the-republic-of-kazakhstan-nnazarbayev-to-the-people-of-kazakhstan-november-11-2014.

③ 同上。

的互联互通。其中，主要的交通设施建设项目包括：中国—西欧线、阿斯塔纳—阿拉木图线、阿斯塔纳—乌斯季卡缅诺戈尔斯克线、阿斯塔纳—阿托内—阿特劳线、阿尔梅—乌斯季卡缅诺戈尔斯克线、卡拉干达—杰兹卡兹甘—克孜勒奥尔达线、阿特劳—阿斯特拉罕线等。除了交通设施建设外，该计划还将在哈萨克斯坦的东部建立物流中枢，西部建设配套的海上基础设施以作为对接中国、俄罗斯、伊朗和欧盟国家的主要物流运输载体。

第二，发展并完善工业和服务业基础设施。"光明之路"计划的工业和服务业基础设施建设包括三个部分：一是完成现有经济特区和工业园区的基础设施建设，包括10个经济特区和各州设多个工业园区。为了促进经济特区和工业园区的发展，政府不仅改善投资环境，还对投资者提供相应优惠政策。其中，阿斯塔纳经济特区是最大的经济特区，已有33个项目正在运营。二是设立并发展新工业区，新工业区着力于为中小型企业提供必要的生产设施，为中小型企业的发展提供政策和资金支持。三是发展旅游基础设施建设，挖掘新的旅游资源，推进旅游资源开发，发挥旅游业的优势，创造更多的就业机会。

第三，推进能源基础设施升级，重点完善电力、天然气基础设施。长期以来，哈萨克斯坦的能源运输系统相对落后，无法覆盖全国，导致南部地区的电力以及中部和东部地区的天然气存在较大赤字。因此，在接下来的五年，政府重点铺设两条高压线：埃基巴斯图兹—塞米伊—乌斯季卡缅诺戈尔斯克（Ekibastuz-Semey-Ust-Kamenogorsk）和塞米伊—阿克托盖—塔尔迪库尔干—阿拉木图（Semey-Aktogay-Taldykorgan-Almaty），这将使哈萨克斯坦所有地区实现均衡的能源供应。此外，政府将引进外资和技术，实现油气管道能源网络建设。

第四，实现公共设施、水热供应的现代化建设。"光明之路"通过结合政府资金投入和亚洲开发银行、欧洲复兴开发银行、伊斯兰开发银行、个人投资等融资以加速实现全国供水供热系统现代化，完善公共设施建设。

第五，加强住房基础设施建设。为了改善城市人口和城市基础设施不协调的问题，由国家提供经费，建设公租房，减缓各阶层民众的住房压力。

第六，健全社会基础设施。一方面，政府加大资金投入并适当引进外资，发展教育：一是解决长期以来幼儿园等学前教育机构缺乏、教育方式方法落后的问题；二是为国家工业化建设提供专业对口的高素质人才，并确定了10所高等教育机构专门对接国家工业化发展。另一方面，完善医疗设施建设，培养医疗人才，引进先进的医疗设施，全面提高医疗水平。

第七，继续扶持和鼓励中小型企业的发展。除了政府的资金扶持外，充分利用亚洲开发银行、欧洲复兴开发银行、世界银行等渠道进行融资，把中小型企业发展成国家经济增长的重要推动力,到 2050 年将其份额提高到 GDP 的 50% 以上。发挥中小型企业吸纳劳动力的优势,为哈萨克斯坦人民提供更多的就业岗位,创造更多的就业机会。

——与"一带一路"对接情况

哈萨克斯坦地处亚欧大陆的"中心地带",是"丝绸之路经济带"上的重要国家,"光明之路"与"一带一路"对接具有利益契合点。当 2013 年习近平在哈萨克斯坦首次提出共建"丝绸之路经济带"时,纳扎尔巴耶夫总统就表示愿意与中国共建新的丝绸之路。2014 年 12 月 14 日,中哈两国签署了《关于共同推进丝绸之路经济带建设的谅解备忘录》以推动两国的深入合作。次年,中哈两国总理签署了《中华人民共和国政府和哈萨克斯坦共和国政府联合公报》,提出加快"丝绸之路经济带"和"光明之路"的对接合作。[1] 2016 年 9 月 2 日,中哈两国正式签署了《"丝绸之路经济带"建设与"光明之路"新经济政策对接合作规划》,这是"一带一路"框架下的第一个双边合作规划,强调在基础设施建设、产能、投资、农业、人文交流等领域的实质性合作。[2] 至今,中哈两国已签署十多项政府、部门间合作协议,由两国相关部门专门负责。目前,对接工作已在交通、产能、能源、金融、农业等领域展开,并取得丰硕成果。具体如下:

第一,推进基础设施建设互联互通。一是推进跨境运输铁路线建设,目前已建成三条中国过境哈萨克斯坦的国际运输铁路线,第一条是亚欧大陆桥,即从中国过境哈萨克斯坦,通往俄罗斯和欧洲;第二条是中国—哈萨克斯坦—土库曼斯坦,通往伊朗和波斯湾;第三条是中国—哈萨克斯坦—外高加索地区国家(格鲁吉亚、阿塞拜疆和亚美尼亚)—欧洲国家。[3] 二是推进"欧洲西部—中国西部"国际公路运输走廊建设,总长 8000 多千米的"欧洲西部—中国西部"国际公路已于 2017 年底全线开通,其在哈国境内长度超过 2000 千米,将成为中亚地区重要的物流运输大干线,大大缩短中国至欧洲的运输时间。[4] 三是交通物流中心建设,包括"霍尔果斯—东门"经济特区陆港、中哈霍尔果斯国际边境合作中心等物流中心。四是物流口岸建设对接,2015 年,中哈签署

---

[1] 《中华人民共和国政府和哈萨克斯坦共和国政府联合公报》,2015 年 12 月 15 日,中华人民共和国外交部网站,http://www.fmprc.gov.cn/web/ziliao_674904/1179_674909/t6938.shtml。

[2] 《"丝绸之路经济带"建设与"光明之路"新经济政策对接合作规划》,2016 年 9 月 2 日,中华人民共和国国务院新闻办公室网站,http://www.scio.gov.cn/31773/35507/htws35512/Document/1524812/1524812.htm。

[3] 《哈萨克斯坦驻华大使:"一带一路"与光明大道"对接顺利"》,2017 年 6 月 5 日,人民网,http://world.people.com.cn/n1/2017/0605/c1002-29318746.html。

[4] 《"一带一路"为国际合作创造更多机会》,2017 年 10 月 15 日,人民网,http://world.people.com.cn/n1/2017/1015/c1002-29587586.html。

了《共同发展哈萨克斯坦"霍尔果斯—东门"经济特区和中国连云港上合组织国际物流园区项目战略合作框架协议》①，随后成立了中哈（连云港）物流合作基地，对接哈国霍尔果斯东门无水港，并通过"连云港—哈萨克斯坦—欧洲"班列形成国际贸易物流走廊。

第二，加强产能合作。哈萨克斯坦是"一带一路"建设的第一大投资对象国，2015年8月，中哈签署了《关于加强产能与投资合作的框架协议》，就产能合作建立了常态化合作机制，全面推动两国在加工业、电力等多个领域的合作。中哈产能合作具有互补优势，截至2017年，中哈两国已签署了51个产能合作项目，投资总额超过260亿美元，涉及制造、冶金、石油化工、机械制造、重金属和有色金属冶炼、食品等多个领域。② 中国对哈投资填补了哈萨克斯坦多个产业空白。中国有色金属建设股份有限公司投资建设了哈萨克斯坦第一家电解铝厂、最大的铜矿厂，中石油参与投资建设了哈萨克斯坦第一家大口径钢管制造企业，还有聚丙烯厂、食用油加工厂等。作为两国最大的非资源类合作项目，中哈里海沥青合资公司弥补了哈国沥青生产的空白，满足了哈国道路建设对沥青的需求。哈国规模最大的药厂中哈合资科伦（哈萨克）药业公司也突破了哈国制药业的发展瓶颈。此外，中哈设立了产能合作基金，现已投入实际运作。"一带一路"国际合作高峰论坛后，两国还签署了支持中国电信企业参与"数字哈萨克斯坦2020"规划的合作框架协议。③ 为了推进"一带一路"产业对接，中国地方企业也参与了哈萨克斯坦的投资。2017年6月，浙江省组织经贸代表团与哈萨克斯坦阿拉木图贸易投资商会共同举办了贸易投资洽谈会，并签署了构建经贸合作区电子商务平台协议，为中哈企业提供网上经贸对接服务。④

第三，加快能源合作。哈萨克斯坦和中国是重要的油气能源合作伙伴，在"一带一路"建设框架下，中哈能源合作正朝更宽领域、高水平的方向发展。目前，中石油集团在哈有七个以油气生产为主的上游项目，并参与投资了三条重要的油气管道，中国—中亚天然气管道的三条油气管道中有1300千米穿越哈萨克斯坦境内。2017年4月，中石油完成了哈萨克斯坦南线天然气管道的全线建设，该管道连接了哈境内外四条天然气主干线，优化了哈国的能源结构，

---

① 《中国连云港上合组织国际物流园区项目战略合作框架协议签订》，2015年9月1日，连云港传媒网，http://2015v1.lyg1.com/news/political/2015/9/1/article_11379.shtml。
② 《"一带一路"使中哈靠得更近》，2017年6月9日，中国"一带一路"网，https://www.china.com.cn/news/2017/06/09/content_40995093_2.htm。
③ 《"一带一路"使中哈靠得更近》，2017年6月9日，中国"一带一路"网，https://www.china.com.cn/news/2017/06/09/content_40995093_2.htm。
④ 《百家浙企赴哈萨克斯坦和英国组团开展"一带一路"产业对接》，2017年6月18日，中国"一带一路"网，https://www.yidaiyilu.gov.cn/xwzx/dfdt/17618.htm。

既是哈国极为重要的民生工程,也是"一带一路"上设施联通的典范。同时,中石化集团投资建设了阿特劳炼油厂芳烃装置和石油深加工联合装置两个大型化工项目。中国华信、广汇能源、振华石油、洲际油气等多家中国民营油气企业也积极参与了哈国油气业务投资。除了传统油气合作,中哈还在核电和可再生能源方面深入合作。核电领域上,中广核铀业公司与哈原工成立核燃料组件厂合资公司,并于2016年12月开工建设,年设计产能达200吨铀,推动了哈萨克斯坦核燃料产业升级。可再生能源领域上,中哈签署了凯尔布拉克水电站等项目的备忘录和实施协议,建设了哈国第一座大型水电站。哈具有丰富的风能资源,将是中国风电企业的未来投资重点之一。[①]

第四,深化金融领域合作。2015年5月,中哈签署了《中哈证券期货监管合作谅解备忘录》,加强两国证券期货交流合作,促进资本市场健康发展。为了更好地和国际主要金融机构对接,哈于2015年12月成立了阿斯塔纳国际金融中心,并和丝路基金、中信集团等金融机构展开合作。2016年,中哈签署了《关于设立中哈农业发展基金的框架协议》,为拓展两国农业合作提供资金支持。2017年6月,上海证券交易所与哈萨克斯坦阿斯塔纳国际金融中心管理局签署了合作协议,共同投资建设阿斯塔纳国际交易所,致力于发展成为中亚地区的人民币交易中心和"一带一路"重要金融平台,为"一带一路"建设项目落地提供融资服务。[②]

第五,扩展农业合作。中哈已签订的51个项目,有3个农业项目,涉及小麦生产、粮油加工业等。2017年,中哈两国打通了粮食过境安全大通道,以连云港作为物流中转基地,将哈国粮食运往东南亚市场。同时,中国以西安港作为粮食进境口岸,推进国外优质粮食进入中国市场。

第六,增进民心相通。一是加强教育交流,除了留学生交流学习外,现已在北京、上海、大连、西安的四所高校设立了"哈萨克斯坦中心"。二是加强旅游业发展,哈萨克斯坦开辟了60余条旅游线路,简化了签证手续,为两国民间交流提供了便利。

哈萨克斯坦是"一带一路"建设的桥头堡,和中国建立了全面战略伙伴关系。两国对接合作发展良好,既有具体合作规划,也有健全的对接工作机制,现已取得阶段性成果,未来对接进一步深化潜力巨大,前景广阔。(本条执笔:庞佳欣)

[①] 《"一带一路"跨境系列报道·中亚》,2017年7月17日,新浪新闻网,http://news.sina.com.cn/c/2017-07-17/doc-ifyiamif3138902.shtml。
[②] 《上交所与哈萨克斯坦共建阿斯塔纳国际交易所》,2017年6月8日,中国"一带一路"网,https://www.yidaiyilu.gov.cn/xwzx/gnxw/15629.htm。

111. 韩国"新北方政策"与"一带一路"

——概况

2017年9月7日，韩国总统文在寅在俄罗斯举办的"第三届东方经济论坛"的主旨演讲中首次提出"新北方政策"。该政策是在前总统朴槿惠提出的"欧亚倡议"基础上发展而来，旨在通过连接韩国与亚欧国家的交通、物流及能源基础设施等，创造韩国经济增长新动力、追求共同繁荣、实现朝鲜半岛乃至亚欧大陆和平稳定。"新北方政策"的"新"表现在四个方面，一是为了预防和克服新冷战时代的矛盾而推进；二是支持朝鲜改革开放并融入国际社会；三是强调民间主动参与，政府主要发挥后盾作用；四是以燃气、电力等为媒介，推进多边合作，通过扩大相互依存性奠定东北亚的和平基础。

"新北方政策"为韩国扩大与亚欧国家间的经济合作奠定了制度基础。该政策所覆盖的合作国家包括俄罗斯、中亚五国、白罗斯、乌克兰等全部CIS国家及蒙古国、中国等。按战略规划，韩国对亚欧经济圈的三大板块（东部、中部、西部）实行差异化战略，其中包括以下三个方面的内容：第一，对东部经济圈（俄远东地区、中国），以"九桥战略规划"（9-Bridge）、AIIB等为平台，发掘中蒙俄经济走廊对接项目和中国"一带一路"倡议对接项目的合作潜能；第二，对中部经济圈（中亚五国、蒙古国），加强对韩企所关注的石油化工业、制造业、公路基建、ICT领域合作、利用ODA的教育培训、保健医疗、公共行政的支持；第三，对西部经济圈（俄西部地区、乌克兰、白俄罗斯），加强结合ICT、航天航空等区域高水平基础技术及韩国应用技术的高附加值技术合作等，创造新增长模式。

该政策的具体推进工作以北方经济合作委员会为中心，组建负责天然气、铁路、港湾、电力、北极航线、造船、就业（工业园）、农业、水产九大领域（简称"九桥战略规划"）的工作小组，构成有序的推进体系。该政策强调政府间合作与民间交流合作并举，切实扩大韩国与亚欧各国在政治、经济、保健、医疗、文化、旅游、自治体交流等领域的合作，并通过政府间磋商组织加强人员交流，比如扩大医疗人员研修、医疗设施支持等。同时，韩国积极推进韩俄地方合作论坛，为韩国地方中小企业进军俄罗斯搭建良好平台。

韩国现已启动北方经济合作政策指挥塔，以建立与亚欧合作国家间的高层正常对接渠道。下一阶段，韩国计划与欧亚经济联盟（EAEU）开启推进FTA谈判协商，与乌兹别克斯坦、哈萨克斯坦等国建立高层联络渠道，并推进韩俄远东金融合作倡议（规模为20亿美元）及利用域内外磋商组织基金（ADB、

AIIB）支持合作项目。2017年9月，韩俄首脑峰会期间，两国对扩大韩俄交流达成一致，其后的第三届东方经济论坛上，文在寅发表主题演讲提出了"九桥战略规划"。2018年3月，韩俄两国在俄罗斯举办了第一次韩俄会议，签署了谅解备忘录，并发表联合声明。根据备忘录，韩俄两国将共同推进"九桥战略规划"（9-Bridge），开设九桥合作小组委员会，每年定期举办两次韩俄会议以共同发掘合作课题，并扶持双边合作项。目前，韩俄两国将水产业和能源作为优先合作领域，并开展实质性合作。此外，韩国也积极开展与"一带一路"倡议的对接工作。

——与"一带一路"倡议的对接情况

实现亚欧地区经济繁荣、维护朝鲜半岛和平稳定是中韩两国的共同愿望，故"新北方政策"与"一带一路"对接具有很强的合作驱动力。从之前的"欧亚倡议"到如今的"新北方政策"，中韩两国关于"一带一路"的对接从未停止，这项工作主要从以下五个方面开展。

第一，注重政策沟通。早在2015年举行的中国人民抗日战争暨世界反法西斯战争胜利70周年纪念活动期间，习近平会见来访的韩国时任总统朴槿惠时就表示，欢迎韩方积极参与"一带一路"建设，韩方"欧亚倡议"同"一带一路"倡议高度契合，就此中韩两国对推动"一带一路"倡议与"欧亚倡议"对接达成了重要共识。[①] 同年10月31日，中韩两国在李克强总理和朴槿惠总统的见证下，签署了《关于在丝绸之路经济带和21世纪海上丝绸之路建设以及欧亚倡议方面开展合作的谅解备忘录》以及其他一系列文件。[②] 该备忘录是加强"一带一路"倡议与"欧亚倡议"政策对接，推进两国中长期对外发展战略合作的指南。根据该备忘录，双方在政策沟通、设施联通、贸易畅通、资金融通、民心相通上扩大合作。同时，为了提高两国企业的国际竞争力，中韩两国达成一系列合作协议，通过结合两国企业在基础设施、城市建设、能源、信息技术、通信等方面的比较优势，加强在"一带一路"倡议与"欧亚倡议"所涉及国家的经济合作与市场开发。2017年12月，在中韩产业合作重庆论坛上，中韩两国就积极发掘"一带一路"倡议与"新北方政策"的具体合作方案事宜达成一致。

第二，强调基础设施联通。"一带一路"框架的核心是六大经济走廊建设，韩国积极推进的连接纵贯朝鲜半岛铁路列车与西伯利亚大铁路事业若能与中蒙俄经济走廊对接，将弥补经济走廊未能连接亚欧最东端的朝鲜半岛的

[①] 郭继文：《我"一带一路"倡议和韩国"欧亚倡议"有机对接》，《中国改革报》2015年11月4日第2版。

[②] 同上。

缺口,使亚欧大陆的铁路、航空、海上运输网四通八达。目前,中韩两国正在对接交通物流体系,在高铁领域展开国际合作。"一带一路"正在推进新亚欧大陆桥的建设,中韩两国计划将韩国的"丝绸之路快车"与二十多条中欧班列、中亚班列等进行对接,加强从韩国到中国再到欧洲的互联互通。①韩国已设立的8个自由经济区大都位于西海岸且面向中国的黄海沿线。依托中韩沿海地区,两国正共同推进能源管道、铁路、海港设施和物流枢纽等网络基础设施建设。② 同时,两国正在商议和研究修建中韩海底隧道,缩短两国的交通距离,扩大双方人文和贸易往来,加强互联互通。下一阶段,中韩将加强培养环保能源、跨国电力网对接等能源领域合作,利用IT技术构建数字丝绸之路。

第三,推进贸易畅通。新北方政策旨在减少区域贸易壁垒、盘活投资,这与"一带一路"倡议中的"贸易畅通"一脉相通。2015年6月1日,中韩FTA自贸协定正式签署,协定生效后,中韩两国绝大部分的贸易产品都实现了零关税。③ 两国企业也积极整合中韩企业优势,拓展在第三国市场的合作项目,共同进军第三国的事业。这其中既包括基础设施、工业产能、产业园区项目,也包括涉及海洋经济、生态环保、电子商务等新兴领域的项目。2016年1月11日,41名韩方企业家代表与中方代表在兰州新区签署了未来战略合作协议,这一协议涉及精细化工、新材料、装备制造、汽车、跨境电商、现代农业等产业。同日,"中韩产业园企业总部基地"在兰州新区揭牌,成为西北地区首个"中韩产业园"。④ 根据合作协议,两国将联手把兰州新区建设成为产能转移基地、商品分拨物流市场。中韩两国还加强了通信领域的合作。2015年,中韩无线通信技术研发中心落户深圳,康佳、创维、TCL等中国企业与韩国8家移动通信企业进行了对接,借助两国产业的互补优势,以形成完整的信息产业链和创新供应链,将通信技术快速转化为生产成果,提高中韩两国在亚欧各国通信产业的竞争力。⑤

第四,促进资金融通。亚洲基础设施投资银行、金砖国家开发银行、丝路基金、上合组织开发银行等融资平台现已服务于亚欧各国基础设施建设和开

---

① 刘英:《中韩示范:"一带一路"与"欧亚倡议"的对接与合作》,2015年12月5日,环球网,http://finance.huanqiu.com/br/focus/2015-12/8250776.html。
② 迟福林:《务实推进"一带一路"下中韩经济合作》,2017年7月11日,中国发展网,http://www.chinadevelopment.com.cn/zk/yw/2017/07/1159948.shtml。
③ 刘英:《中韩示范:"一带一路"与"欧亚倡议"的对接与合作》,2015年12月8日,环球网,http://finance.huanqiu.com/br/focus/2015-12/8250776.html。
④ 《一带一路战略推进中韩经贸深度合作》,2016年1月11日,新华网,http://www.xinhuanet.com/fortune/2016-01/11/c_1117740167.htm。
⑤ 《中韩无线通讯技术研发中心落户深圳》,《深圳特区报》2015年1月9日。

发，这为中韩在基础设施建设开展国际合作提供了融资手段。通过中韩投资合作委员会等磋商渠道，两国致力于夯实信息交流和金融支持的基础。2015年两国签署的备忘录中达成了一项金融合作协议，在上海中国外汇交易中心建立韩元对人民币的直接交易市场。两国也在山东省建立了人民币对韩元的直接交易试点，为两国的投融资提供便利。2017年12月，中韩首脑会谈期间，韩国贸易保险公社与中国建设银行签署了联合向两国企业共同进军基础设施市场提供金融支持的合作协议。此外，韩国产业银行与亚洲基础设施投资银行共同出资成立"新兴亚洲基金"，进一步加强与多边开发银行间的合作，为两国企业共同进军第三国市场提供积极支持。

第五，重视民心相通。一是加强民间的人文交流，积极开展中韩文化年、艺术节、旅游年等活动，为民间交流创造良好环境；二是扩大科研教育合作交流，双方每年都不断增加互派留学生和访问学者的数量，为两国科研合作提供充足的资金和条件。

——未来展望

中韩两国一衣带水，自建交以来，两国在政治、经济、文化和非传统安全领域开展了广泛而深入的合作，战略互信度不断增强。同时，两国经济关系日益密切，互为重要的经贸合作伙伴，中国是韩国第一大贸易伙伴，韩国是中国第三大贸易伙伴和重要外资来源国，两国的经济合作正处于历史机遇期。

"一带一路"倡议与"新北方政策"具有利益契合点和较强的互补性，推动两者对接必将成为实现两国以及区域和平和共同繁荣、引领人类共赢的强大力量。首先，这两个倡议有很多共同点，一是所指地理范围有重叠，二是有共同的战略目标，都致力于实现地区经济繁荣和维持区域和平稳定，三是在特定领域有共同利益，两国都强调互联互通，加快沿线国家基础设施建设，实现经济的共同繁荣。这些共同点对两国合作有很大驱动力。其次，两个倡议有较强的互补性。从区域角度看，韩国"新北方政策"重点关注朝鲜、俄罗斯、蒙古国、中国东北三省等，而"一带一路"倡议着眼于推动一带一路沿线国家的共同发展和繁荣，两者的整合可以将辐射范围覆盖整个亚欧大陆。从基础设施建设的角度看，"一带一路"着重于一带一路沿线国家之间的互联互通，"新北方政策"则把韩国通往丝绸之路的路线打通，两者对接可以形成亚欧大陆完整的交通物流网络。从产业的角度看，中韩各具产业优势，两国企业加强创新产业合作，将实现优势互补，提高两国对外投资的竞争力。

"新北方政策"与"一带一路"的对接将连通东亚经济圈与其他经济圈，

激活亚欧国家的经济增长潜力,推动中韩两国更好地朝互利共赢、共建共享的方向发展。未来两国还将继续扩大基础设施、能源、信息技术产业的实质性合作,共同致力于实现亚欧大陆的互联互通,促进亚欧各国的经济繁荣。(本条执笔:庞佳欣)

十二 "一带一路"倡议实施和推进相关案例剖析

112. 基础设施联通建设案例评析

——改善民生是"一带一路"基础设施建设的重要内容和优先选项

案例1：巴基斯坦E35高速公路。由中国葛洲坝集团承建的巴基斯坦E35高速公路第一、二标段通车仪式于2017年12月27日在巴基斯坦西北部开伯尔—普什图省赫里布尔地区举行，该高速公路预计于2018年5月全部建成，该公路项目全部建成后，将把巴基斯坦南北交通大动脉白沙瓦至卡拉奇高速公路与北部的喀喇昆仑公路相连接，提升中巴边境口岸到巴基斯坦腹地的互联互通水平，以后通过陆路从巴基斯坦到中国的时间将大大缩短。E35高速公路对于加强巴基斯坦与中国的互联互通、促进地区经济增长、带动巴北部旅游业发展具有重要意义，该公路帮助当地创造了1500个就业岗位，并将惠及当地10万余民众[1]。

案例2：越南城市轻轨项目。由中铁六局承建的越南首都河内吉灵至河东城市轻轨项目将于2018年正式运营，这条轻轨不仅将成为中国轻轨走进越南的第一条轻轨，也是越南全国的第一条轻轨，是越南民众最为期待的一个轻轨项目。根据越南国家2000—2020年交通网络长远规划的安排，越南政府计划在首都河内市和胡志明市建立城市轨道交通网络。吉灵至河东线是河内市轨道交通线网中的一条交通主干线，线路全长13.02千米，全线均采用高架方式建造，沿途经过河内市的栋多郡、青春郡及河东郡，共设置12座车站。项目总投资约6.5亿美元，资金主要来源是中国提供的"两优贷款"[2]。该轻轨项目的建成，对于完善河内城市路网功能、缓解交通压力、拓展城市发展空间以及

---

[1] 《中企承建巴基斯坦高速公路通车》，2017年1月28日，人民网，http://world.people.com.cn/n1/2017/1228/c1002-29733265-2.html。

[2] 《中企承建越南首条轻轨将于明年正式运营》，2017年11月6日，新华丝路网，http://silkroad.news.cn/invest/tzzx/68081.shtml。

带动当地经济发展,具有十分重要的意义,在引导城市空间结构的合理发展上也将发挥巨大的辐射作用。此外,河内轻轨将与其他交通方式构成城市快速交通体系,有效缓解人口与交通资源、汽车与交通设施之间的紧张关系,极大方便乘客出行。

案例3:中尼跨境光缆。2018年1月12日,中国电信集团公司与尼泊尔电信公司在尼泊尔首都加德满都举行两国跨境光缆开通仪式,标志着尼泊尔正式通过中国的线路接入互联网,这一互联网跨境连接工程历经三年半的艰辛施工完成,生动诠释了两国间深厚的友好情谊。开通中尼跨境光缆是尼泊尔互联网基础设施发展的一个里程碑事件,通过中国网路接入互联网,为尼泊尔增加了一个路径选择,将有助于提升尼泊尔的互联网服务水平[1]。在中尼光缆开通前,尼泊尔互联网主要通过锡陀塔那迦、比尔根杰、比拉德讷格尔等南部城镇与印度相连获得入网服务。中尼光缆的开通和中国电信宽带的接入,显著提升了尼泊尔互联网的质量,将有效满足网络流量增长需求,大幅改善尼泊尔商业环境。随着中尼光缆投入运营,尼泊尔运营商将有机会显著降低国际互联网宽带的采购成本,从而使终端客户有机会大幅降低移动互联网流量费用。

案例评析:在"一带一路"基础设施建设中应遵循民生先行原则,充分释放"一带一路"蕴含的民生红利,特别是抓住关键的标志性工程,如交通、电力、通信等基础设施和有利于沿线国家民生改善的项目,让沿线各国民众能够享受到实实在在的民生利益,彼此搭建起不可分割的民生利益关系,为深入推进"一带一路"建设奠定坚实的民意基础。以中尼光缆建设项目为例,该项目不仅在尼泊尔和中国间建起首个直达网络路由,而且降低了尼泊尔经过中国通往欧洲、中亚和广大亚太地区的网络时延,促进了尼泊尔国际网络出口的多样性和安全性。中尼跨境电缆开通将有利于从地理上扭转尼泊尔互联网弱势地位,中国方向互联网的接入,使得尼泊尔能够成为连接东亚、南亚、中亚、俄罗斯和中东的枢纽国家,也为中国和东亚国家提供了通达中东和非洲的最短互联网路径。中尼光缆的开通,在缩短两国网络时延的同时,将为尼经济发展提供支持,并将进一步拉近中尼两国人民的距离,为中尼两国间共建"一带一路"提供了成功的样本。

——推动"中国标准"助力"一带一路"基础设施建设

随着工业化的推进和技术创新的发展,中国在基础设施建设领域形成了完整的标准体系和质量体系,成功建设了一大批世界级工程。在"一带一路"沿线各国基础设施标准体系各异,甚至尚未建立标准体系的现状下,"中国标准"

---

[1] 《中尼跨境互联网光缆正式开通》,2018年1月15日,人民网,http://world.people.com.cn/n1/2018/0115/c1002-29763761.html。

可望不断扩大其维度、规模和深度,作为推进"一带一路"建设的基本规范。

案例4:巴基斯坦卡西姆港燃煤电站。该项目是中巴经济走廊首个落地能源项目,由中国电建与卡塔尔王室基金AMC公司分别按照51%和49%的比例出资建设,总投资20.85亿美元,建设工期36个月。工程自开工以来,仅用30个月就实现了1号机组投产发电。项目两台660兆瓦超临界机组将在2018年全部实现商业运行,年均上网发电量约90亿千瓦时,能够满足巴基斯坦当地400万户家庭用电需求,较大缓解巴基斯坦电力短缺现状,还将对当地调整电力能源结构、降低发电成本等产生积极影响。电站项目也带动中国标准、技术和装备"走出去",包括汽轮机等三大主机在内99%的装备来自中国,直接带动中国装备"走出去"金额在70亿元人民币以上[①]。

案例5:阿尔及利亚沿海铁路复线项目——甘塔斯隧道。阿尔及利亚北方干线铁路沿海而行,连接九大海港,串联22个省,覆盖全国一半人口,可谓当地的战略大动脉。但该铁路建于19世纪末,年代久远且绕山而行,最快时速只有80千米,阿尔及利亚将北方干线铁路改造为一条高运量的钢铁大动脉,对促进阿尔及利亚的进出口贸易意义重大。但是要保证这条大动脉提速,就必须打通甘塔斯隧道。甘塔斯隧道处于地中海褶皱带,围岩内地应力高,且地应力主方向与隧道走向近乎垂直,极易造成隧道变形;隧道地质构造更复杂,主要为泥灰岩夹杂页岩,遇水迅速膨胀,稳定性极差,工程界称为"工程师的灾难"。包括这个隧道在内的55千米铁路改造和复线施工项目由中国铁建中土集团承建,在2017年10月30日上午,历时6年多,甘塔斯隧道正式贯通。"中国方案"成功破解泥灰岩地质施工世界性难题,创造了"中国速度":除去因监理方因素而导致的项目延缓,中国铁建先后创下月掘进520米、月掘进870米的当地地下工程施工纪录[②]。

案例评析:基础设施建设的标准是互联互通的通用语言,在国际市场上标准是真正的制高点,因此中国企业在"一带一路"沿线国家承建基础设施,需要积极加强与东道国基础设施建设规划、技术标准体系的对接,带着中国技术标准"走出去"。"一带一路"沿线不少国家虽然欢迎中国资本投资,但对"中国标准"仍然或多或少心存疑虑,甘塔斯隧道项目最初是按欧洲标准设计,但在施工过程中,中国企业不仅可以提供"中国方案",也能适应"欧洲标准",中国企业利用在国内建设培育出的创新能力,在海外实践中获得了成功,

---

① 《BOO模式投资开发的巴基斯坦卡西姆港燃煤电站项目》,2017年7月25日,新华丝路网,http://silkroad.news.cn/Company/Cases/zjqd/43094.shtml。
② 《北非最长隧道,中国造》,2017年10月31日,新华网,http://www.xinhuanet.com/world/2017-10/31/c_129729398.htm。

充分展现了创新性、包容性发展的理念,中国方案终结了泥灰岩地质这道世界性难题,提升了中国施工企业参与较发达市场竞争的话语权。因此在"一带一路"基础设施建设中,中国企业应有决心和信心以"中国标准"的成功实践去参与国际标准的竞争,以"中国标准"的成功实践去促进和推广"中国标准"在国际市场上的运用。

——完善通道建设、加快信息互联共享,助推高效物流

案例 6:中欧班列。中欧班列已成为"一带一路"建设标志性成果,中国铁路总公司与丝路沿线六国铁路部门签署的合作协议纳入"一带一路"国际合作高峰论坛成果清单,主导成立中欧班列国际铁路合作机制和国内运输协调委员会,推动中欧班列出境换轨三列并两列,降低运输成本,提高运输效率。2017 年中欧班列共开行 3600 列,超过 2011—2016 年六年开行数量的总和[①]。"义新欧"中欧班列是浙江省融入"一带一路"建设的重要举措,2017 年全年,"义新欧"中欧班列往返运行 168 列,发送 14910 个标箱,比 2016 年增长 84.3%。"义新欧"中欧班列已成为全国运行线路最多、市场化程度最高、运行效率领先的中欧班列。长三角中欧(含中亚方向)班列 2017 年共开行 1127 列(其中返程 55 列),同比增加 362 列,同比增长 47.32%,创班列年度开行数量历史新高。长三角中欧班列自 2013 年开行以来,累计开行已达 2742 列[②]。作为丝绸之路经济带核心区,新疆的区位优势得天独厚。开行西行班列,使新疆货物通过铁路运输到中亚、欧洲等目标市场,比传统的陆海运输时间缩短 30 天以上。2016 年 5 月 26 日,中欧班列乌鲁木齐集结中心开行首趟中欧班列,开行之初按照每周一列的频率开行,11 月 30 日实现每天开行一列,2016 年共开行 135 列。2017 年中欧班列乌鲁木齐集结中心共开行 700 列班列,超额完成年初计划开行 500 列的目标任务[③]。

案例 7:国家物流信息平台实现全球 31 个港口国际物流信息互联共享。国家交通运输物流公共信息平台(简称"国家物流信息平台",英文标识"LOG-INK")是国务院《物流业发展中长期规划(2014—2020 年)》的主要任务和重点工程之一,由交通运输部和国家发改委牵头,由职能部门、科研院所、软件开发商、物流企业等多方参与共建的一个公益、开放、共享的公共物流信息服务网络。2017 年 11 月 8 日,国家物流信息平台与国际港口社区系统协会、

[①] 《2017 年中欧班列开行数量同比增长 116%》,2018 年 1 月 22 日,新华网,http://www.xinhuanet.com/2018 -01/22/c_ 1122297180. htm。

[②] 《长三角中欧班列年度开行数量创历史新高》,2018 年 1 月 3 日,新华网,http://www.xinhuanet.com/fortune/2018 -01/03/c_ 1122202677. htm。

[③] 《2017 年新疆开行中欧班列达 700 列》,2018 年 1 月 11 日,新华网,http://www.xinhuanet.com/video/2018 -01/11/c_ 129788257. htm。

马来西亚巴生港、阿联酋阿布扎比港、比利时安特卫普港等单位签署合作备忘录,并携手先期互联签约单位西班牙巴塞罗那港、葡萄牙锡尼什港,共同推进"一带一路"沿线港口物流信息互联共享,构建"一带一路"沿线国家港口命运共同体。国家物流信息平台此前已和东北亚地区 26 个港口开展物流信息互联共享,加上近期签署合作备忘录的 5 个港口,合作的港口达到 31 个。

案例 8:中国—东盟港口城市合作网络。以钦州为核心基地的中国—东盟港口城市合作网络,是加强中国—东盟海上互联互通的重大举措,2013 年以来,各方通力合作,携手共建,从机制建立到港口对接、基地建设、服务支撑等方面都取得了积极进展。截至 2017 年年底已有 24 个港口、城市及有关港航机构加入合作网络,涵盖了中国和东盟有关国家的主要港口相关机构。同时,成立了中方秘书处,达成了每年举行工作会议作为常态化机制的共识,先期开展了中国港口与新加坡、马来西亚、泰国等国的合作,中新互联互通南向通道正加快推进,钦州基地已经开始建设①。

案例评析:物流的本质是把仓储、运输、配送等物流活动加以统筹谋划和组织运筹,以达到成本更低、效率更高。目前,降低成本与提高通达度应成为建设物流设施的基本原则,在实践中,沿线国家和地区以对接中欧集装箱班列为导向建设铁路,提高境内外铁路通达水平,使中欧之间各铁路干线与支线成为辐射半径更大的国际通道,这对"一带一路"沿线国家和地区尤为重要。2017 年 12 月 26 日召开的中欧班列运输协调委员会第二次全体会议公布,2018 年中欧班列数量将提高到 4000 列,推进西线南部通道,以及经立陶宛、拉脱维亚、乌克兰、跨海运输等中欧班列新通道测试运输,以解决口岸拥堵问题。目前中欧班列主要的拥堵点位于北俄罗斯的布列斯特和波兰的马拉舍维奇,主要原因是上述站场设计能力较低,在中欧班列数量逐年增长的情况下,已经满负荷运行,进出站场频繁拥堵的情况,已经对中欧班列的准点率造成影响。因此"一带一路"建设有助于促进铁路物流服务的发展,完善国际集装箱班列的境外经营网络、优化国际集装箱班列的运输组织,形成区域化、国际化竞争新优势。

数据显示,通过国家物流信息平台信息共享,企业可以降低物流业务差错率 94%,提高物流协作效率 80%,缩短物流信息处理时间 95%,缩短物流作业周期 10%。在"一带一路"沿线强化信息对接和智能管理,提升物流服务水平,加强与沿线国家的信息交换和对接,让互联互通显现出真真切切的效率,对提高物流资源配置效率发挥出重要作用。(本条执笔:张中元)

---

① 《中国—东盟务实推进港口城市合作网络助力区域互联互通》,2017 年 9 月 14 日,新华网,http://www.xinhuanet.com/2017-09/14/c_1121665452.htm。

113. 产能合作案例评析

——对接双方规划，推动产能协同发展

案例1：《中巴经济走廊远景规划》。中巴经济走廊是"一带一路"倡议中建设的六大经济走廊之一，四年多来，中巴双方按照以走廊为中心，以瓜达尔港、能源、交通基础设施、产业合作为重点的"1+4"合作布局，稳步有序推动走廊建设，取得了积极进展。2017年12月18日，《中巴经济走廊远景规划》（以下简称《规划》）在巴基斯坦首都伊斯兰堡发布，《规划》是经中巴两国政府协商和批准的国家级规划，由中巴两国政府有关部门共同编制，它将中国相关国家规划、地方规划与巴基斯坦"2025发展愿景"国家发展战略对接，有效期至2030年。其中短期项目面向2020年，中期项目面向2025年。《规划》对中巴经济走廊进行了明确界定，指明互联互通、能源、经贸及产业园区、农业开发与扶贫、旅游、民生与民间交流和金融合作七大重点合作领域[①]。

案例2：《中国—乌克兰投资合作规划》。2017年12月，中国商务部、农业部与乌克兰农业政策与粮食部、经济发展与贸易部共同签署《中国—乌克兰投资合作规划》，该《规划》由国务院发展研究中心与乌克兰农业科学研究院共同编制，旨在挖掘两国农业投资合作潜力，指导两国企业充分扩大农业领域相互投资，实现优势互补、互利共赢。根据《中国—乌克兰投资合作规划》，中乌双方将按照"政府引导、市场运作、企业主体"的原则，鼓励两国企业通过多种方式开展农业投资合作，推动重大项目攻坚，不断提高两国农业投资合作水平[②]。

案例3：中缅经济走廊。近年来，缅甸最不发达地区很难有外资进入，主要原因是缺乏基础设施，物流成本高昂。缅甸民众除了希望和平安定外，他们还希望在民生方面有大的改善，例如解决电力短缺、交通基础设施差等方面的问题。根据缅甸2016—2017财年至2020—2021财年国家发展第二个五年规划，缅甸将部分国营企业进行公私合营，公私合营前景良好的领域主要包括：电力、城市运输、深水港、修复亚洲高速公路范围的内陆港与铁路、铁路运输、内河运输、港口升级等。为巩固中缅全面战略合作伙伴关系、深化务实合作，中方根据缅甸国家发展规划和实际需要，于2017年11月19日提议建设

---

① 《〈中巴经济走廊远景规划〉在巴基斯坦发布》，2017年12月19日，新华网，http://www.xinhuanet.com/world/2017-12/19/c_1122133903.htm。

② 《中国与乌克兰签署〈中国—乌克兰农业投资合作规划〉》，2017年12月8日，新华丝路网，http://silkroad.news.cn/2017/1208/73631.shtml。

中缅经济走廊,与缅方共同探讨建设北起中国云南,经中缅边境南下至曼德勒,然后再分别向东西延伸到仰光新城和皎漂经济特区的"人"字形中缅经济走廊①。中缅"人"字形经济走廊建设将把缅甸最贫穷的地区和最发达的地区连接起来,能够很大程度上带动当地经济发展,缓解贫穷问题,减少当地冲突,给皎漂地区带来更多的和平与稳定,也有助于沿线重大项目相互联结,推进缅甸各地实现更加均衡的发展。

案例评析:在"一带一路"倡议的具体推进阶段,中国更多地使用了"对接"这一政策概念,对接是一种以外交手段协调各国的经济事务、谋求共同发展的全球治理行为,是在尊重彼此已有的政策框架下进行的对外政策协调,在双方已有的战略契合点上考虑进一步的合作。由于"一带一路"沿线国家在经济发展水平、制度体制、政策法规、文化认同等各方面,都存在较大的差异性,各国不仅存在发展目标的差异,而且发展方式的选择也有很大的差异,因此双方的对接首先需要政策沟通顺畅,只有这样中国才可以与"一带一路"沿线各国就经济发展战略和对策方面进行充分交流,形成政府间的经济发展战略、宏观经济政策、重大规划项目对接机制,促成沿线国家趋向与中国基本一致的战略、决策、政策和规则,便于双方结成更为巩固的"命运共同体"。

产能合作是直接推动双方经济增长的最主要着力点,因此推动双方产能合作要注意在双方的规划对接中找到双方经济发展的合作点,采取政策支持和企业进入等方式开展合作②。例如,2016年中老(老挝)发布联合声明指出,中老之间要加强发展战略对接和产能合作,推动中国"一带一路"倡议和老挝"变陆锁国为陆联国"战略、中国"十三五"规划和老挝"八五"规划有机结合,密切配合尽早编制完成共同推进"一带一路"建设合作规划纲要,采取切实措施促进两国产能与投资合作③。总之,只有通过充分的政策沟通,才能推动沿线各国重大发展战略与"一带一路"倡议相融合,推动中国与沿线国家之间发展战略的对接与耦合,逐步形成优势互补的产业布局。

——打造国际产能合作样板工程,推动实体经济合作

案例4:孟加拉国利用中国优惠贷款建设网络基础设施项目。中国和孟加拉国两国政府代表于2017年9月10日签署框架协议,中方为孟方提供优惠贷款用于支持孟加拉国政府基础网络三期项目［Development of National ICTInfra—Network for Bangladesh Government Phase Ⅲ (Info—Sarker Phase 3)］和孟加拉国

---

① 王毅:《中方提出建设中缅经济走廊设想》,2017年11月20日,中华人民共和国外交部网站,http://www.fmprc.gov.cn/web/wjbzhd/t1512003.shtml。
② 赵江林:《如何深化"一带一路"与东盟发展战略的对接》,《知识世界》2016年第8期。
③ 《中老联合声明(全文)》,2016年5月4日,新华网,http://www.xinhuanet.com/2016-05/04/c_1118803463.htm。

通信网络现代化项目（Modernization of Telecommunication Network for Digital Connectivity）的建设。孟加拉国政府基础网络三期项目是在孟加拉国政府基础网络一期和二期项目基础上，对政府基础网络的扩容和延伸，实现市级行政区域100G带宽、县级10G带宽、乡级1G带宽的目标；项目范围包括新建部分乡镇的网络，增强高层级行政区域骨干网络并部署国家网络管理平台所需的设计、供货、安装及培训服务。基础网络三期项目合同金额1.696亿美元，使用中国政府援外优惠贷款。孟加拉国通信网络现代化项目总金额为2.31亿美元，主要工作范围是对其现有网络进行升级改造和扩容，包括建设基于IMS（IP Multimedia Subsystem，IP多媒体子系统）的支持160万用户的核心网，新增35万的FTTX（Fiber-to-the-x，光纤接入）宽带用户，对现网的45万铜缆用户升级改造，8个100G骨干光纤传输和3个100G城域传输平台，对应的IP传输平台，先进的计费系统和网络管理系统，配套的骨干和接入光纤铺设等。项目覆盖孟加拉国全境，是真正意义的国家宽带网，可以满足孟方未来10年的网络发展需求[①]。

案例评析："一带一路"建设推进过程中，与区域内其他国家产能合作是非常重要的内容。中国倡导的国际产能合作，是围绕生产能力新建、转移和提升开展的互利共赢的国际产业投资合作，一般是中国与东道国合作建设基础设施、生产线，中国提供技术、管理、资金等支持，与东道国一起开发当地市场，也包括与发达国家一起开发第三方市场。产能合作以企业为主体，以市场为导向，以发展制造业、建设基础设施、开发资源能源为主要内容，以直接投资、承包工程、装备贸易和技术合作等为主要合作形式。基础设施建设、装备制造业等产能合作项目具有金额大、周期长、风险高等特点，推进国际产能合作需要金融支撑体系发挥重要作用，由于沿线重点国家的政府财力有限，对利率高低、贷款额度、还款周期都比较敏感，优惠融资条件往往是国际产能合作项目谈判的焦点和成败的关键，因而应充分发挥政府、企业、金融机构各自的优势和积极性，创新融资方式，拓宽融资渠道；特别是要综合发挥政策性、开发性和国际优惠贷款作用，实现不同资本形式、融资方式和金融市场之间的有效链接，激发民间资本活力，撬动大型示范项目的融资。

——打造产能合作新平台，加快海外产业园区建设

案例5：中埃泰达苏伊士经贸合作区助埃及制造业升级。中埃泰达苏伊士经贸合作区坐落于埃及苏伊士湾西北经济区内，距离首都开罗120千米，分为起步区和扩展区，由天津泰达投资控股有限公司主导建设运营。从2007年年

---

① 《中孟两国签署网络建设框架协议》，2017年9月11日，新华丝路网，http://silkroad.news.cn/invest/tzzx/49974.shtml。

底启动以来，园区起步区 1.34 平方千米开发建设已基本完成，共吸引企业近 70 家，协议投资额近 10 亿美元。该合作区一期总投资约 7 亿元人民币，服务埃及制造业升级，拉动埃及就业，促进政府税收与产业转型，同时也服务中国企业"走出去"。扩展区于 2016 年 1 月揭牌后，经过一年多建设，目前一期 2 平方千米的道路、水电管网等基础设施建设已经完成，基本具备项目入驻条件①。2016 年底，玻璃纤维商中国巨石集团在泰达苏伊士经贸合作区投资 1.1 亿美元建设的第三条生产线正式动工，2017 年建成投产，通过这一项目带动，埃及的玻璃纤维产业实现了从无到有。但这样一个共赢的项目在落地之初却曾面临困境，首先是巨石公司面临能源问题，由于项目能源需求比较大，特别是电力，但园区电力供应十分紧张，导致机器设备完全无法运转，园区通过各种途径向埃及政府反映，最终帮助巨石集团协调解决了问题。

案例 6：中国印度尼西亚综合产业园区青山园区。2013 年 10 月 3 日，中国国家主席习近平对印度尼西亚进行国事访问期间，两国元首在雅加达共同见证了印度尼西亚青山园区设立以及首个入园项目签约。2015 年 5 月 29 日，印度尼西亚佐科总统亲率五位部长及省长、县长专程视察园区，宣布首个入园项目 SMI 公司年产 30 万吨镍铁厂正式投产并发表重要演讲。2016 年 8 月，印度尼西亚青山园区通过中国商务部、财政部境外经济贸易合作区确认考核。印度尼西亚青山园区是以"镍铁+不锈钢"一体化为主体的镍、铬、铁矿资源综合开发利用型产业园区，逐步形成从不锈钢上游原料镍矿开采、镍铁冶炼、不锈钢冶炼，到下游棒线板材加工、钢管制造、精线加工及码头运输、国际贸易等完整产业链。园区定位于就地将镍资源优势转化成经济优势，逐步构建镍铁和不锈钢生产、加工、销售的产业链，打造境外镍铁资源供应基地、不锈钢及不锈钢制品生产基地和不锈钢产品国际营销基地，发展成为中国"镍铁+不锈钢"企业实现全球产业布局、实现产业聚集的重要基地，建设成为中国印度尼西亚矿产资源开发合作的标志性项目，带动当地乃至印度尼西亚经济发展，打造双边国际产能和装备制造合作的示范区和产业合作平台②。

案例评析：通过建设产业园区的方式推进国际制造业合作，是"一带一路"倡议的主要内容之一。在"一带一路"沿线国家建设产业园区，是根据企业自身发展的需要，并结合所在国家的资源禀赋、市场需求和发展战略等因素开展经贸合作，按照市场化模式建立与运作的。"一带一路"沿线产业园区

---

① 《中埃·泰达苏伊士经贸合作区已吸引投资近 10 亿美元》，2017 年 5 月 23 日，新华网，http://www.tj.xinhuanet.com/jz/2017-05/23/c_1121021668.htm。
② 《中国印尼综合产业园区青山园区》，2017 年 1 月 6 日，中国境外经贸合作区网，http://www.cocz.org/news/content-262356.aspx。

建设不是简单的项目建设,还包括设计、规划、融资、建设和运营、技术和人才培养等综合服务要求。通过产业园区参与"一带一路"建设,在推动中国输出富裕和优质产能的同时加强与当地的产能合作,不仅为当地制造业提供必要的基础设施,还能较快地带动中国的产能、资本、技术乃至标准出口,给当地带去了大量技术创新和独特标准的产品,甚至先进独创的技术和标准,还推动技术、管理和经验人才的本地化,促进了"一带一路"沿线国家的产业升级和经济发展,给所在国带来很好的经济和社会效益,体现出多方面的优势[①]。
(本条执笔:张中元)

114. 贸易投资便利化案例评析

——自贸协定

案例1:中格(格鲁吉亚)自由贸易协定。2017年11月28日,中格(格鲁吉亚)双方确认各自均已完成《中华人民共和国政府和格鲁吉亚政府自由贸易协定》(简称《协定》)的国内审批程序,《协定》于2018年1月1日生效并实施[②]。该《协定》于2015年12月启动谈判,2017年5月正式签署。中格自贸协定是中国与亚欧地区国家签署的第一个自贸协定,也是"一带一路"倡议提出后中国启动并达成的第一个自贸协定,对推进自贸区战略和实施"一带一路"倡议具有重要意义。协定生效后,双方对绝大多数货物贸易产品相互取消了关税,格鲁吉亚对中国96.5%的产品立即实施零关税,覆盖格鲁吉亚自中国进口总额的99.6%;中国对格鲁吉亚93.9%的产品实施零关税,覆盖中国自格鲁吉亚进口总额的93.8%,其中90.9%的产品立即实施零关税,其余3%的产品5年内逐步降为零关税。在服务贸易方面,对众多服务部门相互做出了高质量的市场开放承诺,并完善了知识产权、环境保护、电子商务和竞争等规则。《协定》将进一步提升双边贸易自由化、便利化水平,为两国企业营造更加开放、便利和稳定的营商环境,为消费者提供更多质优价廉的产品和服务。

案例2:中国智利自贸区升级。《中国—智利自贸协定》于2005年签署,并于2006年开始实施,是中国与拉美国家签署的第一个自贸协定。为进一步促进两国在服务、投资领域的合作,双方又分别于2008年和2012年签署并实施关于服务贸易和投资的补充协定。2016年11月,在习近平对智利进行国事

---

① 沈铭辉、张中元:《中国境外经贸合作区:"一带一路"上的产能合作平台》,《新视野》2016年第3期。
② 《中国与格鲁吉亚正式签署自由贸易协定》,2017年5月14日,新华网,http://www.xinhuanet.com/world/2017-05/14/c_1120967865.htm。

访问期间，双方签署谅解备忘录，正式启动自贸区升级谈判，以进一步提升双边贸易投资自由化便利化水平。2017年11月11日，中国与智利正式签署中国智利自贸区升级谈判成果文件——《中华人民共和国政府与智利共和国政府关于修订〈自由贸易协定〉及〈自由贸易协定关于服务贸易的补充协定〉的议定书》（以下简称《议定书》）[1]。其中，《议定书》对海关程序和贸易便利化进行了升级，在原有自贸协定基础上新增海关程序和贸易便利化章节，主要包括法律法规公开透明、进一步简化通关手续、运用风险管理、信息技术等手段为双方企业提供高效快捷的通关服务、共同维护双边贸易秩序等内容。双方同意加强海关的交流与合作，及时通报与双边贸易有关的海关事务，加快来自双方国家货物，特别是易腐货物的通关与放行，以降低通关成本，提高通关效率，为双边贸易供应链安全、便利、通畅提供有力保障。该《议定书》是中国继中国—东盟自贸区升级后达成的第二个自贸区升级协定，也是中国与拉美国家的第一个自贸区升级协定，《议定书》的达成和签署，将为双方经济互利合作提供新的助力，并为充实中智全面战略伙伴关系提供重要支撑。

案例评析：2017年中国分别与格鲁吉亚、马尔代夫签署了自贸协定，与智利签署了自贸区升级议定书，还签署了优惠贸易安排性质的《亚太贸易协定第二修正案》。截至2017年年底中国已经签署了16个自贸协定，已经生效实施的自贸协定有15个。在中国已签署自贸协定中，有5个是与"一带一路"沿线国家达成的，分别是中国—东盟、中国—巴基斯坦、中国—新加坡、中国—格鲁吉亚和中国—马尔代夫自贸协定。从已经签订的自贸协定来看，中国与自贸伙伴货物贸易自由化的水平普遍比较高，最终零关税的产品税目数占比基本在90%以上，涵盖了8000余种零关税的进口产品。在自贸协定的框架下，中国总进口额近三分之一的产品可以享受自贸协定优惠关税的待遇，其中大部分是终端消费品；自贸区项下的零关税产品还包括许多国内终端消费品制造所需要的中间产品和原材料。在2018年中国将推进十大自贸协定的谈判，推进与巴拿马、巴勒斯坦、蒙古、瑞士、秘鲁等国的自贸协定联合可研或升级联合研究。中国正在绘制一份立足周边、辐射"一带一路"、面向全球的自由贸易区网络图，从而构筑起中国自贸区战略的骨架。

——深化国际税收合作

案例3：中俄两国签署了新的税收协定。中俄两国签署了新的《中华人民共和国政府和俄罗斯联邦政府对所得避免双重征税和防止偷漏税的协定》及议定书和《关于修订的议定书》（以下统称"新协定"）分别于2014年10月13

---

[1] 《中国与智利结束自贸区升级谈判并签署升级〈议定书〉》，2017年11月11日，中华人民共和国商务部网站，http://www.mofcom.gov.cn/article/ae/ai/201711/20171102668836.shtml。

日和 2015 年 5 月 8 日在莫斯科正式签署①。新协定在原来的基础上降低了跨境投资者的税收负担,并进行了多处重大修改,如将关联企业单独列为条文,同时对股息、利息和特许权使用费都新增了反协定滥用条款,反映了国际税收法理的最新进展,体现了两国主管税务当局之间加强征管合作、共同防范逃避税的意愿,也符合二十国集团(G20)加强国际合作,推进国际税收治理,应对税基侵蚀与利润转移(BEPS)的总体精神。新协定的签订有助于进一步推动两国间的贸易和投资,并在此基础上促进双方经济发展。中俄双方已完成新协定生效所必需的各自国内法律程序,新协定于 2016 年 4 月 9 日生效,于 2017 年 1 月 1 日起执行。

案例评析:作为国家间税收合作的法律基础,税收协定在协调处理跨境税收问题、为企业避免双重征税、保障中国"走出去"企业和来华投资企业双向利益、解决涉税争议等方面,发挥了积极作用。"一带一路"倡议发起以来,中国税收协定谈判、签署进程明显提速,截至 2017 年 5 月,中国已与 106 个国家和地区签订双边税收协定、安排和协议,其中包括 54 个"一带一路"沿线国家。目前不少中国企业在"走出去"之前,在尽职调查时经常把税收放在最后,但后续经营中发现,往往是税收问题成为影响企业海外投资成败的一个关键因素。税收协定为避免重复征税而设,是企业"走出去"的护身符,有助于降低企业的税收成本。随着"一带一路"建设的深入展开,深化税收合作的需求越来越迫切,加快与"一带一路"沿线国家和地区建立税务合作的长效机制是持续高效推进沿线经贸畅通的务实之举。

——营造便利、高效营商环境

案例 4:加强电子商务合作。2017 年 11 月 10 日,中国与柬埔寨共同签署《中国商务部和柬埔寨商业部关于电子商务合作的谅解备忘录》,根据该备忘录,中柬双方将在业已建立的全面战略合作伙伴关系,特别是在"一带一路"倡议和柬埔寨政府"四角战略"框架下,通过加强电子商务合作,共同提高贸易便利化程度和合作水平,加强政策沟通、企业合作、能力建设、人员培训和联合研究等电子商务领域的交流合作,进一步推动双边贸易持续稳定发展②。2017 年 11 月 27 日,中国与爱沙尼亚共和国签署《关于电子商务合作的谅解备忘录》,根据该备忘录,双方将在中国—爱沙尼亚双边经贸混委会框架内建立电子商务合作机制,加强政策沟通,鼓励两国企业通过电子商务推广各自的

---

① 《中俄解读所得避免双重征税和防止偷漏税协定,明年起执行》,2016 年 8 月 1 日,新华网,http://www.xinhuanet.com/fortune/2016-08/01/c_129195892.htm。

② 《中国和柬埔寨签署〈关于电子商务合作的谅解备忘录〉》,2017 年 11 月 10 日,中华人民共和国商务部网站,http://www.mofcom.gov.cn/article/ae/ai/201711/20171102668543.shtml

优质特色产品,并积极支持专业人员培训、分享最佳实践和创新经验等方面的电子商务合作,提高中国与爱沙尼亚的经贸合作水平①。

案例5:同多个经济体签署AEO互认协议②。2017年3月,中国海关与新西兰海关正式签署了《中华人民共和国海关总署和新西兰海关署关于中华人民共和国海关企业信用管理制度与新西兰海关安全出口计划互认的安排》,从2017年7月1日起,中国、新西兰两国海关正式实施AEO互认安排③。根据互认安排规定,中新AEO企业出口到对方国家的货物,可享受到的通关便利包括减少单证审核和查验、对需要查验的货物给予优先查验;指定海关联络员,负责沟通解决AEO企业在通关中遇到的问题。约4000家中国企业可以享受到双边海关给予的通关便利措施,两国海关实现AEO互认后,仅通关时间就可以减少约50%,从而显著降低高信用企业的通关及物流成本④。

中国—瑞士海关于2017年9月1日起实施AEO互认,双方经认证企业在办理海关业务时可直接享受到对方海关提供的通关便利。中瑞海关实施AEO互认后,双方将同时给予两国AEO企业5项便利措施,包括:减少货物查验、评估为安全贸易伙伴、优先处置保证快速通关、指定海关联络员、贸易中断恢复时优先通关等⑤。预计两国AEO企业出口到对方国家的货物在海关平均查验比例和通关时间将下降30%—50%,可有效降低企业港口、保险、物流等贸易成本。中国与瑞士有进出口业务的企业约2.23万家,其中约1000家企业获得AEO高级认证,这些企业的进出口额约占中瑞进出口总额的20%,将率先享受到上述贸易便利。

案例评析:"一带一路"沿线区域内的贸易成本普遍较高,贸易成本的高低直接影响一国商品在国际市场上的比较优势,除了运输成本、贸易规模、贸易壁垒等因素,贸易便利化程度也是决定贸易成本的重要因素。因此,加强政策与机制"互联互通",推动标准、规则、法规对接,除海关之外,跨境贸易

---

① 《中国和爱沙尼亚签署〈关于电子商务合作的谅解备忘录〉》,2017年11月28日,中华人民共和国商务部网站,http://www.mofcom.gov.cn/article/ae/ai/201711/20171102676927.shtml。

② 经认证的经营者(Authorized Economic Operator,AEO)制度是世界海关组织《全球贸易安全与便利标准框架》的重要制度,旨在通过海关对守法程度、信用状况和安全水平较高的企业进行认证,给予企业通关便利。两国海关实现AEO互认后,本国认证企业出口货物到AEO互认的国家时,可同时享受到本国海关和对方海关提供的进出口通关便利,从而显著降低高信用企业的通关及物流成本。

③ 《海关总署公告2017年第23号〈关于实施中国—新西兰海关"经认证的经营者(AEO)"互认的公告〉》,2017年6月19日,中华人民共和国海关总署网站,http://www.customs.gov.cn/publish/portal0/tab49661/info854193.htm。

④ 《中国—新西兰海关AEO互认下月实施》,2017年6月28日,人民网,http://world.people.com.cn/n1/2017/0628/c1002-29367027.html。

⑤ 《中国—瑞士海关9月1日起实施AEO互认》,2017年8月10日,新华网,http://www.xinhuanet.com/2017-08/10/c_1121464351.htm。

和投资合作还涉及商品检疫检验、知识产权、产品质量和技术标准、环保标准等众多领域的标准、规则的对接与统一。在货物贸易、投资保护、原产地规则、海关手续、贸易救济、检疫措施、技术壁垒、知识产权、政府采购、劳工与环境、临时入境等不同领域，做出合理合情的制度安排，推动贸易便利化。跨境电子商务通过充分利用信息通信技术和网络空间系统，可以为"一带一路"沿线国家的制造商、贸易商、消费者提供多层次的互动式商贸服务，突破传统贸易活动中对交易各方的限制，以最低的成本、最高效的渠道，促进"一带一路"沿线国家间的国际贸易深化发展，达到物流、信息流和商流的高度统一。电商企业进入"一带一路"沿线国家后，加快形成跨境电子商务和数字贸易的全产业链，可以让这些国家获得更大的发展空间。

中国 2008 年建立海关 AEO 制度并发展迅速，目前中国已与新加坡、韩国、欧盟、瑞士、新西兰等 30 多个国家和地区实现了 AEO 互认，中国 AEO 互认在谈的还包括美国、日本、澳大利亚、巴西、加拿大等国家和地区。海关 AEO 互认协定的正式实施，为双方营造了更为便利高效的对外开放的经商环境，中国 AEO 企业货物出口到这些国家和地区时，查验率降低了 60%—80%，通关时间和通关成本降低了 50% 以上。由中国海关起草的世界海关组织 AEO 互认实施指南也获得通过，这是中国海关首次在 AEO 领域成功引领制定国际规则。为推动中国进出口企业更好地"走出去"，下一步需要把 AEO 制度的实施与落实国家"一带一路""走出去"等重要政策紧密结合，加大国际互认合作力度，开辟"一带一路"上的"绿色通道"。（本条执笔：张中元）

115. 金融合作案例评析

——促进各方资金融通，实现共赢

案例1：成立中国—中东欧银行联合体。为推动中国—中东欧"16+1合作"框架下的多边金融合作，在 2017 年 11 月，中国国家开发银行与中东欧金融机构共同发起成立中国—中东欧银联体。中国—中东欧银联体共有 14 家成员行，均为各国政府控股的政策性银行、开发性金融机构和商业银行，包括中国国家开发银行、匈牙利开发银行、捷克出口银行、斯洛伐克进出口银行、克罗地亚复兴开发银行、保加利亚发展银行、罗马尼亚进出口银行、塞尔维亚邮储银行、斯洛文尼亚出口发展银行、波黑塞族共和国投资开发银行、马其顿发展促进银行、黑山投资发展基金、拉脱维亚 ALTUM 金融公司和立陶宛公共投资发展署。各成员行按照"自主经营、独立决策、风险自担"的原则，开展项目融资、同业授信、规划咨询、培训交流、高层对话、政策沟通、信息共享等领域合作,并配合开展中国—中东欧国家合作机制项下其他相关工作①。中国国家开发银行将在五年内向银联体成员行提供总额度为20亿等值欧元开发性金融合作贷款,用于中国国家开发银行与其他银联体成员行和未来观察员行开展同业合作,共同支持中国和中东欧国家企业参与的中东欧国家基础设施、电力、电信、园区、农业、中小企业、高新科技等领域项目投资建设。

案例2:哈萨克中国银行向哈锌矿项目提供贷款。2017年12月,哈萨克中国银行与欧洲复兴开发银行共同为哈萨克斯坦沙尔基亚锌业公司锌矿改扩建项目提供贷款,根据合同,贷款总金额为2.95亿美元,其中哈萨克中国银行提供1.2亿美元,欧洲复兴开发银行提供1.75亿美元。沙尔基亚锌业公司锌矿改扩建项目位于哈萨克斯坦克兹勒奥尔达州,由哈国家主权基金控股。锌矿改扩建项目完成后,沙尔基亚锌业公司将在哈锌矿市场占据主导地位,并成为世界排名靠前的锌矿开采公司,项目不仅带动当地经济发展,还将对哈就业、上下游产业发展等产生一系列积极影响②。

案例3:中英双边投资基金支持"一带一路"倡议。2017年12月16日,第九次中英经济财金对话发表政策成果,双方成立首期10亿美元中英双边投资基金。该基金将由中英机构牵头,以商业化和市场化为基础建立和运作,基金将投资于中、英及第三方市场的创新、可持续和消费驱动型增长机会,以创造就业、促进贸易,支持"一带一路"倡议。中英双方将加强在基础设施互联互通、装备制造、金融、投资等方面的务实合作,并探讨在"一带一路"沿线开展第三方市场合作,在中英面向21世纪全球全面战略伙伴关系框架下打造积极可持续的贸易、经济发展和安全成果③。

案例4:广西东盟"一带一路"系列基金。2017年12月,中国国家开发银行旗下的国开金融联合广西投资集团推进广西—东盟"一带一路"系列基金设立,基金总规模500亿元人民币,将主要投向广西和东盟"一带一路"地区的基础设施、优质产业等重点项目。在设立基金之外,国开行还和广西签署协议,未来5年双方将加强综合金融服务、地方金融发展和海外机构方面的合作。国开行将通过贷款、投资、债券、租赁、证券等手段,助力广西解决发展不平衡不充分问题,并在优化产业结构、海洋经济和对外开放合作领域,提供

---

① 《国开行发起设立的中国—中东欧银联体正式成立》,2017年11月29日,新华网,http://www.xinhuanet.com/money/2017-11/29/c_129752150.htm。
② 《哈萨克中国银行向哈锌矿项目提供1.2亿美元贷款》,2017年12月29日,新华网,http://www.xinhuanet.com/world/2017-12/29/c_1122187208.htm。
③ 《中英将成立首期10亿美元双边投资基金支持"一带一路"倡议》,2017年12月16日,新华网,http://www.xinhuanet.com/world/2017-12/16/c_1122122062.htm。

全面的融资、融智支持①。

案例评析："一带一路"项目建设需要多元、稳定和低成本的资金支持，当前同"一带一路"密切关联的资金池主要有以下五种：传统国际金融机构、开发性和政策性金融机构、商业银行、专项投资资金和新兴多边开发金融机构。"一带一路"项目建设具有回收周期较长、资金需求规模巨大等特点，开发性金融业务具有多重优势，既可连接政府与市场、整合各方资源，又可为特定需求者提供中长期信用支持，还能对商业性资金起引领示范作用，开发性金融可以在其中发挥重要作用。例如，中国国家开发银行通过规划编制、智库合作、信贷支持、直接投资、多边金融合作、交流培训等方式，为"一带一路"建设提供长期、稳定、可持续、风险可控的融资支持，发挥开发性金融大额、批发和中长期融资优势，支持了印度尼西亚雅万高铁、巴基斯坦卡洛特水电站等一批重点项目建设的资金需求。

"一带一路"建设不仅需要投融资合作，还涉及大量配套金融服务。因此商业银行是市场化支持"一带一路"的主力军，专项投资基金、主权财富基金、养老基金、保险公司、私营部门等投资机构也可以股权投资、债务融资等多种方式发挥引领作用，支持"一带一路"建设重大项目。

——创新业务模式助推资金融通

案例5：中国信保为"一带一路"建设搭建融资桥梁。"一带一路"沿线部分国家银行风险评估较严，贷款成本较高，中国出口信用保险公司（以下简称"中国信保"）对接"一带一路"建设，介入承担银行的贷款风险，从而增强了银行提供贷款的信心和意愿，外方获得贷款的融资条件也得以优化，通过提供风险保障，运用市场化手段撬动大量的商业资金支持"走出去"，更好地促进"一带一路"项目实施。南欧江流域梯级电站是老挝"水电富国"战略的重要组成部分，2013年中国信保为南欧江一期项目出具了海外投资保险保单，为中国企业注入项目中的2.33亿美元股本金和中方银行发放的7.7亿美元贷款提供保障，既帮助企业撬动了融资，同时也免除了企业和银行对资金安全的后顾之忧，为整个项目的顺利实施提供了重要支持②。2017年中国信保政策性信用保险覆盖面进一步扩大，年度承保金额达5246亿美元，其中，中长期出口信用保险承保金额239亿美元，海外投资保险承保金额489亿美元，短期出口信用保险承保金额4128亿美元，全年向客户支付赔款近14亿美元。

---

① 《国开金融等机构将设500亿元广西东盟"一带一路"系列基金》，2017年12月16日，新华网，http://www.xinhuanet.com/local/2017-12/16/c_1122121613.htm。
② 《中国信保董事长王毅：出口信用保险护航"一带一路"建设》，2017年5月4日，新华网，http://www.xinhuanet.com/money/2017-05/04/c_1120919019.htm。

案例6：中国国家开发银行在香港发行"一带一路"专项债。2017年12月20日，中国国家开发银行在香港以私募方式成功发行3.5亿美元5年期固息"一带一路"专项债，债券在香港联交所上市，募集资金将用于支持国开行在"一带一路"沿线支持的项目建设。本次专项债是国开行发行的首笔"一带一路"专项债，债券发行的交易商为交通银行香港分行、建银亚洲和香港上海汇丰银行有限公司，体现了香港在吸引全球高质量投资人、融汇全球金融资源共同支持"一带一路"建设方面的优势，对国际金融市场具有积极的宣传和示范效应，有助于密切内地与香港的金融合作关系，推动两地市场互联互通，更好发挥香港在参与和助力"一带一路"倡议方面的建设性作用[①]。

案例7：企业成功发行"一带一路"建设公司债券。2018年1月19日红狮控股集团有限公司"一带一路"建设公司债券成功发行，该公司债券由国泰君安证券股份有限公司承销，发行规模为3亿元人民币，利率6.34%，全场认购倍数2.67倍，期限为3年，主体和债项评级均为AAA，募集资金将用于老挝万象红狮水泥项目的相关装备购置，该项目于2017年6月被浙江省发改委列入《浙江省参与"一带一路"建设重大项目汇编》，建成后预计年产高标号水泥200万吨，可满足老挝大型基础设施建设对高品质水泥的需求，也有利于输出国内先进的水泥工艺、技术和装备，提升老挝水泥工业的整体水平。这是首单国内企业公开发行的"一带一路"建设公司债券，此单公司债券发行是资本市场助力"一带一路"资金融通的一项重要举措[②]。

案例评析：从中国企业"走出去"的具体融资案例情况来看，大多数企业更倾向于采用内保外贷的方式，由境内银行为境内企业在境外注册的附属企业或参股投资企业提供担保，由境外银行给境外投资企业发放相应贷款。中国信保支持对"一带一路"沿线国家的出口和投资，承保了中亚天然气管道项目、约旦阿塔拉特燃油页岩电厂项目、巴基斯坦萨希瓦尔燃煤电站项目、马来西亚350万吨钢铁厂项目、柬埔寨桑河二级水电站项目等各类"走出去"项目1000多个，覆盖交通运输、石油装备、电力工程、房屋建设、通信设备等多领域。在中国信保的支持下，中国与"一带一路"沿线国家在基础设施互联互通、能源资源开发利用、经贸产业合作区建设、高新技术产业发展等领域合作规模不断扩大，极大地促进了中国与沿线国家的经贸往来，推动了沿线国家的经济发展和民生建设，凸显了"一带一路"建设中的中国影响力。

---

① 《国开行在香港成功首发"一带一路"专项债》，2017年12月20日，新华网，http://www.xinhuanet.com/money/2017-12/20/c_129771217.htm。
② 《首单国内企业"一带一路"建设公司债券成功发行》，2018年1月21日，新华网，http://www.sh.xinhuanet.com/2018-01/21/c_136912094.htm。

"一带一路"建设所需资金量庞大,有必要拓宽多元化融资途径,充分利用资本市场的融资能力,发挥资本市场资源配置效力,引导多方参与支持项目建设。因此要充分发挥债券市场的直接融资作用,支持一批有经验、有实力的国内企业借助债券保险、担保等增信工具在海外发行债券,募集低成本资金后,布局"一带一路"沿线国家市场。未来可探索发行主权级或次主权级的专项债券,精准服务"一带一路"沿线项目建设,解决企业在境内外项目建设中的实际融资需求。发行专项债券可考虑引入保险公司及担保公司加强偿债保障,发挥监管机构组织协调作用,以增加投资人投资意愿支持项目建设。

——推进人民币国际化

案例8：巴基斯坦批准人民币作为结算货币。2018年1月2日巴基斯坦国家银行（央行）日前批准了贸易商在与中国的双边贸易中使用人民币作为结算货币,巴基斯坦央行此举为人民币进入巴基斯坦市场亮了绿灯,巴基斯坦对华进口贸易额每年已超过100亿美元,而且这一数字还在扩大。在这种情况下,使用人民币结算能够帮助巴基斯坦减少对美元需求的压力,同时也可以让巴基斯坦成为人民币国际化的一块"试验田"[①]。早在2011年12月,中国人民银行与巴基斯坦国家银行就签署了规模为100亿元人民币的双边本币互换协议,旨在促进双边投资贸易、加强金融合作。巴中双边贸易中使用人民币结算可以进一步促进巴中经济走廊的实施,因为在巴中经济走廊的吸引下,中国企业积极进入巴基斯坦,人民币结算将使双边贸易结算更直接、更简化。

案例9：中国国家开发银行"一带一路"人民币专项贷款落地埃及。2017年9月,中国国家开发银行与埃及阿拉伯国际银行（SAIBANK）签订了2.6亿元人民币专项贷款及4000万美元非洲中小企业专项贷款合同,本次签订的2.6亿元人民币专项贷款将用于支持埃及基础设施、电力、能源、通信、交通、农业、中小企业、中资企业"走出去"等领域项目建设；4000万美元非洲中小企业专项贷款则用于支持埃及中小企业项目[②]。

案例评析："一带一路"沿线国家对跨境支付和结算货币的需求日趋多元化,且货币多元化也有助于扩大"一带一路"建设的可用资金来源,通过推进投融资币种多元化满足各类资金使用方和项目的需求。特别是通过推进跨境人民币投资项目,能够促进国际金融市场开发更多人民币保值和避险工具,为人民币运用于海外投融资创造更好便利条件。在"一带一路"沿线国家加大人民

[①] 《巴基斯坦央行批准用人民币结算巴中双边贸易》,2018年1月3日,新华网,http：//www.xinhuanet.com/world/2018-01/03/c_129781840.htm。

[②] 《国开行"一带一路"人民币专项贷款首次落地埃及》,2017年9月18日,新华网,http：//www.xinhuanet.com/money/2017-09/18/c_1121682726.htm。

币专项贷款（基金）的支持力度，引导境内外民间资本将更多人民币资金投入"一带一路"建设，扩大境外人民币的资金池和流动性。加快打造人民币离岸中心，创新人民币金融产品，推动在岸市场和离岸市场的互联互通，实现人民币的国际化职能。

更多地发行人民币国际债券以支持"一带一路"建设，在条件成熟的"一带一路"沿线国家打造多元化的人民币离岸中心，尽快在更多条件成熟的"一带一路"沿线国家设立人民币清算行，在不具备条件的"一带一路"沿线国家积极推行"代理行"模式，允许和鼓励"一带一路"沿线国家的金融机构在中资银行的境内或海外机构开立人民币同业往来账户，进行人民币资金的跨境结算和清算，为使用人民币资金支持"一带一路"投资、贸易和金融合作提供更大便利，实现人民币国际化的贸易驱动、投资计价驱动及金融产品创新驱动等多层次发展模式。（本条执笔：张中元）

116. 人文交流合作案例评析

——加强职业教育和文化交流

案例1：建设澜湄职业教育基地。2014年12月，外交部、教育部批准在云南民族大学设立"中国—东盟教育培训中心"，2016年12月，以中国—东盟教育培训中心为基础，云南民族大学成立了澜湄国际职业学院，重点培养与澜湄区域经济社会发展需求相关的高素质应用型人才；2017年1月15日成立澜湄国际职业教育联盟，目前已经有3家湄公河国家高校、19家高校等30家单位加入澜湄职业教育联盟。云南民族大学提出建设中国—东盟教育培训中心、澜湄国际职业学院、澜湄职业教育联盟、澜湄职业教育与产业发展研究院、澜湄产教融合园和澜湄国际干部学院"六位一体"的澜湄职业教育基地建设。其中澜湄国际干部学院积极探索和实践开展东南亚国家政党干部培训，2017年共承办了4期外国政党干部培训班，承办了1期省委组织部外国政党干部培训班，共培训外方学员133人次。从2014年年底至2017年间，云南民族大学先后在云南边境地区的瑞丽、麻栗坡、勐腊、孟连、临沧边境经济合作区、镇康和沧源7个培训基地共计培养培训学生10852人，基地的培训对象主要是来自缅甸、老挝、越南、泰国、柬埔寨等国的来华务工人员[①]。

---

① 《服务"一带一路"推动澜湄合作——澜湄职教基地成为澜湄合作重要成果》，2018年1月16日，光明网，http://epaper.gmw.cn/gmrb/html/2018-01/16/nw.D110000gmrb_20180116_5-08.htm。

案例 2：中马铁路人才培训合作计划。该培训计划由中国交通建设集团（中国交建）与马来西亚铁路衔接公司、马来西亚彭亨大学共同实施，由中国交建方面提供资金支持，目的是促进中马合作的马来西亚东海岸铁路项目建设以及马来西亚轨道交通的发展。东海岸铁路项目由中国交建承建，规划总长 688 千米，合同金额 550 亿林吉特（约合 128 亿美元），工期为 7 年。东海岸铁路横跨马来西亚半岛，连接半岛东海岸发展相对滞后的彭亨州、丁加奴州和吉兰丹州等地以及首都吉隆坡周边发达地区，将显著带动东海岸地区经济发展并极大改善沿途地区的互联互通。根据规划，马来西亚政府今后将大力发展轨道交通，但在相关规划、施工和运营的专门人才方面存在一定短板，培养本地人才有助于实现双赢，毕业学员可以参与轨道交通建设，当地也增加了就业机会，至 2022 年，这项合作计划预计将培训 3600 名学员[1]。

案例 3：保加利亚中小学开设汉语课程。随着"一带一路"建设的推进，汉语和中国文化在保加利亚受到更多关注，"汉语热"正在快速升温，越来越多的中小学生选择学习汉语。埃夫洛吉·格奥尔基耶夫学校是保加利亚第一所将汉语作为第一外语教学的私立学校，学校建立之初，整个学校只有 4 名学生选择学习汉语，但仅仅经过了两年多时间，选择这所学校学习汉语的学生已增加到 40 多人。目前，该校汉语和中国文化教学的周课时数，小学阶段为 10 学时，中学阶段为 18 学时。学校确定的发展目标是长期开展汉语和中国文化教学，将开设汉语考级相关培训课程，以及学生未来赴中国的后续学习培训项目。根据保加利亚教科部数据，目前保加利亚 20 余所中小学开设了汉语课程，学习汉语的在校中小学生近 800 人，其中最早开设中文课程的保加利亚索非亚第 18 中学引入汉语教学已超过 20 年[2]。

案例评析：随着中国产能和装备制造企业"走出去"及沿线国家重大项目建设的步伐加快，除了必要的政策、资金、基础设施支持外，关键要有一大批国际化的专业技能人才，如管理人才、商务人才、外语人才、产业技术工人等方面的技能人才。尤其是"一带一路"建设中涉及的很多领域都具有较强的专业性，例如交通基础设施建设、跨境物流合作、跨境电力与输电通道建设、跨境通信干线网络建设，以及国内外的新兴产业合作、旅游合作、科技合作等，这些都需要大量的专业技术技能型人才参与进来。但一些发展中国家没有成熟的产业和完善的职业教育人才培养体系，中国企业在推动"一带一路"建设时

---

[1] 《心相通带动路相连——中马合作培养马来西亚铁路人才》，2017 年 11 月 12 日，新华网，http://www.xinhuanet.com/2017-11/12/c_1121942851.htm。

[2] 《保加利亚再掀汉语热，20 余所中小学开设了汉语课程》，2018 年 1 月 15 日，中国"一带一路"网，https://www.yidaiyilu.gov.cn/xwzx/hwxw/43924.htm。

面临着巨大的人才约束,建筑行业、交通运输业多出现人才奇缺状态,中国企业需要大量一线技术工人,这就急需中国职业教育"走出去",在当地培养既懂中国技术和设备标准,又懂汉语和中国企业管理文化的技能型工人与海外项目管理、运营、维护的全链条人才,帮助企业降低人力成本、获得本地化社会背景、促进民心相通。

职业教育具有国际性、区域性的特点,不同国家、区域因为产业背景以及文化的不同,也会导致职业教育的巨大差别。因此,职业教育要真正"走出去",就必须在东道国开展试点工作,探索本土化的道路。只有结合当地国家的实际需求,将职业教育标准、企业产品及技术实现本土化,才能使职业教育成果扎根当地国家,服务当地经济社会的发展。中国与东南亚、南亚和中亚不仅有着地缘优势,并且在农业、铁路等领域已经有了相关的合作,在这些领域合作的基础上建立职业教育研究机构将推动职业教育合作交流向深度发展。另外,职业教育本身具有人才培养、社会服务、研发创新等多种社会功能,广泛开展与沿线国家的职业教育交流与合作,不仅可以充分调动沿线范围内职业教育机构所拥有的智力资源、人才资源、技术资源,为"一带一路"建设提供支持,也能够发挥各类职业教育机构的知识优势和专业优势,提高职业教育的国际化水平。

——卫生合作牵起"一带一路"民心

案例4:中国红十字基金会实施人道救助项目。2017年中国红基会成立了丝路博爱基金,旨在服务国家"一带一路"建设提供人道服务供给。2017年全年此项基金资助了一系列国际人道救援项目,共派出9个团组、63人次开展国际援助项目。其中,"中巴博爱医疗急救中心"在巴基斯坦瓜达尔港落成,并派驻了红十字援外医疗队开展为期两年的医疗服务;对叙利亚首次派员出访,向叙方提供了大型移动医院、疫苗等人道主义援助;天使之旅"一带一路"大病患儿人道救助计划共组织21名阿富汗、53名蒙古国先天心脏病患儿分批来华接受免费手术治疗;"博爱单车"全球志愿服务行动启动,首批为"一带一路"沿线国家志愿者募集1万辆博爱单车用于人道服务等[①]。

案例5:"'一带一路'·侨爱心光明行"。该行动是由中国侨联倡导,中国华侨公益基金会和爱尔眼科医院集团联合举办的公益慈善项目,该项目将携手全球华侨华人,为"一带一路"沿线国家贫困眼病患者实施爱心手术,帮助他们重见光明。2017年11月19日,"'一带一路'·侨爱心光明行"缅甸站复明仪式在实皆省梯桑眼科医院举行,此次爱尔眼科昆明医院抽调了一批技术骨干,

---

① 《2017年"一带一路"人道救助项目组织74名外国患儿来华免费治疗》,2017年12月29日,新华网,http://www.xinhuanet.com/2017-12/29/c_1122187752.htm。

组成6人的医疗队,他们曾多次参与国际医疗援助,经验丰富,医疗队为缅甸200名白内障患者实施手术,受到缅甸患者的信任与赞许[①]。"侨爱心光明行"走进缅甸活动,既弘扬了人们扶危济困、助人为乐的公益情怀,表达了中缅人民友好互助的胞波情谊,也展现了全球华侨华人支持参与"一带一路"建设、谋求共赢发展的美好愿景。此项活动计划在菲律宾、柬埔寨、马来西亚等多个东南亚国家开展,未来还将延伸至欧洲等地,将"民心相通"真正落到实处。

案例评析:医疗卫生与人类健康息息相关,可称为最普惠的社会民生事业和公共产品,我们主动向"一带一路"沿线国家开展以健康为主的合作项目,必将得到沿线国家的拥护,形成"健康外交""民生外交"的新局面,为"一带一路"沿线国家和地区共建一条健康和谐和生态文明之路。2015年10月,国家卫生计生委办公厅印发《国家卫生计生委关于推进"一带一路"卫生交流合作三年实施方案(2015—2017)》的通知,其中在重点合作领域中,强调在充分调研沿线国家卫生需求的基础上,向部分欠发达国家或地区提供多种形式的卫生援助,援建医疗卫生基础设施,捐助药品和物资,派遣医疗卫生人员与公共卫生专家开展技术援助。要加强与沿线国家卫生领域专业人才培养合作,帮助沿线国家提高公共卫生管理和疾病防控能力,鼓励学术机构、医学院校及民间团体开展教学、科研和人员交流活动。因此,将来要进一步完善援外医疗队伍有关派遣政策,吸引优秀医务人员参与对"一带一路"沿线国家的援外医疗任务。

未来还需要积极拓展健康支撑的领域和方式,在为"一带一路"沿线国家提供常见病、重大疾病和传染病的诊疗技术、相关药品器械的基础上,将原有单一的服务模式转为集医疗机构组建、医学院校教育培训、公共卫生干预、重大传染病防控于一体的全方位服务模式,帮助沿线国家完善国民健康政策、培养医学人才,提升医疗服务能力。鼓励有条件的地区发展医疗旅游和养生保健服务,推动医疗服务与周边国家医疗保险的有效衔接,与周边国家建立跨境远程医疗服务网络,实现优质医疗资源共享。努力推动中国药品和医疗器械产品"走出去",扶持有实力的医药企业境外投资设厂,在帮助"一带一路"沿线国家发展制药工业的同时,鼓励在双边协商的基础上减少贸易壁垒,创新贸易和投资方式,推动健康产业发展。

——以文化基础设施援助建设促进文化交流

案例6:中国援助尼泊尔九层神庙震后修复工程。尼泊尔加德满都杜巴广场九层神庙震后修复工程,是中国在尼首个大规模文物援外项目。该工程于

[①] 《"'一带一路'·侨爱心光明行"缅甸站为200名患者复明》,2017年11月19日,新华网,http://www.xinhuanet.com/world/2017-11/19/c_1121979078.htm。

2017年8月正式开工,中方在技术、人才上投入了巨大精力,预计工期将长达5年。杜巴广场九层神庙是尼泊尔地标性建筑之一,是联合国教科文组织1979年公布的加德满都谷地世界文化遗产的重要组成部分①。作为尼泊尔历史上重要的宫殿建筑,该神庙具有极高的历史和建筑艺术价值。据统计,在2015年4月尼泊尔里氏8.1级地震中,杜巴广场古建筑群中有14座重点建筑遭不同程度毁坏,其中有12座是联合国教科文组织认定的世界文化遗产。尼泊尔大地震后,美国、日本、韩国、印度等国的相关机构都投入到文物修复工作中,而中国则主动承担了最具挑战性的工程之一——九层神庙,九层神庙受到严重损坏,局部倒塌,整体变形严重。九层神庙保护修复工程不仅是一次援助行动,也是一次科考学习过程。从项目立项时双方就达成共识,九层神庙的修复过程也是一次系统性地对该文物古迹历史价值的挖掘整理过程,对南亚及周边地区的历史、宗教研究都有深远意义。

案例7:中国与约旦签约设立中国文化中心。2018年1月8日,中国约旦共同签署了《中华人民共和国政府和约旦哈希姆王国政府关于在约旦设立中国文化中心的协定》。根据协定,中国文化中心为中国政府派驻在约旦的官方非营利文化机构,中心的职能包括举办各种文化、艺术、教育活动,设立图书馆、阅览室、影视放映厅,向约旦公众介绍中国和中国文化,交流中国发展经验和文化艺术等。该中心旨在促进中约两国文化交流与合作,增进中约两国人民之间相互了解和友谊,推动中约友好关系发展。约方将依法为中国文化中心提供部分免税、办理中心工作人员许可等便利②。

案例评析:由于"一带一路"沿线的部分国家在经济发展方面相对闭塞和保守,与文化发展相关的基础设施也相对薄弱,我们要想推进"一带一路"的顺利发展,就必须要与这部分国家共同进步,帮助"一带一路"沿线国家建立具有自身特色并具有时代特征的新型文化基础设施和文化产业,这需要为"一带一路"沿线急需发展文化事业的国家提供必要的财力、物力以及人力、智力支持,援助这些国家开展文化交流基础设施建设,切实帮助沿线国家实现文化与经济发展的同步,从而为"一带一路"文化交流的顺利发展创造良好的物质条件。而文化交流是发展"一带一路"的民心纽带,是"一带一路"发展的润滑剂,可以吸引各国人民增强对于"一带一路"的认识和兴趣,使"一带一路"的发展能够跨越民族、语言、制度及文化的障碍,增进各国人民之间的

---

① 《中国文物援外项目在尼泊尔赢得赞誉:期待我们的文化瑰宝重放荣光》,2017年10月30日,人民网,http://world.people.com.cn/n1/2017/1030/c1002-29615294.html。
② 《中国与约旦签署在约设立中国文化中心的协定》,2018年1月8日,新华网,http://www.xinhuanet.com/world/2018-01/08/c_1122228764.htm。

情感维系。(本条执笔：张中元)

117. 中国国际进口博览会

2017年5月14日，中国国家主席习近平出席"一带一路"国际合作高峰论坛并发表主旨演讲，其间习近平宣布中国将从2018年起举办中国国际进口博览会（以下简称"博览会"），同"一带一路"建设参与国发展互利共赢的经贸伙伴关系，促进同各相关国家贸易和投资便利化，建设"一带一路"自由贸易网络，助力地区和世界经济增长。2017年6月26日，在中央全面深化改革领导小组第三十六次会议上审议通过了《中国国际进口博览会总体方案》，会议指出举办博览会是着眼推进新一轮高水平对外开放所作出的一项重大决策，是中国主动向世界开放市场的重大举措。

2018年4月10日，国家主席习近平在博鳌亚洲论坛2018年年会开幕式上提出了中国扩大开放的一系列新举措，其中包括主动扩大进口。2018年中国将相当幅度降低汽车进口关税，同时降低部分其他产品进口关税，努力增加人民群众需求比较集中的特色优势产品进口，加快加入世界贸易组织《政府采购协定》进程。中国政府还决定从2018年5月1日起，将包括抗癌药在内的所有普通药品、具有抗癌作用的生物碱类药品及有实际进口的中成药进口关税降至零，使中国实际进口的全部抗癌药实现零关税。

——首届中国国际进口博览会进展概况

首届中国国际进口博览会将于2018年11月5—10日在上海举办，博览会由商务部和上海市人民政府共同主办，合作单位包括世界贸易组织、联合国贸易和发展会议、联合国工发组织等国际组织；中国国际进口博览局和国家会展中心（上海）作为承办单位。

1. 展会内容

博览会包括国家贸易投资综合展和企业商业展。国家贸易投资综合展将展示各国贸易、投资、旅游等相关情况，只展示不成交。企业商业展分为货物贸易和服务贸易两大板块，将邀请各个国家和地区的企业参展、洽谈成交。其中，货物贸易板块分为智能及高端装备、消费电子及家电、汽车、服装服饰及日用消费品、食品及农产品、医疗器械及医药保健6大展区；服务贸易板块分为新兴技术、服务外包、创新设计、文化教育、旅游服务等展区。

在博览会期间还将举办首届"虹桥国际贸易论坛"，论坛由商务部和上海市人民政府联合主办，邀请参展国家领导人、部长和国际组织负责人，以及全球知名企业、大型跨国公司负责人参会。论坛主要着眼于推进开放、包容、普惠、平衡、共赢的经济全球化和构建开放型世界经济，促进全球贸易增长。论坛包括开幕式和三场平行论坛，聚焦"贸易与开放""贸易与创新""贸易与投资"等议题，并重点就推进贸易投资自由化便利化、构建开放型世界经济、推动贸易创新增长以及促进贸易投资可持续发展等内容进行讨论。

2. 会议筹备及落实

2018年4月16日，首届中国国际进口博览会筹备委员会第二次会议在北京召开，会上要求筹备博览会要坚持高起点、严要求，实现"一流企业、一流产品、一流环境、一流服务、一流成效"；要对标国际最高标准，向世界著名展会看齐；搭建好国家展、企业展和论坛三大支柱，凸显以进口为主题的国家级展会的鲜明特色，增强影响力和吸引力，将进口博览会打造成推动新一轮高水平对外开放的标志性工程。按照《中国国际进口博览会总体方案》《中国国际进口博览会实施方案》及具体工作方案，明确任务书、责任人、时间表，倒排工期，抓好招展招商、外事接待、安全保卫、场馆改造、城市保障、新闻宣传等重点工作落实。

3. 博览会面向全球招展

中国国际进口博览会向全球发出邀请，在招展工作中，中方一视同仁，既有来自欧美等发达国家，也有来自发展中国家以及最不发达国家的参展企业。截至2018年3月底，全球已有来自120多个国家和地区超过1600家企业报名参展首届进口博览会；逾600家企业（包括500强和龙头企业）签约参展。为了方便各国政府和企业充分了解博览会，商务部网站开通了博览会专栏，中国国际进口博览会官网也已开通[①]。进口博览会还对部分发展中国家和欠发达国家参展给予必要的支持和帮助，如适当减免参展的展位费用，为参会的最不发达国家免费提供2个标准展位，为各国参展客商、参展商品出入境提供便利条件等。博览会结束以后，还针对各国商品不同的特点和类型，建立线上线下相结合的一站式交易平台，长期提供展示和交易服务。

——举办中国国际进口博览会的影响和意义

1. 举办进口博览会，彰显中国对外开放的信心和决心

2008年全球金融危机后，全球经济经历了漫长曲折的调整过程，作为拉动经济增长重要引擎之一的全球贸易也表现出回暖势头。但当前世界经济深度调整，经济全球化遇到波折，全球贸易摩擦似乎愈演愈烈，"贸易战"的噪声甚嚣尘上，全球自由贸易正遭遇强劲的"逆风"。面对一些发达国家频频挥动贸易保护大棒，世界比以往任何时候都更加需要开放、联动，需要包容、平衡，

---

① 参见中国国际进口博览会：http://www.shanghaiexpo.org.cn/zbh/index.html。

更需要中国成为"全球治理的守卫者"和"开放贸易体系的火炬手"。正因如此，中国下决心做经济全球化的坚定支持者、推动者和建设者。习近平在博鳌论坛上强调"要秉持开放精神""要坚持开放的区域主义""要坚持和扩大市场开放"，党的十九大报告也明确宣示："中国开放的大门不会关闭，只会越开越大。"这是向世界传递中国进一步扩大对外开放、引领经济全球化发展的信心和决心。举办中国国际进口博览会是中国坚定支持贸易自由化和经济全球化、主动向世界开放市场之举。中国将继续受益于全球发展，也将继续向世界贡献更多红利，从而推动实现人类文明共同发展、共同繁荣，在经济全球化、世界开放等理念层面也将贡献至关重要的中国智慧。

2. 体现了中国负责任的大国担当，有利于形成示范效应

国际社会对拓展中国市场、搭乘中国发展"快车"的愿望更加强烈，对参与"一带一路"建设热情日益高涨。通过举办中国国际进口博览会，开放、共享中国市场，促进各国开展贸易和开放市场，推动经济全球化深入发展和构建开放型世界经济，为推动构建人类命运共同体创造条件。中国作为世界第二大经济体，坚持倡导贸易自由化，坚定支持全球自由贸易体系的发展，致力于构建更高水平的对外开放与合作体系。中国将不断加大进口，不断放宽服务业市场准入，主动扩大进口是主动承担更多的国际义务，体现出更多的大国担当，让更多国家充分利用中国改革开放和经济发展的红利，使经济发展的成果让世界各国人民能够共享。博览会的举行既彰显了中国继续深度融入世界经济的决心，也向世界表明中国将实行更加开放的政策，中国开放的大门永远不会关上。可以预见，随着全面开放新格局的生成，中国开放的大门将越开越大，在互利共赢的合作中实现共同发展，推动形成全面开放新格局。

3. 搭建交流平台，为各国产业优化提供交流机会

中国作为发展中国家举办以进口为主题的博览会，让不同发展程度的国家展示贸易投资领域的发展成就，搭建一个开展国际贸易交流的平台，为全世界各个国家、各个方面探讨国际贸易和世界经济重大议题提供平台。特别是为了更好帮助发展中国家和欠发达国家进入中国市场，博览会将根据参展国家需求，有针对性地组织开展供需对接会、洽谈会、投资说明会等一系列配套经贸活动，促进贸易与产业进行精准对接，为各国开展贸易投资领域的合作创造新渠道。"一带一路"沿线国家产业结构不同，经济互补性强，贸易潜力巨大。中国通过削减壁垒、搭建平台、完善促进进口政策，积极扩大沿线国家进口，进一步优化贸易结构。博览会尽管由政府来搭建，然而却是由企业来唱戏，博览会作为贸易平台以市场为基础、以企业为主体、以项目为对象，有赖于参与各方特别是企业主体的创新、创意和创造，在这个平台上根据市场化原则来动

作，体现主体平等、贸易自由、公平竞争、决策自主的市场化原则。进口博览会作为一项长期性的决策和举措，将为"一带一路"沿线和相关参与国家提供世界一流的国际合作公共平台，以及规模化生产共同体交往所必不可少的市场认知与合作机会，周期性举办进口博览会能够不断发展和深化中国与世界的利益融合、命运融合。

4. 不断扩展国际进口渠道，满足人民日益增长的美好生活需求

随着中国经济不断发展，中产阶层逐步扩大，在全球的购买力逐步提升。中国经济已由高速增长阶段转向高质量发展阶段，过去中国在全球范围内是重要的中间产品进口国，如今的中国正成为主要的消费产品进口国，消费作为中国经济发展的基本动力，在国民经济中的地位越来越重要，消费结构升级的步伐也不断加快，新的消费亮点比较多，高品质商品、知名品牌的需求不断地增强，对优质、特色商品和服务的需求更加旺盛。但从供给方面来说，高品质、多样化的商品供给还存在着一定的短板，因此通过积极扩大进口可以更有效、更快满足人民群众日益增长的需求。举办以进口为专题的中国国际进口博览会，既符合世界共同发展的需要，也符合中国自身发展的需求。此外，改革开放是经济社会发展的强大动力，要实现高质量发展，必须推进深层次改革和高水平开放。中国经济已经深度融合于世界，博览会有利于扩大进口、促进对外贸易平衡发展，更有利于改善供给结构、引导国内企业走创新驱动发展之路。

（本条执笔：张中元）

参考文献

《马克思恩格斯全集》第46卷，人民出版社1995年版。
《邓小平文选》第3卷，人民出版社1993年版。
《毛泽东文集》第8卷，人民出版社1999年版。
《胡锦涛文选》（第三卷），人民出版社2016年版。
习近平：《习近平谈治国理政》，外文出版社2014年版。
习近平：《习近平谈治国理政》（第二卷），外文出版社2017年版。
［法］戈岱司编：《希腊拉丁作家远东古文献辑录》，耿昇译，中华书局1987年版。
李伯重：《火枪与账簿：早期经济全球化时代的中国与东亚世界》，生活·读书·新知三联书店2017年版。
李慎明、张宇燕主编：《全球政治与安全报告（2016）》，社会科学文献出版社2016年版。
李永全主编：《"一带一路"蓝皮书："一带一路"建设发展报告（2016）》，社会科学文献出版社2016年版。
刘卫东等著：《"一带一路"战略研究》，商务印书馆2017年版。
刘迎胜：《丝绸之路》，江苏人民出版社2014年版。
［美］贾雷德·戴蒙德：《枪炮、病菌与钢铁——人类社会的命运》（修订版），谢延光译，上海译文出版社2016年版。
［美］米华健：《丝绸之路》，马睿译，译林出版社2017年版。
裴文中：《史前时期之西北》，山西人民出版社2015年版。
山东省蓬莱市史志编纂委员会：《蓬莱县志》，齐鲁书社1995年版。
王玉主：《智库报告："一带一路"与亚洲一体化模式的重构》，社会科学文献出版社2015年版。
谢益显主编：《中国外交史（中华人民共和国时期1949—1979）》，河南人民出版社1998年版。
［英］李约瑟：《中国科学技术史》，科学出版社1990年版。

张洁主编：《中国周边安全形势评估（2016）》，社会科学文献出版社2016年版。

郑玲丽：《WTO关于区域贸易协定的法律规范研究》，南京大学出版社2008版。

中华人民共和国商务部、国家统计局和国家外汇管理局：《2016年度中国对外直接投资统计公报》，中国统计出版社2017年版。

陈菲：《"一带一路"与印度"季风计划"的战略对接研究》，《国际展望》2015年第6期。

陈水胜：《"和主义"：对中国特色国际关系理论的探讨》，《公共外交季刊》2015年第3期。

陈万灵：《引领"一带一路"人文交流合作的"金砖路径"》，《亚太经济》2017年第3期。

陈炎：《略论"海上丝绸之路"》，《历史研究》1982年第3期。

《党的十八大以来我国开放型经济水平全面提升》，《求是》2017年第20期。

德拉甘·帕夫里塞维奇：《促进"一带一路"倡议和欧洲投资计划对接的政策建议》，《欧洲研究》2015年第6期。

恩琼加·迈克尔·穆里基塔、舒展、栗江涛：《在非洲创建胜任的发展型国家：实现非洲2063议程的基本动议》，《非洲研究》2015年第1期。

房秋晨：《基础设施互联互通是"一带一路"建设的优先领域》，《建筑》2017年第11期。

郭存海：《中共十八大以来中国对拉美的政策与实践》，《拉丁美洲研究》2017年第2期。

韩振国、于永达：《非盟〈2063年议程〉与中非合作论坛背景下的中非农业合作》，《国际经济与合作》2017年第12期。

李碧华：《越南"两廊一圈"的政策规划建设与中越共建"一带一路"》，《东南亚纵横》2016年第5期。

李向阳：《"一带一路"面临的突出问题和出路》，《国际贸易》2017年第4期。

梁晓菲：《"一带一路"战略下的国际能源合作——以气候变化〈巴黎协定〉为视角》，《理论月刊》2017年第5期。

林跃勤：《全球治理创新与新兴大国责任》，《南京社会科学》2016年第10期。

刘青建：《非洲"2063年愿景"与发展援助的利用——中国经验与欧盟角色》，

《当代世界》2015 年第 12 期。

刘仕国、吴海英、马涛等：《利用全球价值链促进产业升级》，《国际经济评论》2015 年第 1 期。

卢锋、李昕等：《为什么是中国？"一带一路"的经济逻辑》，《国际经济评论》2015 年第 3 期。

罗建波：《负责任的发展中大国：中国的身份定位与大国责任》，《西亚非洲》2014 年第 5 期。

罗琼、藏学英：《"一带一路"背景下中国与中东欧国家多元合作问题》，《国际经济合作》2017 年第 9 期。

马博：《"一带一路"与印尼"全球海上支点"的战略对接研究》，《国际展望》2015 年第 6 期。

马悟、达沃尔·武切科夫斯基、波斯蒂安·乌多维奇：《从社会认同的角度看西巴尔干国家对华发展经贸投资关系的态度——以斯洛文尼亚和黑山两国为例》，《欧洲研究》2015 年第 6 期。

穆荣平：《强化创新第一动力增添持续发展动能》，《人民论坛》2017 年第 S2 期。

倪培民：《作为哲学理念的"命运共同体"与"合作共赢"》，《哲学分析》2017 年第 1 期。

潘忠岐、黄仁伟：《中国的地缘经济战略冶》，《清华大学学报（哲学社会科学版）》2008 年第 5 期。

裴长洪：《中国特色开放型经济理论研究纲要》，《经济研究》2016 年第 4 期。

阮宗泽：《"一带一路"开辟合作共赢新天地》，《中国国际问题研究（英文版）》2017 年 4 期。

沈铭辉、张中元：《中国境外经贸合作区："一带一路"上的产能合作平台》，《新视野》2016 年第 3 期。

盛斌、黎峰：《中国开放型经济新体制"新"在哪里？》，《国际经济评论》2017 年第 1 期。

舒运国：《"一带一路"与"2063 年愿景"中非发展合作迎来新机遇》，《当代世界》2015 年第 12 期。

王本力、张海亮、曾昆：《国际产能合作：化解产能过剩新思路》，《中国工业评论》2015 年第 11 期。

王冀青：《关于"丝绸之路"一词的词源》，《敦煌学辑刊》2015 年第 2 期。

王金波：《从走廊到区域经济一体化："一带一路"经济走廊的形成机理与功能演进》，《国际经济合作》2017 年第 2 期。

王维然、王京梁：《试析欧亚经济联盟的发展前景》，《现代国际关系》2015年第8期。

王寅：《人类命运共同体：内涵与构建原则》，《国际问题研究》2017年第5期。

魏革军、张驰：《开创"一带一路"投融资合作新格局——访丝路基金董事长金琦》，《中国金融》2017年第9期。

吴思科：《中国智慧引领构建以合作共赢为核心的新型国际关系》，《公共外交》季刊2017年第2期。

吴志成：《"一带一路"倡议与中国—中东欧国家合作》，《统一战线学研究》2017年第6期。

《习近平谈"一带一路"的最高目标》，《先锋队》2017年第16期。

谢文泽：《"一带一路"视角的中国—南美铁路合作》，《太平洋学报》2016年第10期。

叶海林：《莫迪政府对华"问题外交"策略研究——兼论该视角下印度对"一带一路"倡议的态度》，《当代亚太》2017年第6期。

曾祥裕、杜宏：《印度海上合作新倡议的内涵、影响与对策》，《南亚研究季刊》2016年第3期。

曾向红：《"一带一路"的地缘政治想象与地区合作》，《世界经济与政治》2016年第1期。

张弘：《中国与乌克兰"一带一路"合作的风险与应对》，《和平与发展》2017年第4期。

张骥、陈志敏：《"一带一路"倡议的中欧对接：双层欧盟的视角》，《世界经济与政治》2015年第11期。

张勇：《实现"两个一百年"目标必须跨越"三大陷阱"》，《理论月刊》2015年第2期。

赵东麒、桑百川：《"一带一路"倡议下的国际产能合作——基于产业国际竞争力的实证分析》，《国际贸易问题》2016年第10期。

赵会荣：《白俄罗斯与"一带一路"》，《欧亚经济》2017年第4期。

赵江林：《如何深化"一带一路"与东盟发展战略的对接》，《知识世界》2016年第8期。

赵江林：《战略方向与实施路径：中美丝绸之路倡议比较研究》，《战略决策研究》2015年第3期。

赵瑾：《全面认识全球价值链的十大特点及其政策含义》，《国际贸易》2014年第12期。

赵可金：《通向人类命运共同体的"一带一路"》，《当代世界》2016 年第 6 期。

赵汀阳：《天下体系：帝国与世界制度》，《世界哲学》2003 年第 5 期。

郑东超：《中东欧智库的"一带一路"观》，《中国投资》2017 年第 4 期。

钟飞腾：《"一带一路"产能合作的国际政治经济学分析》，《山东社会科学》2015 年第 8 期。

周弘：《中国对外援助与改革开放三十年》，《世界经济与政治》2008 年第 11 期。

周民良：《"一带一路"跨国产能合作既要注重又要慎重》，《中国发展观察》2015 年第 12 期。

陈恒：《2050：全面建成经贸强国》，《光明日报》2018 年 1 月 2 日第 14 版。

房宏琳：《"一带一路"对中国经济转型的意义》，《光明日报》2015 年 10 月 28 日第 15 版。

韩业庭：《以文化为媒　促交流合作——"一带一路"人文交流与合作取得新进展》，《光明日报》2017 年 4 月 14 日。

和佳：《丝路基金已签 17 个项目　涉及总投资额达 800 多亿美元》，《21 世纪经济报道》2017 年 12 月 9 日。

贺文萍：《中非关系进入黄金期和成熟期》，《人民日报》（海外版）2018 年 2 月 10 日第 1 版。

《坚定不移沿着中国特色社会主义道路前进　为全面建成小康社会而奋斗——胡锦涛在中国共产党第十八次全国代表大会上的报告》，《人民日报》2012 年 11 月 8 日第 1 版。

李振环：《"一带一路"土耳其板块已见雏形》，《光明日报》2015 年 4 月 19 日。

刘迎胜：《丝绸之路启示录：古代海上丝路衰落的教训与启示》，《参考消息》2017 年 5 月 3 日。

明远：《落实互联互通蓝图　活络亚太经济血脉》，《光明日报》2017 年 11 月 11 日第 6 版。

《欧盟"东部伙伴关系"计划正式启动》，《人民日报》2009 年 5 月 9 日第 3 版。

邱海峰：《"一带一路"+"草原之路"》，《人民日报》（海外版）2016 年 7 月 15 日第 2 版。

汪洋：《构建开放型经济新体制》，《人民日报》2013 年 11 月 22 日第 6 版。

王毅：《"新气象、新作为、新担当"进入新时代的中国外交》，《环球时报》2017年12月11日第7版。

王欲然：《中方倡议推进创新型筹资》，《人民日报》2015年7月19日第3版。

温家宝：《共同谱写中国—东盟关系的新篇章——在第十次中国与东盟领导人会议上的讲话》，《人民日报》2007年1月5日第3版。

温家宝：《扩大合作 互利共赢——在第十一次中国与东盟领导人会议上的讲话》，《人民日报》2007年11月21日第3版。

温家宝：《增强信心 深化合作 实现共赢——在博鳌亚洲论坛2009年年会开幕式上的演讲》，《人民日报》2009年4月19日第1版。

吴乐珺、黄文帝：《中国与哈萨克斯坦就开展产能合作达成共识》，《人民日报》2014年12月17日第2版。

习近平：《决胜全面建成小康社会 夺取新时代中国特色社会主义伟大胜利——在中国共产党第十九次全国代表大会上的报告》，《人民日报》2017年10月28日第1版。

习近平：《努力构建中美新型大国关系——在第六轮中美战略与经济对话和第五轮中美人文交流高层磋商联合开幕式上的致辞》，《人民日报》2014年7月10日第2版。

《习近平谈文化自信》，《人民日报》（海外版）2016年7月13日第12版。

习近平：《携手推进"一带一路"建设——在"一带一路"国际合作高峰论坛开幕式上的演讲》，《人民日报》2017年5月14日第3版。

习近平：《携手消除贫困 促进共同发展——在2015减贫与发展高层论坛的主旨演讲》，《人民日报》2015年10月17日第2版。

闫磊：《中国将对接欧盟投资计划》，《经济参考报》2015年9月29日第4版。

杨洁篪：《积极承担国际责任和义务》，《人民日报》2015年11月23日第6版。

姚枝仲：《突破"一带一路"建设融资瓶颈》，《光明日报》2017年5月28日7版。

于杰飞：《新苏伊士运河的意义》，《光明日报》2015年8月9日第6版。

张维为：《中国道路对西方模式的超越》，《人民日报》2016年10月23日第5版。

张蕴岭：《中国与周边关系：命运共同体的逻辑》，《人民论坛》2014年2月下。

郑永年：《"丝绸之路"与中国的"时代精神"》，《联合早报》2014年6月10日。

钟声：《对接发展战略"一带一路"再提速》，《人民日报》2016年6月26日第3版。

《推动共建丝绸之路经济带和21世纪海上丝绸之路的愿景与行动》，2015年3月28日，新华网，http：//www.xinhuanet.com/world/2015-03/28/c_1114793986.htm。

习近平：《共担时代责任　共促全球发展——在世界经济论坛2017年年会开幕式上的主旨演讲》，2017年1月17日，新华网，http：//www.xinhuanet.com/2017-01/18/c_1120331545.htm。

习近平：《共同构建人类命运共同体——在联合国日内瓦总部的演讲》，2017年1月18日，新华网，http：//www.xinhuanet.com/world/2017-01/19/c_1120340081.htm。

习近平：《共同开创金砖合作第二个"金色十年"——在金砖国家工商论坛开幕式上的讲话》，2017年9月3日，新华网，http：//www.xinhuanet.com/politics/2017-09/03/c_1121596338.htm。

习近平：《共同开创中阿关系的美好未来——在阿拉伯国家联盟总部的演讲》，2016年1月21日，人民网，http：//politics.people.com.cn/n1/2016/0122/c1024-28074930.html。

习近平：《弘扬人民友谊　共创美好未来——在哈萨克斯坦纳扎尔巴耶夫大学演讲》，2013年9月7日，人民网，http：//politics.people.com.cn/n/2013/0908/c1001-22842914.html。

习近平：《迈向命运共同体　开创亚洲新未来——在博鳌亚洲论坛2015年年会上的主旨演讲》，2015年3月28日，新华网，http：//www.xinhuanet.com/politics/2015-03/29/c_127632707.htm。

习近平：《凝聚共识　促进对话　共创亚洲和平与繁荣的美好未来——在亚信第五次外长会议开幕式上的讲话》，2016年4月28日，人民网，http：//politics.people.com.cn/n1/2016/0429/c1024-28313030.html。

习近平：《为构建中美新型大国关系而不懈努力——在第八轮中美战略与经济对话和第七轮中美人文交流高层磋商联合开幕式上的讲话》，2016年6月6日，中华人民共和国外交部网站，http：//www.fmprc.gov.cn/web/zyxw/t1369845.shtml。

《习近平在和平共处五项原则发表60周年纪念大会上的讲话（全文）》，2014年6月28日，人民网，http：//politics.people.com.cn/n/2014/0628/c1024-25213331.html。